Bodo Scheurig · Alfred Jodl

BODO SCHEURIG

ALFRED JODL

Gehorsam und Verhängnis

Biographie

PROPYLÄEN

CIP-Titelaufnahme der Deutschen Bibliothek

Scheurig, Bodo:
Alfred Jodl : Gehorsam und Verhängnis ; Biographie / Bodo Scheurig. - Berlin ; Frankfurt am Main : Propyläen, 1991
ISBN 3549072287

Propyläen Verlag
Satz: Heilmann & Partner, Höchberg
Druck und buchbinderische Verarbeitung: Wiener Verlag, Himberg bei Wien
Printed in Austria 1991
ISBN 3549072287

Meiner Frau Geraldine

INHALT

AUFTAKT BIS 1933

Alfred Jodls Leben begann, kurz nachdem Bismarck entlassen war: Am 10. Mai 1890 wurde er in Würzburg geboren.[1] Die Familie – aus Tirol stammend – diente Bayern; unter den Vorfahren vor allem Beamte und Offiziere, die sich zäh emporgearbeitet hatten, daneben auch Ärzte und in der Verwandtschaft ein eigenwilliger Philosoph, den 1896 die Wiener Universität berief.

Der Vater Alfred – knapp 37 Jahre, doch mit Zwicker und Vollbart ganz würdevolle, respekteinflößende Erscheinung – kommandierte eine Batterie des Königlich Bayerischen 2. Feldartillerie-Regiments.[2] Damals Hauptmann, zuletzt Oberst, ebenso kräftig wie gewandt, dachte er großdeutsch und nationalliberal. So scharf seine Logik, so ausgeprägt sein Widerwille, Dogmen zu folgen. Offen bekannte er sich zu einem freireligiösen Ethos: unfaßlich vor allem für seine Schwestern, die überzeugt, ja fanatisch am Katholizismus festhielten.

Die Mutter Therese, jünger als der Vater, eine stattliche Frau mit ausdrucksvollen Augen, kam vom Vilshofener Land; ihre Vorfahren: fränkische Bauern, soweit die Kirchenbücher zurückreichten.[3] Lebhaft, aber leicht reizbar, schien sie das schwere bajuwarische Blut der Jodls aufzulockern. Hilfe war ihr selbstverständliches Gebot. Arbeit konnte sie nicht erschöpfen. Dafür haßte sie Faulheit und Schlamperei, Gebrechen, die ihren Ordnungssinn beleidigten. Sie blieb – bei seltenem Kirchgang – gläubige Katholikin.

Die Eltern lebten jahrelang ohne Trauschein: sicher ein spannungs- und schattenreicher Zustand, den der Tod ihrer drei Töchter im Kindesalter zusätzlich belastete. Die Frau galt, in Jodls Regiment, als »nicht standesgemäß«. Der Mann mußte, um »das Verhältnis« zu legalisieren, Abschied vom Offiziersberuf nehmen. 1899 waren beide verheiratet.[4]

Der Sohn wuchs mit einem jüngeren Bruder auf, seine Schulstationen: Volksschule in Landau und München, Gymnasium bis zur Quarta. Anerzogene Zucht ersparte dem Schüler Stockschläge und Strafen, doch Beichte, Kommunion und ein sadistisch prügelnder Religionslehrer irritierten ihn.[5] Als er, auf dessen Zimmer bestellt, erleben mußte, daß sich der Geistliche ihm zu nähern suchte, war er angewidert. Sofort spürte er, was später zunahm: seine Ablehnung der Kirche.

Vater wie Mutter – ehrgeizig – schienen entschlossen, ihn von vornherein zur Armee zu geben. Weihwedel und Säbel, wußten sie, standen in der Gesellschaft obenan. Geldmangel und die Überzeugung, daß Berufswahl korrigierbar sei, bekräftigten ihren Entschluß. Vielleicht brauchten sie den – militärbegeisterten – Sohn nicht einmal zu drängen. Trotzdem hieß für ihn das Ganze: frühzeitige Zäsur. Gerade dreizehnjährig, betrat er seinen Schicksalsweg, wurde er Zögling des bayerischen Kadettenkorps.[6]

Die Anstalt, 1756 gegründet, 1870 von Bismarck gegen Preußens Kriegsminister gerettet, ein langgestreckter rot-gelber Backsteinbau am Münchener Marsplatz, forderte vollkommene Unterwerfung.[7] Glockenschläge trieben zum Dienst, der Vor- und Nachmittage beherrschte; Kommandos regelten – bis auf knappste Pausen – jeden Schritt des Tages. Der Kadett war Soldat, und als Soldat hatte er zu traben und strammzustehen. Alle Energien des Korps erstrebten ein Ziel: den künftigen Offizier heranzubilden.

Turnen und anderer Sport – damals in Schulen oft vernachlässigt – standen obenan, erst recht Exerzierstunden mit und ohne Gewehr, bei denen schon Fahnenkadetten, Kadetten des nächsthöheren Ranges, ihre Schützlinge abzurichten pflegten.[8] Dabei traf Schwächere sicher manchmal Roheit oder demütigende Gewalt: Elendigkeiten, die sich im Hörsaal und auf Stuben wiederholen konnten, doch das Korps ahndete Übergriffe und schätzte nie bloße Kraftprotzerei. Stets verlangte es auch Lerneifer und Kopfarbeit.

Die Schule der Anstalt glich den bayerischen Realgymnasien. Die Lehrer waren ausgesuchte, bewährte Pädagogen, einige sogar Professoren, hochangesehene Gelehrte der Geographie, Physik und Chemie.[9] Wie jeder tüchtige Lehrer spornten sie zum Ehrgeiz an, weckten sie Fähigkeiten und geistige Interessen, die fortwirkten und dankbar stimmten. Ihr Einfluß milderte das rauhe, düstere Spartanertum des Korps. Er verhinderte Einseitigkeiten und jene Mißachtung des Intellekts, in der sich spätere Erzieher gefielen.

Jodl durchlief die Kadettenanstalt ohne Gram und Anfechtungen. Stämmig, unverwöhnt, robust, wußte er die meisten ihrer Tücken abzuwehren.[10] Er ertrug und hielt »äußerste Disziplin«, er bestach im Turnen, Fechten, Exerzieren, aber schwer ging er aus sich selbst heraus. Er mied den üblichen Kadetten-Unfug, er war »sehr ruhig und immer beherrscht«, wenig gesprächig, kurz: nicht nur »typischer« Kadett, sondern ebenso ein Sonderling, »wenngleich sympathischer Art«. Obwohl überdurchschnittlich begabt, schwankten seine Schulleistungen: Der Tertianer blieb sitzen. Doch dieser Schmach – für ihn »ein Wendepunkt« – schämte er sich.[11] In der neuen Klasse, unter »besseren, hochwertigeren« Kameraden, wurden Deutsch, Geschichte, Mathematik und Physik zu Lieblingsfächern. Als einer der Besten bestand er das Abitur.

Übungen, Appelle, Unterrichts- und Arbeitsstunden erlaubten auch ihm kaum aufzublicken. Hatte er an Festtagen nicht zu paradieren, war er Page des Hofstaats der Wittelsbacher.[12] Ein Gruppenbild zeigt ihn – ernst und starr – in der vorgeschriebenen Verkleidung: hellbrauner Rock, üppige Seidenstickerei, Brusttuch, weiße Strümpfe, schwarze Schnallenschuhe, den Pagendegen zur Seite. Um so herrlicher, nach allen Pflichten und Etiketten, die herannahenden Ferien. Jeden Urlaub verbrachte er mit den Eltern bei Reichenhall. Hier wanderte er, glücklich und frei, im Gebirge, fing er an, die eigenwillige und noch urwüchsige Landbevölkerung zu lieben. Die Großstadt dagegen bedeutete ihm wenig.[13] Nie verspürte er Lust, ihr näher zu kommen. München, die blühende Metropole, glänzte in seinem Fall umsonst.

Jodl fühlte Genugtuung und Stolz, als er das Kadettenkorps verließ.[14] Diese Empfindungen spiegelten eine intakte Welt. Nirgendwo schien die Zucht, die man dem Soldaten auferlegte, willkürlich oder unbedacht ersonnen. Was der militärische Nachwuchs lernte, sollte zum Truppenführer befähigen, zu solidem professionellen Können. Ehre war Schild der Selbstachtung und Sicherheit. Politik blieb Sache des Staates und schürte keine Konflikte. Undenkbar, daß Regenten ruchlose Befehle erteilten. Auch kühne Phantasie vermochte sich einen Mißbrauch der Treuepflicht nicht vorzustellen. Wohl konnte es schwache Herrscher geben, kaum aber Hasardeure und Verbrecher, die das Volk zugrunde richteten.[15] Kadetten nun hatten traditionellen Geist besonders zu wahren und hochzuhalten. Ihnen impfte man den striktesten Gehorsam ein, Gehorsam, der »in Fleisch und Blut« überging. Ihre Erziehung, Vorbild für die Armee, glaubte wie keine andere an ritterliches Ethos und wechselseitige Loyalität; sie bedachte zuallerletzt Krisen des Vertrauens oder gar grundstürzende Gewissenlosigkeit.

Jodl entschloß sich, Soldat zu bleiben. Sein Schlußexamen empfahl ihn der »anspruchsvollsten Waffengattung«. 1910 wurde er Fähnrich, zwei Jahre später Leutnant im 4. Bayerischen Feldartillerie-Regiment, Standort der Einheit Augsburg.[16] Regiment und Kriegsschule vervollkommneten seine Ausbildung, dann zog er selbst Rekruten zu Soldaten heran. Freude und Idealismus, Fürsorge und Warmherzigkeit lenkten ihn. Sein Ton, fernab von aufreizendem Schnarren, erweckte Zuneigung und Anhänglichkeit. Stets »machte« er »eine vorzügliche Besichtigung«.[17] Seit je fast ein Pferdenarr, ritt er regelmäßig und auch ausgiebig, ohne jedoch vom Rennsport-Ehrgeiz geplagt zu sein. Wie seine Kameraden war er Nur-Soldat. Gleich vielen täuschte ihn die hervorragende Verwaltung über fehlende Staatskunst. Von den innen- und außenpolitischen Schatten ahnte er wenig oder nichts. Das Kaiserreich galt ihm als erreichtes Ziel aller Deutschen, die erbliche Monarchie als selbstverständliche, ungefährdete Institution. Jugend und Freiheit, schrieb er rückblickend, lagen »vor mir wie ein Berggipfel in der Morgensonne«.[18]

Glück verhieß zudem seine erste große Liebe: Irma Gräfin von Bullion, Tochter des Kadettenkommandanten seines Vaters, die er im ersten Augsburger Monat kennenlernte.[19] Die Komtesse, für den fünf Jahre jüngeren Jodl eine Frau aus anderer Welt, bewegte durch Intelligenz, Einfühlung, Anteilnahme. Nie war der wortkarge Soldat gelöster, wußte er sich besser verstanden. Zunächst schien keine ernste Bindung beabsichtigt. Altersunterschied und spärliches Leutnantsgehalt mußten gegen eine Ehe sprechen, doch gerade Trennungen festigten die wechselseitige Verbundenheit. 1913 schließlich, mit dem Segen beider Familien, konnte Jodl heiraten.[20] Wenn er nun rasch gesellschaftliche Sicherheit und schärferes Urteilsvermögen gewann, Vorzüge, die ihm bisher eher fehlten oder verwehrt worden waren: seiner Frau hatte er es zu danken. Sie blieb engste Vertraute, kluge und sensible Ratgeberin, die Ehe – obschon kinderlos – beständig und ein Halt bei beruflicher Anfechtung.[21]

Schon zehn Monate später, Anfang Juli 1914, zog der Krieg herauf. Bis zur endgültigen Mobilmachung wollte das Offizierskorps des bayerischen Feldartillerie-Regiments nicht an ihn glauben.[22] Alle Krisen hatte früher die Diplomatie gelöst. Erst recht mußten, nach dem Thronfolger-Mord von Sarajewo, Europas Dynastien zusammenstehen. Andere Konfliktstoffe, die Weltpolitik und Imperialismus anhäuften, nahm man kaum wahr. Das Reich, meinte Jodl, war Friedensmacht, der Krieg deutscher Verteidigungskampf, den nur höchste Not erzwungen haben konnte. Sowenig der junge Offizier zum Hurra-Überschwang neigte: der Rausch einer aufgewühlten Nation erfaßte auch ihn. Vaterlandsliebe und Opferbereitschaft, Leitbilder seiner militärischen Erziehung, beherrschten jeden Stand. Als Jodl mit der Truppe – blumengeschmückt – die Augsburger Garnison verließ, ergriff ihn dieser Aufbruch »stärker« als der Schmerz über das Ende eines der schönsten Jahre seines Lebens.[23]

Frankreichs Vorstoß auf Lothringen riß ihn sofort in erbitterte Gefechte. Bei Saarburg kämpft seine Artillerie-Einheit feindliche Stützpunkte und Infanteriekräfte nieder.[24] Das bayerische Korps erhält Befehl, den Gegner zu verfolgen, aber während der Offensive wird Jodls Batterie zusammengeschossen, er selbst durch einen Granatsplitter am rechten Oberschenkel verwundet. Sein Ausfall, scheint es, stimmte ihn ungeduldig. Hinkend kehrte er zum Regiment vor Péronne zurück. Wieder führte er einen Geschützzug, zeitweise auch die Batterie, bis seine alte Verwundung aufbrach. Der Oberschenkel vereiterte. Operation und Fieber nötigten zu längerem Lazarettaufenthalt.

Ende 1916 – nach der Beförderung zum Oberleutnant – steht er im Osten.[25] Seine Batterie verteidigt Pässe der Karpaten, wehrt die Kerenskij-Offensive ab, unterstützt den Gegenangriff auf Tarnopol. Rußland taumelt, schert aus und schließt Frieden. Jodl wechselt mit der Truppe zur Westfront, an der sich der Krieg entscheiden soll. Seine Hoffnung gilt – bis zum Fehlschlag – der großen Frühjahrsoffensive 1918. Er kämpft bei Armentières und Reims: letzte blutige Angriffsschlachten, die Deutschlands Niederlage weniger denn je abwenden können. Als Adjutant des Artillerie-Kommandeurs einer bayerischen Infanterie-Division erlebt er Waffenstillstand, Rückzug und Revolution.

Jodl hatte seine Soldaten-Pflicht bedingungslos erfüllt. Hingabe und Tapferkeit trugen ihm beide Eisernen Kreuze ein.[26] Gegen Defaitismus, der vorab in seiner Heimat aufkeimte, setzte er Durchhaltewillen. Die Abwehr des Feindes blieb Sinngebung genug, um alle Kräfte und Mittel zu mobilisieren, doch die Gewalt des Kampfgeschehens erschütterte den jungen Offizier. Feuer, Blut, Verwüstung und der Tod von Millionen offenbarten eine anklagende unmenschliche Wirklichkeit. Jodl begriff, daß erstarrter, selbstherrlicher Nationalismus diesen grauenvollen Völkermord verantworten mußte. Es schien ihm Wahnsinn, wenn Krieg namentlich zwischen Deutschland und Frankreich noch einmal wüten sollte. Nur in einer Ordnung, die Westeuropa dauerhaften Frieden bescherte, konnte er Heil erblicken.

Selten las er so viel wie damals: Bücher der Philosophie, Literatur, Kunst und vor allem Werke der Geschichte.[27] Er wollte lernen, erkennen, verstehen. Die innenpolitischen Probleme des Hohenzollern- und Habsburger-Reiches regten ihn zu eingehenden historischen Studien an. Er durchschaute nicht das Spiel der Diplomatie, geschweige denn Deutschlands Kriegszielpolitik, die den propagierten bloßen Verteidigungskampf verhöhnte, aber als er – Mitte 1918 – die Niederlage herannahen fühlte, wußte er: Kaiser und Monarchie hatten versagt. In dem ständigen Parteienhader, Produkt insbesondere eines steifen, reaktionären Konservatismus, sah er die Ursache für »Aufspaltungen des Volkes«. Jede einheitliche Führung, schrieb er später, habe infolge der Eigenstaatlichkeit deutscher Länder gefehlt.

Seine Kritik verschwieg, ob er Kaiser und Monarchie wegen der zusammengezwungenen Feindkoalition tadelte, gegen die auch das kampfstärkste Reich nie siegen konnte. Vielleicht spürte er, daß kluge Politik Auswege hätte suchen müssen. Die alliierte Übermacht, namentlich im letzten Kriegsjahr, sprach zu beredt. Aber schon was er an »revolutionären Gedanken« zu äußern wagte, erweckte den Unwillen seines Kommandeurs und später des Schwiegervaters.[28] Desto bitterer und niederdrückender für ihn die vollkommene deutsche Niederlage. Alle Opfer, Anstrengungen und Siege der Truppe waren vergeblich. Er zählte – geneigt, das Wort Dolchstoß aufzugreifen – zur Armee der Geschlagenen und jetzt Verfemten. Vor ihm standen Chaos und der Verlust eines Berufes, an dem er noch immer mit seinem Herzen hing.

Zunächst erwog er, die Uniform auszuziehen und Medizin zu studieren.[29] Dann – nach kurzer Zeit des Schwankens – versuchte er, Offizier zu bleiben und der Republik zu dienen. Jede Kundgebung lärmender Massen belehrte ihn, daß ohne Staatsautorität auch keine Demokratie gedieh. Die Existenz des Reiches wollte er sichern helfen. Entschieden nahm er Partei für Friedrich Eberts Mehrheitssozialdemokratie. Mit einem Säuberungskommando kämpfte er gegen Eisners Räteherrschaft, deren Linksradikalismus seinem Staatsverständnis zuwiderlief. Befehlsanmaßung Augsburger Soldatenräte veranlaßte ihn, der Kaserne den Rücken zu kehren, auch hier Empörung gegen Übergriffe, die er nicht ertragen konnte; doch die Truppe, der Agitatoren müde, holte ihn zurück.[30] 1919 formierte er eine schlagkräftige Volkswehr-Batterie. Wie seine Mannschaft begrüßte er – aufatmend – das Ende der Bürgerkriegswirren. Gerade als Soldat wünschte er einen zuchtvollen, gediegenen Neubeginn.

Alle Kommandeure urteilten, daß er »bei Verringerung« der Armee *nicht* zu verabschieden sei. Die Reichswehr übernahm ihn und erfüllte geheime Hoffnungen; er wurde Gebirgsartillerist, Hauptmann und Absolvent des ersten Führergehilfenlehrgangs, den die bayerische Division nach München einberief.[31] Der zweijährige Lehrgang – Behelf für die verbotene Kriegsakademie – erzog zum Generalstabsdienst. Nur zehn Offiziere je Division, Offiziere mit der besten Wehrkreisprüfung, waren vom Truppenamt ausgewählt. Vorträge und Übungen schulten in Taktik, Kriegsgeschichte, Heeresorganisation, Waffenlehre, Nachrichtenwesen und Fremdsprachen. Ziel blieb der Ia (1. Generalstabsoffizier) einer Division, der die Führungsgrundsätze dieses Verbandes, aber auch den Einsatz spezieller Einheiten und der Luftstreitkräfte beherrschte. Mit »wechselnden Lagen« testete man die geistige Beweglichkeit der Lehrgangsteilnehmer. Strenge Maßstäbe forderten Logik und Unbestechlichkeit. Am begründeten und als richtig erkannten Entschluß war unbedingt festzuhalten.[32]

Die Ausbildung sprengte Grenzen, die der Versailler Vertrag dem 100000-Mann-Heer, einem Heer ohne Panzer, schwere Artillerie und Luftwaffe, gezogen hatte. Kriegserfahrung, Phantasie und ständiges Studium der militärischen Fachliteratur mußten die Handikaps ausgleichen. Was nicht vermittelt wurde, waren operatives Denken und Sinn für politische Zusammenhänge.[33] Man las zwar Clausewitz, doch nie gründlich genug. Die Lehrgänge formten den Praktiker, der sachverständig militärischen Führern diente. Selbst wer hoch aufstieg, blieb Techniker des Krieges oder hatte sich zureichende Einsichten erst zu erarbeiten. Jodl, obschon eher unwillig, bei Diskussionen hervorzutreten, überzeugte durch Leistungen. Wilhelm Adam – anspruchsvoller Taktiklehrer und später Generaloberst der Wehrmacht – vermerkte: »Ein passionierter Soldat, ein sehr kluger Kopf, fleißig, im Urteil sachlich, nüchtern, auf dem Boden der Wirklichkeit stehend, kurzum: eine sehr schätzenswerte Persönlichkeit.«[34] Dieses Zeugnis verhalf seinem Schüler zur nochmals gefilterten Spitzengruppe. Nach einem Batteriechef-Kommando, das der Truppen»fremdheit« wehren sollte, gehörte er zum Berliner Führergehilfenlehrgang, nun unter den zehn Jahresbesten aller Divisionen, die schließlich das Karmoisinrot des Generalstabes tragen durften. Die entscheidende Sprosse eines Lebensschicksals war erreicht.

Das Heer, in dem sich Jodl auszeichnete, spiegelte den Geist Seeckts – jenes Schöpfers der Reichswehr, der ihr kaum noch begehbare Richtungen wies. Seeckt, herrische, ja dünkelhafte Natur, drang auf eisige Distanz vom Parteienstreit. Er erstrebte eine disziplinierte, strikt unpolitische Armee preußischer Tradition, die er zunehmend gegen die Republik abzuschirmen begann.[35] Die Tradition hatte in der Truppe die Kräfte wachzurufen, zu denen sich mehrere Weimarer Fraktionen nie bekennen wollten; die Abschirmung sollte verdeutlichen, daß der Staat, der 1918 dem Offizier die Achselstücke von den Schultern reißen ließ, nicht der Staat des Soldaten war. Seeckt erblickte im Parlamentarismus kein »noli me tangere«. Strauchelte oder stürzte gar die Demokratie, stand er zu den Feinden der Verfassung. Doch sowenig er gewillt schien, bei Krisen Neutralität zu üben: der Reichswehr schärfte er »schweigende, selbstlose Pflichterfüllung« ein.[36] Was militärische Zucht verlangte, blieb oberstes Gebot aller Energien. Die Truppe hatte das künftige Führerheer zu sein und Seeckts Politik lediglich zu folgen. Ihr Auftrag hieß: Gehorsam zum Wohl des Ganzen, Dienst für die kommende Nation, die eine bessere Ordnung zurückgewann. Diese Armee festigte und stärkte er, indem er nur dem zuverlässigsten Offiziers- und Mannschaftsnachwuchs Chancen gab.

Jodl bekräftigte, daß die Reichswehr – Machtmittel des Staates – Deutschlands Einheit zu erhalten habe.[37] Vorbehaltlos, ohne bayerische Ressentiments bekannte er sich zum Reich. Erst recht wünschte er eine Armee fern vom politischen Tagesgetümmel. Was ihn geformt hatte, mußte die Truppe leiten: sachliche Pflichterfüllung und sicheres Können. Wo die Reichswehr bewährte preußische Traditionen pflegte, verstieß sie kaum gegen seine eigene Erziehung, doch Seeckts antidemokratische Haltung schien ihm rückständig und blind.[38] Er wollte weder eine Restauration des Kaiserreiches noch der Monarchien, sondern suchte im Gegenteil alte überlebte Zöpfe abzuschneiden.

Sein Hauptkriegserlebnis lautete: Verbundenheit mit dem einfachen Mann. Er begriff, daß Deutschland – hochindustrialisiert – nur zu regieren war, wenn es Staat des Arbeiters wurde. Einzig eine »positive« Sozialdemokratie konnte, in seinen Augen, jeder Volksschicht Segen bringen.[39]

Die gleiche Aufgeschlossenheit nach außen hin. Er erstrebte keine Revanche, den abermaligen blutigen Waffengang, der verlorene Provinzen zurückzuholen trachtete. Wiederaufstieg verbürgten für ihn neue politische und soziale Wege: Zeichen der »modernen Form« einer Niederlage.[40] Mehr und mehr weigerte er sich, derartige Zeichen zu übersehen oder geringzuschätzen. Voller Bereitschaft hoffte er, daß die »westeuropäische Idee« siegte und einseitiges militärisches Denken überwand. Staatsmänner mußten der Verständigung zum Durchbruch verhelfen, die Reife, Vernunft und Millionen Kriegstote diktierten. So diente er der jungen Republik in lauterer Absicht und nicht als dem kleineren Übel. Bemerkenswerte Ausnahme unter oft anders gesinnten Kameraden, verurteilte er rechtsradikale Intrigen und den Hitler-Putsch 1923. Bekümmert sprach er, der den NSDAP-Agitator nie beachtet hatte, von »nationaler Tollheit« und »zunehmender Spaltung« des Offizierskorps.[41]

Obschon nun – mit 33 Jahren – älterer Hauptmann, gehörte er noch immer zu den jüngeren Offizieren. Großgewachsen, straff, sportlich gestählt, zeigte er Energie und Willenskraft, sein hervorstechender Wesenszug: gesammelte Ruhe.[42] Er bewegte sich ebenso leicht wie bedachtsam. Keine Anstrengung bei Übungen oder Manövern konnte ihn ermüden. Sein ovales, scharf geschnittenes Gesicht beherrschten ausdrucksvolle, wenn auch zuweilen melancholisch blickende Augen; weiche, geschwungene Lippen verrieten Gefühl und Empfindsamkeit. Ernst wie Zurückhaltung mußten glauben machen, daß er kalt und unnahbar sei; nicht selten neigte er zu einer steinernen, verriegelten Miene. Doch so wortkarg, ja, schweigsam besonders der Gebirgsartillerist: in vertrauter Runde blieb er ein Mann des Humors, der Wärme und Zuwendung. Freunde erlebten ihn lachend, schlagfertig und als unbedingt hilfsbereit. Hier durchbrach er seine vermeintliche Kühle und jede Schwerblütigkeit.

Er hing an den landschaftlichen Schönheiten Bayerns. Der Chiemsee mit der Fraueninsel war ihm Herzensheimat; den Bergsteiger zog es auf die schroffsten Alpengipfel.[43] Schrieb er über Eindrücke, packte Schwung und vor allem Bildhaftigkeit. Naturverbundenheit, aber auch Sprachgefühl leiteten ihn zum treffenden Wort. Wie seine Frau liebte er anspruchsvolle Musik, suchte er Anregung unter Künstlern und Wissenschaftlern. Nicht weniger halfen Werke der Geschichte und Literatur, militärischer Einseitigkeit zu entgehen. Um so mehr stieß er sich an der Verquickung von Kirche und Politik, an Dogmen und Zwängen, die seinen Gottesbegriff und Glauben einengten. Er wollte kein »Lavieren«, sondern »absolute Wahrhaftigkeit«; göttliches Walten sah er in allen Erscheinungen der Welt.[44] Lehren seines Onkels, des Wiener Philosophie-Professors Friedrich Jodl, bestärkten ihn zu einem »Humanismus der Selbstverantwortung«. Konsequent verließ er, durch Austritt, schließlich die katholische Kirche.

Noch einmal war er – festgelegter Wechsel – Truppenoffizier, Chef der Münchener Batterie des 7. Artillerie-Regiments, nun sämtliche Aufgaben »vollkommen beherrschend«.[45] Der Division schien er »ganz besonders geeignet« für die Ausbildung neuer Führergehilfen. Sie beantragte, da »gleichwertige Kräfte« fehlten, ihn vorzeitig zu ihrem Stab zu versetzen. Von 1928 bis 1932 schulte er, zuletzt als Major, den Generalstabs-Nachwuchs in Kriegsgeschichte und Taktik. Der Lehrende unterrichtete eindringlich, mit zwingender Logik. Eine Darstellung der Feldzüge Napoleons fesselte jeden Hörer. Vorträge wie Übungen zielten auf analytische Schärfe: Nur die Sache zählte und hatte den Entschluß zu bestimmen. Wurden Lösungen diskutiert, wünschte er Freimut, bei dem er Fehler nie tadelte. Lehrgangsteilnehmer rühmten – gerade später, als mancher von ihm abrückte – seine »natürliche Menschlichkeit«.[46]

Die Taktik, wieder Hauptfach, verbot Höhenflüge. Zu operativem Denken – namentlich »im größeren Rahmen« – durfte auch Jodl nicht erziehen. Hier blieben allein jene selbständigen Studien, die kaum seine Schüler, wohl aber ihn weiterbrachten.[47] Aufmerksam verfolgte er Publikationen über die Luftwaffen der

Siegermächte. Früh erfaßte er die Bedeutung dieser neuen stürmisch aufkommenden Waffe, formten sich Begriffe und Gedanken, die – so seine Sicht – zu einer modernen einheitlichen Wehrmachtführung nötigten. Was er erkannte und später aufgreifen sollte, wertete er als Ergebnis angestrengter solider Arbeit. Nie fiel ihm ein, in seinem Fall von Genialität zu sprechen, doch Adam, inzwischen Chef des Truppenamtes, äußerte: »Ein klarer, nüchterner Kopf, ein heißes Herz, ein eiserner Wille. Ein kommender Mann.«[48] Nach Können und Einsicht stand er an der Spitze des Offizierskorps der Reichswehr.

So leidenschaftlich weiterhin seine politischen Hoffnungen: die Zeit mußte sie dämpfen, enttäuschen. Das zarte Grün europäischer Verständigung, das er zunächst wahrzunehmen glaubte, sproß nicht, sondern wurde zertreten. Der narbenbedeckte alte Kontinent fand zu keinem Zusammenschluß. Statt gegenseitiger Hilfen abnorme Reparationen, Ruhr- und Rheinlandbesetzung; statt entkrampfender Versöhnung fortgesetzte Demütigungen, die eine stark gebliebene Nation nur erbittern konnten. England gab sich kühl oder abweisend. Frankreich, Sieger erst nach furchtbaren Kriegsopfern, beharrte auf Einschüchterung durch militärisches Übergewicht. Auch Briand und Stresemann vermochten den Teufelskreis schwelenden Mißtrauens nicht zu sprengen.[49] Das gleiche niederdrückende Dilemma innerhalb des Reiches. Eberts Sozialdemokratie zauderte, zeigte weder Macht- noch Gestaltungswillen. Die Republik regierten bürgerliche oder konservative Kabinette: entschlossen, Standes- und Klassenschranken zu erhalten. Wo der Parteienkampf keine Verachtung für den Parlamentarismus schürte, stärkten Inflation und Weltwirtschaftskrise das antidemokratische Lager. Millionen – verarmt, arbeitslos, um ihre frühere Ordnung gebracht – fielen der äußersten Rechten zu, die autoritäre Führung und einen deutschen Sozialismus verhieß. 1930 saß Hitlers NSDAP mit 107 Abgeordneten im Reichstag.[50]

Jodl spürte, daß Unheil drohte. Deutlich sah er wachsen, was ihn zuallerletzt begeisterte: reaktionäre Politik und gesellschaftliche Restauration. Wie Frankreichs Kurzsichtigkeit, so beklagte er die Gebrechen der Sozialdemokraten, doch noch immer setzte er auf Vernunft, Besonnenheit, bessere Umstände; fest, nicht nur aus Treuepflicht hielt er zur Republik.[51] Obschon betroffen über die Not breiter Volksmassen, weigerte er sich, den bestehenden Staat zum Alleinschuldigen zu stempeln und wirren Erlösungsparolen zu folgen. Adolf Hitler und die sogenannte NS-Bewegung verwarf er. Instinktiv lehnte er den »Radaumacher« und dessen Methoden ab, die »blindwütige Verhetzung« und damit »unabsehbare Gefahren« heraufbeschworen. Scharf geißelte er die zunehmende nationalsozialistische Agitation im Reichsheer: für ihn schlimmster Beweis eines geplanten sinnlosen Umsturzes. Auch oder gerade bei den Teilnehmern der Münchener Lehrgänge galt er als überzeugter Demokrat.[52]

Anfang Juni 1932 Gruppenleiter der Operationsabteilung (T1) des Reichswehrministeriums – Hauptstadt-Kommando, das ihn eher unglücklich stimmt –, gerät er in die Gärungen und Strudel, denen die Weimarer Republik zum Opfer fällt.[53] Beklommen erlebt er den Aufstieg der NSDAP zur stärksten Partei, Aufstieg, der ihre Reichstagsmandate sprunghaft verdoppelt. Bedrückt liest er die Studie der Heeresführung, nach der Polizei und Wehrmacht nicht ausreichen, »um die verfassungsmäßige Ordnung gegen Nationalsozialisten und Kommunisten aufrechtzuerhalten und die Grenzen zu schützen«.[54] Wie zuvor entdeckt er in sich keine Wesensverwandtschaft zu Hitlers Nationalismus, der nun selbst nüchtern Denkende betört. Die gewalttätige, mordende Rechte verbietet in seinen Augen, sie zu umwerben oder ihren Kern als künftiges Reservoir der Truppe anzusehen, aber Ablehnung und Standfestigkeit helfen, wenden nichts mehr. Die längst vorbereitete Partie ist entschieden.

Seeckts Reichswehr, im Geist des Trotzes erzogen, war der Republik entglitten. Die Sozialdemokratie, auch hier revolutionär halbherzig und schließlich sogar wehrfeindlich, hatte das Heer vollends auf die Seite der Rechten gestoßen.[55] Ebensowenig konnte *und* sollte sie sonst Einfluß zurückgewinnen. Diese Partei tolerierte lediglich noch Brüning, den Kanzler des ersten Präsidialkabinetts; Schleicher, dem General und unglaubwürdig gewordenen Intriganten, versagte sie politischen Beistand. Die Demokratie blieb gelähmt, ohne Mehrheit, ihre Verteidigung

Kräften preisgegeben, die – offen oder verdeckt – den parlamentarischen Staat zu stürzen trachteten. Ende Januar 1933, nach vergeblichen Anläufen, den Gregor-Strasser-Flügel von der NSDAP abzuspalten, schlug das Pendel aus, siegten Machenschaften und Einflüsterungen. Hindenburg ernannte den Führer der Nationalsozialisten zum Kanzler. Er wie die Reichswehr wollten es mit einem »eingerahmten, gezähmten« Hitler versuchen.[56]

Jodl – weithin ahnungslos – ist überrascht, bestürzt. Seine spontane Reaktion: »Um Gottes willen, das gibt den nächsten Krieg.« Hitlers Machtantritt, erkennt er, ist kein Regierungswechsel, sondern eine Revolution, von der er nicht weiß, wohin sie innenpolitisch führt. Das Buch »Mein Kampf« hat er nie gelesen.[57] Am 31. Januar, bei Dienstbeginn, versammelt er die Offiziere seiner Gruppe. Den Zusammengerufenen erklärt er, inzwischen gefaßter, vielleicht auf Wink der Vorgesetzten: »Hitler ist der bestehenden Verfassung und den geltenden Gesetzen nach an die Spitze des Reiches berufen. Eine Kritik darüber, insbesondere eine Kritik an dem Verhalten des Reichspräsidenten, des Feldmarschalls von Hindenburg, steht uns nicht zu. Wir haben zu gehorchen und als Soldaten unsere Pflicht zu tun. Auch eine Kritik an den neuen Maßnahmen des neuen Kanzlers in der bisherigen Form hat als unvereinbar mit seiner und unserer Stellung in Zukunft zu unterbleiben.«[58]

Die Ansprache – so der Eindruck – verbarg nicht schwere Sorge um die kommende Entwicklung. Das Bekenntnis zum Gehorsam, sonst Teil seines Wesens, wirkte angestrengt, gezwungen. Nur die »Legalität« des Umschwungs wußte Jodl halbwegs zu beschwichtigen.[59] Gleich vielen erblickte er im Reichspräsidenten und in den konservativen Ministern »eine gewisse Garantie gegen revolutionäre Entartungen« – Hoffnung, die der Tag von Potsdam, die Einigungsfeier des »nationalen Deutschland« zu bestätigen schien. Aber als, kurz darauf, eine Sekretärin begeistert die Begegnung zwischen Hindenburg und Hitler schilderte, durchbrach er die schweigende Zurückhaltung, die er sich und seinen Offizieren verordnet hatte. Ironisch rief er: »Fallen Sie doch bloß nicht auf diesen Scharlatan herein.«[60]

TRIUMPHE HITLERS UND INNERE WANDLUNG

Der Rausch um Hitlers Machtantritt schien jeder Opposition zu spotten. Das »nationale Deutschland« triumphierte. Jubelnd feierte es das neue Reich.[1] Diese »Revolution« ließ die gesellschaftliche Ordnung unangetastet, aber sie entflammte die Kräfte, die Deutschlands »Wiederaufstieg zu alter Größe« erstrebten. Überall wehten Hakenkreuzfahnen neben jenem Schwarz-Weiß-Rot, in dem sich eine ruhmvolle Vergangenheit symbolisierte. Überall packte die Gewalt der Stunde. Taumel beherrschte Massen, deren Heilrufe Aufmärsche und Fackelzüge umbrandeten. Taumel ergriff auch Männer der Künste und Wissenschaften, die das Dritte Reich als historische Erfüllung priesen. Presse und Rundfunk sprachen rückblickend von »vierzehn Jahren marxistischer Verirrung«.

Wo Demokratie und Parlamentarismus »entwürdigt«, »Zwietracht gesät« und »in soziale Not gestoßen« hatten, sollte jetzt die Herrschaft eines Führers ihre Chance haben. An ihn, den proklamierten Retter, glaubten Millionen. Sein Programm – wenige dürftige Leitsätze – verhieß Autorität, das Ende des Elends, der Klassenkämpfe und Machtlosigkeit. Gefühle grenzenloser Erwartung und tief verletztes Selbstbewußtsein banden irrational an Hitler. Seine »Revolution« wollte auslöschen, was sich – ob geschürt oder nicht – zum Trauma verdichtet hatte: die Niederlage 1918, das Versailler Friedensdiktat, den Weimarer Staat. Der politische Umbruch – die »nationale Erhebung« – begeisterte, ja überwältigte. Warnungen hatten, während dieser Tage, den schlechtesten Stand.

Die hochgesteigerte Erregung mußte – unwiderstehlich – Heer und Marine erfassen. Wenn irgendwo, so war hier Hitler vorgearbeitet. Die antidemokratische Erziehung Seeckts, die dessen Nachfolger nicht zu korrigieren vermochten, trug ihre Früchte.[2] Namentlich das junge Offizierskorps, glaubenswillig und im Sog »unbedingter« Ideen, war dem parlamentarischen System entglitten und nationalsozialistisch gesinnt. Hitler zehrte von der Unentschiedenheit einer Republik, die durchweg gezögert hatte, sich eine zuverlässige Streitmacht zu schaffen. Um so geschmeidiger »garantierte« er der Armee »Unantastbarkeit«: Neben der Partei sollte sie die zweite Säule des Dritten Reiches sein. Schon zwei Tage nach dem Potsdamer Schauspiel erwähnte er die stolze Befriedigung, mit der das ganze Volk »auf seine Reichswehr ... [als den] Träger unserer besten soldatischen Traditionen« blicken dürfe.[3] Solche Lobreden schmeichelten und hatte die Truppe in der Weimarer Republik nie gehört. Überzeugt verkündete die Reichswehrführung: »Niemals war die Wehrmacht identischer mit dem Staat als heute.«[4]

Zwar hatte der Soldat auch weiterhin Abstand zur NSDAP und ihren Gliederungen zu wahren. Aber diese Überparteilichkeit bezog sich nur auf die Partei, nicht auf das »nationale« Regime. Vielsagend unterschied man zwischen den früheren Parteien und der nationalsozialistischen Bewegung: Ihr sollte die Armee vorbehaltlos dienen.[5] Die Zusage, daß sie nicht zur Parteitruppe herabsinken werde, war den Heeresspitzen weitreichende Zugeständnisse wert. Blomberg, Reichenau und Fritsch verpflichteten sich, die Reichswehr aus innenpolitischen Auseinandersetzungen herauszuhalten. Ihnen gegenüber stand der Soldat »Gewehr bei Fuß«.[6] Der Verfolgung Mißliebiger, aller »Staatsfeinde« war ein Freibrief ausgestellt. Mochten hier Demütigungen, Gewalt, Folter und Haft moralische Mitschuld aufladen: die Reichswehrführung beschwichtigte sich oder sah weg. Der Umbruch unterdrückte nicht die »vaterländische Rechte«, das ihr nahestehende politische Lager. Was sich abzeichnete, war ein autoritärer Führerstaat, der vor allem die Stellung der Armee sichern wollte.[7]

Jodl begriff, daß ein revolutionärer Prozeß ablief: machtvoll, unbeirrbar und vom Soldaten hinzunehmen.[8] Die Aufhebung verfassungsmäßig garantierter Freiheiten, Reichstagsbrand und

Ermächtigungsgesetz erlebte er einflußlos als Akte der Politik, ebenso die Gleichschaltung, das Ende der nicht-nationalsozialistischen Parteien, Gewerkschaften und Verbände. Mit dieser Gleichschaltung fiel auch die Sozialdemokratie, auf die er einmal gehofft hatte. Doch wenn sie – gleich den bürgerlichen Parteien – ohne Widerstände fiel, so nun in seinen Augen aus Schwäche und Unvermögen. Hitlers Dynamik, schien ihm, fegte das offenbar Schlaffe und Ermattete fort.[9] Hindenburgs Segnung der NS-Herrschaft dämpfte seine Zweifel, des Führers »nationaler Tonfall« Vorbehalte. Dafür empfand er weiter Unsicherheit »über die innere Substanz der Bewegung«, Unsicherheit besonders hinsichtlich der Kräfte, die – verdeckt – eine totalitäre Parteidiktatur anstrebten. Ganz und gar klar nur sein Mitbekenntnis zur befohlenen innenpolitischen »Neutralität« der Armee.

Dienst indes verbot rasch, grüblerischen Gedanken nachzuhängen. Die geheime Aufrüstung begann. Jedem Truppenteil wurden Rekruten weit über alle Bestimmungen des Versailler Vertrages zugeteilt. Binnen eines Jahres erreichte das Heer eine Stärke von 250000 Mann.[10] Trotz etlicher Schubladenentwürfe hatte die Reichswehrführung improvisatorisch vorzugehen. Pläne, Überlegungen, Absprachen und Inspektionen hielten auch Jodls Operations-Gruppe in Atem. So lebhaft seine Sorge vor Eingriffen der Siegermächte: Die Kräftekonzentration im Inneren des Reiches zog ihn mit sich, schon weil sie dem Heeresaufbau psychologisch Rückendeckung gab.[11] Der Zuspruch des Volkes, gewahrte er als Offizier, bestätigte Hitlers Willen, den Willen zur »geeinten, verschworenen Gemeinschaft«. Wie andere verspürte Jodl – nach den Jahren der Republik – ein wehrpolitisch geradezu erlösendes Klima. Noch in dessen Aufwind überraschte ihn seine nächste Beförderung. Am 1. Oktober 1933 war er Oberstleutnant. Zum letztenmal stand unter der Ernennungsurkunde Hindenburgs Namenszug.[12]

Hader und Spannungen zwischen den Parteien endeten. Das Feld gehörte der NSDAP. Die Heeresführung sah den willkommenen autoritären Staat verwirklicht, doch jetzt droht Umsturz von Hitlers braunen Sturmabteilungen. Ernst Röhm, ihr Stabschef, begehrt für die SA den Platz der Armee, die zweite Revolution.[13] Der Sieg ist in seinen Augen unvollendet, ja, durch Hitlers Pakt mit den alten Gewalten verraten. Führer von Hunderttausenden ohne Beuteanteil, Repräsentant der machtvollsten Organisation neben der Partei, beharrt er auf sozialistischen Zielen und einem NS-Milizheer unter seinem Zepter. Die Reichswehr, der »graue Fels«, soll im »braunen Meer« untergehen. Röhms Drängen begleiten Gewaltakte seiner Gefolgschaft. Selbstherrlich übt sie Terror, schindet und mordet sie weiterhin in Gefängnissen und Lagern.

Was Ernst Röhm will, will auch Adolf Hitler, freilich auf Wegen einer schleichenden Revolution, die gegnerische Bastionen von innen her zerbricht. Röhm folgte er, wäre seine eigene politische Macht schon gefestigt, aber Reichswehr und Reichspräsident beengen sie noch. Konservative, ahnt oder weiß er, wollen sie vollends einschnüren. Hindenburgs Nachfolge – bald spruchreif – kann er nur mit Hilfe der Reichswehr antreten, deren Sachkunde er zudem für die Aufrüstung braucht. Ihre Führung – durch Röhm längst aufgeschreckt – wüßte er sich zu verpflichten, wenn er notfalls den SA-Stabschef opfert. Diese Führung gewinnt er, indem er versichert, daß die Reichswehr und sie allein Armee des Reiches bleibe.[14] Vorbehaltlos setzen Blomberg und Reichenau, die Spitzen der Wehrmacht, auf Hitler, den »lauteren« Kanzler.

Jodl steht in jedem Augenblick zum Heer. Einer »zweiten Revolution« vermag er keinen Sinn abzugewinnen. Alle Volksmiliz-Konzepte sind für ihn, den Generalstabsoffizier, Konzepte der Wehrlosigkeit, Dilettantismus und Aberwitz. Verabscheut er einen Mann, so den ehemaligen Reichswehrhauptmann Ernst Röhm, der die Reichswehr liquidieren will.[15] Voller Genugtuung begrüßt er, daß sich Röhm – auf Hitlers Druck – der Armee unterwerfen muß, aber die erneuten Spannungen nach dem Februar-Abkommen 1934 erfüllen ihn mit Unruhe und Sorge. Er durchschaut nicht, ob und von wem die Spannungen geschürt sind, zu denen Gerüchte kräftig beitragen. Er übersieht weder Hitlers Motive noch die seiner Bundesgenossen Göring, Goebbels und Heß, die – wie ihr Führer – in Röhm den gefährlichsten

Rivalen wittern. Er kennt nicht das volle Mitspiel Blombergs und Reichenaus, die bereit sein werden, selbst das große Morden zu decken. Er muß nur – nach immer wieder einlaufenden Meldungen – an einen bevorstehenden SA-Putsch glauben, der andeutet, daß Röhm nicht gewillt ist zu resignieren. Papens Marburger Rede, die Terror und Gewalt geißelt, nimmt er als Zeichen konservativen Unmuts. Bereitschaftsbefehle schließlich alarmieren ihn. Ende Juni ist er mit anderen Offizieren im Ministerium »bis an die Zähne bewaffnet«.[16]

Hitler – lange zögernd – spürt, daß ihn die Fronten zum Handeln treiben. Deren Feindseligkeit, überhitzt, hat sich verselbständigt. Wechselseitige Furcht drängt zum Eingriff. Gelingt es der »Reaktion«, Hindenburg zu einem Ausnahmezustand zu bewegen, der die Reichswehr mobilisiert, droht auch seine, Hitlers, Machtstellung zu wanken, sind ihm vielleicht für immer Fesseln angelegt. Der Putsch, den man befürchtet, ist von Röhm auch jetzt nicht geplant. Statt seine braunen Kolonnen aufzubieten, hat sie der Stabschef für den Sommer beurlaubt, aber in der Frühe des 30. Juni 1934 beginnen auf Hitlers Wink SS, Gestapo und Polizei mit einem mehrtägigen Morden.[17] Zusammengeraffte Kommandos erschießen Röhm, die SA-Führerschaft und jene, die den Haß des Regimes erweckten. Nicht nur Röhms Anhänger, auch konservative Fronden soll der Schrecken treffen. Kahr, Klausener, Gregor Strasser, die Generale von Schleicher und von Bredow fallen im Geschoßhagel. Andere sterben in Wohnungen, vor Mauern, auf Feldern oder in Straßengräben. Nur wer sich verbirgt, hat eine Chance, die Exzesse brutaler Vertilgung zu überleben. Die Reichswehr – am Erschießen unbeteiligt – gibt Hilfestellung, steht Schmiere. Sie stellt Fahrzeuge, Waffen, Munition, Verpflegung. In Bayern massiert sie Truppenverbände, um Aktionen gegen die Verschwörer zu sichern.[18]

Jodl packt angesichts der Mordwelle Erschrecken. Beklommen steht er vor Ereignissen, die – in solchem Ausmaß – sogar die Wehrmachtführung verwirren, doch der Eindruck eines unausweichlichen Machtkampfes beschwichtigt ihn. Gleich den Heeresspitzen glaubt er, daß neben der Reichswehr die Kräfte siegten, die nun ein Ende revolutionärer Umtriebe verbürgen. Wie die Heeresspitzen bejaht er die entschiedene Abwehr einer SA-Milizarmee, die sich in Standarten und Sonderstürmen schon formierte, fühlt er Befreiung von einem Alpdruck. Gedroht hatte die radikale, weiterdrängende Welle jeder Revolution, »brauner Bolschewismus« mit dem Willen »zur Nacht der langen Messer«. Auch in Jodls Augen fällt nächst dem Nebenbuhler des Heeres der gefährlichste Staatszerstörer. Ernst Röhm ist ihm kein bloßer Gehrock-Putschist.[19]

Daß hemmungsloses Wüten, Wüten ohne Anklage und Gerichtsverfahren, alle Prinzipien eines Rechtsstaates verhöhnte, läßt er – ganz Partei – nicht gelten. Der politische Ertrag unterdrückt in ihm Gefühle für das Ungeheuerliche, für mißachtete Schranken und Grenzen. Die Wehrmachtführung, die erklärt, Hitler habe »mit soldatischer Entschlossenheit und vorbildlichem Mut die Verräter und Meuterer ... niedergeschmettert«[20], gibt Jodl ein gutes Gewissen, ebenso Hindenburgs Danktelegramm an Hitler und jenes Reichsgesetz, nach dem die vollzogenen Maßnahmen »als Staatsnotwehr Rechtens« seien. Zum Mord an den zwei Generalen, der wenigstens Teile des Offizierskorps empört, wagt er kein Urteil. Schleichers Mitschuld scheint ihm »nicht undenkbar«.[21] Ohne Anfechtung übersteht er, was das moralische Rückgrat gerade der Armee zerbricht.

Sein Vertrauen zu den Heeresspitzen ist das Vertrauen anderer nachgeordneter Offiziere. Gedanken an Auflehnung können ihn angesichts der »legalisierten« Maßnahmen nicht einmal streifen. Die Ehrlosigkeit, mit der Blomberg, Reichenau und Fritsch auch die Ermordung Unschuldiger hinnehmen, befleckt nicht seinen Charakter, nur die Uniform der Armee, die er trägt. Weiterhin überzeugt Soldat, gerät er in die Konsequenzen des 30. Juni, in den Eid auf Adolf Hitler, den die Reichswehrführung entwirft.[22] Mochte der Kampf gegen die SA noch ein Machtkampf sein: nichts zwänge, diesen Eid zu formulieren und durch ihn die Armee Hitler auszuliefern. Der Eid auf die Verfassung ist geleistet; jeder neue Eid wäre nach geltendem Recht überflüssig, ungültig. Eine Personalunion Präsident-Kanzler verstieße gegen alle Richtlinien, gegen Buchstaben und Geist sogar des Ermächtigungsgesetzes, das hier nirgendwo Vollmachten gibt.[23]

Aber die Reichswehrführung – längst gebunden – will die unumschränkte Herrschaft Hitlers, des Mannes, in dem sie nicht den radikalsten Revolutionär, sondern den schon bewährten Staatsmann erblickt. Sie denkt nicht an das Haupt der nationalsozialistischen Partei, sondern an den Führer des deutschen Volkes.[24] Noch vor dem Ableben des greisen Generalfeldmarschalls beschließt das Kabinett, das Amt des Reichspräsidenten mit dem des Reichskanzlers zu vereinigen und dessen Befugnisse Adolf Hitler zu übertragen. Am 2. August 1934, dem Todestag Hindenburgs, schwören die – überrumpelten – Soldaten der Reichswehr ihren »heiligen« Treueid, der »keine Vorbehalte, keinen Ausweg in sich schließt«.[25] Hitler ist Oberster Befehlshaber der Wehrmacht. Die Reichswehrführung, Promoter des Staatsstreiches, hat ihm den Weg geebnet. Erst drei Wochen später billigt ein Gesetz den Schwur, den Blomberg illegal verfügte.[26]

Die Eidesformel löschte Eigenständigkeit und besiegelte Hitlers diktatorische Stellung. Konzession des geretteten Heeres, zwang sie in entwürdigende Unterordnung; beispiellos, daß unter Anrufung Gottes einem Menschen unbedingter Gehorsam zu schwören war.[27] Sollte dieser Eid, eine Blankovollmacht, nicht völlig entarten, hatte den Eidnehmer höchste Moralität zu binden, Moralität, die ihm der Soldat seit je unterstellte. Nur sie beruhigte die Gewissen und bewahrte vor sonst fast unlösbaren Konflikten. Daß der ungewöhnlichste Eid einem Mann galt, der eigener »Moralität« folgte, stempelte den 2. August 1934 zum Tiefpunkt deutscher Heeresgeschichte. Auch wo die Wehrmacht wähnte, nun ebenso ihren »Führer« gebunden zu haben: Hitler beanspruchte den Schwur nicht für Deutschland, sondern für seine »Mission«. Zunächst glaubwürdiger Protektor, nutzte er seine Vorhand: bis hin zur Katastrophe, in der er noch eine Schicksalsprüfung seines »Auftrags« erblicken wird.[28] Schlimmster Mißbrauch nahezu wehrlos gemachter Eidgeber blieb vorgezeichnet.

Jodl leistete den Eid pflichtgemäß, ohne Widerstreben. Hitler war für ihn nun Staatsoberhaupt und Oberster Befehlshaber, fortan üblicher Kritik entzogen.[29] Unvorstellbar in seinen Augen die Zukunft und der Gedanke, daß man eine kriminelle Figur bestallt haben könnte. Was kein Armee-Kodex berücksichtigte, erwog auch er nicht. Augenblicke des Unbehagens verblaßten rasch. Selbst den unbedingten Gehorsam schwor er gemäß seiner Erziehung. Erster Weltkrieg und Reichswehr hatten ihn wie andere zum Berufsfunktionär zurechtgeformt. Ludendorff und Seeckt duldeten – auch unter der Generalität – allein ausführende Organe ihres Willens, Vollstrecker gegebener Befehle.[30] Altpreußische Traditionen des Widerspruchs und der Mitverantwortung wurden entmachtet, getilgt. Jodl, der Hauptmann, Major und Oberst, bemerkte von ihnen kaum noch Spuren. Eid nahm er, Wort für Wort, als höchste soldatische Verpflichtung, war gerade ihm Bürge des Zusammenhalts. Offizier seiner Zeit und ihrer Schule, eignete er sich zuallerletzt zum Frondeur gegen den neuen Schwur.

Die Volksabstimmung nach Hindenburgs Tod mußte ihn bestärken.[31] 38,4 Millionen von 45,5 Millionen Stimmberechtigten – kaum ein manipuliertes Ergebnis – bejahten den Übergang der Befugnisse des Reichspräsidenten auf Adolf Hitler. Die Eidesformel des Soldaten war abgesegnet und legitimiert. Der »Führer« gedieh zu einem Ersatzmonarchen, der überkommene Treuepflichten verlangen durfte. Sein Bekenntnis zum »einzigen Waffenträger im Staat«, Bekenntnis zugleich der Wehrfreudigkeit, machte die Treuepflichten leichter. Jodl ließ nach diesem Volksvotum auch von untergründigen Bedenken ab.[32] Die zukunftsbestimmende Bedeutung des geleisteten Eides konnte noch nicht irritieren. Hitler jedoch hatte den Abbau der wichtigsten Instanz über sich erreicht. Kein Staatsoberhaupt vermochte den Reichskanzler mehr zu bremsen, wenn dessen Politik dem Unheil zusteuerte; kein Soldat länger an einen anderen Obersten Befehlshaber zu appellieren, wenn Hitler, nun auch Herr über die Armee, unsinnigen Führungsprinzipien huldigte. Die seit der Röhm-Affäre komplizenhaft verstrickte Heeresführung stand vor der folgenreichsten aller Konsequenzen. Was später Jodl als Mitführenden erwartete, hatte hier Anfang und Wurzel.

Ein Auslandskommando – Überraschung – entrückte ihn für zehn Wochen dem Oberkommando des Heeres. Gemäß höherer Weisung hatte das Reichskriegsministerium zwei Offiziere zum Dienst in der türkischen Armee zu kommandieren. Mitte November 1934 reiste Jodl nach Ankara, sein Begleiter: Oberstleutnant Hans Rohde vom Infanterie-Regiment 8, später deutscher Militärattaché in der Türkei und Persien.[33] Die unverwelkte deutsch-türkische Waffenbrüderschaft des Weltkrieges sicherte eine warmherzige, enthusiastische Aufnahme. Türkische Ressentiments gegenüber den Siegern von 1918, noch glühender als die im Reich, erstaunten den deutschen Gast. Jodl sprach vor Generalstabsoffizieren, griff zurück auf seine früheren Führergehilfen-Lehrgänge. Ob wirkungsvoll genug, schien ihm angesichts des türkischen Ausbildungsstandes eher zweifelhaft. Vom Land sah er jenseits der Bahnroute wenig, Istanbul, »dieses Juwel hinter staubigen Ärmlichkeiten«, freilich ausgenommen. Auch mit den geopolitischen Perspektiven des Kemal-Atatürk-Staates machte er sich nur unvollkommen vertraut.[34] Eigene Vorträge und Unterweisungen, Hauptaufgabe des Kommandos, behielten Vorrang. Ein Abschlußbericht von seiner Hand ist nicht erhalten.

Wieder in Deutschland, gewahrte er stärker als zuvor Taten und Leistungen.[35] Das NS-Regime, so zumindest der Augenschein, schuf nicht nur vorübergehend Wandel, sondern erfüllte Versprechungen. Es brachte konsequent Lohn und Brot, verbesserte die Arbeitsbedingungen, förderte die Konsumwirtschaft, belebte den Wohnungsbau, gewährte Ehestandsdarlehen, mobilisierte das Winterhilfswerk und die Organisation »Kraft durch Freude«: Maßnahmen, die bei den damaligen Verhältnissen beeindrucken mußten. Jodl registrierte – gerade mit der Distanz des Weitgereisten – beträchtliche Fortschritte. Was er empfand, spiegelte Empfindungen vieler wider. Ökonomischer Aufschwung hatte eine zuversichtliche, optimistische Stimmung erzeugt. Sie konservierte den »Elan der Revolution« und »tröstete« hinlänglich über den Verlust der demokratischen Freiheiten, die lediglich Freiheiten des Jammers gewesen zu sein schienen. Unzählige bekannten sich zum »deutschen« Sozialismus ohne marxistischen Umsturz; mühelos waren ungebrochene obrigkeitsstaatliche Gesinnungen eingespannt. So gewiß weiterhin Gegner existierten, hellsichtige Gegner des neuen Machthabers und seiner Diktatur: Popularität festigte Hitlers Autorität.

Auch was Jodl im Ministerium erwartete, trübte nicht seine Zuversicht. Die größten Spannungen zwischen Reichswehr und SS, dem eigentlichen Sieger des 30. Juni, waren in die Zeit seiner Abkommandierung gefallen. Soweit sie – nach der Röhm-Affäre – eine zweite Staatskrise auszulösen drohten, hatte sie Hitler abgefangen. Die Reichswehrführung vertraute *ihm*, wähnte sich – wieder bekräftigt – seines Vertrauens sicher. Die zugestandene SS-Division, Bruch des Wehrmacht-Waffenmonopols, fand Jodl als vollendete Tatsache vor. Skepsis oder Betroffenheit zu äußern widersprach seiner Disziplin und Zurückhaltung.[36] Wie andere mochte ihn beschwichtigen, daß dem Heer Kontrollbefugnisse über die eine SS-Division verblieben. Wo erneut Spannungen zwischen Armee, SS und NSDAP aufkeimten, stärkte er Machtbelange des eigenen Lagers. Verunglimpfungen des Heeres trafen auch ihn; sie aber hatte die Reichswehrführung abzuweisen. Die Partei war ihm nicht Maßstab, geschweige denn Richterin über wahre nationale Gesinnung. Vorbehaltlos billigte er später, daß während der Dienstzeit jedes Wehrpflichtigen Parteimitgliedschaften zu ruhen hätten. Hitler trennte er von den radikalen Kräften, die er durch den Führer selbst »gedämpft« glaubte.

Die Überzeugung, daß am 30. Juni 1934 mit Röhm der gewissenloseste Nebenbuhler des Heeres gefallen war, begleitete ihn weiterhin. Die Wehrmacht, in die er zurückkehrte, setzte – organisatorisch intakt – ihren Aufbau fort. Hitler hatte erklärt, sie als »unpolitisches Instrument« erhalten zu wollen. Abenteuern schob die noch immer kleine Reichswehr Riegel vor. Jodl wußte, daß selbst begrenzte Aufrüstung gefahrvollste Phasen durchlaufen mußte. Nahezu alle Einheiten hatten Kontingente abzustellen, um zusätzliche Rekruten auszubilden und der neuen Luftwaffe aufzuhelfen. Gelang es, die Zersplitterung der Armee ohne außenpolitische Konflikte zu überstehen, so war in seiner Sicht viel gelungen. Das galt für ihn, den Fachmann, erst recht nach verkündeter Allgemeiner Wehrpflicht, kurz: über lange Jahre.[37] Die bedrohlichen Fernziele, die der Diktator Anfang Februar 1933 vor der Heeresführung andeutete, kannte er nicht oder hätte er schwerlich begriffen. Hitlers Friedensbeteuerungen – Gebot der Vernunft – glaubte er. Andere Absichten wären ihm damals Phantasterei gewesen.

Wie die Heeresspitzen fürchtete er als mögliche Angreifer Frankreich und Polen – Antipoden, die seit 1919 alle Stabsarbeiten gefangenhielten.[38] Über die Kampfkraft der Reichswehr hegte er keine Illusionen. An eine wirksame Verteidigung war, mit den verfügbaren Truppen, weder in West noch Ost zu denken. Trat Frankreich an, vorab um Verletzungen des Versailler Vertrages zu ahnden, konnte es mühelos über den Rhein hinwegsetzen und ins Ruhrgebiet eindringen. Die entmilitarisierte Zone bis zu fünfzig Kilometern östlich des Stroms gab den Weg frei. Hoffnungslos blieb auch dann der Verteidiger weiterem Ansturm unterlegen. Rüstete Polen zu Angriffen auf Ostpreußen und die Oder-Linie, verstärkten vielleicht vorbereitete Stellungen und Grenzschutzformationen die Abwehr. Doch für offensive Gegenschläge reichten hier ebensowenig die Kräfte, selbst wenn man – geplanter Entschluß des Kabinetts – vorher Schlesien räumte.[39] Mochte der deutsch-polnische Nichtangriffspakt im Osten nun zunächst entlasten: Deutschlands strategische Gesamtlage zwang zum Frieden.

Die außenpolitische Isolation, in die das Reich seit der Röhm-Affäre geraten war, schien Jodl kaum wahrzunehmen, auch nicht die Schatten nach der Ermordung des österreichischen Bundeskanzlers Dollfuß: Hitlers bislang größter »Rückschlag«. Daß Deutschlands Situation düster aussah, schon weil jetzt Europa dem NS-Regime »alles zutraute«, erfuhr lediglich Generalstabschef Ludwig Beck.[40] Nüchterner militärischer Sachverstand zählte mehr als je. Deutschlands Führer freilich hatte sich – seit dem Austritt aus dem Völkerbund 1933 – vom System kollektiver Sicherheit abgekehrt. Zielbewußt suchte er durch bilaterale Abkommen die Machtstellung des Reiches zu heben. Bereits der deutsch-polnische Nichtangriffspakt wurde zur ersten Bresche, minderte das Bündnis Frankreich–Polen, einen Eckpfeiler der Versailler Ordnung. Wenn auch dieser Schritt die

Front der Siegermächte festigte, ja, ihnen Sowjetrußland zuspielte: entschieden drängte Hitler zur militärischen Gleichberechtigung, die, obwohl prinzipiell zugestanden, Deutschland noch immer verweigert blieb. Aufforderungen Englands und Frankreichs, sich einem osteuropäischen Paktsystem anzuschließen und in ihm Rüstungsprobleme zu lösen, beantwortete er abschlägig oder ausweichend. Zusätzliche Verteidigungsmaßnahmen der Westmächte ließen ihn wittern, daß er begründen könne, was er erreichen wollte. Am 16. März 1935 – gut vierzehn Tage nach der Rückkehr des Saarlandes zum Reich – verkündete er die Allgemeine Wehrpflicht.[41] Deutschlands Friedensheer sollte 36 Divisionen oder zwölf Armeekorps umfassen. Luftwaffe und Marine wurden nicht erwähnt.

Hitlers Erklärung überraschte die Heeresspitze allenfalls vom Zeitpunkt her. Blomberg, Fritsch und Beck wußten, daß die »geheime« Aufrüstung einmal zu legalisieren war.[42] Auch sie hätten zum Zug gedrängt, freilich erst später. Zureichende Stärke gewährleistete allein die Allgemeine Wehrpflicht. Mitgerissen oder vor vollendeter Tatsache, wünschten sie zunächst 24 Divisionen, schon um den Heeresaufbau nicht zu verwässern und das gefürchtete Frankreich zu beschwichtigen. Jodl hielt aus Einsicht und Temperament überzeugt zu seinen Vorgesetzten. Die Wehrpflicht selbst begrüßte er und mußte er billigen.[43] Wie jeder Offizier der Reichswehr hatte er, angesichts hochgerüsteter Nachbarn, das 100000-Mann-Heer als Demütigung empfunden. Er glaubte keinen Chauvinismus am Werk zu sehen, wenn das Reich – nach unterlassener europäischer Abrüstung – »militärische Parität« zurückgewann. Was geschah, verlangten Sicherheit und Würde. Daß nun, durch Hitler, wieder eine Armee entstand, die zur Verteidigung befähigen sollte, konnte auch er nur anerkennen. Schubartig wuchs seine innere Loyalität gegenüber dem Mann, der aus knebelnder Ohnmacht erlöste und für den Soldaten einzustehen schien, vorbehaltlos wie nie die Weimarer Republik. Soweit ihn politisch Sorgen plagten, beseitigte sie das deutsch-englische Flottenabkommen, das Deutschlands Aufrüstung stillschweigend sanktionierte. Mit ihm zerbrach die Stresa-»Front«, in der Großbritannien neben

Frankreich und Italien noch Proteste erhoben hatte. Hitlers »Instinktsicherheit« fing an, Jodl zu beeindrucken. Das Glück, schrieb er, sei mit dem Mutigen.[44]

Als Gruppenleiter in der Operationsabteilung bearbeitete er Aufmarschanweisungen für die Verteidigung der Rheinlinie.[45] Realitäten nötigten, sich zur Decke zu strecken. Daß ein Krieg Abwehr hieß und auch bei offensiven Gegenschlägen Abwehr blieb, war gerade ihm bewußt. Umsichtig, mit Feinstrichen löste er seine Aufgaben. Obschon vom Wesen her eher ein umständlicher Arbeiter, zählte er – nach den Ergebnissen – zur Elite. Die langjährige, erfahrungsreiche Laufbahn zahlte sich aus. Er liebte es, Vorschläge und Entschlüsse in Ruhe zu überdenken.[46] Zumeist wünschte er Notizen und Eingaben, weil er eigenes Nachdenken langen Debatten vorzog. Zu strategischen oder operativen Gesprächen selbst innerhalb des Stabes ermunterte er selten. Seine Schweigsamkeit, Hauptzug in den Augen vieler, schien zurückzuweisen und ließ über ihn rätseln, doch die Zuneigung der Operationsgruppe gewann er. Nachhaltig beeindruckte sie vor allem sein Konzept einer grundlegend neuen Führungsorganisation.[47] Mehr und mehr verfocht er einen Wehrmachtführungsstab als Führungsstab des Obersten Befehlshabers, dem Heer, Marine und Luftwaffe als selbständige Wehrmachtteile unterstehen sollten. Deutlich erkannte er die Großräumigkeit des modernen Krieges, in dem die Luftwaffe nicht nur Hilfswaffe sein würde. Vorausschauend auch seine Analyse Norwegens, von dem – bei einem Westkrieg – die Seemacht England Besitz ergreifen müsse und der dann zuvorzukommen sei. Beck hielt ihn für einen seiner fähigsten Offiziere und – noch – für einen Mann der Führungsansprüche des Heeres. Bewußt plante er Jodls Versetzung ins Wehrmachtamt des Reichskriegsministeriums. Am 20. Juni 1935 wurde er Chef der Abteilung Landesverteidigung (L), kaum zwei Monate später Oberst.[48]

Der Wechsel ins Wehrmachtamt entzog ihn nicht Loyalitäten, die im OHK ebenso Hitler galten, dem Mann, dem das militärische Aufbauwerk zu danken war. Aber er entzog ihn unbeirrbarer Nüchternheit, notwendigen oder bedenkenswerten Vorbehalten. Blomberg und Keitel, seit Oktober 1935 Reichenaus Nachfolger, suchten die Wehrmacht nationalsozialistisch auszurichten.[49] Sicher zählte zunächst, was als Grundströmung überall bewegte: Genugtuung über den Wehrwillen des neuen Staates, Genugtuung über eine wiedererstarkende Armee, die mit Stolz erfüllte. Da dieser Staat dem Soldaten zu herausragendem Rang verhalf, schienen Scheidelinien beinahe widernatürlich. Die Wehrmacht jener Jahre stand in einem Bekenntnissog zum Reich Adolf Hitlers, mochten einige Zweifel aussehen, wie immer sie wollten. Worte und selbst Phrasen des Einverständnisses lagen nahe, doch Blomberg erstrebte äußerste Beflissenheit. Erlasse des Reichskriegsministers dekretierten, daß die Armee »im höchsten Grade politisch« sei, und zwar »im Sinne der Gleichschaltung mit der nationalsozialistischen Weltanschauung«. Eine *weltanschauliche* Neutralität der Truppe wurde verworfen. Die Wehrmacht, hieß es, habe wie die Partei den neuen Menschen zu erziehen. Wer sich der nationalsozialistischen Weltanschauung nicht fügen könne, sei in den Reihen der Wehrmacht unmöglich und müsse entfernt werden. Erlasse dieses Tonfalls zielten auf eigene Machterhaltung und gegen Anwürfe ideologischer Unzuverlässigkeit, aber zugleich bekundeten sie auch Überzeugungen, ja Gläubigkeit. Indoktrination war – ohne Eingriffe Hitlers – Befehl und sollte verpflichten. Jodl geriet in eine Atmosphäre, die seine innere Wandlung beschleunigte.

Die Versetzung schob ihn an eine Schaltstelle. Sie begünstigte sein Konzept und erlaubte, Umwälzungen anzustreben. Kein Platz versprach größere Entfaltung. Die Abteilung Landesverteidigung – schon Keimzelle eines Wehrmachtgeneralstabes – unterstand Blomberg und Keitel. Wie ihr jüngster Gehilfe hegten sie für diese Abteilung weitausgreifende Ambitionen. Hier waren – gemäß der geplanten Strategie – die operativen Richtlinien zu bearbeiten, Manöver anzulegen und »das Problem der Wehrmachtsführung zu studieren und zu klären«.[50] Daneben galt es, sich mit Gesetzentwürfen zur Allgemeinen Wehrpflicht und einer einheitlichen Mobilmachung zu befassen. Jodl wurde als Chef seiner Abteilung L Mitglied des Reichsverteidigungsausschusses. Der Ausschuß hatte die übereinstimmende Mobilmachung von Staat, Volk und Wehrmacht vorzubereiten. Mobilmachungsbücher mit Endziffern sahen verschiedene Spannungsstufen vor. Was *jeder* Kriegsfall erforderte, mußte Ministerien und Zivilbehörden vertraut sein. Rasch begriff Jodl, daß »der zu beteiligende Personenkreis« zu erweitern war. Soweit unentbehrlich, sollten alle Kräfte »für die praktische Mitarbeit herangezogen oder zumindest eingewiesen werden«.[51] Um so unmißverständlicher erinnerte er an die geltenden Geheimhaltungsvorschriften, insbesondere gegenüber Unbeteiligten und hinsichtlich der entmilitarisierten Rheinland-Zone. Hier – erklärte er dem Ausschuß Ende Juni 1935 – gelte für sämtliche Bereiche: »Deckung geht vor Wirkung.«[52] Nicht »unabweisbar notwendige« Mobilmachungsvorarbeiten blieben in dieser Zone verboten, ebenso die »Aufstellung, Ausrüstung und Bewaffnung von irgendwelchen Formationen«.

Die Direktiven, die er vorzutragen hatte, schienen ihm sinnvoll, schlüssig – auch wo zwischen Einweihung und Geheimhaltung heikle Drahtseilakte drohten. Er wußte: Die Wehrmacht, gerade jetzt aufgesplittert in Hunderte von Ausbildungsgruppen, durchlief ihre vielleicht größte Schwächeperiode.[53] Außenpolitische Komplikationen waren um nahezu jeden Preis zu vermeiden. Deutschlands problematische militärische Lage ließ keine andere Wahl. »Kriegs«pläne, die er im Amt vorfand, bezogen sich auf den Grenzschutz Ost. Er selbst hatte lediglich eine Kampfanweisung für den Fall auszuarbeiten, daß überraschende Angriffe Polens Ostpreußen vom Reich abschnitten.[54] Solidität und Selbstdisziplin machten ihn zu einem zuverlässigen, geschätzten Mitarbeiter Blombergs und Keitels. Zunehmend wuchs seine Unentbehrlichkeit. Durch Hingabe, Fleiß und Autorität rückte er auf zu den Ersten des Ministeriums und Wehrmachtamtes.[55] Spannungen oder Kontroversen lähmten nicht, schon weil Blomberg und Keitel mit einer »grundlegend neuen« Wehrmachtspitzengliederung seine Ziele anstrebten. Unmerklich glitt er – vor allem von der »Sache« her – in eine Bundesgenossenschaft, die Adolf Hitler längst erlegen war.

Anfang März 1936 hört er im Amt von Plänen zur Rheinland-Besetzung. Die Aktion, weiß er, zielt auf den letzten Hauptpfeiler des Versailler Vertrages, berührt unmittelbar Frankreichs

Sicherheit und muß dessen weit überlegenes Heer mobilisieren. Ihm ist so unheimlich zumute »wie einem Spieler, der sein gesamtes Vermögen im Roulette auf Rot oder Schwarz setzt«.[56] Alarmierende Meldungen der Militärattachés aus London und Paris, die auch ihn beeindrucken, halten in Spannung und steigender Erregung. So wünschenswert in seinen Augen der geplante Schritt, mit dem das Reich seine volle Souveränität und den Rhein als gesicherte Verteidigungslinie zurückgewänne: das Wagnis scheint ihm abenteuerlich. Allein die französische armée de couverture kann das schwache Reichsheer »hinwegblasen«. Selbst Hitler schwankt beunruhigt und will wissen, wann spätestens er sich entscheiden muß, um die aufgebotene Truppe noch anhalten zu können.[57] Am 7. März 1936 rückt eine Division in die entmilitarisierte Zone des Rheinlandes ein. Drei Infanterie-Bataillone – äußerste Vorhut – werden bis Aachen, Trier und Saarbrücken vorgeschoben. Der deutsche Diktator geht »das größte außenpolitische Risiko der Vorkriegszeit« ein.[58]

Auch Jodl schlägt Blomberg vor, vielleicht »die drei Infanterie-Bataillone westrheinisch zurückzuziehen, wenn dafür die Franzosen etwa das Vier- und Fünffache von ihrer Grenze zurückziehen würden«.[59] Der Reichskriegsminister verlangt, dreimal und immer dringlicher, die sofortige Räumung Aachens, Triers und Saarbrückens. Er befürchtet, daß Frankreich zu Gegenschlägen ausholt, aber Hitler hat schon die gefährlichste Zeitspanne hinter sich.[60] Nach seinem Kalkül ist die Einheitsfront von Stresa zerbrochen. Der Flottenpakt mit England und Mussolinis Abessinien-Krieg haben ihm Spielraum verschafft. Friedensbeteuerungen und Verhandlungsangebote decken seine Schritte, in denen Großbritannien keine Bedrohung eigener vitaler Interessen erblickt. Bis auf Proteste geschieht von seiten der herausgeforderten Mächte nichts.[61] Er, der Führer, behält recht. Gleich den Wehrmachtspitzen muß Jodl zugestehen, daß die Analysen des Politikers stichhaltiger waren. Dessen Erfolg erweckt in ihm erneut Bewunderung. Daß die Pakte zwischen Frankreich, Sowjetrußland und der Tschechoslowakei den Locarno-Pakt überflüssig gemacht hätten – Lesart Hitlers –, nimmt er zustimmend, als Tatsache hin.[62]

Die geglückte Aktion tilgte für ihn nationales Unrecht, half der Verteidigungsfähigkeit des Reiches. Angriffsabsichten traute er, angesichts der Stärkeverhältnisse, nicht einmal dem Diktator zu. Loyal stand er zur Heeresleitung, die weiterhin glauben mußte, sich gegen Frankreich nur defensiv behaupten zu können.[63] Becks Vorschlag, das linksrheinische Gebiet nicht zu befestigen, leuchtete ihm ein, ebenso die Forderung, Festungsräume an der Rhein-Linie zu schaffen, die Abwehrkämpfe erlaubte. Doch die Festungsforderung wurde Makulatur und Becks Vorschlag von Hitler schroff abgelehnt. Unnachgiebig, ohne Diskussion befahl er den sofortigen Ausbau des Westwalls, der Angriffe gegen deutsches Gebiet verhindern und seine Ostpolitik abschirmen sollte.[64] Die Heeresführung unterließ weitere Einsprüche und beugte sich. Die Stufenpläne, die den Diktator lenkten, waren nicht ihr Denkmodell. Was sie leitete, blieb perfekte Verteidigungsfähigkeit, die der Westwall auch herzustellen versprach. Sinnvoll schien ihr indes wieder nur ein langjähriges, solides Aufbauwerk. Wie bei der personellen Heeresvermehrung hatte sie zunehmend Überhastungen im Tempo zu beklagen.[65]

Jodl verurteilte kaum noch Hitlers Dynamismus, der Energien weckte oder anspornte. Dieser Dynamismus trug augenscheinlich über Klippen, die Fachmänner – meist konservativ und zögernd – offenbar zu hoch veranschlagten. In der Planungsarbeit aber folgte Jodl den Gleisen Fritschs und Becks. Reisen, Übungen und Manöver, an denen er teilnahm, ja, die er mehrfach selbst vorbereitete, beherrschten gediegene, nüchterne Konzepte. Jede der gestellten Aufgaben nahm *feindliche* Angriffe an, denen allein durch *Abwehr*kampf zu begegnen war.[66] Auch die rasch emporschießenden Bunkerketten des Westwalls täuschten nicht darüber, daß die Wehrmacht, einmal angegriffen, noch Krieg auf deutschem Boden führen mußte. Die Erziehung des Offizierskorps zielte darauf ab, »einen überlegenen Feind aus der strategischen Defensive heraus trotz eigener Unterlegenheit zu schlagen«.[67] Weisungen, Besprechungen und Kriegsspiele verrieten die Handschrift Becks, sein unbestechliches Denken. Konflikte infolge sinnwidriger, illusionärer Befehle konnten nicht aufkommen. Sachverstand höchsten Niveaus diktierte: später, unter Hitlers Heeres-Oberbefehl, manchmal schmerzliche Erinnerung.[68]

Konfliktlos, weil wirklichkeitsnah, für Jodl auch die Aufmarschpläne »Rot« und »Grün«, Pläne des Jahres 1937, die ebenfalls von feindlichen Angriffen ausgingen.[69] »Rot« dachte an eine überfallartige Offensive Frankreichs unter anfänglicher Zurückhaltung Sowjetrußlands und der Tschechoslowakei. Dabei galt es, alle einsatzfähigen Verbände, selbst ostpreußische Truppen, zur Abwehr im Westen zusammenzufassen. Nur schwache Kräfte sollten die Ost- und Südostgrenzen des Reiches sichern. »Grün« rechnete mit der gleichen Feindkoalition, unterstellte jedoch einen rechtzeitig erkannten, unmittelbar drohenden französischen Angriff. Hier hatte das Heer konzentrisch den tschechoslowakischen Gegner niederzuringen und der Abwehr im Westen Rückenfreiheit zu erkämpfen: noch immer ein verzweifeltes Konzept, da Frankreich weit über den Rhein vorstoßen konnte, bevor die Armeen im Südosten frei und deutsche Gegenangriffe möglich wurden. »Rot« wie »Grün« waren Notlösungen für die schlimmsten und allmählich unwahrscheinlichen Fälle, strategisch *Defensiv*pläne einer weiterhin unfertigen Wehrmacht. Als Willen zum Angriffskrieg konnte man sie nicht interpretieren.

Jodls Tag blieb randvoll gefüllt – randvoll vor allem, wenn er Keitel und Blomberg vertrat, die zeitweise durch Abwesenheit glänzten.[70] Anrufe, die sonst den »Chefs« gegolten hätten, brachten Extra-Arbeit, Ärger und Reibungen. Dann sprach er von »zermürbender Mühle« oder »unerbittlicher Maschinerie«, die Kräfte und Nerven fraß, aber der Schwung, den die Truppe zeigte, erhob und beflügelte.[71] Oft tat es Jodl wohl, draußen zu sehen, was er am Schreibtisch half aufzubauen, den Idealismus zu spüren, ohne den für ihn keine Höhepunkte existierten. Stets, bekannte er, »ging mein Leben seinen Gang zwischen Wissen und Glauben und zwischen Gefühl und Verstand«.[72] Politisch schien ihm Mitte 1936 die »sehr, sehr ernste Zeit« unmittelbar nach Verkündung der Wehrpflicht längst überwunden. Das Reich war sogar ohne jenes »blaue Auge« davongekommen, das er zuvor noch erwartet hatte.[73] Des Führers Friedenswille und Frankreichs innere Wirren verhießen weitere ungestörte Aufbauphasen, mit denen sich »Freunde von selbst« einstellten. Aufmerksam registrierte er, als Folge des Abessinien-Krieges, Italiens Annäherung an Deutschland: gewiß wieder ein Erfolg Hitlers.[74] Dagegen fürchtete er – mehr und mehr – eine Auseinandersetzung zwischen ostasiatischem Bolschewismus und westlicher Kultur. Offenbar redete er sich ein, daß diese Auseinandersetzung bald drohe. Ihr Ausgang würde – so in einem Brief – Europa, wenn nicht die Welt von Grund auf verwandeln.[75] Propaganda stand da wohl Pate.

Wie je zog es ihn aus »dem verstädterten Berliner Dasein« in die bayerische Heimat. Sie schenkte Ruhe, neue Kräfte, innere Freudigkeit. Immer hat er das Land um den Chiemsee »schwer verlassen«.[76] Berlin blieb andere, laute Welt, doch auch ihr bestätigte er, daß sie nun unverkennbar zu ihm gehöre. Er erlebte eine pulsierende Reichshauptstadt und genoß, was sie kulturell zu bieten hatte. Amt und Rang öffneten ihm besondere Türen. Er liebte – bei begrenzter Konversation – zu tanzen und berichtete über einen Ball der Staatsbühnen, zu dem Göring einlud: »Es gab Heidenausschnitte von seltener Schönheit und ungewöhnlicher Tiefe, gleichmäßig braun von Höhensonne oder Puder. Ich konnte das nicht ganz ergründen.«[77] Die Olympiade – Hauptereignis des Sommers 1936 – faszinierte in ihm den Sportler und früheren Wettläufer. Er meinte zu wissen, welche Disziplin, Energie und Entsagung hinter allen Leistungen steckte, Leistungen, die nur selten Lorbeer krönte. Er fühlte mit den Japanern, die gegen »die im Körperbau weit überlegene nordische Rasse« antreten mußten, und bewunderte ihre erste Goldmedaille, die sie im Dreisprung errangen. Sein »tiefster Eindruck«: die Ehrung des Siegers Tajima, der fassungslos weinte, als Japans Flagge am Mast hochging und die Nationalhymne ertönte.[78] Lange noch erinnerte er sich dieser Schauspiele einer »kämpfenden prächtigen Jugend«, der glanzvoll organisierten, festlichen Tage, die nicht an Kriegshandwerk denken ließen und auch Hitlers Widersacher bewegten.

Spaniens Bürgerkrieg, der Deutschland an Francos Seite sah,

erweckte in Jodl Beklommenheit.[79] Er verstand, daß es Hitler drängte einzugreifen. Ein nicht-kommunistisches Spanien minderte Frankreichs strategisches Übergewicht: Gedanke, der auch jenseits künftiger Angriffskriege zählen konnte. Doch gleich Blomberg wünschte er keine Abgaben, mit denen man die eigene Aufrüstung schwächte. Zurückhaltend notierte er die Hilfeleistungen, unter ihnen einmal 30 000 Gewehre.[80] Besorgt vermerkte er 1937 die große Gefahr »einer vorzeitigen Auseinandersetzung Italien, Frankreich, England bei 100% Sieg Francos«, die nicht in »unserem Interesse« läge.[81] Das Heer stellte für Spanien – beruhigend genug – insgesamt 600 Mann, den zehnten Teil der »Legion Condor«. Der Angriff »roter Flieger« auf das Panzerschiff »Deutschland«, bei dem 31 Seeleute starben, spannte Jodl ein in hektische Aktivitäten.[82] Alle Entschlüsse im Schatten des Desasters erfuhr er unmittelbar, ebenso die beschlossene »Repressalie«: Beschießung Almerías durch »Admiral Scheer«. Daß für Hitler in Spanien nur die *erste* Etappe des antibolschewistischen Kampfes ablief, blieb ihm offenbar verborgen.[83] Was er nach dem bedrohlichen »Deutschland«-Zwischenfall wahrnahm, verlief ohne Krisen und versprach, den Zweck der Intervention zu erfüllen. Wie die bisherigen Schritte des Diktators nötigte auch dessen Spanien-Engagement Jodl nicht zur Selbstverleugnung. Abermals beherrschte in seiner Sicht Deutschlands Führer die Szene.

Reputation bescherte dem noch jungen Oberst ein überraschendes Angebot. Das Heerespersonalamt fragte an, ob er bereit wäre, Generalstabschef der Luftwaffe zu werden. Er ging in sich, die Karriere verlockte, doch nach längerer Zeit lehnte er ab. »Viel zu tief mit dem Heer verwurzelt«, wollte er nicht »als Dilettant auf einem Posten stehen, auf den ein Künstler gehört«.[84] Gewiß – schrieb er dem General der Flieger Stumpff – sei eine neue Waffe mit Dilettanten aufzubauen, wenn geschulte Generalstabsoffiziere fehlten. Dann indes müsse wenigstens zweierlei vorhanden sein: »Eine ganz ausgesprochene Passion, die mit sehr viel stärkerer Kraft zu der neuen Waffe drängt als sie mit der alten verbunden ist, und eine Persönlichkeit, die über die nötige Sicherheit und Bestimmtheit auch dort verfügt, wo die normale Grundlage dafür, nämlich das Wissen und die Erfahrung, fehlt. Da keine der beiden Voraussetzungen bei mir zutrifft, glaube ich auf meinem jetzigen Posten, an dem ich sehr hänge, und wenn man mich dafür geeignet hält, später an der Spitze einer Division oder eines Korps Besseres leisten zu können als bei der Luftwaffe, aus der ich nicht hervorgegangen bin.«[85] Das Angebot, 1938 erneuert und wieder abgelehnt, zumal Blomberg gestand, ihn nur ungern zu verlieren, hätte Jodl eine schwere Zukunft erspart, aber konnte er es ahnen? Was er – trotz größeren Ehrgeizes – vor sich sah, waren angemessene Truppenkommandos. Weiteren Aufstieg, glaubte er, verbürgte ihm auch das Heer.

Die Zeit seit 1933 hatte, Zug um Zug, seine ursprüngliche Skepsis beseitigt.[86] Staunend blickte er auf Erfolge, die in der Weimarer Republik nicht zu erringen waren. Sowenig er sie dem Parlamentarismus mißgönnt hätte: Anerkennung gebührte jetzt dem autoritären Führer. Überlegen lenkte nun, in Jodls Augen, Adolf Hitler Deutschland. Er gestand sich ein: Dieser Mann hatte, ohne Verwicklungen und Blutvergießen, die Fesseln des Versailler Vertrages gesprengt. Er hatte das Saarland heimgeholt, die militärische Souveränität erstritten und zu einer Armee verholfen, mit der sich Deutschland behaupten konnte. Er tilgte die Arbeitslosigkeit und war dabei, den Parteienhader zu überwinden, mehr noch: eine Volksgemeinschaft zu verwirklichen, in der überlebte Klassenschranken fielen – Resultate, die jede Erwartung übertrafen. Und nicht nur der Arbeiter, Bürger und Soldat, auch politische Gegner waren gewonnen. Ungezählte hatten die Front gewechselt, um sich auf die Seite der siegreichen Revolution zu schlagen. Staatsmänner des Auslandes bezeugten dem Führer des neuen Deutschland Respekt und Bewunderung. Wie immer der Redner Hitler bewertet wurde: dessen Glaubensinbrunst betörte und eroberte die Massen. Keiner schien so vom Feuer einer Mission durchglüht, keiner hingebungsvoller eine glückliche Zukunft zu erstreben. Seine geradezu monomanische Energie bezwang Zweifel, Vorbehalte, Hindernisse. Mit ihr triumphierte er, weil sie erweckte und bewußt machte, was in Millionen schlummerte oder gärte.

Jodl hielt sich nicht an die »Weltanschauung« des Nationalsozialismus. Das Buch »Mein Kampf« ließ er weiter beiseite. Er hielt sich an Hitler, der – nach seinen Taten – über außergewöhnliche Kräfte verfügen mußte.[87] Diese Taten erfüllten Wünsche, die ihn selbst bewegten. Er war zu sehr Patriot und Soldat, als daß ihm ein zureichendes Heer nicht deutsches Anrecht gewesen wäre. Obgleich kein schäumender Revisionist, empfand er angesichts der wiedererrungenen Wehrhoheit Stolz und Genugtuung. Die europäische Politik seiner Zeit erlaubte schwerlich anders zu fühlen. Wehrhoheit hieß Befreiung. Fast noch leidenschaftlicher begrüßte er, daß widersinnige Klassengegensätze schwanden und dem Arbeiter auch die hellen Seiten des Lebens zugänglich wurden. Seit langem nicht nur Offizier der alten Schule, stand er mehr denn je zu einer national-sozialen Synthese, die der verlorene Krieg und Deutschlands Industrialisierung diktierten.[88] Sie allein, meinte er, vereinige Arbeiterschaft und Bürgertum, die Schichten, an denen die Einheit des Reiches hing. Das Fronterlebnis in Nähe des »einfachen« Mannes blieb für ihn prägend, ebenso die Zersplitterung des Volkes während der Weimarer Republik. Nun sah er unter glücklichen Vorzeichen »wie mit einem Zauberstab« die ganze Not und Zerrissenheit früherer Jahre weichen.[89] Wo einst – bei sechs Millionen Arbeitslosen – Verzweiflung und Armut regiert hatten, überwand jetzt Führung Haß und Elend. »Freudig« bekannte sich Jodl zum neuen Staat.[90]

Die Nachtseiten des Regimes waren ihm weder Stachel noch Belastung. Daß – abgedeckt oder offen – ein übergesetzlicher Machtapparat entstand, organisierte illegitime Gewalt, beherrschte nicht sein Bewußtsein. Nahm er Auswüchse wahr, gehörten sie zur Revolution, die hier jedoch, wie er betonte, »ziemlich viel Disziplin« zeigte.[91] Die Ausschaltung namentlich der radikalen Linken ließ ihn kühl, vor allem im Rückblick auf die Wirren von 1918/19. Den NS-Antisemitismus, der mit den Nürnberger Gesetzen entrechtete, mißbilligte er, da er selbst Juden kannte, »deren menschlicher Wert unbestritten war«.[92] Doch die »unerhört provozierenden« Auftritte des Judentums nach dem Weltkrieg – Erinnerung an »Zerfallserscheinungen« –

dämpften, ja, lähmten schon seine innere Opposition.[93] Was den Ausschlag gab, blieb das Wunder einer wiederaufsteigenden Nation der Stärke und Geschlossenheit: Elementar-Ereignis, das, nicht von der Armee ausgelöst, insbesondere die Armee erfaßte. Der politische Zuspruch des Volkes steckte Jodl an und leitete ihn als Richtschnur.[94] Seine Überzeugungen gewann er mit Bedacht, auch wenn Blomberg und Keitel – die *begeisterten* Führeranhänger – sie oft gefördert haben mochten. Diese Überzeugungen wurden fester, unbeirrbarer Glaube. So unmöglich vorherzusagen, ob sich der Umbruch »in historischer Größe vollendete«[95]: das offenbar Gewordene bestach und entschied. Für Jodl war Hitler nicht länger ein Scharlatan.

SPANNUNGEN, AFFÄREN, ÖSTERREICH

Jodl wechselte – mit dem Übergang ins Reichskriegsministerium – in vorgeprägte Amtsbereiche.[1] Wenig oder nichts konnte er, auch bei entsprechendem Willen, innerhalb dieser Amtsbereiche wenden. Sollte er Belange des Heeres verfechten, setzte ihn Beck übermächtigen Gegenfronten aus, zersplitterte er nur die Phalanx des eigenen Generalstabes. Blomberg, bald Feldmarschall, war durch einen Oberst schlecht zu bekehren. Seit Verkündung der »Wehrfreiheit« Reichs*kriegs*minister und Oberbefehlshaber der Wehrmacht, über Heer, Marine und Luftwaffe gestellt, wollte er die gesamte Wehrmacht nach Richtlinien des Staatsoberhauptes einheitlich führen.[2]

Sein Wehrmachtamt unter Keitel war Instrument des ausgeübten Oberbefehls, nicht nur der ministeriellen Funktionen. Zielsicher erstrebte er – so auch im Wehrwirtschafts- und Waffenwesen[3] – umfassende Autorität. Jodls Abteilung Landesverteidigung (L) blieb sein eigentliches wichtigstes Führungsorgan. In ihm bearbeiteten Offiziere von Heer, Marine und Luftwaffe organisatorische wie operative Aufgaben der Gesamtwehrmacht. Obschon personell noch dürftig besetzt, verleitete die Abteilung L längst zu höheren Ansprüchen. Anlage und Aufbau wiesen auf Expansion. Gerade nach Blombergs Willen hatte aus dieser Abteilung ein Wehrmachtgeneralstab hervorzugehen.[4]

Wenn Beck seinem »Abgesandten« klare Aufträge erteilt haben sollte, so verlor sie Jodl rasch und unwiderruflich aus dem Auge.[5] Was er selbst wollte, schien eher von Hemmnissen befreit zu sein. Die neue Umgebung löste ihn, tat ihre Wirkung. Sicher hatte er vorab für Weisungen und Lagebeurteilungen zu sorgen. Doch einmal im Wehrmachtamt, sah er keinen Anlaß zu prinzipieller Kritik im Sinne Becks, sondern vor sich die Chance, eigene Vorstellungen verwirklichen zu können. Bewußt schwenkte er ein in Blombergs und Keitels Lager. Überzeugt, ja leidenschaftlich bekannte er sich zur einheitlichen Wehrmachtführung und zu einem Wehrmachtgeneralstab.[6]

Die Gedanken, die er selbst ausformte oder entwickeln half, erstrebten die schlüssigste Organisation und höchste Schlagkraft.[7] Nicht die Einheit zwischen Führung der Wehrmacht und Führung des Heeres zählte für ihn, sondern die Einheit zwischen Land-, Luft-, See-, Propaganda- und Wirtschaftskrieg (»Organisation der kämpfenden Nation«). Diese Einheit konnte, wenn überhaupt, nur ein Oberbefehlshaber der Wehrmacht sichern, der über den drei Wehrmachtteilen stand, dazu eines eigenen Stabes bedurfte und im Krieg verantwortlich führte. Er mußte alle mobilisierbaren Kraftquellen kennen, »Führung der Wehrmacht« und »Organisation der Reichsverteidigung« aufs engste zusammenfassen. Seine Berater waren und blieben die Oberbefehlshaber der drei Wehrmachtteile. Aber *nur* unter und nicht neben ihm hatten sie – »für ihren Sektor verantwortlich« – den Land-, Luft- und Seekrieg zu führen.[8]

Selbst Heeres- und Generalstabsoffizier, wußte und bekräftigte Jodl, daß dem Heer im Krieg oft genug Vorrang zukam, doch den ausschließlichen Vorrang des Heeres bestritt er.[9] Obschon er – zunächst – lediglich an einen Verteidigungskrieg gegen Deutschlands Nachbarn denken konnte, lagen für ihn Schwerpunkte der Kriegführung auch bei Luftwaffe und Marine. Diese Schwerpunkte, mehr noch: den Gang der Gesamtkriegführung sollte allein ein Oberkommando der Wehrmacht bestimmen. Eines, das den Wehrmachtteilen Richtlinien für ihre Planungen gab und »auseinanderlaufende Konzepte« verhütete.[10] Von den Wehrmachtteilen abgesetzt, aber vertraut mit ihnen, konsequent aufgebaut und organisiert, versprach es, Ressortstreit am ehesten zu unterbinden und Bedingungen *moderner* Kriegführung zu erfüllen. Ständige und gute Zuarbeit von unten nach oben freilich blieb unerläßlich.

Jodl sah keine Probleme, wenn alle Führungsgrundsätze anerkannt wurden.[11] Keiner der Wehrmachtteile war benachteiligt, brauchte sich zurückgesetzt zu fühlen. Notwendige Forderungen – Stichwort: Seekriegsluftwaffe für die Marine – hatten bei einem Oberkommando der Wehrmacht (OKW) den kürzesten Weg. Entschieden wie kaum ein zweiter glaubte Jodl, daß die »kontinental orientierte« Heeresführung nur gewinnen konnte, arbeitete sie eng mit den beiden anderen Wehrmachtteilen zusammen.[12] Um die Zusammenarbeit zu fördern, gründete er nach Einwilligung Blombergs eine Wehrmachtsakademie. Was Führung der Gesamtwehrmacht erforderte, sollten Jahreskurse den abkommandierten Offizieren vermitteln. All das war für Jodl nicht nur sinnvoll, sondern unabweisbar. Ganz Verfechter »seiner richtigen Sache«, erwartete er kaum die Widerstände, die sie innerhalb des Heeres auslöste.[13]

Fritsch und Beck widersetzten sich nicht einer einheitlichen Wehrmachtführung, doch jedem Konzept ohne Vorrang ihres Oberkommandos des Heeres (OKH). Das Heer war ihnen – vor allem im Kontinentalkrieg – der entscheidende Wehrmachtteil.[14] Luftwaffe und Marine sollten – nachgeordnet – dem Heer als Hilfswaffen dienen. Wollte man einen Wehrmachtgeneralstab, hatte ihn der Heeresoberbefehlshaber zu lenken; er mußte Blombergs erster Berater für die Gesamtkriegführung sein. Ein übergeordneter Stab, der selbst führen wollte, schien dem OKH ein Unding und – entbehrlich. Was von einem Stab zu verlangen war, vermochte der weit besser gerüstete Generalstab des Heeres zu leisten. Bereits das Wehrmachtmanöver 1937 hatte bewiesen, daß nur er und nicht die Abteilung Landesverteidigung führen konnte. Konsequent wurde gefordert, diese Abteilung in den Heeresgeneralstab einzugliedern oder zu beseitigen.[15]

Mit alledem war nicht allein auf Machtteilhabe an der Spitzengliederung abgezielt, sondern ebenso auf militärische *und* politische Mitverantwortlichkeit. Gerade Beck weigerte sich, einen nur »operativ zuständigen« Generalstab hinzunehmen.[16] Er beanspruchte höchste Kompetenz. Strategie und Politik waren für ihn nicht zu trennen. Ob Kriege zu führen waren, konnte und durfte nie allein der Staatsmann entscheiden. Militärischer Sachverstand mußte ihn notfalls warnen oder bremsen. Becks Auffassung verbürgte Konflikte mit dem Mann, der ihm noch sagen sollte: »Die Wehrmacht ist ein Instrument der Politik. Ich werde der Armee ihre Aufgabe zuweisen, wenn der Augenblick gekommen ist. Die Armee hat diese Aufgabe zu lösen und nicht zu diskutieren, ob diese Aufgabe richtig oder falsch gestellt ist.«[17] Doch solch ein Herostratentum machte Mitverantwortlichkeit um so dringlicher. Auch ohne Hitler war an ihr entschlossen festzuhalten.

Fritsch und Beck begriffen, daß Blomberg ungeteilt führen wollte. Vorsichtig suchten sie ihn auf ministerielle Funktionen zu beschränken.[18] Organisation der kämpfenden Nation und Führung im Krieg, argumentierten sie, übersteige die Kraft auch des genialsten Soldaten. Unfehlbar würde, bei solcher Aufgabenfülle, einer von beiden Bereichen vernachlässigt. Abhilfe böten lediglich klare Zuständigkeitsbereiche. Statt des Reichskriegsministers, der zu entlasten war, sollte ein Generalissimus des OKH im Krieg die Operationen leiten. Und nicht genug, daß die Abteilung L unzureichend blieb, verhinderten schon Marine und Luftwaffe einen OKW-Wehrmachtgeneralstab.[19] Raeder und die Seekriegsleitung hielten sich abseits. Göring, als Reichsluftfahrtminister nicht einmal Blombergs Untergebener, verweigerte jede Kooperation. Galt das Ziel einheitlicher Wehrmachtführung, so war es nicht erreichbar. Nur Selbsttäuschung erlaubte anzunehmen, daß Raeder und Göring noch »einschwenkten«.

Jodl beharrte auf seiner Position. Kein Gegenargument konnte ihn überzeugen. Daß sich seine Abteilung L als Stab zwischen den Oberbefehlshaber der Wehrmacht und den des Heeres schob, leugnete er.[20] Führungsrechte blieben, in seiner Sicht, den Spitzen der Wehrmachtteile erhalten. Standen sie zu den Aufgaben, die ihnen zugewiesen wurden, sah er die nötige Geschlossenheit verwirklicht. Der gescheiterte Versuch, an die Stelle der OKH-Wehrkreisbefehlshaber OKW-Wehrmachtbefehlshaber zu setzen, konnte ihn nicht beirren. Seine Auffassung von der Eigenständigkeit einer Luftwaffe verhalf zu Ansehen bei diesem Wehrmachtteil.[21] Das Bewußtsein, zu den unorthodoxen, fortschrittlichsten Heeresoffizieren zu gehören, verdoppelte Jodls Energien. Eine Trennung der umstrittenen Funktionen – Organisation der Reichsverteidigung und Führung der Wehrmacht im Kriege – verwarf er. Keinem der Wehrmachtteile war – so sein Hauptcredo – die Gesamtkriegführung von vornherein anzuvertrauen.[22]

Sein Eifer für die vermeintlich beste Spitzengliederung trieb ihn zu äußersten Konsequenzen. Außerstande oder unwillig, anders als in Funktionen zu denken, verfocht er schließlich auch im Militärischen das »Führerprinzip«, nach dem – gemäß der NS-Ideologie – »der Führer allein zu bestimmen« hatte. Wie Keitel lehnte er mitverantwortliche Berater ab.[23] Ein herkömmlicher Großer Generalstab war für ihn »unvereinbar mit der nationalsozialistischen Weltanschauung«. Ressentiments gegenüber Vorbehalten festigten seine Radikalität. Was er und Keitel erstrebten, stellte Hitler – *vor* abschreckenden Erfahrungen – Freibriefe aus. Unerläßliche Pflichten der obersten Ränge wurden verleugnet, gestrichen. Mit solcher Haltung war ein Rammbock gegen Vorsicht und Vernunft errichtet. Zugleich tilgte sie die konstruktiven Gedanken im Entwurf einer einheitlichen Wehrmachtführung. Keine Reform von Institutionen fruchtete, besaß *ein* Mann die Vollmacht zu entscheiden. Fritsch und Beck spürten: Hier sollten sie Rechte verlieren, die lediglich Verblendete antasten konnten.[24] Noch bevor sich der Diktator selbst regte oder zu regen brauchte, hatten die Heeresspitzen ihre Geschlossenheit eingebüßt.

Jodls Standort – nicht nur sein Denken – isolierte und »zeichnete«. Kameraden wandten sich ab oder zeigten Mißtrauen. Das OKW traf Verachtung und Feindseligkeit.[25] Kaum ein Kommando des Heeres, das von ihm vernünftige Führungsentschlüsse erwartete. Interna des OKH blieben Geheimsache. In abgedichteten Zirkeln erörterte man, was »Hitlers militärische Behörde« nie erfahren sollte. Es wurde für Jodl peinlich, wenn er auf einem Amtsflur dem Chef des Generalstabes begegnete. Beck übersah ihn, verweigerte jeden Gruß, kannte ihn nicht mehr. Seine Kälte verriet Enttäuschung, ja Erbitterung.[26] Er fühlte sich von Jodl hintergangen; der einst hochgeschätzte Gehilfe, als geschulter Generalstabsoffizier im OKH noch ein sicherer Bundesgenosse, war in seinen Augen zum Abtrünnigen geworden. Beck verbot allen Untergebenen Umgang mit den Offizieren des Wehrmachtamtes, ein Verbot, das erst der Nachfolger Halder lockerte.[27] Die Kluft zwischen den Fronten war abgrundtief und sollte trennen. Durch das obere Offizierskorps lief ein Riß, der nicht wieder vernarbte. Das »konservative Heer« stand gegen die »nationalsozialistischen Neuerer«.[28] Jodl ertrug seine Isolation, zumal er im Wehrmachtamt abgesetzt vom Generalstab des Heeres arbeitete. Anwürfe vertieften seine Ressentiments gegenüber denen, die »gesellschaftliche Vorrechte des Standes aufrechtzuerhalten« suchten.[29] Jetzt bewußt »Außenseiter«, erwiderte er Abneigung ohne Gewundenheiten. Noch 1939 nannte er, in einem Brief, OKH und Heeresgeneralstab »die Feindseite«.[30]

Was Fritsch und Beck verlangten, waren – auch nach dem Fiasko Ludendorff im Weltkrieg – Selbstverständlichkeiten. Keine militärische Führung verdiente den Namen Führung, wenn sie nicht ihrem Sachverstand folgen durfte und von ihm her auf Mitverantwortlichkeit bestand. Jeder Kanzler des Reiches hatte das Leistungsvermögen der Streitkräfte zu berücksichtigen. Schon Instinkt verbot, hier je Macht an die politische Führung preiszugeben. Daß dieser Instinkt – innerhalb des Wehrmachtamtes – offenbar ertaubt war, leitete auf abschüssige, verhängnisvolle Bahnen. Ebenso entscheidend – leider – personelle Bedenken. Sicher mochte es, so Fritsch, in Zukunft »vom Schicksal abhängen«, ob Heeres- oder Wehrmachtgeneralstab »über die besseren Köpfe« verfügten.[31] Das amtierende OKW verfügte schwerlich über die besten.

Werner von Blomberg eignete sich, in der Optik des OKH, nicht zum führenden Feldherrn.[32] Der Reichskriegsminister, Bewunderer Adolf Hitlers, hatte die Wehrmacht an dessen Seite gerückt. Tatsachen bewiesen, daß er im Sinne des jüngeren Offizierskorps handelte, aber vermochte sich gerade dieser Feldmarschall notfalls auch gegen Hitler durchzusetzen? Selbst wer seine Führergläubigkeit übersah, konnte ihm keine Charakterfestigkeit, weder Kühnheit noch Entschlußfreudigkeit zugestehen. Seine Weisung, in die Aufmarschpläne auch einen Angriff gegen die Tschechoslowakei einzubeziehen, hatte härteste Kritik des

Generalstabschefs ausgelöst.[33] Beck – davon durchdrungen, daß dieser Angriff einen Mehrfrontenkrieg und damit Deutschlands Ende heraufbeschwor – mußte bei Blomberg bestürzende Realitätsverluste mutmaßen. Trotz operativer Schulung, die sich im Weltkrieg bewährt hatte, war der Wehrmachtoberbefehlshaber nicht dem höchsten Rang zuzurechnen.

Und Keitel, sein nächster Gehilfe? Niemand konnte darauf verfallen, ihn für einen Stabschef oder Militär zu halten, der Schwächen des ersten Mannes ausglich.[34] Allenfalls gediegener Organisator oder Bürogeneral, der Akten brauchte, um »mahlen« zu können, drohte ihn Führung hoffnungslos zu überfordern. Sogar operative Schulung ließ hier zu wünschen übrig. Und fehlte bereits Blomberg innere Unabhängigkeit, verkörperte Wilhelm Keitel beflissene Subalternität – Subalternität, die Hitler-Verehrung unbeirrbar machte. Wenn militärisch und politisch auf wirklichkeitsnahen Zielen zu bestehen war, so bot Keitel – nur zu unsicher – den geringsten Rückhalt. Wie immer man aber seine und Blombergs Fähigkeiten einschätzte: Organisation der Kriegführung und Führung im Krieg überstiegen jedes einzelnen Kräfte. Das galt schon jenseits politischer Willfährigkeit, doch besonders gegenüber diesem Duumvirat, das nicht gebieten oder gängeln durfte.

Auch wenn gerade die Personalfrage zu taktischer Geschmeidigkeit zwang: sie trieb um und belastete innerhalb des OKH zusätzlich. Zudem schlug die Aufrüstung – ohnehin kaum koordiniert, ja, aus dem Ruder laufend – namentlich bei der Luftwaffe gefährliche Richtungen ein.[35] Längst war nicht mehr eindeutig sichergestellt, daß Deutschland – wenn überhaupt – nur einen Verteidigungskrieg führen durfte. Wollten OKH und Heeresgeneralstab Kontrollen zurückgewinnen, mußten sie sich anstrengen und sputen. Beck glaubte und mußte glauben, daß Forderungen von seiner Seite allein noch verprellten. Was er – nun bereits verhärtet – zu erreichen trachtete, traf auf immer gereizteren Widerstand. In einem neuen Anlauf hatte er seinen Oberquartiermeister (I) Manstein beauftragt, »Gedanken zur Spitzengliederung im Kriege« vorzulegen.

Manstein – Jodls Vorgänger in der Operationsabteilung und

einer der fähigsten Köpfe – pointierte nochmals. Unmißverständlich empfahl er, die strategische und operative Führung von Funktionen des Reichskriegsministers zu trennen.[36] Zu den Kompetenzen der bisherigen Spitze sollten lediglich »Erfassung, Organisation und Verwendung aller personellen und materiellen Mittel für die Kriegführung, die politische Vertretung der Wehrmacht« gehören. Dabei konnte ein Verteidigungsrat mit den wichtigsten Ministern zur Seite stehen, zusätzliche Gewähr für leistbare Arbeit und fundierte Entschlüsse. Wie Beck betonte Manstein, daß im Krieg zunächst Deutschlands Heer den Kampf entschied. Luftwaffe und Marine wertete er als Hilfswaffen, »bis die Stellung des Reiches auf dem Kontinent vollauf gesichert war«.[37] Alternativen entfielen. Seine Denkschrift mied überspitzte Thesen, Rechthabereien. Entschiedener als Fritsch und Beck bekräftigte er Gewicht und Bedeutung der Luftwaffe.

Kam die Zeit, sie operativ, also selbständig einzusetzen, wollte er ihr oder der Marine Vorrang zuerkennen. Noch aber hatte für ihn die Luftwaffe das Heer zu unterstützen und mit dem Heer die Vernichtung der feindlichen Streitkräfte anzustreben: Hauptaufgabe jeder Strategie.[38] Unausgesprochen hielt auch er zum Konzept eines Verteidigungskrieges, das – allein realistisch – andere Ambitionen stoppen mußte. Um so eindeutiger forderte er, die Leitung der militärischen Operationen in die Hand des Heeresoberbefehlshabers zu legen.[39] Dessen Generalstab, schrieb er, seien Organe der anderen Wehrmachtteile anzugliedern. Der Luftwaffe und Marine sollte Selbständigkeit bleiben »im einzelnen«, die »Führung der Gesamt-Wehrmacht« jedoch dem Heer zufallen. Bilde man, warnte Manstein, einen Wehrmachtgeneralstab neben dem des Heeres, käme es »bei diesem zu einer Doppelführung«, zum Gegeneinander zweier Stäbe, die sich wechselseitig dreinredeten und lähmten.

Jodl hätte sich, in einem Wehrmachtgeneralstab unter dem Zepter des Heeres, kaum zurückgestuft gesehen. Viel sprach dafür, daß er – dem Rang nach – hochgestellter technischer Berater geblieben wäre, freilich nicht Chef seiner Abteilung.[40] Das konnte auch ihn verleiten, Ehrgeiz der Sache überzuordnen, zumal angesichts der Feindseligkeiten des »Gegenlagers«, doch hinsichtlich seiner beiden Vorgesetzten zeigte er Klarheit. In einem Gespräch mit Manstein äußerte er: »Der ganze Jammer ist, daß im OKH die stärkeren Persönlichkeiten sitzen. Wenn Fritsch, Beck und Sie im OKW wären, würden Sie anders denken.«[41] Manstein erwiderte, daß dann Fritsch, Beck und er die Führung beanspruchten. Keinesfalls würde mehr ein Neben- oder Gegeneinander von Wehrmacht- und Heeresführung zugelassen, ebensowenig aber auch eine Belastung des Heeresoberbefehlshabers mit Aufgaben eines Reichskriegsministers – Replik, die kaum Deuteleien zuließ.[42]

Jodl schwieg außerhalb des Amtes über alle Krisen. Auch in seinem Tagebuch lediglich wortkarge Eintragungen, Andeutung der Ereignisse ohne Kommentare.[43] Seine nervenstarke Natur erlaubte Disziplin zu halten. Doch die Feindschaft des OKH traf ihn tiefer, als er es sich selbst eingestehen mochte. Trotz zunehmender Spannungen hing er nicht nur mit Fäden an seiner alten Institution. Wie je wünschte er – ganz gewiß berufsstolzer Generalstabsoffizier – engste, gedeihlichste Kontakte zu den Heeresspitzen, freilich unter Bedingungen des OKW. Wo immer er eine Chance sah, wollte er ausgleichen, Brücken schlagen. Nie erlosch die frühere »Loyalität« völlig. Wenn – 1944 – Beck und andere wieder Annäherung suchten, so schienen sie nicht zufällig ihn zu meinen.[44] Aber das war Zukunft und lag weit hinter den Verdikten des Augenblicks. Hier und jetzt galt Jodls Isolation, mußte ihn schließlich schlechte Fama verfolgen.

Am 5. November 1937 ruft Hitler Außenminister Neurath, Göring, Blomberg, Fritsch und Raeder in die Reichskanzlei. Ziel seiner Politik, erklärt er den Herbeibefohlenen, sei die »Sicherung und Erhaltung der Volksmasse und deren Vermehrung, die Lösung der deutschen Raumnot für die Zukunft«.[45] Um dieser Raumnot abzuhelfen, will Hitler durch Gewaltanwendung Österreich und die Tschechoslowakei ins Deutsche Reich eingliedern. Unumwunden verkündet er seinen Willen zum *Eroberungskrieg*, spätestens für die Jahre 1943/45, weil danach Rüstungsvorsprünge hinfällig würden. Lähmen Frankreich innenpolitische Spannungen oder ist es durch Krieg mit einem anderen Staat gefesselt, wird er den eigenen »unabänderlichen

Entschluß« schon früher verwirklichen. Blomberg und Fritsch sind betroffen, widersprechen. Beide weisen – hier einmal Verbündete – darauf hin, »daß England und Frankreich nicht als unsere Gegner auftreten dürften«.[46] Auch bei einem Krieg Frankreichs gegen Italien, betonen sie, bliebe »noch eine starke französische Überlegenheit an unserer Westgrenze«. Für beide ist der Westwall unfertig und das tschechische Befestigungssystem ein schwer überwindbares Hindernis. Ihre Widerrede erbittert Hitler, da er – wie vor der Wehrfreiheit und Rheinlandbesetzung – erneut Opposition erlebt. Er registriert sie und verneint, daß politische Konflikte unmittelbar bevorstünden, aber der Wille zu seinen Zielen beherrscht ihn unbändiger denn je.

Blomberg informierte Keitel, Keitel kurz darauf Jodl. Weisungen Görings an den Luftwaffengeneralstab wichen ab von der Version Keitels. Jodl sah – durch Görings Initiative – die Autorität des OKW bedroht.[47] Sofort suchte er Blombergs Einverständnis zu einem Befehl, der Hitlers Gedanken allen Wehrmachtteilen übermittelte. Am 7. Dezember 1937 formulierte er einen »Nachtrag zur Weisung für die einheitliche Kriegsvorbereitung der Wehrmacht vom 24. 6. 1937«. Vierzehn Tage später hieß es in der Neufassung des Aufmarschplans »Grün« (Zweifrontenkrieg mit Schwerpunkt Südost): »Hat Deutschland seine volle Kriegsbereitschaft auf allen Gebieten erreicht, so wird die militärische Voraussetzung geschaffen sein, einen Angriffskrieg gegen die Tschechoslowakei und damit die Lösung des deutschen Raumproblems auch dann zu einem siegreichen Ende zu führen, wenn die eine oder andere Großmacht gegen uns eingreift.«[48] Obschon Hitler das Fernziel Rußland noch nicht erwähnt hatte, wichen nun Defensivkonzepte dem Plan eines Angriffs- und Eroberungskrieges. Darüber konnte sich gerade Jodl schwerlich täuschen, auch wenn er weiter zwischen Absicht und Wirklichkeit unterschied. Ob ihm die Besprechungsnachschrift des Wehrmachtadjutanten Hoßbach vorlag oder nicht: sein Ressortfanatismus hatte Befehlen Hitlers vorgegriffen[49], Blombergs Inkonsequenz den »Nachtrag« abgedeckt.

Beck unterließ Proteste gegen die veränderte Aufmarschanweisung.[50] Um so vernichtender seine schriftliche Stellungnahme wenige Tage nach dem 5. November. Hatte er bislang Gebrechen lediglich der NS-»Bewegung« wahrgenommen, mußte er nun – betroffen – im Führer das Haupt drohender Übel erblicken. Nicht, als ob er jede Revisionspolitik abgelehnt oder gar verworfen hätte.[51] Prinzipiell hielt das »Trauma« Versailles auch ihn an der Seite seines Obersten Befehlshabers. Doch jede Revisionspolitik blieb für ihn an Grenzen gebunden; nie durfte sie die »Einheitlichkeit des deutschen Volkes, des deutschen Rassekerns, erneut« gefährden. Wo immer Beck die Grenzen im einzelnen zog: Hitlers Absichten schienen ihm angesichts der europäischen Mächtekonstellation ungeheuerlich.[52] Keine der nötigen Voraussetzungen, fand er, waren erfüllt oder gegeben: weder militärisch noch politisch und wirtschaftlich. Den Schluß, spätestens 1943/45 müsse die deutsche Raumfrage gelöst werden, nannte er »niederschmetternd«. Kaum eine »der Schwierigkeiten«, schrieb er, sei zureichend durchdacht. Daß Blomberg und dessen Stab »Wunschdenken« hinnahmen, ja, zur Weisung erhoben, stieß Beck wieder auf die verfehlte Führungsorganisation. Wenn er der Wehrmachtspitze je Kompetenz bestritt, so jetzt und endgültig.

Jodl gehörte nicht zu den Adressaten des Generalstabschefs. Becks Verdikte liefen an ihm vorbei.[53] Noch weniger erfuhr er von weiteren Versuchen Fritschs und Neuraths, Hitler abermals zur Gewaltlosigkeit zu bekehren. Daß namentlich Neurath schlimmste Abenteuerpolitik befürchtete, Politik, die mit imaginären Möglichkeiten rechnete, verdunkelte nicht sein Bewußtsein. Undurchschaubar für ihn die Tiefe der Konflikte und Hitlers Gereiztheit, der in den Kritikern nun – kalt – persönliche Gegner erblickte. Auch wenn er, ganz OKW-Kampfbereitschaft, die Weisungsänderung beschleunigt hatte: wieder war er vor allem Ausführender. Wieder belasteten Schwäche und Verantwortungslosigkeit einen Höheren: Blomberg, seinen Vorgesetzten. Jodl wußte, daß die Wehrmacht zu strikten Verteidigungsplänen nötigte, mit denen ohnehin schon Risiken einzugehen waren. Als Mann des Ministeriums kannte er die Engpässe der Aufrüstung, über die es bei ihm hieß: »Der Spruch ›Geld spielt keine Rolle‹ hat sich, wenn auch in anderem Sinn, als wahr erwiesen. Die wichtigste Rolle spielen die Rohstoffe.«[54] Nahezu alltäglich hier das Gerangel der Wehrmachtteile. Doch was Jodl beunruhigte, verschloß er in sich, rührte nicht an sein äußeres Einverständnis. Mehr denn je schien er auf den Politiker Hitler zu setzen, der – wie er hoffte – nur mit Umsicht handeln werde.

Unter dem 12. Januar 1938 notiert er dürr und beklommen: »Generalfeldmarschall heiratet völlig überraschend Fräulein Gruhn.«[55] Seine Notiz markiert den Auftakt zu Affären, die Wehrmacht wie Heer ihrer Spitzen berauben. Blomberg ist in eine Falle getappt. Die Frau, die er liebt und heiratete, hat nicht nur eine »gewisse« Vergangenheit. Luise Margarethe Gruhn war ein anrüchiges Fotomodell und ziert die Namensregisterkartei der Sittenpolizei.[56] Die Hochzeit im allerengsten Kreis – Trauzeugen: Hitler und Göring – fördert Neugier, Gerüchte, Munkeleien. Knapp zwei Wochen später hält man im Reichskriminalpolizeiamt sechs Nacktfotos der »Marschallin« in Händen. Was »aktenkundig« geworden war, ist – teils zufällig – wiederentdeckt. Der Fund wird als so »explosiv« eingeschätzt, daß man ihn Heydrich, dem Chef der Sicherheitspolizei und des SD (Sicherheitsdienst), zu unterschlagen wagt. Über Nebe, den Reichskriminaldirektor, und Polizeipräsident Graf Helldorf, Nebes Amtsnachbar, gehen Teile des Dossiers zu Keitel. Keitel ist die neue Frau von Blomberg unbekannt.[57] Die Identität ihres Gesichts auf dem vorgelegten Foto kann er nicht bestätigen. Nach vergeblichen Versuchen, Blomberg zu erreichen und heranzuholen, weiht ihn Helldorf ein. Aufgewühlt, entsetzt sieht Keitel nur den Ausweg: Vernichtung der Unterlagen. Doch als Helldorf ablehnt, schon weil zu viele Kenntnis haben, besteht er auch nicht auf Übergabe der gesamten Akte. Statt dessen verweist er Helldorf an eine »bessere«, auskunftsfähige Adresse: den Trauzeugen Hermann Göring.[58]

Der Luftwaffenoberbefehlshaber kann Auskunft geben, und ohne zu zögern, bemächtigt er sich des Dossiers. Von brennendem Ehrgeiz erfüllt, endlich selbst Reichskriegsminister zu werden, will vor allem er den Sturz Blombergs.[59] Die Gelegenheit kommt *ihm* nicht unerwartet. Seit er einen Nebenbuhler des Brautwerbers abschob – Bitte des Feldmarschalls –, kennt er die

Anrüchigkeit der Luise Margarethe Gruhn, doch bewußt hat er der Hochzeit freie Bahn gelassen. Jetzt weiß er: Der Kriegsminister – auch der zuvor ahnungslose – ist verloren. Nie wird ihm das Offizierskorps diesen Schlag gegen den Ehrenkodex verzeihen. Aber fällt Blomberg, rückt Fritsch auf: Er ist der gegebene Nachfolger. Er verdrängte, mit Sicherheit, jeden Konkurrenten. Ihn könnte, wenn überhaupt, nur eine ähnliche Verstrickung stürzen. Sofort erinnert sich Göring einer Akte aus dem Jahre 1936, in der ein notorischer Erpresser Fritsch homosexueller Verfehlungen bezichtigt.[60] Damals hatte Hitler befohlen, »den Dreck« zu verbrennen. Abschriften freilich blieben gegen den Befehl erhalten. Nun gibt Göring Anweisung, die Fritsch-Akte mit Hochdruck zu rekonstruieren. Schon vor dieser Anweisung überwacht die Gestapo Fritsch ebenso wie Blomberg. Schon vor ihr hat der wiedervernommene Erpresser zugegeben, daß nicht Generaloberst von Fritsch, sondern ein Rittmeister a. D. Achim von Frisch der »Schuldige« ist. Nachforschungen erhärten sein Geständnis, doch Göring befiehlt, das eigene Schurkenstück fortzusetzen.[61] Nur er kann die zu groß gewordenen Risiken noch »verantworten«.

Göring handelt zügig, beinahe hektisch. Am 22. Januar 1938: Empfang Helldorfs. Einen Tag später: Treffen mit Himmler und Heydrich. Am Abend des 24.: Einweihung des aus Berchtesgaden zurückkehrenden Führers; kurz darauf, wohl in der Nacht zum 25.: Vorlage des rekonstruierten Fritsch-Dossiers.[62] Hitler ist oder gibt sich erschüttert. Viel spricht – besonders nach den Eindrücken seiner Umgebung – für wirkliche tiefe Betroffenheit. Blomberg suchte ihm wie kaum ein zweiter die Armee zuzuführen; höchstens, daß er, der Führer, geahnt hat, was Göring seit Wochen weiß.[63] Noch weniger kennt er den Widerruf des Hauptzeugen in der wiederhergestellten Fritsch-Akte, aber jetzt befiehlt er nicht mehr, sie zu verbrennen, da nach dem Fehltritt Blombergs »alles möglich« sei. Nicht nur Blomberg, äußert er, auch Fritsch müsse gehen. Der Entschluß kommt kaum noch aus bloßer Erregung. Zugleich ist mit ihm eine – politisch unverfängliche – Gelegenheit beim Schopf gepackt. Mag Blombergs Abgang Hitler »menschlich« berühren: seit dem

5. November 1937 erbittert ihn, daß der Feldmarschall und Fritsch seinen Kriegsplänen widerstreben.[64] Fallen beide, die oft zuvor schon bremsen wollten, so fallen fragwürdige Helfer, ärgerlich gewordene Hindernisse. Fast scheint es, als habe Göring – und gerade der schurkische – intuitiv und dabei auch für den Diktator gehandelt. Blombergs Schuld ist eindeutig. An Fritschs Unschuld will Hitler nicht länger glauben.

Vergeblich seine Versuche, den Wehrmachtadjutanten Hoßbach von Fritschs Verfehlungen zu überzeugen.[65] Der Oberst wird, gegen Hitlers Befehl, den Heeresoberbefehlshaber warnen und sofort dessen »Erstunken und erlogen!« hören. Inzwischen »klärt« Göring Blomberg auf und läßt ihn als gebrochenen Mann zurück. Auch wenn er seine Ehe annulliere, erfährt der Kriegsminister, müsse er abtreten.[66] Bewußt verschweigt ihm Göring, daß eine Nichtigkeitserklärung Hitler vielleicht noch umstimmte. Dafür ist – Lüge und Tücke – von der Generalität die Rede, die des Ministers Rücktritt fordere. Blomberg hält, alternativlos, zu seiner Ehe. Am nächsten Tag, bei der Abschiedsaudienz, keine Anklagen mehr; im Vordergrund: die Nachfolge.[67] Hitler erklärt, daß Fritsch – wegen eines homosexuellen Delikts – entfalle, aus dem Rennen sei. Blomberg schlägt den »Rangnächsten« Göring vor, aber der Vorschlag wird verworfen. Die Spekulation des Haupttreibers, zeigt sich, ist ohne Chance. An Beck und andere Heeresgenerale denkt der Feldmarschall nicht – um so weniger, als er durchweg Einwände hat und ihn nun Ressentiments beherrschen. So »bleibt« Hitler, dem er auch nahelegt, »es selbst zu übernehmen«.[68] Nach dem General gefragt, der bisher alle Stabsarbeit besorgte, nennt Blomberg eher peinlich berührt Keitel, den subalternen Leiter »nur seines Büros«. Doch darauf Hitler: »Das ist gerade der Mann, den ich suche.« Umgehend soll sich Keitel bei ihm melden.[69]

Von hier ab wird Jodl zum Mitwissenden. Um 12 Uhr mittags am 26. Januar teilt ihm Keitel mit, daß Blomberg gestürzt ist.[70] Unter Abnahme des Ehrenwortes hat er Stillschweigen zuzusichern, bis Hitler »die Tatsache« bekanntgibt. Auch von Görings Besuch bei Blomberg am Vortag erfährt er; dagegen über Fritsch keine Silbe. Der Sturz des Reichskriegsministers verstört ihn um so mehr, als er an Blombergs Schuld nicht zweifeln kann. Das »gemeinsame Werk« – die einheitliche Wehrmachtführung durch das OKW – ist aufs empfindlichste getroffen, doch zu dem erschütterten Keitel sagt er: »Mag der Mann auch fallen, sein Werk muß bleiben.«[71] Nach Abmeldung Blombergs bei Hitler will Jodl wissen, daß es dem Führer »in seiner übermenschlichen Güte« gelungen sei, den Feldmarschall wiederaufzurichten. Hitlers Versicherung, Blomberg im Kriegsfall zurückholen zu wollen, nimmt er wörtlich. Tröstend für ihn des Führers Absicht, Göring nicht zum Reichskriegsminister zu machen, sondern zunächst mit dem Wehrmachtamt selbst weiterzuarbeiten. Kaum weniger ausgeprägt seine Genugtuung, daß ein Heeresoberbefehlshaber als Reichskriegsminister und Oberbefehlshaber der Wehrmacht offenbar ausscheidet.[72] Aber Blombergs Entlassung – und gerade diese – ist ihm grundstürzendes Ereignis. »Man hat das Gefühl«, schreibt er, »in einer Schicksalsstunde des deutschen Volkes zu stehen. Die Parallele zum englischen König und seiner Frau bietet sich an. Welch ein Einfluß kann eine Frau, ohne daß sie es ahnt, auf die Geschicke eines Volkes und damit der Welt ausüben.«[73]

Keitels erster Termin bei Hitler verhilft Jodl zu keinem Aufschluß. Auch am nächsten Tag weiß er nichts über die demütigende Konfrontation Fritschs mit dem Zuchthäusler, der – unter Druck – den Heeresoberbefehlshaber wieder zu beschuldigen hat, nichts über das abgelehnte Ehrenwort des Beschuldigten.[74] Jodls Ehrgefühl wird keiner Anfechtung ausgesetzt. Er vernimmt nur, daß Hitler plant, auch die Führung des Heeres »in absehbarer Zeit« zu ändern. Keitels Einschätzung der Kandidaten (Rundstedt: zu alt und verbraucht; Reichenau: nicht tief genug, zu sprunghaft) verzeichnet er kommentarlos. Die »Einsamkeit« des Führers, der Keitel beschwor: »Ich verlasse mich auf Sie, Sie müssen bei mir aushalten, Sie sind mein Vertrauter und einziger Berater in den Fragen der Wehrmacht«, rührt ihn wie zuvor seinen Vorgesetzten. Hitlers Darstellung der Blomberg-Affäre, die er, der Führer, nicht mehr habe aussitzen können, bringt den Diktator ebenso bei Jodl ins günstigste Licht.[75]

Daß Hitler die Wehrmacht übernehmen will, versieht er mit keinem Fragezeichen. Die einheitliche Führung, hört er wiederholt, bleibe »unantastbar, heilig«. Nach vorzuziehender Umorganisation des Wehrmachtamtes soll er dessen Führungsgruppe, eine erweiterte Abteilung, leiten. Denkbar angesichts einer Andeutung Keitels, daß – neben Blomberg – noch andere Persönlichkeiten gehen müssen, weil sie »untragbar« geworden sind. All das ist für Jodl tragisch und erschütternd. Aber die Schatten, notiert er, werden von der »Gewißheit überstrahlt«, daß »die Einheit der Wehrmacht und ihrer Führung lebt«.[76]

Eine einheitliche Wehrmachtführung lebt allenfalls als Idee. Gerade jetzt muß Jodl erneute Vorstöße Becks zugunsten des Heeres registrieren. Nähme er zudem ernst, was Hitler Keitel über den Vorrang dieses Heeres sagte, droht der OKW-Konzeption eher Gefahr.[77] Die »Sache Fritsch«, von der er endlich erfährt, steigert seine Unruhe, doch bewußt unterläßt er wieder Werturteile. Die Tatsache, daß seit zwei Jahren Verdacht gegen Fritsch besteht, verlockt ihn nicht, kritische Fragen zu stellen, noch weniger die auffällige Verknüpfung der Affären. Ob er Fritsch für unschuldig hält, ist nirgendwo auszumachen. Um so mehr scheint er der angekündigten Untersuchung des Falls zu vertrauen. Nicht nur äußere Loyalität steht obenan, denn das wichtigste ist und bleibt ihm die Geschlossenheit der Wehrmacht. Jeden Riß, den sie in sich trägt, sieht er als Chance »anderer Kräfte«: eindeutiger Bezug insbesondere auf die SS, in der er – trotz seiner Hitlergläubigkeit – den schlimmsten Feind der Armee wittert.[78] Die Nachfolge-Debatte über Fritsch – Debatte *vor* erwiesener Schuld des Heeresoberbefehlshabers – bremst auch er nicht. Keitel aber rät er, »mit allen Personalveränderungen äußerst vorsichtig zu sein«. »Wir können es uns nicht leisten«, so nach seinem Tagebuch, »unsere besten oberen Führer – Armee- und Heeresgruppenführer – zu verlieren, da sie unersetzbar sind.« Nur das unbedingt Nötige, unterstreicht er, dürfe geändert werden.[79] Weder die Affären noch deren Folgen hätte er freiwillig herbeigewünscht.

Hoßbachs Verabschiedung, für die Eingeweihten bestrafter Ungehorsam, überrascht Jodl. Major Rudolf Schmundt, den künftigen Wehrmachtadjutanten, weist er – strikt sachlich – ein.[80] Wie Keitel stemmt er sich gegen Reichenau als Heeresoberbefehlshaber. Der »politische General« und Nationalsozialist, obschon vielleicht der hellsichtigste, ist ihm suspekt, ja, Symbol eines dann erst recht aufreizenden »Systemwechsels«.[81] Jodl unterstützt den OKW-Kandidaten und Nur-Fachmann Brauchitsch, der bereit ist, »das Heer enger an den Staat und sein Gedankengut heranzuführen und, wenn nötig, einen ebensolchen Chef des Generalstabes zu nehmen«.[82] Lediglich hinsichtlich der Spitzenorganisation will sich Brauchitsch noch nicht binden. Auch einer neuen »aufgeschlosseneren« Führung des Heerespersonalamtes scheint er zuzustimmen, conditio sine qua non des Führers, doch Hitler neigt weiterhin zu seinem Kandidaten Reichenau. Mit Keitel fürchtet Jodl die dritte und »allerschwerste« Erschütterung des Heeres.[83] Er glaubt, daß unter Reichenau »ein großer Teil der älteren Generale« gehen wird. Wenn Revirements »nicht den Eindruck eines Schwächemoments, sondern einer Kraftkonzentration«[84] erwecken sollen, so sieht er zuletzt schon diesen Eindruck gefährdet. Erst als Brauchitsch endgültig durchgesetzt ist, atmet er auf, fällt ihm ein Stein vom Herzen. Das beste wäre, notiert er, könnte sich nun auch Beck entschließen zu bleiben.[85] Die Schlacht für die Wehrmacht wähnt er gewonnen.

Daß keinerlei Sieg errungen wurde, spürt er nicht. Nach dem Rücktritt Fritschs, den der Verdächtigte am 1. Februar unglücklicherweise selbst erklärt, ist Brauchitsch die schlechteste Wahl.[86] Von seiner Frau getrennt lebend und längst einer anderen verbunden, kann er seine Verhältnisse nur mit einer hohen Summe aus Hitlers Schatulle ordnen. Die Hilfe tilgt seine Unabhängigkeit und muß ihn dem Diktator verpflichten. Kein Wunder, daß Hitlers Verachtung für die Generalität wächst, auch wenn Brauchitschs Querelen dessen Stellung »angenehm« schwächen. Jodl – obgleich gut eingeweiht – schweigt sich aus über die tiefsten Peinlichkeiten und arbeitet an der kommenden Befehlsgliederung.[87] Er erstrebt, sie staatsrechtlich zu verankern, freilich ohne die Unterschrift des Ministers und Chefs der Reichskanzlei Lammers, da lediglich »Fragen der Kommandogewalt« zu klären sind. Als neue Amtsbezeichnung schlägt er »Chef des Generalstabes der Wehrmacht« vor, Umschreibung schon des Wehrmacht-Generalstabes, seines Hauptziels. Zweischneidig indes die Formel gegenüber Keitel, der – zum Generalstabschef ungeeignet – einen Generalissimus berufen und damit für sich auf den Titel verzichten müßte. Soweit Jodl an diese Lösung denkt oder sie erhofft, entzieht ihn sein Wortlaut nicht Tücken und Fallen. Doch Hitler verwirft »die Bezeichnung Chef des Generalstabes der Wehrmacht als zu gering«. Er löscht – sprachlich wie sachlich – Mißverständnisse und entscheidet sich für »Chef des Oberkommandos der Wehrmacht«.[88]

Im »Erlaß über die Führung der Wehrmacht vom 4. Februar 1938« dekretierte er: »Die Befehlsgewalt über die gesamte Wehrmacht übe ich von jetzt an unmittelbar aus. – Das bisherige Wehrmachtamt im Reichskriegsministerium tritt mit seinen Aufgaben als ›Oberkommando der Wehrmacht‹ und als mein militärischer Stab unmittelbar unter meinen Befehl. – An der Spitze des Stabes des Oberkommandos der Wehrmacht steht der bisherige Chef des Wehrmachtamts als ›Chef des Oberkommandos der Wehrmacht‹. Er ist im Range den Reichsministern gleichgestellt. – Das Oberkommando der Wehrmacht nimmt zugleich die Geschäfte des Reichskriegsministeriums wahr, der Chef des Oberkommandos der Wehrmacht übt in meinem Auftrage die bisher dem Reichskriegsminister zustehenden Befugnisse aus. – Dem Oberkommando der Wehrmacht obliegt im Frieden nach meinen Weisungen die einheitliche Vorbereitung der Reichsverteidigung auf allen Gebieten.«[89] Zugleich verkündete er nun – durch veröffentlichte Schreiben – den Abgang Blombergs und Fritschs »aus Gesundheitsrücksichten«. Die Generale von Leeb, Kress von Kressenstein, von Pogrell und von Niebelschütz – Gruppen-, Wehrkreiskommandeure und Inspekteure – schickte er in den Ruhestand.[90] Den Chef des Heerespersonalamtes, Becks ersten Oberquartiermeister von Manstein und mehrere Wehrkreischefs ließ er ablösen. Um die Scheinwerfer nicht nur auf Wehrmacht und Heer zu lenken, entließ er Neurath und Schacht, den Außen- und Wirtschaftsminister, die von Ribbentrop und Funk ersetzt wurden.[91] Die Abberufung etlicher Botschafter

– unter ihnen der »Achsen«gegner Ulrich von Hassell – beschloß das Revirement: für Hitler kein Aderlaß, sondern die jetzt auch propagierte »Konzentration der Kräfte«.

Einen Tag später, vor den zusammengerufenen Generalen, wälzte er seine Erklärungslast ab. Durchtrieben im Weglassen, erwähnte er nur, was ihn salvierte. Blomberg habe sein, des Führers, Vertrauen mißbraucht und die Trennung erzwungen, Fritsch zur Untersuchung der früheren und neu hinzugekommenen (!) Schuldvorwürfe genötigt.[92] Das angekündigte Verfahren, Bürgschaft des Rechts, sollte sie klären. Inzwischen, hieß es, müsse Brauchitsch an Fritschs Stelle treten. Staatsräson geböte, die Affären geheimzuhalten. Gegen Zweifler bekräftigte Hitler, daß er das Kriegsministerium nur »vorübergehend« übernehme, bis zur Berufung eines Generalissimus »im rechten Augenblick«. Die Generalität – unfähig, dem Staatsoberhaupt Ruchlosigkeit zu unterstellen – packte Scham und gewann den Eindruck einer Tragödie, die nicht den Führer, sondern das Heer belastete. Die Verstrickung der obersten Soldaten erschütterte sie. Die fugenlose Argumentation Hitlers gab äußerer Opposition keine Chance. Erregungen des Redners steigerten dessen Glaubwürdigkeit. Selbst Skeptiker schienen verwirrt, ja wehrlos gemacht.[93] Jodl erfuhr von der Ansprache allein durch Hörensagen. Kaum hätte er sich zu den kritisch Gestimmten bekannt. Nirgends – nach Hitlers Worten – ein Widerspruch zu dem, was er wußte oder auch nur wissen wollte. Wenn andere im »Fall Fritsch« noch schwanken mochten, so stützte ihn das Gutachten des Justizministers Gürtner, das ein Verfahren empfahl. Wenige Stunden vor Hitlers Ansprache informierte er die Offiziere seines Stabes: knapp und – wie am 31. Januar 1933 – mit dem Slogan, daß Urteile dem Offizierskorps nicht zustünden.[94] Vorbehaltlos hielt er, jetzt und später, zur Tabu-»Regelung« der Affären.

Das Schauspiel vor der Generalität verschleierte lediglich die folgenschwerste Niederlage der Heeresführung. Soweit diese Heeresführung noch Eigenständigkeiten behauptet hatte, waren ihr nun Fesseln angelegt. Männer der Beharrung – und aus der Runde des 5. November 1937 jeder Opponent – sahen sich ausgebootet. Die »Revolution« machte Front gegen eine Armee, die radikalem Parteigeist widerstrebte. Druck und geminderte Abwehr verhießen, daß sich diese Armee beschleunigt revolutionierte. »Reaktionäre« Kräfte – immer wieder diffamiert – waren insbesondere für Partei und SS gefallen, Ansprüche totalitären Herrschaftswillens verwirklicht. Die »Bewegung« formte »ihr« Heer: Konsequenz des Systems, das verabsolutierter »Weltanschauung« folgte. An der Spitze stand, mit überwältigender Machtfülle, ein einziger Mann: jetzt politisch *und* militärisch die oberste Instanz. Kein Buchstabe hinderte ihn mehr, in einem Krieg ebenso Feldherr zu sein und – ohne Gegenbastionen – all seine Entschlüsse zum Gesetz zu erheben. Was er zusicherte, war als bloße taktische Beschwichtigung gedacht. Er hatte nicht Blomberg und Fritsch entlassen, um je einem Generalissimus Avancen einzuräumen. Schon Görings Beförderung zum Generalfeldmarschall – Trost für den Paladin – schob hier Riegel vor, da sich der Feldmarschall nie Rangniedrigeren beugen würde.[95] Die Einbußen der Spitzengeneralität blieben unwiderruflich. So abnorm *Hitlers* Stellung als »Sachwalter der Kriegführung« gegenüber dem Politiker: ihn plagte kein Zweifel hinsichtlich seiner Energien und Fähigkeiten. Er begehrte die unumschränkte Macht, die ihm allein noch die Wehrmachtführung verwehrt hatte.

Keitel und Jodl – und nicht nur sie[96] – stemmten sich gegen Reichenau, den Nationalsozialisten und das übelste Symbol eines Systemwechsels. Doch abgeschirmt vollstreckten sie den »nahegelegten« Umbruch in allen Zügen. Brauchitsch akzeptierte die Bedingungen seiner Oberbefehlshaber-Funktion. Er und Keitel vervollständigten die Liste derer, die, unliebsam geworden, abtreten sollten.[97] Keitel berief, ganz Nepotismus, seinen Bruder zum Chef des Heerespersonalamtes, zuvor »Hort der Reaktion«. Keine Ungewißheit konnte darüber herrschen, was die Auflagen und Eingriffe bezweckten. Blombergs Affäre – auch weiterhin ein betäubender Schlag – ließ lediglich Rücktritt zu. Nichts aber verpflichtete, Fritsch preiszugeben, bevor dessen Schuld bewiesen war. Jeder vorzeitige Verdammungsspruch Hitlers berechtigte zu entschiedener, unmißverständlicher Gegenwehr. Das hieß weder Staatsstreich noch Bürgerkrieg, am wenigsten Herausforderung des jungen »nationalsozialistischen« Offizierskorps, von dem hier niemand »mitziehen« mußte. Daß die gesamte Generalität zurückwich, entwürdigte und belastete sie. Sachverstand gegen Kriegspolitik hatte nun erst recht verloren. Das »Oberkommando der Wehrmacht« bot keinen Ersatz, sondern bestätigte die Niederlage. Es unterstand Hitler so »unmittelbar« wie die Befehlshaber der Wehrmachtteile. Selbständige Weisungen konnte es nicht erlassen. Wirrwarr und Spannungen waren besiegelt. Wenn einheitliche Führung Ziel blieb, so hing sie nun ab von einem Diktator. Präzis formuliert allein Hitlers Befehlsgewalt und die Rolle des OKW als *seines* militärischen Stabes. Überholt jetzt Versuche, zu einem wirklichen Wehrmacht-Generalstab gelangen zu wollen.

Die Neugliederung erfaßte vor allem Jodls Bereich. Abteilung Landesverteidigung – Führungsabteilung des OKW – und Abteilung Wehrmachtnachrichtenverbindungen wurden vereinigt zur »Amtsgruppe Führungsstab«, erster Amtsgruppenchef und Keitel unterstellt: Generalleutnant von Viebahn.[98] Die Neugliederung überschattete das Verfahren gegen Fritsch – »Rest« der fortschwelenden Staatskrise. Viebahn zeigte sich bestürzt über die Atmosphäre des Amtes. Auch unter Keitels Offizieren erweckte gerade die hingeschleppte Affäre Kritik und Unwillen; schuldlos für die meisten der davongejagte Heeresoberbefehlshaber, den offenbar ein Komplott bedrohte. Jodl wollte nicht schwanken und keine finsteren Schlüsse ziehen. Schachts »Eindruck«, daß »von seiten der SS alle Mittel angewendet würden, um die Wehrmacht zu verdächtigen und sie jetzt im Zustand ihrer Schwäche an die Wand zu drücken«, suchte er abzuweisen. Mit Raeder glaubte er – bei dem Material gegen Fritsch – »nicht mehr nur an eine Intrige«.[99] Die Aktivitäten der Wissenden und Empörten entgingen ihm, ebenso die abgefeimten Versuche der Gestapo, eine Aufdeckung ihrer eigenen Machenschaften zu verhindern. Daß sich im Amt Abwehr Regimegegner formierten, für die der Rubikon überschritten war, hätte Jodl, der strikt Loyale, zuletzt erfahren. Auch von Fritschs Drangsalen vor der Gestapo ahnte er nichts, bis ihn der Abwehrchef aufklärte.

»Canaris bringt vor«, schrieb er Ende Februar, »in welch unwürdiger Weise die Vernehmung des Generalobersten von Fritsch durch die SS vor sich gegangen ist. General von Viebahn ist entsetzt. Wenn das in der Truppe bekannt wird, gibt es Revolution.«[100] Doch nach diesen Worten war nicht er, sondern sein Vorgesetzter geschockt. Wieder scheute er sich, selbst zu urteilen oder gar zu Protesten zu drängen. Hatte Canaris aufrüttelnde Appelle beabsichtigt, so verhallten sie bei Jodl und dem Chef des Wehrmachtführungsamtes. Gutgläubigkeit freilich war untergraben. Anfang März fragte sich auch Jodl: Hatte man den »Fall Fritsch« böswillig konstruiert oder lag ein Mißverständnis (Personenverwechslung) vor?[101] Viebahn berichtete von Fritschs Doppelgänger und den Anstrengungen der Gestapo, »die Aufklärung der Schuldlosigkeit« zu hintertreiben. Keitel teilte mit, daß der Doppelgänger – vielsagendes Symptom möglicher Gangsterei – nicht beseitigt, sondern in ein Krankenhaus geschafft worden sei. Jetzt bäumte sich Jodl innerlich auf. Trat das Gericht zusammen, mußte es für ihn »die Unschuld des Ob. d. H. klar herausstellen und in die Hintergründe seiner Verdächtigung hineinleuchten«.[102] Kaum zweifelhaft, daß er die Schuldigen nun ebenso bestraft zu sehen wünschte. Aber auf den 10. März – den Tag der Hauptverhandlung – fiel die Österreich-Krise. Hitler handelte gegen Schuschnigg.

Jodl wußte: Österreichs Bundeskanzler war am 12. Februar 1938 unter »schwersten« Druck gesetzt, bevor er dem Berchtesgadener Abkommen zustimmte, das sein Land dem Reich unterwarf.[103] Vorgespiegelte militärische Maßnahmen hatten – mit Erfolg – den politischen Druck verstärkt. Das Wiener Kabinett wurde umgebildet und amnestierte Österreichs Nationalsozialisten. Die Phase der Nichteinmischung, begriff Jodl, war vorbei und abgeschlossen. Schuschniggs Aufruf zu einer Volksabstimmung konnte ihn noch überraschen, nicht jedoch Hitlers Entschluß, dieses Rettungsmanöver österreichischer Souveränität zu durchkreuzen. Sofort ist er über die ersten Absprachen und Schritte im Bilde. Eilig hat er Keitel – am 10. März vormittags – die dürftigen Unterlagen für den Einmarsch zuzustecken.[104]

Neben dem OKW-Chef sind Beck und Manstein in die Reichskanzlei befohlen. Hitler verkündet ihnen seinen Willen einzugreifen und erwartet militärische Vorschläge. Beck warnt, fürchtet Krieg und eine erdrückende feindliche Koalition.[105] Gemäß seinen Denkschriften kann er sich – angesichts der europäischen Mächtegruppierung – Kampf zwischen nur zwei Staaten nicht mehr vorstellen. Aber hier verlockt Hitler eine jener günstigen Möglichkeiten, bei denen er der Heeresführung nie Mitspracherechte zugesteht. Erregt hält er Beck grundlosen Pessimismus vor. Weder England noch Frankreich oder die Tschechoslowakei griffen ein. Er verlangt, seine Befehle auszuführen und das »Unternehmen Otto« vorzubereiten. Der Plan passe genau auf die gegebene Lage. Beck ist betreten und muß bekennen, daß solch ein Plan nicht existiert. Generalstabs-Studien für den Fall einer Restauration Habsburgs waren ihm Unfug. Blombergs Weisung, nach »Rot« und »Grün« diesen dritten Fall zu bearbeiten, hat er ignoriert. Um so wütender befiehlt Hitler Improvisationen. Zwei Tage später, noch vor der Volksabstimmung, haben deutsche Truppen in Wien zu sein. Innerhalb von Stunden werden die Aufmarschpläne entworfen und darauf Korps mobilgemacht.[106]

Becks Befürchtungen sind abwegig. Fast muß man annehmen, sein Draht zum Auswärtigen Amt habe versagt. Abgetan Deutschlands Isolation, die – bis zum Juli-Abkommen von 1936 – zur Zurückhaltung gegenüber Österreich nötigte. Die »Achse« mit Italien trägt ihre Früchte. Schuschniggs unwiderrufene Volksabstimmung nennt Mussolini einen Fehler.[107] Österreich, zuvor Staat seiner Protektion, interessiert ihn nicht mehr. Großbritannien zeigt keine Neigung, »ein deutsches Land daran zu hindern, sich mit einem anderen deutschen Lande zu vereinigen«. Politisch schon vom spanischen Bürgerkrieg beansprucht, will es den – ohnehin »unvermeidlichen« – Anschluß jetzt am wenigsten unterbinden. Das vielbeschworene Selbstbestimmungsrecht – moralisches Argument nicht nur in deutscher Sicht – entwaffnet mehr denn je. Frankreich, durch eine Regierungskrise gelähmt, interveniert in Österreich schwerlich ohne Rom und London; die Tschechoslowakei beschwichtigen feierliche Garantien des Reiches. Obwohl zuletzt im Schlepptau Görings, der die Berufung des Nationalsozialisten Seyß-Inquart zum Kanzler Österreichs erpreßt, ist sich Hitler seiner Sache sicher, darf er es sein. Am 12. März 1938 beginnt der Einmarsch.

Der Anschluß Österreichs überwältigte auch deutsche Gegner des Diktators.[108] Ein alter Traum nationalstaatlicher Sehnsucht schien erfüllt. Jodl war er »Gipfel unter Triumphen«, Einlösung des Selbstbestimmungsrechtes, das man Deutschland 1918/19 verweigert hatte. Berlin und Wien gehörten für ihn, den Süddeutschen, zu einem Reich.[109] Daß Deutschland – namentlich bei Hitlers Plänen – eine gefährliche Machtfülle zugefallen war, trübte nicht sein Hochgefühl. Die Begeisterung der »Ostmark«, erhebendes Ereignis, riß ihn mit. Wie immer der Anschluß geglückt sein mochte: politisches Genie und ein neues internationales Zusammenspiel, glaubte er, hatten »Österreichs Heimkehr« ermöglicht. Was in sich zusammensank, war die Versailler Ordnung, die England, Frankreich und Italien offenbar selbst widerriefen. Im Jubel eines ganzen Volkes sah der Mitbegeisterte kein Propagandawerk. Jede Krittelei hätte er abgewiesen. Ein früherer Lehrgangsteilnehmer erlebte ihn gebannt: nicht vom Nationalsozialismus, sondern vom »suggestiven Beweger« Adolf Hitler. »Nun müssen«, fragte der Offizier, »wohl sogar wir, die damaligen Demokraten, als die letzten umlernen?« – »Ja, Schoch, bei *den* Erfolgen!«[110] Diese Erfolge versprachen im März 1938 epochalen Rang zu gewinnen. Das Reich stieg auf zur Vormacht des Kontinents. Für Jodl »vollendete sich« der Umbruch jetzt auch »in historischer Größe«.

SUDETENKRISE, WIENER KOMMANDO UND KRIEGSAUSBRUCH

Der »Anschluß« übertraf seine kühnsten Hoffnungen. Schien nicht mit »Großdeutschland« mehr als erreicht, was je gegen Versailles anzustreben blieb? Ressentiments und Spannungen, meinte Jodl, fielen in sich zusammen.[1] Er sah: Das Reich hatte, noch während der Wiederaufrüstung, an zusätzlicher Sicherheit gewonnen. Die Tschechoslowakei – bisher angenommener Feind und im Ernstfall gefährlicher Flugzeugträger der Gegner – war umklammert. Verteidigungspläne hatten sich schlagartig, sprunghaft verbessert. Wäre es nach dem Soldaten Jodl gegangen, hätte er langandauernde Pausen begrüßt, mit denen man das Erreichte festigte, aber nicht er und die Wehrmacht bestimmten.

Hitler und nur er entschied. Allein was er dachte oder ihn beherrschte, hatte Gewicht und zählte. Ziel seiner Politik aber bleibt nicht das Wünschbare, die bloße Revision von Versailles, die ihm »Verbrechen« wäre, sondern ein für immer gesichertes übermächtiges Reich, das Grund und Boden im Osten erobert hat.[2] Solch ein Reich will er zwar notfalls gegen den »Erbfeind« Frankreich, doch im Bündnis mit Italien und England verwirklichen. Das ist Leitlinie und, neben dem Antisemitismus, seine eigentliche unbezähmbare Obsession. Sie folgt einem ausgereiften, längst umrissenen Konzept, das er Einwänden entzogen glaubt und dem – spektakuläre – Triumphe schon »recht« gegeben haben. Alle Energien, die er innenpolitisch anhäuft, bündelt er, um seinen wichtigsten Waffengang vorzubereiten: den Kampf für Lebensraum oder Krieg gegen die Sowjetunion.

Dieser Krieg ist Hauptziel; ihm sind die übrigen Ziele vor-, nach- oder untergeordnet. Das entschlossen gewollte »Großgermanische Reich Deutscher Nation« ist Hitler kein Phantom. Im Gegenteil: Zieht man, schreibt er, aus der Geschichte die richtigen Lehren, ist eine imperialistische Politik nicht nur unerläßlich, sondern auch möglich und durchzusetzen. Für ihn hat der Weltkrieg bewiesen, daß sich Deutschland – zunächst – allein als Kontinentalmacht behaupten kann. Kolonialer und maritimer Ehrgeiz erweckt die Feindschaft der angelsächsischen Mächte. Er hatte sie 1914 und 1917 an die Seite Frankreichs und Rußlands getrieben und jenen Zweifronten-Krieg unabwendbar gemacht, dem das Reich – zumal mit schwachen Bundesgenossen – erliegen mußte. Solch eine Konstellation soll sich nicht wiederholen.

Sicher besitzt Deutschland, namentlich für Hitler, ein Anrecht darauf, zur Weltmacht unter Weltmächten aufzusteigen. Bereits ein kontinentaleuropäisches »Großgermanisches Reich Deutscher Nation« wäre Weltmacht. Doch erst dieses Reich darf koloniale und maritime Ansprüche erheben, denn einzig mit dem Ostimperium braucht es das britische Empire und die Vereinigten Staaten nicht zu fürchten. Jedes dieser Ziele freilich läßt sich nur im strikten »Nacheinander« anstreben. Eine Expansion soll der anderen folgen. Deutschlands Kräfte, weiß Hitler, ermöglichen lediglich begrenzte und gut abgedeckte Schläge. Ein abermaliger Weltkrieg ist unbedingt zu vermeiden. Ihn haben »Blitzkrieg«serien gleichsam zu unterlaufen. Allein wenn es gelingt, ein »Nebeneinander« der Gegner zu verhindern, winken auch dem Konzept endgültige Erfolge.

Italien und England sind, bei diesem Kalkül, weder Hindernis noch Problem. Hitler denkt in Räumen. Unterschiede zwischen territorialen und politischen Interessen leugnet er. Mischt sich Deutschland nicht in Italiens und Englands Interessensphären ein, glaubt er die erstrebten Übereinkommen erzielen zu können. So gesteht er Italien das Mittelmeer und Nordafrika zu. So ist er – zumindest einstweilen – bereit, auf jeden kolonialen und maritimen Ehrgeiz zu verzichten, ja, mehr noch: Großbritanniens Weltstellung anzuerkennen und zu garantieren. Dafür »muß« ihm London freie Hand im Osten gewähren. Das nationalsozialistische Deutschland ist und soll ein antibolschewistisches Bollwerk sein. Wo immer es die Sowjetunion bekämpft, bekämpft es die kommunistische Weltrevolution, die Europa und das britische Empire bedroht.

Jodl konnte ahnen, daß Motorik Hitler weitertrieb. Seit dem verschärften Aufmarschplan gegen die Tschechoslowakei war Keuschheit Selbstbetrug. Nahm er beim Wort, was er nach dem 5. November 1937 formuliert hatte, mußte er Böses ahnen, aber Aufmarsch-*Entwürfe* verstörten ihn, der abzuwarten pflegte, höchstens untergründig. Daß Hitler gemäß »missionarischer Weltanschauung« handelte, die »verbot«, Kompromisse auch nur zu erwägen, übersah er, begriff er nicht. Wie nahezu alle, die das Buch »Mein Kampf« nie eingehender lasen, blendeten ihn die nationalen und sozialen Verheißungen. Sie waren das »Nächste«; daran hielt er sich.[3] Hitlers *End*ziele blieben Jodl noch unwirklich und fern.

Der Schlußstrich unter die Blomberg-Fritsch-Affäre – Schlußstrich nach dem triumphalen Anschluß Österreichs – hinterließ in ihm keine Stachel. Mochte er insgeheim beklagen, nun Keitel ganz ausgesetzt zu sein: über Blombergs Schuld rechtete er sowenig wie das gesamte Offizierskorps, das sich durch den ranghöchsten Soldaten beleidigt fühlte.[4] Fritschs Unschuld aber wurde endlich bewiesen und der Generaloberst Ehrenkommandeur eines Artillerie-Regiments. Wenn Hitler erklärte, dem einmal Verdächtigten keine Zusammenarbeit mehr zumuten zu können, so überzeugte diese Lesart gerade Jodl. Wiederholt nannte er sie »einleuchtend, würdig«.[5] Gutgläubigkeit teilte er hier mit nahezu allen Generalen, die Hitler meisterlich beschwichtigte. Am Treffen auf dem pommerschen Flugplatz Barth nahm er nicht teil. Was ihn sonst bewegte, hieß Genugtuung über die bewahrte Geschlossenheit der Wehrmacht, Genugtuung auch über den verhinderten Reichskriegsminister Hermann Göring, dessen Ehrgeiz er immer gefürchtet hatte.

»Sein« OKW mußte, nach Blombergs Sturz, hartnäckige Widerstände abwehren. Marine und Luftwaffe erwogen selbständige Ministerien. Das Heer machte Miene, mitzuziehen und – bei solch einer Lösung – seinen Vorrang anzumelden.[6] Beck bekräftigte ihn und hatte Mansteins Gedanken aufgegriffen.

Wie je wollte er militärische *und* politische Mitspracherechte sichern. Nochmals verwies er auf das Heer als den ausschlaggebenden Faktor.[7] Walther von Brauchitsch, der neue Heeresoberbefehlshaber, unterstützte ihn. Anfang März forderte er für das Oberkommando des Heeres Befehlsbefugnisse, in denen Jodl »eine völlige Kaltstellung des OKW« erblickte.[8] Knapp eine Woche später leitete Brauchitsch, inzwischen mit den Reichsministern gleichrangig, die Denkschrift zur Organisation der Wehrmachtführung Hitler unmittelbar zu.[9]

Das installierte OKW bestätigte Becks wie Mansteins Befürchtungen. Beide sahen: Keitel und Jodl standen Hilfsbüros vor, die lediglich Hitlers Willen fördern durften – Gegensatz zu allem, was sie, die Heeresspitzen, immer anstrebten. Um so mehr verlangten sie für den Heeresoberbefehlshaber das Amt eines Reichsgeneral- (oder Wehrmacht-) Generalstabschefs, für das OKH die Abteilungen Landesverteidigung und Abwehr.[10] Ihre Argumentation deckten nun unwiderlegliche Gründe. Zusätzlich war – Reflex der Fritsch-Krise – ein Reichssicherheitsamt erwähnt, das im Krieg dem Heer unterstehen sollte: neben Canaris' Abteilung »Inland« ganz gewiß Instrument gegen SS und Gestapo.[11] Himmlers angeschlagene Stellung ermutigte, einen Zugriff zu wagen. Machtansprüche zielten nicht allein auf das Oberkommando der Wehrmacht.

Hitler begriff: Bei Keitel, seinem »ersten Militärberater«, entsetzte strategischer Dilettantismus. Nie gewillt, ihn zum Generalstabschef zu ernennen, sagte er zu, einen Generalissimus berufen zu wollen.[12] Auch Keitel – voller Selbsterkenntnis – wünschte diesen Generalissimus, der operativ führte und dem OKW Gewicht verlieh. Doch nicht genug, daß Marine und Luftwaffe die Heeres-Denkschrift abwiesen, traf sie auf höchste Gegenwehr. Die Machtansprüche des OKH erbitterten.[13] Kein Soldat sollte ihn, Hitler, nach Blombergs Abgang noch beengen. Seine Zusage eines Generalissimus, im Ansatz Unterstützung des Heereskonzepts, blieb bloßes Versprechen, narrende Taktik. Mitte Juni, mit dem Ende der Fritsch-Krise, bestätigte er den ursprünglichen OKW-Erlaß.[14] Die Kommandobehörde hatte endgültig als Vollzugsorgan zu dienen. Gescheitert Becks Kampf um eine Heeresführung von wirklichem Rang und Einfluß. Grundlegende Entscheidungen fielen an den Einen: den Diktator.

Prüfte Jodl Tatsachen, hätte Rückzug nahegelegen. Seine Amts-Arbeit drohte zum Leerlauf zu werden. Die Abteilung Landesverteidigung, weiterhin Torso, hatte keine Aussicht, zum Wehrmachtgeneralstab aufzusteigen. Heer, Marine und Luftwaffe hintertrieben ihn. Wieviel immer für eine einheitliche Wehrmachtführung sprach: Brauchitsch, Raeder und Göring – nun Hitler unmittelbar unterstellt – umgingen sie geradezu vorsätzlich.[15] Beck hütete sich, Gräben zuzuschütten und um die »abtrünnigen« Generalstabsoffiziere noch zu werben. Das OKW, nach oben und unten ohne Autorität, geriet in eine Position der Ohnmacht. Hitler hatte – nominell und faktisch – den Oberbefehl. Abteilung Landesverteidigung *und* Heeresgeneralstab spiegelten mehr denn je verfehlte Ökonomie, das abwegigste Nebeneinander wider. Spätestens jetzt war der Zusammenschluß beider Stäbe geboten. Das trostlose Organisationsresultat mahnte Jodl zu nüchternen Schlüssen, ins alte Glied zurückzutreten.

Doch so illusionslos hinsichtlich der Führungsfähigkeiten Keitels: Rückschläge und Widrigkeiten schüttelte er ab. Sachbesessen, leidenschaftlich stand er zu seinen ursprünglichen Zielen. Was sie durchkreuzte, zählte oder erreichte ihn nicht. Wenn sich Heer, Marine und Luftwaffe der einheitlichen Wehrmachtführung versagten, so waren sie erst recht zu ihr zu bekehren. Keinen der eigenen Gründe sah er außer Kurs gesetzt. Gegen alle Einwände glaubte er, daß seine Abteilung zum Führungsstab taugte.[16] Über den Wehrmachtteilen stehend, schien sie ihm am besten geeignet, Belange eines Wehrmachtgeneralstabes wahrzunehmen. Wille und Energie hatten die Abteilung nur zu vervollkommnen. Das erweiterte Führungsamt stärkte sein Vertrauen. Selbst der ausbleibende Generalissimus irritierte ihn nicht. Wollte Jodl notfalls sogar den Feldherrn Hitler, der sich im OKW *seinen* militärischen Stab geschaffen hatte?

Er dachte an Hitler als Feldherrn sowenig wie Keitel und die Generalität. Ein Oberbefehlshaber aus dem Heer, meinte er, würde und mußte führen.[17] Hitler als Feldherr freilich erweckte in ihm den geringsten Widerstand. Nach den Erfolgen des Staatsmannes waren hier innere Barrieren niedergerissen. Gläubigkeit rechtfertigte, steifte Jodls Gehorsamsbegriff. Unverwandt beharrte er auf dem Führerprinzip, das – für ihn zu Recht – jeden binden sollte. Becks Anspruch, militärisch *und* politisch mitverantwortlich zu sein, war ihm Anmaßung, wenn nicht Felonie. Offen rügte er den früher »übermäßig entwickelten Generalstabsdienstweg«, der »allen militärischen Grundsätzen« widerspreche.[18] Solch eine Optik verleugnete bewährte Vorrechte und schürte den Boykott der »Feindseite«. Nichts aber lag Jodl ferner, als einen Gesamtführungsstab auch unter den fragwürdigsten Prämissen zu begraben. Nichts machte ihn nun schon von seinem eigenen Zuschnitt her gefährlicher.

Weiterhin Offizier des funktionalistischen Gehorsams, abgeneigt und unfähig, politisch zu denken, verkörperte er freiwilligen Verzicht auf Pflichten des Feldherrn. Was unbedingt zu dessen Eigenständigkeit gehörte und sie erst sichern konnte, verschloß sich wie je seinen Blicken. »Souveränität« höchster Ränge war ihm nicht begreiflich, wozu fehlende Instinkte angeborenen Herrentums wohl beitrugen. Sicher, auch andere brauchten die Souveränität, die Spitzenstellungen abforderten, nicht oder kaum zu erreichen. Doch hier wären ihr Wege von vornherein verlegt gewesen. Jodls Mentalität wurde zur Gewähr purer Kriegstechniker, *sein* Ehrgeiz zu einem Gesamtführungsstab unverantwortlich. Die Zäsur dieses Jahres, letzte und tiefste, belastete zunächst Vorgesetzte, Höhere: Sie hatten, für den Mächtigsten, Schleusen geöffnet und den entscheidenden Erdrutsch ausgelöst. Jodl spürte den Einschnitt, die Epochenwende um so weniger, als er ein OKW unter Hitler besonders gefestigt glaubte. Jetzt aber war er nicht nur Gelenkter, Ausführender, Rat- und Stichwortgeber. Trotz mahnender Tatsachen half er, die Wehrmachtführung sinnlos zu spalten. Gegen sein Bewußtsein stand er auf der falschen Seite. Noch im gleichen Frühjahr 1938 unterstützte er die SS des Regimes durch Gespanndienste. Neben Keitel hatte er Ausrüstungswünsche der Verfügungstruppe entgegenzunehmen.[19] Himmlers Streitmacht wurde motorisiert, verlor frühere Fesseln und begann um Divisionen anzuschwellen. Das OKW sattelte den unnachgiebigsten und immer beunruhigenden Feind des Heeres. Die »grundschaffende« Führer-Weisung zur »Aufstellung, Stellung und Aufgabe der bewaffneten SS-Truppen« konnte folgen.

Der Triumph über Österreich drängte Hitler, das nächste seiner Ziele anzusteuern. Am Abend des 20. April befahl er Keitel, »generalstabsmäßige Vorarbeiten für eine Auseinandersetzung mit der Tschechoslowakei einzuleiten«.[20] Das Problem, verkündete er, müsse einmal gelöst werden: nicht nur wegen der unterdrückten Sudetendeutschen, mehr noch wegen der kommenden großen Auseinandersetzung im Osten, bei der Beneschs Staat russische Absprungbasis wäre und tschechische Armeen rasch im Reich stünden. Er wolle, betonte Hitler, nicht sogleich einen Krieg entfesseln, aber verlockten günstige Konstellationen, gedachte er unverzüglich loszuschlagen. »Der Gedanke eines Überfalls«, hieß es, »aus heiterem Himmel auf die Tschechoslowakei ohne jeden Anlaß und ohne Rechtfertigungsmöglichkeit ist abzulehnen. Eine solche Maßnahme würde eine feindselige Reaktion der Weltmeinung zur Folge haben, die zu einer bedenklichen Lage führen kann. Ein Handeln nach einer Zeit diplomatischer Auseinandersetzungen, die sich allmählich zuspitzen und zum Kriege führen, ist auch nicht wünschenswerter, weil es uns die Überraschungsmöglichkeit raubt und dem Gegner Zeit läßt, seine Abwehr zu verstärken. Die beste Lösung wäre ein blitzartiges Handeln aufgrund eines Zwischenfalls (z. B. Ermordung des deutschen Gesandten im Anschluß an eine deutschfeindliche Demonstration). Ein solcher Zwischenfall wäre für das Reich eine unerträgliche Provokation und würde uns – wenigstens in den Augen eines Teiles der Weltmeinung – die Rechtfertigung zu unseren militärischen Vorbereitungen liefern.«[21]

Zeitverluste durch Eisenbahntransporte für die Masse der Divisionen dürften blitzschnelles Zupacken nicht verhindern. Sofort seien Teilvorstöße gegen die Befestigungslinien und in operativ günstiger Richtung zu unternehmen. Heer und Luftwaffe hätten zugleich anzugreifen. Brächten die ersten vier Tage keine durchschlagenden Erfolge, trete mit Sicherheit eine europäische Krise ein. »Vollendete Tatsachen müssen von der Aussichtslosigkeit eines fremden militärischen Eingreifens überzeugen, Verbündete auf den Plan rufen (Teilung der Beute!), den Feind demoralisieren. Deshalb Überbrückung des Zeitraumes zwischen dem ersten Einbruch und dem Einsatz der anzutransportierenden Kräfte durch entschlossenen, rücksichtslosen Vorstoß einer motorisierten Armee (z. B. über Pilsen an Prag vorbei). Wenn möglich, Trennung der Transportbewegung ›Rot‹ von ›Grün‹. Gleichzeitiger Aufmarsch kann Rot zu unerwünschten Maßnahmen veranlassen. Andererseits muß Fall ›Rot‹ jederzeit anlaufen können.«[22]

Nicht ohne Sorge, doch wortlos nahm Keitel den Befehl des Diktators hin. Auch Jodl, umgehend instruiert, schien überrascht.[23] Hitlers noch zugesicherte Zurückhaltung beruhigte ihn wenig. Von Pausen, auf die er nach Österreichs Anschluß gesetzt hatte, war keine Rede mehr.[24] Kaum durfte er sich länger über das eigentliche Führer-Programm täuschen. Mit Keitel beschloß er, zunächst dilatorisch zu verfahren und vor den OKH-Spitzen zu schweigen. Eigene Einwände erhob er nicht. Einwände wünschte er nicht aus den Reihen des Heeresgeneralstabes. Sein Kurs – Illustration in sich zerfallener Wehrmachtführung – bog ab, was allseitig zu erörtern blieb, besonders an der Schwelle eines Krieges. Nach Viebahns Weggang vertretungsweise Chef des Wehrmachtführungsamtes[25], formulierte er allein die befohlene Weisung. Weithin hielt er zu den übermittelten Richtlinien, obschon er – ungedeckt – auch mögliche diplomatische Auseinandersetzungen und Spannungen andeutete.[26] Frankreich und Rußland erschienen als denkbare Gegner, nirgendwo aber Großbritannien und das Empire. Von sich aus ergänzte er, daß Propagandakrieg »den nationalen Minderheiten Anweisungen zur Unterstützung des Waffenkrieges geben« müsse. Der Luftwaffe wies er überfallartige Einsätze zu, mit denen sie die tschechische Luftflotte und »gegebenenfalls« russische und französische Hilfskräfte auszuschalten hatte. Dabei freilich waren Industrieanlagen, die Deutschlands Wehrwirtschaft stärken konnten, nach Möglichkeit zu schonen.[27]

Berichte informierten ihn, daß der tschechische Generalstab nicht Kampf in den Grenzbefestigungen, sondern Ausweichbewegungen zur Slowakei erwog.[28] Das war angesichts der Umklammerung durch Deutschland auch das beste Konzept, erlaubte hinhaltenden Widerstand und Prags Verbündeten einzugreifen. Jodl empfahl Keitel, strategische Weisungen zu erwirken, die den Anschluß Österreichs und das mutmaßliche tschechische Konzept berücksichtigten.[29] Sein Entwurf vom 20. Mai 1938 verhalf den Plänen des Diktators zu einer noch bedrohlicheren Folie, doch ganz zuerst, mit allem Bedacht, ließ er Hitler sagen: »Es liegt nicht in meiner Absicht, die Tschechoslowakei ohne Herausforderung schon in nächster Zeit durch eine militärische Aktion zu zerschlagen, es sei denn, daß eine unabwendbare Entwicklung der politischen Verhältnisse innerhalb der Tschechoslowakei dazu zwingt, oder die politischen Ereignisse in Europa eine besonders günstige und vielleicht nie wiederkehrende Gelegenheit dazu schaffen.«[30]

Was Hitler angeblich abwarten wollte, suchte er zunehmend zu beschleunigen. Henleins Sudetendeutsche Partei hatte die Gelegenheit herbeizuzwingen.[31] Beneschs Tschechoslowakei bot ihr nahezu alle Chancen. Staat der Tschechen gegen Deutsche, Slowaken, Ungarn, Polen, war sie Symbol des verweigerten Selbstbestimmungsrechts, dem sie auch jetzt widerstrebte. Pläne eines Staatsumbaus kamen zu spät oder litten nach Jahren kompromißlosen Unwillens an Glaubwürdigkeit.[32] Trat ein wiedererstarktes Reich für die deutsche Minderheit ein, verfügte es über Hebelkräfte und Argumente. Hitler gewann seine Vorhand und konnte Henlein einschärfen, nun stets mehr zu fordern, als die Tschechoslowakei vielleicht gewährte.[33] Seine wirklichen Ziele blieben abgedeckt, ja, brauchte er nicht zu offenbaren; naheliegend, daß Rebellion auch der anderen Minderheiten diese Ziele begünstigte. Einen Monat vor Jodls Weisungs-Entwurf verlangte die Sudetendeutsche Partei in ihrem Karlsbader Programm »Volle Freiheit des Bekenntnisses zum deutschen Volkstum und zur deutschen Weltanschauung«.[34] Sprecher der Slowaken, Ungarn und Polen beanspruchten nicht nur kulturelle Autonomie. Der Knoten war geschürzt, die »nötige Krise« eingeleitet. Meldungen, das Reich konzentriere Truppen, veranlaßten Prag am 21. Mai 1938 zur Teilmobilmachung. Jodl notierte, daß sie »ohne jede deutsche Bedrohung und ohne jeden auch nur scheinbaren Anlaß vor sich« gehe.[35] Die internationale Presse mußte ihn bestätigen, höhnte aber über Deutschland, das gestoppt worden sei. Hitler erlitt einen Prestigeverlust, den er nicht noch einmal hinnehmen wollte. Wütend tilgte er alle Terminvorbehalte. Jodls Einleitung wurde hinfällig und wich dem Diktum: »Es ist mein unabänderlicher Entschluß, die Tschechoslowakei in absehbarer Zeit durch eine militärische Aktion zu zerschlagen. Den politisch und militärisch geeigneten Zeitpunkt abzuwarten oder herbeizuführen, ist Sache der politischen Führung.«[36] Am 30. Mai schickte Keitel, mit Hitlers Unterschrift, die neue Weisung »Grün« dem OKH: für den Heeresgeneralstab die erste, die er – nach Jodls einsamem Entwurf – zu Gesicht bekam. Spätestens ab 1. 10. 1938 sollte sie »ausführbar« sein.

Beck spürt seit der Jahreswende, daß sich Hitler mit Kriegsplänen trägt.[37] Die Enthüllungen des Diktators vom November 1937 nimmt er ernst und nun als Auftakt zu Katastrophen. Großbritannien, Frankreich und Rußland stehen, in seinen Augen, bei einem Angriffskrieg der Wehrmacht gegen Deutschland. Amerikas Potential sieht er im Hintergrund, Neutrale früher oder später unter den Feinden. Selbst wenn das Reich die Tschechoslowakei bezwingt: im Kampf der Großmächte, weiß er, muß es unfehlbar erliegen. Nicht, daß er sich prinzipiell verweigerte. Vorab Stratege, ist ihm die Tschechoslowakei des Versailler Vertrages »unerträglich«.[38] Größerer Lebensraum, den er bejaht, heißt hier: bessere Wehr-Basis. Doch Angelpunkt bleibt für Beck Verständigung mit der Hauptmacht England, eine Lösung, der London noch zuzustimmen vermag. Völlig freie Hand, warnt er, lasse Großbritannien Deutschland nie. Hitler – aufgereizt und beleidigt – denkt anders, geradezu diametral entgegengesetzt.[39] England, dem kaum gerüsteten, unterstellt er Einlenken, Frankreich Unwillen, selbständig zu handeln und den Westwall zu berennen, zumal ohne kampfstarke Panzerdivisionen und moderne Flugzeuge. Die Rote Armee, in der Säuberungen Stalins wüten, glaubt er gelähmt, enthauptet,

Amerika – fern – an der Kette des Neutralitätsgesetzes, Polen und Ungarn, die ihre Minderheiten von Prag befreien wollen, auf seiten des Reiches. Italien kann, in seiner Sicht, zumindest Kräfte Frankreichs binden, wenn nicht zersplittern helfen. Das feindliche Potential schätzt er eher niedrig ein. Wie vor dem Anschluß Österreichs stachelt ihn eine günstige, »einmalige« Lage an.[40] Erbost, ja, schon haßvoll registriert er, daß sie der Heeresgeneralstab erneut und weiter nicht begreift. »Noch einmal«, faßt Jodl Ende Mai zusammen, »flammt der ganze Gegensatz auf, der sich ergibt aus der Erkenntnis des Führers: wir *müssen* noch in diesem Jahre, und der Auffassung des Heeres: wir können noch nicht, da sicherlich die Westmächte eingreifen und wir ihnen noch nicht gewachsen sind.«[41] Der Nachdruck liegt auf Hitlers Erkenntnis, die bisher nie getrogen hat. Die Auffassung des Heeres ist eher nur kühl erwähnt.

So selbstgewiß Hitler: Beck weigert sich, dem Diktator zuzustimmen. Schon dessen Wille, die Tschechoslowakei »zu zerschlagen«, verbürgt ihm Unglück. Bei seinem Denken darf und muß er annehmen, daß Hitlers Absicht eine erdrückende feindliche Koalition formiert. Die Tschechoslowakei sieht er längst im Zustand der Bereitschaft.[42] Hoffnungen, sie in drei bis vier Tagen niederringen zu können, nennt er Illusion. Für ihn hätten gegen 38 tschechische 34 zum Teil noch schwache deutsche Divisionen anzutreten, denen er, wenn je, nicht unter drei Wochen Chancen zugesteht. Eine politische Krise, bei der auch in Hitlers Augen nur rasche militärische Erfolge helfen, ist dem Generalstabschef Gewißheit. Tritt Frankreich gegen Deutschland an – Folge der sicheren politischen Krise –, würde die unzureichend gerüstete Westfront »etwa zwei Wochen lang die Offensive des französischen Heeres allein zu tragen haben, ehe die ersten Überführungen stärkerer Kräfte vom Südost- zum Westkriegsschauplatz eingeleitet werden könnten«.[43] Wo Hitler auf den Westwall setzt, der nun fieberhaft auszubauen ist, hält sich Beck an die Lücken der unfertigen Befestigungsanlage. Im Reichsarbeitsdienst, der die Westverteidigung improvisieren soll, erblickt er eine »militärische Unmöglichkeit«. Kriegsspiele haben erwiesen: Frankreich kann, während Deutschlands Heer um die tschechischen Bunker kämpft, das Ruhrgebiet besetzen. Analysen der Luftwaffe werden noch erweisen, daß England für Görings Bomber- und Jagdgeschwader unerreichbar ist.

Gäbe es Zweifel, beseitigt sie Hitler. Wenige Wochen später räumt er ein, daß die politische Lage während oder nach »Grün« nicht vorauszusagen sei.[44] Anfang Juli befiehlt er zu prüfen, was zu geschehen habe, wenn – wider Erwarten – Frankreich, Rußland und Polen doch eingreifen. Die zusätzliche Weisung des Diktators durchkreuzt alle Prämissen, jeden Feldzugsplan. Wie könnte der Generalstab Kräfte rund um die Tschechoslowakei konzentrieren, solange dem Reich zugleich Angriffe im Westen und Osten drohen? Hinhaltender Widerstand gegenüber Frankreich, Rußland und Polen, den Hitler notfalls verlangt, hieße dann vollends Hasard und Aberwitz. Im Westen müßten sich ganze zehn Divisionen einer zehnfachen französischen Übermacht erwehren. Mobilmachung, Aufmarsch und Operationen unterliegen »Bindungen, die nicht zugunsten von Improvisationen beliebig« zu ändern sind.[45] Hitlers Unsicherheit wird Beck zur Gewähr der Katastrophe, die kein deutscher Sieg in der Tschechoslowakei verhindert. Schon vorher trifft sein Grimm das OKW, das ihn, den Strategen, geradezu ratlos macht. Wenn dieses OKW noch Sachverstand beherrschte, wäre sofortiger Einspruch zu erheben gewesen. Was der Heeresgeneralstab »planen« soll, sieht dessen Chef als Pfuschwerk an.

Becks Denkschrift vom 3. Juni 1938 müßte Jodl beschämen. Daß die militärischen Grundlagen der Mai-Weisung gewissenhafter Prüfung nicht standhalten – Schlußworte Becks –, verurteilt ihn ebenso schneidend wie Keitel. Der Vorwurf, ohne Fühlungnahme mit dem Generalstab vorgegangen zu sein, ist an seine Adresse gerichtet. Mag er – beurlaubt – nicht Hitlers Juli-Weisung zu verantworten haben[46]: wenig spricht dafür, daß er sie zurückgewiesen hätte. Sein Ansehen im OKH fällt auf einen Tiefpunkt. Immerhin nüchtern rechnender Generalstabsoffizier, kennt er die Stärkeverhältnisse, doch Becks politische Prämissen lehnt er ab oder erwägt er nirgendwo. Fest vertraut er darauf, daß nur angegriffen wird, wenn weder Frankreich noch England marschieren: »Zusicherung« Hitlers, die er eigens und sogar für das nächste Mobilmachungsjahr formuliert.[47] Gleich den Heeresspitzen ist ihm die Tschechoslowakei »Wespentaille zu Frankreich hin, Luftbasis der Alliierten und insbesondere Rußlands«. Auch die Unterdrückerin der Sudetendeutschen erweckt kaum seine Sympathie. Bei einem energischen Angriff von Nord und Süd – jetzt theoretisch möglich und inzwischen Teil der Mai-Weisung – glaubt er sie strategisch rasch verloren.[48] Der Gedanke an eine Flankensicherung vor künftigen deutschen Ostabenteuern gewinnt kein Gewicht. Jodls Vertrauen in den Politiker Hitler panzert gegen Kritik und Einwände. Als Vertrauender, scheint es, ist er entrückt. Becks Anti-Denkschrift wird für ihn und »sein« OKW allein zur erneuten Machtprobe.

Um so heftiger die Gewissensunruhe, die den Generalstabschef zu radikalem Aufbegehren treibt. Beck erkennt, daß militärische Analysen ohne politische Konsequenzen bleiben. Nicht nur soldatischer Sachverstand erzwingt Eingriffe in den Bereich des Staatsmannes. Beck hat ausdrücklich, aber ertraglos jede Mitverantwortung für die Weisung vom 30. Mai abgelehnt.[49] Nun bittet er Brauchitsch dringend, »den Obersten Befehlshaber zu veranlassen, die von ihm befohlenen Kriegsvorbereitungen einzustellen und die Absicht der gewaltsamen Lösung der tschechischen Frage so lange zurückzustellen, bis sich die militärischen Voraussetzungen dafür grundlegend geändert haben«. »Zur Zeit halte ich sie für aussichtslos, und diese meine Auffassung wird von allen mir unterstellten Oberquartiermeistern und Abteilungschefs des Generalstabes, soweit sie mit der Frage der Vorbereitung und Führung des Krieges gegen die Tschechoslowakei dienstlich befaßt sind, geteilt.«[50] Seine Bitte meidet politische Argumente, die Hitler, wie er weiß, niemals hinnähme. Doch zeigt sich der Diktator weiter taub, soll ihm die Generalität geschlossen ihren Rücktritt erklären. Brauchitschs erregter Einwand, dies sei kollektiver Ungehorsam, fast Meuterei, kann Beck nicht beirren. Überfordert Krieg – und zumal ein unerzwungener – das Heer, müssen die höchsten Führer der Armee den Politiker korrigieren. »Es stehen hier«, bekommt Brauchitsch zu lesen, »letzte Entscheidungen über den Bestand der

Nation auf dem Spiel. Die Geschichte wird diese Führer mit einer Blutschuld belasten, wenn sie nicht nach ihrem fachlichen und staatspolitischen Wissen und Gewissen handeln. Ihr soldatischer Gehorsam hat dort eine Grenze, wo ihr Wissen, ihr Gewissen und ihre Verantwortung die Ausführung eines Befehls verbieten. Finden ihre Ratschläge und Warnungen in solcher Lage kein Gehör, dann haben sie das Recht und die Pflicht vor dem Volk und vor der Geschichte, von ihren Ämtern abzutreten. Wenn sie alle in einem geschlossenen Willen handeln, ist die Durchführung einer kriegerischen Handlung unmöglich. Sie haben damit ihr Vaterland vor dem Schlimmsten, vor dem Untergang bewahrt. Es ist ein Mangel an Größe und an Erkenntnis der Aufgabe, wenn ein Soldat in höchster Stellung in solchen Zeiten seine Pflichten und Aufgaben nur in dem begrenzten Rahmen seiner militärischen Aufträge sieht, ohne sich der höchsten Verantwortung vor dem gesamten Volk bewußt zu werden. Außergewöhnliche Zeiten verlangen außergewöhnliche Handlungen!«[51]

Jodl – Mitte Juli noch im Urlaub – erfährt nichts von diesen Worten, auch keine Silbe über Becks Versuche, Maßnahmen gegen das NS-Regime auszulösen. Dafür hört er – zurückgekehrt – vom Treffen der Generale am 4. August in Becks Wohnung, bei dem die düstere Lagebeurteilung des Generalstabschefs tief beeindruckte.[52] Fingerzeige, die ihn erreichen, deuten auf einmütige Auffassungen der Heeresspitzen. Erführe er, daß während dieses Treffens Adam, sein ehemaliger Lehrer, den Westwall »völlig ungenügend« nannte: wenig wüßte auch er ihm entgegenzuhalten.[53] Daß Brauchitsch zu keinem Kollektivschritt zu bekehren ist und Beck anfängt zu resignieren, kann er nicht einmal mutmaßen, aber die untergründigen Spannungen, die er verspürt, beunruhigen und sind ihm böses Omen. Selbst innerhalb des OKW gewahrt er Vorbehalte, Vorbehalte bei Canaris und dem Chef des Wehrwirtschafts- und Rüstungsamtes Thomas: beide längst geheime Verbündete Becks und der Heeresführung. Am 10. August wird er mit den Stabschefs der Armeen zum Obersalzberg befohlen.[54] Hitler – über die höchsten Militärs ganz Erbitterung – wendet sich an die Nächstjüngeren. Regelwidrig, weil gegen ihre Vorgesetzten, will er sie überzeugen und auf seine Seite ziehen. Wieder beginnt er mit der unterdrückten deutschen Minderheit und einer Tschechoslowakei, die immer Gegner des Reiches bleiben werde. Wieder ist vom unzureichenden Kriegspotential Englands und den inneren Wirren Frankreichs die Rede, die ein Eingreifen der Westmächte unmöglich machten, doch auch aus den Reihen der heranbefohlenen Stabschefs kommen Bedenken und Widerspruch. Nahezu alle bezweifeln, daß England und Frankreich ein gewaltsames deutsches Vorgehen zulassen. Hinweise auf den unfertigen Westwall, der französischen Angriffen nicht einmal kurz standhalten könne, versetzen Hitler in Harnisch.[55] Ungläubigkeit hat einen Fetisch berührt. Die Empörung des Gereizten wird zur Explosion und verliert notwendige Kontrollen. Unter beleidigenden Vorwürfen – Vorwürfen gegen jeden der versammelten Generale – erlischt die Debatte. Jodl, stummer Zeuge und Beobachter, zeigt Erschütterung. Spontan verurteilt er den Kleinmut der Armeechefs und noch mehr, daß auch sie politische Kompetenz beanspruchen, statt in gebotener Unterordnung strikt nur-militärische Pflichten zu erfüllen.[56] Ihr Kleinmut droht für ihn die Truppe anzustecken. Aus dem Gegensatz Heeresgeneralstab–Führer, den die Spatzen schon von den Dächern pfiffen, sieht er ungeheuren Schaden wachsen.

Gleich seinem Chef sucht er Laurigkeit wenigstens im OKW zu unterbinden. Rückhaltlos folgt er Keitel, der weder Kritik noch Miesmacher dulden will.[57] Tieftraurig stimmt ihn weiterhin, daß der Führer, wie er meint, das ganze Volk hinter sich hat, nicht jedoch die führenden Generale des Heeres. »Sie«, schreibt er später, »können nur mehr durch die Tat gutmachen, was sie durch mangelnde Seelenstärke und durch Mangel an Gehorsam gesündigt haben. Es ist dasselbe Problem wie 1918. Es gibt nur einen Ungehorsam in der Armee, den der Generale, und er entspringt letzten Endes ihrer Überheblichkeit. Sie können nicht mehr glauben und nicht mehr gehorchen, weil sie das Genie des Führers nicht anerkennen, in dem sie zum Teil sicher noch den Gefreiten des Weltkrieges sehen, aber nicht den größten Staatsmann seit Bismarck.«[58] Jodls Glaube an Hitler – nun fast schon mythisch – hat Gipfel erreicht. Gerade dieser Glaube, den er geprüft haben will, festigt jetzt das Übelste: Bastionen gegen Mitverantwortung und Sachverstand. Was angesichts einer noch ungeklärten Lage zu bedenken wäre, bei der von den ärgsten Gefahren auszugehen ist, dämpft oder irritiert den Gläubigen nicht. Irrationale Elemente überwiegen und leiten. Sogar Vertrauten wird seine Sprache fremd und rätselhaft.[59] In ihr spiegelt sich der Mann, für den Willenskraft jedes Hindernis bezwingt. Abgründiger denn je die Klüfte, die Jodl, »den Dissidenten«, vom Heeresgeneralstab und erprobten Ethos trennen.

Beim Jüterboger Versuchsschießen auf Betonbauten, nach dessen Abschluß Hitler Beck durch »schärfste sachliche Kritik zu entkräften« sucht, ist er offenbar nicht anwesend. Der Rücktritt des Generalstabschefs am 18. August bekümmert ihn.[60] Trotz aller Gegensätze weiß er, daß der beste Kopf des Heeres ausscheidet. Vom Nachfolger Franz Halder, zuletzt Oberquartiermeister I und zumindest für Brauchitsch willkommene Wahl, hat er keinen Gewinn. Obwohl bemüht, schroffe Feindseligkeiten einzudämmen, hält auch der Bayer Halder zu ihm und dem OKW Distanz.[61] Politisch illusionslos, ist er – entschiedener noch als Beck – Gegner des Nationalsozialismus. Eine Reise im Sonderzug Hitlers führt Jodl zu den Westbefestigungen von Aachen bis zum Oberrhein. Der Eindruck, den die Haltung der Bevölkerung und Arbeiter vermittelt, ist »gewaltig«, das Geschaffene »grandios«.[62] Er bedauert nur, daß die Arbeiten am Westwall nicht vier Wochen früher einsetzten. Fast scheint es, als brauche er sich – gegen bessere fachliche Einsichten – zum Optimismus kaum noch zu bekehren. Wieder in Berlin, erreicht er mit einer Vortragsnotiz Hitlers formale Entscheidung »über den Zeitpunkt des Angriffsbefehls und die Frage der Vorausmaßnahmen«.[63] Wird »Grün« durch einen Zwischenfall in der Tschechoslowakei ausgelöst, bleibt dieser Zwischenfall nach Tag und Stunde von größter Bedeutung. Jodls Vortragsnotiz verdeutlicht die – noch zu tarnenden – Anlaufspannen des Heeres und der Luftwaffe, ebenso die »Unmöglichkeit einer Warnung« der Gesandtschaften in Prag vor dem ersten deutschen Luftangriff.[64] Die Wehrmacht muß – wichtigster Punkt – des Führers Absichten rechtzeitig erfahren. Hitler soll das militärisch Planbare aufgreifen und beachten. Gespräche über den Ernst der Lage, den französische »Grenzsicherungsmaßnahmen« unterstreichen, stimmen Anfang September auch Jodl skeptisch. Indizien sprechen dafür, daß Eingriffe der Westmächte nun sogar Hitler nicht ausschließt.[65] Jodl packt Sorge, weil – bei solchen Vorzeichen – weder militärisch noch politisch Zuversicht gilt. Ungarns »Launigkeit« und Italiens »Zurückhaltung« steigern seine Bedenken, doch zugleich will er nur an psychologischen Druck und eine Nervenprobe glauben, »die bestanden werden muß«. Wie Keitel verurteilt er Brauchitsch und Halder, die dem tschechischen »Abenteuer« widerstreben und sich bereits des Strategen Hitler zu erwehren haben.[66] Über den Ungehorsam der Generalität fällt er sein Verdikt.

Umgekehrtes Denken wäre schlüssiger, denn Hitlers Wille, Gewalt anzuwenden, ist weiter ungebrochen. Verbissen hält er die Tschechoslowakei im Griff. Manöver in Schlesien, Sachsen und Bayern, mehr aber noch Zusammenstöße zwischen Sudetendeutschen und Tschechen schüren die Krise.[67] Alle Konzessionen, die Forderungen Henleins erfüllen, sind abgelehnt. Weisungsgemäß ist die deutsche Minderheit dabei, den tschechoslowakischen Staat zu zerbrechen, der mit seinem Befestigungsgürtel jeden Schutz verlöre. Kriegsfurcht kommt auf und soll um sich greifen. Presse, Propaganda und Gerüchte geben Schützenhilfe. Geradezu haßgeladen eifert Hitler am 12. September in seiner Nürnberger Reichsparteitagsrede gegen Benesch und die Tschechen. Unbeugsam, schrill, unter frenetischem Jubel verlangt er das Selbstbestimmungsrecht für die Sudetendeutschen.[68] Die Rede – gewiß keine Kriegserklärung – löst nichts, ja, facht neue noch blutigere Zusammenstöße an, doch Jodl enthebt sie Skepsis und Zweifeln. Allein diese Rede und Hitlers Entschlossenheit haben in seinen Augen einen europäischen Krieg verhindert. Er kann oder will lediglich hoffen, »daß auch vielen im eigenen Volk und Offizierskorps die Schamröte ins Gesicht steigt über ihren Kleinmut und ihr Besserwissen«.[69] Konsequenzen zieht er vorab selbst, schon weil ihn sein eigenes Schwanken beschämt. Von Neukommandierten verlangt er eindeutige Stellungnahmen und entsprechendes Verhalten zum Generalstab des Heeres. Bei mahnenden Einwänden hört er fortan weg.[70]

Sein Lob des neuen politischen Stils, mit dem Hitler überrasche, bekundet Begeisterung, kaum Urteilsvermögen, zumal des Diktators Politik bereits den Rubikon streift. Aber noch immer besitzt sie ihre Chancen, gibt sie auch der wenig erleuchteten Begeisterung »recht«. Großbritannien ist nicht bereit, für die Tschechoslowakei – eine »Verbindung von Fetzen und Flikken« – zu kämpfen und den Sudetendeutschen ihr Selbstbestimmungsrecht zu verweigern. Krieg wäre ihm größte Torheit, stünde in keinem Verhältnis zum Anlaß und Nutzen.[71] Unwille zu Waffengängen oder zumindest mangelnde Entschiedenheit steht obenan. Frankreich, mit der Tschechoslowakei verbündet, müßte mobilisieren. Versagt es sich, fällt seine Stellung in Ost-Mitteleuropa, doch ohne England bröckelt auch sein Wille, Prag vorbehaltlos beizuspringen und den Westwall anzugreifen. Die Versailler Ordnung ist zum Relikt geworden und erweckt keine Energien mehr. Beide Mächte neigen zur Beschwichtigung und dem Vorurteil, daß Hitler, einmal befriedigt, in ein europäisches Sicherheitssystem einzubinden sei. Der totalitäre, alle Grenzen sprengende Charakter des NS-Regimes – beispiellos und kaum erfaßt – wird nicht zur Richtschnur politischer Entschlüsse. Friedenssehnsucht um nahezu jeden Preis überdeckt die tiefe, unüberbrückbare Kluft zwischen Diktatur und Demokratie. Diese Friedenssehnsucht, Elementarkraft nach den furchtbaren Blutopfern des Weltkrieges, beherrscht Massen, Parteien, Politiker, Frankreich, Großbritannien und das Commonwealth. Sie setzt auf Einsicht, Vernunft und Aussöhnung der früheren Kriegsgegner. Selbst Sozialisten und Kommunisten bleibt Kapitalismus der erste, nächste Feind. Auch wo sich Hellsicht regt, lähmt das Gefühl militärischer Schwäche. Mit ihm verkennt man ebenso die eigene Stärke wie die unzureichende Rüstung Deutschlands: Fehlschlüsse, die vollends zur Verständigung drängen. Die Sowjetunion – auch sie Bündnispartner der Tschechen – will nur eingreifen, wenn Frankreich marschiert. England indes sucht Einflüsse der halbasiatischen, unheimlichen Ostmacht, die das Empire bedroht, von vornherein strikt auszuschalten. Amerika schließlich fesseln inzwischen noch wirksamere Neutralitätsgesetze. Geht es Hitler lediglich um die Sudetendeutschen, die London und Paris durch Druck auf Prag längst unterstützen, darf er erneut einen großen Triumph erwarten. Am 15. September 1938 fliegt Großbritanniens Premier Neville Chamberlain zu ihm nach Berchtesgaden.

Jodl erfährt über den Wehrmachtadjutanten Schmundt, die Besprechung »sei sehr günstig verlaufen«, doch eine friedliche Lösung scheint nicht geglückt zu sein.[72] Der Grenzaufsichtsdienst ist zu verstärken und ein »Sudetendeutsches Freikorps« mit Waffen auszurüsten. Befehle zur »getarnten Bereitstellung des Leermaterials der Bahn für den Aufmarsch ab 28. September« ergehen. Keine der eingeleiteten Heeresbewegungen wird widerrufen, am wenigsten der Feldzugsplan, der Zangenangriffe aus Schlesien und Niederösterreich und – Wille Hitlers – einen geballten Panzervorstoß von West in Richtung Prag vorsieht. Alles verweist darauf, daß unverminderter militärischer Druck die »friedliche Lösung« ertrotzen soll: Abbild der Berchtesgadener Besprechung, die noch ohne greifbare Konzessionen Chamberlains endete. Jodl unterrichtet seinen mutmaßlichen Stellennachfolger, Oberst i. G. Walter Warlimont, über den Aufmarsch starker Teile des Heeres und vorbereitete Luftlandungen »großen Ausmaßes im nördlichen Mähren«.[73] Ziel der Operationen sei nicht nur, die Sudetenlande zu besetzen, sondern den tschechoslowakischen Staat auszulöschen und ganz Böhmen und Mähren dem Deutschen Reich einzuverleiben. Ob der Konflikt tatsächlich ausgelöst werde, hänge allein vom Ausgang der weiteren Besprechungen zwischen Hitler und Chamberlain ab. Jodl glaubt die politischen Voraussetzungen des »Falls Grün« offenbar fast schon gesichert. Über die klare imperialistische Natur des Kriegsplans verliert er kein Wort. Kommentarlos, für Warlimont mit innerem Einverständnis, spricht er lediglich von der erklärten Absicht des Führers.[74]

Bereits vor der Godesberger Konferenz weiß er, daß Prag – Forderung der Westmächte – bereit ist, die Sudetengebiete an Deutschland abzutreten.[75] Um so alarmierender in seinen Augen die tschechische Mobilmachung am 23. September, die einen bösen Fehlschlag des Godesberger Treffens anzeigt. Wenn geplant ist, unmittelbar nach einem Zwischenfall loszuschlagen, so zählen Überraschungsmomente nicht mehr. Der Gegner vollendet seine Vorausmaßnahmen und erwartet den Angreifer abwehrbereit. Daß Hitlers Beharren auf sofortiger Übergabe der Sudetengebiete die Godesberger Konferenz sprengt, wird Jodl kurz danach deutlich.[76] Der aufflammende tschechische Widerstand zeigt auch ihm: Hitlers Ultimatum hat Chamberlain verprellt, gibt Prag Freiheit und stärkt jene, die sich jeder Beschwichtigung des deutschen Diktators widersetzen. Großbritannien und Frankreich, scheint es, stehen hinter der Tschechoslowakei, sofern Hitler, der jetzt am 30. September marschieren will, Gewalt anwendet. Kaum weniger bedrückend, was in den Bereich des Wehrmachtführungsamtes fällt: Henleins Freikorps und sächsische SA provozieren tschechische Verbände zu Gefechten.[77] Jodl verlangt über das OKH »schärfstes Einschreiten« gegen die planwidrige, aber von Hitler gestützte Freischärlerei. Für die »sofortige Bombardierung Prags«, vor der er gern die Gesandtschaften um den Hradschin geräumt sähe, bleiben rechtzeitige Befehle anzumahnen, ebenso hinsichtlich der allgemeinen Angriffsstunde. Sie hält – noch unbefriedigender – Jodl ganz in Atem. »Heer braucht«, heißt es, »die Morgendämmerung, Luftwaffe kann wegen häufigem Frühnebel erst später starten.«[78]

Die Führer-Rede im Sportpalast – Demonstration eines manisch Besessenen, doch in Jodls Sicht »große Rede«[79] – stellt Benesch vor die Alternative Frieden oder Krieg. Am nächsten Tag – aufgereizt und wieder erregt – verkündet Hitler Chamberlains Abgesandtem Horace Wilson, daß er notfalls auch Kampf gegen die Westmächte nicht scheue. Starr besteht er auf Übergabe der Sudetengebiete bis zum 1. Oktober, Schlußzeit seines Ultimatums: 28. September, 14.30 Uhr.[80] Um dieser Termine willen ist er entschlossen, selbst den großen Krieg zu riskieren: schlimmste Rechtfertigung aller Analysen Ludwig Becks. Halder, der neue Generalstabschef, hat sich entschieden, dem Diktator in den Arm zu fallen. Erbittert über den höchsten und offenbar unlenkbaren Kriegstreiber, sieht er wie Beck für Deutschland Katastrophen herannahen. Gibt Hitler den Angriffsbefehl, will er ihn stürzen, verhaften und aburteilen lassen.[81] Der Staatsstreich ist vorbereitet. Fäden laufen zu einer Fronde, zu der Schacht, Berlins Polizeipräsident Graf Helldorf, das Amt Abwehr und General von Witzleben gehören. Der Potsdamer und Landsberger Garnison – unter zuverlässigen Kommandeuren – glaubt man sich sicher. Ein Stoßtrupp, der in die Reichskanzlei eindringen soll, ist zusammengestellt. Er beabsichtigt, Hitler nicht zu verhaften, sondern im Getümmel niederzustrecken.[82] Auch gegen Halders Willen bleibt äußerste Radikalität geplant. Alle Absprachen umgehen die Spitzen des OKW, in den Augen der Verschwörer Handlanger des gewissenlosen Fanatikers. Erführe Jodl von dem beabsichtigten Staatsstreich, wäre er tief betroffen, helle Empörung.

Auf Hitlers Weisung befiehlt er, die erste Angriffswelle bis zum 30. 9. in ihre Bereitstellungsräume vorzuführen und die fünf aktiven Westdivisionen mobil zu machen.[83] Beunruhigend Englands und Frankreichs Bereitschaftsmaßnahmen: die Mobilmachung der britischen Flotte und der Aufmarsch von zunächst 65 französischen Divisionen in Elsaß-Lothringen. Jodl notiert: »28. 9. Schwerster Tag.«[84] Erneut, noch heftiger überfallen ihn Zweifel, ob »Grün« nicht zum unverantwortbaren Abenteuer wird, fernab der Prämissen, unter denen Hitler losschlagen dürfte. Im Amt erlebt er, wie Brauchitsch Keitel beschwört, »alles beim Führer aufzubieten«, daß nur die Sudetengebiete besetzt werden.[85] Der Appell spiegelt das Elend der Spitzengliederung wider. Zudem offenbart er einen Heeresoberbefehlshaber, der seine Verantwortung abzuschieben sucht: Beweis für die Schwäche des OKW *und* OKH. Auch Brauchitschs Beschwörung steigert Jodls innere Bedenken. Was nun politisch geschieht, weiß oder durchschaut er nicht.[86] Allenfalls mutmaßt er, daß um Kompromisse ohne Krieg gerungen wird, Diplomatie gewiß nach seinen Wünschen. Erst als er von Hitlers Einwilligung zu einem Treffen mit Mussolini, Chamberlain und Daladier hört, atmet er auf, sieht er die Spannungen des »schwersten Tages« gelöst.[87] Großbritannien und Frankreich – schon zuvor geneigt, sich selbst härtestem Druck zu beugen – unterzeichnen das Münchener Abkommen, die Kapitulation der Tschechen. Anfang Oktober 1938 gewinnt Deutschland kampflos und »termingerecht« die Sudetengebiete.

Der Triumph, obgleich äußerster Glücksfall, festigte abermals Hitlers Stellung. Geradezu traumhaft im Endeffekt sein Erfolg, der Beck, Halder, alle Mahner und Warner beschämte. Jede halbwegs schlüssige Rechnung schien außer Kurs gesetzt. Die innerdeutsche Opposition, zuletzt lahmgelegt, begann zu resignieren.[88] Nie glaubte sie mehr – größtes Verhängnis – an Festigkeit Englands und Frankreichs gegenüber dem NS-Regime. Auch wenn Mussolinis Vermittlung Deutschlands Diktator rettete: die Macht des Erfolges bestätigte und rechtfertigte Adolf Hitler. Für Jodl hatten das Genie des Führers und dessen Entschlossenheit, sogar einen Weltkrieg nicht zu scheuen, wieder ohne Gewaltanwendung den Sieg davongetragen.[89] Inbrünstig hoffte er, wollte er nur noch hoffen, »daß die Ungläubigen, Schwachen und Zweifelnden bekehrt sind und bekehrt bleiben«. Seine Reaktion verriet vor allem Erleichterung und neben der Erleichterung Realitätsverluste. Nicht genug, daß sie empfundener Sorge widersprach; Lob auf die Weltkriegs-Entschlossenheit disqualifizierte ihn als Generalstabsoffizier. 1938 gab er Deutschland keine Chance, einen *Welt*krieg zu bestehen. Doch die Stunde stand im Zeichen des Hochgefühls und löschte, was sie beeinträchtigen oder trüben konnte. Jodl hielt zu den politischen Resultaten und einer Gläubigkeit, die anfing, auch fachlicher Einsicht zu mißtrauen. Das Genie des Führers war ihm das Genie des Staatsmannes, dessen Ingenium militärische Weisheiten übertraf. Wo er auf Bekehrte hoffte, zeigte er ganz seine Gläubigkeit.

Mit dem Münchener Abkommen war Deutschland nicht nur europäische Großmacht, sondern Vormacht des Kontinents. Unangefochten konnte es den Frieden garantieren, sofern nun der Diktator Krisen mied oder künftig ohne Ungeduld verhandelte. München hatte strikt revisionistische Ansprüche befriedigt. Ein nicht-imperialistisches Deutschland mußte in der geschrumpften Tschechoslowakei keinen Gegner mehr erblicken. Aber die

Sternstunde des Reiches verkümmerte und entglitt. Hitler beherrschte Grimm, daß ihm München den vollen Triumph verweigert hatte. Schon am 11. Oktober 1938 fragte er – Gefangener seiner Ziele – beim Oberkommando der Wehrmacht an, welche Verstärkungen nötig wären, um »jeden tschechischen Widerstand in Böhmen und Mähren zu brechen«. Zehn Tage später unterzeichnete er eine Weisung, nach der die Wehrmacht imstande sein sollte, »die Rest-Tschechei jederzeit zerschlagen zu können«.[90] Jodl mußte – vielleicht überrascht – von seinem bloßen »Sicherungsaufmarsch für alle Grenzen Deutschlands« ablassen: Entwurf, bei dem er die Heeresmasse allein noch im Inneren des Reiches konzentrierte. Jetzt band Hitlers Absicht, die Rumpf-Tschechoslowakei überfallartig anzupacken und ihr »jede Möglichkeit planmäßiger Gegenwehr« zu nehmen.[91] Die »Abriegelung gegen die Slowakei« – Zusatz – verwies auf politische Ziele, aber unmittelbar nach dieser Führer-Weisung hatte Jodl seine Dienstgeschäfte Warlimont zu übergeben. Ende Oktober oder Anfang November räumte er seinen Schreibtisch, die neue Funktion: Artilleriekommandeur 44 in Wien.[92]

Obgleich er bedauerte, nicht mehr am Rad der Geschichte mitzudrehen, war er glücklich, zunächst der Berliner Nervenmühle entronnen zu sein. Immer zog ihn ein Gutteil seines Wesens zur »Front«, weg von der ihr fernen Amtsstelle. Vor Übergabe der neuen Fahnen an das XVII. Armeekorps auf dem Wiener Heldenplatz schrieb er: »Als ich heute Vormittag zum ersten Mal wieder bei der Hauptprobe der abendlichen Feier die Truppe sah mit ihren Fahnen und das Gefühl hatte, wieder zu ihr zu gehören, da hatte ich Mühe, die Augen trocken zu halten. Die Aufnahme war überall betont herzlich, und mein ganz und gar österreichischer Stab lockt mir täglich etwas Lächeln von den Lippen in seiner nicht ganz preußischen, aber unendlich willigen und lieben Art. Dankbar bin ich dem Geschick für die Erziehung durch diese sechs Berliner Jahre.«[93] Er glaubte, daß nun OKH-Ärger entfallen würde. Angesichts des unvoreingenommenen, ahnungslosen Kameradenkreises schien er sich auch nicht zu täuschen. Sein Hauptaugenmerk galt der ihm unterstellten Artillerie, bespannten und motorisierten Einheiten. Ausbildung wie Übungen waren zu überwachen, größere Schießplätze zu erkunden und einzurichten. Im Februar 1939 leitete er eine Winterübung aller Truppen des Standortes Wien. Daneben blieben, leider abermals am Schreibtisch, Anweisungen und Vorschriften auszuarbeiten: für ihn jedoch »harmlose Aufgaben«, die nicht seine Freizeit erdrückten. Froh genoß er mit seiner Frau mehrere Burgtheater-Abende und einen festlichen Opernball.[94]

Auch der Artillerieführer ermunterte kaum, unbefangen auf ihn zuzutreten. Die Zeit im OKW, in der er sich gegen Anfeindungen wappnen mußte, hatte seine zurückhaltende Sprödigkeit eher vertieft. Allenfalls einige, die Brücken zu ihm fanden. Oft zeigte er nicht einmal vorsichtige Leutseligkeit. Wie zuvor täuschte Verschlossenheit über seine Empfindungskraft und Anteilnahme. Meinte er, helfen zu müssen, trat er auf andere zu, überraschten – wieder – seine Einfühlung und Wärme.[95] Dann waren »Kommiß« und jeder falsche Ansporn abgestreift. Er sah Menschen unter der Uniform und widerstand dem Hochmut, allein Generalstabskarrieren zu rühmen. Jene, denen er offen begegnete, redeten nicht von steinerner Härte. Einmal geschlossene Freundschaften hielt er unverbrüchlich. Neidlos erkannte er künstlerische Gaben an, die er über Schattenseiten stellte. Möglich, daß er noch freier gewesen wäre, hätte ihn seine Schweigsamkeit weniger gehemmt.

Reiste er, so innerhalb des Reiches, nie im Ausland. Eine geplante Mittelmeer-Fahrt mußte er 1939 aufstecken. Großbritannien, Frankreich, die Sowjetunion und Amerika kannte er nicht.[96] Die erlebten Weltkriegsschauplätze und der kurze Türkei-Aufenthalt fielen kaum ins Gewicht. Seine Neigung, Anschauung durch Lektüre zu ersetzen, war schwach entwickelt, ebenso der Wille, das eigene Land mit fremden Augen zu betrachten. Jodls Blick und Urteil fehlten Schärfe. Zwar verstand und sprach er Italienisch, aber auch hier keine ausgeprägte Vorliebe, in südliche romanische Mentalität einzudringen, dafür oft innere Abwehr aus Ressentiment und Unverständnis. Seinen Mangel an Weltläufigkeit teilte er mit nahezu allen Offizieren der damaligen Wehrmacht, von der Masse des Volkes ganz zu schweigen. Doch mochte er die künftige Führungsaufgabe auffassen, wie immer er wollte und durfte: Mangel an Weltläufigkeit machte Hitler gegenüber doppelt wehrlos.

Bücher und Zeitschriften des Fachs fesselten ihn, bezog er vorab auf sein Steckenpferd: die einheitliche Wehrmachtführung. Sie war nun Dogma, Unterpfand der Schlagkraft, die auch Engpässe auszugleichen hatte. »Revolutionärer« als die Heeresspitzen, gab er Guderian recht, ohne de Gaulle lesen zu müssen.[97] Im Panzer und Flugzeug erblickte er schlachtentscheidende Waffen des Bewegungskrieges. Die französische und englische Armee bewertete er hoch, mit dem Respekt namentlich des Artilleristen. Gebrechen sah er in der Führungsstruktur und bei den modernen Waffen. Seine Einschätzung der Roten Armee blieb vage und davon beherrscht, daß Stalins Säuberungen ihre besten Köpfe ausschaltete. Sonst verhinderten undurchdringliche Vorhänge eingehendere Analysen. Amerika lag außerhalb seiner kontinentaleuropäischen Optik und war ihm vollends unbekannte Größe. Wirtschaft und Völkerpsychologie ließ er gerade als Generalstäbler beiseite.

Trotzdem hoben ihn Schulung und Sinn für technische Neuerungen über die Mehrheit sogar der Generale. Was er gelernt hatte und durch Fleiß Früchte trug, erfüllte mit ruhigem Selbstbewußtsein, aber zur Befehlsspitze durfte er nicht streben. Anlagen und Wesen bestimmten ihn zum Divisions- und Armeekommandeur. Nur derartige Stellungen hätte er ausgefüllt, und sicher mustergültig. Auch Ehrgeiz tilgte in ihm nie Gefühle für seinen richtigen Platz, die eigenen Grenzen. Er besaß nicht die angeborene oder errungene wirkliche innere Souveränität, die Führung des Heeres und der Wehrmacht abverlangte, jene Souveränität, die soldatische Erziehung am wenigsten förderte. Gängige Gehorsamsbegriffe zu überwinden, schien ihm zuallerletzt möglich. Keitel – ähnlich angelegt – vermochte solche Schwächen schwerlich abzuschätzen. Seine Beurteilungen priesen einen, der zu den größten Hoffnungen berechtige, und gewährleisteten lediglich Unglück.[98]

Während der sogenannten »Kristallnacht«, in der die Synagogen brannten und Juden zu verfolgten Parias wurden, war er bei seiner 44., der Wiener »Provinz«division. Statt den aufgeputschten Mob, der lahmschlug, plünderte und mordete, von der Straße zu fegen, stand die Division wie alle Einheiten des Heeres abseits. Nirgendwo ein Generalsbefehl an die Truppe, einzugreifen und der Schändlichkeit Einhalt zu gebieten. Auch in Jodl keine Überzeugungen, die ihn veranlaßt hätten, aus der Reihe zu treten. Was er am 10./11. November 1938 dachte oder fühlte, ließ er nie verlauten. Ganz gewiß nicht »weltanschaulich gebundener« rabiater Antisemit, ebensowenig Antisemit aus ökonomischen Neidkomplexen, blieb er ablehnend gegenüber Juden innerhalb der Politik und des Offizierskorps.[99] Die »Zersetzungserscheinungen« der Nachkriegszeit 1918/19 kreidete er einem politisch undeutschen Judentum an. Die Verbannung jüdischer Kameraden aus der Wehrmacht – Werk schon Blombergs – hatte er klag- und protestlos hingenommen. Anders als erhebliche Teile des Offizierskorps unterschied er zwischen Juden und Juden: unfähig, je selbst Haß oder Gewalt zu predigen, doch widerstreitende Empfindungen spalteten, ja, kappten sein Gewissen. Den infernalischen antisemitischen Vernichtungswillen Hitlers, die Rassenlehre und vulgärdarwinistische Philosophie der NS-Bewegung begriff er höchstens unvollständig. Pogrom hieß für ihn nicht Auftakt zur Endlösung.

Mitte Februar 1939 reiste er nach Berlin. Wie alle Obersten und Kapitäne im Kommandeursrang war er zu einer »Besprechung« in die Kroll-Oper befohlen.[100] Erneut sprach Hitler zu den Nächstjüngeren, um sie diesmal ohne Diskussion auf sich einzuschwören. Hart ging er mit dem »widerlegten Pessimismus« und der »einseitigen intellektuellen Überzüchtung« ins Gericht: Groll auf die Heeresspitzen, die in ihm nun kaum noch beirrbare Feindseligkeit wachgerufen hatten. Offen verkündete er, daß er keine warnenden Denkschriften mehr wolle. Gereizt forderte er jetzt und für die Zukunft den »gläubigen Offizier«, »Vertrauen in blinder Zuversicht«. Widerspruch wäre, angesichts dieser Manifestation, Selbstmord gewesen. Jodl vernahm und behielt, daß er nicht nur militärischer Führer, sondern ebenso »Träger der nationalsozialistischen Weltanschauung« zu sein habe. Längst auf derartige Gedankengänge eingestimmt, schmerzte ihn allenfalls des Diktators Heereskritik, auch wenn er sich selbst von ihr ausnehmen konnte. Die »Pessimisten«, die sein Oberster Befehlshaber bei Besichtigung der tschechischen Bunkeranlagen eigentlich verstand[101], waren ihm ohnehin Ärgernis, Stein des Anstoßes. Daß Hitler zuletzt Pläne bezüglich Polens andeutete, dämpfte Jodls »tiefe Eindrücke« nicht. Noch vertraute er Englands Appeasement-Politik und dem diplomatischen Geschick des Reichskanzlers.

Der Stimmungsumschwung im angeschlossenen Österreich, der »Ostmark«, drang bis zu ihm. Bekümmert registrierte er, daß Berlins Abgesandte, anmaßend und ohne Einfühlung, die neuen Volksgenossen verprellten.[102] Tau fiel auf die Hochstimmung, die, 1938, auch ihn angesteckt hatte. Schuld gab er vorab der Partei, die »vor Ort« Antipathien erweckte. Der Gewaltschlag, der am 15. März 1939 die Tschechoslowakei auslöschte, bedrückte ihn. Instinktiv fühlte er, daß Unheil geschehen, vielleicht sogar schon der Rubikon überschritten war. Die Überschwenglichkeit, mit der er des Führers »Friedens«politik gefeiert hatte, verblaßte und erlosch. Wenn es Hitler früher gelungen war, unter Rückendeckung der Westmächte zu handeln, so schien er diese Rückendeckung nun auch in Jodls Augen eingebüßt, mehr noch: verschmäht zu haben.[103] Deutlich spürte er die frostig gewordene internationale Atmosphäre, die wachsende Spannung zwischen den politischen Fronten. War unter solchen Voraussetzungen, fragte er, das polnische Problem lösbar, das Hitler offenbar jetzt schon anpackte, soweit man die Presse richtig las? Gleich vielen sah Jodl seit dem Ende der Tschechoslowakei den Pfad berechtigter Revisionspolitik verlassen. Gleich ihnen begehrte er keinen Krieg, geschweige denn Waffengänge für ein »Großgermanisches Reich Deutscher Nation«, unter dem er sich noch immer nichts vorzustellen vermochte.

Am 20. April 1939, in seinem neuen Standort Brünn, rückte er auf zum Generalmajor.[104] Prominenz gratulierte zur »Verfärbung« anläßlich des Führer-Geburtstages. Rang empfahl ihn nun erst recht nach oben. Keitel teilte mit, daß er wieder geholt würde, nicht vergessen sei, aber als Chef des Wehrmachtführungsamtes war ab 1. Oktober 1939 Generalmajor von Sodenstern vorgesehen. Jodl nahm es gelassen, zumal statt der OKW-Nervenmühle ein Glückskommando winkte. Lief »alles klar«, sollte er im darauffolgenden Herbst die 4. Gebirgs-Division führen. »Sie ist«, bekannte er, »die schönste aller Gebirgsdivisionen. Von Salzburg reicht sie über den Hochalpenkamm (Großglockner) bis an die italienische Grenze nach Lienz und Spittal. In ihr liegt der Obersalzberg, in ihr liegt die ganze köstliche Erinnerung einer romantischen Jugend, in ihr lagen die köstlichen Erinnerungen aller Kadettenferien, das erste Bergsteigererleben, die erste Schwärmerei für das weibliche Geschlecht, kurz: in ihr liegt meine ganze Jugend, und ich wüßte keinen sehnlicheren Wunsch, als diese Division zu bekommen.« Und: »Oben, im Brennpunkt der Ereignisse und Entschlüsse, hört und weiß man alles, ist aber doch ein namenloses Rädchen, von dessen Tätigkeit und Bedeutung nur wenige wissen. An der Spitze einer Division weiß man nichts, aber die ganze Division weiß von einem, und für sie ist man alles, Glück oder Unglück, Erfolg oder Mißerfolg.«[105] Es schien kaum zweifelhaft, wohin er damals strebte.

Seine Rechnung war ohne den Diktator gemacht. Hitler gewährte dem Frieden keine Halbjahresfrist mehr. Nach der Tschechoslowakei »mußte« er Polen niederwerfen, denn Polen, der Sowjetunion vorgelagert, zunächst umworben, dann Feind, behinderte den geplanten Eroberungsfeldzug im Osten. Ihn hatte München, eine »Sackgasse«, bereits hinausgezögert. Die Garantie-Erklärung, die London Polen gab, zeigte an, daß sich England nun weigerte, dem Reich freie Hand einzuräumen. Hitler vermerkte es: enttäuscht und bedauernd, freilich noch immer nicht illusionslos. Entschlossen, trotzig suchte er ein Bündnis mit der Sowjetunion, den taktischen Wechsel, der Großbritannien und Frankreich neutralisieren sollte. Englands Gleichgewichtspolitik, schon über Gebühr strapaziert, blieb außerhalb seiner Optik. Die errungenen Triumphe, aber auch Ängste, es könne zu spät werden, stießen ihn voran. Mit jeder Faser und jedem Nerv wollte er den Ausbruch aus dem deutschen »Ghetto«. »Alles, was ich unternehme«, so hörte am

11. August 1939 der Danziger Völkerbund-Kommissar Carl Jacob Burckhardt, »ist gegen Rußland gerichtet. Wenn der Westen zu dumm und zu blind ist, um dies zu begreifen, werde ich gezwungen sein, mich mit den Russen zu verständigen, den Westen zu schlagen und dann nach seiner Niederlage mich mit meinen versammelten Kräften gegen die Sowjetunion zu wenden. Ich brauche die Ukraine, damit man uns nicht wieder wie im letzten Krieg aushungern kann.«[106]

Ein Telegramm rief Jodl zum 23. August 1939 zurück ins OKW, die vorgesehene Stellung nach dem noch laufenden Mobilmachungsjahr: wieder Chef des Wehrmachtführungsamtes. Unmittelbar vor seiner Abreise erschien er im Wiener Heeresgruppenoberkommando, um Keitel oder Warlimont telefonisch zu erreichen. Während er auf das Gespräch wartete, erörterte er mit dem diensthabenden Rittmeister Freiherr von Gersdorff – später ein Mann des Widerstandes – »die bedrohliche militärpolitische Lage«.[107] Überzeugt davon, daß sich diesmal »das Wunder von München« nicht wiederholen werde, fürchtete er angesichts der deutschen Unterlegenheit ein Vabanquespiel katastrophalen Ausgangs. Kritisch, beinahe abfällig äußerte er sich über die politische Führung. Unumwunden klagte er, »eine so verantwortungsvolle Stellung im Oberkommando der Wehrmacht antreten zu müssen«. Viel lieber würde er einen Truppenverband übernehmen. Gersdorff hatte oder gewann den Eindruck eines Nur-Soldaten, »der geradezu Angst vor der politischen Verantwortung hatte, die ihn in seiner Position im OKW erwartete«.[108] Auch der abgeschlossene deutsch-russische Nichtangriffspakt schien Jodl nicht ganz zu beschwichtigen, der offenbar – »neue« Konstellation – den Einfrontenkrieg gegen Polen abzudecken hatte. Sowenig sonst in Berlin »aus ihm herauszukriegen war«: einem Verwandten gestand er »bedrückt«, daß »die Sache« drei Tage, drei Monate oder drei Jahre dauern könne.[109]

Jodls pessimistischer Instinkt trog nicht. Hitlers Ansprachen vom 23. Mai und 22. August 1939, Ansprachen vor der Wehrmachtführung, tilgten jeden Zweifel über seine wahren Ziele.[110] Danzig war nicht mehr das Objekt, um das es ihm ging. Der deutsch-sowjetische Nichtangriffspakt, selbstgepriesenes diplomatisches Meisterstück, verdoppelte seine Energien. England und Frankreich nannte er nun unfähig, Polen – dem steten Reichsfeind – beizuspringen. Rücksichtslos wollte er das Wagnis des Angriffs, auch Kampf gegen die Westmächte auf sich nehmen. Anmaßend stellte er Deutschland zur Disposition. Jodl gehörte nicht zu den Zuhörern der Ansprachen, deren Tenor ruchloseste Gesinnung enthüllte. Ob sie ihn betroffen gemacht hätten – betroffener als die stumm bleibenden Oberbefehlshaber –, ist eine müßige Frage. Nirgends sind von der Generalität trotz ihrer Beklommenheit feste Gegenbastionen bezogen. Wäre sie sicher, daß der Pakt mit Moskau die Westmächte wirklich abschreckt, schlüge sie sogar willig Polen, dem sie – in den Versailler Nachkriegsgrenzen – kein Lebensrecht zuerkennt.[111]

Schon am ersten Tag, dem 23. August, vernimmt Jodl in Besprechungen beim Chef OKW: Ausgabe des y Tages 26. 8.; Ausgabe der x Zeit 4.30 Uhr. Zwei Tage später orientiert ihn Generalleutnant von Stülpnagel, Oberquartiermeister I, über die operativen Absichten des Feldzuges, den der Generalstab entworfen hat und allein zu führen gedenkt.[112] Die Arbeit des Wehrmachtführungsamtes selbst ist erschwert, wenn nicht teilweise lahmgelegt. Dessen Aufgabe, die Behörden des Reiches zu unverzüglichen Maßnahmen für den Kriegsfall zu bewegen, wird dispensiert. Der Kampf, den Hitler heraufbeschwört, soll nur ein »besonderer Einsatz« sein, doch der Euphemismus verursacht bald um so ärgere Störungen. Am 24. August erfährt Jodl vom Brief Neville Chamberlains, in dem der Premier Hitler nochmals wissen läßt, daß ein gewaltsamer Zugriff England zwänge, »mit allen Mitteln des Empire Polen zu helfen«. Wehrmachtadjutant Schmundt, vom Obersalzberg zurück, deutet Schwankungen beim Diktator an, ob Großbritannien diesmal nicht eingreift. Die Auseinandersetzung mit England, berichtet er, wolle indes der Führer nicht.[113]

Brauchitsch und Halder, die Heeresspitzen, erfahren ebenso rasch vom Brief Chamberlains. Nach diesem Brief wissen sie: Ein deutsch-polnischer Konflikt bringt England und Frankreich »unweigerlich« auf die Seite Polens.[114] Kredite sehen sie seit dem Prager Gewaltschlag Hitlers verspielt. Was bevorsteht, heißt Zweifrontenkrieg, Kampf gegen eine wieder übermächtige Staatenwelt, den Deutschland – 1918 belehrt – um jeden Preis vermeiden muß. Klare militärische Einsicht macht die Heeresspitze politisch unbedingt mitverantwortlich. Doch wie das OKW folgt auch sie einer Politik, die das Reich bedroht und dem Kriegsinstrument unlösbare Aufgaben stellt. Mag die Opposition durch München ihren Mut verloren haben: die Schutzschilde, die über den Soldaten, Volk und Nation zu halten sind, werden zerbrochen – von der gesamten obersten Wehrmachtführung. Jodl treiben im Amt Meldungen, Befehle, Rücksprachen, Telefonate. Seine Stichworte zum 25. 8.: »Spannungsstufe 4 in Frankreich da und dort feststellbar; Holland Vormobilmachung; Bulgarien und Rumänien Teilmobilmachung; Engländer und Franzosen verlassen Deutschland; Deutsche in Polen angewiesen, Polen zu verlassen.«[115] Der Angriff am nächsten Tag, muß er annehmen, ist nicht aufzuhalten. Die Wehrmacht rückt, befehlsgemäß, in ihre Bereitstellungsräume, da schlägt der Diktator eine Volte.

Englands Beistandspakt mit Polen stimmt Hitler unsicher. Roms Unwille, an Deutschlands Seite zu kämpfen, verstört ihn. Italiens Ausfall erfordert Truppenverschiebungen zur Westgrenze. Der deutsche Aufmarschplan ist zu ändern.[116] Gegenbefehle machen den Angriffsbefehl rückgängig und stoppen das Ostheer. Jodl beginnt zu glauben, daß der Frieden gerettet ist. Kann Hitler, denkt er, noch zum Krieg entschlossen sein, nachdem er ihn – Novum der Geschichte – einmal widerrufen hat? Ist jetzt nicht Gewißheit, daß er Polen lediglich zu Verhandlungen nötigen will? Auch als Chef des Wehrmachtführungsamtes kennt Jodl kaum Einzelheiten des diplomatischen Ringens. Was ihn leitet, sind Überlegungen des Fachmannes, Hoffnungen in vermeintlich neuer psychologischer Lage. Doch Hitler lähmt kein Ordre und Contreordre. Er sucht – neben politischem Druck – vor allem Kampf mit Polen, Kampf, wie ihn Jodl, in einem Augenblick der Hellsicht, Anfang 1933 befürchtete. Versuche, London und Paris abermals von ihrem Bündnispartner abzudrängen, beherrschen das letzte politische Zwischenspiel.[117]

Hitler übermittelt, um freie Hand im Osten zu gewinnen, Großbritannien und dem Empire ein Garantieangebot. Zugleich »mäßigt« er seine Forderungen Polen gegenüber, freilich unter dem Vorbehalt, daß Warschau sofort verhandelt – durchsichtige Schachzüge, die nichts wenden, ja, erst recht die Katastrophe erzwingen. England lehnt ab; Polen schweigt. Als beider »Frist« abgelaufen ist, im Fall Polens nicht einmal Stundenfrist, entzündet der deutsche Diktator die Brandfackel, befiehlt er – zum 1. September, 4.45 Uhr – endgültig den Angriff.[118] Hätte er seinen Krieg sechs Wochen später entfesselt, wäre Generalmajor Alfred Jodl Kommandeur einer Gebirgsdivision gewesen.

DIE BLITZFELDZÜGE

Jodl erlebt den Auftakt des Kampfes in Berlin: fernab von den ungestüm vordringenden deutschen Armeen. Weisungen und Befehle haben andere erlassen, braucht er – der zu spät zurückgerufene Chef des Wehrmachtführungsamtes – nicht zu geben.[1] Obschon militärisch informiert, sieht er sich zunächst fast isoliert, in einer ungeklärten, ja, beinahe überflüssigen Zwitterstellung. Weder Göring noch der Heeresgeneralstab wünscht, daß er je ihre Kreise störe. Die Kriegserklärung Frankreichs und Englands am dritten Feldzugstag wirkt auf ihn »wie ein Keulenschlag«, zumal nach den »Zusicherungen« des Führers.[2] Sein Optimismus – Optimismus angesichts der ersten Waffenerfolge – erstarrt und weicht tiefer Besorgnis.

Was bereits 1938 gedroht hatte, das tritt jetzt unaufhaltsam ein. Im Westen sammelt sich eine erdrückende feindliche Übermacht. Gegen 25 deutsche marschieren wenigstens 115 französische und britische Divisionen auf.[3] Nichts hindert die Alliierten, sofort anzugreifen, ins Reich vorzustoßen und den Rückzug des deutschen Ostheeres zu erzwingen. Der Kampf, scheint es, ist entschieden. Jodl fragt sich erschreckt, ob nicht Brauchitsch und Halder abgründige Verantwortungslosigkeit belastet.[4] Die Frage beträfe ebenso ihn, wenn er nicht glaubte, zweitrangige Pflichten zu erfüllen, denn über Englands Haltung waren seit dem 24. August auch ihm keine Illusionen erlaubt. Sein Tagebuch beweist es.[5]

Ganz verstünde er Hitlers betroffenes »Was nun?« gegenüber Ribbentrop, doch da bleibt er uneingeweiht und Randfigur, die lediglich mutmaßen kann, was politisch wirklich geschah. Um so mehr denkt er an die geringen deutschen Munitions- und

Treibstoffvorräte, die bestenfalls für Wochen reichen und einen längeren Krieg unmöglich machen.[6] Innerlich gewiß noch beklommen, hat er sich bei dem zu melden, den die ärgsten Fehleinschätzungen belasten. Am 3. September 1939 wird er von Keitel im »Führerzug« Adolf Hitler vorgestellt.[7] Der Diktator begrüßt ihn mit festem Handdruck, aber ohne ermunternde Wärme. Jodl registriert die Reserviertheit, die offenbar jeder Heeresgeneralstabsoffizier auslöst.

Die Enge des rollenden Hauptquartiers mißfällt ihm; kläglich die Zahl seiner Hilfskräfte. Die Abteilung L muß in Berlin bleiben: schon für die Arbeitsökonomie ein Handikap. Um dem eigenen Stab – durch Präsenz – unübersehbar Gewicht zu geben, erstrebt Jodl künftig andere größere Hauptquartiere.[8] Sein Ehrgeiz, die »einheitliche Wehrmachtführung« zu sichern, ist ungebrochen. Keitel überläßt ihm die täglichen Lagevorträge. Fortan wird er diese Aufgabe fast sechs Jahre lang wahrnehmen. Das Heer, über dessen Kämpfe er berichtet, ist auf 52 Divisionen angewachsen, von 100000 auf knapp eine Million Mann.[9] Weithin gut ausgebildet, modern und vielseitig bewaffnet, sucht es die Feldzugsentscheidung in beweglichen Operationen. Zwei Heeresgruppen – Nord und Süd – sind mit 44 Großverbänden angesetzt, unter ihnen alle Panzer- und motorisierten Divisionen. Fünf Armeen dringen aus Pommern, Ostpreußen, Schlesien und der Slowakei in Polen ein. Über und vor den angreifenden Armeen: 2000 Flugzeuge, die ihren Feind sofort niederkämpfen.[10] Die Operationen, Werk des Heeresgeneralstabes, entfalten sich, ohne auf Hindernisse zu stoßen. Panzer und Luftwaffe zersprengen Polens Streitkräfte: ein unzureichend ausgerüstetes und auch zahlenmäßig unterlegenes Heer. Der Aufmarsch des Gegners gewährt den Operationen alle Trümpfe. Statt Stellungen im Hinterland zu verteidigen, bis die Westmächte angegriffen haben, gibt sich dieser Gegner in Grenznähe den deutschen Umfassungskeilen preis.[11]

Jodl hegt über den Ausgang des Duells *nur* mit Polen keine Zweifel. Turmhoch ist hier die Wehrmacht überlegen. Aber muß Frankreich, kalkuliert er, jetzt nicht eingreifen? Marschiert dessen Heer, nötigt es – vor der Feldzugsentscheidung – zum Zweifrontenkrieg.[12] Was an deutschen Kräften im Westen steht, vermag einem geballten Ansturm zu Lande und in der Luft nicht standzuhalten. Die Lage, die nach militärischer Logik zu erwarten ist, droht über Hitler den Stab zu brechen. Die Wehrmacht kämpft – bei Feindschaft der Westmächte – auf dünnstem Eis. Das Vabanque beunruhigt selbst Gläubige unter den Generalen, doch das Unfaßliche geschieht. Tag um Tag verstreicht ohne französisch-englische Offensiven. Nicht eine der deutschen Divisionen muß vorzeitig, aus unfreiwilligem Entschluß zum Westwall zurück. Polen bleibt allein und beginnt zu erliegen. Schon Mitte September stellt sich, für Hitler, das Nacheinander seiner Gegner wieder her. Der Feldzug überwindet die gefährlichsten Phasen. Sorge und innere Kritik Jodls werden widerlegt. Aufatmend, im erlösenden Hochgefühl bewundert er erneut »das politische Genie des Führers«.[13]

Jeden zweiten Tag fliegt er an die Front. Mit der Sonderstaffel – Kraftfahrzeuge und Panzerwagen – geht es von den Landeplätzen zur Truppe. Die Einheiten, die er beim Marsch über den San erlebt, nennt er fabelhaft.[14] Schwerverwundete, die sich erheben, Haltung annehmen oder grüßen, bewegen ihn tief. Während eines Rückfluges erblickt er auf der Bahnstrecke Krakau–Lemberg Bilder des polnischen Zusammenbruchs. Zwischen zerbombten Bahnhöfen steht Zug hinter Zug: »Munition, Verpflegung, Maschinen, Lazarette, alles rettungslos ineinander verfilzt.«[15] Das politische Hochgefühl läßt ihn überschwenglich hoffen. Zum zweiten Mal, schreibt er, falle ein Staat, dem englische Hilfe versprochen worden sei. »Nun können sie (gemeint: die Alliierten) in die Welt posaunen, daß ihnen die Zertrümmerung Polens gleichgültig ist, daß sie in einem drei- oder siebenjährigen Krieg den Nazismus niederwerfen wollen. Das ist eine schlechte Parole für das Ohr des französischen Soldaten. Drei oder sieben Jahre Krieg ohne ein wirkliches Ziel? An diesem psychologischen Irrtum wird das eingebildete Albion scheitern. Wir werden schon die Mittel finden und anwenden, um es auf die Knie zu zwingen.«[16]

Für Augenblicke trifft ihn noch ein Schock. Als er dem Fernschreiber entnimmt, die Rote Armee rücke in Ostpolen ein, glaubt er, daß Stalin Deutschland den Krieg erklärt habe.[17] Hitler hat ihm bis zu dieser Stunde keinerlei Aufklärung gegeben. Der Vormarsch des »Weltanschauungsfeindes«, Zugeständnis seines Obersten Befehlshabers, erweckt in Jodl Unbehagen, doch Andeutungen und vollends Kommentare verbietet er sich. Der triumphale Abschluß des Ringens »enthebt ihn«, verdrängt Grübeleien. Letzte Krisen – so an der Bzura – sieht er zu Siegen gewendet. Mit dem Beschuß Warschaus ist in seinen Augen der »Blitz«feldzug entschieden. Über die relativ geringen Gesamtverluste der Wehrmacht empfindet er nicht Stolz, allenfalls Genugtuung. Schmerzlich, ja, aufwühlend für ihn besonders das Ende des Generalobersten Fritsch, der in vorderster Linie den Tod gesucht und gefunden hat, Ende des Mannes, dem er sich – offenbar – mehr als je verbunden weiß. »Mein Führer«, hört Hitler von Jodl, »ich melde, daß Generaloberst Fritsch, einer der besten Soldaten, bei seinem Regiment gefallen ist.«[18] Säuerlich quittiert der Diktator Meldung und Bekenntnis.

Wenig später mit Hitler in Danzig, ergriff Jodl der ehrliche Jubel Abertausender. Ihn nahm er, gerade hier, als Zeichen eines gerechten Kampfes. Deutschland hatte zurückgewonnen, was ihm gebührte. Nichts freilich war im Sinne von Versailles nun noch einzufordern. Selbst wenn der Krieg nicht sofort erlosch: Jodl hoffte auf Frieden.[19] Frankreich und England, meinte er, konnten sich einem Übereinkommen kaum entziehen. Das deutsche Heer, jetzt für den Westwall frei geworden, gab dem Reiche Chancen. Und was sollte weiterer Krieg mit Mächten, die ihn ohnehin kaum führten, ein Krieg, der allein dem nähergerückten Bolschewismus nutzte? Noch in Zoppot, dem letzten Hauptquartier des Polenfeldzuges, schien Hitler Jodls Hoffnung zu nähren. Mehrfach ließ er durchblicken, daß er ebenso Frieden wolle.[20] Doch anders als der Nur-Soldat wollte er ihn – wenn überhaupt – zu unannehmbaren Bedingungen. Indem er ganz Polen aufteilte, tilgte er konsequent, ja, vorsätzlich alle Vertragsaussichten. Sein Antrieb hieß Diktat des »Programms«, Kampf wider die Antipoden Frankreich und England, gegen die er – einmal im Zuge – Rückenfreiheit zugunsten seiner wahren, eigentlichen Ziele anstrebte. Unbeugsamer denn je suchte er den Ausbruch aus der deutschen »Raumenge«, die Herrschaft über den europäischen Kontinent zu erzwingen. Einlenkende Beteuerungen waren ihm Blendwerk, beiläufige Alibis. Bereits am 27. September eröffnete er Brauchitsch, Raeder und Göring, daß er plane, auch im Westen anzugreifen.[21]

Der deutsche Sieg – atemberaubend und bei Frankreichs Stillhalten ein Wunder – öffnete der Barbarei Schleusen. Hitler begann auszurotten und verstieß Deutschland aus dem Kreis zivilisierter Nationen. Polens Adel, Geistlichkeit und Intelligenz befahl er Zug um Zug zu liquidieren.[22] Die Reste des geschlagenen und bald zusammengepferchten Volkes bestimmte er zu Heloten. Schauerliche Weltanschauung fing an, sich ihr Imperium einzurichten. Der Staat, der gewagt hatte, dem NS-Reich zu trotzen, sollte nie mehr erstehen. Blaskowitz – Armeeoberbefehlshaber im Generalgouvernement – empfand »größte Besorgnis wegen illegaler Erschießungen und Beschlagnahmen, Sorge um Disziplin der Truppe, die diese Dinge sehenden Auges erlebt«.[23] Fruchtlose Gespräche mit Sicherheitsdienst und Gestapo, die sich auf Weisungen der Reichsführung SS beriefen, veranlaßten ihn zu schriftlichem Protest.

Die Vorlage – unabgeschwächt – empörte Hitler, für den gesetzmäßige Zustände eigenem Gesetz widersprachen. Engel, einer seiner Adjutanten, vernahm schwere Vorwürfe gegen »kindliche Einstellungen« in der Führung des Heeres: Mit »Heilsarmee-Methoden« führe man keinen Krieg.[24] Richtlinien verlangten, Exekutivmaßnahmen den Sicherheitsdiensten zu überlassen: Organen, von denen sich die Truppe fernzuhalten habe. Blaskowitz wurde abgelöst und zum Namen höchster Ungnade. Der Einspruch des einen Generals bewies Ehrbewußtsein, aber die Heeresspitze – längst zu gebrochen, um noch Mörder zu Paaren zu treiben – ließ den Protestierenden allein, »delegierte« den Terror. Auch Jodl, Mitwisser der Proteste Blaskowitzs, gehörte zu dieser Heeresspitze. Kommentarlos notierte er später Hitlers Zorn »über abfällige Äußerungen von höheren Offizieren über unser Vorgehen in Polen«.[25]

Nach Beendigung des Polenfeldzuges hatte er ein Resümee abzufassen. Er entwarf den Bericht, ganz Wille zur Sachlichkeit und »üblichen« kriegsgeschichtlichen Wahrheit. Hitler veränderte ihn stark; propagandistische Gesichtspunkte sollten überwiegen. Jodl erfuhr auf Umwegen, daß Generalstabsoffiziere nicht einmal zu solch einer Aufgabe zu gebrauchen seien.[26] Sein allgemeiner Informationsstand verwehrte ihm nötige Höhen. Von den Einzelheiten des Ringens der Großmächte um den Frieden wußte er weiterhin nichts: Manko, das er mit dem Heeresgeneralstabschef teilte.[27] Zureichende Schlußfolgerungen waren Glückssache. Politisch wie psychologisch drohten Irrläufereien. Gleichwohl versuchte er im Oktober 1939 zum erstenmal mündlich eine umfassende Lagebeurteilung zu geben. Seine Initiative schien ihm angemessen, ja, innerhalb eines hohen militärischen Führungsstabes geboten, doch über wenige Sätze kam er nicht hinaus. Hitler unterbrach ihn und erklärte, was *er* wollte.[28] Die Erfahrung wurde zur schmerzlichen Zäsur. Obgleich noch überrascht, begriff auch Jodl, daß ihm nicht die Rolle eines strategischen Beraters zugebilligt war. Er und sein Wehrmachtführungsamt hatten *Hitlers* strategische Entscheidung lediglich in Befehle umzusetzen. Konsequent wendete der Diktator seinen Erlaß vom Februar 1938 an. Nichts sollte sich mehr daran ändern, daß er »bei den großen Entscheidungen« des Krieges jede Beratung ablehnte.[29] Jodl rechtfertigte nur immerwährendes Glück dieses Führers.

1939 empfing er die Spangen zum Eisernen Kreuz zweiter und erster Klasse, aber darauf nie das Ritterkreuz: unter den Spitzen im Führerhauptquartier eine auffällige Ausnahme. Fast schien es, als verüble ihm Hitler tiefbeleidigt, daß er sich einmal ironisch über eine Ordensflut geäußert hatte.[30] All seine Verdienste während der Siegesjahre reichten nicht oder waren Verdienste gegen den nervös gewordenen höchsten Feldherrn; Grund genug für Hitler, sie erst recht zu übergehen. Selbst 1944 – nach »Bewährung« angesichts des italienischen »Verrats« – verlieh ihm der Oberste Befehlshaber nicht die Auszeichnung, die Keitel, Halder und viele Armeestabschefs längst empfangen hatten. Hielt man sich an das äußere Dekor, konnten Außenstehende eher auf ein Spannungsverhältnis schließen. Obwohl für Ehrungen jeder Art empfänglich, ertrug Jodl seinen »schmucklosen«

Kragenausschnitt klaglos, im Bewußtsein des Geleisteten. Sprödigkeit hinderte ihn zudem immer hervorzutreten. Gerade sein Uniformrock ohne Gepränge unterstrich, was ihm eigen war und blieb: persönliche Bescheidenheit.[31] Jene, die später Dänemark und Frankreich plünderten, verachtete er. Kein Stück aus den besetzten Gebieten ging durch seine Hände. Noch als Generaloberst, mit passablen Bezügen, rechnete er haushälterisch. »Überschüsse« des Soldes legte er an in Reichsschatzwechseln – 1946 beim Nürnberger Prozeß betroffen darüber, daß Hjalmar Schacht »solch eine Naivität« glossierte.[32]

Jodls Hoffnungen auf ein Ende des Kampfes wurden zuschanden. Chamberlain und Daladier wiesen Hitlers »Friedensappell« vom 6. Oktober 1939 zurück.[33] Zu aggressiv in den Worten, wollte Deutschlands Führer mit diesem Appell nichts preisgeben. Drei Tage später erließ er seine Weisung für den Angriff im Westen. Ihr politischer Vorbehalt versank rasch: Die Westmächte blieben gewillt, den Krieg entschlossen fortzusetzen.[34] Hinsichtlich der militärischen Operationen befahl Hitler: »a) Am Nordflügel der Westfront ist durch den luxemburgischen, belgischen und holländischen Raum eine Angriffsoperation vorzubereiten. Der Angriff muß so stark und frühzeitig wie möglich geführt werden. b) Zweck dieser Angriffsoperation ist es, möglichst starke Teile des französischen Operationsheeres und die an seiner Seite stehenden Verbündeten zu schlagen und gleichzeitig möglichst viel holländischen, belgischen und nordfranzösischen Raum als Basis für eine aussichtsreiche Luft- und Seekriegsführung gegen England und als weiteres Vorfeld des lebenswichtigen Ruhrgebietes zu gewinnen.«[35]

Die Weisung spiegelte des Diktators Unrast, seine Überzeugung, keine Zeit zu haben. Unmißverständlich erklärte er: bei längerem Abwarten würde nicht nur Belgiens und Hollands Neutralität beseitigt, sondern vor allem die militärische Kraft der Gegner gestärkt.[36] Zugleich sah er das Vertrauen der Neutralen auf Deutschlands Endsieg schwinden und dann Italien nie mehr bereit mitzukämpfen. Seine Argumentation – fast eine Beschwörung – entsetzte das OKH. Brauchitsch und Halder glaubten nicht an die Notwendigkeit eines Angriffs. Beide wünschten keine Ausweitung des Krieges. Beide wollten Frieden.[37] Deprimiert, daß dieser Krieg nicht auf Polen beschränkt blieb, hielten sie das Heer für zu schwach, um entscheidende Siege im Westen erringen zu können. Was inzwischen an Reserven aufgeboten war, schien ihnen ungefestigt, nicht verwendungsfähig zur Offensive. Munitions- und Treibstofflage warnten vor einem monatelangen Großkampf. Die Panzer-Divisionen des Polen-Feldzuges bedurften dringender Auffrischungspausen. Alle leichten und motorisierten Verbände hatte man erst mit Panzern auszurüsten.[38]

Die Unwilligkeit der Heeresspitze reizte den Diktator, schon weil *ihm* Alternativen »verwehrt« waren, doch hinter Brauchitsch und Halder standen ebenso andere Generale. Generaloberst Ritter von Leeb – Heeresgruppenoberbefehlshaber und längst Kritiker des »Hasardeurs« Hitler – wies darauf hin, daß Frankreich operativ nicht zu überraschen sei.[39] Eindringlich warnte er – so wörtlich – vor dem Unsinn eines Angriffs. Die Vernichtung des französisch-englischen Heeres, das notwendige Hauptziel, war für ihn »unmöglich«. Der Luftkrieg gegen Großbritannien, prophezeite er, werde wie der uneingeschränkte U-Boot-Krieg 1917 enden: mit Deutschlands Fiasko. Jede Offensive im Westen gleiche einem verzweifelten Versuch, das Kriegsglück auf die eigene Seite zu ziehen. Die geplante Offensive koste »unendlich große Blutopfer«. Verharre dagegen das deutsche Heer in abwehrbereiter Verteidigung, sei es unüberwindlich, könne es keinen militärischen Sieg Frankreichs und Großbritanniens geben. Leeb aber bemühte nicht allein strategische Gründe. In einer nachgereichten Denkschrift hob er hervor:

»Die Reichsregierung hat die Neutralität von Holland, Belgien und Luxemburg in feierlicher Form anerkannt. Bricht Deutschland diese Neutralität kurzerhand, dann muß auch noch der letzte Rest von Sympathie bei den übrigen neutralen Staaten zerstört werden und Deutschland, das schon mit einer militärischen Hilfe Italiens und Rußlands nicht rechnen kann, sich immer weiter isolieren. Insbesondere wird Nordamerika sich den Einflüssen Englands und Frankreichs geneigter zeigen. Ein deutscher Angriff gegen Belgien und Holland, der zunächst nur ein beschränktes Ziel hat, wie etwa Erweiterung der Luftbasis oder ähnliches, muß die gleichen militärischen und politischen Folgen nach sich ziehen und Belgien jedenfalls auf die Seite Englands zwingen ... Daß wir uns in einer Art Lage befinden sollten wie etwa Friedrich der Große, um damit dem Volke die Notwendigkeit weiterer Kriege darzutun, das wird bei Teilen des Volkes bei dessen Urteilslosigkeit vielleicht noch geglaubt werden, jedenfalls aber tiefe Enttäuschung und innere Bedrückung hervorrufen. Das ganze Volk sehnt sich nach Frieden.«[40]

Jodl beklagte die Opposition Leebs und des OKH. Gegenüber Halder sprach er von Quertreibereien, die Hitler erbitterten, weil ihm die Soldaten nicht folgten, von »einer Krise schlimmster Art«.[41] Brauchitschs Kritik am Heer des Polen-Feldzuges schien ihm aufgebauscht, obschon er zugeben mußte, daß Ausbildung und Zusammenhalt Risse zeigten. »Wir gewinnen diesen Krieg«, notierte er am 15. Oktober, »und wenn er hundertmal einer Generalstabsdoktrin widerspricht, weil wir die bessere Truppe, die bessere Ausrüstung, die besseren Nerven und eine geschlossene zielbewußte Führung haben.«[42] Das waren durchweg Hitlers Worte, aber er notierte sie nicht ohne Einverständnis. Der resonanzlos gebliebene Friedensappell des Führers bekümmerte gerade ihn. Trotz der Auslöschung Polens Ende September hatte er dem Appell offenbar Chancen eingeräumt. Über die grimmige Entschlossenheit Englands gab er sich schwerlich Rechenschaft, noch weniger wohl über den Rubikon, vor dem nun selbst die deutsche Fronde stand. Er wünschte sowenig wie Leeb, Brauchitsch und Halder den geplanten Kampf, zumal bei seiner »unglücklichen Liebe zu Frankreich«.[43] Die Verständigung zumindest zwischen den westeuropäischen Staaten, Hoffnung nach den entsetzlichen Blutopfern des Ersten Weltkrieges, drohte – auch in seinen Augen – mit einem nochmaligen Waffengang vollends abhanden zu kommen. Auf Elsaß-Lothringen, diese innerlich nie gewonnenen, ja verprellten Provinzen, hätte er gern verzichtet.

Doch hinsichtlich der Truppe zuversichtlicher als das OKH, erblickte er im defensiven Abwarten den »größten strategischen Fehler«.[44] Auch er sah die deutsche Überlegenheit schwinden, wenn man sie nicht »angriffsweise« nutzte; »denn England brachte laufend weitere Divisionen nach Frankreich und ebenso die Franzosen aus ihrem Kolonialreich«. Bloße Verteidigung riskierte in seiner Sicht die Gefahr eines Ermattungskrieges, bei dem das Übergewicht den Gegnern zufiel, nicht zuletzt durch mögliche amerikanische Hilfen. Die französisch-englischen Kräfte – so Jodls Worte – »mußten angegriffen werden«.[45] Die Unrast Hitlers verstand und billigte er. »Je länger man wartete, desto stärker wurde der Gegner.« Die Verletzung der holländischen, belgischen und luxemburgischen Neutralität war ihm, dem Chef des Wehrmachtführungsamtes, kein leichtes Problem und durchweg nicht überzeugend zu begründen. Ein Angriff auf diese Länder vermehrte die feindliche Streitmacht um 500 000 Mann. Gegen 110 fochten dann 135 Divisionen: ein geradezu abschreckendes Verhältnis. Aber Jodl glaubte – nach sicheren Indizien – weder an Belgiens noch Hollands Neutralität.[46] Die Maginot-Linie zu umgehen, hielt er für unerläßlich. Ob er der Weisung Hitlers höchste militärische Weisheit attestierte, machte er nie deutlich. Er, schien es, kannte keine Alternativen[47], leitete weiter, was sein Stab präzis zu formulieren hatte, und wollte den Angriff. Offenkundig, daß sich die Nähe zum Diktator auswirkte.

Brauchitsch und Halder entwarfen befehlsgemäß den Feldzug. Widerstrebend legten sie am 19. Oktober 1939 zum »Fall Gelb« ihre erste Aufmarschanweisung vor.[48] Geplant war eine Offensive von 75 Divisionen mit dem Schwerpunkt beiderseits Lüttich. Bocks Heeresgruppe B sollte den Hauptangriff führen, Rundstedts Heeresgruppe A auf ihrem Südflügel nachstoßen, Leebs Heeresgruppe C den Westwall am Oberrhein verteidigen; Ziel der 75 Angriffsdivisionen: die Vernichtung der alliierten Armeen in Belgien und Frankreich. Bocks und Rundstedts Verbände waren so zu konzentrieren, daß sie die Bereitstellungsräume in sechs Nachtmärschen erreichten.[49] Brauchitsch und Halder verzichten darauf, die Einzelheiten der Aufmarschanweisung selbst vorzutragen. Beide signalisieren tiefes Mißfallen: Mißfallen über die Sache und den Diktator. Die »Krise schlimmster Art« wird zum Alpdruck.

Wieder erwägt Halder einen Staatsstreich, falls Hitler auf dem Angriff beharrt. Groscurth – OKH-Abteilungsleiter und nach den deutschen Greueln in Polen ein glühender Hasser Hitlers – sucht den Generalstabschef zu bestärken.[50] Groscurth hat Fäden zu Beck und Goerdeler geknüpft, die informiert und gewillt sind einzuspringen. Er entwirft Aufrufe, Pläne und darf auch hoffen. Ende Oktober 1939 empört sich Halder – innerlich zerrissen – zunehmend entschiedener, aber von einem Tag zum anderen fällt die Heeresführung um. Am 5. November kanzelt Hitler Brauchitsch ab.[51] Er befiehlt den Angriff und weist jeden Einwand zurück. Geschickt läßt er durchblicken, daß er den »Geist von Zossen« – für ihn Inbegriff der Sabotage – zerschmettern werde. Sofort lenkt Brauchitsch ein, verleugnet er sachliche Einsichten. Fortan deckt er, was ihm bis dahin unmöglich schien.

Der vehemente Gesinnungswechsel steckt Halder an. Nach dem lautstarken, wütenden Auftritt des Diktators glaubt er die Opposition verraten.[52] Auch er widerruft, was zuvor Vernunft gebot. Die Offensive, muß Groscurth vom Generalstabschef hören, würde gemacht. Der Staatsstreich ginge nicht mehr. Halders Argumente: Ein Attentat verstößt gegen die Tradition; es gibt keinen Nachfolger; das junge Offizierskorps ist nicht zuverlässig, die Stimmung im Inneren nicht reif und: »Es ist wirklich nicht zu ertragen, daß Deutschland auf die Dauer ein ›Helotenvolk‹ Englands ist.«[53] Leeb versucht wenige Tage später umsonst, Bock und Rundstedt zu einem gemeinsamen Protestschritt zu bewegen. Wie er schätzen sie – nach den Kampferfahrungen 1914/18 – Frankreich als Gegner hoch ein, fürchten sie einen zermürbenden Winterstellungskrieg ohne Aussicht auf Entscheidungen. Doch Rundstedt scheut Meuterei, Bock selbst den Anschein von Ungehorsam.[54] Mit einmütiger Unterstützung der drei Oberbefehlshaber hätte Halder nicht rechnen können.

Hitler hat vor allem Brauchitschs Hinweis erregt, daß etliche Verbände in Polen mangelnden Angriffsgeist zeigten. Zutiefst fühlt er sich als Führer und Nationalsozialist verletzt. Solch eine Kritik – psychologisch hier ein Fehlgriff – kann und will er nicht ertragen.[55] Sie zerrüttet sein ohnehin belastetes Vertrauensverhältnis zum Heeresoberbefehlshaber. Nie wird er sie Brauchitsch mehr verzeihen. Noch am 5. November bestätigt er, ganz Trotz, den Angriff zum 12. November. Grundlage ist eine zweite Aufmarschanweisung des OKH. Jetzt soll das Heer den Gegner nördlich der Somme vernichten und bis zur *Kanalküste durchstoßen.*[56] Nur die Wetter- und Transportlage zwingt den Diktator, die Offensive zunächst um 48 Stunden, dann bis zum 3. Dezember dreimal zu verschieben. Jodl unterzeichnet im Auf und Ab die Befehle. Mit der Generalität hat er sich, am 23. November, zu einer Führer-Ansprache einzufinden. Hitler – gerade in München dem Attentat des Einzelgängers Georg Elser entgangen – verpflichtet die Wehrmachtspitzen auf seine Ziele. Die Rede ist eine Demonstration unbändiger Energie und Entschlossenheit. Ohne Umschweife verdeutlicht der Herrschende, was er seit je anstrebte. All seine Schritte – von der Allgemeinen Wehrpflicht bis zum Polen-Feldzug – erscheinen im Licht des Kampfes, »ein vernünftiges Verhältnis zwischen Volkszahl und Volksraum herbeizuführen«[57]; unüberhörbar die rücksichtslose Motorik, die ihn dabei leitete.

Lange, läßt er verlauten, sei ihm nicht klar gewesen, ob er »erst gegen den Osten und dann gegen den Westen oder umgekehrt vorgehen sollte«, aber: »Grundsätzlich habe ich die Wehrmacht nicht aufgestellt, um nicht zu schlagen. Der Entschluß zum Schlagen war immer in mir.«[58] Wieder spricht er von der Gefahr schrumpfender deutscher Stärke und dem bedrohten Ruhrgebiet, der Achillesferse. Erneut sind es die selbstgeschaffenen Zwangsläufigkeiten, die ihn auf seinem Weg weitertreiben. »Ohne Angriff«, hämmert er den Versammelten ein, »ist der Krieg nicht siegreich zu beenden.« – »Mein Entschluß ist unabänderlich. Ich werde Frankreich und England angreifen zum günstigsten und schnellsten Zeitpunkt.«[59] Als deutsche Trümpfe nennt er: die Ostfront, deren Schutz nur wenige Divisionen erfordere; die Zahl der aktiven Verbände, die Überlegenheit der Luftwaffe, Flak, Panzer, Artillerie und – die Kraft seines Gehirns und die eigene Entschlußfähigkeit. Niemand – weder eine militärische noch eine zivile Persönlichkeit – könne ihn ersetzen.[60] Die Verletzung der Neutralität Belgiens und Hollands sei bedeutungslos. Kein Mensch frage danach, »wenn wir gesiegt haben«. – »Bestehen wir erfolgreich den Kampf – und wir werden ihn bestehen –, wird unsere Zeit eingehen in die Geschichte unseres Volkes. Ich werde in diesem Kampf stehen oder fallen. Ich werde die Niederlage meines Volkes nicht überleben. Nach außen keine Kapitulation, nach innen keine Revolution.«[61]

Jodl hielt sich an die militärischen »Zwangsläufigkeiten«. Über die politischen Bekenntnisse glitt er hinweg.[62] Hitlers Ankündigung, den Krieg mit dem zweiten Feldzug zu beenden, nahm er wörtlich. Nicht ein Jota der – taktisch geschickten – Führer-Rede erlaubte ihm, auf weitere Waffengänge zu schließen. Auch hinsichtlich der Sowjetunion konnte er nur vernehmen, daß Deutschland ihr lediglich »entgegentreten« werde, wenn es »im Westen frei« geworden sei.[63] Untertöne einer nicht bremsbaren, uferlosen Aggressivität verloren sich für ihn im Ungefähren. Wieder an seinem Arbeitsplatz in einem Raum der Alten Reichskanzlei, mußte er die Offensive noch zwölfmal ansetzen und widerrufen. Die Wetterlage verbot den Angriff des Heeres und der Luftwaffe. Im Winter 1939/40 war die Offensive endgültig auf das nächste Frühjahr zu verschieben.[64] So unerquicklich diese Prozedur: Jodl begrüßte alle Aufschübe. Das Heer gewann Zeit und erst jetzt durchweg Schlagkraft. Deutschlands Kriegsindustrie konnte, wie er entspannt feststellte, die fehlenden Munitionsmengen produzieren.

Sein Verhältnis zum Oberkommando des Heeres störten die alten gewohnten Querelen. Für Brauchitsch und Halder war er Hitlers Parteigänger, Rivale im Führungsanspruch und vollkommen überflüssig. Ressentiments hinderten beide, sich einzugestehen, daß *sie* dem Diktator Vorrang einräumten, als sie auf eigene Operationspläne verzichteten.[65] Jodl übermittelte die Führer-Wünsche: so zu den rastlos erwogenen »Einzelunternehmen« mit Lastenseglern, Sturmpionier- und Fallschirmjägertrupps. Er wies seinen Stab an, Rüstungs- und Nachschublücken schließen zu helfen, ferner Richtlinien für die Verwaltung der zu besetzenden Gebiete auszuarbeiten. Pläne und Studien aber, die über den projektierten Feldzug hinausgingen, entwarf oder genehmigte er nicht.[66] Was OKW und OKH – vielleicht – enger miteinander verbunden hätte, unterließ er hartnäckig, konsequent. Seine Haltung – Folge der Dämpfer von »ganz oben« – sicherte ebenso den Vorrang Hitlers, widersprach Pflichten der Führung und nötigte später zu oft überhasteter Improvisation.

Manstein – Rundstedts Stabschef – erblickte im Operationsplan der Heeresspitze nur eine Teillösung und kein Siegesrezept.[67] Der Plan verhieß in seinen Augen lediglich Erfolge über den Gegner in Belgien, sonst aber spätestens an der unteren Somme eine starke feindliche Abwehrfront, vor der das deutsche Heer zu erlahmen drohte. Dafür war ihm »der Einsatz politisch und militärisch zu hoch«. Was ihn leitete, blieb »der endgültige Sieg zu Lande«. In Denkschriften und Eingaben forderte er, den Schwerpunkt der Angriffsoperation von Anfang klar auf den Südflügel, zur Heeresgruppe A (Rundstedt) zu verlegen. Mit wenigstens zwei Panzerkorps und drei Infanteriearmeen sollte sie durch die Ardennen auf die untere Somme vorstoßen, »um die nach Belgien hereingeworfenen Feindkräfte vorwärts der Somme abzuschneiden«.[68] Nur die Vernichtung des ganzen feindlichen Nordflügels, meinte er, ermögliche den Sieg über Frankreich. Auch Manstein wußte, daß die endgültige Entscheidung allein in zwei Phasen reifte. Um diese Entscheidung zu sichern, wollte er bereits den Aufmarsch des Gegners beiderseits der Maas oder zwischen Maas und Oise zerschlagen. Hier plante er die zusätzliche dritte Infanteriearmee nach Südwesten anzusetzen. Sie sollte – offensiv – jede Versammlung feindlicher Kräfte gegen die deutsche Südflanke zersprengen, mehr noch: die besten Ausgangsstellungen für den zweiten Akt des Feldzuges gewinnen.[69]

Manstein erstrebte ein Konzept ohne Halbheiten oder Gedankenriß. Nur mit ihm, glaubte er, war auch eine zureichende Basis im Kampf gegen England zu erreichen. Sein Plan traf auf zähen, hinhaltenden Widerstand des OKH. Offenkundig verletzte er Brauchitschs und Halders Selbstgefühl. In monatelangem Tauziehen lenkten beide hinsichtlich des Kräfteansatzes teilweise ein. Sonst aber sollte der Verlauf des Feldzuges über den Schwerpunkt entscheiden.[70] Manstein wurde als »Kommandierender General« zu einem Armeekorps weggelobt. Selbst der Irrflug eines deutschen Kuriers, bei dem der ursprüngliche Feldzugsplan in belgische Hände fiel, brachte noch keine Wende.[71] Erst am 17. Februar 1940 konnte Manstein sein inzwischen ausgefeiltes Konzept Hitler persönlich vortragen. Was er entwikkelte, beeindruckte und überzeugte. Längst erwog auch Hitler einen massierten Durchbruch auf Reims oder Amiens, der die Vernichtung des Feindes in Belgien am ehesten gewährleistete.[72] Jetzt gab Mansteins Vortrag zuvor nur tastenden Gedanken Klarheit und Kontur. Nun wies dieser Vortrag mit durchdachter Kühnheit Ziele, die er, der Diktator, bei ähnlicher militärischer Genialität immer angestrebt hätte. Die Aufmarschanweisung vom 24. Februar 1940 griff Mansteins »Sichelschnitt« auf. Halder ging an die umsichtigste Planung und verlegte den Schwerpunkt zur Heeresgruppe A (Rundstedt).[73] Sie erhielt die beantragten Panzer- und Infanterieverbände, sollte – unter Abdekkung ihrer Südflanke – zwischen Lüttich und Sedan vorstoßen, den in Belgien stehenden Gegner von Süden her umfassen und gemeinsam mit der Heeresgruppe B (Bock) vernichten. Diese Heeresgruppe blieb auf Lüttich, Brüssel und Antwerpen angesetzt. Sie hatte durch ihre Angriffe den Feind zu binden und möglichst lange über den wirklichen deutschen Schwerpunkt zu täuschen. Endgültig wurde in die Operationen Holland einbezogen, das vorab Fallschirmjäger besetzen sollten: schon gegen denkbare britische Zugriffe.[74] Ganz und gar unverändert lediglich der Defensivauftrag für Leebs Heeresgruppe C an der Rheinfront.

Jodl verfolgte jede Etappe des neuen Feldzugsplans, ohne dabei je selbst hervorzutreten. Eigene umwälzende Konzepte vermochte er nicht beizusteuern. Vorsichtig hielt er in den Herbstmonaten 1939 zum Überschaubaren. Hitlers ersten Gedanken an eine Sichelbewegung lehnte er ab oder dämpfte er, seine Begründung: das noch weithin ungeklärte Feindbild – Argument, mit dem er Brauchitsch und Halder unterstützte.[75] Daß sich das OKH zierte, den Plan eines Stabschefs der »Front« aufzugreifen, wunderte ihn nicht. Animositäten hatte er hier erwartet und kaum nur aus psychologischen Gründen. Wie andere schreckten ihn die Gefahren des Mansteinschen Sichelschnitts: die Konzentration von zwei Panzergruppen in unwegsamem Gelände; die herausfordernde, sich dehnende Südflanke der Panzergruppen bei ihrem Marsch zum Ärmelkanal; die Ungewißheit, ob es gelang, Armeen des Gegners nach Belgien zu ziehen und dort lange genug zu fesseln. Lakonisch nannte er den Stoß durch die Ardennen einen operativen Schleichweg, auf dem man vom Kriegsgott ertappt werden konnte.[76] Doch die Kühnheit des Plans würdigte er. Angesichts des Kurierflug-Debakels schien sie auch ihm geboten. Zeuge des Vortrages, zu dem Hitler Manstein aufgefordert hatte, war er offenbar ebenso beeindruckt wie der Diktator. Er selbst hätte sich – ohnehin nicht befragt – der ursprünglichen Teillösung gebeugt. Die These, daß mit ihr Schlieffens Weltkriegsstrategie einfallslos wiederholt würde, verwarf er, da immerhin etliche Unterschiede existierten. Nach der Aufmarschanweisung vom 24. Februar 1940 verfocht er das neue Konzept, den erklärten Willen zur »vollen Entscheidung«. Die Fortschritte in der Ausrüstung und Festigung des Heeres beruhigten ihn: analog zu – wachsenden – Empfindungen innerhalb des OKH. Gegenüber Ribbentrops Staatssekretär Ernst von Weizsäcker äußerte er: »Ein Westfeldzug, der uns nicht bis Bordeaux führt, verfehlt seinen Zweck.« Und: »Ein solcher durchschlagender Erfolg wird im Mai 1940 möglich sein.«[77] Nichts sprach dafür, daß er sich belog oder unfreiwillig schönte.

Alle Pläne begleitete, seit Mitte Dezember 1939, ein anderes Thema: der »Fall« Norwegen-Dänemark. Unaufhaltsam schob er sich vor den Westfeldzug. Hitler bekräftigte, ja wünschte Norwegens Neutralität.[78] Sie garantierte die Zufuhr der schwedischen Eisenerze, die Deutschlands Rüstungsindustrie nicht entbehren konnte. Meldungen der Abwehr aber nährten den Verdacht, daß Großbritannien die Erzzufuhr zu stoppen trachtete. Raeder verdeutlichte Hitler die Nachteile, die bei einer Besetzung Norwegens durch England drohten.[79] Der Negativkatalog des Großadmirals: »Beherrschung der Ostsee-Eingänge, Flankierung der Seekriegsoperationen in der Nordsee und der Fliegerangriffe auf England, Druck auf Schweden.« Der sowjetisch-finnische Winterkrieg, den Rußland nach abgelehnten territorialen Forderungen entfesselte, steigerte Hitlers Unruhe.

Norwegens Staatsrat Vidkun Quisling – zu einer Besprechung empfangen – wies ihn auf britische Landungsabsichten in Norwegen hin.[80] Quisling, Deutschlands Parteigänger, übertrieb nicht. Winston Churchill, Englands Marineminister, verlangte in zwei Denkschriften, Norwegens Neutralität zu mißachten und sich der Rohstoffquellen zu bemächtigen, ohne die Hitler den Krieg liquidieren mußte. Anfang 1940 formierten Großbritannien und Frankreich ein Expeditionskorps. Aufgabe der 57 000 Mann starken Truppe: Hilfe für Finnland *und* Besetzung der schwedischen Erzfelder.[81] Auch gegen Proteste aus Oslo und Stockholm wollten die beiden Westmächte handeln.

Jodl »erfuhr Genaues« am 12. Dezember, bei einer Besprechung Raeders mit Hitler.[82] Zwei Tage später, nach Quislings Auftritt, hatte er die erste »Gedankenarbeit« einzuleiten. Vor dem Unternehmen, dessen Grundzüge zu entwerfen waren, graute ihm. Er wußte: Besetzte Deutschland Norwegen, mußte es später eine 3000 Kilometer lange Küste verteidigen. Im Anlauf wurde die ganze Flotte aufs Spiel gesetzt.[83] Wie andere konnte er hier fragen, ob Hitler je diesen Krieg führen durfte. Doch am ursprünglichen Willen des Diktators, Norwegens Neutralität zu erhalten, zweifelte er keinen Augenblick. Die Studie des OKW schlug eine gemeinsame Operation von Heer und Flotte vor. Sie empfahl, wichtige Stützpunkte auch in Dänemark zu besetzen, freilich mit möglichst geringen Kräften. Ende Januar 1940 befahl Hitler, innerhalb des OKW einen Sonderstab zu bilden, der den Operationsplan auszuarbeiten hatte, Stichwort: »Weserübung«.[84] Jodl fand Muße, einen Artikel über den »finnisch-sowjetrussischen Konflikt« zu schreiben, den der »Völkische Beobachter« anonym veröffentlichte. Mit ihm sollte er »politisch« Flankenschutz geben. Bestechend die Analyse der sowjetischen Operationsabsichten; eindringlich der Appell an die nordischen Staaten, von Interventionen abzulassen, da Finnland – trotz seiner Waffenerfolge – »auf Dauer nicht bestehen kann«.[85] Unausgesprochen war deutlich gemacht, daß Deutschland keine Ausweitung des Krieges wünschte. So offenkundig Jodls wirkliche Sympathien: bewußt vermied er antirussische Töne.

Der Überfall britischer Zerstörer auf das deutsche Troßschiff »Altmark« im Jössing-Fjord alarmierte. Norwegen schien außerstande, ja, nicht gewillt, seine Neutralität zu behaupten: so Hitlers und Jodls Interpretation.[86] Am 1. März 1940 erging die Weisung für den »Fall Weserübung«. »Die Entwicklung der Lage in Skandinavien«, betonte sie, »erfordert es, alle Vorbereitungen dafür zu treffen, um mit Teilkräften der Wehrmacht Dänemark und Norwegen zu besetzen. Hierdurch soll englischen Übergriffen nach Skandinavien und der Ostsee vorgebeugt, unsere Erzbasis in Schweden gesichert und für Kriegsmarine und Luftwaffe die Ausgangsstellung gegen England erweitert werden.«[87] Die Planungen der Kontrahenten liefen dem Zusammenstoß in Nordeuropa zu.

Vorrang war der Heeresführung – in Polen – noch von selbst zugefallen. Der Feldzug verdeckte das ungelöste Problem der Spitzengliederung. Nun wurden Halders Generalstab und das OKH ausgeschaltet. Hitler übertrug – bei persönlichem und unmittelbarem Einfluß – »Weserübung« Keitels OKW.[88] Sein Entschluß konnte einleuchten. Wenn ein Unternehmen, so nötigte Norwegen zu kombinierter Wehrmachtführung, doch die Verdrängung des Heeresgeneralstabes blieb Willkür und Unfug. Jodl – Chef nur weniger Offiziere – wollte die Operationsführung der Luftwaffe antragen: für ihn im Norwegen-Unternehmen der entscheidende Wehrmachtteil. Hitler widersetzte sich und beharrte auf dem Sonderstab unter seinem und Keitels Oberbefehl.[89] Überragende Fähigkeiten traute er dem Oberkommando der Luftwaffe nicht zu. Jodl begriff, daß lediglich eine Kommandostelle mit allen Führungsorganen ausreichte. Hitler berief General von Falkenhorst, einen »Finnland-Kenner«. Er und dessen Generalkommando XXI sollten »Weserübung« lenken, kombinierte Wehrmachtführung auf kleinstem Nenner. Brauchitsch und Halder – erst jetzt eingeweiht – liefen Sturm gegen die Truppenabgaben, die ihre Reserven schwächten. Göring weigerte sich, die Luftwaffe einem Heeresgeneralkommando zu unterstellen.[90] Das Elend der Spitzengliederung warf die üblichen Schatten. Umständliche Riten, nach denen Falkenhorst Fliegerverbände nur anfordern durfte, engten ein und sollten den Zwist dämpfen. Göring steckte zurück; OKH und Heeresgeneralstab unterließen weitere Einsprüche.[91]

Jodl erleichterte, Mitte März, das Ende des russisch-finnischen Winterkrieges. Denkbar, daß er sich über Moskaus Gründe Rechenschaft gab. Skeptisch dagegen notierte er: »Friedensschluß Finnland–Rußland nimmt England, aber auch uns die politische Grundlage zur Festsetzung in Norwegen.«[92] Raeder zweifelte, ob ein Praevenire noch sinnvoll sei. Warlimont argumentierte, daß sich das Unternehmen erübrige. Für ihn zog die deutsche Westoffensive alle englisch-französischen Kräfte auf sich, machte diese Offensive britische Zugriffe in Norwegen unwahrscheinlich. Jodl dachte umgekehrt und glaubte an eine sofortige englische Narvik-Aktion, wenn Deutschland Holland und Belgien überrannte.[93] Jeder Sieg bei Verlust der Eisenerzzufuhr schien ihm sinnlos. Wo das Reich am empfindlichsten zu treffen, ja, in die Knie zu zwingen war, sah er den Gegner handeln. Warlimont und Kritiker, die diplomatische Schritte anregten, um Dänemarks und Norwegens Haltung zu klären, wies er ab. Laurig gewordene Seeoffiziere bedurften in seinen Augen »einer Spritze«.[94] Wieder meinte er – sein Glaubenssatz –, daß es nicht Sache militärischer Stäbe war, »höhere Erwägungen« anzustellen. Auch wenn Hitler nun weitere hieb- und stichfeste Begründungen suchte: Jodl blieb – wie zuletzt Raeder – überzeugt von der Notwendigkeit des Norwegen-Unternehmens. Daß aus diesem Unternehmen »das Großgermanische Reich entstehen« sollte – Worte Hitlers zu Rosenberg –, ein Reich mit dauernd erweiterter See- und Luftbasis, erschloß sich ihm nicht.[95]

Am 2. April befiehlt Hitler die geplanten Zugriffe, »Weserzeit«: der 9. April 1940, 5.15 Uhr.[96] Sein Befehl überholt knapp Englands und Frankreichs Entschlüsse. Auch der Gegner will noch in diesem Monat Norwegen besetzen und wird – am 8. April – vor der norwegischen Küste drei Minenfelder auslegen. Die Kriegs- und Transportschiffe verlassen, gestaffelt je nach den Zielen, ihre Nord- und Ostseehäfen, die veranschlagte Gesamtstärke des Heeres für Norwegen: sechs Divisionen. Der Feind entdeckt Teilkräfte der vollständig eingesetzten deutschen

Kriegsflotte. Die sofort aufgebotene Home Fleet soll den ausgemachten Verband stellen, doch diesiges Wetter hilft der verfolgten Kampfgruppe und den unentdeckten Einheiten. Zudem kann sich der Gegner nicht vorstellen, daß eine deutsche Besetzung Norwegens droht. Am 9. April landet die erste Welle von drei Divisionen in Oslo, Kristiansand, Stavanger, Bergen, Drontheim und Narvik.[97] Verstärkungen kommen auf dem Luftweg. Dänemark – notwendige Nachschub- und Stützpunkt Basis – wird widerstandslos besetzt. Die Kriegsmarine treffen vor Norwegen empfindliche Schläge: Sie büßt einen schweren und zwei leichte Kreuzer ein. Die feindliche See-Überlegenheit müßte entmutigen, aber diese Überlegenheit bricht – in ständigen und erfolgreichen Angriffen – die deutsche Luftwaffe. Seemacht ohne Luftherrschaft ist verletzbar, ja schartig geworden.[98] Trotzdem bleiben dem Gegner Trümpfe, besonders im äußersten Norden. Um Narvik steht unter Generalmajor Dietl nur ein Gebirgsjäger-Regiment. Das Transportschiff mit den schweren Waffen ist torpediert und gesunken. Die zehn Zerstörer, die Dietls Truppe an Land setzten, haben weit überlegene britische Seestreitkräfte abzuwehren. In erbitterter Gegenwehr bis zum letzten Schuß gehen sie verloren.[99] Der Weg zur wichtigsten deutschen Bastion ist frei. Starke englische Flotteneinheiten werden bei Harstad und auf den Narvik vorgelagerten Lofoten zusammengezogen. Zögerte nicht das alliierte Oberkommando, die Gunst der Stunde zu nutzen, könnte Narvik im Handstreich fallen.

Hitler packt Sorge und – verliert die Nerven.[100] Er wähnt Dietls Kampfgruppe bereits vernichtet, will sie Richtung Süden abmarschieren lassen, mit Flugzeugen zurückholen und Narvik aufgeben. Entgegen früherer Weisung wirft er der Marine vor, daß sie nicht ihre Schlachtschiffe einsetze. Erregt verlangt er, einzuleiten, was den Sinn des Norwegen-Unternehmens auslöscht. »Wir haben«, äußert er, »Pech gehabt.« Jodl ist erschüttert und wehrt sich. Er hält einen Abmarsch über schroffste Gebirgszüge für unmöglich, ebenso einen Abtransport durch Flugzeuge, die »nur ganz geringe Teile« retten könnten. »In schärfster Form« beharrt er auf weiterem Kampf auch außerhalb

Narviks, auf Kampf bis zum äußersten.[101] Er spricht mit Halder, der ihm zustimmt, aber auch wiederholte Anläufe verfangen nicht. Hitler befiehlt Dietl, Narvik zu räumen, nach Schweden auszuweichen und in die Internierung zu gehen. Der Funkspruch mit seiner Unterschrift ist schnellstens durchzugeben.[102] Jodl resigniert. Er glaubt, nichts mehr ändern zu können, doch »Ungehorsam« auf rangniedriger Stufe bietet ihm noch eine Chance.

Loßberg, Oberstleutnant im Stab des Wehrmachtführungsamtes, weigert sich, den »unmöglichen Funkspruch« an Dietl abzusetzen.[103] Helle Empörung über die »Nervenkrise der obersten Führung«, sieht er sie ohne Zwang preisgeben, was zuvor als Nabel des Unternehmens galt. Und dafür, fragt er, den Verlust der zehn Zerstörer? Er erwirkt bei Jodl Aufschübe und einen Funkspruch Brauchitschs an Dietl, den gerade zum Generalleutnant Beförderten. Mit diesem Funkspruch gratuliert Brauchitsch Dietl im festen Vertrauen darauf, daß er seinen »für Deutschland entscheidend wichtigen Platz in jeder Lage bis zum letzten Mann verteidigen« wird.[104] Brauchitschs Funkspruch, der den Obersten Befehlshaber beschämt, gibt Jodl Auftrieb, es noch einmal zu versuchen, und Hitler lenkt ein. Dietl soll »sich so lange als möglich« halten. Jodl zögert nicht, vor dem versammelten Stab Loßberg seine Anerkennung auszusprechen: Geste, mit der er Verdienste nur dem Helfer zuerkennt. Doch so ausschlaggebend Loßbergs Eingriff: Jodl nutzte ihn, um »grundfalsche Entschlüsse« auszuräumen.[105] Er hat das Norwegen-Unternehmen gerettet.

Der Wille des Führers, nach politisch ertraglosen Aktionen radikal vorzugehen, schürte weitere Krisen. Hitler plante als Reichskommissar Gauleiter Terboven einzusetzen, einen Ehrgeizling unbeirrbarer Härte und ohne Künste der Diplomatie.[106] Meldungen der Luftwaffe behaupteten, daß längst ein Freischärler- und Sabotagekrieg tobe. Sie steigerten den Grimm und die Unrast des Diktators. Wieder disponierte er »hinein in alle Einzelheiten«, bedrohte er jede geordnete Arbeit der zuständigen Wehrmachtspitzen. Keitel suchte Terbovens künftige Kompetenzen einzuschränken: hier einmal kämpfend und nicht kneifend wie bei Loßbergs »Ungehorsam«.[107] Jodl, schon Widerspruch gegen die Franktireursgerüchte, stand auf seiner Seite. Auch als Nicht-Politiker dachte er nüchtern genug, um in verschuldeter norwegischer Resistenz ein Verhängnis zu erblicken, »das Ziel der Engländer«.[108] Gleich Keitel bewegten ihn militärische Belange. Die Waage neigte sich indes der Gewalt zu, die eine bittere, kaum auslöschbare Feindschaft erwecken wird. Wie in Polen unterlag moralisch, »weltanschaulich« die Heeresführung.

Britische Verbände, die bei Namsos und Andalsnes landeten, um die deutsche Drontheim-Gruppe einzuschließen, erregten Hitler von neuem. Abermals glaubte er alles gefährdet, wenn es dem Gegner gelang, Mittelnorwegen zu erobern und damit Narvik endgültig abzuschneiden. Jodls Hinweis, daß die Engländer weder über einen Hafen noch Flugplätze verfügten, beruhigte ihn nicht.[109] Gegen Falkenhorsts Auffassung, nach der die Kampfgruppe auch überlegenen Feind abwehren konnte, wünschte er erhebliche Verstärkungen. Schon die 5000 – geschätzten – Engländer bedeuteten ihm das Ende für Drontheim; erst mit dem Vormarsch der Osloer Entsatzgruppe begann seine Panik zu weichen. Diese Entsatzgruppe brach Sperriegel und schlug britische Einheiten.[110] Sie machte Gefangene und erbeutete Papiere, die bewiesen, daß Deutschland in Norwegen den Engländern nur zuvorgekommen war. Ihr zügiges Tempo sicherte die Besetzung Süd- und Mittelnorwegens: Basis zum Entsatz Narviks. Ende April war »die Landverbindung zwischen Oslo und Drontheim hergestellt«. Jodl: »Führer ist außer sich vor Freude. Ich muß mittags neben ihm sitzen.«[111]

Die Tisch-Ehre sollte zwei Jahre währen. Verblaßten die niederschmetternden Bilder, die Hitler, der Feldherr, geboten hatte? Jodl verhehlte sich nicht Gebrechen.[112] Kühne Konzepte waren ohne Festigkeit im Handeln geblieben. Der Oberste Befehlshaber neigte zum Widerruf eigener Pläne. Gehörten zum Feldherrn Ruhe und Sicherheit, fehlten Hitler Souveränität und klarer Blick. Wirkliche Krisen, schien es, mußte man jetzt fürchten. Jodl bejahte das deutsche Unternehmen. Zweifel am Sinn der Besetzung Norwegens, die 300 000 Mann band und *»keinen* Vorteil für die Luftangriffe gegen England brachte«, beschlichen ihn erst später.[113] »Weserübung«, ein ungeheures Wagnis, hätte auch bei bester Führung scheitern können. Überspannt vor allem die Aufgaben der schwachen Kriegsmarine; Englands halbherzige Gegenzüge, Deutschlands Luftherrschaft und ungewöhnliche Tapferkeit der Truppe ermöglichten den Sieg. Daß Hitler jedoch die Nerven verloren hatte, »beeindruckte« Jodl »tief«. »Tröstete« er sich, so mit Gedanken an Friedrich II., der bei Mollwitz 1741 zunächst ebenso versagte. Noch während des Nürnberger Prozesses hielt er zu dieser Parallele.[114]

Anfang Mai bestiegen die gelandeten Engländer wieder ihre Schiffe. Der norwegische Widerstand erlosch. Dietl wurden, von Drontheim aus, Waffen und Munition zugeflogen. Gebirgsjäger bahnten sich Wege nach Norden. Im Juni räumten die Alliierten das zuletzt noch eroberte Narvik. Warlimont sollte recht behalten. Jodl verließ, am 9. Mai, mit dem Führerzug Berlin, Ziel des Aufbruchs: das Feldhauptquartier »Felsennest« (Bad Münstereifel). Von der Reichskanzlei wechselte er in Betonbunker.[115] Der Stab und die Hilfskräfte arbeiteten innerhalb eines zweiten Sperrkreises. 94 deutsche Großverbände – die Neuaufstellungen gut ausgebildet – bezogen ihre Positionen. Die Heeresgruppe B – 29 Verbände – erwartete eine doppelt so starke Übermacht; die Heeresgruppe A – 45 Verbände – war dem Feind um 27 Divisionen überlegen.[116] 2580 deutsche Panzer standen 3142 alliierten Kampfwagen gegenüber. Die Luftwaffe konnte – mit 3824 Flugzeugen – tausend Maschinen mehr als der Gegner einsetzen. Doch auch alle Reserven gewährleisteten nur die gleiche Divisionszahl wie auf seiten der Feinde. Was nach klassischen Lehren nicht zureichte, erforderte in der Tat höchstes Selbstvertrauen.

Der am 10. Mai 1940 um 5.35 Uhr losbrechende Angriff des deutschen Westheeres rechtfertigt die kühnsten Hoffnungen. Mit ihm beginnt ein Siegeszug, der Mansteins Konzept weit »über das erste Zusammentreffen mit der feindlichen Hauptmacht hinaus« bestätigt. Die Operationen entfalten sich ohne Rückschläge an den Fronten. Während Bocks Armeen in Holland und Belgien einfallen, rasch Raum gewinnen und den Gegner fesseln, durchstößt die Heeresgruppe A, deren Panzerkorps die

Entscheidung erkämpfen sollen, Luxemburg, den belgischen Grenzschutz und die gefürchteten Ardennen.[117] Feindliche Kräfte, die den Ansturm abzuwehren suchen, werden geworfen. Schon nach drei Tagen steht Guderian mit den vordersten Teilen von drei Panzer-Divisionen an der Maas, ist das an ihrem Ostufer liegende Sedan genommen. Die weit auseinandergezogenen deutschen Verbände verbieten einen sofortigen Flußübergang. Zudem trifft er auf einen kampfstarken Gegner, dessen Artillerie sich hervorragend eingeschossen hat. Doch die oberste Führung – noch ungeduldiger als der ungestüme Panzergeneral – gewährt keine Atempause. Stukageschwader zersprengen oder demoralisieren Frankreichs Eliteregimenter; ihre Bomben bahnen der deutschen Angriffsspitze den Weg. Am 13. Mai ist die Maas bezwungen, kurz darauf eine Kriegsbrücke fertiggestellt, über die – unter massivem und erfolgreichem Flakschutz – Panzer und motorisierte Einheiten hinwegrollen. In nahezu ungehemmtem Vormarsch, dem die flankensichernden Infanterie-Armeen nur mit Mühe folgen können, stürmen sie nach Westen. Fünf Tage später erobern sie Le Cateau und St. Quentin, dann Péronne und Cambrai. Am 20. Mai erreichen Vorausabteilungen Abbeville, die Somme-Mündung und den Ärmelkanal.[118] Der Sichelschnitt, der die feindlichen Heere trennen sollte, ist geglückt. Drei französische Armeen, die der deutschen Führung den »Liebesdienst« erwiesen haben, in Belgien aufzumarschieren, zehn britische Divisionen und das belgische Feldheer sind umklammert. Holland hat kapituliert.

Doch so überwältigend die Erfolge: Führungskrisen begleiten sie. Erneut erlebt Jodl einen Obersten Befehlshaber, dessen Nervosität entbehrliche Spannungen erzeugt. Hitler peinigen Gedanken an den angeblich unzureichenden Flankenschutz. Er will, daß die Infanterie-Divisionen aufrücken, bevor die Panzer ihren Angriff fortsetzen.[119] Beinahe ängstlich, fürchtet er einen Rückschlag, der gerade jetzt dem Gegner Auftrieb gäbe. Halder sieht keine Gefahren. Für ihn ist der Feind noch zu schwach, um von Süden aus angreifen zu können. Nichts darf in seinen Augen den zügigen Vormarsch der Panzer zur Küste aufhalten.[120] Jodl versagt ihm Hilfen. Zustimmend zitiert er, daß dem OKH

»in schärfster Form« befohlen wird, sofort »eine Südflanke aufzubauen«. Eigenmächtig befiehlt er, zusätzliche Kräfte »nach Süden abzudrehen«.[121] Hitler – so Halder – »tobt und brüllt, man sei auf dem Wege, die ganze Operation zu verderben und sich der Gefahr einer Niederlage auszusetzen«.[122] Erst ein weiterer Vortrag des Generalstabschefs erreicht, daß »die Bewegung« wieder freigegeben wird.

Noch schwerwiegender die Krisen nach der Eroberung Abbevilles. Göring sieht seine Stunde gekommen und suggeriert Hitler, daß die Luftwaffe den Feind in Nordfrankreich nun allein zerschlagen könne.[123] Dem Heer mißgönnt er den alleinigen Sieg. Hitler – am 24. Mai mit Jodl bei der Heeresgruppe A in Charleville – billigt Rundstedts Absicht, die schnellen Truppen zu stoppen. Sie sollen den von der Heeresgruppe B bedrängten Feind auffangen. Jetzt möchte er, der Führer, die Panzer überhaupt für den Endkampf schonen.[124] Überrascht erfährt er, daß das OKH – über seinen Kopf – eine Armee und mehrere Divisionen der Heeresgruppe B unterstellt hat. Zornig befiehlt er Brauchitsch, die verlegte Trennungslinie aufzuheben. Die Armeekorps ostwärts Arras greifen weiter an. Dagegen ist nordwestlich der Stadt »die allgemeine Linie Lens–Bethune–Arras–St. Omer–Gravelines (Kanallinie) *nicht zu überschreiten*«.[125] Jeder Wechsel »in den Unterstellungsverhältnissen der Armeen« bedarf fortan höchster Genehmigung. Hitler bekundet auch seinen militärischen Führungsanspruch. Die nächsten operativen Entscheidungen überläßt er Rundstedt.[126]

Jodl unterstützt in allem den Obersten Befehlshaber. Mit ihm ist er sich sicher, daß im »sumpfigen« Flandern keine Panzer einzusetzen sind.[127] Reihenweise, meint er, würden sie auf den schmalen Wegen abgeschossen. Er erinnert sich seiner Weltkriegserfahrungen und spricht von einem Gelände, das er nicht mehr kennt. Wie Hitler will er die – ohnehin strapazierten – Panzerkorps für die zweite Feldzugsphase aufsparen. An diese Phase denkt er schon über Gebühr. Göring, bemerkt er zunächst, »nimmt den Mund wieder reichlich voll«.[128] Doch bald darauf glaubt er, daß dessen Luftwaffe ausreiche, den Feind in Flandern endgültig niederzuringen. Einwände, die seine anfängliche

Skepsis berühren, weist er ab. Loßberg beschwört ihn, auf Verfolgung des wankenden Gegners zu drängen, so wie es jedem Kriegsschüler eingebleut worden sei. Ihm antwortet er: »Der Krieg ist gewonnen, er braucht nur noch beendet zu werden. Es lohnt nicht, einen einzigen Panzer zu opfern, wenn wir es durch die Luftwaffe viel billiger haben können.«[129] Den Halt vor Dünkirchen verkürzt Jodl um keine Stunde.

Die Eingriffe des Diktators untergraben, ja, lähmen die Autorität des Heeresoberkommandos. Unerträglich für Halder schon aus sachlichen Gründen, daß Hitler *und* Rundstedt den Operationsplan behindern, den er verantworten muß.[130] Er sucht – ganz nach den gegebenen Chancen – Rundstedts Verbände zum Hammer, Bocks Heeresgruppe A zum Amboß zu machen. Nun soll, bei Gefahr unnötiger Verluste, das Gegenteil gelten. Drei Tage vergehen, bis die angehaltenen schnellen Truppen wieder vorbrechen und den eingeschlossenen Gegner vor Dünkirchen schlagen können. Kaum übersehbar die Masse des Kriegsmaterials, das beide Heeresgruppen erbeuten.[131] Gamelin – Frankreichs Oberbefehlshaber – tritt ab; General Weygand wird sein Nachfolger. Belgien kapituliert, aber England kann sein Expeditionskorps retten: Folge der dreitägigen Atempause, die unfaßlicherweise Deutschlands Führung »gewährt« hat. Jodl – nur unter den Hochgestimmten – beirrt die Schlappe von Dünkirchen am wenigsten. Für ihn ist ein grandioser, eindeutiger Triumph errungen. Fast scheint es, als vergäße er über den Siegesbildern die entkommenen 338 226 alliierten Soldaten.[132]

Den Schlußakt plant er mit: optimistisch wie alle um ihn.[133] Die Wehrmacht steht in einer geschlossenen Ausgangsfront zwischen Somme und Aisne. Panzer und Infanterie sind nun gleichzeitig und gemeinsam einzusetzen; weit besser die Geländebedingungen als vor drei Wochen.[134] Den knapp 90 Heeresdivisionen vermag General Weygand nur noch 49 Großverbände entgegenzustellen. Die deutsche Truppe erfüllt das Bewußtsein ihrer Siege; sie ist der verstümmelten Streitmacht des Gegners in jeder Hinsicht überlegen. Die ersten Kämpfe der »Schlacht um Frankreich« dämpfen auch Jodls Stimmung. Der Feind wehrt sich hartnäckig und hat seinen Panzerschreck überwunden. Er hält seine Stützpunkte trotz vorbeirollender Kampfwagen und verwickelt die nachfolgende Infanterie in blutige Gefechte. Das deutsche Heer erleidet die höchsten Verluste des Feldzuges.[135] Doch diese Gegenwehr ist nur ein letztes Aufbäumen. Nachdem Bocks Armeen die Linien des Feindes durchbrochen oder zurückgedrängt haben, greift auch die Heeresgruppe A Rundstedts an. Nochmals für den Hauptstoß ausersehen, zerschmettert sie zwischen Soissons und Metz die französische Front. Die Armeen dieser Heeresgruppe nehmen Verdun, setzen über die Marne und dringen bis zum Plateau von Langres vor.[136] Kleists herangezogene Panzergruppe hilft den operativen Durchbruch vollenden. Weygands Divisionen werden geworfen, zerrieben oder gefangengenommen. Während Paris fällt und Bocks Verbände der Halbinsel Cotentin zustreben, leitet Rundstedts Heeresgruppe den Schlußakt ein. In ausholender Bewegung schwenken Guderians Panzer sowie zwei Infanterie-Armeen nach Osten, um die noch am Rhein stehenden französischen Kräfte im Rükken zu fassen. Die gewaltige Linksschwenkung erleichtert Leebs zurückgehaltener Heeresgruppe den Angriff. Sie bezwingt, frontal vorbrechend, die Maginot-Linie und überschreitet den Oberrhein. Frankreichs Heer ist geschlagen.[137] Am 10. Juni 1940 tritt in den Krieg Italien ein. Sieben Tage später bittet Marschall Pétain Hitler um Waffenstillstandsverhandlungen.

Jodl kann für Italien, das sich im letzten Augenblick Beuteanteile zu sichern sucht, innerlich nur Verachtung empfinden.[138] Dessen »Mit«hilfe gleicht einer Leichenschändung des von Deutschland besiegten Gegners. Die Rückschläge, die angreifende italienische Verbände an der Alpenfront einstecken müssen, könnten Hohn erwecken und sind ein böses Omen. Jodl ahnt, daß der neue Bundesgenosse vorab Scherereien verursachen wird, und soll sich da nicht irren. Oft noch hat er Anlaß, den Kriegseintritt Italiens zu beklagen. Unmittelbar nach Pétains Botschaft gibt der Diktator ihm und Keitel Richtlinien für die Waffenstillstandsbedingungen.[139] Was Hitler – im Salonwagen Fochs von 1918 – Frankreich auferlegen will, soll maßvoll sein, aber Sicherheiten garantieren. Gebietsforderungen der Italiener, die Nizza, Savoyen, Korsika, Tunesien und Dschibuti begehren, hat er abgelehnt, ebenso die Auslieferung der französischen Flotte. Auch gegen eine Teilnahme Italiens an den Waffenstillstandsverhandlungen in Compiègne sperrt er sich. Frankreich beläßt er die Kolonien und ein Drittel des Mutterlandes; doch die übrigen zwei Drittel mit Paris und der gesamten französischen Kanal- und Atlantikküste will er besetzen.[140] Ein 100 000-Mann-Heer bleibt dem Besiegten im Mutterland zugestanden. Sonst sind sämtliche Waffen auszuliefern und fast alle Einheiten der Flotte zu internieren. Auf jedem seiner Territorien hat Frankreich den Kampf einzustellen.

Als der französischen Delegation die Präambel dieser Bedingungen verlesen wird, sitzt Jodl in einem Nebenabteil des historischen Salonwagens; ganz im Bann der Stunde, die Deutschlands einstige Demütigung auslöschen soll.[141] Nach der Wegfahrt Hitlers und Keitels Verhandlungsleiter, bekräftigt er am 21. Juni, daß während der Unterredungen die Kämpfe weitergingen. Dann appelliert General Huntziger, Frankreichs Delegationschef, an die deutsche Großmütigkeit. Es gebe, erklärt er, erfüllbare und unannehmbare Bedingungen. Zu den unannehmbaren rechnet er, daß Italien vielleicht auch den Rest des französischen Gebiets besetzen will.[142] »Wir werden das nicht zulassen und notfalls weiterkämpfen ... Wir sind von Deutschland geschlagen worden.« Tief bewegt erwähnt Huntziger die verlesene Präambel, nach der ein *gerechter* Frieden beabsichtigt ist. Jodl zeigt Verständnis, betont jedoch augenblicklich, daß er keine »Änderungen im Text« annehmen könne. Er habe nur »Aufklärungen zu geben«.[143] Léon Noel berührt die Frage der französischen Verwaltungshoheit, die ein Satz der Bedingungen völlig auszuschließen droht. Jodl äußert »seine persönliche Ansicht«: »Nach Artikel 3 müssen wir uns alle Rechte vorbehalten, die wir zur Fortsetzung unseres unerbittlichen Krieges gegen England brauchen, aber wir haben keinerlei Interesse, die französische Zivilverwaltung zu stören, vorausgesetzt, daß nicht militärische Belange dazu zwingen.«[144]

Andere Fragen fangen an, ihn zu reizen oder ungeduldig zu stimmen. Er sieht keine zweifelhaften Punkte und verweist auf die vorgesehene Waffenstillstandskommission, die Strittiges regeln soll. Der deutsche Text, läßt er wissen, sei endgültig und würde nicht mehr geändert. »Die französische Regierung möge entscheiden, ob sie den Krieg fortsetzen *will* oder *kann*.«[145] Jodl begrüßt Görings Bereitschaft, von der Auslieferung französischer Flugzeuge abzusehen. General Marras, Mussolinis Mann in Compiègne, informiert er – nur nicht über die scharfen Worte, mit denen Huntziger Italiens Armee charakterisierte.[146] Die Diplomatie, zu der ihn mehrere Besprechungsrunden nötigen, steht er durch. Diese Diplomatie bleibt eingeschnürt: Das Peinvollste – die »Übergabe« politischer Emigranten – muß er nicht erörtern. Gefühle des Unbehagens mildern die militärischen Bilanzen. Jodl weiß: Deutschlands Bastionen gegen England sind gesichert. Der Feldzug hat sogar über Bordeaux hinausgeführt. Die letzten Verhandlungsquerelen beendet Keitel. Er stellt ein Ultimatum, und schließlich bevollmächtigt, unterzeichnet Huntziger alle Bedingungen.[147] Am 25. Juni 1940 – 0.35 Uhr – schweigen die Waffen.

Der Triumph im Westen, nach dem im Reich die Glocken läuteten, faszinierte gerade Soldaten des Ersten Weltkrieges. Das Heer war ohne Halt über Schlachtfelder gestürmt, die 1914-18 – ertraglos – Ströme von Blut verschlungen hatten. Der Kriegsgott hatte dieses Heer nicht auf dessen Schleichweg ertappt. Napoleon, der Analytiker, behielt recht: Die Seite, die in ihren Befestigungen verharrte, wurde geschlagen. Frankreich, gefürchtete Militärmacht und jahrelang Alpdruck, lag am Boden. So ungebrochen Jodls stille Liebe zu Frankreich, die unfähig machte zu hassen: auch in seinen Augen sühnte der Feldzug das Diktat von Versailles. Überzeugt begann er das »Feldherrntum« des Obersten Befehlshabers zu preisen. Nicht nur er, der Chef des Wehrmachtführungsamtes, nannte Hitler nun einen überragenden militärischen Führer.[148] Dieser Führer witterte, in Jodls Rückschau, den halbherzigen Widerstandswillen des Gegners; er erwog noch vor Manstein den Sichelschnitt, mit dem das Westheer triumphierte, und hatte als Psychologe wie auch strategisch den Generalstab beschämt. Er drang darauf, »zuerst Paris zu nehmen, dann einzudrehen und die Maginotlinie vom Rücken her aufzurollen, so Blut und Kräfte« insbesondere der

Heeresgruppe Leebs zu sparen. Seine Führung blieb »klar, geschickt und folgerichtig«.[149] Das »große Risiko des Durchbruchsgedankens« war im Rückblick überwunden, versunken, selbst die Fehlentscheidung vor Dünkirchen kein Einwand mehr. Panzer und Flugzeug hatten die operativen Durchbrüche, den Sieg erzwungen. Luftherrschaft beflügelte die eigene Truppe und demoralisierte den Gegner. All das, glaubte Jodl, galt als Lehre ebenso für die Zukunft.

Unter Hitlers Gefolge, einem Pulk von Offizieren, stand er auf der Vimyhöhe und im Straßburger Münster. Fotos zeigen ihn gesammelt, in sich gekehrt und vor zahllosen Gräbern des Ersten Weltkrieges: gewiß erleichtert, daß jetzt »nur« 27000 Gefallene zu beklagen waren.[150] Das Füllhorn mit Ritterkreuzen öffnete sich für andere. Er, Jodl, hatte – hinter den Heeresgeneralstab zurücktretend – auch kaum geführt. Aber am 19. Juli 1940, an dem Hitler Göring zum Reichsmarschall ernannte und gleich zwölf Feldmarschälle produzierte, übersprang er den Generalleutnant, wurde er General der Artillerie.[151] Jeschonnek, dem Luftwaffengeneralstabschef, sollte er im Rang gleichgestellt sein. Das Friedensangebot des Führers an England nahm er ernst, schien ihm würdig, vielleicht sogar aussichtsreich. Seine Hoffnung belastete keine Hypothek, die aus besserem politischen Wissen erwachsen wäre. »Alles, was ich neben einigen bescheidenen persönlichen Lebensfreuden für mich selbst wünsche«, schrieb er in jenen Tagen, »ist doch nur ein starkes glückliches Deutschland.«[152] Wo »wenige« versuchten, Hitlers Leistungen zu schmälern, unterstellte Jodl verletzten Berufsstolz, politische Gegensätze oder Unverständnis »für die geniale und revolutionäre Art dieses Mannes«.[153] Hier ganz aufgeschlossen und nicht nur Soldat traditionellen Denkens, fühlte er sich als »Partei« glanzvoll bestätigt. Hinsichtlich eines deutsch-französischen Friedensschlusses setzte er auf Versöhnung, Großzügigkeit und das »gute Element in Hitler«. Aufrichtig wünschte er eine wirkliche politische Verständigung.[154] Frankreich hielt er für gewinnbar, wenn Deutschland nicht zögerte, klug zu handeln.

Die Masse der Generale, die den »geliebten Führer« feierte,

ohne zu derartigen Formeln genötigt zu sein, stempelte Verdrossene wahrlich zu Außenseitern. Wer später den Rausch der Siegesstunde von 1940 verleugnete, der heuchelte in Jodls Augen oder erinnerte sich nicht zuverlässig. Er selbst hatte, während des Polen- und Frankreichfeldzuges, zahlreiche Beispiele einer abgöttischen Liebe und Verehrung für Hitler erlebt, beispiellosen Jubel des Volkes und schrankendurchbrechende Begeisterung der Truppe, wo ihr Oberster Befehlshaber sie besuchte.[155] Er sah in Polen volksdeutsche Frauen, die dankbar und weinend vor dem Führer in die Knie sanken. All das bestätigte, ja, festigte seine positive Einschätzung der Persönlichkeit Adolf Hitlers. Obgleich ursprünglich nicht einmal Revisionist, war er vom Sog des Revisionismus erfaßt und mitgerissen. Was er selbst nie gewagt hätte, hatte ein anderer gewagt und dabei – bisher – gewonnen. Seit je viel Gefühl, wurde Begrabenes oder Verdrängtes in ihm wiedererweckt.[156] Den Mann schwindelerregender Triumphe empfand er nun als Wunder. Wie auch diese Triumphe zustande gekommen waren: für Jodl waren sie ohne den Genius des Einen undenkbar. Innerlich überwältigt, gestand er dem Führer Kredite zu, die der Bewunderte kaum verwetten konnte. Die Superlative, mit denen er Hitler jetzt und noch lange rühmte, bezeugten die Tiefe seiner erweckten Gläubigkeit. Beinahe immer wird das Bild des Erfolgreichen Jodls Kritik am Erfolglosen beirren, abschwächen, durchkreuzen.

Über den raschen Sieg ist er zu bewegt, um an Schattenseiten des Geschehens zu denken. Er erwartet ein baldiges Ende des Krieges, eines, das für Deutschland strahlend ausfällt.[157] Doch die Hauptschattenseite des Triumphes heißt: verdoppelte Hybris bei Hitler. Er, der zu leicht gesiegt hat, wähnt nun, auch das wichtigste seiner Ziele erreichen zu können: das Großgermanische Reich im Kampf gegen die Sowjetunion. Erneut »bestätigt«, glaubt er, seine »Mission« vollenden zu müssen. Ihm wird der Sieg über Frankreich zum gefährlichsten Köder. Der Zusammenbruch des »Erbfeindes«, den er seit je vor einem Ostfeldzug niederringen wollte, steigert seine imperialistische Energie, aber jetzt widersetzt sich England erst recht seiner Programmatik. Es verweigert den angebotenen Frieden.[158] Wieder irrt sich Hitler, wenn er gehofft hatte, London überlasse Europa Deutschland. Nach der Besetzung Polens, Dänemarks, Norwegens, Hollands, Belgiens und Frankreichs sind alle Verständigungsfäden gerissen. Ob es der Führer begreift oder nicht: Großbritannien erträgt keine kontinentale Hegemonie, und noch weniger eine Hegemonie des gewalttätigen NS-Regimes, das – Inkarnation des Bösen – fallen soll. In Churchill, Chamberlains Nachfolger, ist dem deutschen Diktator ein Gegenspieler von gleicher Härte und Unbeugsamkeit erwachsen. »Wir werden«, so Englands neuer Kriegspremier, »an unseren Ufern kämpfen, wir werden in unseren Dörfern und Städten kämpfen, und wir werden uns niemals ergeben.«

BIS ZUM UNTERNEHMEN »BARBAROSSA«

Churchills Worte verdeutlichten Hitler, daß der Sieg in Frankreich nichts entschieden hatte. England gab, obschon angeschlagen, keine freie Hand im Osten. Die Konzeption des Diktators wurde rissig, doch Deutschlands Erfolge konnten zum Sprung über den Kanal verlocken.[1] Englands Armee – oft nur waffenlos entkommen – schien außerstande, das Mutterland zu verteidigen. Bezwang die Wehrmacht Großbritannien, war eine gewaltige Machtstellung des Reiches erreicht. Amerika vermochte noch nicht einzugreifen; Stalin fühlte sich schwerlich ermuntert, Deutschland ohne starke Bundesgenossen anzufallen. Ein vielleicht endgültiger deutscher Triumph winkte. Die Versuchung hätte Napoleon verführt. Aber eine Invasion Großbritanniens widersprach allen Absichten des Diktators. Sie hieß für ihn Sackgasse und verleitete zu »falscher Politik«. Sie tilgte weder Wechselfälle noch die Gegnerschaft zweier Machtblöcke: der USA *und* Sowjetunion. Sieg bei einer Invasion, so glaubte Hitler, hielt das Reich in Fesseln, sicherte nie den Großraum, den er als Basis seines Imperiums anstrebte. Da, im Westen, wollte er Deutschlands Potential nicht unüberwindbar aufladen, gedachte er auch nicht zu unterdrücken und auszurotten. Jene, die 1940/41 zum ungeteilten Kampf gegen England rieten, mißverstanden ihn, führten kaum seinen Krieg.

Jodl mußte – wider Willen – militärisch »voraus«denken. Am 30. Juni 1940, fünf Tage nach dem Waffenstillstand mit Frankreich, hatte er Hitler eine Denkschrift zur weiteren Kriegführung überreicht.[2] Versagten politische Mittel, wollte er Englands Widerstandswillen gewaltsam brechen. Als Strategie empfahl er: Kampf zur See und aus der Luft gegen jede Ein- und Ausfuhr,

Kampf gegen die englische Luftwaffe und alle wehrwirtschaftlichen Kraftquellen des Landes, *Terror-Angriffe* gegen englische Bevölkerungszentren und dann erst die Landung mit dem Ziel, England zu besetzen.[3] Für den Schlußkampf veranschlagte er 30 deutsche gegen 20 britische Divisionen, doch unmißverständlich machte er die Invasion von der deutschen Luftherrschaft abhängig. »Eine Landung sollte daher nicht unternommen werden, um England militärisch niederzuwerfen, was praktisch durch Luftwaffe und Kriegsmarine erreicht werden kann, sondern nur zu dem Zweck, einem wehrwirtschaftlich gelähmten und zur Luft kaum mehr aktionsfähigen England den Todesstoß zu geben, falls er noch erforderlich sein sollte.«[4] Schon in dieser Denkschrift befürwortete er, den Kampf gegen England mit den Antipoden des Empire zu aktivieren. Offen nannte er die Bundesgenossen des anzustrebenden Krieges »an der Peripherie«: Italien, Spanien, Rußland und Japan – Staaten, »die am Zerfall des englischen Inselreiches interessiert sind und auf eine ergiebige Erbschaft hoffen«.[5] Am deutschen Endsieg zweifelte er angesichts Englands militärischer Lage keinen Augenblick.

Seine Denkschrift überging, schwerwiegendes Manko bei einem operativen Berater, die USA und Sowjetunion; fragwürdig auch ihre Prämissen hinsichtlich der Kriegsmarine und Luftwaffe. Dönitz' U-Boot-Waffe – 22 atlantik-fähige Unterseebote – war zu schwach, um jede Ein- und Ausfuhr bekämpfen zu können; ebenso Görings Streitmacht, der Fernbomber-Geschwader fehlten.[6] Ob Krieg »an der Peripherie« England bezwang, wäre wenigstens zu prüfen gewesen; unsicher nicht zuletzt hier entscheidende Resultate. Hitler, ganz Zaudern, klammerte sich noch immer an Hoffnungen auf einen Verständigungsfrieden. Seine einzige Forderung – Rückgabe der Kolonien – empfand er als maßvoll. Nie begriff er, warum England zögerte, Deutschlands Herrschaft über Europa, ja, die potentielle Weltmachtstellung des Reiches hinzunehmen.[7] Nach einer geglückten Invasion fürchtete er weiteren Kampf: dann gegen die britische Flotte, die den Krieg gemeinsam mit den USA von Kanada aus fortsetzte. Das Empire aber wollte gerade er nicht vernichten. Gegner einstweilen noch von Terrorangriffen, billigte er lediglich zwei Argumente Jodls: die Luftherrschaft vor der Invasion und die Landung als »letztes Mittel, um England friedensbereit zu machen«.[8] Seine Weisung vom 16. Juli 1940 befahl den drei Wehrmachtteilen, die Vorbereitungen für das Landungsunternehmen einzuleiten und bis Mitte August abzuschließen. Doch Landungsoperation und Besetzung Englands sollten nur folgen, falls sie »nötig« oder »erforderlich« wurden.[9]

Wieder fehlte ein in sich geschlossenes Führungsgremium: trotz der »Gesamtleitung durch den Führer«. Jodl – ohne Autorität – blieben lediglich operative Überlegungen. Angesichts der britischen Seeherrschaft schien ihm »eine Landung nur an der Südküste des Kanals möglich«.[10] Minensperren, Küstenartillerie und Luftwaffe hatten die kürzeste »Seetransportstrecke in der Enge von Dover« abzusichern. Aufgabe des Heeres war es, den Operationsplan für das Unternehmen aufzustellen, »nachdem die Landungsstellen von der Kriegsmarine bestimmt sind«; sie mußte klären, »welchen Schiffraum« sie mobilisieren konnte.[11] Überfahrt und Ausschiffung sollten sich *»unter dem Schutz der gesamten Luftwaffe«* vollziehen, die den Feind in den Küstenbefestigungen, zur Luft und See niederzukämpfen hatte. Jodls Überlegungen erreichten Brauchitsch und Raeder, nicht aber den Oberbefehlshaber der Luftwaffe. Göring rüstete zu einem selbständigen operativen Luftkrieg, mit dem er das Inselreich zum Frieden zwingen wollte.[12] Dieses Konzept konnte die Kampfkraft seiner Waffe für alle *Invasions*aufgaben schmälern, ja drohte – bei nüchterner Rechnung – zu einem schwerwiegenden Führungsfehler zu werden. Jodl sah in Görings Vorhaben keinen Widerspruch zum Dogma der deutschen Luftherrschaft. Er erwog nicht, sie erst mit der Invasion zu erkämpfen. Jede Aktion, die seine Ultima ratio, den »schwierigen« Sprung nach England, überflüssig machte, begrüßte er. Falsche Kalkulationen unterstellte er der Luftwaffenführung am wenigsten.[13]

Alle England-Pläne – »Tarn«name: Seelöwe – schürten in Hitler Nervosität oder Unrast, und gerade das nicht gewollte, unsichere Unternehmen lenkte ihn zurück zu seinem eigentlichen Ziel im Osten. Hier war die sowjetische Machtstellung inzwischen deutlich gewachsen. Stalin hatte sich – nach dem russisch-finnischen Winterkrieg – Ostkareliens, des Baltikums, Bessarabiens sowie der Nordbukowina bemächtigt und damit strategische Bastionen gegen Deutschland gewonnen. Selbst wo seine Zugriffe durch den Freundschafts- und Nichtangriffspakt abgesegnet waren, hatte er Zug um Zug gewichtige Territorien annektiert; unerquicklich besonders die Nähe der Sowjetunion zu den rumänischen Erdölfeldern, der Achillesferse des Reiches.[14] Was aber, fragte sich Hitler, veranlaßte Großbritannien, einen Krieg fortzuführen, in dem ihm Deutschland fast jede Chance entwunden hatte? Rußland! »Rußland Faktor«, notierte am 31. Juli 1940 Halder, »auf den England am meisten setzt. Irgend etwas ist in London geschehen.« Und wenig später: Rußland müsse »wegfallen«. Denn sei »Rußland geschlagen, dann ist Englands letzte Hoffnung getilgt. Der Herr Europas und des Balkans ist dann Deutschland. Entschluß: Im Zuge dieser Auseinandersetzung muß Rußland erledigt werden. Frühjahr 1941. Je schneller wir Rußland zerschlagen, desto besser.«[15] Halder überschlug – sichtbar betroffen – die Folgen des Führer-Entschlusses und regte an, »mit Rußland besser Freundschaft zu halten«. Jodl, vielleicht noch betroffener, dachte ebenso.

Die Offiziere der Abteilung L, denen er Hitlers Absicht eröffnete, waren nicht nur überrascht, sondern niedergeschlagen. Erschütternd für sie vor allem die Mitteilung, daß der Diktator Rußland noch vor Abschluß des Kampfes gegen England angreifen wollte.[16] Auch wenn der Verlust des »letzten Festlandsdegens« Großbritannien zum Frieden bekehren sollte: entsetzt sahen sie einen Zweifrontenkrieg vor sich, den Hitler selbst als das Übel aller Übel gebrandmarkt hatte. Mußte man – ihre Fragen – England im Luftkrieg Trümpfe zuspielen und die bisher vertragstreue Sowjetunion angreifen? Jodl antwortete, ohne überzeugen zu können. Im Grunde teilte er jeden Einwand.[17] Um so nachdrücklicher betonte er, daß ein Kampf gegen den Bolschewismus früher oder später doch unvermeidlich bleibe. Ihn führe man besser jetzt, auf der Höhe deutscher Macht und Stärke.[18] Nach einem Sieg über England, meine der Führer, sei dem Volk ein Rußlandkrieg schlecht zuzumuten: besonders bei längerer Zwischenpause. Seine Worte verdeutlichten vorab *Hit-*

lers Denken, aber aus ihnen war nicht herauszuhören, daß die Sowjetunion Deutschland unerträglich bedrohe, und auch Jodl glaubte an keine unmittelbaren Gefahren.

Noch kurz zuvor hatte der Diktator ihm und Keitel erklärt, ein Feldzug in Rußland würde zu »einem Sandkastenspiel«.[19] Angesichts der eigenen 230-Divisionen-Streitmacht – darunter »186 erstklassige Angriffsdivisionen« – war für ihn die Rote Armee »nicht mehr als ein Witz«. Deutschland und dessen Verbündete nannte er militärisch unbesiegbar. Nichts befürchtete er von der Sowjetunion. Was ihn leitete, war der Vorsatz, sie anzugreifen. Wenn Jodl 1946 als Angeklagter anders sprach, so unterschlug er unliebsame Tatsachen.[20] Furcht vor dem sowjetischen Aufmarsch, der zuletzt »Barbarossa« rechtfertigen sollte, empfand er anfangs sowenig wie Hitler. Erst die später »aufkommenden Bedenken« des Diktators – taktische Wende – rückten das Praevenire in den Vordergrund, das den ursprünglichen Frevelmut dann verwischte. Jodl prophezeite seinen Offizieren, daß die Luftwaffe England ab Herbst 1941 »wieder voll« bekämpfen werde, also nach raschem Sieg über die Sowjetunion: hier erneut, aber immerhin Sprachrohr Hitlers.[21] Vom Stab forderte er einen Befehlsentwurf, Ziel des sofortigen »Aufbau Ost«: Vorbereitungen für Unterkunft, Antransport und Aufmarsch der Angriffsverbände in Polen. Dagegen gelang es, Hitler von einem Rußlandfeldzug schon im Spätsommer 1940 abzubringen. Eindringlich legte ihm Jodl dar, daß allein die Faktoren Raum und Zeit den Feldzug zu diesem Termin unmöglich machten.[22] Der Diktator – bis hin zum Drängen Obsession – mußte widerwillig warten.

Die Marine zog für »Seelöwe« 155 Transporter, 1277 Prähme und Leichter, 471 Schlepper und 1161 Motorboote zusammen: meist Schiffe, deren Langsamkeit nur erlaubte, der britischen Küste entgegenzudümpeln.[23] Unter der Bedingung zuvor errungener Luftherrschaft stimmte Raeder einer Invasion ab Mitte September zu, aber der Aufschub rückte »Seelöwe« in die Nähe schlechter Wetterperioden. Das Heer wollte von Ramsgate bis zur Lyme-Bucht 13 Divisionen ansetzen. Allein aus mehreren Brückenköpfen glaubte es zu raschem Bewegungskrieg übergehen zu können.[24] Die Marine verwarf den breiten Landeabschnitt; sie vermochte, seit Norwegen zusätzlich geschwächt, eine Übersetzungsbewegung bestenfalls im Raum der Kanalenge zu decken. Beide Seiten konnten sich nicht einigen. Jodl – beunruhigt – erklärte schriftlich, daß die Invasion »unter keinen Umständen« scheitern dürfe.[25] Bei einem Mißerfolg fürchtete er schlimmste politische Konsequenzen. Uneingeschränkt verficht er den letzten Heeresvorschlag: Landung an der Küste von Brighton bis Folkestone, der – in vier Tagen – zehn Divisionen folgen sollten, Verstärkung der weiter westlich gelandeten Kräfte gegebenenfalls durch Luftlandetruppen. Voraussetzung blieb, daß im Landeraum Englands Flotte und Luftwaffe ausgeschaltet waren, was er den deutschen Fliegerverbänden zutraute. Konnte jedoch die Marine den Hauptforderungen nicht nachkommen, wurde für ihn die Invasion zu einer Verzweiflungstat, die »jetzt zu unternehmen Deutschland keinerlei Ursache« hatte.[26]

»Großbritannien«, postulierte er, »kann auch auf andere Weise auf die Knie gezwungen werden, nämlich 1. durch Fortführung des Luftkrieges bis zur wehrwirtschaftlichen Vernichtung Südenglands, 2. durch Steigerung des U-Boot-Krieges unter voller Ausnutzung der französischen Basis, 3. durch Wegnahme Ägyptens mittels einer erforderlichenfalls mit deutscher Unterstützung von Libyen aus zu führenden italienischen Offensive, 4. durch Wegnahme Gibraltars im Zusammenwirken mit Italien und Spanien ... Hierzu ist freilich eine sehr viel engere Zusammenarbeit der Achsenmächte als bisher erforderlich. Alle Kräfte müssen in der entscheidenden Richtung zusammengefaßt werden. Durch Aussprache mit dem Duce wird man dahin kommen, den jetzt beginnenden Endkampf gegen England nicht neben-, sondern miteinander zu führen.«[27] Die Wegnahme Ägyptens und Gibraltars schien ihm kurzfristig, ohne Zeitverluste möglich. Mit diesen Zugriffen, meinte er, war Großbritannien nachhaltig, aufs empfindlichste zu treffen, aber mußte es darum einlenken, im Mutterland ungeschlagen und bei intakten atlantischen Lebenslinien? Jodls Zuversicht teilten Raeder und die Seekriegsleitung. Was er anstrebte, hieß Zersplitterung der

Kräfte Englands, Sieg und ausreifende Kriegsentscheidung in Nordafrika. Gerade ein Rußlandfeldzug durchkreuzte sein Konzept, die Strategie der Konzentration gegen den *einen* noch kämpfenden Widersacher. Bis zuletzt behielt für ihn – auch in den Rüstungsprogrammen – der Kampf gegen Großbritannien Vorrang.[28]

Von Mitte August bis Ende September 1940 ringen Görings Geschwader um die Luftherrschaft über England. In zahllosen Einsätzen, die nur Schlechtwetterlagen unterbrechen oder beeinträchtigen, greifen zwei Luftflotten Flugplätze, Bodenorganisationen und Produktionsstätten des Gegners an.[29] Zeitweise sind mehr als tausend deutsche Flugzeuge eingesetzt. Die britische Jagdwaffe – ebenbürtig – attackiert alle Bomberverbände, aber sonst meidet sie, die vor allem auszuschalten wäre, den Kampf Jäger gegen Jäger. Bei dieser Taktik ist sie trotz großer, erbitterter Luftschlachten nicht zu bezwingen. Der Angreifer verfehlt sein Hauptziel.[30] Die geringe Reichweite der deutschen Me 109, die Jagdschutz zu fliegen hat, fesselt an Südengland und den Raum um London. Andere Basen sind unerreichbar. Zudem erlaubt das Radarsystem dem Gegner, seine Geschwader frühzeitig zusammenzufassen. Die deutsche Luftwaffenführung glaubt, daß sich die britische Jagdwaffe über Englands Hauptstadt stellen muß. Hitler gibt London »frei«, nachdem die Royal Air Force deutsche Städte und am 28./29. August sogar Berlin bombardiert hat.[31] Der Zielwechsel gewährt den bereits schwer getroffenen südenglischen Luftstützpunkten Atempausen. London verwüsten wochenlange Tag- und Nachtbombenangriffe, doch auch hier ist die Luftherrschaft nicht zu erringen. Großbritanniens Jagdwaffe – zuletzt noch stärker – bleibt unbezwungen.[32] Vernichtende Schläge gegen ganz England, ohne Jagdschutz undenkbar, sind der deutschen Luftwaffe verwehrt.

So hoch oft die Verluste ihres Gegners: sie selbst verliert – in den Hauptphasen der Luftschlacht – 500 Flugzeuge und mit ihnen den besten Stamm der Piloten.[33] Die schließlich gefundenen Kompromisse zwischen Heer und Marine über den Landungsraum werden hinfällig. Der operative Luftkrieg scheitert. »Seelöwe« verdorrt. Hitler – illusionslos – verschiebt die Invasion von Termin zu Termin, bis er sie am 12. Oktober widerruft.[34] Weitere Luftangriffe gegen kriegswirtschaftliche Ziele sollen England in Atem halten, ja daran hindern, Kräfte aus dem Mutterland abzuziehen. »Seelöwe« vertagt er bis zum Frühjahr, steckt er jedoch jetzt schon auf.[35] Das nicht besiegte Inselreich nötigt ihn zu Umwegen, und unter den Umwegen vor allem zu seiner Obsession: einem Feldzug gegen die Sowjetunion. Will er nicht aufgeben, muß er – jetzt wirklich in Sackgassen – Rußland bezwingen. Der Einschnitt verdeutlicht, ginge es »nur« um Deutschland, die Sinnlosigkeit des entfesselten Krieges. Aber es ist *Hitlers* Kampf, den er als Beherrscher des Reiches führt. Sein Kampf lenkt und entscheidet. Vor dem Aufbruch nach Osten stehen nun Versuche, England anders beizukommen, Versuche mit einem »Krieg an der Peripherie«.

Jodl erleichterte eher der Widerruf des Seelöwe-Unternehmens, das den Gegner höchstens vom Zeitpunkt her überraschen konnte. Hitlers Furcht, zwischen ein zunehmend erstarkendes England und Rußland zu geraten, quälte ihn nicht. Auf Großbritannien konzentriert, suchte er lediglich das Inselreich zu schlagen.[36] Die verabschiedete Invasion förderte seine Alternativ-Vorschläge, denen er immer Priorität zuerkannte, und Mussolini wünschte deutsche Hilfe. Hitler bot ihm Panzer-Divisionen für den Stoß nach Ägypten an: nun seine sinnvollste Offerte.[37] Wie Jodl ahnte er, daß der Verbündete Alexandria nie allein erreichen würde; schwach auch jetzt das kaum motorisierte und mit alten Panzern ausgestattete italienische Heer. Jodl mühte sich, die deutsche Hilfe rasch zu organisieren. Nur waren die vorgesehenen Verbände erst Ende 1940 einsetzbar.[38] Mitte September traten Grazianis Divisionen – ganze vier in der Front – zur Ägypten-Offensive an gegen noch weit unterlegene britische Einheiten. Sie nahmen Sollum und Sidi Barrani, doch nach neunzig Kilometer Raumgewinn erlahmte ihre Angriffskraft.[39] Kostbarste Zeit verstrich. Nicht besser stand es um Gibraltar, Jodls zweites Projekt. Wohl genehmigte Hitler den Plan der Abteilung L: »Wegnahme des Felsens durch Angriffe von der Land- und möglichst auch von der Seeseite her«.[40] Am 23. Oktober in Hendaye, schlug er Franco ein Bündnis und

Spaniens Kriegseintritt Anfang 1941 vor, offerierte er dem Umworbenen Gibraltar und koloniale Zugewinne in Afrika. Aber der Caudillo verwies auf Spaniens Lebensmittelnot und die gefährdeten Küsten des Landes bei einem Krieg mit Großbritannien – Küsten, deren Schutz Deutschlands Wehrmacht hätte übernehmen müssen. Er forderte – neben modernen Waffen – Marokko, Teile von Algerien und Mauretanien.[41] Auch das Gibraltar-Unternehmen blieb in der Schwebe.

Was Hitler Franco anbot, beengte sein Gespräch mit Pétain und Laval am 24. Oktober in Montoire-sur-le-Loire. Spanien begehrte wie Italien Kolonialgebiete Frankreichs.[42] Kompensationen zugunsten der Franzosen sprengten da schwerlich Teufelskreise. Jodl gewahrte neben dem Gibraltar-Plan keine politischen Verstrickungen.[43] Er erstrebte die Verständigung mit Frankreich. Englands Überfälle auf die französischen Kriegsschiffe in Mers-el-Kébir und Dakar, schien ihm, konnten diese Verständigung nur begünstigen. Wiederholt beschwor er Hitler, die gemeinsamen deutsch-französischen Interessen »in dem alles beherrschenden Kampf gegen England« auszunutzen: für ihn »weitreichende Möglichkeiten«.[44] Nach einer Geiselaffäre in Nantes unterstützte er jene, die Exekutionen abzuwenden suchten. Versöhnung gerade mit dem größten Nachbarn im Westen war ihm kein leeres Wort. Doch der Diktator zeigte sich unfähig zu einem Ausgleich oder Gesten, die den Besiegten ermutigt hätten. Die Masse der französischen Soldaten entließ er nicht aus der Gefangenschaft. Unverhüllt betrieb er die Annexion Elsaß-Lothringens. Jederzeit war er bereit, Belange des ehemaligen Gegners preiszugeben. Nie sollte Frankreich – in seinem Europa – als Machtfaktor wiedererstehen.[45] Wenn Jodl auf einen anderen Führer hoffte, so hoffte er vergebens: von Mal zu Mal wohl resignierter. Die Krise des rumänischen Staates, der Nord-Siebenbürgen und die Süd-Dobrutscha abzutreten hatte, bedrohte auch in seinen Augen elementare deutsche militärische Interessen. Die Entsendung deutscher Lehrtruppen zum Schutz der rumänischen Erdölgebiete und der neue tatkräftige Staatschef General Antonescu beruhigten ihn.[46] An kriegerische Konflikte mit der Sowjetunion dachte er nicht, und noch weniger nach dem Dreimächtepakt Deutschland–Italien–Japan, der sich gegen die USA Roosevelts richtete.

Seine Dienststelle hieß zunächst weiter Wehrmachtführungsamt, ab 8. August 1940 und dann unverändert Wehrmachtführungsstab.[47] Zu ihr gehörten die Abteilungen Landesverteidigung (»L«), Wehrmacht-Nachrichtenverbindungen (»WNV«) und Wehrmacht Presse und Propaganda (»WPr«). Jodl unterstanden alle drei Abteilungen.[48] Sein direkter Vorgesetzter blieb Generalfeldmarschall Keitel. Das Schwergewicht lag bei »L«, der Führungsabteilung des OKW, die eine Feld- und Standort-Staffel umfaßte. Die Feldstaffel – der sogenannte »Arbeitsstab Jodl« – war unmittelbares Hilfsorgan. Die Standort-Staffel arbeitete wie die anderen Abteilungen im Berliner Reichskriegsministerium. Beide Staffeln sammelten die Meldungen, auf die sich Jodls militärische Lagevorträge stützten.[49]

Die Abteilung Wehrmacht-Propaganda hatte den täglichen Wehrmachtbericht vorzubereiten und über Fernschreiben dem Führerhauptquartier zuzuleiten. Jodl las und redigierte ihn, um kurz darauf Hitlers Unterschrift einzuholen.[50] Die Feldstaffel ergänzten je ein Heeres-, Luftwaffen- und Marine-Verbindungsoffizier, eine Organisations- und Quartiermeister-Gruppe; Hauptaufgaben dieser Gruppen: Mannschafts- und Waffenersatz, Überwachung des Nachschubs und der Heeresverwaltung in den besetzten Gebieten. Das Kriegstagebuch des OKW besorgte zuletzt ein namhafter Historiker.[51] Zum Wehrmachtführungsstab Jodls zählten 44 Offiziere, drei Ministerial- und Oberregierungsräte, ein Arzt, Zahlmeister, Sekretäre und Hilfskräfte, bis zum Ende nie mehr als 60 Köpfe.[52]

Pflicht des Stabes blieb, zusammenzutragen, was Planungen erst ermöglichte: »Karten, Stärkemeldungen – eigene Stärke, gegnerische Stärke –, Meldungen über den Gegner«.[53] Hatte sich der Oberste Befehlshaber entschieden, begann Jodls Generalstabsarbeit, mußte er die höchsten Entscheidungen »in die notwendige militärische Form« umsetzen. Über diese »Zwischenstufe« entstanden alle Weisungen für die Kriegführung und etliche Einzeloperationen, insgesamt 51 von 1939 bis 1943.[54] Nach mündlichen Richtlinien Hitlers und Vorträgen des Heeresgeneralstabschefs abgefaßt, kennzeichneten sie Führungsziele und die Aufgaben der Wehrmachtteile. Obschon wiederholt ergänzt, ja widerrufen, ließen sie – vom Text her – den Frontbefehlshabern Spielraum; allein der »Rahmen« schien ihnen »vorgegeben«. Prärogative des Oberkommandos der Wehrmacht, betrafen die Weisungen sämtliche Kriegsschauplätze, auch als der Osten (Rußland) an den Heeresgeneralstab abgetreten war: Rest der »einheitlichen« Gesamtführung, die Jodl einmal vorschwebte.

Offiziere der drei Operationsabteilungen formulierten die Aufträge für ihre Wehrmachtteile. Alle Entwürfe zielten auf Prägnanz und Schlüssigkeit. General Warlimont, Jodls Stellvertreter, verlangte »klassisches OKW-Deutsch«, ohne jedoch Floskeln und überformte Sätze immer zu tilgen.[55] Eingriffe Hitlers machten das OKW-Deutsch noch unklassischer. Die Weisungen, die er »stark« korrigierte, entstellten Aufrufe zu unbedingter Siegeszuversicht, propagandistische Töne.[56] Zu Recht versah er derartige Beschwörungen mit seiner Unterschrift. Jodl mied, bei der Vorlage fertiger Weisungen, abwegige Zierate. Die Offiziere seines Stabes waren exakt arbeitende Generalstabsoffiziere, »Weltanschauungen« kein Kriterium. Anhänger saßen neben Gegnern des NS-Regimes: Abbild der üblichen Schattierungen, kaum anders als im OKH. Der Chef des Wehrmachtführungsstabes – auf Facharbeit bedacht – nahm es hin, Hitler nur mißtrauisch.[57] Wie Halders Offiziere bezichtigte er Jodls Helfer des Generalstabsdünkels, traf sie das Ressentiment des Autodidakten.

Jodl fühlte sich, gemäß seiner Erziehung, weiter als Generalstabsoffizier – überzeugt davon, kein Abtrünniger zu sein.[58] Sein Verhältnis zum Generalstabschef Halder und später zu Heusingers Operationsabteilung war leidlich, doch weniger denn je erkannte er Halder und dessen Gehilfen Unfehlbarkeit zu. Den siegreichen Westfeldzug hatte für ihn nicht dieser Heeresgeneralstab entworfen. Die spürbare Distanz Halders gegenüber Hitler – Distanz des hochmütigen Fachmannes – reizte, ja erbitterte Jodl, schon weil sie die »intuitiven Kräfte« des »oft bestätigten Führers« verkannte. Noch im Rückblick beklagte er da die

»fehlende Ader« des Generalstabschefs.[59] Hätte Jodl von den Putsch-Erwägungen Halders 1938 und 1939 gewußt, wäre er, der Gläubige, nur Empörung gewesen. Wenn er »reaktionären« Geist vermutete, so bei diesem Mann mit dem Bürstenhaar, Zwicker und der griesgrämigen Miene. Halder – ohne Selbsttäuschung über derartige Antipathien – schlug ihn zur lästigen Führungskonkurrenz und Phalanx Hitlers. Immer wieder empfand er Jodl als Sprachrohr des Führers, als den schwächeren Partner einer »Ehe«, die er tief bedauerte.[60] Nie verzieh er dem für ihn Abtrünnigen die Spaltung der Heeresspitzen, wobei auch nachträglich kein Gegenargument zählte. Aber so bewußt darum bemüht, den Chef des Wehrmachtführungsstabes »kurz zu halten«: ganz wollte Halder an Jodls operativer Einsichtsfähigkeit nicht zweifeln. Feldmarschall Keitel bot die geringsten Alternativen.

Hitler will Staatsmann *und* Feldherr sein. Auch wenn er Meinungen zu hören begehrt: Soldaten, die höhere Mitspracherechte beanspruchen, erträgt er nicht. Militärisch-politische Gegenkonzepte sind ihm Anmaßung und Versuch, das Führerprinzip zu untergraben. Sogar Feldmarschälle sollen lediglich »ausführen«. *Prinzipielle* Widerrede hat kaum eine Chance. Heikel, hier Grenzen oder gar den – leicht verletzbaren – Stolz des Diktators zu mißachten. Der Oberste Befehlshaber ist kein Souverän, der sich seiner sicher wäre. Noch bei Triumphen bleibt Mißtrauen gegenüber der hochmütig-reaktionären Generalstabskaste, vorab in ihrer »preußischen« Prägung. Jeden Vorbehalt wittert der Empfindliche. Ungläubigkeit beleidigt ihn, erweckt seine Ressentiments.[61] Jodl gleicht nicht Ludwig Beck. Zum Feldherrn fehlen Statur und Wille. Stets wird er nur einem anderen, einem ersten Mann zuarbeiten. Schwer könnte man sich ihn, den Verschlossenen, selbst als den ersten vorstellen. Ihm genügt, daß Hitler zeitweise Rat hinnimmt. Kritik äußert er bedachtsam, da er die Autorität des »Führers« anerkennt. Diese Autorität hat gerade er aus Überzeugung mitgefestigt. Gemäß seiner Aufgabe und Stärke reguliert er im Amt das Augenblickliche: Aktivitäten, die zusätzlich große Ideen behindern. »Preußische« Arroganz aber kennzeichnet den »Bayern«

nicht. Seit je weniger konservativ als andere seines Standes, bewertet er die Generalstabskaste ähnlich wie der Diktator. Die Verfemung durch diese Kaste hat tiefe Gräben aufgeworfen.[62]

Hitler begreift, daß er Keitel und dessen Personalpolitik danken muß. Sein anfängliches Mißtrauen gegenüber Jodl – einem Offizier des räsonierenden, verachteten Generalstabes – ist besänftigt, ja, offenbar gewichen.[63] Er spürt: Dieser General, ohne Hochmut, hält zu ihm. Deutlich fühlt er sich anerkannt in seinem Selbstbewußtsein. Wenn er je Opposition im Sinne des OKH, der Heeresleitung gefürchtet hatte: Jodl, unpolitisch oder politisch gefahrlos, ist zu seiner Stütze, zum Chef seines und nur seines Wehrmachtführungsstabes geworden. Sichtlich hilft er, die Stellung des Obersten Befehlshabers zu sichern und abzuschotten. »Unzulässige« Ambitionen sind gedämpft. Ganz fügt sich der Berater dem, was er, der Führer, ihm zugesteht.[64] Selbst Nervenkrisen, so kann Hitler nach dem Narvik-Debakel glauben, scheint ihm dieser Generalstäbler nicht anzulasten. Kühne Gedanken sehen ihn auf seiner, des Diktators, Seite. Warnt er, so zurückhaltend: ein schätzenswerter Handlanger, dessen Klugheit weder verletzt noch Pein bereitet. Von Vorbehalten Jodls erfährt Hitler nichts. Über den »erkennbaren Hang« des Führers »zu einer gewissen Maßlosigkeit« schweigt der Berater: mühelos, weil dieser »Hang« die bisherigen Kriegserfolge kaum trübt.[65] Obschon fest entschlossen, die Distanz des Obersten Befehlshabers zu wahren, darf Hitler Jodl als Glücksfall werten. Der »Erwählte« zeigt zuverlässige Gesinnung und Ergebenheit; solide seine Lageberichte und Stabsarbeit.

Jodl steht bei unzähligen Besprechungen um und neben dem Diktator, aber er gehört nicht zu dessen »Vertrauten«, zum engsten Kreis.[66] Die menschliche Unnahbarkeit des Führers zieht abweisende, strikte Grenzen. Nie kann Jodl darauf verfallen, der Freund eines Mannes zu sein, der zur Freundschaft unfähig ist. Nichts drängt ihn später in den Zirkel derer, die den Tisch»gesprächen«, diesen ewigen Monologen, lauschen dürfen, nichts zu »Politikern«, die sich wechselseitig auszustechen suchen. Wer um Einfluß, Macht und Sonne buhlt, braucht in ihm keinen Konkurrenten zu fürchten. Kabalen und Schranzentum verachtet er. Gleichwohl neigt gerade er, der sonst so Spröde, zu Tönen glühender Hitler-Bewunderung: unbekümmert, ob sie befremden, ja, Hohn erwecken.[67] »Idealismus und Wollen« des Diktators – bis zuletzt nicht verleugnet – nimmt er nach dem Anschein oder wörtlich. Er, den hochgesteckte Ziele berühren, glaubt und hat sich blenden lassen, doch – wie er stets meint – mit Gründen. Der »Bestätigte« ist ihm »Führerpersönlichkeit in ungewöhnlichem Ausmaß«, Kopf der Logik und Phantasie, die »sehr oft das Kommende« ahnt, eine Größe, die sich auch sonst bewährt hätte. Hitlers »Wissen und Intellekt, seine Rhetorik und sein Wille triumphieren« für Jodl »letzten Endes bei jeder geistigen Auseinandersetzung« und »gegenüber jedermann«.[68] Noch fühlt er keinen Anlaß, von einer »operativ irrigen« Phantasie zu sprechen. Immer wird er dagegen des Führers Fakten- und Zahlengedächtnis rühmen.

Ende Oktober 1940 überraschte ihn und den Diktator Italiens Angriff in Albanien, der Kriegszug des Verbündeten gegen Griechenland.[69] Mussolinis Extratour bekümmerte und drohte Großbritannien erneut auf das europäische Festland zu ziehen. Britische Luftwaffen-Basen in Griechenland aber gefährdeten die rumänischen Erdölfelder. Hitler wußte, warum er auf dem Balkan keine Konflikte wünschte.[70] Grimm erfaßte ihn gegen seinen Freund, den Duce. Das erfolglose, einer Katastrophe zutreibende italienische Angriffsunternehmen machte Jodl den Bundesgenossen kaum sympathischer. Ein deutsches Hilfskorps, sah er, mußte man verweigern, nachdem Erkundungen ergeben hatten, daß in Albanien allein – nicht verfügbare – Gebirgstruppen operieren konnten.[71] Hitlers Plan, im Frühjahr 1941 von Bulgarien her einzugreifen, schien ihm schlüssig. Ziel der Operation sollte zunächst »die Besitznahme der Ägäischen Küste und des Beckens von Saloniki« sein, doch einstweilen waren bis dahin lange Monate durchzustehen.[72] Noch verheerender die Niederlagen der Italiener zur See und in Libyen. Das britische Alexandria-Geschwader griff Tarent an und beschädigte drei Schlachtschiffe. Auch in einem Gefecht bei Sardinien wurde die italienische Flotte geschlagen.[73] Anfang Dezember 1940 warfen die Engländer – mit wenigen Einheiten – Grazianis Divisionen zurück auf den Westausgang der Cyrenaika. 130000 Italiener wurden gefangengenommen.[74] Sechs Wochen später fielen Eritrea und Italienisch-Somaliland.

Italiens aussichtsloser Kampf gegen Griechenland aktivierte den deutschen Gibraltar-Plan.[75] Wollten Hitler und das OKW den Bundesgenossen entlasten, mußten sie jetzt den Briten das Mittelmeer versperren. Jodl zweifelte nicht am Erfolg des Unternehmens, dem nun sogar die Besetzung der Kanarischen Inseln und Azoren folgen sollte.[76] Ungebrochen all seine Siegeshoffnungen; für eine Besprechung Keitels mit Badoglio, dem Chef des Comando Supremo, formulierte er wie im Sommer 1940: »Der Krieg ist gewonnen, er kann nicht mehr verloren, er kann nur noch beendet werden. Dazu ist es nötig, auch England zu der Einsicht zu zwingen, daß es den Krieg verloren hat.«[77] Die Abteilung L befahl – unter dem Deckwort »Felix« – den Ansatz der Heeresverbände, die nach einem *Luftüberfall* und massivem Artilleriefeuer Gibraltar zu erobern hatten. Sie erstrebte die höchstmögliche Geheimhaltung und den zügigsten Anmarsch durch Spanien: Schattenfaktoren des Unternehmens[78], doch Franco stoppte »Felix«. Gegenüber Hitlers Abgesandtem Canaris lehnte er es endgültig ab, in den Krieg einzutreten. Eine beabsichtigte Reise Jodls nach Madrid entfiel.[79]

Schon vor dem verabschiedeten Gibraltar-Plan nannte Hitler – in einem Brief an Mussolini – die Lage »militärisch drohend« und »wirtschaftlich geradezu unheimlich«.[80] Die Besetzung Kretas durch die Briten, die er bei rechtzeitiger Absprache mit dem Bundesgenossen verhindert hätte, schürte seine Sorge »um das rumänische Petroleumgebiet«.[81] Als er am 12. und 13. November 1940 Molotow in Berlin empfing, war England für den sowjetischen Außenminister noch längst nicht besiegt, ja, bereits vor dem Pacht- und Leihabkommen zwischen Roosevelt und Churchill ein Verbündeter Amerikas. Hitler versuchte, die Sowjetunion auf den Iran, gegen Indien abzudrängen.[82] Molotow meldete Rußlands europäische Interessen an und erwähnte Finnland, Bulgarien, Jugoslawien, Dänemark, die Dardanellen. Deutschland sollte seine Lehrtruppen aus Rumänien abberufen. Molotows Katalog verdoppelte Hitlers Mißtrauen und Feindseligkeit. Die Verhandlungen scheiterten. Jodl konnte nur annehmen, daß sie ertraglos geblieben waren, denn nun rückte – bei allen militärischen Planungen – die Sowjetunion in den Vordergrund.

OKH und OKW arbeiteten – ohne Befehl Hitlers – seit Anfang Juli 1940 an Vorplänen; Verfasser der ersten Operationsstudien: Oberstleutnant Loßberg aus Jodls Abteilung L und Generalmajor Marcks, Stabschef der 18. Armee.[83] Loßbergs Entwurf kam nicht zum Zuge. Marcks – in Grenzen erfolgreicher – betonte, daß sich die Rote Armee vor der Ukraine und dem Donezgebiet zum Kampf stellen müsse. Er schlug als Leitidee vor, »im geraden Stoß auf Moskau die Masse der russischen Nordgruppe vorwärts, innerhalb und ostwärts des Waldgebietes zu schlagen und zu vernichten, im Besitz von Moskau und Nord-Rußlands sich nach Süden zu wenden, im Zusammenwirken mit der deutschen Südgruppe die Ukraine zu erobern und im Endziel die erstrebte Linie Rostow–Gorki–Archangelsk zu gewinnen«.[84] Marcks' Studie überarbeitete zuletzt Generalleutnant Paulus, Oberquartiermeister I im Generalstab des Heeres.

Ende Oktober stieg die Zahl der deutschen Ostdivisionen auf 34. Durch Neuaufstellungen in den nächsten Monaten erreichte das Heer eine Gesamtstärke von 186 Divisionen; umgerechnet: 4900000 Mann.[85] Gegen die Sowjetunion plante Hitler 130-140 Divisionen einzusetzen. Am 5. Dezember prophezeite er Brauchitsch, Halder, Keitel und Jodl: »Es ist zu erwarten, daß die russische Armee, wenn sie einmal angeschlagen ist, einem noch größeren Zusammenbruch entgegengeht als Frankreich 1940.« Nur dürften die Russen nicht geschlossen zurückgetrieben, vielmehr müßten »nach dem Durchbrechen der Front große Teile des russischen Heeres eingekesselt werden«.[86] Daneben forderte er vor allem die Wegnahme der wichtigsten Industriegebiete und die Zerstörung der übrigen Wirtschaftszentren. Die Weisung Nr. 21 – »Fall Barbarossa« – vom 18. Dezember 1940 faßt seine Absichten und die Pläne der Heeresführung zusammen.

»Die deutsche Wehrmacht«, heißt es, »muß darauf vorbereitet sein, auch vor Beendigung des Krieges gegen England *Sowjetruß-*

land in einem schnellen Feldzug niederzuwerfen.«[87] Den Schwerpunkt haben – nördlich der Pripjet-Sümpfe, die den gesamten Operationsraum trennen – zwei Heeresgruppen zu bilden. Die südliche dieser beiden Heeresgruppen soll mit massierten Panzer- und motorisierten Verbänden die feindlichen Kräfte in Weißrußland zersprengen. »Dadurch muß die Voraussetzung geschaffen werden für das Eindrehen von starken Teilen der schnellen Truppen nach Norden, um im Zusammenwirken mit der aus Ostpreußen in allgemeiner Richtung Leningrad operierenden nördlichen Heeresgruppe die im Baltikum kämpfenden feindlichen Kräfte zu vernichten. Erst nach Sicherstellung dieser vordringlichsten Aufgabe, welcher die Besetzung von Leningrad und Kronstadt folgen muß, sind die Angriffsoperationen zur Besitznahme des wichtigen Verkehrs- und Rüstungszentrums Moskau fortzuführen.«[88] Nur ein überraschend schnell eintretender Zusammenbruch der russischen Widerstandskraft, verdeutlicht die Weisung, könne es rechtfertigen, beide Ziele gleichzeitig anzustreben. Die Heeresgruppe Süd hat den Feind in Galizien und in der Westukraine zu vernichten, die Dnjepr-Übergänge bei und unterhalb Kiew zu nehmen. Hoch im Norden soll ein Gebirgskorps der Gruppe XXI mit den Finnen zur Murmanbahn vorstoßen. Das Endziel aller Operationen: die Abschirmung gegen das asiatische Rußland aus der allgemeinen Linie Wolga-Archangelsk.[89]

Auch Vorbereitungen, die eine längere Anlaufzeit benötigten, waren bis zum 15. Mai 1941 abzuschließen. Die Absicht eines Angriffs sollte »nicht erkennbar« sein. Wieder galt als sicher, daß dem Feind das Gesetz des Handelns vorzuschreiben war: weit über das erste Zusammentreffen mit seiner Hauptmacht hinaus. Die Weisung verriet höchstes Selbstbewußtsein. Friktionen, schien es, existierten nicht mehr. Nur der eigene Wille zählte. Der Diktator bedachte die Teilnahme Finnlands und Rumäniens am Krieg gegen Rußland, doch Japan weihte er nicht ein.[90] Als im Frühjahr 1941 Außenminister Matsuoka Berlin besuchte, um sich beim deutschen Vertragspartner »umzuhören«, erbat Hitler nicht einmal die japanischen Truppenkonzentrationen im Fernen Osten, die Stalin veranlaßt hätten, mit einem Zweifrontenkrieg zu rechnen. Matsuoka schloß auf der Heimreise in Moskau einen Neutralitätspakt, der Tokios Südostasien-Pläne abdeckte, aber ebenso die Sowjetunion entlastete. Auch nach einer Weisung zur deutsch-japanischen Zusammenarbeit, die Jodl verfaßte, durften den Japanern über das Barbarossa-Unternehmen »keinerlei Andeutungen gemacht werden«.[91] Bei einer Zusammenarbeit waren lediglich Mitteilungen deutscher Kriegserfahrungen, weltwirtschaftliche und technische Hilfen vorgesehen. So dringlich umfassende Absprachen: für Hitler konnte die Wehrmacht Rußland niederwerfen. Gegenüber dem stärksten Bundesgenossen verschmähte er im wichtigsten jede zureichende strategische Kooperation.

»Barbarossa« spiegelte, was er immer wollte. Die unerquickliche Gesamtlage belebte Hitlers Willen, das nie widerrufene Hauptziel anzustreben.[92] All seine halbherzigen Versuche, England nach den Konzepten Jodls beizukommen, waren gescheitert oder zuschanden geworden. Wenn ihm aber Großbritannien die erhoffte Rückenfreiheit für den Osten verweigerte, so »mußte« er die Sowjetunion ohne Aufschub bezwingen. Der Entschluß, Deutschland als Großraum-Macht unüberwindbar zu machen, »war« nun im Zuge eines Krieges zu verwirklichen. Der Faktor USA – nicht länger bagatellisiert – stachelte Hitler an zur Eile. Nüchtern registrierte er, daß amerikanische Zerstörer britische Konvois schützten, ja, bereits die deutschen U-Boote attackierten, die diese Geleitzüge angriffen; eindeutig auch für ihn die wachsende anglo-amerikanische Bundesgenossenschaft. Mehr denn je sah er erpresserische Trümpfe auf Stalins Seite.

Er ahnte die Spekulationen des sowjetischen Diktators und meinte zu wissen, wie er an dessen Stelle handelte. Ein Angriff lediglich auf Südrußland sicherte sogar nach Ansicht der Heeresführung nicht die unerläßlichen rumänischen Erdölpotentiale. Der Feldzug gegen die Sowjetunion versprach den Durchbruch zur Weltmacht, Befreiung aus der Enge eines von Flügelmächten ewig bedrohten, eingeschnürten Mitteleuropa. Das geplante Unternehmen sollte England seines letzten »Festlandsdegens« berauben; vor allem aber hatte es den großgermanischen Raum zu schaffen, die USA vom Kriegseintritt abzuschrecken und

Japan zu Vorstößen gegen britische Bastionen in Südostasien zu ermuntern.[93] Selbst wenn Großbritannien hartnäckig blieb: mit dem Triumph der Wehrmacht über Rußland würde das Nacheinander ihrer Gegner wiederhergestellt sein. Dann vermochte dem Reich, so Hitlers Überzeugung, auch eine britisch-amerikanische Koalition nichts anzuhaben.

Die Siegesserie – strahlend trotz der augenblicklichen Sackgassen – hatte in ihm rauschhafte Überlegenheitsgefühle und Energien angestaut. Die Riegel, die seine Hybris noch unter Verschluß hätten halten können, waren aufgesprengt. Gewiß erklärte er später, nie vor einer »schwereren Entscheidung« gestanden zu haben. Das Dunkel hinter der einmal eingestoßenen russischen Tür beunruhigte auch ihn. Doch solche Stimmungen vermochten gegen seine – treibende – Ideologie nicht aufzukommen. Er wähnte das Ostreich von Juden beherrscht, denen er jede Fähigkeit zu einer Staatsführung aberkannte[94]; stumpf, ohne eigenen Willen in Hitlers Sicht die Masse des russischen Volkes. Gleich vielen »Experten«, denen Schukows Sieg über die sechste japanische Kwantung-Armee am Chalchin-Gol (Mongolei, August 1939) entgangen war, glaubte er an die militärische Schwäche des Riesenreiches. Wenige unnachsichtige Schläge der Wehrmacht: dann brach für ihn der »Koloß auf tönernen Füßen«, die Sowjetunion, zusammen.[95] Ihre materielle Stärke entzog sich seinen Vorurteilen, erst recht die Regenerationskraft des neuen Gegners, die Stalins Säuberungen ausgelöscht zu haben schienen. Abermals setzte er auf einen Blitzfeldzug. Wollte er einem Zwei-, ja Mehrfrontenkrieg entrinnen, mußte er seine Ziele rasch und unwiderruflich erreichen.

Das Abenteuer, zu dem er ausholte, hätte politischen Flankenschutz verlangt. Überlegene Strategie forderte: Kampf für ein nicht-bolschewistisches Rußland. Nahezu unfehlbar gewann solch eine Strategie die Mithilfe der Angegriffenen gegen das stalinistische Regime. Bolschewismus konnte mit Unterstützung des russischen Volkes 1941 noch fallen. Ein befreites eigenständiges Rußland wäre zum Bundesgenossen und vielleicht willigsten Partner geworden. Aber jedes wie immer geartete eigenständige Rußland widersprach Hitlers Absicht und der inneren

Logik seines Unterfangens und Denkens. Er wollte keine unabhängige nationalstaatliche Größe, die – im Endeffekt – seinen Feldzug »sinnlos« machte. Er wollte die totale Herrschaft über den eroberten Raum und – Heloten, die dem Sieger zu dienen hatten.[96] Sein Überlegenheitsgefühl war so ausgeprägt, daß er glaubte, auch den russischen Patriotismus brechen zu können, den er wie keiner wachrufen mußte. Der Verzicht auf den denkbaren Sieg mit den Russen wurde ihm nicht schwer, weil er diesen Sieg nie erstrebte. Doch ein Volk – gezwungen, die hauseigene Sklaverei fremder Unterdrückung vorzuziehen – schlug den Aggressor in Fesseln, stärker, dauerhafter und störender, als er gerade bei seiner Zeitnot wünschen konnte. Hitlers Rußland-Unternehmen drohte zum Stoß ins Nichts zu werden.

Raeder suchte Hitler den geplanten Feldzug vor einem Sieg über England auszureden. Die Generalität aber bejahte »Barbarossa«; sie *wollte* den Diktator nicht mehr stoppen. Die errungenen Triumphe schwemmten in das Kielwasser des Einen. Brauchitsch meldete Hitler, daß 80–100 deutsche Divisionen ausreichten, um Rußland niederzuzwingen.[97] In seinen Augen verfügte die Rote Armee nur über »50–70 gute Divisionen«. Nach »heftigen Grenzschlachten« erwartete er allein noch »geringfügigen Widerstand«. Anders als Marcks und Loßberg rechnete er nicht einmal mit einem Zeitbedarf zwischen 9 und 17 Wochen.[98] Pures operatives Denken drängte Probleme der Logistik und eine ausgewogene Feindbeurteilung in den Hintergrund. Was der deutsche Militärattaché aus Moskau berichtete, konnte die Wunschbilder des OKH kaum korrigieren. Mochten einige Befehlshaber und Stabschefs Vorbehalte äußern: *die Heeresspitze* bremste – bei ihrem Optimismus – Hitler am wenigsten.

Jodl begehrte keinen Rußlandfeldzug. Daß Deutschland Rußland schlagen müsse, um Großbritannien zu bekehren, leugnete er. Für ihn garantierte eine neutrale Sowjetunion Deutschlands Sieg im Kampf gegen England.[99] Solch eine Konstellation freiwillig umzustoßen, war ihm »halber Wahnsinn«. Rüstungs- und Ernährungswirtschaft, glaubte er, ließen es zu, den Krieg auf lange Zeit fortzusetzen. Über das Hauptziel »Lebensraum«, strategisch das schwächste Argument, hörte er vom Taktiker

Hitler keine Silbe. Zwar kannte er seit Monaten den »grundlegenden Entschluß« des Diktators, der bolschewistischen »Gefahr zu Leibe zu rücken, sobald es unsere militärische Lage irgendwie erlaube«.[100] Trotzdem begriff gerade er nicht den Sinn eines Rußlandfeldzuges und, wie es schien, lange auch nicht *Hitlers Zwangssituation*. Dagegen irritierte ihn die russische Kräftekonzentration, mit der Moskaus Neutralität offenbar anfing zu bröckeln.

Schon am 24. Mai 1940, noch während des Westfeldzuges, konnte er einem Bericht der Abwehr entnehmen, daß hundert sowjetische Divisionen vor Deutschlands und Rumäniens Grenze aufmarschiert waren: Ergebnisse der Funkaufklärung.[101] Jodl berechnete, daß die erfaßten hundert Divisionen der alliierten Kampfkraft im Westen gleichkamen. Ihnen standen zunächst lediglich sechs deutsche Divisionen gegenüber. Der Sieg in Frankreich dämpfte sein größtes Unbehagen, das seit 1938 ewige Dilemma der einen zu schwachen Front. Doch mit den deutschen Verbänden im Osten stieg – immer alarmierender – auch die Zahl russischer Divisionen. Anfang September 1940 wies Jodl die Abwehr an, den Sowjets fingiertes Material über Ausrüstungslager und Flakschutz zuzuspielen.[102] Die noch völlig unzureichende deutsche Stärke suchte er zu verschleiern.

Weit mehr beunruhigte ihn Hitlers wachsende Sorge, »daß Rußland uns zu einem *ihm* genehmen Zeitpunkt angreifen oder sich in den Besitz der rumänischen Ölgebiete setzen würde«.[103] Ständig wiederholt, steigerten diese Befürchtungen seine Sorge. Er durchschaute nicht, ob Lösungen möglich waren, um Rußlands Neutralität zu erhalten. Er dachte nicht politisch. Vielleicht überzeugte ihn schließlich Hitlers These, daß Deutschland 1941 alle kontinentaleuropäischen Probleme lösen müsse, da die USA ab 1942 imstande wären einzugreifen.[104] Das umriß ein klares Konzept, bei dem sowjetische Angriffsabsichten zum bloßen Vorwand wurden. Gleichwohl bannten Jodl die Gefahren für das rumänische Erdölgebiet, das unbedingt zu behaupten war. Kein anderer Grund, gestand er im Nürnberger Gerichtssaal, erlaubte sonst »das ungeheure Wagnis« des Rußlandkrieges[105] – selbst 1946 ein nicht nur unehrliches Bekenntnis.

Er verwies, in vorgebrachten Bedenken, auf das unbekannte wirkliche sowjetische Wehrpotential. Auch wenn der Feldzugsbeginn planbar bleibe, argumentierte er, könne sich niemand vorstellen, wie Krieg im Osten zu beenden wäre.[106] Zudem würden, durch vielfältige Aufgaben, die Kräfte der Luftwaffe überspannt. Doch alle Argumente gegen den Feldzug »fielen in sich zusammen, wenn der Führer als Staatsmann und Feldherr antwortete, daß die Sowjetunion ihrerseits angreifen« werde. Glückte freilich »das ungeheure Wagnis«, sah Jodl, wie der Diktator, Deutschlands Machtstellung vollkommen gefestigt. Selbst wo *er* meinte, »daß wir den russischen Raum nicht brauchen«, konnte er abschätzen, was die Eroberung dieses Raumes bedeutete. Aber noch bedrückte ihn die Aussicht eines vom Zaun gebrochenen Zweifrontenkrieges. Mit ihm, wußte er, wurde Deutschlands militärische Lage zunächst nur schlimmer.

Die Weisung »Barbarossa« hatte sein Stab formuliert. Ziel blieb, den Feind einzukreisen und zu vernichten, bevor er in die Tiefe Rußlands auswich. Der Kräfteansatz – massiert im Zentrum – nutzte alle Vorteile der Ausgangslage. Die Hilfe der mutmaßlichen Verbündeten – Slowaken, Ungarn, Rumänen und Finnen – wurde von vornherein nicht überbewertet. Anfechtbar dagegen die nahezu unumstößliche Absicht, Moskau erst nach der Besetzung Leningrads zu erobern; noch fragwürdiger die Proklamation des Endziels, das mit der Linie Wolga–Archangelsk erreicht sein sollte. Was dann zu geschehen hatte, wußte Hitler offenbar am wenigsten. Ein Friedensschluß schien weder erwogen noch vonnöten zu sein. Jodl dachte zunächst an den Auftakt: die geplanten, »operativ schlüssigen« Eröffnungszüge.[107] Über den Vorrang Leningrads, glaubte er, entschied der Fortgang des Feldzuges. Das asiatische Rußland war ihm wie der gesamten deutschen Führung Terra incognita. Ob die Sowjetunion hier und in Zentralrußland noch Streitkräfte zurückhielt oder neue aufzustellen vermochte, entzog sich seinem Urteil. Nirgendwo besser informiert als Hitler, teilte er alle Blindheiten gegenüber einem weithin unbekannten Gegner. Die mäßigen Weisheiten der Experten – Beispiel »Fremde Heere Ost« – konnten ihn schwerlich erleuchten.[108] Daß Deutschland dabei war, einen hochindustrialisierten Giganten herauszufordern, beherrschte sein Denken nicht, doch in der Linie Wolga–Archangelsk erblickte er kaum ein sicheres Endziel.

Den Einsatz eines deutschen Afrika-Korps – zu Beginn des Jahres 1941 zwei Divisionen – billigte er vorbehaltlos.[109] Dieser Einsatz, längst angeregt, kam für ihn fast zu spät. Die schwache Hilfe, fürchtete er, erlaubte nicht mehr das ursprüngliche »Entscheidungs«ziel Alexandria anzustreben. Nach den Niederlagen des Verbündeten ging es allein noch darum, Bastionen in Nordafrika und damit die europäische Südflanke zu behaupten. Rommel führte eigenwillig, gegen höchste Weisungen.[110] Statt weiträumig Tripolitanien abzudecken, prellte er bis Tobruk vor. Der erfolglose Sturm auf die Festung drohte das Afrika-Korps zu zerreiben. Halder entsandte Paulus, den »verrückt gewordenen General« zur Räson zu bringen, der nicht »beweglich« verteidigte, sondern ausufernde Offensiven riskierte: Tadel freilich allein des Heeresgeneralstabes. Jodl – kaum gefragt – hütete sich, Rommels Angriffen Daumenschrauben anzulegen.[111] Gegen den formulierten Kampfauftrag sprachen Einwände. Zumindest schien er unausgewogen. Mit bloßer Verteidigung waren die Briten allenfalls kurzfristig abzuwehren, zumal angesichts der begrenzten deutschen Kräfte. Die Lage konnte zu Offensivstößen ermuntern. Der Chef des Wehrmachtführungsstabes stand hinter dem Befehlshaber des Afrika-Korps: angerührt von einer Kühnheit, die »das Mögliche« bis »zum äußersten« erprobte. Durch »dick und dünn«, schrieb er einmal, werde er Rommel die Stange halten.[112] Erst 1943 entzog er ihm diese Blankovollmacht, widerrief er seine Bewunderung.

Obschon kein Mann der Marine und ihres Denkens, wußte Jodl, was Unterseeboote im Kampf gegen England bewirkten. Noch vor Amerikas Kriegseintritt – Anfang Januar 1941 – konnte ihn Admiral Dönitz von der Notwendigkeit einer wirksamen Fernaufklärung überzeugen.[113] Wenn die Focke Wulf FW 200 eines Kampfgeschwaders, der »weitreichendste Typ«, Dönitz unmittelbar unterstellt wurden, so auf Grund seines Vortrages bei Hitler. Die Intervention hatte – wieder – Görings Widerstand erweckt und auch »den täglichen gleichzeitigen Einsatz von zwölf Maschinen« nicht sichergestellt, aber mit ihr half Jodl zumindest plausiblen, richtigen Argumenten.[114] Die Versenkungserfolge der U-Boote bis in die Zeit nach Stalingrad »trösteten« gerade ihn: Sie dämpften Großbritannien und mußten dann alliierte Invasionspläne zumindest erschweren. Aufmerksam prüfte er, ob der vernichtete Schiffsraum die Neubauten übertraf, hier freilich bald Opfer falscher Zahlen.

Canaris, dem anderen Admiral, mißtraute er. Der Chef des Amtes Ausland/Abwehr blieb ihm undurchsichtig, mehr noch: Haupt eines Verschwörernestes, in dem er schädigende Umtriebe vermutete. Daß 1940 das Gibraltar-Unternehmen aufzustecken war, lastete er Einwirkungen von Canaris auf Franco an.[115] Die miserable Gegenspionage des Amtes Ausland/Abwehr, die eher zu Blindheit und Irrtümern verurteilte, steigerte sein Mißtrauen. Zunehmend argwöhnte er, daß auch da politische Opposition bessere Ergebnisse verhinderte. Was Canaris meldete, ließ für Jodl alle Möglichkeiten offen: Handikap insbesondere vor der angloamerikanischen Landung am 7. November 1942 in Nordafrika. Schmerzlich vermißte er zuverlässige oder wenigstens abgestufte Urteile, wobei er überging, daß Canaris meinte, jede Eventualität melden zu müssen.[116] Seine Antipathie erwiderte der Admiral unauffällig – sicher davon durchdrungen, daß er sich dem Führer-Berater nicht offenbaren könne.

Anfang März 1941 hatte Jodl der Abteilung L einen Entwurf zu den »Richtlinien auf Sondergebieten zur Weisung Nr. 21« (»Barbarossa«) zurückzusenden.[117] Nach einem Befehl Hitlers waren die Richtlinien weitgehend umzuändern. Jodl übermittelte der Abteilung L, was in der endgültigen Fassung stehen sollte, und schrieb ihr im Sinne des Führers: »Das Heer brauche ein Operationsgebiet; man müsse dieses aber der Tiefe nach so weit wie möglich beschränken. Dahinter sei keine militärische Verwaltung einzurichten. An ihrer Stelle hätten vielmehr für bestimmte ›volkstumsmäßig abzugrenzende Großräume‹ Reichskommissariate mit der Aufgabe zu treten, die neuen geplanten Staatsgebilde politisch schnell aufzubauen. An ihrer Seite sollten Wehrmachtsbefehlshaber eingesetzt werden, die nur in rein militärischen Fragen, die mit der Fortführung der

Operationen zusammenhingen, dem Oberbefehlshaber des Heeres, im übrigen aber dem Oberkommando der Wehrmacht (OKW) unterstehen würden ... Die Masse der Polizeikräfte werde zu den Reichskommissaren treten. Die Grenzsperre könne sich nur auf das Operationsgebiet erstrecken. Ob es notwendig sei, auch dort schon Organe des Reichsführers-SS neben der Geheimen Feldpolizei einzusetzen, müsse mit Himmler geprüft werden. Die Notwendigkeit, alle Bolschewistenhäuptlinge und Kommissare sofort unschädlich zu machen, spreche dafür. Militärgerichte müßten bei allen diesen Fragen ausgeschaltet werden, sie hätten sich nur mit den Gerichtssachen innerhalb der Truppe zu befassen.«[118]

Bereits am 13. März 1941 konnte Keitel den abgeänderten Entwurf der Abteilung L des Wehrmachtführungsstabes unterzeichnen.[119] Der Entwurf folgte Hitlers Richtlinien und Himmlers Wünschen mit dem Passus: »Im Operationsgebiet des Heeres erhält der Reichsführer-SS zur Vorbereitung der politischen Verwaltung Sonderaufgaben im Auftrage des Führers, die sich aus dem endgültig auszutragenden Kampf zweier entgegengesetzter politischer Systeme ergeben. Im Rahmen dieser Aufgaben handelt der Reichsführer-SS selbständig und in eigener Verantwortung ... Der Reichsführer sorgt dafür, daß bei Durchführung seiner Aufgaben die Operationen nicht gestört werden.«[120] Das »Nähere«, das vom OKH mit dem Reichsführer-SS zu regeln war, regelten Generalmajor Wagner, der Generalquartiermeister, und SS-Obergruppenführer Reinhard Heydrich. Wagner fixierte die OKW-Zugeständnisse an die Sicherheitspolizei und den SD (Sicherheitsdienst) für die rückwärtigen Armee- und Heeresgebiete. Wieder hieß es, daß diese Sonderkommandos »ihre Aufgaben in eigener Verantwortlichkeit« durchführten. Dazu gehörten: »Sicherstellung« besonders wichtiger Einzelpersonen (führende Emigranten, Saboteure, Terroristen usw.) sowie Exekutivmaßnahmen gegen die Zivilbevölkerung.[121] Auch wo abermals betont wurde, daß Himmlers Sonderkommandos nicht die militärischen Operationen behindern durften, war ihnen weithin freie Hand gegeben. Ihre Eigenständigkeit gegenüber den Befehlshabern des Heeres blieb gewahrt.

Vier Tage später, am 30. März 1941, befahl Hitler die Generalität zu sich, um auch sie einzuweihen. Der Feldzug gegen die Sowjetunion, erklärte er den Versammelten, würde nicht zum bloßen Waffengang; er gelte der Ausrottung des asozialen Bolschewismus und sei ein »Kampf zweier Weltanschauungen«.[122] Namentlich die bolschewistischen Kommissare und die kommunistische Intelligenz als Träger der kommunistischen Idee müßten vernichtet werden. »Wir müssen von dem Standpunkt des soldatischen Kameradentums abrücken. Der Kommunist ist vorher kein Kamerad und nachher kein Kamerad. Es handelt sich um einen Vernichtungskampf. Wenn wir es nicht so auffassen, dann werden wir zwar den Feind schlagen, aber in 30 Jahren wird uns wieder der kommunistische Feind gegenüberstehen.« Er, Hitler, führe nicht Krieg, um den Gegner zu konservieren. Im Osten sei Härte mild für die Zukunft. »Der Kampf muß geführt werden gegen das Gift der Zersetzung. Das ist keine Frage der Kriegsgerichte ... Die Truppe muß sich mit den Mitteln verteidigen, mit denen sie angegriffen wird. Kommissare und GPU-Leute sind Verbrecher und müssen als solche behandelt werden.«[123] Von allen Befehlshabern verlangte der Redner »das Opfer, Bedenken zu überwinden«.

Halder, der diese Passagen sofort notierte, konnte nicht überrascht sein, ebensowenig Jodl nach seiner Transmissionsarbeit. Beide kannten seit Wochen Hitlers brutale Ziele[124], aber auch der Generalität waren jetzt Mißverständnisse verwehrt. Beim Wort genommen, plante der Oberste Befehlshaber, nicht nur das russische Heer zu zerschlagen; unbeirrbar beharrte er auf einem rassebiologischen Vernichtungskrieg, in dessen Verbrechen er jetzt auch die Wehrmacht mitverstrickte. Durch Willfährigkeit des OKW *und* OKH war seine kriminelle Energie gesteigert worden.[125] Einsprüche wie bei den Greueln in Polen mußte er nicht länger befürchten. So aufgeschreckt die versammelte Generalität: mehr als das Schicksal der Kommissare bewegte sie zunächst die gefährdete Disziplin der Truppe. Brauchitsch hörte Einwände, Kritik, ja Proteste, wagte indes keine Opposition gegen Hitler.[126] Soweit er die Empörten beschwichtigte, geschah es unaufrichtig. Ende April deckte er schriftlich die

»Regelung des Einsatzes der Sicherheitspolizei und des SD im Verbande des Heeres«, band er die Truppe an kriegs- und völkerrechtswidrige Befehle.[127] Auch im Falle der »Kommissare und GPU-Leute« sollte er noch zurückweichen.

Am 6. Mai 1941 übersandte Eugen Müller, Generalleutnant beim Oberbefehlshaber des Heeres, dem OKW zwei Entwürfe, betreffend: »Behandlung feindlicher Landeseinwohner und Straftaten Wehrmachtsangehöriger gegen feindliche Landeseinwohner im Operationsgebiet des Unternehmens ›Barbarossa‹« sowie »Behandlung gefangener politischer und militärischer Funktionäre«.[128] Hinsichtlich des zweiten Entwurfs war auf den bereits am 31. 3. 41 erteilten Auftrag hingewiesen. Müller bat Warlimont um Kenntnisnahme und baldige Mitprüfung. Die Entwürfe bestimmten in kältestem Ton, daß Angriffe von Landeseinwohnern gegen die Wehrmacht sofort und mit den äußersten Mitteln niederzuschlagen seien. Sofern Heeresangehörige »aus Erbitterung über Greueltaten oder die *Zersetzungsarbeit* der Träger des *jüdisch-bolschewistischen Systems*« strafbare Handlungen begingen, sollten derartige Übergriffe nicht verfolgt werden.[129] Was die politischen und militärischen Funktionäre anging, so galten sie nicht als Gefangene. Die Truppe hatte sie zu identifizieren, an Ort und Stelle oder spätestens in den Durchgangslagern zu erschießen. Generell war ihr untersagt, »ergriffene politische Hoheitsträger und Kommissare nach rückwärts« abzuschieben.[130]

Den ersten Entwurf billigte Warlimont ohne Abstriche. Seine bloße »Kenntnisnahme« beschleunigte hier die letzten Prozeduren. Schon am 13. Mai 1941 erging Hitlers »Erlaß über die Ausübung der Kriegsgerichtsbarkeit im Gebiet ›Barbarossa‹ und über besondere Maßnahmen der Truppe«.[131] Definitiv verfügte der Diktator mit Keitels Unterschrift: »*Straftaten feindlicher Zivilpersonen* sind der Zuständigkeit der Kriegsgerichte und der Standgerichte bis auf weiteres entzogen. *Freischärler* sind durch die Truppe im Kampf oder auf der Flucht schonungslos zu erledigen . . . Wo Maßnahmen dieser Art versäumt wurden oder zunächst nicht möglich waren, werden *tatverdächtige Elemente sogleich einem Offizier vorgeführt. Dieser entscheidet, ob sie zu erschießen sind.* Gegen *Ortschaften*, aus denen die Wehrmacht hinterhältig oder heimtückisch angegriffen wurde, werden unverzüglich auf Anordnung eines Offiziers in der Dienststellung mindestens eines Bataillons- usw. Kommandeurs *kollektive Gewaltmaßnahmen* durchgeführt, wenn die Umstände eine rasche Feststellung einzelner Täter nicht gestatten. Es wird *ausdrücklich verboten*, verdächtige Täter zu verwahren, um sie bei Wiedereinführung der Gerichtsbarkeit über Landesbewohner an die Gerichte abzugeben ... Für *Handlungen*, die *Angehörige der Wehrmacht* und des *Gefolges* gegen *feindliche Zivilpersonen* begehen, besteht *kein Verfolgungszwang*, auch dann nicht, wenn die Tat zugleich ein militärisches Verbrechen und Vergehen ist.«[132]

Mehr Zeit nahm sich Warlimont für den Entwurf zu den Kommissaren. Unangenehm berührt, daß ihn vor allem dieser Entwurf heimsuchte, wollte er die Notwendigkeit eines schriftlichen Erlasses prüfen: hoffnungsloses Unterfangen nach den Vorarbeiten nicht zuletzt der OKH-Juristen.[133] Jodls Stellvertreter resümierte, daß Funktionäre (Kommissare) in der Truppe zu beseitigen seien. Wortwörtlich wiederholte er, wie mit ihnen »entsprechend dem Vorschlag des OKH« zu verfahren war. Sie betrachtete auch er nicht als Gefangene.[134] Dagegen verwies er auf eine Denkschrift Rosenbergs, die vorsah, lediglich »hohe und höchste Funktionäre zu erledigen ..., da die staatlichen, kommunalen und wirtschaftlichen Funktionäre für die Verwaltung der besetzten Gebiete unentbehrlich sind«.[135] Warlimont forderte eine Entscheidung des Führers über die »maßgebenden Grundsätze«. Gemäß Rosenbergs Denkschrift regte er an, wenigstens die Kommissare, die sich keiner feindlichen Handlung schuldig machten, zunächst zu verschonen.[136] Das war ein bescheidener, aber kalkulierter Abmilderungsversuch. Jodl – hier wieder im Spiel – vermerkte am 13. 5. handschriftlich, daß die Sache »noch einmal dem Führer vorgetragen werden muß«.[137] Gewiß wollte er Warlimonts Anregung eine Chance geben. An den Schluß der Vortragsnotiz des Stellvertreters setzte er den Satz: »Mit der Vergeltung gegen deutsche Flieger müssen wir rechnen, man zieht daher die ganze Aktion am besten als Vergeltung auf.«[138]

Angesichts des Fürchterlichen mutet – rückblickend – sein Wort »Aufziehen« zynisch an. Er wandte sich nicht gegen den geforderten Befehl. Die Absicht, Funktionäre bei der Truppe im Sinne des OKH zu behandeln, stellte er nirgendwo in Frage. Doch offenbar Unbehagen über die geplanten Maßnahmen, die – ohne »Begründungen« – auch für ihn Rechtsbrüche waren, verdeutlichte er in einer Präambel-Notiz seinen »Vergeltungsgedanken«.

»Im Kampf gegen den Bolschewismus«, formulierte er, »ist mit einem Verhalten des Feindes nach den Grundsätzen der Menschlichkeit oder des Völkerrechts *nicht* zu rechnen. Insbesondere ist von den politischen Kommissaren aller Art eine haßerfüllte grausame u(nd) unmenschliche Behandlung unserer Gefangenen zu erwarten. Die Vergeltung muß daher sofort u(nd) in vollem Umfange gegen diejenigen Persönlichkeiten einsetzen, die (von Jodl durchgestrichen: dem von Natur gutmütigen russischen Volke der westlichen Gebiete) als die Träger u(nd) Urheber jener bekannten asiatisch-barbarischen Methoden bekannt sind – die politischen (wieder von Jodl durchgestrichen: Hoheitsträger u. Leiter) Kommissare. Sie bedeuten daneben auch noch ... eine große Gefahr für die Sicherheit der Truppe u(nd) verhindern die notwendige Befriedung der eroberten Gebiete. Sie sind daher zu beseitigen.«[139]

Soweit Jodl Warlimont zu stützen suchte, erwies er ihm mit der Präambel-Notiz keine Dienste. Hier sprach er von politischen Kommissaren, die unterschiedslos zu erledigen waren. Trotzdem sollte die Notiz der Abteilung L nahebringen, wie er sich die »Begründung« der »ganzen Aktion« vorstellte. Unsinnig blieb dagegen seine Apologie, einen Weg gezeigt zu haben, auf dem man den Kommissar-Befehl möglicherweise noch hätte verhindern können.[140]

Jodls Vergeltungsgedanke ging abgeschwächt ein in eine Zwischenfassung der Abteilung L, nicht jedoch in den endgültigen OKW-Befehl vom 6. Juni 1941.[141] Hitler wünschte keine Umständlichkeiten. Die Präambel-Notiz seines Beraters entfiel: bis auf zwei Sätze über die erwartete ruchlose sowjetische Kampfführung. Der Kommissar-Befehl war nicht Jodls Werk. Nie hätte er den Befehl selbst entworfen. Daß er in ihm Unrecht sah, bestätigte er 1946 den alliierten Richtern, aber tilgten Text-Beiträge, was der Diktator plante? Jede Anmerkung ohne eindeutigen Widerspruch hielt in entehrender Komplizenschaft, ja, mußte sie bekräftigen. Der Kommissar trug Uniform und Rangabzeichen. Wenn er kämpfte, so als Soldat. Fanatismus war kein Gegenargument, Völkerrechtswidrigkeit nicht zu weissagen, sondern bei erwiesener Schuld kriegsgerichtlich abzuurteilen. Gewaltakte gegen Gefangene deckte kein Paragraph.

Wohl gelang es, Warlimonts Abmilderung durchzusetzen. »*Politische Kommissare*, die sich *keiner feindlichen Handlungen schuldig*« machten »oder *einer solchen verdächtig*« waren, sollten zunächst unbehelligt bleiben.[142] Aber auch diese Abmilderung schränkte Hitler in seiner Endredaktion des Befehls ein, wenn er dekretierte: Bei der Frage, ob »schuldig oder nicht«, habe der persönliche Eindruck grundsätzlich »höher zu gelten« als der vielleicht nicht zu beweisende Tatbestand.[143] Sonst waren alle feindseligen Kommissare und sämtliche Truppen-Kommissare zu liquidieren, die Exekutionen den nächsthöheren Ic's (Feindbearbeitern) zu melden, Kriegs- und Standgerichte dagegen strikt auszuschließen. Der Diktator »mußte« die Entwürfe des OKH, OKW und der unsäglichen Wehrmachtjuristen nur an wenigen Stellen verschärfen. Der fertige Befehl wurde bis zu den Armeeoberbefehlshabern und Luftflottenchefs verteilt. Die Bekanntgabe an die Befehlshaber und Kommandeure sollte »mündlich erfolgen«.[144]

Es bezeugte Hitlers Stärke, daß er den Kommissar-Befehl seinen Generalen zumuten konnte. Schwerlich jedoch hätte er ihn durchgedrückt, wäre für den Befehl nicht auch die Heeresführung anfällig gewesen. Jodl begriff – trotz inneren Widerstrebens – den Antibolschewismus des Diktators.[145] Die kommunistische Räteherrschaft 1918/19 hatte ihn aufgewühlt und an seine Abwehrinstinkte appelliert. Besonders als Offizier zählte er sich damals zu den Herausgeforderten. Nie vergaß er die Lehren dieser blutigen Revolutionswirren. Später wieder ganz Partei, entsetzten ihn die Exzesse der Linken im Spanischen Bürgerkrieg, nicht weniger Stalins Säuberungen und Schauprozesse.

Drohte erneut ein Krieg der Ideologien, war er zumindest auf ihn eingestimmt. Kaum anders die übrigen Heeresspitzen, zumeist Männer seines Alters und ähnlicher Erfahrungen. Ihnen galt – ob mit oder ohne Indoktrination – Bolschewismus ebenso als rücksichtsloser, schlimmster Gegner.[146] Gerade im Kommissar, der über Mannschaften und Offiziere richten durfte, erblickten sie das Hauptsymbol eines abscheulichen Systems, den Vollstrecker zahlloser Morde. Reflexe ritterlicher Denkweise waren hier zurückgedrängt, vielleicht schon außer Kurs gesetzt. Unter dem Vorzeichen des »Weltanschauungskampfes« schien gerechtfertigt, was unmenschlich und verbrecherisch blieb.

Versuche, aus intaktem Ethos die Entwürdigung der Armee abzuwehren, scheiterten oder formierten keine Gegenfront.[147] Innere Vorbehalte zerrissen nicht das Netz, das der Diktator jedem überwerfen wollte. Statt bekräftigter Schutzpflicht schließlich verlassene Untergebene, statt klaren Aufbegehrens sogar die Spekulation, daß man »unten« den Ungehorsam nachhole, den man »oben« umging und scheute. Hieß das Befohlene Befehl, hatte Blutschuld die Truppe zu tragen – Schuld, mit der man sich an Schreibtischen »nicht unmittelbar« befleckte. Die Abkehr vom Recht aus verludertem Rechtsbewußtsein stieß auf finstere, elendig machende Wege. Ehre – Charakterschild des Soldaten – wurde zu Staub. Hitlers Proklamation eines Ringens jenseits herkömmlicher Vorstellungen war von dem Geist, der diese Vorstellungen konsequent verachtete. Der »Zwang«, den er zielbewußt heraufbeschwor, besaß seine eigene ideologische Logik, aber Ritter gab es um solch einen Führer allein noch mit Tadel.

Brauchitsch erließ am 24. Mai einen Zusatzbefehl, durch den er die Richtlinien zur Kriegsgerichtsbarkeit zu entschärfen trachtete. »Bewegung und Kampf mit der feindlichen Wehrmacht«, erklärte er, »sind eigentliche Aufgabe der Truppe.« Besondere Such- und Säuberungsaktionen schied er daher »im allgemeinen« für sie aus. Unter allen Umständen hatten alle Vorgesetzten »willkürliche Ausschreitungen einzelner Heeresangehöriger zu verhindern und einer Verwilderung der Truppe rechtzeitig vorzubeugen«.[148] Der Befehl – selbst Kommentar hingenommener

Verstrickung – wollte helfen, Schwankenden Korsette einzuziehen. Doch auch er löschte nicht, daß Kommissare abzusondern und »außerhalb der eigentlichen Kampfzone« unauffällig zu erledigen waren: klare Ausführungsbestimmungen des Heeresoberbefehlshabers, die Anfang Juni 1941 jede der drei Heeresgruppen erreichten.[149] Siegeszuversicht erschwerte zu glauben, daß für Verbrechen im kommenden Kampf je Rechenschaft gefordert würde. An einen Nürnberger Prozeß dachte niemand.

Die Jammergeschichte übelster Befehle unterbrach der Balkanfeldzug, die längst geplante Operation »Marita«. Das Unternehmen sollte die rumänischen Erdölfelder absichern, den italienischen Bundesgenossen freikämpfen und die – inzwischen bei Athen gelandeten – Engländer aus Griechenland vertreiben.[150] Nach dem Beitritt Sofias zum Dreimächtepakt (1. 3. 1941) waren die ersten deutschen Divisionsstaffeln in Bulgarien eingerückt. Der Anschluß Belgrads an den Pakt (25. 3.) verhieß Jugoslawiens unumgängliche Neutralität, da »eine Operation Richtung Griechenland« nicht »im Rücken und in der Flanke bedroht werden durfte«.[151] Doch der Putsch des Generals Simowitsch (27. 3.) machte Jugoslawiens Neutralität fragwürdig, ja zunichte. Hitler witterte hinter dem Staatsstreich russische Einflüsse: Argwohn, der sich bestätigte. Augenblicklich befahl er, Jugoslawien militärisch und als Staatsgebilde zu zerschlagen.[152] Jodls Rat, die »wirkliche politische Lage« durch ein Ultimatum zu klären, verwarf er schroff und ohne Diskussionen. Selbst bei Loyalitätserklärungen Belgrads wollte er »mit unerbittlicher Härte« handeln, schon um die Türkei abzuschrecken und den Kampf gegen Griechenland zu erleichtern.[153] Die Kroaten glaubte er gewinnen zu können, wenn er ihnen später Autonomie zugestand. Obwohl er »Barbarossa« nun »bis zu vier Wochen« verschieben mußte, begrüßte er die rechtzeitige Entscheidung auf dem Balkan. Endgültig entschloß er sich jetzt zum Feldzug gegen die Sowjetunion.[154] Jodl spürte, daß Simowitschs Putsch eine achsenfeindliche Politik einleitete; berechtigt schließlich in seiner Sicht alle Operationspläne Hitlers und des OKH. Die Mobilisierung der jugoslawischen Armee, die Fühlung mit den in Griechenland gelandeten Briten suchte, wertete er als Kriegsansage.

Die militärische Situation war oder wurde für ihn *»vollkommen klar«*.[155]

Zwei deutsche Armeen – Lists 12. und Weichs' 2., insgesamt dreißig Divisionen – sind aufmarschiert in Bulgarien und vor Slowenien. Am 6. und 8. April 1941 greifen sie an.[156] Der jugoslawische Gegner will – wie 1939 Polen – jeden Abschnitt verteidigen und erliegt binnen elf Tagen. Während Lists 12. Armee Saloniki erst nach schweren Kämpfen um die Metaxas-Linie besetzen kann, dringt sie über Skopje rasch zu den Italienern am Ochrida-See vor.[157] Eine Panzergruppe ist, mit starken Fliegerverbänden, auf Nisch angesetzt; ihr bald erreichtes Ziel: Belgrad. Von Nordwesten nähert sich der bombardierten und fast zerstörten Hauptstadt zügig eine zweite Panzergruppe. Weichs' 2. Armee nimmt Agram und erstürmt Sarajewo, um den Aufbau auch einer feindlichen Restfront zu verhindern.[158] Die Stoßkeile zerspalten Jugoslawiens Heer und beschleunigen den Abfall der Kroaten. Das besiegte Land muß bedingungslos kapitulieren. 1500 Offiziere und 344 000 Mann strecken die Waffen. Lists 12. Armee wendet sich gegen die Griechen und Teile des englischen Expeditionskorps. Südöstlich des Ochrida-Sees kommt es zu einem harten, wechselvollen Ringen. Doch von der Luftwaffe wirksam unterstützt, können die deutschen Angriffsspitzen am dritten Tag durchbrechen.[159] Sie schnüren die griechische Epirus- und Westmazedonien-Armee ab, die in eine hoffnungslose Lage geraten. Trotz Einspruchs aus Athen wollen beide Armeen kapitulieren. Am 22. April wird Jodl nach Larissa entsandt.[160] Auf dem Flugplatz trifft er den militärischen Bevollmächtigten des Duce.

Mit ihm verabredet er, daß die Griechen den Kapitulationsvertrag am nächsten Tag in Saloniki unterzeichnen sollen. Bald darauf landet er bei Janina, um den Befehlshaber der Epirus- und Westmazedonien-Armee direkt zu sprechen. Er selbst schlösse aus, was die Ehre des Besiegten verletzen könnte.[161] Er versteht, daß General Tsolakoglu, der Oberkommandierende, nur vor den Deutschen kapitulieren möchte. Der Kampf seiner Armeen hat ihm Achtung abgenötigt, aber die Italiener sind in den Kapitulationsvertrag einzubeziehen. Jodl übermittelt die Bedingungen und verabschiedet sich.[162] Am 23. April in Saloniki ist er es, der – auch für die Italiener – Tsolakoglu eröffnet: »Nachdem die griechische Armee um Kapitulation gebeten hat, haben die bevollmächtigten Vertreter der deutschen und italienischen Wehrmachtsteile die Kapitulationsbedingungen endgültig festgelegt. Ich darf Ihnen die Bedingungen hier übergeben und Sie bitten, mir nach ihrer Prüfung Kenntnis davon zu geben, ob Sie bereit sind, den Vertrag zu unterzeichnen.«[163] Die griechischen Offiziere ziehen sich zurück und unterzeichnen nach gut einer Stunde. Jodl gedenkt der Gefallenen jeder Seite. »Alle«, schließt er, »haben sich tapfer geschlagen.« Den Rest des deutschen Siegeszuges erlebt er im Führerhauptquartier. Lists Verbände brauchen ihre Gegner nur noch zu verfolgen. Sie durchstürmen Thessalien, umgehen Sperriegel und nehmen am 27. April Athen und Korinth.[164] Das britische Expeditionskorps, immer wieder aus der Luft angegriffen, räumt das griechische Festland und den Peloponnes. Kreuzer und Zerstörer des Alexandria-Geschwaders gehen im Bombenhagel unter. So verlustreich später der deutsche Schlußakt, die Eroberung Kretas: auch für Jodl beseitigte sie erst die Gefahr englischer Luftangriffe auf Rumäniens Erdölfelder.[165] Die Bilanz des Balkanfeldzuges befriedigte ihn.

Zu Rudolf Heß' England-Flug im Mai 1941 gab er keinen »Amts«kommentar. Der Stab – so ein Wink gegenüber Warlimont – hatte sich an die offizielle Version zu halten. Jodl glaubte, daß der Führer-Stellvertreter ohne Hitlers Vollmacht geflogen sei: »aus idealen Gründen«, um dem Frieden zu dienen.[166] Er hatte die Nachricht von diesem Flug nachts empfangen und Hitler wecken lassen. Es sei erstaunlich gewesen, hörte von ihm sein ehemaliger Lehrer Wilhelm Adam, »mit welcher Geistesgegenwart und Schnelligkeit Hitler ein Kommuniqué entworfen habe«. Ob Jodl der Gedanke streifte, daß *Flug* am ehesten erlaubte, die gescheiterte Mission zu verleugnen, ist müßige Spekulation. Geistige Verwirrung bei Heß schien ihm unwahrscheinlich. Damals – im Rückblick auf den bedachten Vermittler zwischen Partei und Wehrmacht – kann er einer derartigen Sprachregelung nur mißtraut haben. Die Affäre brachte er auf den Nenner seiner ersten Eindrücke und Überzeugung. Daß er, der Soldat, eine deutsch-britische Verständigung begrüßt hätte, muß man nicht mutmaßen. Aber der Friedenswunsch, wußte er jetzt, hatte vor einem Sieg über Rußland keine Aussichten mehr.[167] Da leiteten ihn Hitlers Argumentation und wohl auch seine eigene Skepsis.

Noch im gleichen Monat erschien Finnlands Generalstabschef Heinrichs in Salzburg, Zweck des Besuches: Gedankenaustausch über die militärpolitische Lage.[168] Jodl hatte ihm und seinen wichtigsten Mitarbeitern Vortrag zu halten. Vorsichtig, aber offen genug verdeutlichte er die Möglichkeit eines bewaffneten deutsch-sowjetischen Zusammenstoßes. Bei ihm, äußerte er überzeugt, könne Finnland »unmöglich neutral bleiben«. Früher oder später würde es in den Krieg hineingezogen. Ohne operative Einzelheiten zu erörtern, sprach er von einem deutschen Vorstoß über nordfinnisches Gebiet nach Murmansk, ebenso vom Vormarsch des linken deutschen Heeresflügels im Baltikum. Mitwirkung gegen Leningrad erbat er nicht. »Von Finnland hoffen wir nur, daß es durch eine Aktivität an seinen Grenzen zum mindesten diejenigen sowjetischen Kräfte bindet, die sich dort befinden.«[169] Mit bemerkenswertem Geschick achtete er auf Zumutbarkeiten. Heinrichs erwiderte, daß Finnland keinen Angriffskrieg führen werde. Auch für den Fall einer sowjetischen Aggression konnte er, ohne Vollmacht, weder Absprachen besiegeln noch Zusagen geben. Halder ermunterte ihn zu gemeinsamen Operationen gegen Leningrad, wurde aber erst recht abgewiesen. Jodl empfahl weitere Besprechungen, zu denen ein hoher deutscher Offizier nach Helsinki kommen sollte. Gegenüber den Finnen, die Halder verwirrt hatte, galt seine Version: nicht Mitangriff auf Leningrad, sondern lediglich »bindende Aktivität«.[170] Finnland stand – selbst bei dieser Version – vor schweren Entscheidungen.

Auch oder gerade der Balkanfeldzug mußte auf russischer Seite Beklemmung erwecken. Selbst im ungünstigen, gebirgigen Terrain Südosteuropas hatte die Wehrmacht rasch gesiegt. Ihr nun massiver Aufmarsch gegen Rußland erübrigte deutsche Spekulationen über sowjetische Angriffsabsichten, die jetzt zwar gehegt, doch von Stalin verworfen wurden.[171] Die Vorhand fiel an Hitler. Mit den schließlich versammelten 153 Großverbänden war sein Ostheer dem Gegner ebenbürtig, in der geschulten Truppenführung weit überlegen. Während aber die Sowjetunion bequem zwölf Millionen Mann aufzustellen vermochte – das Vierfache des Ostheeres –, blieben Deutschlands Kräfte begrenzt und verzettelt. Frankreich band achtunddreißig Divisionen, Dänemark und Norwegen fesselten zwölf; weitere sieben hatten nach dem Balkanfeldzug, mit dem Mussolini beizuspringen war und der »Barbarossa« unheilvoll verzögerte, Jugoslawien und Griechenland zu überwachen.[172] Diese Truppen fehlten im Osten und waren durch Einheiten der Verbündeten nicht zu ersetzen. »Diversion«, Todsünde jeder Strategie, lauerte als Handikap im Hintergrund: trotz der konzentrierten 3550 Panzer. Mochte Hitler glauben, mit neuzeitlicher Technik dem Schicksal Karls XII. und Napoleons entrinnen zu können: seine Angriffsarmeen verfügten lediglich zu einem Achtel über Panzer- und motorisierte Verbände. Der »Rest« – Infanterie und Artillerie – mußte im Fußmarsch und auf von Pferden gezogenen Wagen die Riesenräume Rußlands durchqueren.

Dabei wäre unschwer ein doppelt so starkes Ostheer möglich gewesen. Was die Industrie 1944 produzierte, im Jahr der gewaltigsten Rüstung, konnte sie schon 1941 produzieren.[173] Auch drei Millionen zusätzlich Rekrutierte der jüngeren Jahrgänge hätte sie entbehren können. Frauenarbeit – nach britischen und amerikanischen Maßstäben – bot Ersatz. Diese Drei-Millionen-Reserve, hervorragend bewaffnet, wäre *die* Streitmacht der Entscheidung im ersten Anlauf gewesen. Sie deckte – falls überhaupt – das größte aller Wagnisse, das größte Anfangsanstrengungen verlangte, weil spätere Aufgebote nutzlos waren. Doch Hitler widersetzte sich äußerster Kräftekonzentration. Was zu geschehen hatte, bevor Weltpotentiale Deutschland bedrohten, zählte für ihn nicht. Wie jede strategische Absprache blieb außerhalb seines Kalküls, daß ein Unterdrückungs- und Ausrottungsfeldzug den Feind zu härtester Gegenwehr treiben mußte. Das Wunschbild vom »Koloß auf tönernen Füßen« hielt gefangen. Der endgültige Triumph – nach acht bis zehn Wochen – galt als sicher, war vorweggenommen. Hochmut blendete den Siegverwöhnten.

Jodl erwog nicht, ob das Ostheer in denkbarer Höchststärke antrat. Rüstung gehörte nie zu seinen Kompetenzen.[174] So gewiß er sich die »kampfkräftigste« Streitmacht wünschte: die Stärke des aufmarschierenden Ostheeres beanstandete er nicht. Ganz Hochgefühl, glaubte er – mit der Generalität – an die Überlegenheit der deutschen Führung. Einer Roten Armee, deren Spitzen Stalin liquidiert hatte, gab auch er kaum Chancen. Der russisch-finnische Winterkrieg hatte in seinen Augen kapitale Schwächen dieser Armee offenbart.[175] Gleich Hitler war oder schien er davon durchdrungen, daß die Sowjetunion, einmal angegriffen, bald zusammenbrechen werde. Kurz vor Beginn des Feldzuges ließ er dem eigenen Stab ausrichten, »nur das für den Sommer notwendige Gepäck« mitzunehmen. Bis zum Herbst, erfuhren Offiziere und Mannschaften, sei man »bestimmt wieder zurück«.[176] Das Oberkommando des Heeres teilte seinen Optimismus: Kein Vorbehalt gegen Hitlers Zeitplan regte sich. Jodls Zuversicht tilgte nicht die leisen Fragezeichen, doch wenn einer, so verfocht er das Praevenire: eine Position, die nun andere Gedanken ausschloß.

KAMPF GEGEN DIE SOWJETUNION

Am 22. Juni 1941, 3.30 Uhr, ist der deutsche Angriff entfesselt. Von der Ostsee bis zum Schwarzen Meer treten Heer und Luftwaffe zu ihren Offensiven an. Nochmals beginnt ein atemberaubender Siegeszug. Die Heeresgruppe Mitte – mit 33 Infanterie-Divisionen, 4 motorisierten Infanterie-Divisionen, 8 Panzer-Divisionen und 1 Kavallerie-Division Hauptmacht des Angriffs – bricht aus ihren bei Warschau vorgewölbten Frontlinien hervor, nimmt auf Anhieb alle Bugübergänge und durchstößt einen völlig überraschten Feind.[1] Hoths und Guderians Panzertruppen stürmen der Infanterie voran. In weit ausholendem Bogen rollen sie nach Osten. Am 24. Juni erobern sie Wilna und Slomin; am 27. treffen sich ihre Fangarme bei Minsk. Timoschenkos Divisionen, 55 Großverbände und zumeist in den Grenzraum um Bialystok vorgeschoben, sind umgangen und suchen der Vernichtung zu entrinnen. Doch Panzer, nachrückende Infanterie und Luftwaffengeschwader hemmen ihren Abfluß. Rasch schließt sich um sie ein eiserner Ring. Nach heftigen, aber vergeblichen Ausbruchskämpfen erlahmen die Kräfte dieses Gegners. Die Kessel, in die er geraten ist, werden ausgeräumt. Der Wehrmachtbericht vom 11. Juli meldet 328898 Gefangene, unter ihnen etliche höhere Generäle. 3322 Panzer, 1809 Geschütze und kaum übersehbare Mengen anderen Kriegsmaterials fallen in die Hand der Heeresgruppe.[2] Die erste Niederlage der Roten Armee scheint vollständig. Die Doppelschlacht von Bialystok und Minsk ist geschlagen.

Die Siege der »Mitte« übertreffen alle Erfolge der Nachbarn. Obgleich Leebs Heeresgruppe Nord in zügigem Vordringen das Baltikum bezwingt und, über die Düna hinwegsetzend,

Opotschka und Pleskau erreicht, können sich Woroschilows tiefgestaffelte Divisionen vernichtenden Zugriffen entziehen.[3] Das gleiche Bild – eher noch unerquicklicher – im Süden: Starker, in gut ausgebauten Stellungen sitzender Feind verwickelt Rundstedts Heeresgruppe Süd vor Slutsch wie Dnjestr in anhaltende und erbitterte Kämpfe. Erst nach zäher Gegenwehr weichen Budjonnyis Armeen dem deutschen Angreifer. Auch hier mißglückt jede großräumige Umfassung. Die hin und her wogende Schlacht um Galizien endet in frontalem Nachdrängen. Um so ungestümer verfolgt die Heeresgruppe Mitte ihren Gegner. Wieder teilt sie sich in zwei Stoßkeile, um ihn zu überflügeln und im Rücken zu packen. Wieder wird sie vom Glück begünstigt. Bocks Divisionen überwinden Beresina, Düna und Dnjepr, durchbrechen zahlreiche Abwehrriegel, schwenken von Norden und Süden her ein und vereinigen sich am 16. Juli in Smolensk.[4] Der abermals umgangene Feind kämpft verbissen und führt Verstärkungen heran. Die vorgeprellten Panzergruppen sind zunehmendem Druck ausgesetzt und haben einen schweren Stand. Die wochenlange, ununterbrochene Anstrengung zehrt an den deutschen Verbänden. Der Kriegsschauplatz weitet sich – nach einem Vormarsch über Hunderte von Kilometern – zu bedrükkenden Dimensionen. Doch aufschließende Infanterie entlastet und verdichtet die Front. Bis zum 8. August werden mehrere sowjetische Armeen zerrieben und sämtliche Abschnitte trotz wütender Gegenangriffe gehalten. Die Heeresgruppe Mitte macht 348 000 Gefangene.[5] 3250 Panzer und über 3000 Geschütze ergänzen die erste Beute des Siegers.

Jodl – seit dem 24. Juni mit Hitler im ostpreußischen Führerhauptquartier »Wolfsschanze« bei Rastenburg – erhoben all diese Erfolge. Aber gerade ihre Ausmaße bewiesen ihm, daß die *strategische* Überraschung mißlungen war. Die Zahl der Gefangenen belegte, in seinen Augen, die »ungeheure militärische russische Vorbereitung« gegen Deutschland.[6] Nie hat er noch eine andere Abwägung versucht. Die Siegesserie – mitreißend – unterdrückte weitere Reflexionen. Das dunkle Tor zum Osten war triumphal aufgestoßen. Auch der vierte Feldzug versprach zu erreichen, was der Führung vorschwebte und nun Hitlers

Reich zur höchsten Machtstellung befähigen sollte. Jede Zuversicht im Führerhauptquartier schien Empfindungen der Fronttruppe widerzuspiegeln. Gewiß hatte der deutsche Soldat den Rußlandfeldzug ohne Überschwang begonnen. Selbst wo ihn das »Praevenire« leitete, bewegten ihn keine Hochgefühle. Doch 1941 focht er voller Vertrauen und davon überzeugt, eine Mission zu erfüllen. Die Freiwilligenverbände mehrerer Nationen nahm er als Zeichen eines gerechten Krieges, ebenso die russischen Überläufer und den Jubel, mit dem ihn die Bevölkerung des Baltikums und der Westukraine empfing.[7] Kaum eine Division, zu der nicht bald sowjetische Hilfswillige gehörten. Die Masse der gefangenen Rotarmisten, der ein grauenvolles Schicksal zugedacht war, verschwand für den Frontsoldaten im Hinterland. Kampf gegen Partisanen stand dem Ostheer erst bevor.

Und der Gang des Feldzuges »bekräftigte« auch die Vernichtungsbefehle. Hingeschlachtete deutsche Gefangene – während des Vormarsches immer wieder entdeckt – erweckten von allein Vergeltungswillen.[8] Leichenfelder liquidierter Zivilisten bezeugten ein gnadenloses Sowjetregime, das allein durch Entschlossenheit, den »antibolschewistischen Kreuzzug«, niederzuringen war. Ungehorsam umging ab und an, was der Kommissar-Befehl verlangte, mied den Rechtsbruch und Konflikte, aber der Befehl war erteilt und fand sonst Gefolgschaft. Ob rasch oder zögernd: Hunderte von Kommissaren wurden »sonderbehandelt« und auf dem Gefechtsfeld erschossen.[9] Mord löschte Menschen aus und befleckte jede der drei deutschen Heeresgruppen. Planende, Mitformulierer und Täter im feldgrauen Rock hatten sich und eine Millionenarmee mit Schmach beladen. Noch heilloser, wenn überhaupt, die anhebenden Massenmorde in der Etappe, Aktionen besonders der SS- und SD-Einsatzgruppen, freilich mehrfach auch »vor der Nase« des Heeres. Würgende Ehrlosigkeit empfanden lediglich Minderheiten, doch unter ihnen jetzt gerade die Männer, die später zur Fronde des 20. Juli zählten. Tresckow, Ia der Heeresgruppe Mitte, bestürmte Bock, gegen ein Massaker bei Borissow gewaltsam einzuschreiten.[10] Was die Heeresspitzen mitzuverantworten hatten, spaltete das innere

Gefüge ihres Instruments. Unabweisbar zumindest für die wenigen, daß ein Reich ohne Gerechtigkeit wütete, genauso ruchlos wie der Gegner – eines, das zum Hebel des Bösen geworden war und nie siegen durfte.

Jodl beunruhigte hinsichtlich des Kommissar-Befehls Unrechtsbewußtsein. Deutlich, schien es, spürte er eigenes Versagen. Wiederholt suchte er den Befehl zu Fall zu bringen, aber kein Anlauf fruchtete. Hitler zeigte eine jener Unnachgiebigkeiten, gegen die nicht einmal Vier-Augen-Gespräche halfen.[11] Daß der Kommissar-Befehl den Kampfwillen der Kommissare und ihrer Einheiten nur steifte, irritierte den Diktator am wenigsten. Entschieden beharrte er auf dem, was Heeresführung und Frontbefehlshaber hingenommen hatten. Widerstrebend, doch richtliniengetreu bestätigte Jodl einer Division, daß der Kommissar-Befehl selbst für Kompanie-Politruks galt.[12] Mochte er vor dieser Antwort Gutachten der »zuständigen« Stellen einholen: erneut beleuchtete sie seine Verstrickung, das fortdauernde Elend ranghoher Willfährigkeit.

Und die »rassistischen« Millionenverbrechen des NS-Regimes – Verbrechen, in die schließlich auch Wehrmacht-Einheiten einbezogen waren: aktiv oder als Hilfsorgane?[13] Jodl konnte sich über die ideologisch aufgeladene Gewalttätigkeit des Staates, dem er diente, schwerlich oder nur bei völliger Blindheit täuschen. Nürnberger Gesetze, »Kristallnacht«, Hitlers Reden und die Drangsale der Juden, die seine Hilfe anriefen, waren böse Fingerzeige.[14] Er kannte Blaskowitz' Denkschrift zu den Greueln im besetzten Polen und vielleicht noch eingehender die Aufgaben, die den Einsatzgruppen hinter dem Ostheer gestellt waren. Er hatte Anteil am Kommissar-Befehl, einem Kriegsverbrechen, und wußte 1943 von der Deportation dänischer Juden. Doch das *Ausmaß* und die *Systematik* der satanischen Vernichtungs»werke« will er nicht wahrgenommen haben. Den Gedanken, daß die deportierten dänischen Juden umgebracht würden, wies er von sich.[15] Wenn Hitler zu ihm sprach, so militärisch, mit striktem Ressort-Zungenschlag. Was er erlebte, war *ein* Gesicht des Vielgesichtigen. Himmler und Heydrich kreuzten kaum seine Wege. Männer, die hätten reden können, schwiegen.

Oft wirklich eingesperrt in der ostpreußischen »Wolfsschanze«, entgingen Jodl schon deshalb Munkeleien, weil sie in seiner Gegenwart eher verstummten. Mit Gewißheit hätte er sie zudem abgefertigt und ihnen nie geglaubt.[16] So weitreichend sein »Vor«wissen: er war – hinsichtlich des Schlimmsten – wohl ein Parzival, freilich auch einer, der dazu neigte wegzusehen, um nicht noch wissender zu werden.

Dennoch war er eingespannt in kriminelle Aktivitäten. Neben allem, was er später zu seinen Gunsten vorbrachte, blieben schale Reste, Kainsmale des Spießgesellen. Eine entschiedene Gegenwehr, die ihn innerlich befreit hätte, wagte er nicht: trotz hinreichender Anzeichen unentschuldbaren Unrechts. Er war gewiß nur Glied der Heeresführung, die sich einer Prätorianer-Herrschaft ausgeliefert hatte, dem Auftrag *ihrer* Politik. Autorität wurde wie je den militärischen Spitzen bloß verliehen. Inkompetenz bei Verbrechen aber deckte kein Kodex des Spezialistentums. Sie ermöglichte erst das Übelste und machte den Glauben jener Soldaten schauerlich, denen Hitler zum Idol geworden war, und nicht einer der Heeresgruppenbefehlshaber hielt die Schändlichkeiten auf. Generaloberst Busch beteuerte seine Unzuständigkeit, als vor dessen Fenster Exekutionskommandos wüteten.[17] Reichenau und Manstein forderten von ihren Armeen Verständnis für die »unvermeidlichen Härten« des »weltanschaulichen Kampfes«. OKW *und* OKH waren keine Adressen mehr, die sich noch gegen den Dammbruch anrufen ließen. Selbstachtung und Ehre hatten ausgespielt, auch wo die geduldete oder übernommene NS-»Moralität« derartige Einsichten verhinderte.

Die ungewöhnlichen, großartigen Anfangssiege erweckten in Halder Euphorie. Bereits am 3. Juli meinte er, daß der Feldzug gegen Rußland gewonnen sei.[18] Auslandsstimmen konnten ihn am allerwenigsten beirren. Was an Kommentaren herüberdrang, deutete auf eine zutiefst pessimistische Einschätzung sowjetischer Aussichten. Großbritannien und die USA erwarteten Rußlands Zusammenbruch. Selbst kritische Köpfe unterstellten, daß der deutsche Generalstab, diese Institution der trainierten Hirne, nie ohne Siegesgewißheit losgeschlagen hätte: eine zutreffende Analyse.[19] Jodl blendete noch nicht Halders Euphorie, doch weitere Triumphe verhieß in seinen Augen die sowjetische Führung. Sooft er sie analysierte, sah er sie fern von taktischer, geschweige strategischer Kunst, zerfahren, hilflos. Sie hatte, schien ihm, keine Konsequenz gezogen, den Polen- und Frankreichfeldzug verschlafen. Auch Männer des künftigen Widerstandes nannten sie damals miserabel.[20] Der Frontsoldat hatte weder seine Zuversicht noch Gefühle der Überlegenheit eingebüßt; er siegte und stand im Vormarsch. Aber die Jubelthese des Generalstabschefs hätte er befremdet, kopfschüttelnd zurückgewiesen, denn diese These war ebenso frontfremd wie abwegig.

Trotz aller Triumphe verfingen erprobte Konzepte in den Riesenräumen Rußlands nur unvollständig. Die vorgetriebenen Panzerkeile hatten Mühe, ihre Stellungen zu behaupten, bis die weit abgefallene Infanterie endlich herangekommen war. Stets konnten Teile des Gegners entweichen oder sich zu Gegenstößen sammeln.[21] Auch in schier auswegloser Lage blieb der Kampfwille des russischen Soldaten ungebrochen. Immer wieder wurde die eigene Truppe von überholtem Feind angegriffen. Immer wieder mußte sie kehrtmachen, um ihn in zermürbenden Einzelgefechten aufzureiben. Das höllische Ringen der drei Heeresgruppen kostete nicht nur wertvollste Zeit, es verschliß die motorisierten Verbände und forderte erschreckend hohe Blutopfer. Die sowjetische Artillerie schoß zumeist hervorragend. Dem gutgepanzerten, schnellen T 34 – eine der bösesten Überraschungen des Kriegsschauplatzes – vermochte die deutsche Pak wenig anzuhaben. Fiel Regen auf Straßen und Wege, hatten sich Divisionen durch Schlamm zu würgen. Unzureichend aber besonders die nachgeschobenen Reserven, mit denen bei keiner Einheit die Ausfälle zu ersetzen waren.[22] All das vertiefte Empfindungen des Frontsoldaten, in einem noch längst nicht entschiedenen Waffengang zu stehen.

Um so unfaßlicher OKW-Richtlinien, die jetzt darauf drangen, das Heer »wesentlich« zu verringern – Stoß in den Rücken der kämpfenden Truppe, dem Jodl keine Widerstände entgegensetzte.[23] Auch wenn geplant war, die Zahl der Panzer- und motorisierten Verbände bis zum 1. Mai 1942 zu erhöhen: die

Ostfront sollte mit ihren verfügbaren Panzerkräften auskommen. Waffen-, Munitions- und Geräteproduktion waren – »sofort beginnend« – der projektierten Schrumpfstärke des Heeres anzupassen.[24] In den ersten Rang rückten, bei allen Rüstungsmaßnahmen, fortan Luftwaffe und Kriegsmarine. Die Richtlinien – in zwei Befehlen erlassen – spiegelten Hitlers Optimismus. Noch euphorischer als Halder, schien er davon überzeugt, daß die Sowjetunion den Krieg »praktisch« verloren hatte.[25] Vorauseilend, ungestüm dachte er an den Entscheidungskampf gegen England *und* Amerika. Für ihn befahl er die neue Kräfteplanung der Wehrmacht. Die USA, und namentlich unter Roosevelts Führung, waren ihm Hauptfeld im kommenden, »unausweichlichen« Krieg zwischen den Kontinenten, Hauptfeld einer »Weltmacht« Deutschland. Am 14. Juli 1941 schlug er – über Botschafter Oshima – ein globales deutsch-japanisches Offensivbündnis vor, Ziel des Paktes: die Vernichtung Amerikas.[26] Großbritannien und die USA, betonte er, blieben immer Gegner Deutschlands und Japans: entschlossen, sich gegen die jeweils isolierte Macht zu wenden. Rußland aber würde stets der Verbündete dieser Gegner sein. Höchstes Interesse geböte, ebenso die Sowjetunion »gemeinsam zu vernichten«.[27]

Der Vorschlag bekräftigte Ribbentrops »Politik«, der Japan Anfang Juli aufgefordert hatte, Wladiwostok zu erobern und so tief wie möglich nach Westen vorzustoßen. Deutsche und japanische Truppen, hieß es da wenigstens bei Feldzugsbeginn, sollten sich »auf halbem Wege die Hand reichen«, vor Einbruch der kalten Jahreszeit.[28] So überraschend Hitlers Initiative angesichts früheren Hochmuts: vielleicht dämmerte ihm, daß die Sowjetunion erst dann geschlagen war, wenn sie jenseits des Urals durch Japan besiegt wurde – Weisheit, die sich seit je aufdrängte. Der »Zweitakt« – zunächst Rußland, dann Amerika – konnte auch Japan leiten. Außenminister Matsuoka hatte ernüchtert, daß Washington Japans Rückzug aus China verlangte. Fest rechnete er mit einer britisch-amerikanisch-sowjetischen Koalition. Für ihn gab nur ein koordinierter deutsch-japanischer Angriff auf die Sowjetunion in Rußland und China Rückenfreiheit[29], sicherte nur dieses Unternehmen Japans beabsichtigte Südostasien-Expansion, die ohnehin England und Amerika herauszufordern drohte. Doch schon am 2. Juli hatte sich Tokio gegen alle Avancen des deutschen Diktators entschieden. Zum ausschließlichen Angriffsziel Japans wurde Südostasien. Heer wie Marine des Kaiserreiches glaubten, hier Großbritannien und den USA gewachsen zu sein, sofern *nicht* nebenher die Sowjetunion zu bekämpfen war.[30] Matsuoka büßte sein Amt und jeden Einfluß ein. Deutschlands Führer – hinsichtlich der japanischen Strategie-Beschlüsse ahnungslos – mußte versuchen, einsam zu siegen.

Jodl – erst recht uneingeweiht – denkt nicht an Japan. Vor ihm steht die Entscheidung über den weiteren Verlauf des Ostfeldzuges, und gerade in diesen Wochen hält ihn die Frontlage gefangen. Wohl gelingt es bis Ende Juli auch der Heeresgruppe Süd, den Feind westlich des Dnjepr in einer Kesselschlacht zu schlagen, aber volle Operationsfreiheit hat die deutsche Führung nirgendwo gewonnen.[31] Vor jeder Heeresgruppe behaupten sich starke Kräfte des Gegners. Für eine vernichtete russische Armee springen zwei neue ein. Zwischen den Heeresgruppen Mitte und Süd ist – westlich Kiew – eine bedrohliche feindliche Streitmacht zurückgeblieben; vernachlässigt wie je das Problem der Naht. Trotz aller Erfolge offenbart sich die heillose Schwäche des gesamten Ostheeres. Nicht nur durch den Widerstand des Gegners gerät der Feldzugsplan in Zeitnot. Um so zwingender Entschlüsse zum kommenden Schwerpunkt, ohne den *kein* Ziel des Unternehmens »Barbarossa« zu erreichen ist.

Jodl sucht in »die vielleicht schwerste Entscheidung dieses Krieges« das OKH sofort miteinzubeziehen.[32] »Allein« will er sie nicht verantworten, doch die Heeresführung hat einen unsicheren Stand. Schon beim Entwurf des Ostfeldzuges beugte sie sich dem Diktator, der als »vordringlichste Aufgaben« dekretierte: Vernichtung des Feindes im Baltikum, Besetzung von Leningrad und Kronstadt. Jetzt fordert er ein, was er gerade nach Siegen in Weißrußland immer anstrebte. Entschieden beharrt er auf der Eroberung Leningrads und nun auch des Donezgebietes, der Krim und Kaukasiens.[33] Mit alledem soll der Gegner die »Gesamtbasis« seiner Wirtschaft verlieren und so dem militärischen Zusammenbruch zugetrieben werden. Moskau rangiert erst hinter diesen Zielen, ja, ist für Hitler fast bedeutungslos. Die Härte des Feindes, der operative Erfolge nicht anerkennt, will er in taktischer Umfassung Stück um Stück zerbrechen. Wieder risikoscheu, plant er, vor weiterem Vormarsch die russische Streitmacht zwischen den Heeresgruppen Mitte und Süd zu vernichten: zuletzt ganz Gewißheit, daß hier eine triumphale Kesselschlacht winkt, die allen »übrigen« Operationen voranhilft.[34]

Halder wehrt sich, ständig gereizter, gegen die Abkehr vom Hauptziel des OKH: dem Vorstoß auf Moskau. Nur ihm erkennt *er* Bedeutung zu.[35] Bei Angriffen nach Nord und Süd sieht er den ganzen Feldzug scheitern. Jodl plädiert wie der Heeresgeneralstabschef. Geschickt spricht er nicht von der feindlichen Hauptstadt, die Hitler zum bloßen »geographischen Begriff« geworden ist, sondern von der noch stärksten Feindgruppe vor Moskau: Sie müsse man schlagen.[36] Auch Jodl müht sich tagelang vergeblich. Allein neue günstige Lagemeldungen bewegen Hitler zum Aufschub seiner Pläne im Süden, und sofort nutzt Warlimonts Abteilung L den Stimmungsumschwung. Die Weisung Nr. 34 schreibt »fest«, daß die Heeresgruppen Nord und Süd mit ihren eigenen Kräften auszukommen haben. Der »Mitte« wird einstweilen Verteidigung befohlen; nicht einen Panzerverband soll sie abgeben.[37] Für den Vorstoß in Richtung Moskau wäre der Schwerpunkt gesichert, doch Hitler hat die Weisung nur halbherzig unterzeichnet. Zu Besuch bei den Heeresgruppen Nord und Mitte, beherrschen ihn die alten Ziele, fällt Moskau – nach Leningrad und dem Donezgebiet – auf den dritten Rang zurück.[38]

Noch einmal erwägen Jodl und Halder das Kardinal-Problem: »Wollen wir den Feind schlagen oder wirtschaftliche Ziele verfolgen?«[39] Jodl wirft ein, daß Hitler wohl beides gleichzeitig für möglich halte, doch Halder will keine Division an die Front vor Leningrad abgeben. Leebs Heeresgruppe kann in seiner Sicht ihr Ziel allein erreichen. Die Frage Moskau *oder* Ukraine oder Moskau *und* Ukraine, erklärt er, habe man nach der Seite des *und* zu beantworten. Sonst sei die Kraftquelle des Feindes nicht vor dem Herbst zum Versiegen zu bringen.[40] »Die Gruppe Korosten ist kein Operationsziel. Sie muß zum Abfaulen gebracht werden. Wir dürfen uns mit unseren operativen Gedanken nicht in das Schlepptau der Taktik des Feindes begeben. Wenn wir seinen Nadelstichen in der Flanke nachlaufen, tun wir ihm den größten Dienst. Wir müssen den Erfolg suchen im Zusammenhalten der Kräfte für weiträumige, entscheidende Ziele treffende Operationen und dürfen uns nicht mit nebensächlichen Zielen verplempern.«[41]

Halders Schwachstelle bleibt die »Gruppe Korosten«, die er – gemeinsam mit Jodl – gegenüber Hitler bagatellisieren will.[42] Sie ist stark genug, um einer Offensive Richtung Moskau in Flanke und Rücken zu fallen. Zwischen den Heeresgruppen Mitte und Süd stehen, wie die Schlacht von Kiew zeigen wird, wenigstens 750 000 Russen, wohlausgerüstet und im Kampfwillen ungebrochen.[43] Das »Abfaulen« hätte Tücken. Daß Leebs und Rundstedts Armeen ausreichen, ihre Aufgaben selbständig zu lösen, kann lediglich – fragwürdiger – Zweckoptimismus unterstellen. Allenfalls können diese Armeen innehalten und abwarten, ob ihnen der Angriff auf Moskau erlaubt, Leningrad und die Ukraine zu nehmen. Aber Brauchitsch und Halder glauben, daß eine geballte Offensive mit dem Ziel Moskau alle Kräfte des Gegners sogartig an sich zieht. Der Feind, meinen sie, müsse seine Hauptstadt verteidigen. Zudem sehen sie für 1941 allein noch die Chance *einer* großen deutschen Operation.[44] Wird sie zugunsten anderer Angriffsschläge aufgeschoben, sind die nötigen Divisionen entweder verbraucht oder nicht mehr rechtzeitig zu konzentrieren. Dann kommt eine Offensive auf Moskau nicht nur in Brauchitschs und Halders Augen zu spät. Die Heeresführung plant, Rußlands Metropole doppelt zu umfassen. Risiken wären nach ihrer Einschätzung abgedeckt, wenn eine staffelförmig vorgehende Infanterie-Armee die Südflanke schützte.[45] Fesselungsangriffe der anderen Heeresgruppen sollen den Gegner zusätzlich binden.

Jodl teilt Halders Auffassungen und Analysen. In Abwägung aller Argumente ist er Anfang August Helfer, ja Parteigänger des OKH.[46] Auch für ihn wird die Eroberung der sowjetischen

Hauptstadt zum wichtigsten Ziel, vor dem jede Nebenoperation zurücktreten muß. Eine Lagebeurteilung der Abteilung L, die er aufgreift, veranschaulicht Hitler erneut, daß der Feind im Zentrum am stärksten ist. Der Widerstand des Obersten Befehlshabers beginnt zu erlahmen. Mit seiner »Ergänzung der Weisung 34« scheint er endlich den Angriff in Richtung Moskau freizugeben. Zunächst freilich soll die Heeresgruppe Mitte ihre »Flankenbedrohungen« beseitigen, sind – bis zur Belagerung der Stadt – die Operationen gegen Leningrad abzusichern.[47] Dafür wird eingeräumt, daß die Heeresgruppe Süd imstande wäre, das Donezgebiet, die Krim und sogar Batum allein zu nehmen: Nachhall der Auffassungen Halders. Russische Einbrüche bei Staraja Russa schrecken Hitler auf und machen ihn hinsichtlich Moskau wieder schwankend. Trotz des nur örtlichen Rückschlages will er der Heeresgruppe Nord Reserven zuführen und, da Reserven fehlen, Panzer-Divisionen der Heeresgruppe Mitte. Bock aber braucht sie für Abwehrkämpfe und spricht von »unmöglicher Zumutung«.[48] Brauchitsch – des Streits müde – erträgt Hitlers Eingriffe und weigert sich, sie abzuwehren. Das »wichtigste Ziel« gerät zunehmend aus dem Blickfeld. Um es zurückzuzwingen, tritt die Operationsabteilung des Heeres auf, verfaßt sie – ungewöhnlich genug – eine Denkschrift.

Jodl kennt nicht ihren Text, doch zu ihm kommt Heusinger, der um Mithilfe bittet.[49] Abermals ist von der stärksten feindlichen Gruppe die Rede, die sich – vor den Toren Moskaus – stellen muß. Vernichte man sie, so Heusinger, falle das russische Industriepotential dem Sieger von selber zu. Ein Volk krieche nicht zu Kreuze, solange es noch über schlagkräftige Armeen verfüge. Jodl – offenbar unsicher geworden – verweist auf Hitlers Lageanalyse, nach der ostwärts Kiew die stärkste Streitmacht des Gegners versammelt ist. Er erinnert an die gefährdete Flanke der Heeresgruppe Mitte und die bessere Aussicht, den Feind im Süden zu schlagen und ihn mit der Wegnahme des Donezgebietes entscheidend zu treffen. »Moskau können wir später nehmen.«[50]

Heusinger warnt vor dem Winter, der gerade zur umgekehrten Reihenfolge zwinge. Die Eroberung nur des Donezgebietes zerbreche Rußland nicht. Feindkräfte aber, von denen Flankenstöße ausgehen könnten, binde die Heeresgruppe Süd. Diese Feindkräfte würden zudem nach Moskau geworfen, wenn sich ihm Bocks Armeen näherten. »Alle großen Nord-Süd-Verbindungen laufen durch Moskau. Mit der Einnahme dieser Stadt zerreißen wir dem Gegner die Riesenfront zwischen Asow-Meer und dem Ladogasee in zwei Teile, deren jeden wir dann um so leichter vernichten können.«[51]

Jodl hört Argumente, die er – gegenüber Hitler – längst verfocht. Meldungen über abgebaute, nach dem Ural transportierte Industrieanlagen haben auch ihn schon nachdenklich gestimmt: Anflüge eines Realismus, der erst recht zum Stoß auf Moskau mahnt. Wieder bestärkt in seiner ursprünglichen Auffassung, will er tun, was er kann.[52] Aber zugleich nennt er jetzt des Führers Gründe wohlüberlegt, mehr noch: Gründe, die »nicht so ohne weiteres zu entkräften sind«. Seine eigenen Einsichten unterläuft, ja, durchkreuzt Glaube an Hitlers Instinkt, der »meistens richtig« war. Trotz guten Willens fehlt unbeirrbare Entschiedenheit. Selbst Halder kann ihn, während eines abschließenden Gesprächs in Angerburg, nicht als Verbündeten zurückgewinnen. Hier nochmals bedrängt, gesteht er sogar, keine sachlichen Einwände gegen den Standpunkt des Heeres vorbringen zu können.[53] Doch erneut beschwört er den »sechsten Sinn« Hitlers, lähmt ihn Irrationalismus. Logik hat ihre Durchschlagskraft eingebüßt.

So bestürzend der Vorbehalt – Vorbehalt des größten Widerspruchs, wenn sonst alle Argumente zählten –: nichts hätte Jodl mehr zu ändern vermocht. Ohne Verzug muß er Hitlers endgültige Befehle formulieren. Bis zum Winter sind – unverrückbare Ziele – die Krim und das Donezgebiet zu nehmen, die russische Ölzufuhr aus dem Kaukasus abzuschneiden; im Norden gilt es, Leningrad einzuschließen und sich mit den Finnen zu vereinigen.[54] Die Heeresgruppen Mitte und Süd haben, konzentrisch und mit ihren inneren Flügeln, die sowjetische 5. Armee um Kiew zu vernichten. Bocks übrige Heeresgruppe soll zur Abwehr übergehen. Hitler betont eigens seinen Gegensatz zum OKH; die Denkschrift der Operationsabteilung verwirft er. Halder erbittert die unabwendbar gewordene Verzettelung, die entscheidend ist »für das Ergebnis dieses Feldzuges«.[55] Jodl gibt – konsequent, weil zuversichtlicher – keine Kommentare. Nichts treibt ihn gerade jetzt, Hitlers »innere Überzeugung« anzutasten. Nichts, glaubt er, dürfe man ihr aufzwingen.

Neben der Weisung, die den Hauptgedanken der Ostoperation verleugnet, schickt Hitler Brauchitsch eine eigenhändige Studie. Sie fordert, die »Schnellen Verbände« als »operative Waffen in der Hand der Obersten Führung« zu nutzen.[56] Dieser Grundsatz, muß Brauchitsch lesen, sei bei der Luftwaffe »restlos durchgesetzt«, während das Heer mit ihm hinterherhinke. Unumwunden wird beanstandet, daß es der Heeres-OB (Oberbefehlshaber) auch sonst an der nötigen Führung fehlen lasse: Vorwurf, der sich gegen – schwer erträgliche – Freiheiten der Frontbefehlshaber richtet. Das Elaborat rückt Unvergleichbares in eine Reihe und rüffelt bewährte Maximen. Die Belehrung ist vollkommen überflüssig; der Unsinn läuft – ohne Möglichkeit, ihn zu mildern – an Jodl vorbei. Um so verletzter der Adressat, die nicht nur sachlich beleidigte Heeresspitze. Halder: »Ich halte die durch die Eingriffe des Führers entstandene Lage für das OKH für untragbar. Es kann weder für den Zickzack in den Einzelanordnungen des Führers ein anderer die Verantwortung übernehmen als er persönlich, noch kann das bisherige OKH, das im vierten siegreichen Feldzug steht, seinen guten Namen mit den nunmehr getroffenen Anordnungen beflecken. Dazu ist die Art der Behandlung des ObdH unerhört. Ich habe dem ObdH vorgeschlagen, um seine Enthebung vom Amt zu bitten und meine Enthebung gleichzeitig zu beantragen.«[57]

Brauchitsch lehnte das Ansinnen ab. Hitler nahm seine verletzenden Ausfälle zurück. Die Spitze des Heeres folgte dem Diktator.[58] Die Entscheidung vor Leningrad wäre sinnvoll, wenn sie konsequent angestrebt würde und schließlich erhebliche Teile der Heeresgruppe Nord freimachte. Nur waren hier keine zusätzlichen Verbände der »Mitte« zur Hand, so daß die Entscheidung verschoben wurde. Was Bock hergeben konnte und abzuzweigen hatte, wandte sich nach Süden. Die Krim, später auch erobert, bedrohte als Luftbasis Rumäniens Erdölfelder. Eine Abschnürung Kaukasiens blieb willkommen und schien bei weiteren Schlachterfolgen erreichbar. Doch die befohlenen Operationen tilgten nicht den Eindruck, daß der ganze Feldzug zerflatterte und sich im Vagen verlor. Eine Denkschrift aus Jodls Stab – der Abteilung L – wagte vorsichtige Zeitkorrekturen. Wohl bekräftigte sie die Notwendigkeit eines baldigen endgültigen Sieges über die Sowjetunion, ohne den die Niederwerfung Großbritanniens, das letzte Ziel, nicht glücken könne.[59] Aber die Kräfte für den Kampf gegen England, warnte sie, dürften »kaum vor Frühjahr 1942« verfügbar sein. Die Denkschrift rechnete mit zunächst noch größerer Zurückhaltung der neutralen Staaten. Sie verwies auf die – gerade gemeldete – Besetzung des südlichen Iran durch britische Truppen und den Ausbau englischer Schlüsselpositionen beiderseits des Suez-Kanals. Ungeschminkt empfahl sie eine bessere Frankreich- und Spanien-Politik, um die Stellung der Achse in Nordafrika zu festigen.[60] Jodl billigte, was er aufmerksam las. Hitler erhob keine Einwände. Vorrang freilich hatte besonders für ihn das erste und noch unbestrittene Ziel. Ende August traten drei Armeen und zwei Panzergruppen an zur Schlacht um Kiew und den Dnjepr-Bogen.[61]

Jodl – wohl entbehrlich – brach auf zu einer Sondermission. In einer Heinkel 111 flog er über Helsinki nach Mikkeli. Am 4. September erschien er im finnischen Hauptquartier.[62] Bei strahlendem Sonnenschein war eine Ehrenkompanie angetreten. An zwei Fahnenmasten wehten die finnische und deutsche Kriegsflagge. Jodl überreichte Feldmarschall Mannerheim das Ritterkreuz. Mit einem klaren, ruhigen Vortrag umriß er die Kriegslage. Am Anfang der Aussprache würdigte er Finnlands Leistungen, dessen Heer auf Leningrad und zum Swir zwischen Ladoga- und Onega-See vorgestoßen war: Operationen, die mehrere Armeen des Gegners banden. Hinsichtlich der Einschließung Leningrads sagte Mannerheim zu, die Russen bis an ihre permanenten Befestigungen zurückzudrücken. Die Befestigungen freilich, ergänzte er, müßten von rückwärts geöffnet werden, da für einen richtigen Angriff den Finnen Kräfte und Mittel fehlten. Jodl erklärte die deutsche Bereitwilligkeit und teilte mit, daß am nächsten Tag die Beschießung Leningrads einsetze.[63] Dabei sollte der Karelischen Armee des Verbündeten eine abschirmende Funktion zufallen. Obgleich dem nord- und mittelfinnischen Abschnitt nicht zu helfen war, dort die Murman-Bahn weiter unerreichbar blieb, beherrschte beide Seiten Zuversicht. Mannerheim hielt auf seinen Gast eine ungewöhnlich herzliche Rede.

Jodl dankte bewegt und wurde – in freier Form – politisch. Allen Soldaten und besonders Hitler, versicherte er, sei es sehr schmerzlich gewesen, zu Beginn dieses großen Krieges jenen Pakt mit der Sowjetunion abschließen zu müssen, der den Bolschewisten die Möglichkeit gegeben habe, über das kleine Finnland herzufallen.[64] »Aus meinen täglichen Vorträgen über die Lage in diesem ungleichen mörderischen Kampf weiß ich, mit welchem Mitgefühl und mit welcher Hochachtung der Führer den heldenhaften Widerstand Finnlands verfolgt hat. Aber der Pakt mit der Sowjetunion ist militärisch notwendig gewesen. Ohne ihn würden wir heute nicht dastehen, wo wir jetzt stehen. Die damalige Rückenfreiheit war die Voraussetzung für den Sieg im Westen und den jetzigen Feldzug gegen den Bolschewismus.« Die Verbundenheit der Wehrmacht mit Finnland, die er hervorhob, war aus seinem Herzen geschöpft. Aufrichtig bewunderte er den finnischen Soldaten, liebte er Land und Leute.[65] Sein Auftritt beeindruckte die Gastgeber tief. Mannerheim faßte eine vertrauensvolle Zuneigung zu ihm. Jodl – hier einmal spürbar anerkannt – erwiderte sie mit Gefühlen der Verehrung.

Von Mikkeli ging es, in Begleitung des Gebirgsjäger-Generals und Freundes Rudolf Konrad, zum Armeeoberkommando Rovaniemi, von Rovaniemi – bei nun bedenklichem Wetter – zu Dietls Korps vor Petsamo.[66] Nach »Muldenschleicherei« zwischen Wolkengebirgen, zuletzt knapp oberhalb menschenleerer Wald- und Seenlandschaften, erreichte die Maschine ihr Ziel. Dietls Korpsstab klebte in Holzhütten an einer felsigen Höhe. Die Truppe, die sich gerade zu neuem Angriff über die baum- und deckungslose Tundra formierte, hauste mit Mann, Pferd und Wagen im Freien. Jodl gewahrte, wie »beispiellos schwer« ihre Aufgabe am Rande des Eismeeres war. Diese Fronttruppe, schrieb er später, stünde ganz allein. Ginge etwas schief, gäbe es keine Nachbarn und Reserven der höheren Führung.[67] Dringend nötigen Ersatz konnte auch er Dietl nicht versprechen. Aus Kräftemangel mißlang ebenso der neue Angriff des deutschen Korps. Weit vor Murmansk kam es endgültig zum Stellungskrieg, doch Jodl schied mit Hoffnungen und von Einheiten, die einen vorzüglichen Eindruck machten.[68] Der Bericht, den er Hitler erstattete, verriet Genugtuung – und zwar um so mehr, als es den Finnen, so Mannerheims Bekenntnis, »am angenehmsten wäre«, wenn die Deutschen immer in Leningrad blieben.[69] Finnland war »ein großes Erlebnis«.

Ins Führerhauptquartier zurückgekehrt, braucht Jodl die Schlacht um Kiew nur noch zu verfolgen. Die angesetzten Armeen und Panzergruppen sind in den Rücken des Gegners gestoßen, der den Dnjepr-Bogen verbissen zu halten sucht.[70] Seine starre Verteidigung erlaubt, ihn einzukesseln. Herbstschlamm behindert die Verbände, die aus Nord- und Süd angreifen, um den Einschließungsring abzudichten, doch weit östlich der ukrainischen Hauptstadt können sie sich vereinigen. Frontal attackiert, fällt Kiew. In einem zweihundert Kilometer tiefen Raum werden die Russen zusammengedrängt; sowjetische Entsatzversuche an der geschützten Ostflanke scheitern. Starke Panzer- und Infanteriekräfte – von Fliegern zweier Luftflotten unterstützt – spalten den Kessel. In harten und auch verlustreichen Kämpfen wird er eingedrückt. Am 26. September 1941 ist die Schlacht geschlagen. Kritiker, scheint es, müssen schweigen. Jodl verzeichnet für den Wehrmachtbericht: 665 000 Gefangene und als Beute 3178 Geschütze und 883 Panzer.[71] Die Zahl der Gefangenen, ahnt er, greift zu hoch, aber der taktische Sieg ist eminent und erhebt gerade wieder ihn.

Beute und Gefangene bewiesen: Armeen des Gegners waren zertrümmert, weggefegt, als Abwehrhilfe vor oder für Moskau ausgefallen.[72] Hitler hatte – nach der Bilanz des Triumphes – recht behalten. Jodl beglückwünschte sich, auf des Führers »sechsten Sinn« gesetzt zu haben. Hatte er zuvor zeitweise Sorge, ob nicht der ganze Feldzug hängen bleibe, erfüllte ihn jetzt nur Optimismus, glaubte er an den Erfolg auch des letzten Ansprungs. Glückte es, »den Osten« zu bezwingen, »in diesem

Jahr zu Dreiviertel, den Rest im nächsten«, sah er jedes Problem überwunden. »Was«, schrieb er, »soll uns dann noch passieren? Dann möge England mit Amerika zusammen ruhig noch weiter Krieg führen – es ist aus, da nützt alle englische Zähigkeit nichts mehr, obwohl sie zu bewundern ist.«[73] Zwar hörte er über einen Gewährsmann, daß in Lissabon kein Engländer ohne feste Siegeszuversicht sei: für ihn ein Zeichen beneidenswerter Moral, die er bei den eigenen »durch und durch verdorbenen« Intellektuellen vermißte. Aber den Erfolg des letzten Ansprungs vorwegnehmend, meinte er nun, daß Großbritannien allein noch unklare Hoffnungen hege – besonders wenn es auf Zermürbung im Osten, Aufstände in Europa und Zerfall des deutschen Widerstandswillens spekulierte. »Daß wir den Krieg verlieren konnten, kam mir nie in den Sinn. Ich denke daran ebensowenig wie daran, daß ich einmal sterben werde. Beides wäre dasselbe.«[74] Seine Zuversicht im Aufwind des abermaligen Sieges teilten auch jene, die ihre Skepsis erst nachträglich entdeckten.

Russische Fernsprengungen, die Wohnblöcke Kiews zerstörten und deutsche Soldaten töteten, dämpften die Hochstimmung. Ähnliche, ja, noch größere Hinterhältigkeiten waren in Leningrad und Moskau zu erwarten.[75] Hitler befahl, eine Kapitulation beider Städte abzulehnen, auch wenn sie der Feind anbot. Jodl formulierte für den Diktator: »Wer die Stadt (sic!) gegen unsere Linien verlassen will, ist durch Feuer zurückzuweisen. Kleinere, nicht gesperrte Lücken, die ein Herausströmen der Bevölkerung nach Innerrußland ermöglichen, sind daher nur zu begrüßen. Auch für alle übrigen Städte gilt, daß sie vor der Einnahme durch Artilleriefeuer und Luftangriffe zu zermürben sind und ihre Bevölkerung zur Flucht zu veranlassen ist. Das Leben deutscher Soldaten für die Errettung russischer Städte vor einer Feuersgefahr einzusetzen oder deren Bevölkerung auf Kosten der deutschen Heimat zu ernähren, ist nicht zu verantworten.«[76] Wurde der Befehl ausgeführt, steigerte er die Brutalitäten des Feldzuges, die Brutalitäten zweier einander wert gewordener Tyrannen. Selbst militärische Notwendigkeiten vermochten ihn nicht zu rechtfertigen. Trotz der Lücken, die der Zivilbevölkerung bleiben sollten, waren Barbareien gefordert. Leeb weigerte sich, auf Frauen und Kinder schießen zu lassen. Vielleicht, machte er Hitler deutlich, schieße die Truppe einmal, aber »dann niemals wieder«.[77] Eindringlich warnte er vor Krisen des Gehorsams. Nur die Kriegslage der nächsten Monate unterdrückte den OKW-Befehl.

Bock, der stets betont hatte, daß einzig die Eroberung Moskaus den Feind ausmanövriere, konnte des Führers strategische Extratour nur beklagen. Mit der Schlacht bei Kiew schien ihm jede Aussicht genommen, die Masse der russischen Armeen vor seiner Heeresgruppe zu zerschlagen.[78] Wie Halder verurteilte er die »Abschweifung nach Süden«. Schon darum pries er die Weisung vom 6. September, in der Hitler, endlich anderen Sinnes, »doch noch« den »möglichst baldigen« Stoß auf die sowjetische Hauptstadt befahl. Auch Jodl befriedigte die Weisung, die einen leidigen Streit abschloß. Über die Nachteile des riskierten Zeitverzugs freilich konnte er sich kaum täuschen. Sicher hatte der Feind, der ostwärts Smolensk nun in gut ausgebauten Verteidigungsstellungen saß, bei ständig abgewiesenen Gegenstößen erhebliche Verluste erlitten. Aber schwerer als dessen Einbußen wogen eigene Ausfälle.[79] Die Panzerverbände waren kaum aufzufüllen, die Gefechtsstärken der Infanterie nach monatelangem Einsatz besorgniserregend gesunken. Partisanen verzögerten die Ankunft zugesagter Kräfte, die oft bis zuletzt an andere, weit entfernte Abschnitte gefesselt blieben. Guderians Panzergruppe, noch am Kessel von Kiew, hatte vierhundert Kilometer zu überwinden und den Angriffsraum erst zu erkämpfen. Doch alle Gründe sprachen – gewichtiger denn je – für das unerläßliche Wagnis, den Angriff auf Moskau vor Einbruch des Winters. Mißlang es, die russische Hauptstadt zu nehmen, war nicht einmal ein vorläufiger Abschluß des Feldzuges erreicht, nutzte keiner der errungenen Siege, hatte sich der Gegner behauptet; beklemmend dann Deutschlands Stand im Ringen auch *nur* mit der Sowjetunion. Bock und seine Führungsabteilung arbeiteten angespannt. Am 30. 9. und 2. 10. beginnt die Offensive der Heeresgruppe Mitte.

Drei Infanterie-Armeen und drei Panzergruppen – Infanterie im Zentrum, Panzer auf den Flügeln, rund 78 Divisionen –

greifen über Dnjepr und Desna an.[80] Unterstützt von wieder zwei Luftflotten, schlagen sie beiderseits Roslawl tiefe Breschen in den überraschten Feind. Die motorisierten Verbände stoßen weiter nach Osten. Der Gegner, meist unbeweglich, verharrt an Ort und Stelle. Bald bilden sich vor den frontal angreifenden und einschwenkenden Divisionen riesige Kessel bei Wjasma und Brjansk. In Funksprüchen der Aufklärungsflieger heißt es: »Ein Gewimmel von Menschen und Fahrzeugen.« Und: »Zwischen den Kesseln Leere, keine Anzeichen eines sowjetischen Entsatzversuches.«[81] Von neuem können, unter heftigen Kämpfen, Teile der Russen dünne Sperriegel durchbrechen, doch die Masse ihrer Armeen wird umfaßt und eingeschlossen. 673098 Mann ergeben sich dem an Zahl wesentlich schwächeren Sieger. Die Beute beträgt 1277 Panzer, 87 Flugzeuge sowie 5387 Geschütze aller Kaliber. Für Jodl ist Wjasma der »entscheidende Tag des Russenkrieges«. Lapidar vergleicht er ihn mit Königgrätz.[82]

Der Vergleich bekräftigte den Slogan des Reichspressechefs Dr. Otto Dietrich, der Rußlands militärischen Zusammenbruch verkünden ließ. Zudem schien Optimismus bei der nochmaligen Gefangenenmasse gerechtfertigter denn je. Die letzten Hauptriegel vor der sowjetischen Metropole, konnte man vielleicht mutmaßen, waren aufgesprengt, ja zertrümmert, aber Jodl urteilte voreilig, unbedacht. Nachrichten meldeten zunehmende Truppentransporte aus dem Fernen Osten.[83] Vor Moskau lagen noch immer zehrende Wegstrecken. Fanfaren blies man besser erst zuletzt. Und gab es den »entscheidenden Tag des Russenkrieges«, eines Krieges, dessen Ende sich gerade Jodl kaum vorzustellen vermochte? Auch die Eroberung Moskaus – militärisches Streitobjekt – erzwang nicht den Frieden, durch den die Masse des deutschen Ostheeres frei geworden wäre. So bitter für den Gegner der Wegfall seiner Hauptstadt: Stalin konnte den Kampf aus der Tiefe des russischen Raumes, sogar vom Ural her fortsetzen. Hitlers erkennbar gewordenes Untermenschen»konzept« stärkte das sowjetische Regime, vor allem unter dem Vorzeichen des längst proklamierten »Großen Vaterländischen Krieges«. Neue Kutusows behielten ihre Chancen. Doch die – nie zureichend bedachte – Frage eines politischen Schlußpunktes im Osten erübrigte sich, wurde hinfällig. Diesmal versiegte die Kraft des Angreifers schon vor den Toren Moskaus, und noch ehe sie hier versiegte, scheiterten die Heeresgruppen Nord und Süd. Trotz empfindlicher Schlappen behauptete der russische Verteidiger Leningrad, Sewastopol, Rostow und das Donezgebiet.[84] Verheerende Einbußen italienischer Geleitzüge aber nötigten, drei deutsche Fliegerkorps zum Mittelmeer zu verlegen und ihre Geschwader den wichtigsten Angriffen auf Moskau zu entziehen.

Jodl bleibt – vor diesen Ereignissen und angesichts »seines Königgrätz« – ganz Hoffnung. Brauchitsch und Halder befehlen der Heeresgruppe Mitte, weiter zügig anzugreifen.[85] Bocks Armeen erreichen die Linie Mzensk–Kaluga–Borodino–Kalinin und mit ihr zwei Drittel des Weges nach Moskau. Eine Million Russen und die sowjetische Regierung bis auf Stalin verlassen die Hauptstadt, da durchkreuzt, am 15. und 16. Oktober, ein Witterungsumschlag alle Rechnungen und Pläne. Die Temperaturen fallen. Es regnet, schneit und hagelt. Rollbahnen und Wege werden zu zähem Lehmbrei mit Wassertrichtern. Menschen, Tiere und Fahrzeuge versinken in Schlamm und Morast.[86] Jede Bewegung im von der Roten Armee meist gründlich zerstörten Gelände erlahmt. Der Feind – weniger behindert und in unmittelbarer Nähe seiner Basen – kann Stellungssysteme ausheben und weitere Verbände heranziehen. Bock wehrt sich, den Triumph abzuschreiben, obschon ihn der Zustand seiner Heeresgruppe beunruhigt, mit Sorge erfüllen muß. Mitte November – bei mildem Frost und wieder gehärtetem Boden – befiehlt er den letzten Ansprung.

Noch einmal gelingt es allen Armeen, den Feind zu werfen und zurückzudrängen.[87] Der Südflügel gewinnt Raum; die Panzer-Armeen, die Moskau von Norden her umfassen sollen, nähern sich bis auf 34 Kilometer der sowjetischen Hauptstadt, doch die Witterung hilft dem zäh kämpfenden Gegner. Nebel und Schnee ersticken den Schwung der Operationen. Das Thermometer sinkt auf minus dreißig Grad. Schutzlos ist die für den Winterkrieg nicht ausgerüstete deutsche Truppe der Eiseskälte preisgegeben. Motoren und Maschinenwaffen versagen. Jeder weitere Schritt – nun ein verzweifeltes Unternehmen – kostet neben hohen Verlusten ungezählte Erfrierungen. Die Heeresgruppe, ohne Nachschub und Ersatz, droht zugrunde zu gehen. Bock schlägt Alarm. »Der Angriff«, meldet er am 1. Dezember, »wird in weiterem blutigen Ringen begrenzten Geländegewinn bringen, auch Teile des Gegners zerschlagen, *eine operative Auswirkung aber wird er schwerlich haben.* Der Gedanke, daß der Feind vor der Heeresgruppe ›zusammenbricht‹, war, wie die Kämpfe der letzten 14 Tage zeigten, ein Traumbild. Stehenbleiben vor den Toren Moskaus, wo sich das Bahn- und Straßennetz fast ganz Ostrußlands vereinigt, ist gleichbedeutend mit schweren Abwehrkämpfen gegen einen zahlenmäßig weit überlegenen Feind. Dem sind die Kräfte der Heeresgruppe auch für begrenzte Zeit nicht mehr gewachsen. Und wenn auch das Unwahrscheinliche möglich werden sollte, zunächst weiteren Raum zu gewinnen, so würden die Kräfte zur Einschließung von Moskau und zu deren Abschirmung nach Südosten, Osten und Nordosten nicht annähernd mehr ausreichen. *Der Angriff erscheint somit ohne Sinn und Ziel, zumal der Zeitpunkt sehr nahe rückt, in dem die Kraft der Truppe völlig erschöpft ist.* Was dann werden soll, bedarf jetzt der Entscheidung.«[88] Die Entscheidung aber diktiert der Gegner.

Noch bevor die Natur den Abbruch der Angriffe ertrotzt, holt Schukow zu einer Gegenoffensive aus. Neun sowjetische Armeen – darunter fünfzehn Panzer-Brigaden – fallen über die ausgelaugte Heeresgruppe Mitte her.[89] Es ist die bislang schlimmste Nachricht für das deutsche Hauptquartier, weit schlimmer als Bocks Hiobsbotschaft, mit der die Wirklichkeit das weit abgesetzte Rastenburg nur streifte. Weder der Diktator noch dessen Berater haben *diese* russische Kraftentfaltung erwartet. Jodl ist innerlich tief betroffen. Jede seiner Lagekarten offenbart: Das Ostheer steht in der schwersten Krise. Die Krise verdeckt, daß Rommels Afrikaarmee an den Rand der Syrte zurückweicht, auf die Ausgangsstellungen des Frühjahrs.[90] Um so stimulierender – in der Düsternis des Augenblicks – Japans Angriffsschlag gegen Pearl Harbor, Auftakt des japanisch-amerikanischen Kampfes im Pazifik. Ein Freudentaumel erfaßt das Führerhauptquartier »bis in den Sperrkreis II hinein«.[91] Die Erfolge des Angriffsschlages blenden. Jodl bricht mit Hitler und Keitel auf nach Berlin. Obwohl von Pearl Harbor überrascht – sichtbares Zeichen für fehlende, ja unterlassene strategische Kooperation –, meint der Diktator Bündnispflichten erfüllen zu müssen. Am 11. Dezember 1941 erklärt er Amerika den Krieg.[92] Jodl ruft – noch aus Berlin – Warlimont an und befiehlt zu prüfen, »nach welcher Seite, Fernost oder Europa, die Vereinigten Staaten voraussichtlich die Masse ihrer Kräfte wenden werden«. Sein Stellvertreter erwidert, daß er über keinerlei einschlägige Unterlagen verfüge. Ein Krieg mit den USA ist weder bedacht noch vorgesehen. Der Befehl, so Warlimont, sei »nicht so ohne weiteres« ausführbar. Darauf Jodl: »Sehen Sie zu, was Sie machen können. Wenn wir morgen zurück sind, können wir das Nähere besprechen.«[93]

Seinerseits überrascht und gezwungen zu improvisieren, wollte Jodl nicht von der Gegenwart auf die Zukunft schließen. Amerika sah er außerstande, binnen kurzem in Europa einzugreifen, mehr noch: durch Japan gebunden, dessen Kampf zu Zeitgewinn verhalf. Daß Amerika eine Stärke errüsten konnte, die alle Potentiale der Welt übertraf, hatte für ihn – schien es – zunächst kaum Gewicht.[94] Jetzt freilich lief die Uhr unerbittlich gegen Deutschland. Die Wehrmacht mußte vor Moskau, im Osten rechtzeitig siegen. Der Riese USA war unliebsam geweckt. Denkbar, daß der Chef des Wehrmachtführungsstabes diese Entwicklung hätte *verzögern* können. Doch Hitlers mehrfach bekundete Absicht, Amerika »aus dem Krieg herauszuhalten«, hatte ihn gedämpft und beschwichtigt; »überflüssig« deshalb zuletzt Versuche, auf den Diktator einzuwirken.[95] So spektakulär Japans Kriegseintritt, so dürftig die Zusammenarbeit der Partner. Auch wenn Jodl japanische Offiziere empfing und instruierte: über die strategischen Pläne des Verbündeten konnte er nur rätseln. Nie wurde deutlich, wie er dessen Triumphe und – seit Midway 1942 – Japans Rückschläge einschätzte. Nachrichten, die ihn vom pazifischen Kriegsschauplatz erreichten, mißtraute er. »Man darf ihnen (den Japanern) nichts glauben, weil das die einzigen Leute sind, die mit wirklichem Bewußtsein und treuester Miene einem irgend etwas erzählen.«[96] Die »Schicksalsgemeinschaft« blieb Staffage. Ihr aufzuhelfen, fehlten Jodl Kompetenz und Willen.

Die sibirischen Divisionen stürmen – strategisch – in der besten Stunde. Das blitzende Vergeltungsschwert trifft einen Gegner, der seine Kräfte überspannt hat. Die sowjetische Gegenoffensive droht bisher erfolgreiche Armeen in ungewöhnliche Tiefen zu schleudern. Hitlers Hochmut, der sich zu lange weigerte, sein Rußland-Unternehmen wirklich abzusichern[97], gewährt nun Stalin Rettungschancen. Japan, in eigene Kriege verstrickt, gibt der Sowjetunion endgültig Rückenfreiheit. Was bei rechtzeitiger deutsch-japanischer Kooperation zum Triumph hätte hinleiten können, ist verpaßt und nicht mehr zurückzuholen. Auf das deutsche Ostheer fallen die Konsequenzen politisch-militärischer Vermessenheit. Die Heeresgruppe Mitte – nach übermenschlichen Strapazen ermattet und in dünnen Uniformröcken nun den Gewalten des Winters ausgesetzt – gerät ins Wanken. Ihre Regimenter werden zersprengt, zurückgetrieben, umgangen.[98] Alternativen sind Führung und Truppe verwehrt. Kämpft die Heeresgruppe vorn, wird sie zertrümmert. Setzt sie sich ab, büßt sie infolge Spritmangels auf den vereisten Wegen ihre Panzer, Geschütze und Fahrzeuge ein. »Der Führer muß wissen«, so Bock am Fernsprecher, »daß hier absolut Vabanque gespielt wird. In seinem Befehl sagt er, ich solle alle verfügbaren Reserven einsetzen, um die Lücken zu schließen. *Ich habe keine Reserven mehr.*«[99] Der Feind und Kälte bis zu 35 Grad lähmen jeden Verband. Auch sogenannte Elite-Divisionen »versagen«. Das Schicksal der Grande Armée scheint sich an Hunderttausenden zu wiederholen. Vor dem Chef des Wehrmachtführungsstabes steht das Gespenst des napoleonischen Rückzugs, hinter dem das Ende des Korsen lauerte. Bedrückt fragt Jodl bei einem Anruf Leebs: »Lage wie 1812?«[100]

Mit der Weisung Nr. 39 vom 8. Dezember hat er versucht, die ärgsten Folgen abzufangen. Nach ihrem Wortlaut soll das Ostheer »alle größeren Angriffsoperationen« aufstecken, rückwärtige Stellungen vorbereiten und zur Verteidigung übergehen.[101] Auch die Heeresgruppe Nord, die nicht verhindern konnte, daß der Gegner den Belagerungsring um Leningrad sprengte, darf ihre Ost- und Südostfront verkürzen. Die Weisung mit Hitlers Unterschrift beauftragt den Heeresoberbefehlshaber, »kräftesparende« Linien festzulegen, die Panzer- und motorisierten Divisionen »zur Auffrischung« herauszuziehen. Trotz einiger Reservate scheint Vernunft gewährleistet[102], doch das Vernünftige kommt zu spät. Rückzüge werden, angesichts der Macht des Winters und der feindlichen Offensive, ebenso zum Verhängnis. Die Wirklichkeit – zuvor phantasielos verleugnet – überrollt sämtliche Vorsätze. Hitler läßt ab von der gerade ergangenen Weisung. Nun allein fanatischer Wille, befiehlt er den bedrängten Divisionen: Halten um jeden Preis! Wo immer sie stehen, sollen sie sich festkrallen und keinen Meter weichen.[103] Der Haltewille des Obersten Befehlshabers wird zum militärischen Dogma. Selbst Möglichkeiten beweglicher Kampfführung verlieren ihre Anrechte; erschreckend die Blutopfer der Truppe. Hitler widersetzt sich auch den sachlichsten Einwänden: ganz davon durchdrungen, daß am wenigsten hilft, was die Kritiker vorschlagen, und nicht nur Schranzentum innerhalb des Hauptquartiers pflichtet ihm bei. Am 19. Dezember 1941 entläßt er Brauchitsch, den herzkranken Heeresoberbefehlshaber, den finsterster Pessimismus quält.[104] Der Entschluß ist so schwerwiegend wie die Konsequenz, die Deutschlands Führer aus der »Gewalt« seines strategischen Willens zieht. Die noch verhüllte Zukunft wird es erweisen.

Brauchitschs Abtritt öffnete eine Feldmarschall-Lücke, die Hitler nicht zu schließen beabsichtigte. Er ernannte sich zum Oberbefehlshaber des Heeres.[105] Der Diktator gab vor, keinen General zu kennen, dem er die Gesamtführung anvertrauen könne. In Wahrheit suchte er, der die Gesamtführung in Händen hielt und behalten wollte, seine Machtstellung unangreifbar zu machen. Mit dem nochmaligen Divide et impera festigte er sie vollkommen. Halders Heeresgeneralstab wies er die Ostfront zu, dem Wehrmachtführungsstab alle übrigen Kriegsschauplätze. Statt äußerster Führungskonzentration, die ein Weltkrieg gebot, regierte vollendete Spaltung der militärischen Spitzengremien. Zwei Stabschefs amtierten künftig für »ihre« Fronten, argumentierten zunehmend ins Ungefähre und verloren den Gesamtüberblick. Beide erschienen am Lagekartentisch fortan nacheinander und begehrten immer weniger, die »andere Seite« zu sprechen.[106] Anläufe gegen den verordneten Unfug wurden zu Eingriffen in »fremdes Revier«. Die Trennung entband Ressortegoismen, Gerangel um Kräfte, Reserven, Randkompetenzen. Dringliche Befehle gerieten, durch die neue »Organisation«, in zusätzlichen Zugzwang. Jede Aktion hing – mehr denn je – an dem Einen, der entschied, disponierte und schlichten mußte.[107] Er allein beanspruchte sämtliche Gründe und den Gesamtüberblick, den er kastrierten militärischen Spitzengremien aberkennen »durfte«. Die Worte »Generalstab des Heeres« und »Wehrmachtführungsstab« verhöhnten.

Jodl räumte ein, daß der Oberste Befehlshaber nicht dem Oberbefehlshaber des Heeres, also sich selbst Befehle erteilen konnte.[108] Das Zugeständnis verdeutlichte Folgen der erzwungenen Sachlage, umging indes alte, zäh erstrebte OKW-Ziele. Jodl rückte auf zum Quasi-Generalstabschef »seiner« Kriegsschauplätze Finnland, Skandinavien, West, Balkan und Nordafrika. Aber die Ostfront hatte er »abzugeben«; operativ existierte sie für ihn nicht mehr.[109] Von wichtigen Planungen wurde er ausgeschlossen. Auf den OKW-Kriegsschauplätzen beengten Befehlsstellen der Luftwaffe und Marine weiterhin seine Befugnisse. Die Abteilung »Fremde Heere West« blieb im Instanzenwirrwarr Domäne des OKH. Hitlers Entschluß trennte Stäbe, die nur gemeinsam ihre Aufgaben bewältigten. Den unterbesetzten Wehrmachtführungsstab überforderten fünf »selbständige« Kriegsschauplätze.[110] Mit den total gespaltenen Führungsspitzen war eine der jammervollsten Zäsuren erreicht.

Kein Zweifel, daß Jodl innerlich beklagte, was seine früheren Konzepte völlig auf den Kopf stellte. Unter der neuen Regelung litt er, mußte er leiden. Wenn Hitler – neben sich – keine Feldherren wünschte, so dämpfte er sie nun zusätzlich: Rat und fachliche Fähigkeiten waren abgeschnürt oder neutralisiert. Selbst große strategische Begabungen verloren ihre Chance, sich in der Höhenlage des Feldherrntums auch nur begrenzt entfalten zu können. Allein die Überheblichkeit des Einen hielt solche Konsequenzen nicht für wahr. Das »bißchen Operationsführung«, ließ der oberste Feldherr Halder wissen, könne jeder machen. Aufgabe des Heeresoberbefehlshabers sei es, das Heer nationalsozialistisch zu erziehen. Hinter alledem schwärten die üblichen, aber jetzt noch vertieften Ressentiments gegen die »weltanschaulich farblose« Generalstabskaste, Ressentiments, die erste Schuldzuweisungen an diese Kaste erleichterten.[111]

Halder – zu seinem Kummer nicht entlassen – überwand sich. Noch unverbraucht, ertrug er des Diktators Redereien, die nahezu jede Lagebesprechung aufblähten. Doch was er versuchte, milderte ebensowenig das militärische Dogma des Obersten Befehlshabers. Auch er wurde in die Rolle »eines Vorstehers des Hitler'schen Führungsbüros für den östlichen Kriegsschauplatz« gedrängt.[112] Hitler machte mit dem »bißchen Operationsführung« ernst. Bock löste er bis zum nächsten Jahr ab. Guderian, der leidenschaftlich gegen die starre Verteidigungsstrategie Sturm lief, enthob er seines Kommandos. »Die Generale«, wetterte er, »haben genauso zu gehorchen wie der kleine Musketier ... *Ich* führe, und da haben sich alle bedingungslos unterzuordnen ... Ich trage die Verantwortung! Ich allein und niemand anders! Mit Stumpf und Stiel werde ich jede andere Auffassung ausrotten.«[113] Zur Entschlossenheit kamen Einschüchterung und angedrohter Schrecken.

Wieder war es Loßberg, der Jodl zu Einsprüchen anspornte. Entschieden plädierte er für eine Führung, die das Wichtigste, die Kampfkraft des Heeres, erhielt.[114] »Es ist verfehlt, weit vorgeschobene Angriffsspitzen festzuhalten, weil dies zu viel Kräfte und Blut erfordert. Die Armeen müssen ermächtigt werden, im Rahmen eines Gesamtplanes dort zu hinhaltender Kampfführung überzugehen, wo es die Lage erfordert. Ein grundsätzlicher Befehl, überall stehen zu bleiben, ist falsch.«[115] Loßberg dachte an einen Dnjepr-Wall als Rückhalt des Ostheeres, an einen verantwortlichen Chef des Wehrmachtgeneralstabes, Position, die Manstein besetzen sollte. Keitel »müsse verschwinden«. Jodl gab zu, daß – nach alten Grundsätzen – bedrohte Frontteile zurückzunehmen seien, doch zugleich fürchtete er Katastrophen.[116] Wurden bei der gegebenen Lage Rückzüge befohlen, sah er die Truppe laufen und ihrer Führung entgleiten. Daß »planmäßiges Absetzen keine Gefahr« bedeutete, überzeugte ihn um so weniger, als Absetzpläne – gemäß höchster Halte-Mentalität – nirgendwo existierten. Obschon die alten Grundsätze »viel für sich hatten«, war er dabei, sie hier auszuklammern. Loßbergs Keitel-Kritik quittierte er stumm, mit offenkundigem Einverständnis. Manstein schien auch ihm der Fähigste. Aber das eckige Wesen des Generalobersten verbürgte in seinen Augen nur Konflikte, keine Zusammenarbeit. Hitler, äußerte er, »dulde nun einmal nicht, daß man ihm hineinrede«. Allein Diplomatie helfe, wolle man überhaupt etwas erreichen.[117]

Seine Diplomatie heißt zu oft Schweigen. Meist deckt er, was *vor* den Lagevorträgen Halders entschieden wird.[118] Diplomatie kann auch nicht verfangen. Wie nie steht Jodl im Sog eines Übermächtigen. Nur Hitlers Willenskraft zählt. Sie beherrscht das Führerhauptquartier und mobilisiert bei der Fronttruppe die letzten Energien. Diese Fronttruppe behauptet in härtesten Kämpfen ihren Zusammenhalt und schließlich weit zurückverlegte Stellungen.[119] Stoischer Widerstand verhindert eine napoleonische Katastrophe, doch das Ziel, »die Sowjetunion in einem schnellen Feldzug niederzuwerfen«, ist verfehlt, »Barbarossa« mißlungen. Das Ostheer hat 173722 Tote und 604193 Verwundete eingebüßt, ein Viertel seiner ursprünglichen Gesamtstärke. Nur knapp 300 Panzer sind noch einsatzbereit; die verfügbaren Reserven Mitte Dezember: 33000 Mann.[120] Bedeutungslos schon jetzt das Abkommen zwischen Deutschland, Italien und Japan, »ohne volles gegenseitiges Einverständnis weder mit den USA noch mit England Waffenstillstand oder Frieden zu schließen«. Deklamation gegen nicht mehr bezwingbare Realitäten. Unwiderruflich ist Hitler im Osten, ja insgesamt gescheitert.

Müßig zu fragen, ob der Geschlagene sein Vabanque-Spiel bedauerte. Stets erstrebte er das Ostimperium, das »zu erobern war« und ihm allein Aufstieg zur Weltmacht verhieß. Was er wollte, zielte auf säkularen Umsturz, entrückt jedem Kriterium eines ausgewogenen europäischen Gleichgewichts, das er vorsätzlich immer zu zerstören trachtete. Nun aber sind sämtliche Ausgriffe Makulatur und alle Opfer der Truppe für sein Abenteuer vergebens. Das Drei-Millionen-Heer des Angreifers reichte nicht. Fortan steht die russische Volkskraft gegen die deutsche, die starke gegen die schwache. Die Sowjetunion ist über den Tiefpunkt hinweg und durch Deutschlands Ausrottungs- und Unterdrückungs»politik« wieder Stalin zugetrieben. Wenn Rußland das Reich auch noch nicht überwinden kann: Hitlers Kriegserklärung an die Vereinigten Staaten wird zur Siegeshoffnung des Kremls. Mit dieser Kriegserklärung stempelt er das Desaster vor Moskau zur einschneidenden Niederlage. Selbst der kunstvollste Wettlauf um Zeit ist für den deutschen Diktator aussichtslos geworden. Jede Nation oder Mächtegruppe muß der zusammengeschmiedeten Phalanx USA–Großbritannien–Sowjetunion erliegen.

KRIEGSWENDE OHNE KONSEQUENZEN

Um die Jahreswende 1941/42 bekannte Hitler, daß »kein Sieg mehr« zu erringen sei.[1] Seine Analyse – von Jodl überliefert – gehorchte klarer Erkenntnis. Der Griff nach dem großgermanischen unbezwingbaren Imperium war mißglückt. Früher oder später drohte nun die Weltkoalition der Feinde den Herausforderer zu erdrücken. Selbst wenn noch Offensivschläge gegen die Rote Armee gelangen: die Sowjetunion vermochte erhebliche Teile der Wehrmacht festzuhalten, bedeutend mehr als bei einem Triumph von »Barbarossa«. Auch höchste Anstrengungen machten leichtfertige Rüstungsversäumnisse nicht wett. Nur ein doppelt so starkes Angriffsheer wie das des Vorjahres hätte vielleicht genügt, um eine militärische Entscheidung im Osten zu erzwingen. Jetzt mobilisierte der nicht niedergestreckte russische Gegner seine Menschenmassen. Trotz aller Erfolge der Wehrmacht kämpften Anfang 1942 328 sowjetische gegen 135 deutsche Divisionen.[2] Das Ostheer steckte – ausgedünnt – in einer dreitausend Kilometer langen Front. Reserven deckten nicht einmal die Verluste. Was ursprünglich rasches Zwischenspiel sein sollte, war zur gefährlichsten Verstrickung geworden; irreversibel die »große Lage« bis zum europäischen Auftritt der Vereinigten Staaten, dem mächtigsten Feind des Reiches.

Hatten Worte Sinn, so wußte Hitler: *Sein* Spiel war verloren. Alle Sackgassen, die er durch ein gesichertes Ostimperium beseitigen wollte, taten sich wieder auf: einschnürender als zuvor. Er konnte einen Waffenstillstand mit Stalin anstreben; in ihn hätte, Anfang 1942, der Bedrängte vermutlich dankbar eingewilligt. Aber vermochte er, der Führer und Symbol des Hasses, auch die Westmächte zum Einlenken zu bekehren? Sie kämpften – und das begriff er selbst – unbeirrbar gegen ihn.[3] Verweigerten sie jedoch Ausgleich und Frieden, drohte angesichts weiterer Krisen ein Angriff Rußlands. Unauslöschbar der Grimm dieses Landes über die erlittenen Verluste; nur zu verführerisch der Gedanke, sich nach einer Atempause und aufgerüstet wie nie zu rächen. Schon den beginnenden Abwehrkampf im Westen konnte die Sowjetunion durchkreuzen, zu Fall bringen. Jede Option lag bei ihr, keine bei Deutschland mit seinen begrenzten Kräften. Möglich, daß auch eine neue deutsche Führungsspitze aus derartigen Nöten nicht herausfand. Gleichwohl hatte *sie* es zu versuchen, um auf politischem Wege das Ärgste abzuwenden. Widerrufe des Kriegsabenteuers wurden – wenn überhaupt – allein ohne Hitler glaubhaft. Die noch vorhandene militärische Stärke des Reiches half lediglich seinen Nachfolgern.

Hitler sprach bereits Ende 1941 vom unüberwindlich gewordenen russischen Machtblock. Später – 1942 – bekräftigte er, daß es keine Basis gäbe, auf der sich Deutschland und die Sowjetunion verständigen könnten.[4] Meinte er beides ernst, suspendierte er Politik, wäre sein sofortiger Abgang unumgänglich gewesen. Gegen alle Spekulationen galt die Einsicht, daß ein *Sieg* nicht zu erringen war. Was dann aber bestenfalls erreichbar blieb, ließ sich ohne weitere Opfer erreichen. Irrationalismus besiegelte den Zusammenbruch, die *Niederlage*. Hatten indes klare Erkenntnisse je eine Chance, tilgte sie Adolf Hitler mit der »Endlösung«, für die jetzt – am 20. Januar 1942 – der Startschuß fiel.[5] Die systematische Vernichtung des europäischen Judentums, Obsession seines weltanschaulichen Programms, verlegte ihm jeden Rückweg. Sie machte ihn – auch nach eigenem Bewußtsein – zu einem Paria, der nichts mehr zu verlieren hatte, doch dieses Bewußtsein steifte nur seine Energien. »Unmögliches« hatte, seit seinem Aufstieg, vor allem er erzwungen. Nun wollte er erst recht »infernalisch«, mit fanatischem Willen kämpfen. Hoffnungen waren, bei solchem Willen, für ihn bis zuletzt nicht verbraucht. Nie, so zudem sein Schwur, würde *er* kapitulieren. Ratio aber regte sich – immer wieder – dicht unter den Glaubenswahrheiten, bedrängte, ja, durchbrach sogar die Selbsthypnosen. Eindeutige, nicht relativierbare Kriterien richten den »Staatsmann« Hitler. Das Restmotto des Besessenen und seiner Laufbahn hieß: Wenn schon kein Sieg, dann wenigstens die Austilgung der jüdischen »Gegenrasse«. An Deutschland hörte er auf zu denken.

Jodl ahnte nicht, daß der Diktator – in Schraubstöcke eingespannt – Politik verabschiedet hatte. Über die gerade beschlossene »Endlösung« erfuhr er keine Silbe.[6] Für ihn war der Mann, der jede Brücke abbrannte, ein Verhandlungspartner aller Gegner und nicht ein Verfemter. Doch so hartnäckig dieses Mißverständnis: Hitlers Lageanalyse teilte er. Mit dem Obersten Befehlshaber erkannte er die Aussichtslosigkeit des Ringens. Die Stunde wurde zu einem Prüfstein höchster mitverantwortlicher Soldaten. *Militärische* Ratio verlangte, auf den Staatsmann einzuwirken. Der nicht mehr gewinnbare Krieg – *fachliche* Einsicht *jenseits* der Politik – zwang zum günstigsten Frieden. Sperrte sich der Staatsmann gegen die unumgängliche Konsequenz, hatte er einer anderen, besseren Führungsspitze zu weichen. Rücktritt war, angesichts des Not-Wendigen, das geringste Opfer. Nur relative Stärke vermochte den Vergleichsfrieden zu sichern, der bei Hitlers und Jodls Erkenntnis noch Sinn ergab, wollte man nicht das Irrwitzige, den Untergang riskieren. Der Augenblick forderte Kampf um die Vernunft, Kampf auch auf Biegen und Brechen. Furcht vor dem Diktator durften zuallerletzt jene empfinden, die in dessen Nähe, ganz oben standen. Was politisch zu tun war, sagte die militärische Lage.

Jodl trug keine ideologischen Scheuklappen. Seine Erkenntnis folgte vollends nüchterner Logik.[7] Nichts erlaubte, sie abzuschwächen, aber gegen die Haltung, die sie nahelegte, hatte er Dämme errichtet. Gewarnt vom Debakel Ludendorffs, schreckte ihn politisches Soldatentum. Die Schlüsse, die er aus der Heeresgeschichte zog, kamen nun dem Unwürdigsten zugute. Wenn Hitler zögerte, politisch zu handeln, so für Jodl mit Gründen, die »inkompetente« Militärs hinnehmen mußten. Kein Argument hätte ihn, den Nur-Soldaten, umstimmen können, auch nicht Appelle an seine Mitverantwortlichkeit, die er hier abwies oder leugnete. Sein Selbstverständnis hinderte ihn, nachträglich in die Rolle eines Feldherrn hineinzuwachsen. Obgleich Kopf der obersten Führungsspitze, hielt er zur Pflichterfüllung unterer Ränge. Mahnungen, die zum Notwendigen drängten, unterließ er, und erst recht Mahnungen mit der Eindringlichkeit, die das offene Bekenntnis Hitlers verlangte. Statt dessen Anzeichen beginnender Resignation, Reflex der höheren Einsicht, die er unausgetragen verschleppte.[8] Wie in den anderen des Hauptquartiers hatte die Front im Chef des Wehrmachtführungsstabes keinen Schutzpatron. Am falschen Platz stand ein kluger, doch nicht zureichender Offizier.

Hitler blieb bewußt, daß er gescheitert war. Er hatte – unaufhebbare Tatsache – die Peripetie erreicht, mehr noch: den Krieg umsonst geführt. Sogar seine SS spürte, daß zu verhandeln wäre. Italien und Japan empfahlen den Abbruch des Kampfes im Osten.[9] Die Situation nötigte zu vernunftgeleiteter Bilanz, aber wie kein zweiter Machthaber sperrte sich Adolf Hitler gegen schmerzliche Konsequenzen. Seine »Mission« – nicht allein geschichtlicher, sondern überirdischer »Auftrag« – verbot ihm, politische Schlußfolgerungen auch nur zu erwägen. Umwälzende Siege hatten die »Mission« bestätigt. Diese Siege unter dem Gipfel auszulöschen, verhöhnte die sichtbare »Erwähltheit«. Rückschläge, erklärte der Selbstberufene, machten ihn nur entschlossener. Wieder davon durchdrungen, »groß als Beweger« zu sein, zeigte er fanatischen Willen.[10] Mochte er jetzt ab und an eingestehen, nie die Sowjetunion angegriffen zu haben, wenn er deren Potential gekannt hätte: er glaubte, sie niederringen zu können. Unbeugsamkeit sollte erneut das Schicksal zwingen. Fast schien es, als bereue Hitler den eigenen analytischen »Schwächeanfall«. In drei Reden impfte er sich und das Volk mit glühender Zuversicht.[11] Weitere Machtbefugnisse, die er einforderte und der Reichstag zugestand, gaben ihm unumschränkte Verfügungsgewalt und festigten vollends seine Stellung. Jede Opposition bedrohte das härteste Strafmaß; lebensgefährlich künftig schon Unglaube an den Sieg. Erneut verstieß der Allgewaltige Truppenführer, die sich aus taktischer Notwendigkeit, ja, militärischem Gewissenszwang gegen sein Rückzugsverbot auflehnten.

Die inszenierte Zuversicht ist Schicksalsbeschwörung, denn

Armeen des Ostheeres ringen um ihr Überleben. Anhaltende russische Offensiven drängen sie nicht nur weiter zurück; Durchbrüche bis tief ins Hinterland beginnen sie abzuschneiden.[12] Umgangen und von hinten angefallen, haben sie – bei barbarischer Kälte – nach allen Seiten hin zu kämpfen. Oft genug fehlt Winterbekleidung; zahllose Erfrierungen dezimieren zusätzlich die Truppe. Der Kampf in Eis und Schnee wird ihr zum Alptraum. Nur unter äußersten Anstrengungen gelingt es, die lebensnotwendige Bahnlinie Smolensk–Wjasma–Rshew zu behaupten. Dafür werden um Demjansk und Cholm zwei Korps der Heeresgruppe Nord eingekesselt. Monatelang müssen Transportmaschinen den dringendsten Nachschub heranfliegen. Die meisten Fronten sind bizarr verzahnt und oft auf Stützpunkte geschrumpft. Die Tiefe des Kampfraumes, in dem jeder Soldat zur Waffe greift: 150 Kilometer. Selbst wenn jetzt die Truppe ausweichen dürfte, könnte sie sich kaum mehr lange bewegen, verlöre sie auch den Rest ihrer Geschütze, Panzer und Kraftfahrzeuge.[13] Doch die Schicksalsbeschwörung hat Erfolg. So verbissen die Offensiven des Feindes: die Härte der Abwehr bricht seine Angriffskraft. Die sowjetische Führung erstrebt zu viel; den vollständigen Triumph kann sie noch nicht erringen. Die einsetzende Schlammperiode, die alle Kampfhandlungen lähmt, rettet das deutsche Ostheer, verhilft ihm zu Atempausen. Der Ausgang ist ein Wunder und »bestätigt« vorab Hitler. Daß »er« eine Krise meisterte, an der einst Napoleon zerbrach, verdoppelt sofort seine Energien, zu neuen Schlägen auszuholen.

Eine strikte Defensive – Konsequenz der Einsicht, nicht mehr siegen zu können – entfiel für ihn. Nur wenn er politisches Handeln zuließ, wäre sie auch strategisch sinnvoll gewesen; müßig daher das realistische Verteidigungskonzept einiger seiner Feldmarschälle.[14] Ebenso widersetzte er sich Empfehlungen, statt weiterer Angriffe im Osten die nordafrikanische Basis abzusichern, bevor Engländer *und* Amerikaner diese Basis aufrollten. Die Handvoll zusätzlicher Divisionen, mit denen von Tunesien bis Suez die deutsch-italienische Stellung zu festigen gewesen wäre, gab er nicht frei. Afrika blieb ihm Nebenkriegsschauplatz, und auch da hätten – im Patt gegenüber allen Gegnern –

Erfolge nur bei politischen Schritten genützt. Was der Getriebene jetzt plante, zielte auf Rußlands wirtschaftlichen Zusammenbruch; »undenkbar« in Hitlers Optik, daß Stalin ihn nach den immensen sowjetischen Einbußen noch verhindern konnte. Als »allgemeine Absicht« galt, »zunächst alle greifbaren Verbände zu der Hauptoperation im Süd-Abschnitt zu vereinigen mit dem Ziel, den Feind vorwärts des Don zu vernichten, um sodann die Ölgebiete im kaukasischen Raum und den Übergang über den Kaukasus selbst zu gewinnen«.[15]

Die Heeresführung zweifelte nicht, daß zuerst Stalingrad zu bezwingen war, sollte die Wehrmacht den Kaukasus erobern; doch Rechenexempel dämpften Optimismus. Wieder waren Kraft und Raum nicht miteinander in Einklang zu bringen. Aus einer Frontlänge von 600 Kilometern zwischen Kursk und Taganrog sollten 60 deutsche und voraussichtlich 40 verbündete Divisionen zum Angriff vorbrechen. Wertete man deren Kampfkraft ohne Illusion, kam man vielleicht auf 80 Verbände. Dehnte sich schließlich die Front bis Stalingrad, entstand eine 700 Kilometer lange Flanke, deren Abdeckung allein 50 Divisionen verlangte. Um die Landbrücke zwischen Don und Wolga abschirmen zu können, mußte man weitere 15 Divisionen einsetzen. Damit drohten zwei Drittel aller Kräfte gebunden zu werden.

Selbst wenn es mit den bestenfalls verbleibenden 15 Divisionen glückte, in den Kaukasus vorzustoßen und ihn zu überwinden: auch hier hatte man, an der unteren Wolga und Kaspischen Senke, neue Flanken zu schützen. All das zwang zu dem Schluß, daß Hitlers Absicht nur bei einem völligen russischen Kollaps zu verwirklichen war. Operationen nach eigenem Willen durfte der Feind nicht unternehmen. Zudem konnte die deutsche Offensive nicht überall zugleich losbrechen. Es war nur möglich, sie in mehreren aufeinanderfolgenden Angriffsphasen ablaufen zu lassen. Sollte der Gesamtplan gelingen, mußte die sowjetische Führung bereit sein, sich der deutschen Umfassung auszusetzen. Tat sie es nicht – und Landmassen gestatteten ihr Rückzüge –, scheiterte die deutsche Offensive.

Jodl blieb stolz auf die Fronttruppe der Winterkämpfe. Ihrer Hingabe hätte er nie wieder Ähnliches abgefordert. Doch ebenso bewunderte er Hitlers »enorme Willenskraft«, die für ihn eine totale Katastrophe abgewendet hatte.[16] Andere Analysen, meinte er später, verfehlten die historische Wahrheit. Diese Willenskraft lenkte in seinen Augen »alle«, Kommandeure wie Soldaten; sie riß ihn mit zum zweiten Ansprung. Gegen eine neue Offensive, die zu ertrotzen suchte, was das Vorjahr verwehrt hatte, erhob er »im Grundsätzlichen« keine Einwände.[17] Er wußte: Die herausgeforderte Sowjetunion »mußte fallen«, bevor Amerika auftrat und eingriff. Die Macht des größten Giganten – einstweilen von Japan gebunden – durfte Deutschland nicht im Zweifrontenkrieg treffen. Nur indirekt mit dem Unternehmen befaßt, das der Generalstab des Heeres plante, verbarg er Skepsis oder Vorbehalte. Befürchtungen, russische Angriffe im Mittelabschnitt könnten die deutsche Südoffensive lähmen, hielt er zurück. Über die weit geringere Wehrkraft als 1941 – Fehlstellen des Ostheeres: 625 000 Köpfe – und die Unmöglichkeit, sämtliche Verluste auszugleichen, schwieg er: vielleicht auf den beabsichtigten »Schwerpunkt« hoffend, der zur noch erreichbaren Kräftekonzentration nötigte, vor allem in der entscheidenden Phase.[18] Ratschläge zugunsten des afrikanischen Kriegsschauplatzes, den er am liebsten stabilisiert hätte, unterdrückte er, mußte er aufstecken. Bejahte er Hitlers Pläne im Osten, hatte er ihnen zuzugestehen, was sie verlangten. Obgleich seit Jahresbeginn ohne wirkliche Zuversicht, wünschte er zum mindesten, daß sich das Schicksal zwingen lasse.

Anfang Mai 1942 – noch vor Beginn der Sommer-Offensive – gelang es ihm, den Kommissar-Befehl aufzuheben.[19] Hitler sah ein, daß der Befehl den Widerstand des Gegners fanatisierte. Die Folgen der hauseigenen Rußland»politik« freilich vermochte solch eine Schwenkung nicht mehr abzuschwächen. Ausrottungs- und Vernichtungswillen beherrschten den Diktator weiterhin. Immerhin waren nun im Kampfgebiet gefangengenommene Politruks zu verschonen, gewiß Konzession und »Fortschritt«. Jodl empfand Genugtuung über den Wegfall des Befehls, der ihn – trotz ideologischer Anfälligkeit – stets umgetrieben hatte. Er fühlte sich befreit und erleichtert. Der Widerruf löschte nirgendwo die Mitverantwortung der Heeresspitzen.

Obschon abgelehnt und sabotiert, war der Befehl ebenso ausgeführt worden. Hundertfach hatte die Truppe Kommissare erschossen: oft unter seelischen Belastungen, die keine abstrakte Statistik des Grauens erfaßte.[20] Sanktionierter oder geduldeter Mord war dem Frontsoldaten von Feldmarschällen und Generalen auferlegt. Der Kommissar-Befehl blieb nicht nur völkerrechtliches Verbrechen. Jodl schloß dieses trübe Kapitel. Mit dem Erfolg bei Hitler glaubte er Unrecht gestoppt zu haben. Seine Anläufe zuvor gaben ein leidlich gutes Gewissen. Der Makel, schien es, verblaßte angesichts neuer umfangreicher Tagespflichten. Erst Jahre später – in Nürnberg – holte er auch den Chef des Wehrmachtführungsstabes wieder ein.

Für den Mittelmeer-Raum stand Malta auf dem Programm. Hitler und Mussolini kamen überein, die Inselfestung zu erobern. Jodl war bei dem Salzburger Treffen der Diktatoren wenigstens zugegen.[21] Die geplanten Angriffsziele – Tobruk, Malta und schließlich Ägypten – »billigte« er namentlich in dieser Abfolge. Während eines uferlosen Monologs Hitlers über Krieg, Frieden, Religion, Kunst und Philosophie dämmerte er weg; kaum ertrug er noch, was nicht »der Sache« diente. Zur beabsichtigten Offensive im Osten hörten die Italiener lediglich das Nötigste, doch trotz aller »Entschlossenheit« Hitlers sah Ciano einen müden, weißhaarig gewordenen Mann vor sich, gezeichnet von den Spuren des Winters.[22] Wieder im ostpreußischen Führerhauptquartier, befriedigten Jodl Erfolgsmeldungen. Auf der Krim und vor Charkow wurden russische Armeen zerrieben, gefährliche oder störende Frontlagen beseitigt. 300 000 Gefangene verminderten die sowjetische Abwehrkraft gegen die geplante und nun gedeckte deutsche Sommer-Offensive. Malta lag unter pausenlosem Bombenhagel. Die Transporte nach Afrika erlitten ihre bislang geringsten Verluste. Rommels Panzerarmee war für das vorgesehene begrenzte Unternehmen auszurüsten.[23] Noch im Mai trat sie zum Angriff an. In hartem dreiwöchigem Kampf schlug auch sie ihren britischen Gegner. Verbände der Luftwaffe – noch konzentriert eingesetzt – unterstützten den Siegeslauf. Am 21. Juni 1942 kapitulierte Tobruk, die vor Jahresfrist vergeblich berannte Festung.

Mit dem Fall Tobruks blieb das nächste der geplanten Ziele angemahnt. Auch Jodl war überzeugt davon, daß nun Malta zu erobern sei, wollte man die deutsch-italienischen Nachschubwege sichern.[24] Wenn Rommel darauf drang, sofort weiter anzugreifen, so dachte er für den Chef des Wehrmachtführungsstabes »zu rosig«, drohte – ohne die Wegnahme Maltas – der Angriff zu erliegen. Wie das Comando Supremo empfahl Jodl die bessere Reihenfolge, doch sein Vorschlag, hier Tatsachen nahe, verfing nicht, wurde abgetan. Hitler weigerte sich, Rommel zu bremsen.[25] Die Zuversicht des Erfolgreichen bestärkte ihn. Glückte neben der Kaukasus-Offensive ein Vorstoß zum Suez-Kanal, zeichneten sich Zangenoperationen um den Nahen Osten ab. Der Diktator meinte vor Gipfeln seiner Träume zu stehen. Er und Mussolini gaben Rommel freie Hand zum Stoß nach Ägypten. Dessen Angriff erreichte El Alamein, knapp die Hälfte der angestrebten Strecke, aber erneuter Treibstoffmangel – vorab durch Schiffsverluste – zwang ihn innezuhalten.[26] Der Feind gewann Zeit, sich festzusetzen und Kräfte heranzuführen. Ein Vormarsch zum Nil war Wunsch und nicht Wirklichkeit. Die Entscheidung fiel auf dem Mittelmeer, das wie je der Gegner behauptete. Malta blieb britische Bastion, Pfahl im Fleisch der Achsenmächte. Jodl fing an zu zweifeln, ob sich »seinem« Kriegsschauplatz überhaupt noch helfen ließ. Verfechter angemessener Strategie, hatte er Grund, Halbheiten und den ungeschmälerten Vorrang der Ostfront zu beklagen.[27]

Die deutsche Sommer-Offensive zieht ihn wie Hitler und den Führungsapparat nach Winniza, in das vorgeschobene ukrainische Hauptquartier, auf dem brütende Hitze liegt.[28] Alle Angriffe an der Front entfalten sich planmäßig. Die Armeen der Heeresgruppen A und B – nur ein Viertel gepanzert oder motorisiert – werfen den Feind vor Woronesch und erstürmen, weit ausholend, die große Donschleife westlich von Stalingrad. Drei Armeen der Verbündeten – Ungarn, Italiener und Rumänen – folgen den deutschen Angriffsspitzen, um die rasant wachsenden Flanken zu decken. Ganz im Süden wird Rostow genommen und der untere Don bezwungen. Hitler glaubt, daß der Gegner geschlagen ist. Am 23. Juli 1942 befiehlt er der Heeresgruppe B, die Landbrücke zwischen Don und Wolga zu sperren, Stalingrad zu nehmen und mit schnellen Verbänden bis nach Astrachan vorzustoßen.[29] Auch dort trachtet er die Wolga zu sperren. Die Heeresgruppe A soll den Feind südlich des Don vernichten, die gesamte Ostküste des Schwarzen Meeres besetzen, das Höhengelände von Armavir und Maikop gewinnen. Als Fernziel ist neben dem Kaukasus Baku am Kaspischen Meer genannt. Der Wille des Einen beherrscht Führung und Truppe; erfolglos Jodls Appell, eine Elite-Division nicht in den Westen zu verlegen, wo Hitler alliierte Invasionsversuche erwartet. Die Offensive im Süden überwindet den Manytsch, durchschneidet die Bahnlinie zwischen dem Asowschen Meer und Baku, erreicht Armavir und den Kuban. Am 8. August wird Maikop und mit ihm das erste, freilich zerstörte Ölgebiet erobert.[30] Die eingesetzten Armeen haben – ob vor Stalingrad oder dem Kaukasus – Hunderte von Kilometern hinter sich.

Der rasche Vormarsch züchtet in Hitler Hochstimmungen. Sein prophetischer Satz bei Jahresbeginn, daß kein Sieg mehr zu erringen sei, scheint abgetan, vergessen. Megalomanie regt sich von neuem. Speer – Mitte August 1942 im Hauptquartier Winniza – vernimmt die Führerbotschaft: »Seit langem habe ich alles vorbereiten lassen: Als nächsten Schritt werden wir südlich des Kaukasus vorstoßen und dann den Aufständischen im Iran und Irak gegen die Engländer helfen. Ein anderer Stoß wird am Kaspischen Meer entlang gegen Afghanistan geführt. Dann geht den Engländern das Öl aus. In zwei Jahren sind wir an der Grenze Indiens. Zwanzig bis dreißig deutsche Elite-Divisionen genügen. Dann bricht auch das britische Weltreich zusammen. Singapur haben sie bereits an die Japaner verloren.«[31] »Wenn wir im nächsten Jahr«, so der Tenor vor Industriellen, »nur die gleiche Entfernung bewältigen, werden wir Ende 1943 unsere Zelte in Teheran, in Bagdad und am Persischen Golf aufschlagen. Die Ölquellen wären damit für die Engländer endgültig versiegt ... Im Gegensatz zu den Engländern werden wir aber nicht nur ausbeuten, sondern besiedeln. Wir sind kein Krämervolk, sondern ein Bauernvolk.«[32] Jodl hätten die meisten dieser Worte nur erstaunt und verwundert. So unmißverständlich gerade die jüngsten Angriffsweisungen: Hitlers Imperium, dessen Umrisse ihm fernliegen, lenkt kaum eine seiner Überlegungen. Hier würde ihn, eingeweiht, sogar Phantasterei bestürzen; denn zu deutlich auch in seinen Augen die Schatten der Sommer-Offensive.

Der Gegner, sieht er, ist in die Tiefe des russischen Raumes zurückgewichen und hat sich Würgegriffen, einer wirklichen Entscheidung entzogen. Neue Gefangenenmassen – sonst Trophäen des Sieges – sind ausgeblieben. Wie Halder weiß Jodl: Der Feind ist nicht geschlagen.[33] Dagegen droht jetzt eine 2000 Kilometer lang gewordene Front die eigenen Kräfte aufzusaugen und um jeden Triumph zu prellen. Die Flanke am Don zwischen Woronesch und Stalingrad – von den nur unzureichend bewaffneten Armeen der Verbündeten gehalten – ist die größte Achillesferse und verlockt geradezu zu sowjetischen Gegenschlägen. Bleiben die Erdölfelder deutsches Hauptziel, sind zuerst die Fronten zwischen Don und Wolga zu sichern. Auch für Jodl entscheidet sich »das Schicksal des Kaukasus bei Stalingrad«.[34] Doch noch vor dem Durchstoß auf die Stadt muß die 4. Panzer-Armee zur Heeresgruppe A nach Süden einschwenken, weil sie eine der Kaukasus-Armeen verstärken soll. Ihre – militärisch ertraglose – Abspaltung verhindert den Fall Stalingrads. Die vorzeitige, aber stets beabsichtigte Exzentrik der Operationen überfordert vollends alle eigenen Kräfte: Gefahr schon seit Anbeginn der gesamten Offensive. Halder, nun zunehmend erbittert, geißelt die »Unterschätzung der feindlichen Möglichkeiten«, die schlimmste Formen annimmt und unerträglich wird.[35] Immer heftiger seine Auseinandersetzungen mit dem obersten Feldherrn, die Jodl – innerlich wohl selbst betroffen – nicht dämpfen kann oder will.

Halders Opposition reizt erst recht den Diktator, zumal er hinter ihr Realitäten spürt. Keines der gesteckten Ziele können die beiden zu schwachen Heeresgruppen erreichen. In Stalingrad hat sich Paulus' 6. Armee festgebissen; der Kampf wütet um jedes Haus und jeden Stein. Die Armeen vor dem Kaukasus verlieren ihre Stoßkraft oder sind durch Spritmangel lahmgelegt.[36] Die Nachschubkolonnen haben ungeheuere Strecken zu überwinden und verbrauchen selbst große Mengen des Treibstoffs, den sie der Truppe zuführen sollen. Zuletzt müssen Kamelkarawanen »aushelfen«. Der Feind ist überall stark geblieben, ja, attackiert sogar den Mittel- und Nordabschnitt der Ostfront. Zählte nüchternes militärisches Denken, träten die Angriffsarmeen den sofortigen Rückzug an, würde die gescheiterte deutsche Sommer-Offensive liquidiert.

Hitler verfügt über keinerlei Reserven. Mansteins freigewordene 11. Armee hat er – zum Entsetzen Halders – von der Krim vor die Tore Leningrads dirigiert. Der Ideologe, der diese Stadt nehmen will, steht dem Strategen im Weg. Gleichwohl weigert sich auch der Stratege, die Maßlosigkeit seiner Ziele zu widerrufen. Jetzt verwehrt ihm die Obsession »Erdöl« Absprünge. Unlenkbar sucht er zu erzwingen, was mit den schwach gehaltenen Heeresgruppen mißlingen muß. Obgleich er den Kaukasusarmeen noch Kräfte für Stalingrad entzieht, dringt er auf weitere beschleunigte Angriffe im Süden, doch ihr nur schleppender Fortgang schürt seine Ungeduld. Nichts kann die Ungeduld des Ruhelosen schließlich mehr beschwichtigen. Trotz der Einnahme von Noworossisk stimmt ihn die »Lage bei der Heeresgruppe A« ab Ende August 1942 tief unzufrieden.[37] Seinen Grimm wecken vor allem die mangelnden Fortschritte im Kaukasus, die er am wenigsten bedachte und erträgt. Ganz gegen sonstige Gewohnheit und schon mißtrauisch entsendet er den Chef des Wehrmachtführungsstabes. Auch Jodl soll zur Eile drängen.

Am 7. September fliegt er zu List, dem Oberbefehlshaber der Heeresgruppe A, nach Stalino.[38] Der Feldmarschall schildert ihm die Lage. Bei Noworossisk sind ständige Gegenangriffe abzuwehren; hinter Maikop hält starker Feind den Vormarsch auf. Besonders da sind die Korps zu schwach, um den Angriff fortzusetzen und die Straße Tuapse–Suchum zu öffnen.[39] List plant, sie um die Kräfte zu verstärken, die weiter südlich, vor Suchum, nicht über den Kaukasus hinwegkommen, doch auch dann wird kein Durchbruch zur Schwarzmeer-Küste aus dem Raum Maikop glücken. Der Widerstand des Gegners an den wenigen engen Gebirgspaßstraßen ist nicht zu brechen und zu umgehen. List verweist auf den nahen Winter im westlichen

Hochkaukasus, auf die entmutigenden Nachschubprobleme und den Mangel eigener Reserven. Er will – zwingendes Gebot – die Pässe des Hochkaukasus als Winterstellung beziehen und die Vorhuten jenseits dieser Stellung zurückrufen. Den Befehl, Suchum über Tuapse anzugreifen, kann er nicht verantworten, wird er niemals erteilen.[40] Jodl – früher selbst Gebirgsartillerist – ist zu sachverständig, um sich Lists Argumenten verschließen zu können. Die Tatsachen überzeugen ihn. Er begreift, daß es unmöglich geworden ist, den Gegner vom Gebirge her ins Meer zu werfen. Die beabsichtigte Winterstellung, sagt er zu, werde er Hitler vorschlagen.[41]

Bereits am Abend wieder zurück in Winniza, verdeutlicht er die abnormen Geländeschwierigkeiten im westlichen Hochkaukasus. Aussichten gibt er allein noch Angriffen, die ebenes Terrain begünstigt, einem letzten konzentrierten Offensivstoß auf die Ölfelder um Grosny. Den Schwerpunkt bildete er »ausschließlich« hier im Süden. Hitler warnt er, Fallschirmtruppen bei Tuapse landen zu lassen; sie würden nicht rechtzeitig entsetzt, sondern mit größter Wahrscheinlichkeit vernichtet.[42] Entschieden rät er von einem Vorstoß der Gebirgsjäger über die Pässe ab, da es »schon jetzt äußerst schwierig« ist, die Verbände zu versorgen. Er glaubt, daß sich die Truppe nach Tuapse – wenn überhaupt – nur »langsam durchfressen« kann. Ob der Angriff noch 1942 gelingt, erscheint ihm »sehr zweifelhaft«. Hitler unterbricht ihn gereizt und rüffelt Lists Führung. Er spricht vom versäumten rechtzeitigen Schwerpunkt bei Tuapse, von verzettelten Kräften an der gesamten Gebirgsfront, doch Jodl verteidigt List und erinnert daran, daß die Heeresgruppe Führer-Befehlen folge.[43] Der Diktator fängt an zu toben.

Sein Wutausbruch wird zur Raserei, kennt weder Halt noch Grenzen. »Ich habe Sie nicht losgeschickt«, schäumt er gegen Jodl, »um mir jetzt von Ihnen lauter Bedenken melden zu lassen. Sie sollten vorn meine Absicht des Fallschirmjägereinsatzes bei Tuapse vertreten. Das war Ihre Aufgabe. Statt dessen kehren Sie von den Frontbefehlshabern völlig beeinflußt wieder zurück und machen sich zum Sprachrohr dieser Herren. Dazu brauchte ich Sie nicht zu entsenden.«[44] Darauf Jodl, sich aufrichtend und gleich lautstark: »Wenn Sie Ihre Fallschirmtruppen verlieren wollen, dann setzen Sie sie bei Tuapse ab. Und ebenso wird es den Gebirgsjägern ergehen, wenn sie in dieser Jahreszeit über die Pässe müssen. Im übrigen war ich nicht als Befehlsübermittler entsandt, sondern zur Prüfung der Verhältnisse. Um lediglich einen Befehl zu überbringen, hätte es nicht meiner Person bedurft.«[45] Hocherregt und brüsk verläßt er den Raum.

Im tief getroffenen Diktator bleibt wilder Groll. Da ihm nicht die Risiken seiner Kriegsstrategie bewußt sind, hat er gegen Abgründe angeschrieen. Begangene Fehler aber vermag er nicht einzugestehen. Er erklärt, sich von Jodl und Keitel trennen zu wollen.[46] Paulus und Kesselring sollen beide ersetzen. Zu den bislang gemeinsamen Mahlzeiten erscheint Hitler nicht mehr. Die Lagebesprechungen verlegt er in seinen Bunker. Dem Chef des Wehrmachtführungsstabes verweigert er die Hand; kaum daß er ihn noch andeutend grüßt. Im kleinsten Kreis erörtert er künftig lediglich das Notwendigste. Die Atmosphäre wird eisig.[47] Stenographen haben fortan jedes Wort der Lagebesprechungen aufzunehmen. Der Diktator will seine Befehle »sichern« und »Schuld« anderer unwiderlegbar beweisen. Haß trifft alle, die seine Schmähungen bezeugen oder gar folgern könnten, daß er zugegeben habe, gescheitert zu sein. Die »Vertrauens«krise ist deshalb Krise, weil sie beleidigtem Stolz entspringt.

Hitlers Raserei hat Jodl bis ins Mark verstimmt. Nie erlebte er bei Menschen ähnliche Wutausbrüche.[48] Wenn sich der Führer von ihm trennt, so bedauert er es jetzt am wenigsten. Ein Frontkommando empfände er als Erlösung. Möge Hitler – äußert er – nur zusehen, ob er »zurechtkommt«. »Solch einen zuverlässigen Nationalsozialisten wie mich wird er unter den Heeresgeneralen kaum wiederfinden.«[49] Der erstattete Bericht bleibt für Jodl unanfechtbar, spiegelt die wirkliche Lage. Trotzdem räumt er Warlimont gegenüber ein, vielleicht auch fehlerhaft gehandelt zu haben. Wer einem Diktator Irrtümer nachweise, hört der Stellvertreter, beeinträchtige dessen Selbstvertrauen, die stärkste Stütze seiner Person und seines Handelns.[50] Die Diktator-Psychologie offenbart wiederaufkeimende Unsicherheit: doppelt grotesk angesichts der Blutopfer einer falschen Führung. Welche Eitelkeit wäre zu schonen? Doch neben alledem nun klarere Resümees, entschiedenere Vorbehalte gegen abwegige Strategien. Der Chef des Wehrmachtführungsstabes weiß: Vom Gebirgskampf und unerläßlichen Bewegungskrieg in Rußland hat Adolf Hitler keine Begriffe.[51] Seit Monaten ist ihm der Oberste Befehlshaber ein veränderter Mann. Nichts drängt Jodl, den Gemaßregelten, zu weiteren Konflikten.

Über Schmundt müht er sich jeden dritten Tag um ein Frontkommando, unabhängig davon, ob Paulus bei Stalingrad frei wird oder nicht, aber der Diktator meint kalt: »Ob und wann Sie gehen, bestimme ich.«[52] Hitler trennt sich nur von Halder. Bitter erwähnt er alle Widerreden des Generalstabschefs. Der Kampf mit ihnen, gesteht er, habe zuviel Nervenkraft gekostet. Was das Heer »noch« an Aufgaben zu lösen hat, erfordert für den ersten Feldherrn nicht länger »fachliches Können«, sondern »die Glut nationalsozialistischen Bekennens«.[53] Halders Nachfolger, General Zeitzler, greift die Stichworte auf. Er verlangt von jedem Generalstabsoffizier Glauben an den Führer und Hitlers Führung, Glauben, der »auszustrahlen« ist.[54] Wer dem nicht entspricht, gilt als unbrauchbar. Der Generalstab des Heeres, scheint es, soll zur Kirche werden. Mit Halder geht nicht ein Chef höchsten Ranges; in etlichen Prognosen irrte auch er. Erst Hitlers Verworrenheiten seit Mitte 1942 gaben dem kühlen Fachmann wieder Gewicht. Halder fürchtet, daß gerade die Nachfolger bewährte Grundsätze verleugnen müssen. Um so beklemmender sein Bekenntnis zu Staatssekretär Ernst von Weizsäcker, daß er ohne Sorge für das Heer abtrete.[55] Selbst hier scheidet kein eindeutiger Protektor.

In Winniza schmäht Hitler nicht nur ihn, sondern alle Spitzen des Heeres. Mehr und mehr eifert er gegen die Urteilslosigkeit, Schwäche und Verantwortungsscheu seiner Generale.[56] Offen verflucht er sie und sich, weil mit ihnen keine »Entscheidung auf Leben oder Tod« erreichbar sei. Unverhüllt rühmt er die Vorzüge »des russischen Prinzips der politischen Kommissare«. In seine Wut, hinter der Unsicherheit steht, mischt sich Überdruß. Reif und Frost lähmen das gesamte Hauptquartier. Hitler löst List ab und übernimmt selbst dessen Heeresgruppe. Zeitzler drängt den Wehrmachtführungsstab auf die OKW-Kriegsschauplätze zurück.[57] Im Osten soll jetzt lediglich der Heeresgeneralstab führen. Zeitzler bremst Informationen und Gedankenaustausch. An dem, was ihn »nichts angeht«, zeigt er kein Interesse. Die Spaltung der Wehrmachtspitzen, obschon bereits Ende 1941 verfügt, betreibt er nun säuberlich. Die unaufhaltsamen Folgen: schwindende Gesamtübersicht und halb erblindende Führungsgremien.

Jodl – ohnehin fast »entthront« – mied Zeitzler. Bewußt wandte er sich ab von der OKH-Domäne, aber einer »seiner« Kriegsschauplätze verstrickte ihn von neuem. Auf der Kanalinsel Sercq hatten Briten ein deutsches Arbeitskommando überfallen, gefesselt und dadurch teilweise hingemordet. Der Vorfall erinnerte an ähnliche englische Übergriffe bei Dieppe, dem im August abgeschlagenen Landeunternehmen: Verbrechen gegen Männer der Organisation Todt und mehrere Soldaten. Eine erbeutete britische Nahkampfvorschrift erläuterte, wie man Menschen so fesselte, daß sie sich selbst töteten.[58] Ganz glühende Empörung, schrieb Hitler am 7. Oktober 1942 einen Zusatz zum OKW-Bericht. In ihm hieß es, daß künftig »sämtliche Terror- und Sabotagetrupps der Briten und ihrer Helfershelfer, die sich nicht wie Soldaten, sondern wie Banditen benehmen, von den deutschen Truppen auch als solche behandelt und, wo sie auch auftreten, rücksichtslos im Kampf niedergemacht« würden.[59] Umgehend forderte Hitler einen Ausführungsbefehl, Kriegsgerichte wollte er nicht dulden.

Jodl sträubte sich »mit Händen und Füßen«. Wie beim Kommissar-Befehl plagten ihn Zweifel.[60] Die eingehende Durchsicht der Haager Landkriegsordnung beseitigte sie nicht. Stellungnahmen der Wehrmachtrechtsabteilung, die Offiziere des Stabes einholten, verwarf oder zerpflückte er. Angehörige von Terror- und Sabotagetrupps auch *ohne* Uniform kurzerhand zu erschießen, schien ihm »unmöglich«, ebenso der Vorschlag, daß sein Wehrmachtführungsstab entschied, was mit den festgenommenen Kommandos zu geschehen habe. Warlimont dagegen stoppte er nicht. Der Stellvertreter wies die Quartiermeisterabteilung an, Hitlers Zusatz zum Wehrmachtbericht in einen Befehl umzusetzen. Mitte Oktober formulierte er: »Die Absicht, in Zukunft sämtliche Terror- und Sabotagetrupps, die sich wie Banditen benehmen, zu erledigen, ist *bereits im Rundfunk bekanntgegeben* worden. Die Aufgabe von WFSt (Wehrmachtführungsstab) ist deswegen nur darin zu sehen, *Durchführungsbestimmungen* zu geben, wie die Truppe gegenüber Terror- und Sabotagetrupps zu verfahren hat.«[61] Die Textproben der Quartiermeisterabteilung kamen, von Mal zu Mal, den Vorstellungen Hitlers näher. In ihrem dritten Entwurf empfahl sie, alle Kommandotrupps niederzumachen, auch wenn sie uniformiert waren und »Anstalten« trafen, »sich gefangen zu geben«.[62] Die Aktivitäten seines Stabes unterminierten Jodls Argumentation, ja, rückten ihn, den Chef, ins Zwielicht. Er hoffte, daß – nach dem Zusatz im Wehrmachtbericht – Englands Kriegsministerium reagierte und die leidige Sache dem Auswärtigen Amt zufiel: vergeblich. Doch als Schmundt den Ausführungsbefehl anmahnte, lehnte er es ab, »einen solchen Befehl zu machen«.[63] Er fühlte sich außerstande, ihn »völkerrechtlich zu begründen«. Hitler verzichtete auf Strafen gegen den Widerspenstigen und »machte selbst die Befehle«. Einen Tag später, am 18. Oktober, lagen sie vor Jodl.

Der Text des Führers stärkte nur seine Bedenken.[64] Er empfand ihn als »mehrdeutig« und »zu unklar für die Praxis«. Daß *sämtliche* Kommandos niederzumachen waren, traf in seinen Augen auch »anständige Soldaten«, die lediglich Kriegsgerichte vor drohender Willkür schützten. Erst recht widerstrebte ihm die Hinrichtung zuvor noch Verhörter, und am wenigsten durchschaute er die Rechtslage einmal gefangengenommener »Banditen«. Er wußte: Sabotage gehörte nicht zuletzt zur deutschen Kriegführung. Angehörige von Sabotageeinheiten insbesondere *in* Uniform waren Soldaten und, wenn sie sich ergaben, als Gefangene zu behandeln, aber auf ausdrückliche Anordnung verteilte er Hitlers Befehl. Mit einer allgemeinen Geheimhaltungsverfügung, die er unterschrieb, leitete er ihn weiter.[65] All seine Vorbehalte reichten nicht zu eindeutigen Trennungsstrichen, auch nicht bei der Ungnade, in die er ohnehin geraten war. Die Gründe, die er dem empörten Hitler zubilligte, hinderten ihn, pure kriminelle Energie zu unterstellen. Nie wäre er darauf verfallen, daß er sich selbst schicksalhaft Schuld auflud, namentlich angesichts all seiner Vorbehalte.

Aber innerlich beunruhigt genug, suchte er Exekutionen gemäß dem Kommando-Befehl zu hintertreiben. Meldungen hielt er zurück oder deutete er um in Berichte über normale Kampfhandlungen. Nach der Invasion 1944 gelang es ihm, Hitlers Befehl »räumlich einzuschränken«, sollte er allein noch »gegenüber feindlichen Unternehmungen rückwärts der Korpsgefechtsstände«, nicht dagegen im Kampfgebiet der Landeköpfe gelten.[66] Sinngemäß sei – verfügte Jodl – auf dem italienischen Kriegsschauplatz zu verfahren. Gleichwohl blieben Ungereimtheiten: abermalige Mitgift jener, die Elendiges bloß am Rande korrigierten. Fragwürdig weiterhin bei hartem Ringen der Begriff des »Banditentums«; unsicher die Chance »anständiger Soldaten«, immer als Gefangene davonzukommen. Selbst die alliierten Militärmissionen auf dem Balkan waren – so Warlimont nach qualvollen Abwägungen – »wie ein Kommandounternehmen« zu betrachten und zu behandeln.[67] Wieder belasteten völkerrechtswidrige Befehle die eigene kämpfende Truppe. Wieder war es schon zu viel, wenn sie diese Befehle auch nur einmal ausführte.

Widerstreben war vielleicht das Äußerste, was Jodl sich noch gestatten konnte. Hätte er den Begleitbefehl verweigert, wäre er, wie er in Nürnberg sagte, abgeführt worden.[68] Mit dem Diktator zerfallen, den nichts und niemand zurückzuhalten vermochte, bedrohte ihn der Zorn des längst Gereizten, und Furcht war gewiß im Spiel. Die Unterordnung schien konsequent. Auch wenn er, Jodl, keinen stummen Märtyrertod erlitten hätte: ohne Gewalt gegen den Tyrannen blieb sein Selbstopfer sinnlos. Was ihm stets fernlag, ließ wieder nur die Alternative, noch Schlimmeres zu verhüten; aber war es eine Alternative, wo es – wie beim Kommissar-Befehl – um Blut und Leben ging? Mochten Abmilderungen oder gar Täuschungen glücken: jeder Übergriff setzte ins Unrecht und klagte an. Fraglich, ob das Gewissen, das sich hier erst entscheiden mußte, den Namen Gewissen verdiente; doppelt fraglich, sofern es nicht dazu antrieb, die Wurzel der Verbrechen auszureißen: Beschwichtigung für die noch mitverstrickten Frondeure des Widerstandes. Jodl glaubte trotz belastender, warnender Anzeichen an keinen fundamentalen Fehler. Die Tatsache freilich, gegen seinen Willen gezwungen worden zu sein, erweckte in ihm nachwirkende Ressentiments. Aufgewühlt schwor er sich, weitere Dammbrüche abzuwehren oder Zweifel nicht mehr zu unterdrücken.[69] Doch wenn je, so hatte er mit dem gedeckten Kommando-Befehl seinen Rubikon überschritten. Bessere Vorsätze lagen endgültig jenseits der »Anfänge« des Bösen.

Die feindlichen Gegenschläge in Nordafrika und Rußland – drei Operationen – verdrängen Jodls Querelen. Noch im Oktober greift Montgomerys 8. Armee bei El Alamein Rommels Afrika-Korps an.[70] Mit gewaltiger Panzer- und Luftwaffenüberlegenheit zersprengt sie die deutsch-italienischen Stellungen. Allein Rückzüge retten noch Rommels Streitmacht vor Einkesselung und Vernichtung. Knapp drei Wochen später landen 110 000 Amerikaner und Engländer – neun Divisionen – in Marokko und Algerien.[71] Unübersehbar droht eine Zangenbewegung, die angesichts auch der feindlichen Seeüberlegenheit alle Verbände der Achse zu erdrücken verspricht. Gegen die alliierte Invasion zwischen Casablanca und Algier wird zunächst nur ganz Frankreich besetzt; andere Pläne sind vom Wehrmachtführungsstab nicht vorbereitet. Am 19. November 1942 schließlich folgt der russische Offensivschlag, greifen Rokossowskijs Don- und Jeremenkos Stalingrad-Front an.[72] Unter ihrem Ansturm zerbrechen die empfindlichsten Abschnitte ohne panzerbrechende Waffen: die Stellungen der Rumänen. Vereinzelter Widerstand richtet nichts. Schon drei Tage später treffen die sowjetischen Stoßkeile bei Kalatsch aufeinander. Die 6. Armee ist von ihren rückwärtigen Verbindungen abgeschnitten. Einzig sofortiger Durchbruch nach Südwesten hülfe den 22 umgangenen deutschen Divisionen. Hitler indes zwingt sie, einen Kessel zu bilden und bewegungslos auszuharren. Er will sie auf dem Luftweg versorgen, von außen her entsetzen und Stalingrad unverwandt behaupten.[73]

Sein »Wunder«mittel vor Moskau wurde Dogma. Wo der Gegner angriff, hatte sich die Truppe festzukrallen. Selbstverantwortung auf unteren Stufen verkam, sah sich erneut bestraft oder erbitterte Hitler mehr denn je. »Die Generale«, hieß es, »wollen immer operieren; sie sollen stehenbleiben.«[74] Was Führung ausmachte, war mit solchen Worten suspendiert; quälend jetzt das Bild und die Grenzen des obersten Feldherrn. Trotzig redete sich der Diktator ein, daß es allein einen, den eigenen Willen gebe. Rapid gewann der Feind Chancen, die ihm Strategie nie gewährt hätte. Einmal bedrängt, klebte Hitler an Positionen, die schon um Möglichkeiten sinnvoller Verteidigung prellten. Die Lenkung eines Millionenheeres, und zumal in den Tiefen Rußlands, überstieg seine Fähigkeiten. Die Nachtseiten dieser Führung, menschenverachtend wie beim sowjetischen Gegner, schürten unter Kommandeuren Konflikte und Zorn.

Rudolf Konrad, Gebirgsjäger-General, Kommandeur der Hochkaukasus-Front und vielleicht der engste Freund Alfred Jodls, urteilte Anfang 1943, »daß unsere Kräfte im letzten Jahr verpufft worden seien von Leuten, die sich auf alles andere verstünden als auf die Kriegsführung. Besonders dilettantisch sei die Vernachlässigung der Schwerpunktbildung; Clausewitz würde sich im Grabe umdrehen. Man folge jeder Begierde, jeder flüchtigen Idee, und Propagandaziele verdrängten die strategischen. Man könne den Kaukasus, Ägypten, Leningrad und Stalingrad angreifen, doch nicht zu gleicher Zeit und dabei noch mit einigen Nebenplänen beschäftigt sein«.[75]

Konrads Verdikt richtete Hitler, den Generalstab und seinen Freund Alfred Jodl. Von den Konflikten im Führerhauptquartier brauchte er nur wenig zu wissen. Die deutsche Sommer-Offensive – unwiderrufen – stand vor dem Desaster, das sie geradezu heraufbeschworen hatte. Nichts sprach, in den Augen der Frontbefehlshaber, für mildernde Umstände. Auch der klare Kaukasus-Bericht, den der Chef des Wehrmachtführungsstabes erstattete, blieb lediglich Versuch einer überfälligen Korrektur. Souveränität freilich ist verwirkt, ja, bis auf den Grund weggeschliffen. Schwäche und Schuld der Heeresspitzen enthüllen sich in verhängnisvoller Einflußlosigkeit.

Jodl kann und mag Rommel nicht dreinreden, aber Nordafrika will er »als Vorfeld von Europa unbedingt« halten. Gehe es – skeptischer Zusatz – »doch verloren«, erwartet er einen angelsächsischen Angriff »gegen den Südosten Europas über den Dodekanes, Kreta und den Peloponnes«.[76] Die amerikanisch-britische Landung westlich Algier – für ihn da bis zuletzt unsicher – bekräftigt seine immerhin angedeutete Skepsis. Über das Schicksal des nun auch im Rücken bedrohten Afrika-Korps hegt er keine Illusionen. Entfällt in Jodls Augen Italien als Ziel alliierter Strategie, müßte er bereits an eine rechtzeitige Räumung Nordafrikas denken, aber wieder darf er nur Ausführender sein. Zügig hat er – Befehl Hitlers – Brückenkopfstellungen um Tunis aufzubauen.[77] Weisungsgemäß verstärkt er noch eine Armee, die nicht mehr zu versorgen ist und besser auf dem europäischen Festland stünde. Soweit er sich eine konstruktive Frankreich-Politik wünschte, sind seine Hoffnungen überholt oder Makulatur. Hitler hat nichts unternommen, den Besiegten von 1940 zu gewinnen. Jetzt – bei schlechtester Lage der Achse in Nordafrika – wäre Frankreich stets zu den kommenden Siegern abgeschwenkt.

Stalingrad ist Zeitzlers Domäne. Trotzdem greift Jodl – noch einmal – in sie ein. Anfang Oktober warnt er vor weiteren verlustreichen Häuserkämpfen, regt er an, die Einnahme Stalingrads nur »in zweiter Linie« zu erwägen.[78] Am 20. und 21. November will er Entscheidungen der Heeresgruppe B überlassen, ja, die Wolga-Front der 6. Armee entblößen, um den Süd-Abschnitt zu stützen. Andernfalls ist für ihn die Einschließung Stalingrads unaufhaltsam. Der Haupt-Rat verdiente das Prädikat realistisch, könnte das OKH von der Wolga-Front noch rasch frische Verbände abziehen; doch Hitler verwirft – schroff – auch die diskutablen Vorschläge.[79] Bereits Anfang Oktober meinte er Stalingrad »aus psychologischen Gründen« erobern zu müssen. Nach der Münchener November-Rede vor alten Parteigenossen binden ihn erst recht diese Gründe. Jodl vermag sich sowenig wie Zeitzler durchzusetzen. Zudem sind hier, für den Hauptkriegsschauplatz, seine Kompetenzen eingeschränkt. Was er im Osten anstrebte, wären nun »endlich feste Fronten«, damit man 1943 »wenigstens an einer Stelle zur Offensive übergehen« kann.[80] Ungegängelt riskierte er kaum die Vernichtung einer deutschen Armee.

Die Einschließung Stalingrads wertet er als taktischen Rückschlag: anfechtbar allein schon nach Kriegsschullehren. Görings Zusage, daß die Luftwaffe Paulus' Divisionen versorgen könne, quittiert er stumm. Die kritischen Stimmen der Luftwaffenkommandeure entfachen in ihm kein heiliges Feuer. »Wenn wir von der Wolga zurückgehen«, erklärt er Hitler, »so bedeutet das die Aufgabe eines großen Teils der Gebiete, die wir unter so schweren Opfern durch die Sommeroffensive gewonnen haben. Andererseits kann die Lage, wenn wir die 6. Armee nicht zurückziehen, ernst werden. Die geplanten Operationen zu ihrer Befreiung können Erfolg haben, aber auch fehlschlagen.«[81]

Seine Stellungnahme steckt voller Unentschiedenheiten und verleugnet das Berechenbare. Was die Sommer-Offensive eintrug, ist so oder so aufzugeben. Auch nach einem geglückten Befreiungsunternehmen müßte man Rückzüge antreten. Zeitzler, der Görings Zusage »Unsinn« nennt und dem es »Verbrechen« wäre, die 6. Armee in Stalingrad zu lassen, fühlt sich genarrt, verraten. Jodl bestärkt Hitler, an der Wolga auszuhalten, und hofft auf die geplante Entsatz-Offensive, die er bereits mitentworfen hat. Der völlig ungenügende Nachschub für Stalingrad – kaum eine Überraschung – nötigt ihn noch mehr zu hoffen; doch die Entsatz-Offensive Mansteins im Dezember 1942 mißlingt.[82] Eine ganze und zwei halbe Divisionen treten an und müssen – in der Flanke bedroht – 50 Kilometer vor dem Kessel ihren Angriff abbrechen. Paulus wagt nicht, ihnen bei seinen geschrumpften Treibstoffvorräten entgegenzustoßen. Manstein gibt ihm keinen klaren Ausbruchsbefehl. Jodl, der offenbar andere Entschlüsse erwartete, ist niedergeschlagen.[83] Selbst aus dürren Funksprüchen kann er entnehmen, was sich weit weg an der Wolga vollzieht. Es ist die Tragödie einer unter Hunger und Kälte dahinsiechenden, todgeweihten Armee, der nun die Sowjets Fangstöße versetzen können, eine Tragödie tausendfachen Grauens. Aber anders als Manstein bittet er nicht einmal Wochen später um die Kapitulation der 6. Armee.[84]

Er weiß, daß niemand imstande ist, sie Adolf Hitler abzuringen.

Weniger gravierend – noch – seine Sorgen hinsichtlich des »hauseigenen« Kriegsschauplatzes. Rommel hat, nach der Wende vor El Alamein, die Panzerarmee Afrika der Einkesselung und Vernichtung entzogen.[85] Bis an die Grenze der Cyrenaika ist er ausgewichen: ein Rückzug, von dem ihn niemand abgebracht hätte. Auch wenn er nicht ahnt, daß ebenso seiner Armee ein Stalingrad bevorsteht: zunächst hat er es vermieden. Ungerufen im Führerhauptquartier und daher mit Vorwürfen empfangen, fordert er entweder ausreichende Verstärkung oder – wozu er rät – Nordafrika zu räumen. Jodl könnte gegen diese Alternative kaum Einwände erheben.[86] Er braucht keine Belehrungen über die Schwäche der deutschen Kräfte und die Gefahr der feindlichen Zangenbewegung. Was die Räumung Nordafrikas nahelegt, ist ihm im Innersten bewußt. Es wäre eine Räumung, durch die man sich sonst verlorene Divisionen erhielte; doch nicht er, der Chef des Wehrmachtführungsstabes, hat abzuwägen und Entscheidungen zu treffen. Hitler befiehlt, Nordafrika zu verteidigen, und glaubt – mit dem Besitz von Tunis – an bessere und sichere Nachschubwege. Die Unmöglichkeit, sie abdecken zu können, übergeht er, erörtert er nicht.[87] Trotz fortgeschleppter Halbheiten will gerade er Europas »Vorfeld« halten. Sein Entschluß, wieder unumstößlich, verzögert den Zusammenbruch des italienischen Bundesgenossen um sieben Monate. Nur ist der Aufschub ziellos und ohne höheren Sinn.

Im Trümmerfeld Stalingrads aber stirbt die 6. Armee. Der Gegner triumphiert mit »einer Vernichtungsschlacht klassischen Ausmaßes«.[88] Ungehindert kann er aufmarschieren und angreifen. Seine Artillerie schießt aus offenen Feuerstellungen. Seine Panzer walzen bewegungsunfähige Einheiten nieder. Wo die Eingeschlossenen noch kämpfen, geschieht es dumpf, mit verlorenem Glauben und im Bewußtsein, betrogen und verraten worden zu sein. Die letzte Gegenwehr, Zuckungen der deutschen Divisionsreste, preisen Presse und Rundfunk als »heroischen Fanatismus«, doch der Feind macht ein Ende. Russische Stoßkeile spalten Paulus' Armee und drängen sie in einen Nord-

und Südkessel. Unter totaler Auflösung erlischt am 31. Januar und 2. Februar 1943 jeder Widerstand. 92 000 Mann geraten – nahezu verhungert und erfroren – in sowjetische Gefangenschaft. 147 000 sind gefallen.

Manstein hat alle Kräfte anzuspannen, um die – noch immer festgenagelten – Kaukasus-Armeen durch das Nadelöhr um Rostow zurückzuschleusen.[89] Nun geht es darum, eine Niederlage von ganzen Heeresgruppen abzuwenden. Der gesamte deutsche Südflügel schwebt in höchster Gefahr. Die Sowjetunion hat ihre größten Talsohlen überwunden. Hitler ist jetzt eindeutig gescheitert. Wenn er gehofft hatte, Japans Eingreifen würde ihm zu Fristen verhelfen, so sind diese Fristen abgelaufen. Er, der im Osten auch 1942 siegen wollte, weil ihm allein Sieg und nicht bloße Blockadefestigkeit Chancen gab, hat endgültig verspielt. Amerikas Übermacht – längst Entscheidungsfaktor – kann sich noch sicherer entfalten. Ein »Alcázar« Europa fällt der gewaltigsten Koalition aller Zeiten erst recht anheim. Gültiger denn je die Einsicht des Diktators von 1941/42, nach dem Desaster vor Moskau.

Jodl verhehlte sich nicht, daß Starrsinn die Tragödie an der Wolga besiegelt hatte. So unzulänglich zuvor sein strategischer Rat – das Ausmaß der Katastrophe verbot Abwiegeleien.[90] Er begriff: Was Hitler im Winter 1941/42 rechtfertigte, war hier zum Verhängnis ausgeschlagen. Haltebefehle drohten jetzt das Heer zu zerbrechen. Mißtrauen gegen *jede* bewegliche Kampfführung offenbarte bestürzende Kleingeistigkeit. Prestige war über Notwendigkeiten gestellt, Wunschdenken über die verfügbaren Potentiale. Nie wüstete ein Oberster Befehlshaber ähnlich mit Menschen seiner eigenen Streitmacht: verbissen in das abwegigste aller Konzepte. Operative Freiheit hätte den Rückschlag der Gesamtoffensive mildern, die Abwehrkraft der Heeresgruppen stärken können. Das Hinopfern einer Armee, die im Endeffekt nur das ohnehin Unerläßliche deckte, erschütterte Jodl nachhaltig. Auch er, der Chef des Wehrmachtführungsstabes, hatte oft den Gegner unterschätzt, aber nun hörte er auf, an eine erschöpfte oder gar ausgeblutete Rote Armee zu glauben. Mit dem sowjetischen »Stoß durch die Donfront abwärts Stalingrad«, einer glänzend geplanten Operation, sah er den endgültigen Wendepunkt vor sich. Er dachte nicht länger daran, daß kein Sieg mehr zu erringen sei. In seinen Augen hatte Deutschland den Krieg *verloren*.[91] Noch dringlicher – bei diesem Wort – die Pflicht, politische Schritte einzufordern. Das Gebot, aus der militärischen Lage Konsequenzen zu ziehen, wurde unabweisbar.

Wahrscheinlich, daß Jodl lediglich eine Denkschrift verfaßt hätte, nach der er ins Glied zurückgetreten wäre. Andere Schritte untersagten die Kompetenzen, die er sich weiter allenfalls zugestand. Doch jetzt – Anfang 1943 – lähmte ihn Roosevelts und Churchills Casablanca-Formel, die Forderung »bedingungsloser Kapitulation«. Sie durchschnitt wie ein Fallbeil quälende militärpolitische Erwägungen.[92] Sie nahm er wörtlich und als Beweis, daß nicht nur Adolf Hitler, sondern jeder deutschen Führung Auswege versperrt blieben. *Volk* und *Nation*, glaubte er, plante der Feind auszulöschen, und zumindest der Anschein des unabgeschwächten Textes gab Jodl recht. Die alliierte Formel – Programmpunkt einer Weltanschauung und schon deshalb fragwürdig – verleugnete warnende Lehren. Wenngleich postuliert, um Rußlands Furcht vor einem Separatfrieden der Westmächte zu zerstreuen, war auch mit ihr Politik zugunsten des Krieges verabschiedet. Militarismus leitete fortan ebenso Hitlers Gegner. Nicht zuletzt Emigranten packte Verzweiflung über die psychologischen Torheiten des »Unconditional surrender«.[93] Kaum weniger aber spiegelte sich in der alliierten Formel Deutschlands vermessene Herausforderung wider, eine Herausforderung, die zu Worten auch gegen höhere Vernunft anstacheln konnte. Dieses Deutschland hatte überreizt und war für Roosevelt wie Churchill zu einer Weltgeißel geworden. Das Reich sollte unterworfen werden und seine Macht nie zum dritten Mal mißbrauchen.

Logik verlangte – auf der Gegenseite – kühle, unbefangene Überlegungen. *Glaubte* man an die Entschlossenheit der Alliierten, mußten sie früher oder später Deutschland bezwingen. Menschen- und Materialreserven, die zu einer überwältigenden, zermalmenden Stärke befähigten, verbürgten ihnen den Sieg.

Vermochte aber ein Verzweiflungskampf den sicheren Ausgang des Krieges, den Triumph der Überlegenen abzuwenden? Verlor nicht ein Deutschland, das sich selbst auslöschte, erst recht und dann überhaupt Zukunft? Kapitulation geschah immer unter Bedingungen. Allein Amokläufe machten sie »bedingungslos«. Das Ende ließ sich bestenfalls hinauszögern. Gegen Herostratentum galt, daß ein 80-Millionen-Volk nicht auszurotten war. Wieder wäre wahres Feldherrntum vonnöten gewesen, doch die Logik umstellten hier kaum überwindbare Hürden. Wie nahezu jeder Soldat widersetzte sich Jodl einer totalen Unterwerfung, wollte er – nun noch unbeugsamer – den feindlichen Vernichtungswillen brechen.[94] Sein Denken trieb ihn, aus Selbstachtung bis zum äußersten zu gehen. Er klammerte sich – Manstein folgend – an eine Ermattungsstrategie, die Rußlands Kampfkraft zerschliß und wenigstens Stalin zum Einlenken bewegte.

Seine und Mansteins Hoffnung wäre nicht abwegig gewesen, aber nur ohne den Mann, der politische Lösungen verweigerte und das tief verhaßte Deutschland symbolisierte. Auch eine neue Staatsführung hätte versuchen müssen, durch Ermattungsstrategie das Schlimmste abzuwenden, freilich bei deutlich erklärter Bereitschaft zum Verzicht auf alle Eroberungen Hitlers. Allein unter solchem Vorzeichen durfte Ermattungsstrategie noch Fristen beanspruchen, hatte sie in Grenzen Sinn. Mißlang es auch einer neuen Staatsführung, mit ihr die Feinde zu bekehren, mußte sie ebenso kapitulieren. Jodl erwog Wege ohne Hitler nicht einmal für Augenblicke. Dem Gedanken, daß – wenn überhaupt – nur andere die Abenteuer des Diktators liquidieren konnten, gab er keinen Raum. Für ihn blieb Hitler, und besonders nach erkämpftem Remis, ein handlungsfähiger Politiker.[95] Der Einsicht, daß dieser Führer zurücktreten mußte, verwehrte er sich. So widersinnig jede Selbstbeschwichtigung, wenn gemäß klarer Erkenntnis der Krieg *verloren* war: Jodls Prämissen hielten ihn ab vom Kern der wirklichen mahnenden Sachlage. Verfocht er jedoch eine Ermattungsstrategie mit dem Staatsoberhaupt, setzte er auch bei seinem Hitler-Bild auf das letzte Argument.

Roosevelts und Churchills Casablanca-Formel brauchte ein

Goebbels kaum zu kommentieren. Grimm erfaßte namentlich den deutschen Frontsoldaten. »Unten« überwog vollends Irrationalismus; Unbeugsamkeit war keine Floskel. Jodl fühlte sich gestützt nicht nur durch seine unmittelbare Umgebung. Am 10. März 1943 flog er mit Hitler zu Mansteins Heeresgruppe nach Saporoshje.[96] Obgleich ohne Zuständigkeiten, mußte er des Führers Troß begleiten. Manstein hatte dem russischen Angreifer Fallen gestellt. Beiderseits Charkow gedachte er die am weitesten vorgeprellten sowjetischen Verbände abzuschneiden und zu vernichten. Ein glänzender Abwehrsieg, bald darauf Tatsache, reifte heran: seit Stalingrad der erste Lichtblick. Aber wenn Jodl aufmerksam zuhörte, so dämpfte Hitler seine Genugtuung. Volle Operationsfreiheit wurde Manstein verweigert, die Ermattungsstrategie zum Stückwerk. Der Diktator versagte sich uneingeschränkter beweglicher Kampfführung, die gerade dem zahlenmäßig Schwächeren vorgeschrieben blieb. Nirgendwo wollte er Risiken eingehen.[97] Der Kuban-Brückenkopf – wertlose Bastion – war für Offensiven über den Kaukasus, nach Persien, Palästina, ja Indien zu behaupten: schwachsinnig gewordene Vorstellungen, die ins Nebulöse lenkten. Hitler indes hielt zur Zersplitterung des Ostheeres, dem größten Risiko; nicht abgetan die Gewichte, die das Unerläßliche beschwerten und zu erdrücken drohten. Versuche Mansteins, Aufschlüsse über den Fortgang aller Operationen zu gewinnen, schlugen fehl. Nur vom »kriegsentscheidenden Donezgebiet«, das zu verteidigen sei, war wiederholt und eindringlich die Rede. Wie 1941 beharrte Hitler auf dem Zweitrangigen.

Auf Saporoshje folgte Smolensk. Mit Hitlers Begleitern landete Jodl drei Tage später bei der Heeresgruppe Mitte.[98] Kluge hatte seine Armeeführer zusammengerufen. Hitler ließ wissen, daß er – durch Angriffe von Nord und Süd – den russischen Frontbogen um Kursk vernichten wolle, aber kaum einer, der ihm zustimmte. Nahezu jeder verwies auf die geschwächten deutschen Divisionen, das Mißverhältnis der Panzerkräfte und die sich schon abzeichnenden gestaffelten sowjetischen Stellungssysteme.[99] Auch Jodl neigte, an Nordafrika denkend, zu strikter Defensive. Hitler – in den Augen der Heeresgruppengeneralität physisch angeschlagen – beschwor die Überlegenheit des deutschen Soldaten und eigene Erfahrungen im Schützengrabenkrieg. Darauf Generaloberst Rudolf Schmidt, Oberbefehlshaber der 2. Panzer-Armee: »Ihre Kriegserfahrung trägt ein Spatz auf dem Schwanz weg.«[100] Hitlers Gesicht überzog Leichenblässe. Die Runde erstarrte. Gerade Jodl muß Vulkanausbrüche, wenn nicht noch Schlimmeres befürchtet haben, aber nur ein wütender Blick traf den Delinquenten. Unter den Beklommenen schwieg vor allem der Chef des Wehrmachtführungsstabes. Von den gezündeten Haftminen Tresckows, die – als Kognakflaschenpaket getarnt – Hitler während des Rückfluges zerreißen sollten, ahnte er nichts. Erbittert hätte er diesen – gescheiterten und verwischten – Anschlag des Ia der Heeresgruppe Mitte verurteilt: trotz seiner Sympathien für den »Colonello«, wie er Henning von Tresckow nannte.[101]

Heeresgruppen- und Armeeoberbefehlshaber erkannten, daß Hitler zumindest als Feldherr zurücktreten mußte. Mehr und mehr verlangten sie eine Reform der Spitzengliederung. Nicht der Dilettant, sondern ein Fachmann sollte militärisch führen.[102] Kluge und Manstein, bereits von Offizieren des Widerstandes umworben, plädierten in Rastenburg für diese Lösung. Ihre Argumente stützten, nach Stalingrad, bedrückend gewordene Tatsachen – Tatsachen, die wahrlich an die Selbstachtung des Soldaten rührten. Was bewegte, war die Überzeugung, daß nur noch militärischer Sachverstand dem Reich politische Chancen erhielt.[103] Die Logik der Feldmarschälle ging aus vom unverfänglichsten Nenner und setzte auf einen Führer, der politische Chancen nutzte, also staatsmännisch handelte, aber Hitler wies schon Andeutungen über die Reform gereizt zurück. Beide, Kluge und Manstein, erlagen »seiner Suada«.[104] Jodl stand bei alledem abseits, war auch in den Augen der Heerführer keine Adresse. Wohl glaubte er mit den Feldmarschällen an die Notwendigkeit einer besseren Spitzengliederung. Sorge um die eigene Stellung plagte ihn jetzt am wenigsten. Doch Kenner Hitlers, gab er Versuchen, die Macht des Diktators einzuschränken, von vornherein kaum Aussichten. Kluges und Mansteins rasche Rückzüge bestätigten ihn.[105] Auch die Feldmarschälle blendeten hartnäckige Illusionen: Abbild wieder der mißverstandenen ganzen Lage. Kampf *nur* um eine bessere Spitzengliederung brachte keine Wende. Die Situation verlangte den militärischen *und* politischen Abgang des Diktators. Jodl – Reform-Skeptiker – teilte nicht alle Illusionen Kluges und Mansteins, aber im Politischen übertraf er sie noch.

Mitte April 1943 erfuhr er, daß bei Smolensk – im Wald von Katyn – Massengräber entdeckt worden waren. 4400 Opfer, ausnahmslos ehemalige polnische Offiziere, wurden freigelegt. Selbst neutrale Kommissionen machten für die Genickschuß-Massaker Stalins Regime verantwortlich. Jodl, obschon erschüttert, wunderte sich nicht, eher darüber, daß England und Amerika schwiegen, um ihren Verbündeten zu schonen.[106] In seinen Augen symbolisierte Katyn die Widernatürlichkeit, die er der gegnerischen Koalition längst zuschrieb. Die Opfer der deutschen Massaker von Babij Jar – ein halbes Jahr später bei Kiew ausgegraben – entgingen ihm oder drangen nicht in sein Bewußtsein. Er konnte aus Indizien schließen, daß auch deutscherseits Fürchterliches geschah, doch an das Ausmaß dieser Fürchterlichkeiten wollte er niemals glauben. Er befehligte nicht eine Heeresgruppe, aus deren Etappe grausige Nachrichten kamen, sondern einen Stab im »enthobenen« Führerhauptquartier. Daß Hitler Stalin übertrumpfte, hätte er stets zurückgewiesen. Er meinte, mit dem Widerruf des Kommissar-Befehls das Ärgste getilgt zu haben. Im Fall des Kommando-Befehls dämpften wirkliche Übergriffe der Kommandos seine innere Unruhe.[107] Was sonst an Üblem Keitel beschäftigte, suchte er durchweg von sich fernzuhalten, fiel nicht ins eigene Metier. Seine Selbstgerechtigkeit schützte wie je Ressortdenken. Heuchelei unterstellte er Deutschlands Kriegsgegnern, die Moralismus predigten, aber Verbrechen begingen.

Seine militärischen Analysen überschatteten die Zuversicht, zu der er sich äußerlich bekannte. Die »große Lage«, spürte er, ließ operativ keine umwälzenden Entschlüsse mehr zu.[108] Nordafrika gab er verloren; ein Zwei-, ja Dreifrontenkampf drohte. Ob eine »Festung Europa« immer stärkerem Ansturm trotzen konnte, bezweifelte er angesichts der Luftangriffe, die inzwischen Lübeck, Rostock und Köln verwüstet hatten: Menetekel auch für die deutsche Kriegsindustrie. Er begrüßte, daß Hitler die Rüstung antrieb, monatlich Ziel und Umfang »jeglicher Produktion an Waffen und Munition« bestimmte.[109] Der Wehrmachtführungsstab hatte ihm – nach Bestand, Verbrauch und Fertigung – alle Zahlen zu liefern. Albert Speer, der neue Rüstungsminister, verhalf zu raschem Anstieg der monatlichen Zahlen, doch selbst höchste Anstrengungen, erkannte Jodl, garantierten lediglich Bruchteile der feindlichen Rüstung. Das Verhältnis stand bei 1 : 3,4; in der Treibstoffproduktion bei 100 : 2000 Einheiten. Goebbels' Aufruf zum »Totalen Krieg« mußte der Analysierende als Augenwischerei empfinden, und erst recht mit Blick auf die russische Volkskraft. Über den Verfall der Luftwaffe täuschte er sich nicht.[110] Geschrumpft, im Reich, in Nord, West, Ost und Süd eingesetzt, konnte sie nirgendwo länger das kämpfende Heer entlasten. Umgekehrt gewann gerade die Luftmacht der Gegner eine schier erdrückende Überlegenheit. Revolutionäre Abwehrwaffen aber waren unsichere Projekte oder Zukunftsmusik; schwach nur, womit sich Jodl zu trösten vermochte.

Um so mehr schmerzte ihn der Zusammenbruch des deutschen U-Boot-Krieges, zumal nach den großen Versenkungserfolgen von 1942, dem einzigen Aktivposten dieses Jahres. Die technischen Neuerungen, die jetzt Briten und Amerikaner in der Atlantikschlacht begünstigten, hatte er kaum wahrgenommen.[111] Als Offizier des Heeres blieb er – Manko seiner eigenen Generalstabsausbildung – auf den europäischen Landkrieg fixiert. Gespür für maritime Strategie und die entscheidende Rolle der Seemächte fehlte. Er wagte nicht zu entscheiden, ob Dönitz recht daran tat, die U-Boote trotz erschreckender Verluste weiterhin einzusetzen. Daß auf diese Weise feindliche Luftstreitkräfte gebunden würden, die sonst zusätzlich Deutschland bombardieren könnten, hat er nie windiges Argument genannt. Wie andere wollte er an eine U-Boot-Waffe glauben, die – technisch verbessert – wieder Wandel schuf. Den unbeirrten Optimismus des Marine-Oberbefehlshabers registrierte er dankbar.[112] Gleichwohl fühlte oder wußte er: Der Rückschlag bedeutete Niederlage und vor allem Zeitverlust. Kampfpausen im U-Boot-Krieg zählten doppelt. Mit jedem Tag, an dem alliierte Geleitzüge unangefochten den Atlantik überquerten, wuchs das anglo-amerikanische Potential auf der britischen Insel. Mit jedem Tag wurde die Invasionsarmee für die wirkliche Zweite Front im Westen stärker. Auch wo er noch hoffte, mußte sich der Chef des Wehrmachtführungsstabes üble Tatsachen, die Kriegswende ohne Konsequenzen, eingestehen.

Jodl blieb ersetzbar, vor allem durch vollkommen Unterwürfige. Hitler aber hielt ihn, nachdem der präsumtive Nachfolger Paulus glücklos aus dem Blickfeld geschwunden war. Selbst Eisigkeit im Umgang schien dem Diktator willkommener, als unbekannte Gesichter an seinen Kartentisch zu ziehen.[1] Und instinktiv ging er, von sich aus, wohl die richtigen Wege. So kühl und gespannt nun seine Lagebesprechungen: die gewohnte Riege ertrug jede Schroffheit, alle Stiche. Trotz hartnäckigen Grolls durfte er glauben, daß ihre Loyalität ungebrochen war. Wer ihm zuarbeitete, »funktionierte« ohne erkennbare Torturen, nach verordneten Pflichten. Jene, die ihn umgaben, nötigten kaum zu Korrekturen.

Jodl fügte sich loyal und drang auf keine Ablösung. Der Preis war bitter: Das Kommando über eine Gebirgsarmee – Wunsch nicht nur des Herzens – verwehrte ihm Hitler. Noch mehr grub er sich ein in die »Operative Führung«, emsig bemüht, diesen Bereich gegen »fremde« Sachverhalte abzuschotten.[2] Politik – Korrelat besonders der operativen Kriegführung – mied er geflissentlicher denn je. Mochte ihm Verstandesschärfe zeitweise sagen, daß er hier nicht trennen dürfe: Politik scheute er, weil sie ihm Hoffnungen lassen sollte. Schon aus Schutzgründen vertraute er dem Staatslenker, dessen höherer Einsicht oder besserem Wissen. Den übrigen Beratern ähnlich, bestätigte er Einschätzungen Hitlers.

Sein Begriff der Strategie preßte ihn erst recht in Korsette. Strategie hieß für ihn: »höchste« Führungstätigkeit im Kriege, Außen- und Innenpolitik, militärische Operationen, Kriegswirtschaft, Propaganda und Volksführung.[3] Nicht ein General, sondern nur ein Staatsmann *und* Feldherr konnte in seiner Sicht noch Stratege sein. Hitler aber, meinte er, war Staatsmann, Diktator, Oberster Befehlshaber der Wehrmacht und Oberbefehlshaber des Heeres, Mann der Gesamtstrategie wie Roosevelt, Churchill, Stalin und Tschiang Kai-schek. Allein er und niemand sonst »hatte den Krieg zu führen«. Die Kompetenzen, mit denen Jodl den Einen ausstattete, gestand er bis zum Ende weder sich noch anderen zu.

Sein Zuschnitt empfahl ihn der eigenen denaturierten Stellung. Unterscheidet man zwischen großer und logistischer Strategie, war er lediglich Logistiker, General der taktischen, technischen und organisatorischen Truppenführung. Am großen Überblick mangelte es. Unfähig, Konflikte des wirklichen Feldherrn zu empfinden, hätte er die große Strategie stets anderen überlassen müssen. In höchster Stellung war er objektiv falsche Wahl. Niemand jedoch wäre über seine Kompetenzen hinausgediehen.[4] Hitler duldete neben sich keine Feldherren. Der Wehrmachtführungsstab war bloßer Befehlsvermittler; nicht eine Entscheidung von Rang, die er selbständig treffen durfte. Des Diktators Wille verurteilte zu farbloser Tüchtigkeit.

Blickte Jodl zurück, lag Resignation nahe. Sein Ausbruch aus der Phalanx um Ludwig Beck hatte sich nicht gelohnt. Auch wenn er 1938 kaum *alle* späteren Konsequenzen voraussehen konnte: Hitlers äußerster Machtanspruch war erkennbar; beschämend nun die damals besiegelte Selbstentmachtung der Armee. Jodls ursprüngliche Ziele waren zuschanden geworden, ihre ärgste Verkehrung: die heillos gespaltene Wehrmachtspitze, die weder geschlossen beriet noch konzentriert zu führen vermochte. Dafür fruchtlose, nervenzehrende Reibereien, Ringen mit einem gereizten, eigensinnigen Monomanen, der Führung durch Glaubenseifer ersetzte. So ungebrochen dessen geistige Spannkraft, täuschende Seite des Paranoikers: Überzeugungen, daß der Eine, Unkorrigierbare gerade als Feldherr nie herrschen durfte, bestätigten sich. Was ohne Zwang und gegen einfache Weisheiten geschehen konnte, verwies auf eine negative Spitzen-Auslese, die erbarmungswürdige Geschichte der Heeresführung. Jodl streifte die Einsicht, falsch gehandelt zu haben.

Der Wunsch nach Ablösung sprach beredt. Es zog ihn zur Front, zu »klaren Verhältnissen«.[5]

Die Geschehnisse berührten nicht sein Pflichtbewußtsein, aber ernüchterten ihn. Seine Führer-Elogen – oft verwundernd und anstößig – wurden seltener, fielen gedämpfter aus.[6] Zunehmend schwieg er, wozu die allerhöchste Ungnade beitrug. Er beklagte »sprunghafte und zum Teil utopische Befehle«: Grund auch für seinen Zusammenprall mit dem Obersten Befehlshaber. Wie zuvor bekräftigte er Hitlers »große Leistungen«, eine Bilanz, die für ihn bis tief in den Krieg hineinreichte. Noch die Operationen des Jahres 1941 glaubte er glänzend geplant und geführt, von der »willensstark bewältigten« Krise vor Moskau ganz zu schweigen. Doch jetzt verhehlte auch er sich nicht, daß der Feldherr Hitler anfechtbar, ja schlecht taktierte: Erkenntnis des Generalstabsoffiziers, der Gelerntes beherrschte.[7] Das bestenfalls noch Erreichbare – ein leidliches Ende – erhob ihn wohl schwerlich, vor allem wenn er nüchtern rechnete. Was Deutschland nun zu erkämpfen suchte, hatte es schon ohne diesen Krieg besessen. Sinnlos – so oder so – alle Opfer und Feldzüge; Jodls Verschlossenheit löste sich immer seltener.[8]

Zudem waren Traditionen widerrufen. Weit entfernt die Zeit, da bereits ein zum Major Beförderter wissen sollte, wann er nicht zu gehorchen habe.[9] Unter dem Diktator Hitler zählte nur unbedingter Gehorsam – Reflex der »geltenden« Eidesformel, die ohnehin in Fesseln schlug. Abweichende Auffassungen des Generalstabsoffiziers durfte kein Protokoll mehr festhalten. Rücktritte von Amt und Funktion blieben verboten.[10] Der Alleinherrscher pochte nicht auf Ratio, sondern Gläubigkeit. Jeder Vorbehalt aus Ehre – früher Recht des Mitführenden – wurde zum Sakrileg. »Stolzen« Gehorsam hatte man würdigen Monarchen geleistet; hier verlor er seinen Wurzelgrund. Gehorsam, und zumal unbedingter, machte bei diesem Obersten Befehlshaber elendig. Daneben bedrückte Furcht vor Zorn und ärgsten Konsequenzen. Als Rendulic – ein Frontbefehlshaber – Hartnäckigkeit zeigte, fürchtete Jodl, daß er sich »um Kopf und Kragen« rede.[11] Es gab nicht jene Freiheit, die Sachlichkeit über Gesinnung stellte, nicht den selbstverständlichen, unbedrohten Rat Mitverantwortlicher, der nirgendwo einzuschränken war.

Die Kälte im Rastenburger Hauptquartier dauerte an. Weiterhin verweigerte Hitler dem Chef des Wehrmachtführungsstabes die Hand. Kein persönliches Wort kam über seine Lippen. Dürr und gegen lauerndes Mißtrauen war die »Lage« an den Fronten vorzutragen, über die der Heeresgeneralstab nicht zu berichten hatte.[12] Trotzdem hielt sich in Jodl unbeirrbar Loyalität. Nie glaubte er daran, daß der Diktator Volk und Reich mißbrauchte. Auch im gespannten täglichen Umgang erlebte er einen Hitler, der den Kampf für Deutschland zu entscheiden suchte. Nichts tilgte seine guten Eindrücke, das Bild eines rastlos arbeitenden Mannes. Gleich den meisten erlebte er diesen Mann allenfalls bruchstückhaft.[13] Am Kartentisch enthüllte sich nicht der völkermordende Verbrecher, der Aussätzige ohne eigene Rückwege. Schatten – und selbst die wahrgenommenen – überdeckte der fordernde Krieg. Ideologie wich militärischen Belangen und war kein Thema. Um so ungehemmter des Führers Chance, mit infernalischen Energien fortzuwüten – bis hin zur erwogenen Selbstvergiftung, die höchste Skrupellosigkeit sogar verbürgte.

Doch was immer Jodl empfand, überdeckte seine sichtbare Pflichterfüllung. Sie galt gerade innerhalb enger eingeschränkter Funktion. Diese Funktion taugte, in seinen Augen, weiterhin zu militärischen Ratschlägen, die er – summiert – hoch anschlug. Wie zuvor lenkte besonders ihn das Offiziersethos, das sich unter den Anspannungen des Ersten Weltkrieges herausgebildet hatte. Unbedingter Gehorsam – auch der höchsten Ränge – war ihm absoluter Wert, Gesetz im Kampf auf Leben und Tod, Gebot schon, um den militärischen Organismus zu erhalten. Die Revolution 1918/19 – unverblaßte Erfahrung – hatte diese Überzeugungen nur gefestigt.[14] Ehre war, in seiner Optik, nicht über den Gehorsam gesetzt. Ehre lag für ihn im Gehorsam. Richtschnur wurde ihm das bedrohte Reich und Vaterland, das er zum Gesetz der Ehre erhob. An dieser Richtschnur hing nun notfalls auch das Schlimmste: Kampf bis zum Untergang – bei Jodls Optik eher Konsequenz als Undenkbarkeit, sofern alle Anstrengungen in der Abwehr scheiterten.

Die angebliche politische Alternativlosigkeit hielt ihn umklammert, gefangen. Die Frage, ob ein 80-Millionen-Volk ausrottbar sei, ließ er 1943 nicht aufkommen.[15] Defektpsychosen der Umgebung, schien es, hatten ihn angesteckt. Seine Analysen beschwerte nicht das Bewußtsein der Massenmorde, die dem Diktator und dessen Haupthelfern Gnade verwehrten. Die grundstürzende ideologische Wildheit des Krieges leugnete er. Mit anderen jedoch war er davon durchdrungen, daß es ohne Hitler keine deutsche Zukunft mehr gab. Im Bann dieser Auffassung erhob er den Einen über Volk und Nation. Noch während des Nürnberger Prozesses bekannte er, daß eine Kämpfernatur wie Adolf Hitler niemals kapitulieren konnte.[16] Schuld traf dabei, in seiner Sicht, nur die politisch intransigenten Gegner. Selbst nach schrecklichsten Enthüllungen hätte er wohl Mühe gehabt zuzugeben, daß nicht verräterisch zu handeln Verrat bedeutete. Jodls persönliche Tragödie war vorgezeichnet, mag es heute auch schwerfallen, sie Tragödie zu nennen.

Unfruchtbar, wider das Gebotene sein Verhältnis zum Stellvertreter Walter Warlimont, dem jahrelangen ersten Gehilfen. Wie er ging dieser Stellvertreter aus der Artillerie hervor, doch sonst schienen kaum ausgeprägtere Gegensätze denkbar. Warlimont: ein gepflegter, fast aus dem Ei gepellter General, feinsinnig, ein glänzender Rhetoriker, gläubiger Katholik und Hasser des Nationalsozialismus.[17] Jodl: ohne angestrengten Sinn für Aufzug, häufig eher derb, einsilbig oder Worten völlig abgeneigt, Verächter des Katholizismus und ein Bewunderer Adolf Hitlers. Nie haben beide andere als strikt dienstliche Belange erörtert. Jede persönliche Note entfiel und sollte entfallen. Was voneinander trennte, waren Charakter, Rivalität und Weltanschauung. Nur Distanz oder Schweigen bewahrte vor tiefgreifenden Konflikten. Wenn Warlimont – auch für Jodl hochbefähigt – nicht abgelöst wurde, so auf Geheiß und Weisungen Keitels, aber seine Intelligenz blieb unausgeschöpft. Jodl nahm ihn an straffe kurze Zügel.[18] Gerade als Chef des Wehrmachtführungsstabes umging er Aussprachen über prinzipielle Fragen. Äußerte er sich offen, so allenfalls zu denen, die er in verwandtem Lager wußte, und auch ihnen gegenüber nur dosiert, mit Vorsicht. Hier, bei diesem

Stellvertreter, spürte er Fremdheit, Vorbehalte, aufreizende politische Feindseligkeit. Warlimont war ihm kein Adressat eigener Sorgen.

Und Keitel? Der füllige Mann, nun Generalfeldmarschall, blieb Schicksal, Vor-Gesetzter. Jovial, ohne die sonstige Grobheit, die Widerstrebende einschüchterte, stand er zu seinem alten Untergebenen.[19] Kopf des OKW – inzwischen Mammutbehörde –, fesselten ihn Amtsgruppen und Papierfluten. Neidlos überließ ihm Jodl, was nicht zum operativen Bereich gehörte: vorab »Politik« oder politisch gefärbte Pflichten. Die Wertschätzung durch den »Chef« förderte Unabhängigkeiten und schmeichelte, doch Eingriffe Keitels in den operativen Bereich machten betreten und die Zusammenarbeit unerträglich. Je glückloser der Krieg, desto ärger Dreinredereien des verhinderten Feldherrn bei Lagebesprechungen; um so gefährlicher auch dessen Neigung, Hitler gedankenlos zuzustimmen und zu schonen.[20] Jodl, stets nüchterner, mußte anfangen, Keitel mit Augen der Front zu sehen. Scham empfand er über die völlige Willfährigkeit des Feldmarschalls. Verzweifelt schließlich suchte er den Vorgesetzten von »Führer-Lagen« fernzuhalten. Reste militärischer Vernunft verlangten Winkelzüge, ließen keine andere Alternative. Despektierliche Vorwürfe gegen den – sonst so genannten – »La-Keitel« freilich hätte er immer gerügt, selbst wenn er sie innerlich nicht bestritt oder bestreiten konnte. Erst 1945 – kurz vor der Kapitulation – gestand er, daß er jahrelang unter diesem Mann gelitten habe.[21]

Es war ihm zuwider, je Bedenken oder gar Kleinmut zu zeigen. »Geschlossenheit« stellte er über alles.[22] Er dachte an den November 1918, den inneren Zusammenbruch der Armee. Nie, schwor er, sollte sich ein derartiger Zusammenbruch wiederholen. Schwankende Siegeszuversicht in Akten und Vorlagen veranlaßte ihn zu empörten Randbemerkungen. Schon »Laurigkeit« wertete er als Sünde gegen die Philosophie der Festigkeit und Nervenstärke. Im Willen, Moral zu überschätzen, ja, ihr höchsten Eigenwert zuzuerkennen, stand er Hitler allzu nahe. Nicht allein aus Gründen des Selbstschutzes bot er anderen immer wieder eine starre Fassade. Er »riskierte« den Anschein der Unnahbarkeit, denn er wollte gewissenhafte, funktionstüchtige Zuarbeiter, keine, die in Versuchung kamen, Skepsis hinsichtlich der Kriegslage auch nur anzudeuten. Was zu entscheiden und »ganz oben« zu sagen war, wünschte er selbst zu entscheiden und »ganz oben« zu sagen. Jede mögliche Kompetenz *seines* Bereiches hatte er Zug um Zug an sich gezogen, ein wirklich vertrauensvolles Verhältnis oft urteilsfähiger Offiziere zu ihrem Chef nahezu unterbunden. Der Wehrmachtführungsstab war und sollte Jodls eigenes Hilfsbüro sein, das umgrenzte Tagespflichten erfüllte.[23] Der Stab schien je länger, desto mehr passend auf ihn zugeschnitten.

Die Nachteile seines Unwillens, andere als dienstliche Belange zu erörtern, mißachtete oder ertrug er – wohl in dem Glauben, zusätzlicher Erleuchtungen nicht bedürftig zu sein. Die Masse der Unterlagen auf seinem Schreibtisch, mochte er meinen, gewährte ihm den nötigen ausreichenden militärischen Überblick.[24] Die Resultate seines Denkens, das nicht erlahmte, gingen niemand etwas an. Unwahrscheinlich, daß selbst rückhaltlose Aussprachen unter vier oder mehr Augen seine äußere Haltung geändert hätten. Er hatte im Führerhauptquartier nur einen Vertrauten: Scherff, den Beauftragten für die Kriegsgeschichtsschreibung, als ergebener Hitler-Anhänger eher eine fragwürdige Adresse. Zu Scherff sprach er von Sorgen, auch über die schändliche Behandlung der gefangenen Rotarmisten, die sein ursprüngliches Ehrgefühl beleidigte.[25] Sonst blieb es bei selbstverordneter, unüberbrückbarer Distanz. Noch weniger drängte ihn seine Schweigsamkeit zu Ansprachen vor dem Stab und anderen Gremien, am wenigsten zu Reden über die instinktiv gemiedene »Politik«. Hatte er freilich zu sprechen, wählte er – nach nüchternen Analysen – martialische Schlußworte, die namentlich Sachkenner bestürzen, ja, zu abfälligen Urteilen verführen mußten.[26] Bedenken oder gar Kleinmut sollten, durften sich nicht in des Führers »Gefolgschaft« regen.

Die Opfer des Krieges schmerzten ihn, er verstand Trauer und wußte einfühlend zu trösten, aber gerade im Familienkreis beharrte er bei Klagen auf Unbeugsamkeit, auch wenn er den Verstand kaum zu überzeugen vermochte.[27] Als ihn – etliche

Monate nach Stalingrad – Luise von Benda fragte, ob nicht der Krieg zu beenden sei, um die Substanz des Reiches zu erhalten, wies er sie »fast mit Schärfe zurecht«. Noch in einem Brief mahnte er die Zweifelnde, durch dick und dünn zu verfechten, daß »wir diesen Krieg gewinnen«. »Helden gibt es nur wenige, nur die kämpfen bis zum Tode . . . Die Masse kämpft nur, solange sie an die Möglichkeit eines Erfolges glaubt. Sieht sie ihn nicht mehr, sucht sich jeder einen bequemen Ausweg, mit dem er dann seinen niedergebrochenen Willen oder seine Feigheit bemäntelt. Wer glaubt, daß man jetzt Frieden machen muß, der erfindet die Ausrede von der Erhaltung der Substanz und will damit nicht sehen, daß er überhaupt alles der Vernichtung preisgibt.«[28] Erst während des Nürnberger Prozesses schrieb er, daß diese Kontroverse nur deshalb aufgekommen sei, weil sie in ihm eine schon »wunde Stelle berührt« habe, »die niemand merken durfte«. »Sorge um den Kriegsausgang« verbarg er, Mitte 1943, sogar gegenüber seiner Frau; ihren »Idealismus« wollte er zuallerletzt »zerstören«.[29]

Seine Fama im Heer war gefärbt durch die Reizworte »Oberkommando der Wehrmacht«, in dem man – oft genug – eine frontfremde Befehlsorganisation erblickte und zu der er offensichtlich unablösbar gehörte. Er schien geschätzt bei Rommel, Model, Kesselring und Raeder.[30] Niemand erlag dem Irrtum, ihn mit Keitel gleichzusetzen. Selbst kritisch denkende Frontstäbe nannten ihn »operativ begabt, einen soliden Könner«, aber zugleich und ebenso häufig »hitlerhörig«, ja »hitlerverfallen«.[31] Mehr als nur einmal erweckte er selbst solche Eindrücke.

1942, in der »Wolfsschanze«, beantragte Küchler die Räumung des Demjansker Frontbalkons, um endlich wieder Reserven für seine Heeresgruppe zu gewinnen.[32] Generalleutnant von Seydlitz-Kurzbach unterstützte ihn, indem er aus eigener Kenntnis die Geländeschwierigkeiten verdeutlichte, die weitere Angriffe zwischen Rshew und Ostaschkow insbesondere mit Panzern unmöglich machten, allein Hitler war – trotz mahnender Frontaufnahmen – nicht zu belehren. Beim Verlassen des Bunkers sagte Jodl zu Seydlitz: »Nach dem, was Sie soeben vorgetragen haben, kann ich Ihnen nur recht geben.« Seydlitz erwiderte:

»Wie ist es dann aber möglich, daß Sie dem Führer nichts gesagt haben?« Der Chef des Wehrmachtführungsstabes schwieg.

1943, bei einem Besuch in Roccosecca, auf dem Gefechtsstand des XIV. Panzer-Korps an der Nettuno-Front, bat ihn General von Senger und Etterlin, dringliche Ausweichbewegungen zu genehmigen.[33] Wieder ging es, hier unter erdrückendem feindlichen Druck, um »Aussparung fehlender Reserven«: für den Korpsstab eine Notwendigkeit, die »kaum noch zu erörtern« war, zumal die neue Stellung weite Geländeüberblicke bot. Jodl äußerte zu von Senger und Etterlin: »Herr General, Sie haben vollkommen recht, aber der Führer hat es anders befohlen.« Derartige Vorfälle hoben schwerlich sein Ansehen, sondern schürten Groll, ja Verachtung. Jeden, auch nur *einen* Verstoß gegen bessere Einsicht hatte die Truppe mit Blut zu bezahlen.

Um so erwähnenswerter das Urteil des Oberkommandierenden der Lappland-Armee, Eduard Dietl. Nach einem Auffrischungskursus der Universität Königsberg für Offiziere sprach er ungewöhnlich bissig von erlebter Feigheit unter Hochschullehrern. Einer der Professoren – ins Privatquartier Rovaniemi eingeladen – konterte freimütig, daß zur Zeit die Feigheit unter Offizieren weit auffälliger und vor allem viel gefährlicher sei.[34] Er meine, ergänzte der Gelehrte, nicht Feigheit vor dem Feind. »Keine Rede. Aber Feigheit vor dem Führer. Privatim hört man von den Generälen, daß sie militärische Befehle des Führers für hellen Wahnsinn halten. Aber welcher General *steht* dazu und *sagt* dies dem Führer, offen heraus, in persona, dienstlich – statt nur hinter seinem Rücken?«

Darauf Dietl, ohne Feindseligkeit, beinahe beschwörend: »Sie kennen wahrscheinlich den Führer nicht. Sie können nicht wissen, wie *wahnsinnig* schwierig es ist, ihm zu widersprechen, mit *Erfolg* ihm Widerstand zu leisten. Das könnten Sie von unserem Jodl erfahren. Es gibt zwei Jodl, den sogenannten großen und den sogenannten kleinen Jodl. Der kleine Jodl sitzt bei mir, der sogenannte große Jodl sitzt beim Führer. Ich kann Ihnen nur sagen: *mein* Jodl *weiß*, daß sein Bruder kein Feigling ist. Wie Sie es eben gemeint haben: der ist tapfer, Tag für Tag, aber ich sag' Ihnen: es ist ein Martyrium. ›*Sagt's* ihm!‹ Das ist leicht gesagt. Es handelt sich um *mehr* als Tapferkeit. *Stemmkraft* – Klugheit –, kann ich Ihnen sagen, unausgesetzte, unerhörte Stemmkraft.«[35]

Doch auch oder gerade im Glauben an bergeversetzende Willenskraft gab sich der Gerühmte als Sprachrohr seines Herrn. Jodl hielt zu diesem Glauben nicht nur vor dem Stab, sondern ebenso bei Vier-Augen-Gesprächen. *Er* wollte nie Weichheit zeigen.[36] Die Kehrseite hieß besonders hier: Überschätzung der Moral, die schließlich sogar hoffnungslose materielle Unterlegenheit wettzumachen hatte. Die Lektionen des Ersten Weltkrieges waren alles in allem nicht gelernt. Zumindest konnte er, der Führer-Berater, derartige Eindrücke erwecken. Generalleutnant Hans Speidel, der sich zur Heeresgruppe B im Westen abmeldete, forderte er Anfang 1944 auf, als »ein Loßberg der Ostfront« den »Defaitisten« Rommel zu stützen und aufzurichten.[37] Die Beschwörung Loßbergs erinnerte an den Mann, der 1915 einem Korps befohlen hatte, statt auszuweichen an Ort und Stelle zu sterben. Speidel blieb stumm und unterließ naheliegende Einwände, schied aber in dem Bewußtsein, daß Jodl an Realitätsverlusten litt. Ein schweigender Chef des Wehrmachtführungsstabes hätte ihn mehr überzeugt, zumal das Etikett »Defaitist« den noch immer hoffenden Rommel verfehlte. Andere befremdete nicht weniger Jodls Willensphilosophie. Ratlos oder erbittert fragte man sich, ob er wirklich an sie glaube.[38]

»Weltanschauliche« Nähe zu Hitler verbürgte seine unverhohlene Kirchenfeindlichkeit, die ihn zusätzlich von Teilen des älteren Offizierskorps trennte. Er verabscheute das Getriebe namentlich der Kleriker, ihren Allmachtswahn und Despotismus gegen Andersdenkende. Beide Konfessionen waren ihm Gegner des staatlichen Autoritätsanspruchs, Anhänger von Dogmen und Doktrinen, die sie unverwandt über Volk und Nation stellten. Die »Frondeure« der Bekennenden Kirche rückte er in eine Reihe mit der politischen Linken. »Für den Führer«, konnte er erklären, »sind eben Christentum und Bolschewismus im Grunde identisch, und ich stimme ihm darin zu.«[39] All das koppelte ihn nie ab von den meisten der zehn Gebote. »Gottgläubig« und »selbstverantwortlich«, meinte er nicht nur Menschen Rechenschaft schuldig zu sein. Zudem zeigte sich, daß auch »Christlichkeit« zu Verbrechen fähig war, Beispiel: die Mitarbeit des überzeugten Katholiken Warlimont am Kommissar- und Kommando-Befehl. Doch Jodls Ressentiments verleiteten ihn – neben Ironie – zu unbedachten, ja schädigenden Werturteilen. Noch 1945 redete er Hitler aus, Feldmarschall von Weichs – einen erprobten Heerführer – zu berufen, weil Weichs den Rosenkranz bei sich trage.[40] Jodls frühes Priester-Erlebnis war nicht verblaßt, sondern Trauma geblieben.

Dafür suchte er – und gewiß entschiedener als andere – Unrecht im engsten Bereich zu bekämpfen. Sogar Verächter des Hauptquartiers gewahrten, daß er sich Sündenbock-Jagden des Diktators widersetzte. Wo »Schuldige« für Befehle büßen sollten, mit denen Hitler selbst Entschlußfreiheiten zugestanden hatte, beharrte er stoisch, auch gegen Tobereien auf Tatsachen. Wenn er – trotz mancher Vorbehalte – Sympathien gewann, dann unter den erfolgreich Geschützten.[41] So sakrosankt für ihn Hitlers Stellung: hinsichtlich der Partei zog er notfalls Trennungsstriche. Der Soldat, begriff er auf seine Weise, hatte nicht mehr an die NSDAP zu denken, sondern allein noch an Deutschland. Intrigen wurden Jodl zum zerrüttenden Aberwitz.[42] Seinen Kriegstagebuchführer – im heimatlichen Göttingen angeschwärzt – beauftragte er, »mit den Schweinereien aufzuräumen«. Bei anderen Denunziationen, die Offiziere des Wehrmachtführungsstabes betrafen, stärkte er Rücken.[43] Zu Ferdinand Sauerbruch, dem offenkundigen Regime-Feind, bekannte er sich wie je – froh darüber, daß Beck diesen verehrten großen Arzt nicht näher in Oppositionspläne eingeweiht hatte. »Unberechtigte Vorwürfe von Parteileuten gegen das Heer« wies er energisch zurück. Fegelein, einen der übelsten Hetzer, dämpfte er unmißverständlich.[44] Nie stand er vollkommen im braunen Lager.

Er hielt – beinahe täglich – zwei Lagevorträge. Wenn man ihm in Nürnberg entrüstet vorwarf, daß er bei 119 Besprechungen zugegen gewesen sei, so mußte er diese Zahl korrigieren. Er hatte »an weit über 5000 Besprechungen teilgenommen«.[45] Manche beanspruchten vom Tag sechs bis acht Stunden: auch ohne des Diktators Abschweifungen und Monologe eine Dauerbelastung, die wahrlich unerschütterliche Robustheit erforderte. Jede Lagebesprechung bedeutete Vortrag und Befehlsausgabe. Im Idealfall entschied Hitler nach dem Vortrag, was den einzelnen Armeen zu befehlen war. Jodl entwarf in einem Nebenraum die nötigen Texte, las sie durch und »holte die Genehmigung des Führers ein«. Dann hatte der Stab das Befohlene per Fernschreiben abzusetzen. Schon dieses Tagewerk erzwang ein Managerdasein, für das sich moderne Manager bedankt hätten. Hinzu kamen die vier »OKW-Kriegsschauplätze«: Finnland–Norwegen, der Westen, Balkan, Nordafrika. 1944 empfing der Wehrmachtführungsstab 60000 Fernschreiben.[46]

Lähmte Jodl später in Nürnberg Gedächtnisschwäche, so kaum nur aus billigen, durchsichtigen Motiven. Viele Worte, die während der Lagebesprechungen gewechselt wurden, entgingen ihm bei seiner Arbeitsweise.[47] Viele Papiere, die nicht in seine Sachbereiche fielen, mußte er ungelesen weiterreichen, um überhaupt noch »funktionsfähig« zu sein. Von den rein politischen Treffen war er ausgeschlossen. Selbst Besprechungen über Organisation, Rüstung und die Verwaltung der besetzten Gebiete verliefen ohne ihn: fragwürdige Beschneidung eines Chefs des Wehrmachtführungsstabes, aber er ertrug es. Die Zeit, die ihm verblieb, brauchte er zur »eigentlichen«, der operativen Arbeit. Seine Arbeitskraft, so der Eindruck, schien unerschöpflich. Zumindest erlaubte sie, Überlastung nicht zu zeigen. Mit dem Fleiß des Bedachtsamen erledigte Jodl das Tagespensum.[48] Namentlich beim einsamen Kartenstudium war er ein starker Zigarettenraucher; sein »Luxus« im Augenblick nächtlicher Entspannung: ein oder zwei kleine Steinhäger.

Mehr als zweitausendmal prüfte er den Wehrmachtbericht. Die Hauptentscheidung über dessen Inhalt und Form zog er an sich.[49] Sein Ehrgeiz belastete ihn mit zusätzlicher Arbeit, weiteren Reibereien und Konflikten, doch nur Soldaten gewährleisteten in seiner Sicht angemessene militärische Texte. Als Berater Hitlers und Chef der OKW-Kriegsschauplätze glaubte gerade er kompetent zu sein, ja, alle Führungsabsichten zu kennen. Nicht ohne Leidenschaft erstrebte er bei jedem Wehrmachtbericht die beste Fassung. Sein Konzept zielte bis 1945 vorab auf Glaubwürdigkeit. Auch wenn der Wehrmachtbericht »des öfteren die Wahrheit verschweigen« mußte, sollte er »sie nicht durch Lügen ersetzen«.[50] Die unumgängliche Geheimhaltung widersprach solch einer Devise nirgendwo. Was vor dem Gegner zu tarnen war – Stichwort: anlaufende Operationen –, hätte Jodl ganz zuletzt mißachtet. Um so bemerkenswerter sein Appell, nie Hoffnungen zu erwecken, »die dann enttäuscht werden, weil dies zu schweren Stimmungsrückschlägen führt«. Siege wollte er nicht vorzeitig verkünden.[51]

Seine guten Vorsätze minderten propagandistische und psychologische Effekte, die er ausdrücklich bejahte und wiederholt anmahnte. Mit Hitler wehrte er sich gegen trockene, nur-sachliche Texte.[52] Die Abteilung Wehrmachtpropaganda, die den Wehrmachtbericht nach Vorlagen der Waffengattungen zu entwerfen hatte, sah ihn auf abschüssigen Wegen. Ob selbständig oder auf Geheiß des Obersten Befehlshabers: rigoros korrigierte er »unzureichende« Entwürfe. Zu den verschleierten Wahrheiten aus militärischer Notwendigkeit gesellte sich das Überflüssige: ideologische Färbung. Eingriffe Hitlers vermochte Jodl angesichts seiner eigenen Maximen schwerlich abzuwehren: gewiß zum Schaden der Sache, der weltanschauliche Sprüche schlecht bekamen. Goebbels – auf dem Sprung – bemängelte die Nachrichten»politik« des OKW, aber Versuche, die Abteilung Wehrmachtpropaganda anzutasten, durchkreuzte Jodl augenblicklich.[53] Er prüfte den Wehrmachtbericht und legte ihn Hitler vor, der die endgültige Fassung genehmigte. Eifersüchtig hütete er seine Gewohnheitsrechte.

Hinsichtlich der Texte wünschte er makellosen Stil, knappe, klare Sätze und keine Floskeln. Immer wieder forderte er »schlagkräftige Begriffe« und »Abwechslung der Ausdrücke«.[54] Die schlimmsten Kontraktionen wie »Feindpanzer«, »Feindluft« und »feindbesetzt« tilgte er. Sprachverfall bekümmerte ihn. Er selbst formulierte geschickt und flüssig, mitunter sogar plastisch und eindringlich, wo es Angriffshandlungen zu verdeutlichen galt. Besondere Leistungen der Truppe wollte er hervorheben, doch nicht im abstumpfenden, entwertenden Übermaß. Die

Zeit der Erfolge sicherte am ehesten Reputationen. Leicht hier, von den Fakten her, jeder Wehrmachtbericht. Nicht einmal die – noch – mitgeteilten Verluste trübten stolze Bilanzen. Unerquicklich dagegen die Voraussetzungen nach der Kriegswende, bei den Rückzügen. Niederlagen und Krisen wurden vertuscht oder heroisch beredet. Kein Wort erwähnte länger die Zahl der deutschen Gefallenen. Der Euphemismus »Frontbegradigung« nötigte, Radio London zu hören. Trotz aller Angaben über Kampfräume erlag der Wehrmachtbericht dreister Dürftigkeit, seine Tendenz: eine Götterdämmerung auf Raten zu verleugnen.[55] Von einigen späteren Ausnahmen abgesehen, gaben nur die OKW-Berichte bis Stalingrad Jodl passable Noten.

Hohen Staatsbesuchern hatte er die Kriegslage darzulegen, wobei er – entgegen seinen Kompetenzen – auch den Osten einbezog. Er informierte Mussolini, ungarische, rumänische, slowakische, bulgarische und japanische Abgesandte: sachlich, buchhalterisch, ohne zu schönen. Weitreichende Konzepte zu entwickeln, war Sache des Diktators, dem vorzugreifen er sich hütete. Im »Duce« erblickte er einen strategischen Laien, in Mannerheim, Antonescu und den Japanern anspruchsvolle Experten.[56] Kritik traf Hitler, nicht ihn, den »Referierenden«. Erschienen Frontbefehlshaber mit ihrem Anhang, trat er zurück ins zweite Glied, verfolgte er schweigend, was erörtert wurde. Ganz Undurchdringlichkeit, ließ er weder Gedanken noch Empfindungen erkennen. Sicher nur, daß er eigene Schlüsse zog. Jüngere Offiziere bemerkten nie, daß er – wie Keitel oder Schmundt – unliebsame Tatsachen abzuwürgen suchte. »Schonung« des Diktators war ihm kein Kriterium, zumal sie Fehden unter vier Augen noch zermürbender machte. Etliche Beobachter registrierten seine Haltung, ja, ein »gutes Gesicht«, das eigentlich nicht in die sonstige Umgebung Hitlers passe.[57]

Seinen Schriftverkehr mit dem Botschafter z.b.V. (zur besonderen Verwendung) Ritter kennzeichnete äußerste Korrektheit. Was das Auswärtige Amt wissen mußte, übermittelte er dem Diplomaten, immer jedoch Vorsicht und Zurückhaltung, wo militärische Entschlüsse noch ausstanden.[58] Zu Plänen, bei denen politische Auswirkungen zu bedenken waren, erbat er Ritters Stellungnahme: dankbar, das »Politische« nicht selbst entscheiden zu müssen. Umgekehrt reagierte er hilflos, wenn die Diplomatie verspätet Einwände erhob, die lästige Probleme aufwarfen. 1941 informierte ihn ein Abgesandter Papens (Botschaft Ankara), daß sich die Türkei jedem Ansinnen widersetzen werde, »deutschen Truppen den Durchmarsch zum Kaukasus und in den Nahen Osten zu gestatten«.[59] Mißmutig beharrte er da auf den geplanten Vorstößen von der Türkei aus: in den Rücken der russisch-persisch-englischen Kräfte. Papens Abgesandten verwies er an die »höhere Instanz«, den Führer.

Über fast alle »Größen« der Partei schwieg er. Ob er sie innerlich Durchschnitt oder gar minderwertig nannte, ist für die Zeit des Krieges Geheimnis geblieben. Nur die wenigsten kannte er. Befahl Hitler Himmler, Heydrich, Ribbentrop, die Gauleiter ins Führerhauptquartier, gehörte er – ganz Genugtuung – nie zu deren Runde. In Goebbels bewunderte er den Propagandisten, von dem zu lernen war und den er bis 1941 regelmäßig militärisch instruierte.[60] Bormann, sonst Prellbock vor Hitler, störte ihn nicht. Die NSDAP war weder Aufsichtsorgan noch Rivalin seines Stabes, der »operativen« Bereiche. Zu Göring, dem Widersacher einheitlicher Wehrmachtführung, hielt er Distanz. Die Großsprechereien des Reichsmarschalls, Prahlereien mit Hieben auf das Heer, waren kaum nach seinem Geschmack.[61] Möglich, daß er beim Niedergang der Luftwaffe Göring als Zerrbild eines Strategen verachtete; unübersehbar auch für Jodl, daß der Reichsmarschall in die Erschlaffung glitt. Wiederholt zog es ihn weg, wenn nun Hitler den Paladin herunterputzte. Raeder, der Großadmiral, wahrte von sich aus Abstand. Jodl schätzte den fachkundigen Oberbefehlshaber der Kriegsmarine, erst recht dessen Nachfolger Dönitz, den Hitlergläubigen und Mann der Durchhaltepathetik, im bestürzend »Un«politischen ein Seelenverwandter.[62] Ihm gegenüber regten sich keinerlei Vorbehalte.

Das ostpreußische Führerhauptquartier bei Rastenburg schien ganz und gar abgeschieden. Neukommandierte von der Front empfanden den Platz wie die tiefe Stille im Zentrum eines Wirbelsturms, besonders vor dem 20. Juli 1944 und den einschneidenden Kontrollmaßnahmen, die dem Attentat Stauffenbergs folgten.[63] Jodl empfand die »Wolfsschanze« als »Mischung von Kloster und Konzentrationslager«: Bekenntnis während des Nürnberger Prozesses. Sie war ihm kein militärisches, sondern eher ein politisches Hauptquartier. Mehr und mehr bedauerte er, dort nun seit Jahren »Gast« zu sein.[64] Seine Baracke stand im Allerheiligsten, dem Sperrkreis I. Die Abteilungen seines Stabes amtierten, von ihm abgesetzt, hinter einem Drahtzaun im Sperrkreis II. Oft wurde Jodl für sie nicht einmal sichtbar. Auch wenn er mit Hitler einige Male in anderen Führerhauptquartieren arbeitete: bis auf einen dreiwöchigen Krankenurlaub ist er der »Wolfsschanze« so gut wie nie entronnen.

Das Bunkerleben – obschon zur Gewohnheit geworden – belastete ihn. Nur zu zweifelhaft das Privileg, im innersten Sperrkreis, hinter Zäunen und Stacheldraht in Hitlers nächster Nähe zu sein. Der Wald um die »Wolfsschanze«, auf dem noch Tarnnetze lagen, hielt strahlende Sonne ab; vor den Fenstern der Arbeits- und Wohnbaracke Jodls kaum Helle.[65] Fahlheit und Düsternis bedrückten. Lobten andere die Anlage des Führerhauptquartiers, erklärte er sarkastisch, daß sie gut als Arrestanstalt für die künftige Garnison Rastenburg tauge.[66] Wie sein Oberster Befehlshaber führte er eine Maulwurfsexistenz, die auch Pausen im »Freien« kaum milderten. Das Hinundhergewoge bei den Lagebesprechungen – für Frontoffiziere peinliche Überraschung – belastete ebenso, zerrte an seinen Nerven. Ungnädig konnte er in Schwatzhaftigkeit dreinfahren, wenn ihn angespannt Wichtigeres beschäftigte.[67] Die endlosen Erörterungen des Diktators, schon nach den Protokollfragmenten elendiger Führungsstil, dehnten seine Pflichten zum Zwanzig-Stunden-Tag, erst recht die Entscheidungen, die anstanden und zu denen er Hitler oft genug drängen mußte. Schlaf hatte er zu hamstern. Sein Platz in der »Wolfsschanze« freilich gab ihm Vorrang gegenüber Halder und Zeitzler, die im OKH-Lager »Mauerwald« (Angerburg) saßen und mit einem Triebwagen heranbefördert wurden. Er, der Führer-»Berater«, blieb vor und nach den Vorträgen der Heeresgeneralstabschefs beim Obersten Befehlshaber.

Trotz aller Anspannungen vermochte er sich in die Beklommenheit Neukommandierter einzufühlen, auch und gerade in den Widerwillen gegen Tücken und Ränke. Einer dieser Neukommandierten erlebte ihn am 30. Januar 1943. Im Vorraum dröhnte – Pflichtsendung – aus einem Volksempfänger Görings Leonidas-Rede, mit der Paulus' Stalingrad-Armee begraben wurde. Jodl befahl dem Ankömmling, »das abzustellen«, und hieß ihn, nach dienstlicher Meldung in seinem Zimmer, Platz zu nehmen. Selbst stehend, »den Kopf lesend geneigt«, durchblätterte er die Personalakte. Fragen galten Kommandeuren und Einsätzen des jungen Offiziers, der im Kaukasus gekämpft hatte, dann erklärte er: »Sie kommen aus dem physischen Risiko der Front jetzt in das psychische Risiko eines hohen Stabes. Damit müssen Sie allein fertig werden.« Obgleich kaum getröstet, schien dem Neukommandierten, als spräche aus dem »hohen General für einen Pulsschlag lang der Kamerad«.[68]

Dennoch blieb für viele, die von der Front heranbefohlen waren, der Eindruck einer lähmenden, verkrampften Atmosphäre.[69] Man arbeitete und schlief in teilweise quälend engen Betonbunkern. Man trat leise auf und redete nur gedämpft, wenn man politisch dachte oder zu denken versuchte. Der Sperrkreis I schien – allenthalben – den Sperrkreis II zu überschatten. Kritik aber war bestenfalls im Schweigen hörbar, aus kurzen Blicken abzulesen. Auch Kameradschaftlichkeit ermunterte kaum zu offenen Worten. Entsetzt dämpften selbst Desillusionierte jene, die davon zu sprechen wagten, daß der Krieg – nach allgemeiner Auffassung – doch verloren sei.[70] Wie an der Front rangierte im Wehrmachtführungsstab Pflichterfüllung vor Hitlerglauben. Oft leitete zunächst sogar bester Wille. Doch wer seinen Verstand gebrauchte, empfand betroffen den Nonsens der aufgespaltenen OKH- und OKW-Führung. Hier reichten zur Erkenntnis schon Zipfelfunktionen. Namentlich die unverbildet Denkenden folterte der Anblick entmannter, willfähriger Heeresspitzen, das eigene immer sinnwidrigere Tagewerk. Nicht wenige, die bewußt fortstrebten und mit »drückenden Hypotheken« an die Front zurückgingen.[71]

Der Krieg war gegen Jodls Wünsche, ohne sein Zutun »ausgebrochen«. Dessen Vorgeschichte – für ihn undurchschaubar – kannte er nicht. Er glaubte nur an die Notwendigkeit des Kampfes.[72] Schritt war in diesem Kampf auf Schritt gefolgt. »Lagen« gaben vor, was strategisch zu meistern blieb. Jodl, dem Chef des Wehrmachtführungsstabes, wurden sie zur autonomen Wirklichkeit. Krieg erschöpfte sich, bei seiner Optik, in militärischen Zügen und Gegenzügen. Versuchte er Analysen, wußte er nicht, wo der Sog zu stauen gewesen wäre. Selbst der Diktator schien ihm, trotz einsamer Entschlüsse, purem Zwang gefolgt zu sein: so im Falle Norwegens, des Balkans und der Sowjetunion. Hitlers politische Programmatik nahm er allenfalls unvollkommen wahr; am wenigsten, wenn sie eigene strategische Überzeugungen abdeckte. Unbeirrt behauptete er, daß es in Rußland nicht um die Eroberung von Lebensraum gegangen sei, sondern um die Abwehr eines bedrohlichen, sprungbereiten Gegners.[73] Sein Unwille, politisch zu denken, sicherte Mentalitäten des Facharbeiters. Müßig für ihn die Frage, ob der Krieg – nun vor Jahren – überhaupt »ausbrechen« mußte; noch müßiger zuletzt Gedanken über Hitlers versinkende weltanschauliche Ziele. Jodl, von Pflichten absorbiert, wollte als Soldat den Krieg bestehen.

Seine Tätigkeit fast nur im Führerhauptquartier förderte Frontfremdheit. Seit seinem Abruf als Münchener Batteriechef hatte er weder eine Abteilung noch ein Regiment, weder eine Division noch ein Korps geführt, dafür ausschließlich in Stabsstellungen mit wachsendem Rang gedient. Auch gegen seinen Willen hatte ihn diese einseitige, stilwidrige Karriere festgehalten. Von »gesundem Wechsel« konnte bei ihm schwerlich die Rede sein. Nie durfte und mußte er eigene Entscheidungen treffen. Stets hatte er, immer nur Vortragender, Entscheidungen einzuholen und Ausführungsbefehle zu geben. Die »Harmonie der Kräfte« war abgeschnürt oder entfaltete sich nicht. Das ewige Stabsschicksal prellte ihn um den Zorn der Front in untragbaren, auszehrenden Krisenfällen.[74] Leiden und Sterben verschwanden hinter Befehlen, Weisungen, Statistiken, Fähnchen und Lagekarten. Auch die Berichte führender Soldaten, oft wieder Papier, halfen kaum oder als Windhauch der Realität höchstens unvollkommen.

Jodl besuchte – bis auf seinen Flug zum Kaukasus – keinen Abschnitt der Ostfront. Nordafrika, den Balkan, Dänemark und Norwegen hat er nie betreten. All seine Frontbesuche endeten weit vor der Hauptkampflinie, bei den Heeresgruppenstäben. Zufälle trugen noch dazu bei, daß er – 1943 in Italien – nicht einmal die erdrückende alliierte Luftwaffenüberlegenheit erlebte.[75] Dispositionen kamen vom grünen Tisch, aus einer Welt ohne zureichende Anschauung. Lange klammerte er sich an frühere Weltkriegserfahrungen, ignorierte er überdehnte Divisionsfronten, die keine Tapferkeit und Führungskunst zu halten vermochte. Nur langsam begriff er, daß im Osten nicht Verteidigungs-, sondern Angriffswaffen entschieden. Vor der Ardennen-Offensive rechnete er für den Benzinbedarf mit mathematischen Durchschnittsformeln.[76] Daß bei Gefechten – pro Division – das Doppelte vonnöten war, verstand er nicht. Seine Frontfremdheit rechtfertigte Vorwürfe. Leidenschaftlich forderte Guderian Ende 1941 Hitler auf, sich von den Spitzen des OKW zu trennen. Überdeutlich für ihn der Eindruck, daß diese Spitzen außerstande waren, Meldungen noch richtig zu verstehen. Auch andere wünschten, schon nach dem Rückschlag vor Moskau, Jodls sofortige Ablösung.

Seine Ratio, oft voller Schärfe, verhalf zu Wahrheiten und Erkenntnissen. Zugleich aber beherrschten ihn immer wieder Gefühle, die er nicht versachlichte oder filterte. Mit ihnen fiel er ab von Maximen des Generalstabsoffiziers, begünstigte er – bis zuletzt – den Diktator. Sogar nach der Kaukasus-Krise schrieb er, daß er Mühe habe zu entscheiden, ob Hitler im Unrecht gewesen sei: halber Widerruf selbst der unabweisbaren Einsichten.[77] An die Vernunft blieb er nicht zuverlässig gebunden. Die Gründe, mit denen er sich von ihr abwandte, hielten folgerichtigem nüchternen Denken nirgendwo stand. Alle Konflikte, die er noch durchleiden sollte, hatten da ihre Ursache, ebenso seine erfabelten Hoffnungen und am Ende der Gespensterglauben. Was ursprünglich zu wappnen versprach, schützte Jodl nicht gegen Irrationalismus. Auch seine »Alternative« hieß schließlich: Wenn schon kein Sieg, dann heroischer Kampf. All das war und machte uns unheimlich. All das spiegelte

Mystik und erinnert – warnend – an tiefsitzende deutsche Defekte.

Den Kampf gegen die Partisanen suchte er zu bändigen. Er fragte nicht, ob Deutschlands Besatzungs»politik« diese Partisanen gezüchtet hatte, die hinter dem Ostheer operierten. Ihn belasteten die Folgen, eine »ungeheuerliche Realität«. Die hinterhältige Grausamkeit der Banden stachelte an zu brutalem Vergeltungswillen. *Im Kampf* gab auch Jodl der eigenen Truppe freie Bahn.[78] Auflagen, wußte er, hätten sie gefährdet. Die Realität, kaum zu steuern, ließ keine andere Wahl. Aber seit dem Kommando-Befehl entschlossen, Terror und Unrecht einzudämmen, verbot er Repressalien *nach dem Kampf*. Kein Dorf, ordnete er an, sei dann noch niederzubrennen. Dabei leitete ihn nicht nur taktisches Kalkül. Hitler wehrte sich, in einem Krieg der Heimtücke von den »stärksten Mitteln« abzulassen. Allein die zugestandene Fessellosigkeit während des Kampfes veranlaßte ihn, die Vorschrift des Wehrmachtführungsstabes zu bestätigen.[79] Jodl ersetzte sie 1944 selbständig durch neue Richtlinien, nach denen alle ergriffenen Banditen »in feindlicher Uniform oder in Zivil« als Kriegsgefangene zu behandeln waren. Exekution drohte weiter lediglich jenen, die »in deutscher Uniform oder der Uniform einer verbündeten Wehrmacht« gefangengenommen wurden, dagegen nicht Überläufern, »gleichgültig in welcher Bekleidung«.[80] Auch derartige Richtlinien boten kaum eine generelle Gewähr gegen Übergriffe. Doch mit ihnen staute Jodl Mord und Gewalt. Hier zeigte er Statur, verhütete er Schlimmeres.

Die OKH-Offiziersgruppe, die Wlassow förderte und eine russische Befreiungsarmee schaffen wollte, fand in ihm keinen Verbündeten.[81] Ihr galt er als Parteigänger Hitlers, des OKW, der Uneinsichtigen. Nie hat ihn die Vision, Sowjetrußland sei mit Hilfe antibolschewistischer Russen zu schlagen, ergriffen, umgetrieben oder beflügelt. Wlassow bedeutete »Politik«, vor der er zurückschreckte. Das traurige Kapitel des Mißbrauchs russischer Patrioten vollzog sich fast ohne ihn. Er durchkreuzte nicht die Rekrutierung russischer Hilfswilliger, mit denen die gelichteten Frontdivisionen ihre Trosse auffüllten. Sie lag – seit

Ende 1941 – außerhalb seiner »Zuständigkeiten«. Dafür unterstützte er den Befehl, daß Wlassows erste Einheiten in den Westen zu verlegen seien[82]: Fehlgriff, über den er sich kaum täuschen konnte, weil man mit ihm die aufgebotenen Freiwilligen verhöhnte. Jodls Bundesgenossenschaft wäre, wie jede andere, den Fürsprechern einer russischen Befreiungsarmee willkommen gewesen. Aber wenn er vorsätzlich resignierte, so ohne nervenaufreibende, fruchtlose Anstrengungen. Hitler, unbelehrbar, war nicht zu bekehren. Entschlossen, über Russen zu herrschen, widersprach eine russische Befreiungsarmee allem, wofür er die Sowjetunion angefallen hatte. Nichts ließ sich mehr gegen die einmal inszenierte, abgründige ideologische Stumpfsinnigkeit ausrichten. Jeder Widerruf – namentlich unter dem Zwang der Kriegslage – blieb unaufrichtig und kam nun zu spät.

ITALIEN, INVASION, 20. JULI 1944

Schon die Kaukasus-Krise bewies Jodl, daß es besser gewesen wäre, im Osten zurückzustecken und Nordafrika verstärkt zu halten.[1] Ein Sieg über die Sowjetunion, sah er, war auch 1942 nicht zu erringen. Fielen indes die Bastionen der Achse in Nordafrika, gegen die sich die Amerikaner zunächst wenden würden, stand der alliierte Sprung auf Italien bevor, drohte die Südfront der »Festung Europa« zu zerbrechen. Dann hatte die Wehrmacht erst recht starke Kräfte im Mittelmeer-Raum einzusetzen. Veränderte Schwerpunkte gewährleisteten am ehesten Zeitgewinn durch Ermattungsstrategie, wenn denn Zeitgewinn – für politische Lösungen – überhaupt Sinn haben sollte. Jodl erspürte zumindest das militärisch Notwendige. Sein Zusammenprall mit Hitler drängte ihn davon ab, auf den gereizten, erbitterten Diktator einzuwirken. Wie andere wäre auch er als Mahnender gescheitert. Was allein ohne Hitler Auswege verhieß, geschah nicht einmal strategisch. Der Oberste Befehlshaber schien entschlossen, seinen Krieg beschleunigt zu verlieren. Noch einmal wollte er im Osten angreifen, den feindlichen Frontbogen um Kursk zertrümmern, doch jetzt – 1943 – plädierte Jodl offen für strikte Verteidigung in Rußland zugunsten Nordafrikas.[2] Selbst der eigene Leitsatz von der Offensive »wenigstens an einer Stelle« war abgetan.

Der Brückenkopf um Tunis deckte Rommels Rückzüge aus Tripolitanien, setzte aber das Afrika-Korps und die neu gebildete 5. Panzer-Armee der Umklammerung aus.[3] Daß dieser Brückenkopf angesichts der feindlichen Luft- und Seeherrschaft zu behaupten sei, widersprach allen kriegsgeschichtlichen Lehren. Zeitgewinn winkte – vielleicht – bei einer Verteidigung Südeuropas *mit* den Kräften der Afrika-Armeen. Im Zeichen Stalingrads mußte man die Armeen retten und ihnen Vorrang einräumen. Dem Wehrmachtführungsstab war verboten, den Verlust Nordafrikas auch nur zu erwägen.[4] Vorbereitungen gegen Invasionsangriffe auf Italien unterblieben. Möglich, daß Jodl momentweise optimistisch dachte. Sein Verbot für den Stab kultivierte Blindheiten, zumal er selbst nie in Tunesien erschien. Souveränität sogar im engsten Befehlsbereich fehlte. Berichte verdeutlichten den Niedergang des Bundesgenossen. Der Krieg – Griechenland, Balkan, Rußland, Afrika – hatte Italiens Wehrmacht erschöpft. Allein deutsche Armeen und Waffenströme vermochten noch zu helfen.[5] Der Süden rückte auf zum wichtigsten Kriegsschauplatz, doch Anfang April 1943 – in Klessheim bei Salzburg – hielt Hitler wieder zu seinen Plänen im Osten. Mussolini und das Comando Supremo wies er mit Deklamationen ab, erst recht Forderungen nach einem deutsch-sowjetischen Kompromißfrieden.[6] Jodl – in Klessheim lediglich unzureichend eingeweihter Statist – hatte sich zu beugen. Zusätzliche Hilfen, die Italien verlangte, durfte das OKW nicht schicken.

Rommels Offensiven aus der inneren Linie stützten vorübergehend Hoffnungen. Zuletzt Oberbefehlshaber beider Armeen der Heeresgruppe Afrika, schlug er im Angriff auf den Kasserine-Paß ein amerikanisches Korps. Aber ähnliche Erfolge stellten sich, vor der südtunesischen Mareth-Linie, gegenüber Montgomerys 8. Armee nicht ein.[7] Bei unzureichendem Nachschub – knapp der Hälfte des nötigsten Bedarfs – schrumpften die deutschen und italienischen Divisionen. Rommel erschien in Rastenburg und legte Hitler die Räumung Nordafrikas nahe. Der Diktator verwarf sie und untersagte Rommel, zu seinen Armeen zurückzukehren. Jodl schwieg und versuchte keine Eingriffe. Hitlers Entschlossenheit, Tunesien unbedingt zu halten, empfahl ihm wohl Resignation.[8] Denkbar, daß er an eine Rettung der Truppe längst nicht mehr glaubte, Stichwort: die Luft- und Seeherrschaft der Anglo-Amerikaner. Doch auch das noch Mögliche hat er unterlassen und verwehrt. Die Transportmaschinen, die den Kriegsschauplatz erreichten, flogen leer zurück nach Italien. Generaloberst von Arnim, Liquidator der Heeresgruppe Afrika, blieb trotz brieflicher Anfrage ohne Weisung für den Endkampf. Am 12. und 13. Mai 1943 kapitulierten in einem Frontbogen um Tunis 130 000 deutsche und fast 120 000 italienische Soldaten, von der Wehrmacht elf Divisionen.[9] Der Bankrott besiegelte Halbheiten, Versäumnisse, Befehlswirrwarr und Verrat an denen, die sich schließlich preisgegeben fühlten. Jodl empfing die Kapitulationsnachricht während seines – einzigen – Urlaubs.

Der Verlust Nordafrikas deprimierte ihn. Es war – nominell – sein Stalingrad. Im Visier der Alliierten lag Italien. Mit anderen erwartete nun auch Jodl Landungen der Amerikaner und Engländer auf Sizilien.[10] Der Invasion sah er ohne Zuversicht entgegen. Obgleich er den zehn italienischen Inseldivisionen vier deutsche Großverbände zugeführt hatte – Korsettstangen, ja Rückgrat der Verteidigung –, befürchtete er, daß der Widerstandswille des Verbündeten gebrochen war. Die raschen Erfolge der Invasoren, die am 10. Juli 1943 landeten und zügig ins Innere Siziliens vorstießen, bestätigten seinen Pessimismus.[11] Die Küstenschutzdivisionen ergaben sich kampflos, ebenso die waffenstarrenden Festungen Augusta und Syrakus. Zu Tausenden desertierten Offiziere und Mannschaften italienischer Einheiten. Das deutsche XIV. Panzer-Korps – von den Strudeln der Zusammenbrüche bedroht – wich auf die Nordostecke der Insel zurück. Als sich Mitte Juli Oberst von Bonin, neuer Stabschef des XIV. Panzer-Korps, im Rastenburger Führerhauptquartier abmeldete, nannte Jodl die Lage »hoffnungslos«.[12] Alles, erklärte er, sei zu tun, um die deutschen Divisionen der Katastrophe zu entziehen. Bonin hatte Hube, dem Kommandierenden General, »entsprechend zu berichten«. Der Auftrag ermutigte Hube und Kesselring, den Oberbefehlshaber Süd, zu selbständigem Handeln.[13] Ohne »höhere« Eingriffe gelang ihnen wenige Wochen später die Überführung des gesamten Korps nach Kalabrien, das »Wunder von Messina«.

Skeptisch hinsichtlich Siziliens äußerte sich Jodl auch gegenüber Hitler. Die Insel, meinte er am 15. Juli, sei aller Voraussicht nach nicht mehr zu halten.[14] Dringlich empfahl er Maßnahmen, um die Geschlossenheit des bröckelnden Bündnisses zu sichern oder wiederherzustellen. »Das dem Faschismus feindliche Italien will die Kapitulation und treibt in weiten Kreisen des Offizierskorps vorläufig noch getarnten Verrat. Es kann die Absicht der italienischen Verräter sein, immer mehr deutsche Kräfte zu erbitten und in solchen Lagen zum Einsatz zu bringen, wo sie der Vernichtung anheimfallen. Wollen wir Süditalien behaupten, das zur Verteidigung Griechenlands für uns unentbehrlich ist, dann müssen wir starke deutsche Kräfte in Apulien und Kalabrien bereit halten. Solange aber die Säuberung des italienischen militärischen Führungsapparates nicht durchgeführt ist und nicht die schärfsten Maßnahmen gegen alle Zersetzungserscheinungen innerhalb der italienischen Wehrmacht ergriffen sind, ist es nicht zu verantworten, deutsche Truppen südlich des Apennin zu halten. Es ist daher nötig, diese innenpolitische *Entscheidung des Duce* herbeizuführen.«[15] Sein Vorschlag konnte – Widerspruch – die bejahte Verteidigung Südosteuropas schwächen, aber wichtiger schien ihm eine Generalreinigung in Italien, die zu gestraffter, einheitlicher Führung verhalf, vorab mit deutschen Befehlshabern unter dem Oberkommando Rommels. Jodl riet im Schatten der Versäumnisse Hitlers von Klessheim.

Italien war ihm Bundesgenosse, dem er die Pflicht zuwies, an Deutschlands Seite zu stehen. Operative Erwägungen, Belange seines Metiers rangierten obenan. Er achtete Mussolini, bei dem er Wohlwollen, Anerkennung spürte, aber schon dessen Generale kultivierten unterschwellige Ressentiments. Die Suada, mit der sie betäuben konnten, schien ihm Gallert, unglaubwürdig, abgefeimt.[16] Daß die »Achse« italienische Vorbehalte wachhielt, steigerte nur sein Mißtrauen. Der Leistungsunwille des Bundesgenossen und die Erinnerung an Roms Abfall 1915 ermunterten ihn nicht zu Korrekturen. Einfühlung in »fremde« Mentalität blieb seine schwache Seite. Wie anderswo stand er vor Konsequenzen der Politik, die er, einflußlos, schwerlich mitverantworten mußte. Auch mangelhafte Kooperation belastete die Diktatoren. Doch gebunden an einen Mann, der Kampf zum Selbstzweck erhob, ließ er kaum gelten, daß der Bündnispartner keinen totalen Krieg führte und erst recht keine totale Niederlage erleiden wollte. Was den Faschismus vom

Nationalsozialismus trennte, lag außerhalb seiner Optik oder Analysen. Unreflektiert bestärkte er Hitlers Aversionen gegen »verschwörerische Umtriebe«, die er vorab königstreuen römischen Klüngeln unterstellte.[17] Zorn, wenn nicht Verachtung offenbarten gerade die knappsten seiner Sätze. So eindeutig hier wie im Falle Deutschlands die militärische Situation, eine Lage, die zu politischen Entschlüssen mahnte: für Jodl hieß Italiens Realismus »italienischer Verrat«.

Wie Hitler wertet er die Entmachtung des Duce Ende Juli als Kampfansage. Daß Italien den Krieg fortsetzen will, beschwichtigt ihn kaum.[18] Auch in seinen Augen ist Badoglio, der Mussolini-Nachfolger, Deutschlands »grimmigster« Gegner. Er versteht die Wut seines Obersten Befehlshabers, der die Widersacher zu ergreifen plant. Er selbst hat längst vorgeschlagen, diese Widersacher zu verhaften und namentlich das amtierende Comando Supremo zu beseitigen, in dem er – neben dem Königshaus – die Hauptverschwörer wittert.[19] Hitlers Absicht, Sizilien zu räumen und die deutschen Verbände wenigstens mit ihren Handfeuerwaffen zu retten, unterstützt er. Fast scheint es, als habe Jodl Kesselrings Divisionen überhaupt abgeschrieben. Sein Ton gegenüber dem Stab des Oberbefehlshabers Süd wird eisig; Mißtrauen trifft auch dessen vermeintliche Italophilie.[20] Die Verhaftungspläne des Diktators, den schon die Gefahr nationalsozialistischer Machteinbuße erbittert, werden glücklicherweise widerrufen, ebenso überstürzte Rückzüge aus Sizilien. Um so energischer sucht Jodl den Brenner-Übergang zu sichern. Acht Divisionen rücken in Nord- und Mittelitalien ein. Bei Rom landet eine Fallschirmjäger-Division.[21] Die Heeresmasse – plötzlich verfügbar – hätte zuvor den Kampf um Sizilien wenden können; jetzt wird sie zurückgehalten, soll sie Italien für Deutschlands Kriegführung behaupten. Jodl deckt zuverlässig jeden der Gegenzüge. Mit Blick auf den Balkan entfallen für ihn Alternativen.

Daß alle Maßnahmen getroffen seien, um drohende alliierte Landungen abzuwehren, will gerade er glauben machen; schneidend sein Ton gegenüber Roatta, dem italienischen Generalstabschef, am 15. August 1943 in Bologna.[22] Im Beisein Rommels rügt er den »Vormarsch« zweier Alpini-Divisionen zur Brenner-Linie. An den – zugestandenen – Abzug italienischer Divisionen aus Frankreich knüpft er die Frage, ob sie »gegen die Engländer in Süditalien oder gegen die Deutschen am Brenner eingesetzt« würden. Hinsichtlich der Befehlsregelung fordert er: Kesselring führt – allein dem italienischen König unterstellt – in Mittel-, Süditalien und auf den Inseln; Rommel übernimmt unter dem OKW den Oberbefehl über alle deutschen *und* italienischen Truppen in Oberitalien.[23] Roatta billigt weder den deutschen Brenner-Bahnschutz noch die Entthronung des Comando Supremo: nicht Beleidigter, sondern argumentierend. Empört nur weist er den Verdacht eines Frontwechsels Italiens zurück. Die Schroffheiten, die er erlebt, sind angesichts der Kräfteverhältnisse überflüssig, ja töricht, aber der Chef des Wehrmachtführungsstabes gehorcht strikten Direktiven. Sein eigenes Mißtrauen bleibt abgründig. Die Konferenz-Villa umstellen SS-Truppen; neben Rommel sitzt ständig ein bewaffneter Offizier. Versuche, Jodl zu einer geschmeidigeren Taktik zu bewegen, scheitern augenblicklich.[24] Er meint, den »falschen Italienern die Maske vom Gesicht gerissen« zu haben. Für die Italiener hat er sich, Hitler und das OKW demaskiert.

Seine diplomatischen Mängel erträgt er. Mussolini ist verschwunden, die Atmosphäre von der Wurzel her vergiftet. Was Italiener denken, irritiert nicht länger. Ihren Waffenstillstand am 8. September empfindet Jodl als elendigen Verrat.[25] Nie gestände er zu, daß der Verbündete nach gültigen Einsichten handelt. In seinen Augen zählt allein Deutschland. Wie Hitler sträubt er sich, Italien aus dem Krieg zu entlassen. Nur-militärisches Denken und unpolitischer Aktionswille rücken ihn wieder ganz an die Seite des Diktators. Süditalien freilich gibt er verloren. Kesselring schickt er keine weiteren Befehle.[26] Der Oberbefehlshaber Süd ist auf sich selbst gestellt. Mit wenigen Einheiten entwaffnet er italienische Truppenverbände, bereinigt er die Lage um Rom, das er nach der Flucht Badoglios und des Monarchen sichert. Die Landung der amerikanischen 5. Armee bei Salerno droht seine Divisionen abzuschneiden; in umsichtiger Kampfführung löst er sie aus Kalabrien und Apulien. Gegenangriffe werfen den gelandeten Feind zurück oder zernieren ihn. Doch zuletzt fehlen Kesselring die – einsetzbaren – Verbände Rommels, die das OKW verweigert.[27] Ein Abwehrsieg, psychologisch wünschenswert, ist nicht zu erringen. In Apulien fällt Foggia, die Luftbasis, die Bomber-Offensiven auf Süddeutschland erlaubt; auch hier zuvor Verweigerung jeder Division aus Norditalien.[28] Erst als eine Verteidigungsfront vom Tyrrhenischen Meer bis zur Adria glückt, sind die im Stich Gelassenen nicht mehr abgeschrieben.

Jodl ignorierte nicht den italienischen Jubel über das vermeintliche Ende des Krieges. Nach Mussolinis Sturz meldete er Hitler, daß der Faschismus tot sei; die Straßen Roms lägen voller Parteiabzeichen.[29] Der Diktator konterte: »Einen solchen Unsinn kann auch nur ein Offizier melden. Man sieht wieder, daß die Generale von Politik nichts verstehen.« Die schroffe, höhnische Replik dämpfte jede Lust, noch einmal »politisch« zu werden. Ob Hitlers Worten Weisheit zukam, hätte der Gerüffelte anzweifeln können. Der im September »befreite« Duce – nun eine mitleiderregende Figur – dürfte ihn schwerlich umgestimmt haben[30], aber die glatt verlaufene Entwaffnung der Abtrünnigen gab Auftrieb. Jodls Konzept für Italien hieß jetzt Verteidigung, um den Süden, Südosten und Westen der »Festung Europa« zu sichern. Alliierte Luftbasen wollte er, solange wie möglich, in größter Distanz zum Reichsgebiet halten. Selbst eine krisenfeste Alpenstellung, schien ihm, machte den Nachteil noch stärkerer Bombardements auf Deutschland nicht wett.[31] Der Verlust Foggias nahm diesem Konzept Argumente. Zudem hatte der deutsche Verteidiger mit wiederholten alliierten Landungen in seinem Rücken zu rechnen. Handelte der Gegner kühn, schnitt er Divisionen ab, war Italien zu räumen. Doch nicht Jodl, Adolf Hitler führte. Kesselrings 10. Armee (Süd- und Mittelitalien) und Rommels Heeresgruppe B (Norditalien) unterstanden allenfalls formell dem OKW. Als eingeschobene Befehls»spitze« sollte es zusätzlich Selbständigkeiten gängeln.[32]

Italiens Abfall verdrängte nicht eine andere Katastrophe: den feindlichen Einbruch über Teilen des Reichsgebietes. Hamburg traf, im Juli, eine Welle britisch-amerikanischer Luftangriffe.

Minen, Spreng-, Phosphor- und Brandbomben entfesselten Feuerstürme, verheerten ganze Stadtviertel und töteten Abertausende. Jodl sah Bilder eines Infernos.[33] Anhänger der Ideologie, daß Luftattacken entscheidend mithülfen, Potentiale zu zertrümmern, war er um so beunruhigter, als Flakartillerie und Jäger dieses Inferno nicht hatten abwenden können. Bomberströme, so sein Resümee, fanden oder erkämpften sich ihren Weg. Die geballte alliierte Kampfkraft, noch beeindruckender als bei den Vorjahresangriffen auf Lübeck, Rostock und Köln, nahm er als böses Omen. Auch wenn gegen alle Spekulationen – drüben wie hüben – die Moral der Heimgesuchten standhielt: Jodl erfuhr, daß ebenso Rüstungsbetriebe getroffen waren. Zu Sorgen kam neue Sorge. Der Haß, den jetzt britische Politiker schürten, überraschte ihn kaum: England vergalt, was es 1940/41 erlitten hatte. Doch die Flächenbombardements, unter denen nun Deutsche, Männer, Frauen, Greise und Kinder verendeten, empfand er als Akt barbarischer Kriegführung, erschreckt über einen Kampf, der sich allen herkömmlichen Normen entzog.[34] Selbst wo er – vielleicht – deutsche Schuld zugab, glaubte er, daß der deutschen Führung nichts mehr vorzuwerfen sei. Die Fürchterlichkeiten »modernen« Ringens rissen in ihre Strudel.

Noch vor der Invasion Siziliens wandte er sich gegen »Zitadelle«, das Angriffsunternehmen auf den russischen Frontbogen um Kursk.[35] Er konnte der geplanten Offensive keine strategische Bedeutung für die deutsche Gesamtlage mehr zuerkennen. Allenfalls erwartete er einen räumlich begrenzten Erfolg. Dringend riet er, starke Führungsreserven zu bilden und sie nicht freiwillig festzulegen. Dabei dachte er an Italien und den Balkan, auf dem nun Partisanen-Armeen zu bekämpfen waren. Seine »Intervention« ergrimmte Zeitzler und beunruhigte den Diktator, doch Anfang Juli entschied sich Hitler für »Zitadelle«.[36] Wieder blieb er unfähig zu bezähmen, was ihn zu diesem Unternehmen trieb. Der Angriff aus Nord und Süd traf auf einen abwehrbereiten Feind in tiefgestaffelten Verteidigungsstellungen. Trotz massiven Einsatzes von 28 Divisionen scheiterte die letzte Offensive des Ostheeres. Unersetzbare Reserven waren verschleudert. Jodl – schon mit seinem Rat zurückgewiesen – trug keine Verantwortung. Die Grenadier- und Panzergräber zwischen Orel und Bjelgorod belasteten andere. Um so weniger entrann er der üblen Konsequenz, dem endgültigen Verlust deutscher Initiative in Rußland.[37] Beklemmend fortan die Kraft des sowjetischen Gegners, der überall zu Gegenoffensiven schritt. Das Verhängnis war um eine entscheidende Drehung nähergekommen. Deutschland stand im politischen Zugzwang, wenn es noch Auswege finden wollte.

Soweit Jodl – nach »Zitadelle« – noch auf Ermattungsstrategie setzte, wurden seine Hoffnungen Zug um Zug durchkreuzt. Mit den russischen Angriffen, die jetzt zu Rückzügen zwingen, reifen weitere Katastrophen. Zwar gelingt es Manstein, den deutschen Südflügel sowjetischer Umklammerung zu entziehen.[38] Ungeachtet aller Abwehrerfolge aber gewährt Hitler keine Entschlußfreiheit. Im Gegenteil: immer hat Manstein darum zu ringen, daß das Unerläßliche nicht zu spät geschieht. Ob Dnjepr-Bogen oder Nikopol, ob Donez-Gebiet oder Tscherkassy: nirgendwo gesteht der Oberste Befehlshaber eine sinnvolle, kräfteschonende Verteidigung zu. Überall befiehlt er: Stehenbleiben, keinen Schritt zurück! Der Feldmarschall, auch in Jodls Augen fähigster Kopf der Wehrmacht, bäumt sich auf, sucht den Diktator zu bekehren.

Beschwörend legt Manstein Hitler dar, daß er an jedem Krisenpunkt nur die Alternative habe, entweder die begehrten russischen Wirtschaftsquellen mitsamt dem Heer einzubüßen oder durch bewegliche Kampfführung vorübergehende Verluste wieder wettzumachen. Sein Rat kommt aus Unruhe, Sorge und realistischer Beurteilung der Lage, doch kein Appell verfängt. Hitler hypnotisieren unhaltbare Linien. Die gewaltige zahlenmäßige sowjetische Überlegenheit nennt er Bluff. Er argumentiert politisch und erinnert an die Türkei, die den Alliierten zuzufallen drohe. Er verfügt sogenannte »Feste Plätze«, in denen Divisionen – umgangen – zusätzlich sinnlos verbluten. Er will nichts verlieren und verliert alles. Mit der wachsenden »operativen Abhängigkeit vom Gegner« zerbricht Mansteins Defensiv-Strategie. Im März 1944 ist der Feldmarschall entlassen.

Jodl sieht sämtliche Schattenseiten des obersten Feldherrn.

Bewußter denn je registriert er Hang zur Maßlosigkeit, Unwillen, Schwerpunkte zu bilden, Mißachtung von Raum und Zeit. Deutlich erkennt er: Hitler verwechselt Kriegserlebnis mit Kriegserfahrung; »Funktion und Imponderabilien des Bewegungskrieges« liegen ihm fern.[39] Wie Manstein bekümmern Jodl die überdehnten Verteidigungslinien im Osten, die nirgendwo stark genug sind, »um einen einigermaßen ernsten Angriff wirklich erfolgreich abwehren zu können«. Warnend verweist er auf den Reservemangel, den keiner der OKW-Kriegsschauplätze beheben kann. Seine Anmerkungen – ob hart oder wattiert – spiegeln ebenso nüchternes generalstabsmäßiges Denken. Er beklagt die Manie, in jeder Rückzugsbewegung Führungsschwäche zu wittern, und gibt zu, daß Hitlers »operative« Starrheit Hunderttausende deutscher Soldaten hinopfert.[40] Tief betroffen, versteht er seinen Obersten Befehlshaber nicht mehr.

Wenn Ermattungsstrategie in Rußland zählen sollte, so stärkte Hitler allein den Gegner. Des Diktators »Führung« zerschliß nicht die Rote Armee, sondern das eigene Ostheer.[41] Was Jodl noch beschwichtigt hatte, entzog ihm sein Oberster Befehlshaber. Die Hoffnung auf ein Remis selbst mit Hitler verlor ihre Gründe. Die Sachlage, unverschleiert betrachtet, zwang zu überfälligem politischen Handeln. Aufschübe änderten angesichts der Kräfteverhältnisse am Ende nichts. Inaktivität wurde nun – bei den Führungs*spitzen* – zum schlimmsten Übel, zur abgründigen Verantwortungslosigkeit. Auch die Front dachte und erwartete, daß hinter den Rückzügen Strategie steckte, eine, die der »Verzögerung« Sinn gab oder sie wenigstens rechtfertigte.[42] Gerade wer Pflichterfüllung forderte, hatte um solchen Sinn Sorge zu tragen. Statt dessen »ganz oben« Rat- und Ziellosigkeit, Opfer fortan erst recht ohne Sinn. Vertrauen stand gegen Mißbrauch.

Jodl glich nicht Keitel, der überfordert war und meinte, Hitler vor jeder Wahrheit schützen zu müssen. Er vermochte zu rechnen und fand selbst deutliche Worte, doch auch über die letzte Prüfung glitt er hinweg. So gewiß sein zunehmender Kummer: wieder unterließ er prinzipielle, an die Wurzel gehende Einsprüche. Erneut trennte er Politik und operative Führung. Vor der

– vielleicht bedrängenden – notwendigen Schlußfolgerung blieb es bei inneren Sperren und Denkverboten. Kampfwille gegen die bedingungslose Kapitulation hielt ihn weiter gefangen.[43] Dieser Wille schien nicht nur von der Goebbels-Propaganda aus den Empfindungen vieler geschöpft. Er leitete Volk und Wehrmacht oder sollte sie leiten, aber mit ihm schwor die militärische Spitze unabweisbarer Logik, einer Souveränität ohne Finten ab. Mit ihm regierten Selbstbetrug und Irrationalismus – kriegsgeschichtlich kaum noch der Betrachtung wert.

Eindeutig fortan diese Zäsur, doch aussichtslos legale Versuche, den Diktator zu bekehren. Mahnungen waren – wenn überhaupt – allein noch dosiert anzubringen, weil sonst der schroffe, feindselige Stolz Hitlers herausgefordert worden wäre. Wille ersetzte beim Obersten Befehlshaber nun vollends Argumente.[44] Immer zermürbender zudem dessen Schmähreden wider die entschlußlosen, schlaffen Generale des Heeres, die nicht fanatisch kämpften, sondern nach hinten schielten: Grund, »ihnen« den Ausbau einer Dnjepr-Stellung zu verweigern, die Zeitzler und andere vorgeschlagen hatten. Offen bedauerte der Gereizte, nicht wie Stalin das Offizierskorps gesäubert und mit revolutionärem Geist geimpft zu haben. Unausgesprochen war Ernst Röhm gerechtfertigt. Wirklichkeitsfremd die Invektiven ebenso für Jodl, vor allem wo er ohne Abstriche realistischen Einsichten folgte. Zunehmend irritierte ihn der höchste Vorgesetzte durch Verworrenheiten und eine absinkende Berechenbarkeit[45]; Anlaß erst recht zur Sorge trotz äußeren eigenen Maskenspiels.

Mannerheim übermittelte Hitler den Wunsch, im rückwärtigen Gebiet der 20. Gebirgsarmee Stellungen erkunden zu lassen.[46] Offenbar befürchtete er, angesichts der Kriegslage, einen Abzug deutscher Kräfte aus Lappland. Am 14. Oktober 1943 brach Jodl zum zweiten Mal auf nach Mikkeli. So belastet jetzt seine Mission, eine Mission im Schatten deutscher Rückzüge und Bedrängnis: nicht nur Mannerheim empfing ihn respektvoll. Erneut beeindruckten seine Wesensart und militärische Sachlichkeit. Wieder schien er, vor dem finnischen Feldmarschall, ganz und gar gelöst, von ihm erkannt und verstanden zu sein.[47] Wieder sprach er zu einem Obersten Befehlshaber, der kein jähzorniger, haßvergifteter Charakter war, sondern ein Grandseigneur und Mann der gesammelten Ruhe und Würde. Sicher, daß diese Vorzüge Anlaß zu melancholischen Vergleichen gaben. Kontraste waren da unübersehbar. Wenn Jodl Mannerheim im Auftrag Hitlers riet, sich am einmal kommenden Kampf zwischen den Westmächten und Rußland zu beteiligen, so überzeugte er wohl am wenigsten. Tatsachen, gegen die nur Selbsttäuschung wappnete, mußten ihn behindern. Aber den finnischen Wünschen auch hinsichtlich weiterer Waffen half er. Zusicherungen, daß deutsche Kräfte in Lappland blieben, beschwichtigten den Feldmarschall und Wehrminister Waldén.[48] Einen persönlichen Brief Hitlers an Ryti, den er mitgebracht hatte und in dem vor Nachgiebigkeit gegenüber der finnischen Opposition gewarnt wurde, überreichte dem Staatspräsidenten der deutsche Gesandte.

Nach Rastenburg zurückgekehrt, erwartete Jodl Propaganda-Arbeit gegen das Nationalkomitee »Freies Deutschland« – eine Organisation, in der deutsche Kriegsgefangene hinter russischem Stacheldraht Hitler Kampf ansagten.[49] Zunächst hatte er sich geweigert zu glauben, daß zu diesem Komitee Generale, Obristen und Majore der geschlagenen 6. Armee gehörten. Lange hielt er an der Lesart erpreßter oder gefügig gemachter Kollaborateure fest. Stalingrad blieb ihm entsetzliche Niederlage, die nie wiederkehren durfte, Niederlage, nach der er sich – im geheimen – »sogar« Mitschuld der obersten militärischen Führung eingestand. Nichts rechtfertigte jedoch in seinen Augen, daß Paulus statt eines heroischen Endes die Gefangenschaft gewählt hatte; nichts den nun offenkundigen Verrat deutscher Offiziere und Soldaten gerade auf sowjetischer, des Todfeindes Seite. Auch wenn er die Erbitterung der Stalingrader teilweise begriff: kein Argument der Abgefallenen zählte und durfte zählen. Vorbehaltlos billigte er die Schärfe in der OKW-Gegenpropaganda.[50] Die schwarz-weiß-rot umrandeten Aufrufe mit den Namen der Kommunisten Pieck, Ulbricht und Weinert erlaubten von Gimpelfang zu sprechen, von einer »Befreiungs«organisation, die lediglich Moskaus Geschäfte besorge. Jodl nahm, zu seiner Genugtuung, nur vorweg, was das Ostheer dachte oder fühlte. Der Frontsoldat widersetzte sich verachtend allen Umsturz-Appellen des Nationalkomitees. Später – 1944 – zum Überlaufen aufgefordert, band ihn Furcht vor sowjetischer Kriegsgefangenschaft.

Jodl neigte kaum zu propagandistischen Auftritten. Obgleich überzeugt davon, daß Propaganda ihre Funktion besaß, rangierte sie hinter den operativen Aufgaben. In die gängige Arbeit der OKW-Abteilung Wehrmachtpropaganda hat er sich ungerufen nur selten eingemischt[51], doch Distanz bewahrte nicht vor größerem Rampenlicht. Am 7. November 1943 sprach er in München zu den Reichs- und Gauleitern der Partei, Thema des »gewünschten« Vortrages: Die strategische Lage am Anfang des fünften Kriegsjahres.[52] Er wäre, darf man betonen, gerade dieser Rede gern ausgewichen. Wie immer er sie anpackte: die Lügen, zu denen sie nötigte, verhießen keine Lorbeeren. Die Widersprüche seiner Ansprache, Abbild eines Zwiespaltes, mußten Denkende bemerken.

Zunächst – nüchtern genug – ehrliche Analysen und nicht einmal kühle Schönfärberei. Bündig erfahren die Zuhörer, daß die Triumphe bis 1941 nicht ausreichten, um gegen Großbritannien und Rußland endgültig zu siegen.[53] Jodl verdeutlicht, daß Deutschland an allen Fronten in die Defensive zurückgefallen ist. Die Vorzüge des Kampfes »auf der inneren Linie« relativiert er; denn der Gegner sei überall so stark, »daß wir trotz der kürzeren Verteidigungslinien kaum in der Lage sind, mehr als eine örtliche Überlegenheit zustande zu bringen«. Auch die Rückschläge im U-Boot- und Luftkrieg, die der »Festung Europa« schlechte Prognosen ausstellen, will er nicht vernebeln.[54] Ungeschminkt erwähnt er die technischen Fortschritte der Anglo-Amerikaner. Doch dann, beim italienischen »Verrat«, schon Verlogenheit: so als ob durch ihn Divisionen der Ostfront entzogen worden wären. Die eigene Führung wird hier wie sonst mit keinem Makel belastet. Krisen, bekräftigt Jodl, würde diese Führung überwinden.[55] Hoffnung erblickt er in der Ausdauer, in totaler Mobilisierung und der »ethischen und moralischen Grundlage unseres Kampfes«. Einmal »politisch«, mißt er die Kraft der revolutionären NS-Idee an den ideologischen Schwächen der Gegner. Es ist – nach den Eingangswahrheiten – ein Katalog des schwarzen Optimismus.

Am schlimmsten freilich des Redners Schlußapotheosen: die Bekenntnisse zu einem Glaubensfanatismus, für den nicht Potentiale, sondern Willenskräfte zählten, nicht mahnende Fakten, sondern heroische Unvernunft; die Treuebekundungen zugunsten dessen, der politisch und militärisch führe und wie keiner dem Ganzen diene.[56] Mochte dieses schmetternde Pathos verlangt sein, um Schwankende zuversichtlich zu stimmen: Jodl erbrachte es und – im Augenblick der Agitation – vielleicht sogar aus Überzeugung. »Daß wir siegen werden, weil wir siegen müssen«, war ihm – bei »tiefstem Herzen« – wohl nicht nur Floskel.[57] Bitter aber und ihn schädigend nicht erst heute diese Münchener Rede. Unvorstellbar, daß Moltke oder Schlieffen je einer ähnlichen Sprache erlegen wären.

Das OKW folgte Hitler, wo er nur noch Norditalien verteidigen wollte; ebenso jetzt, als er sich für Abwehr weit südlich von Rom entschied.[58] Der Umschwung barg wie jede Entscheidung auf diesem Kriegsschauplatz unkalkulierbare Gefahren. Jederzeit war eine vorgestaffelte deutsche Verteidigungsfront durch amphibische Operationen der Alliierten auszumanövrieren. Die Risiken, die Rommel nicht tragen mochte, sprachen gegen Kesselrings Vorschläge. Doch Abwehr vor Rom erforderte weniger Kräfte als im Apennin-Gebirge. Zudem waren dem Gegner weitere italienische Luftbasen zu verwehren: Hauptargument, das »vorzeitige« Rückzüge ausschloß. Ende November 1943 wurde Kesselring Alleinbefehlshaber in Italien. Jodl lobte – überraschend – den Stab des ObSüd.[59] Offen gestand er ein, daß es ein Fehler gewesen sei, Rommels schnelle Divisionen nicht für Salerno freigegeben zu haben. Eine Denkschrift des gelobten Stabes unterbreitete ihm Invasionserfahrungen. Gelandeter Feind, konnte er lesen, müsse binnen 24 Stunden zumindest an einer Stelle ins Meer zurückgeworfen werden. Abwehrverbände seien küstennah so bereitzustellen, daß sie die Landestelle in einem Nachtmarsch erreichten.[60] Die Denkschrift trug vor, was vielleicht als Rat taugte. Überwältigende See- und Luftherrschaft freilich machte auch sie illusorisch. Ob das Gele-

Der Vater

Die Mutter mit Sohn Alfred

Der Kadett (1903)

Leutnant (1912)

Als Oberleutnant im Ersten Weltkrieg

Hauptmann und Batteriechef (Reichswehr)

Im Winterurlaub

Mit seiner ersten Frau (1932)

Als General und Chef des Wehrmachtführungsstabes (1943)

Mit General Tsolakoglu (Mitte mit Brille) bei der Kapitulation der Griechen
(Saloniki, 23. April 1941)

Lagebesprechung mit Mussolini, Hitler und Keitel

Bei Feldmarschall Mannerheim in Finnland (4. September 1941)

Mit Generalfeldmarschall Kesselring im Führerhauptquartier (Ostpreußen)

Am 20. Juli 1944

Führerhauptquartier »Adlerhorst« in Ziegenberg bei Bad Nauheim, 1. Januar 1945. Von links: Hitler, Speer, Jodl, Keitel

Mit seiner zweiten Frau (1945)

Auf dem Weg nach Reims
(6. Mai 1945)

Unterzeichnung der bedingungslosen Kapitulation in Reims (7. Mai 1945).
Von links: Major Oxenius, Generaloberst Jodl, Generaladmiral von Friedeburg

Speer, Dönitz und Jodl (Flensburg, 23. Mai 1945)

Auf der Anklagebank im Nürnberger Justizpalast. 1. Reihe von links: Alfred Rosenberg , Hans Frank, Wilhelm Frick, Julius Streicher; 2. Reihe von links: Alfred Jodl, Franz von Papen, Arthur Seyß-Inquart, Albert Speer

Jodl (rechts) mit seinem Verteidiger Professor Franz Exner, links von ihm: Rudolf Heß

Im Zeugenstand (1946)

Jodl in seiner Nürnberger Zelle

sene Jodl »durchdrang«, ist eher zu bezweifeln. Besuche der vordersten Front in Italien mied er, doch die Denkschrift überreichte er dem ObWest, der nächst Hitler wichtigsten Adresse.[61]

Die alliierte Kampfführung half hinhaltender Verteidigung. Einfallslos, frontal fraßen sich Amerikaner und Engländer am Fuß des italienischen Stiefels hoch. Die Divisionen der 10. Armee wahrten ihren Zusammenhalt.[62] Nur langsam wichen sie feindlichem Druck, gingen sie zurück auf ausgehobene Stellungen hinter Flußläufen und in bergigem Gelände. Einbrüche wurden durch Gegenangriffe abgeriegelt, bedrohte Verbände durch Reserven entlastet. Geschickte Nachhutgefechte verhinderten jeden zügigen Vormarsch des Feindes. Der Verteidiger behauptete sich in Süditalien und gewann Zeit, den Apennin und Bastionen im Norden des Landes auszubauen. Jodl ließ freie Hand, soweit es nicht galt, »örtlich« auf »Führer-Befehle« zu verweisen.[63] Wenn Kesselrings Führung bei ihm Rückhalt fand, so deshalb, weil er nichts zu bemängeln hatte. Er konnte lediglich ahnen, daß für die Alliierten, die ihre Invasion in Frankreich vorbereiteten, Italien zum Nebenkriegsschauplatz geworden war. Die Teheraner Konferenz Roosevelts, Churchills und Stalins erlaubte allenfalls Mutmaßungen, kommentierte er nicht.[64] Doch auch die erfolgreichen Abwehrkämpfe weit südöstlich vor Rom täuschten ihn schwerlich über Deutschlands wirkliche Lage. Sie gewährten in seinen Augen höchstens Aufschübe.

Gewiß, er selbst wollte kein »Defaitist« sein, aber prüfte er Karten und Tabellen, beunruhigte ihn mehr denn je der Mangel an deutschen Reserven.[65] Jodl narrten nicht die 320 Divisionen, auf die das Heer 1943/44 angewachsen war. Er wußte: Von dieser Streitmacht band die Sowjetunion zweihundert Divisionen, Skandinavien und Italien je zwanzig, der Balkan fünfundzwanzig, eine heillose Diversion, so daß für Frankreich, Belgien und Holland ganze fünfundfünfzig Großverbände übrigblieben.[66] Die Zahl der westlichen Verbände – unter ihnen abgekämpfte Divisionen aus dem Osten – vermochte Jodl lange nicht einmal zu halten. Konzentrische, überlegene Stärke gewann nicht ein einziger »seiner« Kriegsschauplätze. Um so entschiedener forderte er Hitler auf, jede Krisenlage zu vermeiden, ja auszuschließen, die ein zweites Stalingrad heraufbeschwor.[67] Die Vorstellung, mit der letzten beweglichen Division einspringen zu müssen, wurde zu seinem größten Alpdruck. »Das geht«, erklärte er wiederholt, »überhaupt nicht, sonst zerbricht das Ganze, weil im Westen nichts ist.« Und: Solange das Ostheer die rumänischen Ölfelder behaupte, drohe kein unmittelbar tödlicher Sieg der Sowjets. Dagegen könne im Westen ein Feuer entzündet werden, das kaum mehr einzudämmen sei, wenn es nicht sofort ausgetreten würde.[68]

Daß man im Westen, »seinem« Kriegsschauplatz, eine zweitausend Kilometer lange Front durch Festungen sichern könne, wagte er weder sich noch Hitler einzureden.[69] Anders als Rommel war ihm der Atlantik»wall« eher nur Propaganda-Bluff. Eine strategische Reserve indes, sah er, fehlte und würde fehlen. In Stalingrad und Nordafrika hatte man sie freiwillig um 400 000 Mann dezimiert. Die Decke, an der sämtliche Fronten zerrten, reichte nirgendwo: trotz des höchsten deutschen Rüstungsausstoßes im Jahre 1944. Auch Höchstproduktion dämpfte nicht die immense Überlegenheit der Gegner, die – im Besitz der Weltrohstoffquellen – ihre schier unerschöpflichen Menschenreserven mobilisierten. Soweit Jodl noch auf die Schnorchel-U-Boote und Strahlenjäger hoffte, dürften es nun matte, verzweifelte Hoffnungen gewesen sein.[70] Dönitz versprach lediglich den neuen Trumpf. Hitlers Entschluß, die meisten Strahlenjäger in »Blitzbomber« umzuwandeln, machte die Wundermaschinen schartig. Und V 1 und V 2? Sie taugten, nach allen Anzeichen, bestenfalls als Nadelstiche und entschieden allein an keiner Stelle den Kampf. Eine deutsche Atombombe aber war Schall und Rauch und offenbar nicht einmal Kalkül für den Chef des Wehrmachtführungsstabes. Hätte sich Jodl diese Waffe je gewünscht, wäre ihm aus Berichten deutlich geworden, daß »ungeheurer technischer Aufwand« ihre Herstellung verbot.[71] Die Atombombe blieb Labortheorie. Nüchternes Denken konnte – bei Eingeweihten – keine Zuversicht wachrufen.

Um so ruchloser die Goebbels-Propaganda, die durch Wort und Gerücht zu fanatischer Entschlossenheit anstachelte. Was Tatsachen verweigerten, hatten Wahnvorstellungen zu besorgen.

Mit ihnen klammerte sich das bedrängte Volk an die verheißene oder umwisperte Wende.[72] Die »furchtbaren Waffen des Führers«, von denen die Rede war und die den Endsieg erzwingen würden, gaben dem Wahn Vernünftigkeit. Unbegrenzte Phantasien über diese Waffen stützten die »Ratio« des Aushaltens. Auch Regungen der Klarsicht unterlagen dem Willen zur Selbsthypnose. Der allmächtige Staatsapparat beschwor die Rettung des Reiches, ja Europas und hielt Skeptiker in Angst oder stummer Unterordnung. Die Mehrheit wollte glauben und glaubte. Konnte Adolf Hitler – ihre Frage – den Kampf fortsetzen, ohne von einem siegreichen Ausgang überzeugt zu sein? Gleichviel, unter welchen Vorzeichen das tobende Ringen begonnen hatte: es war im Gange und bedrohte die Substanz. Pflichterfüllung wurde inbesondere gegen den Bolschewismus als Gebot empfunden. Furcht vor feindlicher Rache steigerte die Hoffnung auf rechtzeitige Pendelumschläge. Schuldige wie Unschuldige spürten, daß Deutschland diesen Krieg nie verlieren dürfe: Gesinnung, die mit und ohne NS-Ideologie vorherrschte. Selbst wer die Schlußkatastrophe erwartete, fühlte Grauen vor dem Ende, Ende nicht nur der Hitlerherrschaft, sondern gewiß auch ganz Deutschlands. Unvorstellbar nahezu allen eine Zukunft des Wiederaufstiegs und der Freiheit.

Am 30. Januar 1944 überraschte Jodl die Beförderung zum Generaloberst.[73] Zugleich erhielt er aus Hitlers Hand das Goldene Parteiabzeichen: in der Sicht des Soldaten ein zweifelhafter »Orden«, hier jedoch verliehen an Stelle des Ritterkreuzes, über dessen Inflation der Ausgezeichnete gespottet hatte. Sein Verhältnis zum Obersten Befehlshaber war seit dem Abfall Italiens leidlich.[74] Grobheiten überging er oder gehörten zum Ritual üblicher Rüffeleien. Die ihm zugebilligten Kompetenzen blieben begrenzt. Seine »Trümpfe« waren Zahlen, Tabellen, Statistiken, Standorte und Kräfteverhältnisse deutscher Divisionen. Mit einem »Geht nicht« oder »Haben wir nicht« dämpfte er den Diktator. Da weigerte er sich, abwegige Befehle auszuführen, wagte er sarkastische Kritik und offenen Widerspruch »oft bis zur äußersten Grenze«.[75] Wie zuvor suchte er unsinnige Entscheidungen Hitlers zu verzögern und unter besseren Voraussetzungen umzustoßen: mehrfach erfolgreiche Taktik. Der Frontführung in Italien verhalf er wiederholt zu unerläßlichen Entschlüssen: sofort oder mit der Diplomatie des zweiten Anlaufs. Obschon immer wieder Übermittler realitätsblinder Weisungen, »war er« in etlichen Notfällen »der Einzige«, an den sich Kesselring wenden konnte.[76] Vergebens freilich sein Kampf um Einheiten der OKW-Kriegsschauplätze, wenn sie im Osten Fronten abzustützen hatten, Kampf des Ressort-Egoisten wider Willen. Proteste wiesen Zeitzler und Hitler ab. Beide verfügten »das Unumgängliche«. Indizien ließen Jodl glauben, daß Beck nun vorsichtige Fühler zu ihm ausstreckte. Er nahm es – bewegt – als Zeichen nicht völlig erkalteter Sympathie, aber erst nach dem 20. Juli machte er sich seinen Reim auf diese Fühler des ehemaligen Generalstabschefs.[77]

1944 öfter in Berlin, »inspizierte« er die bombengeschädigte Reichshauptstadt. Sein Wagen durchquerte verwüstete und angeschlagene Viertel. Eingehend ließ er sich unterrichten: bemüht, Wahrheiten zu erfahren.[78] Was er sah, fand er »erschreckend«. Er registrierte, daß Terrorangriffe nicht die Moral der Heimat antasteten, doch Mängel der Gesamtstrategie offenbarten. Jede Zerstörung spiegelte die unzureichende Abwehrkraft der eigenen Luftwaffe wider. Das Dach der »Festung Europa« war aufgesprengt. Laufende Angriffe – vor allem mit tausend Bombern – mußten es zerhämmern. Vorträge, die Jodl im OKW-Bendlerblock hielt, fielen nüchtern aus. Unverschönte Analysen überwogen. Nach der Invasion in Frankreich gab er die Möglichkeit weiterer alliierter Fortschritte zu.[79] Dann erinnerte er an Spaniens Guerilla-Krieg 1808 und Titos Partisanen-Verbände: so, als habe ein vom Feind okkupiertes Deutschland ähnlich zu kämpfen. Hier und jetzt mied er – trotz der üblichen Schlußapotheosen – auch nur den Anschein eines verzückten Barden. Einige Zuhörer rechneten *diesen* Chef des Wehrmachtführungsstabes schon zum Widerstand. Alle spürten, daß er sich nichts vorgaukelte.

Obwohl lediglich für »seine« OKW-Kriegsschauplätze verantwortlich, belastete ihn das Kampfgeschehen in Rußland.[80] Wohin er blickte, stieg die Flut der Krisen. Im Nordabschnitt, unter wenig gegängelter Führung, noch geordneter Rückzug auf »bessere« Verteidigungsstellungen; dagegen im Südteil, bei Mansteins Armeen, sowjetische Durchbrüche, drohende Umfassung und eine klaffende operative Lücke zur Heeresgruppe Mitte. Ebenso niederdrückend die zunehmende gewaltige russische Artillerie-Überlegenheit, die das deutsche Ostheer traf und zu zerschmettern begann.[81] Jede Division, die Hitler eigenmächtig von den OKW Kriegsschauplätzen abberief, konnte Rückschläge allenfalls auffangen. Die deutsche Panzerwaffe, seit dem Zitadelle-Unternehmen verbraucht, focht wie die Artillerie nun gegen eine ständige mehrfache sowjetische Übermacht; auch fieberhafte Anstrengungen vermochten das Verhältnis nicht länger umzukehren. Über Murmansk stärkte ein Strom anglo-amerikanischer Rüstungsgüter Stalins Armeen. Jodl hatte eine Ostfront vor Augen, die sich mit äußerster Kraft russischem Druck entgegenstemmte, ohne ihn mindern, geschweige denn brechen zu können.

Das gleiche Bild auf »seinem« italienischen Terrain; auch oder gerade da: eine mehrfache feindliche Überlegenheit an Artillerie und Kampfwagenverbänden, zudem völlige Luftherrschaft der alliierten Gegner.[82] Die 10. Armee focht, 130 Kilometer südöstlich von Rom, verlustreich am Garigliano. Krisen nötigten, die letzten Reserven einzusetzen. Am 21./22. Januar 1944 landete, im Rücken der Armee, ein 55 000 Mann starkes amerikanisches Korps bei Nettuno. Jodl wie Hitler waren alarmiert und entschlossen, diesmal den Feind ins Meer zurückzuwerfen.[83] Eine Niederlage sollte ihn abschrecken, weitere Invasionsversuche zu wagen. Anders als vor Salerno wurden aus Oberitalien, Frankreich und dem Balkan Verstärkungen heranbefohlen. Zuletzt umstanden den Brückenkopf acht Divisionen und eine Artillerie, die dem Feind an Rohren gewachsen schien, aber jeder der deutschen Gegenangriffe scheiterte. Bei leicht gefrorenem Boden trugen nur feste Wege Panzer und Sturmgeschütze. Die Infanterie-Spitzen zerhieb ein Artillerie-Abwehrfeuer mit unfaßlichem Munitionsaufwand.[84] Der Landekopf war allein noch abzuriegeln. Selbst massierter Heereseinsatz machte – bittere Lehre – die Schwäche der eigenen Luftwaffe nicht wett.

Erfolgreicher das zähe Ringen der 10. Armee an ihrer Front, wenn auch erst nach Entblößung weniger gefährdeter Abschnitte.[85] Der deutsche Verteidiger – auf Bergrücken und unter den schützenden Gesteinsmassen des zerbombten Klosters Monte Cassino – trotzte allen Angriffen. Die Truppe kämpfte hingebungsvoll, vorab eine Fallschirmjäger-Division; die drohende Endkatastrophe abzuwenden, war »bewußt oder unbewußt« innere Leitlinie.[86] Jodl bewunderte Moral und Leistung, doch Sinngebungen verblaßten. Wenn Ermattungsstrategie bedeutete zu kämpfen, bis der Feind die Unmöglichkeit einsah, das Reich bezwingen zu können, so hörte sie auf, auch hier zu verfangen. Die Frist solcher Strategie war verbraucht, der Gegner nicht länger zu ermatten. Seine erdrückende Überlegenheit – insbesondere in der Luft – erlaubte ihm Optimismus. Trotz schlechtester Führung auf diesem italienischen Kriegsschauplatz glaubten die Alliierten an ihren Sieg, durften sie an ihn glauben; irreparabel Deutschlands militärische Lage.

Unmittelbar nach den Kämpfen um Nettuno und Anzio meldete sich bei Hitler in Berchtesgaden Generalleutnant Fries mit zwölf Truppenkommandeuren.[87] Fries – Kommandeur der 29. Panzergrenadier-Division, die unablässig im Einsatz stand – übermittelte »Beurteilungen und Erkenntnisse der Heeresgruppe Südwest«, ein ungeschminktes Porträt der Frontlage. »Das deutsche Heer«, erklärten er und die Truppenkommandeure, »ist nach viereinhalb Jahren Krieg nun so ausgeblutet, daß es zu einem Angriff nicht mehr fähig ist.«[88] Es sei höchste Zeit, den Krieg zu beenden. Hitler hörte zu: scheinbar einsichtig, ohne zu poltern oder Kriegsgericht anzudrohen, Schauspiel geschickter und zugleich elendiger Täuschung. Jodl »vernahm« die »Nettuno-Offiziere« gesondert und nur über ihre Kampferfahrungen. Jeder der Offiziere erwähnte die gewaltige Feuerkraft der feindlichen Artillerie, die nicht auszuschalten war und die meisten Ausfälle verursacht hatte.[89] Auch dem Chef des Wehrmachtführungsstabes mußte sich der Eindruck einer hoffnungslos unterlegenen Truppe aufdrängen.

Im April 1944, fünf Wochen später, starb in Königsberg seine Frau.[90] Viel hatte er ihr zu verdanken. Sie war ein Mensch großer Güte und bezwingender Hilfsbereitschaft, die allenfalls ahnen konnte, was ihrem Mann auferlegt blieb. Wenn sie ihn stolz bestärkte, so infolge seiner gezeigten Zuversicht. Mit höchster Selbstdisziplin, die ihn vielleicht noch einsamer machte, hatte er sie nie belasten wollen. Nichts wäre hier durch Offenheit wohl auch zu wenden gewesen. Vermutlich hätte wirkliche Offenheit nur entsetzt oder verstört. Der Tod dieser Frau beendete eine dreißigjährige Ehe und traf Jodl tief. In seine Wehmut mischte sich Dankbarkeit, daß die Tote das Ende, das er heraufziehen sah, nicht mehr erleben mußte.[91] Auf der Fraueninsel im Chiemsee wurde die Eingeäscherte beigesetzt. Hitler kondolierte.

In Rastenburg fand er – zum ersten Mal – Worte persönlicher Anteilnahme, Worte, die Jodl, den Unverwöhnten, erstaunen mußten.[92] Doch fast schien es, als bereue der Diktator seine eher beiläufige Konzilianz. Sehr rasch hielt er erneut zu kaltem Abstand: Ausdruck seiner Absichten, seines Wesens. Er hatte den »Berater« zum Generaloberst befördert und ihm das Goldene Parteiabzeichen verliehen, aber für Hitler trug auch er die Uniform derer, die ihn mit untilgbarem Mißtrauen erfüllten. Sprungbereit dieses cholerisch gewordene Mißtrauen; unvergessen Jodls Widerspruch in der Kaukasus-Krise, Widerspruch des »Ungläubigen«, eines Zeugen eigener Schwächen.[93] Um keinen Preis wünschte der Führer Vertraulichkeit, die Einsprüche oder gar Kritik erleichterte. Die Stenographen sollten abschirmen, ja, Aussprachen verhindern.

Jodl ertrug, was er nicht mißverstehen konnte. So gewichtig die Auszeichnungen, die er empfangen hatte: auch seine Sympathieströme waren gestaut.[94] Unverkennbar nun der Haß des Diktators auf die führenden Heeres-Soldaten, die er »weltanschaulich« nicht gewonnen hatte; doppelt entwürdigend – bei solchem Haß – die Kaukasus-Krise und der erzwungene Kommando-Befehl. Zur Verstrickung gesellten sich Schelte und Hohn. Vorbei jetzt die Zeit, da Jodl pure Willenskraft überschwenglich rühmte. Zu vertraut mit den feindlichen Potentialen, wußte er, daß nur Gegenpotentiale als »Wundermittel« taugten. Tatsachen waren nicht wegzubefehlen. Tröstungen Hitlers überzeugten Frontsoldaten, kaum aber den Chef des Wehrmachtführungsstabes.[95] Selbst wo er auf die neuen U-Boote und Strahlenjäger setzte, klafften zwischen Magie und Realität Abgründe.

Nicht weniger belastete ihn Hitlers Entscheidungsschwäche, die Abneigung, sich wechselnden Lagen anzupassen.[96] Mühsamer denn je hatte er dem Entschlußscheuen die nötigsten Befehle abzuringen. Beängstigend schrumpfte vor seinen Augen der Feldherr Adolf Hitler. Dafür – mit den Krisen – wieder giftige Worte und böse Blicke. Wie zuvor stand Jodl auf dünnem Eis. Nur allein noch, ohne Zeugen, wagte er gegen den Diktator anzustreiten. Doch es war ein Kampf fernab wirklicher Wandlungen, der ihn ermüdete und auszuzehren begann. Erschöpfung und Resignation hemmten oder blockierten analytische Schärfe. Jodls Sorge um den Kriegsausgang, von der er erst 1946 in Nürnberg sprach, ist glaubhaft und hatte ihre Gründe.[97] Amt und Funktion waren auch dem scheinbar Nervenlosen zur Bürde, zu einem Martyrium geworden.

Der Saldo seiner Vorbehalte erdrückte und entzog sich Einwänden. Des Führers »Strategie« gipfelte in verbotenen und dann unumgänglichen Absetzbewegungen, in Abläufen der Gedankenarmut und Konzeptionslosigkeit, aber für Jodl blieb Hitler »eine Führungspersönlichkeit von ungewöhnlichem Ausmaß«.[98] Die Rhetorik »dieses gewaltigen Machtmenschen« triumphierte vor allem ihm gegenüber. Noch immer traute er dem Politiker Hitler und dessen Logik, daß man nach Rückschlägen schwerlich verhandeln könne. Die Täuschungsmanöver des Gewiegten – Manöver der Selbsthypnose – durchschaute er nicht. Da fehlten Wissen und angemessene Skepsis. Der höchsten Pflicht verweigerte er sich weiterhin trotz seiner militärischen Erkenntnisse. Auch wenn politisch nichts versucht wurde, überließ er jede Kompetenz dem Führer.

Und selbst das eindeutig Erkannte behielt bei ihm kaum Gewicht. Als Guderian Ende November 1943 abermals eine Reform des Oberbefehls vorschlug, fragte er kühl und abweisend: »Wissen Sie einen besseren Oberbefehlshaber als Adolf Hitler?«[99] Was jede weitere Diskussion erstickte, verwies auf seine hilflose Befangenheit, die nur noch andere wahrnahmen. Er dachte, ja sah weithin wie Hitler und urteilte bis auf Ausnahmen nicht mehr eigenständig. Der Dunstkreis um den Führer war zur autonomen Wirklichkeit geworden. Allein ein Abgang zur Front konnte wieder zu unabhängigem Denken und zuverlässigen Einsichten verhelfen. Sonst gab es gerade für Jodl keine Befreiung. Er litt – späteres Bekenntnis – unter der »ungeheuer scharfen« Kritik und dem Sarkasmus seines vorgesetzten Kriegsherrn.[100] Er fühlte sich beleidigt und verletzt in überkommenen Anschauungen und Bindungen: bei Ausfällen Hitlers gegen Generalstab, Offizierskorps, Adel und Bürgertum. Dutzende Male war er abgestoßen und dann doch wieder angezogen »durch die Größe und Macht der Persönlichkeit«, erschüttert von der Last und den Enttäuschungen, die sie »tragen mußte«. Ob bewundernd oder hassend lebte er »im Schatten eines Titanen«.[101] Der erschreckend gealterte Hitler festigte lediglich Jodls Loyalität, seine Treue zum Menschen. Über die Krankheiten des Diktators, dessen linke Hand anfing zu zittern, reflektierte er nicht. Nie hätte er die Leiden auch in ein wissenschaftliches System bringen können.[102] Als stärkster Eindruck blieb des Führers »völliges Aufgehen« in Arbeit und Pflichterfüllung, ferner »persönliche Anspruchslosigkeit«, die jeden der NS-Paladine beschämte. Kein Ressentiment hinderte Jodl, namentlich dem Bedrängten beizustehen. Seine Natur verwehrte Alternativen.

Finnlands Friedensfühler 1944 bekümmerten besonders ihn, auch wenn sie an Bedingungen Moskaus scheiterten, die man in Helsinki – noch – nicht hinnehmen wollte. Keinem anderen Verbündeten stand er innerlich näher. Die Waffensperre, die Hitler voller Mißtrauen über Finnland verhängte, belastete ihn ebenso.[103] Wenn sich das kleine Land – politisch abgewiesen – zu weiterem Kampf bekannte, so war am Sinn dieser Waffensperre auch zu zweifeln, mußte sie Risse und Spannungen vertiefen. Heinrichs, Ende April 1944 wieder nach Salzburg bestellt, hörte kalte schulmeisterliche Vorhaltungen Keitels, fernab jeder Einfühlung und ohne Empfinden, daß mit dem nur »Nötigsten« Finnlands Kampfkraft erlahmen mußte.[104] Jodl suchte, wesentlich wärmer im Ton, auszugleichen und äußerte zwei persönliche

Bitten. »1. Um wie bisher der Wehrmacht Finnlands mit Waffenlieferungen aus Deutschland helfen zu können, möge Heinrichs für Beibringung einer autoritativen Erklärung sorgen, daß deutsche an Finnland gelieferte Waffen niemals in russische Hände fallen sollten. Und 2. Heinrichs möge sich dafür einsetzen, daß Angriffe der finnischen Presse gegen deutsche Maßnahmen, besonders aber Herabsetzungen der deutschen Wehrmacht, unterblieben.«[105] Seine Hauptbitte mied taktvoll politische Bevormundungen. Wurde sie erfüllt, hoffte er darauf, daß Hitler nachgab. Doch der Brückenschlag mißlang. Weder Ryti noch Mannerheim schickten die erbetene Erklärung. Die Waffensperre, offiziell verschwiegen, war nicht aufzuheben.

Wie Hitler erwartete nun Jodl den alliierten Großangriff im Westen. Glückte die Invasion »an einer entscheidenden Stelle«, war für ihn der Krieg endgültig verloren, hieß er es »Wahnsinn«, den Kampf fortzusetzen.[106] In einer Denkschrift, die der Diktator las, bekräftigte er seine Auffassung. Hitler teilte sie und erklärte in der Weisung Nr. 51 vom 3. November 1943: »Der harte und verlustreiche Kampf der letzten zweieinhalb Jahre gegen den Bolschewismus hat die Masse unserer militärischen Kräfte und Anstrengungen aufs äußerste beansprucht. Dies entsprach der Größe der Gefahr und der Gesamtlage. Diese hat sich inzwischen geändert. Die Gefahr im Osten ist geblieben, aber eine größere im Westen zeichnet sich ab: die angelsächsische Landung! Im Osten läßt die Größe des Raumes äußersten Falles einen Bodenverlust auch größeren Ausmaßes zu, ohne den deutschen Lebensnerv tödlich zu treffen. Anders im Westen! Gelingt dem Feind hier ein Einbruch in unsere Verteidigung in breiter Front, sind die Folgen in kurzer Zeit unabsehbar.«[107] Er, der Führer, konnte es »nicht mehr verantworten«, den Westen zugunsten anderer Kriegsschauplätze zu schwächen, doch erneut entzog er ihm kampfkräftige Divisionen. Weiterhin mußten Panzer- und Infanterie-Verbände die Not im Osten abwenden helfen. Was zurückkehrte, waren geschlagene Reste. Erbitterter denn je der OKH- und OKW-Ressortegoismus; qualvoll wie nie die gespaltene Wehrmachtführung, die zu keinem Gesamtkonzept mehr fähig war.[108] Jodl rang um jede Division, und auch

Italien und die Besetzung Ungarns, das abzufallen drohte, forderten ihre Tribute. Die Abwehr»bereitschaft« im Westen war dem Chef des Wehrmachtführungsstabes nur Anlaß zur Sorge.

Eine Inspektionsreise in den Raum zwischen der Schelde- und Seine-Mündung stimmte ihn kaum optimistischer. Trotz systematischer Ansätze fand er die meisten Verteidigungsanlagen unzureichend, um feindliche Landungen abwehren oder gar verhindern zu können.[109] Überall stieß er auf Divisionslücken nach Abgaben an den Osten. Noch mehr beunruhigte ihn das Befehls-»Chaos« der drei Wehrmachtteile, in dem sich die begrenzte Kompetenz des OB West, des Feldmarschalls von Rundstedt, widerspiegelte. Jodls Konzept einer einheitlichen Führung blieb unwandelbar Schubladenpapier. Wieder im Hauptquartier, bewog er Hitler, die wichtigsten Häfen der Kanal- und Atlantikküste zu »Festungen« zu erklären und auch zur Landseite hin zu befestigen. Doch ein Luftkrieg gegen die feindlichen Luftflotten schien ihm »nicht möglich« zu sein[110]: Einsicht, die seine – tiefsitzende – Skepsis wachhielt.

Mit Hitler beharrte er auf Verteidigung der Küstenlinie. Nachdrücklich empfahl er gepanzerte Reserven, die »kurzfristig in den Kampf um die Küste eingreifen und gelandeten Gegner ins Meer zurückwerfen« konnten.[111] Da folgte er ebenso Vorstellungen Rommels, des Atlantikwall-Inspekteurs und Befehlshabers der Heeresgruppe B, für den die Entscheidung in den ersten Tagen fiel.[112] Im Meinungsstreit um die Aufstellung der Panzer-Divisionen zeigte sich Jodl flexibel. Er verstand, daß Rommel – angesichts der feindlichen Luftmacht – Gegenangriffen aus der Tiefe des Kampfraumes keine Chancen gab. Doch zugleich widersprach er auch nicht Rundstedt, der zur Abwehr vom Hinterland her ausholen wollte.[113] Den Kompromiß – sechs Panzer-Divisionen bei den Armeen und vier als OKW-Reserve – unterstützte er. Alle Reserven wünschte er nicht vorzeitig einzusetzen.

Die vielfach überlegene alliierte Luft- und Seemacht verurteilte jede Taktik zur Fruchtlosigkeit. Keine konnte recht behalten. Ob am Küstensaum oder im Hinterland: hier wie dort drohte der Truppe ein vernichtender Bombenhagel. Wenn Rommel Panzer an und hinter dem Meeresufer eingraben wollte, Schrecken der Panzergenerale, für die Feuer und Bewegung ihrer Waffe zusammengehörten, so leitete ihn noch ein wirklichkeitsnahes Kriegsbild. Er fürchtete seit Afrika schlimmste Verluste unter erst heranzuziehenden Reserven, aber auch sein Konzept riskierte, daß Schiffsartillerie vorgeschobene und insbesondere festpostierte Panzer zermalmte. Die Chance deutscher Gegenzüge hing, selbst bei zufällig richtigen Kampfstärken in vorderster Linie, an dünnen, rasch zerreißbaren Fäden. Allein der versprochene Luftschirm von 1000 Jägern bot Aussicht, sich der Invasion wenigstens vorübergehend entgegenzustemmen.[114] Zwar hatte der Gegner überraschend Zeit für verbesserte Abwehrsysteme gelassen, doch die Führung im Westen hätte ihren Namen nicht verdient, wenn sie nur zuversichtlich gewesen wäre. Jodl vermochte noch am ehesten in den drei Dimensionen einer Wehrmacht zu denken, die der alliierten Invasion überragende, durchschlagende Trümpfe sicherten. Allenfalls maritim haperte es bei ihm an Phantasie, soweit er die starre Küstenverteidigung zum Dogma erhob.

Obgleich er zuletzt mit insgesamt 58 Großverbänden rechnen durfte, blieben sie für ihn unzureichend, täuschte er sich nicht über die zu schwachen Reserven.[115] Das deutsche Westheer – unter ihm oft bodenständige, also unbewegliche Divisionen – hatte eine 2000 Kilometer lange Front zu behaupten. Die jämmerlichen Kräfte der eigenen Luftwaffe und Marine zählten nirgendwo. Der Feind war dort überlegen, wo er zu landen beabsichtigte. Allein in seinem ersten Landekopf wollte er 30 Divisionen konzentrieren.[116] Jodl erwartete wie die übrige Führung den Hauptangriff am Pas de Calais, der gefährlichsten Stelle für Vorstöße zum Reichsgebiet. Zudem unterstellte er Scheinlandungen, die deutsche Reserven binden sollten: fast ein Axiom, mit dem er von sofortigen Gegenschlägen abrücken konnte. »Unorthodox« nur an die Normandie zu denken, kam ihm nicht in den Sinn. Fehler, wußte oder ahnte er, waren kaum zu vermeiden.

Die alliierten Luftangriffe auf den Pariser Eisenbahnring und die Seine- und Loire-Brücken geben ihm Fingerzeige.[117] Sonst ist er genötigt zu rätseln, da die deutsche Aufklärung völlig versagt. Der Invasionsbeginn am 6. Juni 1944 überrascht ihn. Die ersten Nachrichten, die er ab 3 Uhr empfängt, melden Luftlandungen bei Caen und auf der Halbinsel Cotentin. Drei Stunden später stehen 6000 Kriegsschiffe, Transporter und Landungsboote vor der Normandie-Küste von der Orne bis zur Bucht von Carentan.[118] Nach einem Feuerschlag ohnegleichen – Bomben und Granaten – landet Eisenhowers Heer: Amerikaner, Briten, Kanadier, Franzosen und Polen. Schon vor der Invasion von See her beantragt Rundstedts Stabschef Blumentritt die Freigabe der OKW-Reserven. Beabsichtigt ist, sie näher an die Küstenfront heranzuschieben. Jodl lehnt ab. Noch scheint ihm nicht ausgemacht, ob der Hauptangriff begonnen hat.[119]

Seine vorsichtige Zurückhaltung – später unsinnig attackiert – deckt sich mit den Lageanalysen der Frontbefehlshaber. Auch Rundstedt und die Heeresgruppe B schließen weitere Landungen an anderen Stellen nicht aus und zögern, alle Panzerkräfte aufzubieten.[120] Nichts hätten diese Reserven angesichts ihrer abgesetzten Standorte mehr geändert. Der Gegner ist auf schwach gerüstete Verteidigungsabschnitte gestoßen, hat die kritische Phase der Anlandung überwunden und gewinnt selbst gegen heftigen Widerstand seine Brückenköpfe. Die 21. deutsche Panzer-Division, bei Caen sofort verfügbar, gerät in das vernichtende Feuer feindlicher Schiffsartillerie und kann Montgomerys Verbände nicht werfen.[121] Die um 14.30 Uhr freigegebenen OKW-Reserven – zwei Panzer-Divisionen – haben bereits während ihres Anmarsches Luftangriffe abzuwehren und erleiden durch sie schwere Verluste.

Am Abend verfügte der Feind über acht herangebrachte Divisionen. Jodl wußte: Die Zweite Front war Tatsache. Mit Entsetzen las er die Bilanz der Luftlage.[122] 8000 alliierte Flugzeuge hatten in 14 674 Einsätzen Stellungen und Etappengebiete, ja, Ansammlungen selbst kleiner Truppeneinheiten bombardiert. Statt der zugesagten 1000 Jäger, die ausblieben, waren nur 319 deutsche Flugzeuge aufgestiegen. Der Gegner konnte seine Landeköpfe vereinigen. Wie Rundstedt glaubte Jodl, daß die noch zurückgehaltene Heeresgruppe Patton am Pas de Calais eingesetzt würde. Doch die alliierten Funksprüche – ein groß angelegtes Täuschungsmanöver – irritierten ihn kaum zwei Tage lang. Am 8. Juni, 23.10 Uhr, betonte er in einem Ferngespräch gegenüber Rommel, »daß mit einer weiteren Feindanlandung im OB-West-Bereich nicht zu rechnen« sei.[123] Seine Hellsicht trug keine Früchte. Die deutsche Abwehr gewann an den Schwerpunkten nicht die nötige Stärke. Neun dezimierte Divisionen suchten – wieder gegen eine Übermacht, gegen Bombenteppiche und lähmendes Bordwaffenfeuer – die Ausweitung des Landekopfes zu verhindern. Hitler, mit Jodl kurz in Margival bei Soissons, klagte die Front an und ließ Rundstedt wie Rommel ohne Alternative. Entschieden weigerte er sich, Konsequenzen zu bedenken und Rückzugsstellungen im Inneren Frankreichs auch nur zu erwägen.[124] Jeder Mann – forderte er – solle kämpfen und fallen, wo er stehe, aber gerade zu dieser Stunde gelang der amerikanische Durchbruch auf Cherbourg: nach der Preisgabe Roms – zu Beginn des Monats – die zweite Juni-Hiobsbotschaft.

Und noch alarmierender, was im Osten geschah. Gegen das deutsche Zentrum erhoben sich vier sowjetische Fronten. Die Wucht ihrer Offensiven zerschmetterte den großen Halbkreis der Heeresgruppe Mitte.[125] Der angreifenden Infanterie folgten Panzerverbände. Mit atemberaubender Geschwindigkeit stießen sie durch die geschlagenen Breschen. 4500 Flugzeuge der Roten Luftwaffe – böseste Überraschung des Unternehmens – beherrschten den Himmel und kämpften deutsche Artilleriestellungen nieder. Hitler verbot selbständige Entschlüsse und befahl, Witebsk, Orscha, Mogilew und Bobruisk als »Feste Plätze« zu verteidigen, aber der Gegner umging diese Stützpunkte, war nicht zu bremsen und vollendete die Tragödie. Seine ins Hinterland getriebenen Keile zersplitterten die 3. Panzer-Armee, die 4. und 9. Armee. Das Ringen um Handlungsfreiheit kostete – von neuem – wertvollste Zeit und doppelte Verluste. Nur Reste konnten entrinnen. Die Masse wurde eingekesselt und erlag der sowjetischen Umklammerung. 350 000 Mann – Hunderttausend mehr als in Stalingrad – blieben auf den Schlachtfeldern Weißrußlands.[126] Das deutsche Heer verlor 28 Divisionen. Die Rote Armee näherte sich Ostpreußen. Wenn man nach abgewehrter

Invasion die Sowjets bezwingen wollte, so waren derartige Absichten überholt und hinfällig geworden. Noch während des Kampfes gegen die Invasion brachen im Rücken die wichtigsten Scharniere. Nichts sprach dafür, daß der Diktator bessere Strategien ermöglichte. Jodls Appelle, ein zweites Stalingrad auszuschließen, hatten Hitler umsonst beschworen.

Anfang Juli standen die Alliierten mit einer Million Mann in der Normandie.[127] Nachschubkrisen, durch ungünstiges Wetter ausgelöst, waren behoben. Geballte Angriffe zielten auf die Sperriegel vor Caen und im Süden der Halbinsel Cotentin. Unter Anspannung aller Kräfte wehrte sie der deutsche Verteidiger ab, doch ohne die Oberhand zurückzugewinnen. Gegenangriffe eines zusätzlich herangeführten Panzer-Korps scheiterten erneut im Bombenhagel und Feuer schwerer Schiffsartillerie. Der Abwehrkampf zerrieb die letzten operativen Reserven.[128] Die endlich eingesetzte V 1 – eine unbemannte, von Raketen getriebene Flügelbombe – kam für das Westheer zu spät. Nur auf London und nicht gegen den feindlichen Landeraum gerichtet, errang sie ebensowenig entscheidende Erfolge. Jodl hatte gehofft, daß der V 1-Beschuß alliierte Jäger-Verbände fesselte. Jetzt begann er auch diese Hoffnung zu streichen. Die Frontlage selbst beurteilte er noch ernster als nach dem Fall von Cherbourg.[129] Er verhehlte sich nicht, daß es kaum länger gelang, den Landeraum umschlossen zu halten. Was danach drohte, erzwang in seinen Augen die Räumung Frankreichs. Die eigene ausgeblutete oder erschöpfte Truppe, gestand er sich ein, focht gegen ein niederdrückendes Potential. Mit Sicherheit sah er sie dem feindlichen Ansturm erliegen. Reserven aus nicht angegriffenen Abschnitten blieben rar, schon weil Hitler weiterhin Landungen am Pas de Calais befürchtete. Der neue OB West schließlich, Generalfeldmarschall von Kluge, verbat sich Eingriffe des Wehrmachtführungsstabes.

Noch deprimierender die ersten alliierten Groß-Luftangriffe gegen Werke der deutschen Treibstoffindustrie. Speer mußte Jodl nicht verdeutlichen, was diese Angriffe bedeuteten.[130] Dauerten sie an, wurde auch der höchste Rüstungsausstoß an Panzern und Flugzeugen sinnlos. Jodl wünschte, wie alle Aufgeschreckten, die stärkste deutsche Jäger-Konzentration im Reich. Aber selbst weder befragt noch herangezogen, erlebte er nur die Konsequenzen der kopflosen Führung Görings und Hitlers: die Fortsetzung der feindlichen Luftangriffe. Unzureichend die erneut aufgespaltenen oder zerfaserten eigenen Abwehrkräfte, die oft schon am massiven Jagdschutz des Gegners scheiterten. Die Treibstoffproduktion sank. Der Hauptpfeiler jeder Strategie begann zu brechen.

Und jetzt? Die alliierte Invasion war geglückt. Amerikas und Englands Armeen rüsteten sich, um von ihren Landeräumen aus Frankreich zu befreien. Nachschubströme, denen – ob im Atlantik oder Ärmelkanal – Deutschlands U-Boote und Luftwaffe nichts mehr anzuhaben vermochten, nährten und steigerten die Wucht der Angriffe. Galt Jodls Denkschrift an den Adressaten Hitler, war der Krieg unwiderruflich, mit höchster Eindeutigkeit verloren. Diesen Zeitpunkt hatte er, der Führer-Berater, seit drei Jahren und gegen bessere Erkenntnis immer wieder hinausgeschoben. Ihn vertagten Hoffnungen auf Ermattungsstrategie, neue Waffen und eine politische Lösung vor der Niederlage: inzwischen verbrauchte Spekulationen, unabhängig von allen Irrtümern über Hitler.

Wenn Jodl die bedingungslose Kapitulation verwarf, so verwarf er sie mit den meisten Soldaten. Keine Armee der Welt optiert ohne größte Not für vollkommene Unterwerfung. Aber wo immer die äußerste Grenze gezogen wurde: sie hatte man ebenso im Widerstand gegen die bedingungslose Kapitulation zu ziehen. Sollte nicht das ganze Volk zugrunde gehen, war diese Grenze mit der gelungenen alliierten Invasion und dem russischen Sieg über die Heeresgruppe Mitte erreicht. Rommel forderte Hitler zu den unumgänglich gewordenen politischen Konsequenzen auf.[131] Jodl schwieg und verleugnete auch das letzte unter seinen Kriterien. Fast schien es, als habe er nie Analysen formuliert. Allein der 20. Juli mochte ihn – untergründig und quälend – noch einmal an sie erinnern.

Dieser 20. Juli 1944 ist ein drückend schwüler Tag. Die Mittags-»Lage« hat man auf 12.30 Uhr vorgezogen.[132] Hitler erwartet Mussolini zu einer Zusammenkunft und hat angeordnet, daß nur das Wichtigste zu erörtern sei. Überraschend sind alle Vorträge in eine kaum geschützte Baracke verlegt. Die Ventilation des betondicken Führerbunkers streikt. Der Kreis, der sich versammelt, zählt 24 Teilnehmer, unter ihnen: Generalleutnant Heusinger und Oberst Brandt (Operationsabteilung), General Warlimont und Oberstleutnant Waizenegger (Wehrmachtführungsstab), General Korten (Luftwaffe), die Konteradmirale von Puttkamer und Voss sowie Kapitän zur See Assmann (Kriegsmarine). Göring und Himmler sind nicht anwesend, lassen sich aber durch General Bodenschatz und SS-Gruppenführer Fegelein vertreten. Zugegen ferner: Generalleutnant Schmundt, Hitlers Chefadjutant, Generalmajor Scherff, Leiter der Kriegsgeschichtlichen Abteilung, außerdem Hitlers persönlicher und sein Luftwaffen-Adjutant, Hauptsturmführer Günsche und Oberst von Below. Jodl – aufgehalten – kommt erst nach Beginn der »Lage«.

Der Besprechungsraum, am Kopfende der Baracke gelegen, mißt fünf auf zehn Meter.[133] In drei Wände sind zwölf Fenster eingelassen, die der Hitze wegen offenstehen. Im Raum ein langer, mittelbreiter Eichentisch, den kräftige, massiv gearbeitete Sockel tragen; auf dem Tisch, vor Hitlers Platz, ein Stoß geordneter Karten. Als Heusinger über die Lage im Osten vorträgt, erscheinen noch Feldmarschall Keitel und Oberst Stauffenberg. Hitler wendet sich um, begrüßt Keitel und reicht Stauffenberg »mit dem üblichen prüfenden Blick wortlos« die Hand. Keitel verweist auf Stauffenbergs Vortrag über die Ersatzeinheiten des Heeres, doch zunächst will Hitler die allgemeine »Lage« beenden.

Der Oberst hat angekündigt, daß er einen wichtigen Anruf erwarte.[134] Melde sich Berlin, möge man ihn sofort holen, aber offenbar ungeduldig, verläßt er schon vor diesem Anruf die versammelte Runde. Heusinger spricht weiter, Hitler lehnt sich über die Tischplatte, zu einer Karte, da zucken grelle Flammen auf. Eine gewaltige Explosion packt die Anwesenden, hebt sie vom Boden und schleudert sie durch den Raum. Ihr Druck zertrümmert Fenster, Türen, den massiven Eichentisch, Teile des Daches. Holzstücke, Glassplitter und Metallknäuel übersäen die Baracke. Der Stenograph des Tages, Dr. Berger, stirbt am Nachmittag. Korten, Schmundt und Oberst Brandt werden tödlich, Bodenschatz und ein Oberstleutnant Borgmann schwer verletzt. Heusinger, Scherff und General Buhle erleiden leichtere Verletzungen. Jodl verliert das Bewußtsein, seine Trommelfelle platzen, die Haare versengen. Wieder bei Bewußtsein, brennt sein Kopf wie Feuer.[135] Noch benommen, wankt er – nach mechanischem Griff zu seiner Mütze – aus Qualm und Staub ins Freie. Hier gewahrt er erleichtert Hitler, den Keitel behutsam stützt und führt.

Sein erster Verdacht richtete sich gegen die Bauarbeiter im Sperrkreis. Den Einschlag einer feindlichen Granate schloß er aus.[136] Sofort nach dem Attentat eilten Himmler und Göring zum Schauplatz. Himmler glaubte, ähnlich wie Jodl, an eine Höllenmaschine der Arbeiter. Erst allmählich konzentrierte sich der Verdacht auf Stauffenberg. Nachrichtensoldaten der Lagebaracke hatten ihn ohne Telefongespräch davonhasten sehen. Die Wache meldete, kurz nach der Explosion habe ein Oberst das Außentor passiert. Der Flugplatz Rastenburg bestätigte, daß Stauffenberg um 13.15 Uhr aufgestiegen sei. Als Ziel seines Fluges habe er angegeben: Rangsdorf bei Berlin.

Jodl – mit verbundenem Kopf wieder an seinem Arbeitstisch – erfuhr rasch, daß ein Bombenattentat verübt worden war. Keitels Fernsprechkampf gegen Befehle aus Berlin bewies ihm die Existenz einer Fronde, die zum Staatsstreich ausgeholt hatte. Noch in blutbefleckter Uniform informierte er zwölf seiner Abteilungschefs.[137] Die Bombe, erklärte er ihnen, sei von einem »aus unserem Kreis«, von einem Generalstabsoffizier, gelegt worden. »In diesem Augenblick stellt sich die Frage: Wo steht jeder einzelne von Ihnen? Falls Sie glauben, daß es Ihnen nicht möglich ist, in meinem Stabe Dienst zu tun, sagen Sie es und treten Sie zur Seite. Ich werde Ihren Entschluß würdigen, bevor ich Sie mit Handschlag an mein eigenes Schicksal binde. Ich gebe Ihnen eine Minute Bedenkzeit.«[138] Sein Appell war naiv. Wer hätte sich jetzt noch als Gegner des Regimes bekannt? Keiner versagte den Händedruck. Doch merkwürdig genug schien Jodl bei diesem Ritual Hitler völlig auszusparen.

Auch nach aufgehobener Nachrichtensperre – für Putschisten ein ungünstiges Zeichen – blieb er unruhig, ja erregt. Drohend herrschte er Warlimont an, der mit dem Chef der Organisationsabteilung telefonierte: »Mit wem sprechen Sie denn da?«[139] Offenbar sah er nun überall Verschwörer. Hitler, bis auf Hautabschürfungen unverletzt, empfing zu dieser Zeit Mussolini: letztes Treffen der Achsen»partner«, bei dem Mussolini allein noch Bitten für die italienischen Internierten äußern konnte; Sinnbild welkender Freundschaft. Jodl entging der gespenstische Streit, in dem sich Dönitz, Göring und Ribbentrop lauthals beschimpften, ebenso die schäumende Wut Hitlers, der »jetzt durchgreifen und alle ausrotten« wollte, aber er wußte, was gegen die – langsam bedrängten – Frondeure im Berliner Bendler-Block und Reichsgebiet geschah. Stumm, in sich versunken hörte er Dönitz' Treueansprache, die der Rundfunk, wie die Reden Hitlers und Görings, erst nach Mitternacht ausstrahlte. Auch über die Exekution Stauffenbergs und seiner Helfer Olbricht, Mertz von Quirnheim und Werner von Haeften schwieg er.[140] Nicht einen dieser Männer kannte er näher. Die Geschichte des innerdeutschen Widerstandes war ohne ihn abgelaufen.

Becks Tod freilich und das Ausmaß der Verschwörung erschütterten ihn, doch am 24. Juli sprach er im Sperrkreis II zu den Offizieren des Wehrmachtführungsstabes. Seine Rede – kaum nur eine Pflichtübung – verurteilte den 20. Juli als schwärzesten Tag deutscher Geschichte. Sie brach den Stab über Hinterhältigkeit, Eidbruch und die außenpolitische Kurzsichtigkeit der »Verschwörer, die den Jesuiten nahe standen«.[141] Erbittert geißelte Jodl den Zerfall des einst homogenen Offizierskorps. »Wer an der Lage verzweifelt«, hieß es, »der mag sich selbst erschießen, soll aber seinen Eid respektieren.« Wenn jetzt, betonte der Redner, eine Generalabrechnung folge, so sei Mitleid nicht angebracht. Rücksichtsloser Haß habe denen zu gelten, die entgegenwirkten: dies empfände auch er. Alles komme – nach Ausmerzung des Faulen – darauf an, den Rest zusammenzuschließen.[142] Nicht ohne Selbstsuggestion erwartete er, daß sich unter den Zuhörern kein Lauer mehr befand; die Verhaftung des Mitarbeiters Oberst i. G. Meichßner traf ihn erst Tage später. »Ich bin überzeugt«, so zum Schluß, »daß wir diese Lage durchstehen werden, aber selbst, wenn uns das Glück nicht hold sein sollte, dann müßten wir entschlossen sein, uns als die Letzten mit der Waffe um den Führer zu scharen, damit wir vor der Nachwelt gerechtfertigt sind. Für uns Ältere ist das leichter als für die Jüngeren unter uns, aber das ändert nichts daran, daß wir vor der Geschichte und vor der Ewigkeit zu bestehen haben.«[143]

Die Offiziere des Stabes folgten seiner Rede schweigend, oft mit Beklommenheit. Die Mehrheit plagte kein Zweifel, daß der Krieg militärisch verloren war. Längst bekannte sie im vertrauten Kreis ihre Illusionslosigkeit.[144] Konnte Jodl, der operative Fachmann, Illusionen hegen? Wo er die Attentatsmethode verurteilte und – deren Erfolg vorausgesetzt – vom Zusammenbruch der Fronten sprach, fand er innere Zustimmung. Der Anschlag auf jeden »Lage«teilnehmer erweckte Widerwillen, ja, entschiedene Vorbehalte. Den Stab über die Verschwörer brachen auch jene, die nur im Sperrkreis II arbeiteten und nicht durch Stauffenbergs Bombe gefährdet worden waren.[145] Erst recht bedrückte die hinterlassene Mitgift des Attentats: deutscher Gruß innerhalb der Wehrmacht, Leibesvisitationen vor dem Führer-Bunker und Hitlers noch üblere Verunglimpfung des Heeresgeneralstabes; doch auch diese Momente trübten nicht das Urteilsvermögen aller. Jodls Bild der Fronde – weithin offizielles NS-Bild – wollte schwerlich überzeugen. Um so mehr hofften die meisten, daß »Stauffenbergs Denkzettel« zu einer anderen, besseren Führung veranlaßte – einer, die das Notwendige tat und sicherte, ehe ganz Deutschland dem Chaos erlag.[146] Dafür hatte, gerade in den Augen der Versammelten, die Wehrmacht zusammenzustehen. Die Schlußapotheose der Ansprache nahmen sie als Appell zu »gebotener Geschlossenheit«, kaum als Symptom der heranrückenden, unvorstellbaren Endkatastrophe.

Auch der Bomben-Anschlag verleitete Jodl nicht nur zu Verdammungsurteilen. Neben »einigen dunklen und ehrgeizigen Elementen«, für die er keine Namen nannte, sah er unter den Verschwörern fähige, hochbewährte Offiziere. Zu Generalmajor von Wedel, dem Chef der Abteilung Wehrmachtpropaganda, sagte er am 20. Juli, daß der Fronde ethische Motive nicht abzusprechen seien.[147] Beck war es in seinen Augen »unmöglich, ehrlos zu handeln«, aber was hatte die Fronde wirklich angestrebt? Immer wieder versuchte er, ihr auf die Spur zu kommen. Er studierte alle Aussagen der Akteure und Eingeweihten, doch sie enttäuschten ihn »bitter«.[148] Was er las oder sich ihm einprägte, waren reumütige Geständnisse über Illusionen eines Ausgleichsfriedens, über Politik, von der Soldaten nichts verstünden, über leichtfertige Verstrickung und »den hellen Wahnsinn der Tat«. Die Aufzeichnungen des Zeitzler-Adjutanten Smend versah er mit abwertenden Randbemerkungen.[149] Auch das breit geschilderte Ringen des Halder-Nachfolgers um realistische Entschlüsse schien ihn wider besseres Wissen kaum zu beeindrucken. Selbstgerecht geißelte er das »Unfehlbarkeitsedikt« des Heeresgeneralstabes, Ressentiment wieder des Abtrünnigen und Verfemten. Fellgiebel, General der Nachrichtentruppe und Mitverschworener, schalt ihn – nach Vernehmungsprotokollen – »einen Phantasten«, der wie Keitel, Schmundt und Zeitzler »entfernt gehöre«.[150] Ob dieses Verdikt schmerzte, ließ Jodl nie erkennen. Wo er schwankte, ernüchterten ihn die fragwürdigen Apologien der Verhafteten. Garant seiner Alternative war Adolf Hitler, über den er – innerlich nur zu gebunden – mit keinem Gedanken hinwegsetzte.

Jodls Empörung entzündete sich nicht allein am Ungehorsam, bei dem für ihn jede Armee zerfiel.[151] Zugleich hätten die Verschwörer, meinte er, weder die bedingungslose Kapitulation noch einen verheerenden Bürgerkrieg abgewendet. Der am Leben gebliebene Hitler, der den Widerstand scheitern ließ, gab ihm und Gleichgesinnten »recht«, aber auch hier dachte er, was er denken wollte oder konnte, mied er klares, konsequentes Denken. Daß eine siegreiche Fronde nichts bewirkt hätte, war lediglich Annahme, vermochte er sowenig wie seine Parteigänger zu beweisen. Dies galt ebenso hinsichtlich eines Bürgerkrieges, namentlich nach gelungener Beseitigung Hitlers. Ob für Göring und Himmler Truppe auf Truppe geschossen hätte, schien bei neuen, eindeutigen Befehlen hoher Militärs eher zweifelhaft. Nur der davongekommene Diktator stützte alle abwertenden Urteile über die Fronde. Entscheidend freilich wieder die verdrängten großen Bezüge. Nichts sprach gegen die Erkenntnis von der Aussichtslosigkeit des Krieges: Erkenntnis, die den Chef des Wehrmachtführungsstabes seit Jahren beherrschte. Folgte man noch Clausewitz, hatte Deutschlands Krieg aufgehört, Fortsetzung der Politik mit anderen Mitteln zu sein, mußte ihn Politik längst widerrufen. Bürgerkrieg – wenn er denn ausgebrochen wäre und die Feinde des Reiches begünstigt hätte – hieß geringere Gefahr der Selbstzerstörung, ja, Rettung Ungezählter: Logik, der sich Jodl jedoch verweigerte.

Der angloamerikanische Hohn auf die Verschwörer, Hohn besonders der Pressekommentare, untermauerte seine Haltung. England und Amerika, entnahm er diesen Stimmen, wünschten keinen Ausgleichsfrieden.[152] In starrer Marschroute erstrebten beide Staaten die Zerstückelung des Reiches. Wie zuvor deklarierten sie ihren Kampf als Kreuzzug der Weltzivilisation gegen die Mächte der Finsternis. Zu ihnen zählte offenbar ebenso Hitlers Opposition – Barrieren, die auch der Fronde zu schaffen gemacht hätten, ihr und der Vernunft, die zum Handeln getrieben hatte. Jodl schmerzte noch lange Stauffenbergs Attentat. Der Abfall geschätzter, ja, bewunderter Kameraden spaltete Idealbilder und Erinnerungen. Als im Rastenburger Hauptquartier, unfaßliche Anordnung, Fotos von den grauenhaft Strangulierten umgingen, schwieg er eisig, ohne sich abzukehren.[153] Das Offizierskorps, an dem er hing, war ihm wirklich gestorben. Doch so düster jetzt seine Arbeit, nun unter ständigen Haßausbrüchen des Diktators gegen die »Verräter des 20. Juli«: Jodl gab sich noch loyaler. Keine Faser drängte ihn, für Keitel einzuspringen, an die eindeutige Niederlage zu erinnern, zum unvermeidlich gewordenen Ende zu raten. »Nur gut«, bekannte er während einer der nächsten Lagebesprechungen, vor den Ohren Hitlers, »daß durch die alliierte Forderung auf bedingungslose Kapitulation allen ›Feiglingen‹ der Weg verlegt ist, um nach einem politischen Ausweg zu suchen.«[154]

Sein Einwurf – nicht verlangt und ungewöhnlich – spiegelte wider, was er kaum heuchelte, sondern dachte. Die bedingungslose Kapitulation blieb für ihn abschreckende Hemmschwelle, aber zugleich auch fadenscheiniger Vorwand. Nahm er sie wirklich ernst, lief seine Argumentation ins Absurde. Kein deutscher Triumph half länger, den totalen Sieg der Alliierten abzuwenden, der ihnen nun, 1944, noch sicherer winkte.[155] Keine Nation konnte deren Armeen stoppen, die sich in West wie Ost den Reichsgrenzen näherten. Der Kampf gegen die mächtigste aller Koalitionen war aussichtslos. Nichts dämmte, auf die Dauer, ihre Offensivanläufe, hinter denen unerschöpfliche Reserven standen. Deutschland, Zwerg im Potential und ohne Wunderwaffen, mußte unterliegen. Selbst bei hartnäckigster Gegenwehr hatte es – krieg»führend« – nur die Wahl des Gotenuntergangs.

Jodl, militärisch urteilsfähig und Eingeweihter, täuschte sich am wenigsten über die gegebenen Kräfteverhältnisse. Seine Rechnungen ergaben eindeutige Nenner. Doch im Grunde glaubte er nun an den Widerspruch zur bedingungslosen Kapitulation, an den rettenden Zerfall des feindlichen Bündnisses. Mochte er dem angestrengt nachhelfen: diese Hoffnung – inneres Leitseil und stärkstes irrationales Element – entzog ihn Zweifeln, Tatsachen, Analysen. Sie widerlegte kein Rückschlag und auch nicht Hitlers schlechteste Strategie.[156] Konnte es Ziel der Westmächte sein, fragte er sich, Deutschland wirklich auszulöschen und Sowjetrußland übermächtig werden zu lassen? Geboten Englands und Amerikas Interessen, den letzten Damm zu schleifen, der Mitteleuropa vor Stalins Bolschewismus schützte? Wie der Widerstand verneinte Jodl die Fragen, aber Hitlers Sturz war ihm Sakrileg, nicht Prämisse.[157] Unpolitisch hielt er zu dem »nicht ersetzbaren« Mann, der Deutschlands Feinde auch wider deren Willen zusammenschmiedete. Hätte er je, an seinem Platz, Abläufe ändern können?

Sein Ethos verbot, den Obersten Befehlshaber anzutasten. Gleich anderen war er unfähig, ihn gewaltsam zu beseitigen. Diese Haltung aus Wesen und Erziehung widersetzt sich Werturteilen. Ein Attentat ist keinem Soldaten abzufordern. Auch ein Rücktritt hätte nichts bewirkt; Hitler fand noch Willfährigere. Doch Rücktritt wurde – bei mitzuverantwortender katastrophaler *Gesamt*führung – zur Pflicht unter Pflichten. Generalfeldmarschall Ritter von Leeb, Oberbefehlshaber der Heeresgruppe Nord und empört über die Strategien des Diktators, hatte 1942 einen solchen Abgang schadlos ertrotzt. Jodl meinte, daß Hitler seine eigene Demission abgelehnt, ja geahndet hätte – »Apologie« der Gewissenlosigkeit des Feldherrn und der verratenen Ratio.[158] Rücktritt wäre nicht nur zumutbar, sondern vor allem zu wagen gewesen. Hätte Jodl ihn durchgefochten, stünde er besser da.

IN DIE KATASTROPHE

Stauffenbergs Attentat machte Himmler zum Befehlshaber des Ersatzheeres. Guderian wurde – nominell – neuer Generalstabschef: für Jodl unerfreuliche Ereignisse.[1] Wohl hatte er vor 1939 im Berliner OKW den Aufstieg der SS unterstützt, aber nicht nur die Zahl ihrer Divisionen, auch Himmlers erklommene Machtstellung erfüllte ihn mit Unbehagen. Guderian war ihm Panzerfachmann und hervorragender Soldat, doch ebenso offenkundiger Gegner des Wehrmachtführungsstabes.[2] Allein als Mann nun der OKH-Belange verbürgte er Reibungen, zumal bei seinem kantigen, aufbrausenden Wesen. Nur die militärische Lage nach dem 20. Juli unterband den sofortigen Ausbruch der tiefangelegten wechselseitigen Animositäten. Im Osten »eine in völliger Auflösung begriffene Front«.[3] Die Verbindung zwischen den Heeresgruppen »Mitte« und »Nord« war gerissen. Guderian mußte Reserven aus Rumänien beantragen und drang auf radikale Frontverkürzungen, die Räumung der baltischen Länder. Mit äußerster Energie entzog er die beiden Heeresgruppen der Umklammerung und Vernichtung. Gegen einen weit überlegenen Feind hielten sie, wiedervereinigt, Stellungen vom Rigaischen Meerbusen bis zur ostpreußischen Grenze, aber sowjetische Angriffe bei Schaulen, die Memel an der Ostsee erreichten, schnitten die Heeresgruppe »Nord« endgültig ab. Guderian stand vor einem erbitterten Kampf um den Rückruf der eingeschlossenen Truppen.[4] Unbedingt, wußte er, brauchte er sie zur Verteidigung des Reiches. Noch schlimmer die Situation im Westen, auf Jodls Kriegsschauplatz. Drei Armeen Eisenhowers – 30 Infanterie- und 13 Panzer-Divisionen – drängten die deutschen Landekopf-Fronten zurück. Ende Juli glückte bei Avranches der alliierte Durchbruch in die Tiefe Frankreichs.[5] Versuche, mit starken Panzerkräften die Lücke zu schließen, scheiterten im Bombenhagel. Erstmals entschieden Gegenangriffe aus der Luft vollkommen einen Erdkampf. Pattons Durchbruch-Korps strebten in die Bretagne und umfaßten, weit ausholend, die vorgestaffelten deutschen Verbände der 7. und 5. Panzer-Armee. Im Kessel von Falaise erlagen den Alliierten 45000 Mann. Die Reste der geschlagenen Armeen suchten zur Seine zu entkommen. Fast zur gleichen Zeit, Mitte August, landeten in Südfrankreich sechs amerikanische und vier französische Divisionen.[6] Die deutsche 19. Armee, hoffnungslos geschwächt, erlitt schwere Verluste und wurde geworfen. Unter hinhaltenden Kämpfen wich sie aus bis an die obere Marne, Saône und Schweizer Grenze. Der zweite Invasionsstoß näherte sich dem Reichsgebiet. Schon vorher, am 25. August 1944, fiel Paris.

Jodl hatte nicht zu führen, sondern seinen Kriegsschauplatz zu »bearbeiten«. Obwohl lediglich mitbefragter, also gefesselter Generalstabschef, belasteten die Katastrophen moralisch auch ihn. Alle Entschlüsse Hitlers übermittelte oder deckte das OKW.[7] Abenteuerlich der Befehl, Avranches zurückzuerobern *und* die gesamte alliierte Invasionsfront aufzurollen; unfaßlich die Blindheit, die das Desaster von Falaise heraufbeschwor. Kein Faktum – ob die feindliche oder eigene Stärke, ob Betriebsstoff- oder Munitionsmangel – schien zu zählen. Ein Frontkommandeur gestand später, seit Avranches habe er nur noch »völlig irreale, utopische« Befehle der obersten Führung erlebt.[8] Heerführern des Gegners war diese Führung ein Rätsel. Gleich Guderian geriet Jodl in die peinvolle Lage, seinem Obersten Befehlshaber Rückzüge abringen zu müssen. Mit vorsichtigsten Entwürfen leitete er das Unausweichliche ein. Ende Juli, während des Kampfes um Avranches, vermerkte er: »Führer greift Befehl für *mögliches* Absetzen in Frankreich doch positiv auf. Damit die Bestätigung, daß er solchen Befehl *jetzt* auch für notwendig hält.«[9] Jodl instruierte – getarnt – Kluges Stabschef Blumentritt, aber verfrüht trotz aller Verspätung. Hitler erklärte: »Es muß ... das Ziel bleiben, den Feind an der Küste eng umschlossen ... zu halten, ihm dort schwere Verluste beizubringen, um ihn dadurch zu erschöpfen und schließlich niederzuringen.«[10] Wieder ertrug er nicht, daß Gegner ihn nötigten zurückzustecken. Erneut wollte er durch Unbeugsamkeit Tatsachen überwältigen. Unbrechbar sein leidenschaftlicher, von Realitäten losgelöster Gegenwille; nur den bereits ablaufenden Rückzügen gab der Feldherr ohne Feldherrntum nach. Seine Abwehr»strategie« verstrickte Jodl und zerrieb die eigene, nahezu ausgebrannte Truppe. Die Heeresgruppe B – zuletzt unter Model – schrumpfte auf vier Panzer- und zehn Infanterie-Divisionen, denen 61 hervorragend ausgerüstete und voll motorisierte Divisionen des Feindes gegenüberstanden.[11] 16400 englisch-amerikanische Flugzeuge beherrschten den Himmel und jagten Rudimente der deutschen Luftflotte 3. Die Alliierten waren – Erkenntnis des Wehrmachtführungsstabes – im Besitz der absoluten Überlegenheit. Wo die Phantasie versagte, sprachen Zahlen und Statistiken. Die wertlos gewordenen britischen Kanalinseln aber wurden nicht geräumt. Die Häfen Brest, Boulogne, Calais und Dünkirchen hatten, statt gründlicher Zerstörung, durchweg »Festungs«einheiten zu verteidigen: Kräfte, die dem Westheer bitter fehlten – »Ökonomie«, der wirkliche Führung kaum verfallen wäre.

Die Masse des Gegners bezwang die Seine, Somme, Aisne und Maas, überflutete Frankreich und fast ganz Belgien. Spitzen erreichten Anfang September 1944 die Mosel.[12] Divisionsgruppen, die sich ihnen entgegenstemmten, anhaltenden Widerstand versuchten, rieben sie auf. Befehle Hitlers und des OKW blieben abnorm und zurück hinter dem reißenden Kampfgeschehen. Einen geplanten Stoß gegen die Südflanke der nach Metz vorgeprellten 3. amerikanischen Armee durchkreuzten Rückschläge bei den überflügelten Nachbarfronten. Nur südlich und nördlich der Scheldemündung behaupteten sich Bataillone, die dem Feind Antwerpens Hafen versperrten. Jodl ahnte nichts von den Spannungen zwischen Eisenhower und Montgomery, von dem ungestümen Drängen des Briten, der – gegen den vorsichtigeren Amerikaner – ohne Aufenthalt ins Reich einfallen wollte. Er konnte sich, angesichts der Raumgewinne des Gegners, allenfalls alliierte Nachschubprobleme ausmalen.[13] Auch im östlichen

Ostpreußen registrierte er dankbar Aufschübe: hier durch verstärkte Heeresdivisionen. Flankenangriffe vernichteten den ersten sowjetischen Einbruchskeil und gewannen Gelände zurück, darunter Nemmersdorf, den Schreckensort unfaßlicher russischer Ausschreitungen.[14] Obschon die Truppe – wie überall – materiell unterlegen war, zeigte sie, daß sie wußte, worum es ging.

Montgomerys Luftlandedivisionen, die seit dem 17. September hinter den deutschen Linien absprangen, um die Brücken über die Maas, den Waal und Niederrhein zu gewinnen, zwangen zu schnellem Abwehrkampf. Jodl gängelte Model und Generaloberst Student, den Kommandeur einer Fallschirmjäger-Armee, in allen Kampfphasen am wenigsten.[15] Das für die Alliierten verlustreiche Unternehmen hob seine Stimmung, aber er täuschte sich nicht: Bis auf Arnheim, wo eine britische Fallschirmjäger-Division nahezu verblutete, eroberte der Feind die wichtigsten Brücken. Trotz deutscher Gegenangriffe wurden die meisten Luftlandedivisionen entsetzt oder gerettet. In der entbrennenden Schlacht um Aachen rang die Truppe um jeden Meter Boden. Das Kampfgelände – Trichterfelder – erinnerte an die Wüsteneien des Ersten Weltkrieges. Wie Arnheim nötigte Aachen Engländer und Amerikaner zu Atempausen. Montgomerys Optimismus freilich hatte nicht durchweg zu hoch gegriffen. Der Westwall, dessen Waffen in den verlorenen Bunkern der Atlantikküste steckten, war kein Hindernis. Rundstedt, wieder Oberbefehlshaber West, erwartete jederzeit alliierte Panzer vor dem eigenen Gefechtsstand.[16]

Jodl setzte auf die sich versteifende Gegenwehr, Gegenwehr vor der Rhein-Linie, an der er bereits den Feind erwartet hatte. Doch in einem OKW-Befehl vom 16. September 1944 mit seinem Namen betonte er: »Irgendwelche Operationen großen Maßstabes kommen für uns nicht mehr in Betracht. Alles, was wir noch tun können, ist, unsere Stellungen zu halten und zu sterben ... Jeder Bunker und Unterstand, jede Stadt und jedes Dorf müssen zu einer Festung werden, gegen die der Feind sich den Kopf einrennt oder in der die deutsche Besatzung im Kampfe Mann gegen Mann untergeht.«[17] Der Befehl spiegelte den Bankrott aller Strategie und seines eigenen Feldherrntums, aber ebenso Hitlers Mentalität, ja Denken. Erneut überwog bei dem, der allein und unangefochten führte, Starrsinn, zum Selbstzweck erhobene Entschlossenheit. Erkenntnisse aus Vernunft und Verstandesschärfe unterdrückte er mehr denn je. »Wer mir von *Frieden* ohne *Sieg* spricht«, äußerte er wiederholt, »verliert seinen Kopf, ganz gleichgültig, wer er ist oder wo er steht.«[18] Der Machtapparat in seinem Rücken verlieh solchen Worten Nachdruck. Fanatismus suggerierte dem Diktator, daß er nun Prüfungen zu bestehen habe. Seine Energien zielten auf härtesten Widerstand in Ost *und* West. Nur dieser Widerstand, so fortan Hitlers Tenor, erzwinge den Zerfall des feindlichen Bündnisses.

Jodl brauchte keine Drohungen. Möglich, daß sie ihn nicht einmal verstörten. »Feiglinge« hatte *er* schon gewarnt.[19] Militärisch illusionslos, vertraute er Hitlers politischer Zuversicht. Wenn er selbst noch etwas erhoffte, so ebenfalls den Bruch unter Deutschlands Gegnern. Die Widernatürlichkeit ihrer Allianz wurde zum Argument des Ausharrens. Politische »Inkompetenz« schützte und verdoppelte Jodls Hoffen. Die Bedrängnis, in der er Volk und Wehrmacht sah, tilgte sein Bewußtsein für Widersprüche. Die Überlegung, daß Siegende kaum abzustoppen waren, zählte nicht. Das »Unconditional surrender« – zuvor Motiv seiner Loyalität und Unbeugsamkeit – schien abgetan und vergessen. Er wußte: Das Reich glich einem angeschlagenen Schiff, das sich verzweifelt mühte, dem Untergang zu entrinnen.[20] Die Besatzung war dabei, auch die Innenräume des Schiffes zu verfeuern, um es mit letzter Maschinenkraft über Wasser zu halten. An jeden Rettungsstrohhalm wollte er sich jetzt klammern. Einwänden war er ferngerückt. Wirklichkeiten wichen gerade in seinem Falle Glaubenswahrheiten. Undenkbar für ihn, daß Hitler sich und Deutschland innerlich längst aufgegeben hatte.

Der Diktator – oft ruhelos zuckend, schleppend im Gang, gebeugt und mit altmodischer Goldbrille – war ihm kein Heros mehr. Obgleich täglich in dessen Nähe, so daß der Scharfblick Außenstehender fehlte, gewahrte auch er »den erschreckend Gealterten«: einen, der seine Gesundheit eingebüßt hatte, nicht jedoch seine Intelligenz und die Fähigkeit zu argumentieren.[21] Die Verstandesgründe, die der Staatslenker und Oberste Befehlshaber bemühte, waren Gründe. Im System der Selbsttäuschung behielten sie ihre Schlüssigkeit. Skeptische Frontsoldaten stimmte Hitler um durch seine Rhetorik.[22] Jodl – Zeuge solcher Szenen – spürte nie, daß die »Bekehrten« heuchelten. Der Freitod Kluges, des mitverstrickten Frondeurs, berührte ihn kaum. Untreue blieb in seinen Augen Felonie. Über den Giftmord am »Verschwörer« Rommel, der bei einem Tiefflieger-Angriff schwere Verletzungen erlitten hatte, erfuhr er kein Sterbenswörtchen.[23]

Die Rote Armee – inzwischen bedrohlich nahe – veränderte nicht den Tagesablauf im Führerhauptquartier. Der Krieg war telefonische Nachricht oder Meldung auf Papier. Noch immer galten, trotz aller Rückschläge in Ost und West, die üblichen Rituale. Vor Hitlers Bunker versammelten sich: Jodl, Keitel, Guderian, Oberst von Bonin, Leiter der Operationsabteilung, Burgdorf, die Admirale von Voss und von Puttkamer, General der Flieger Koller, Chef des Luftwaffen-Führungsstabes, Gesandter Hewel, Vertreter des Auswärtigen Amtes, SS-Gruppenführer Fegelein als Verbindungsmann des Reichsführers SS Himmler, Reichsleiter Bormann für die Partei, Reichspressechef Dr. Dietrich sowie mehrere Adjutanten.[24] Oft erschienen Dönitz und Gestapo-Chef Kaltenbrunner, seltener jetzt Göring, kaum Goebbels und Ribbentrop.

SS-Männer des Sicherheitsdienstes tasteten Neulinge und weniger Bekannte nach Waffen ab, ebenso herbeibefohlene Frontbefehlshaber und die Soldaten, die hohe Auszeichnungen empfangen sollten. Im Bunker saß Hitler – flankiert von seinen nächsten Beratern – vor dem breiten Kartentisch; die übrigen – stehend – verteilten sich: mit den Stenographen stets eine viel zu große, drangvolle Runde. Während der Besprechungen herrschte nicht Ruhe, sondern Kommen und Gehen. Teilnehmer flüsterten, redeten miteinander, erledigten Unterschriften und andere Dienstgeschäfte. Wieder hatte Jodl allzu unbekümmerte Störer anzublasen, unter ihnen einmal sogar Keitel.[25] Er verstand das Hin und Her, auch die verstohlenen Beschäftigungen der Stabsoffiziere. Die stundenlangen Besprechungen, häufig Monologe Hitlers oder bloßes Palaver, raubten gerade ihm Zeit. Oft war er gerädert und zeitweise im Wachschlaf weggetreten.

Seine Pflichten blieben unverändert. Er trug über »seine« Kriegsschauplätze vor und gab Hitlers Entschlüssen die nötige Befehlsform. Diese Entschlüsse, und besonders dringliche, erreichte er immer mühsamer. Hitler entschied sich kaum noch klar, geschweige denn auf Anhieb.[26] So durchdacht und begründet die meisten Vorschläge: der Oberste Befehlshaber zögerte, bemängelte vorab die angeblichen Schattenseiten. Je eindeutiger ihn Argumente widerlegten, desto hartnäckiger seine Zuflucht zu Monologen und zukünftigen Rüstungsprogrammen – weit entfernten Zielen, die mit dem, was zu entscheiden war, nichts gemein hatten. Die Abschweifungen entarteten bei ihm und inkompetenten Nachahmern zu quälenden Schwätzereien. Statt die wichtigsten Fragen zu beantworten, wandte er sich weiteren Kriegsschauplätzen oder anderen Themen zu. Selbst nach stundenlanger Debatte wußte niemand, wie seine, des Führers, Entscheidung lautete. Gleich Guderian hatte Jodl das Versäumte nachts oder am nächsten Tag anzumahnen: ein niederdrückendes, ja, gespenstisches Verfahren, weil die abgerungenen Weisungen nun oft zu spät kamen, mehr noch: überholt waren.[27] All das schürte den Grimm gegen das »frontfremd führende« OKW. Befehle oder Genehmigungen aus eigener Verantwortung konnten den Jammer allenfalls dämpfen. Höchstes Risiko, waren sie nie sicher zu kalkulieren.

Ermöglichten ungedeckte Befehle Erfolge, vergaß Hitler frühere Einwände. Endeten eigene Initiativen in Rückschlägen, zuletzt beinahe die sichere Regel, packten den Diktator wilde Zornesausbrüche.[28] Versteinert erlebten namentlich Neukommandierte deren Maßlosigkeit. Haltlos sahen sie ihren obersten Kriegsherrn – vor zehn bis zwanzig führenden Militärs – gegen den Heeresgeneralstab und die Generalität wettern. Teils schreiend und mit verzerrten Gesichtszügen beschimpfte er beide als schlapp, verräterisch, rückzugsfreudig und geistig verkalkt. Nicht flammende Empörung antwortete ihm, sondern allenfalls matter Widerspruch. Jeder der Anwesenden »schien Hitler wie einen Betrunkenen zu behandeln«.[29] Auch Feldmarschälle und Generalobersten glaubten, daß man den Wütenden nicht noch zusätzlich aufreizen dürfe. Oberstleutnant Meyer-Detring, einer dieser entsetzten Neukommandierten, vernahm aus dem Mund des Generalmajors von Buttlar, seines Vorgängers im Wehrmachtführungsstab: »Sie werden sich hier an vieles gewöhnen müssen. Wenn man sich zigmal vergeblich bemüht hat, der Vernunft zum Siege zu verhelfen, dann ermüdet man allmählich.«[30] Jodl aber ließ auf erstaunte Vorhalte hin »durchblicken, daß man hier etwa die einem Kranken gegenüber übliche Nachsicht üben müsse, ohne dabei das Wort ›Kranker‹ auszusprechen«. Der frisch ernannte Abteilungschef ahnte, was ihn – auf diesem Posten – an inneren Konflikten noch erwartete.

Keitel und die häufige Riege der Amateurstrategen blieben Ärgernis, nicht weniger Görings Auftritte bei den Lagebesprechungen. Sprüche des Reichsmarschalls wie »Mein Führer, geben Sie mir die Heeresgruppe, und kein Russe kommt über die Karpaten!« mußte auch Jodl als baren Unsinn empfinden.[31] Die sogenannte »Saufclique« um Bormann – unter ihr der Chef des Heerespersonalamtes General Burgdorf – verabscheute er »bestürzt, sprachlos«. Ob er noch von Führungsauslese gesprochen hätte, darf man bezweifeln. Er wußte, wann einsame Entschlüsse gefaßt und Mauern errichtet waren, die kein Wille überwinden konnte. Er kannte bis zum Überdruß die Augenblicke, in denen der Diktator alle Einwände abwies. Erfahren genug, um Hitler vor versammelter Runde zu schonen, suchte er ihn mehr denn je unter vier Augen umzustimmen: hier und da mit Ergebnissen, die verletztes Prestige nie zugestanden hätte. Wo er Vorarbeiten für Rückzüge treffen ließ, »unumgängliche Vorarbeiten«, geschah es ohne Billigung des Obersten Befehlshabers.[32]

Wie je, wenn nicht noch unbedingter, beharrte Jodl auf Pflichterfüllung. Was sie zum Leerlauf stempelte, verschloß er in sich. Nahezu jedem begegnete »eine Maske«.[33] Begann im Führerbunker der Vortrag des Heeresgeneralstabschefs, verließ er zunehmend die »Lage«: Das ginge, hörte man, ihn nichts mehr an. Der Ringkampf um Divisionen – Nonsens der gespaltenen

Wehrmachtführung und gerade für Neuankömmlinge bestürzend – verbrauchte zur Genüge Kräfte. Nichtoperative Belange wies er entschiedener als zuvor von sich. Eisig hielt er zu den befohlenen oder selbstverordneten Funktionen.[34] Generalleutnant Winter, Gebirgsjäger und sein letzter unfreiwilliger Stellvertreter, erlebte ihn unzugänglich, schroff, abweisend. Auf die noch kühne Frage beim Dienstantritt, »wie es denn nun weitergehen solle und ob politische Lösungen vorbereitet seien«, vernahm er als Antwort: »Kümmern Sie sich um Ihre Stabsarbeit, mit der Sie genug zu tun haben. Politik ist Sache des Führers. Dafür hat er im übrigen seinen Außenminister.«[35]

Stimmen aus dem Heer verwiesen darauf, daß zwar Kirkenes und der Peloponnes besetzt seien, die Russen inzwischen aber Deutschland erobern könnten.[36] Jodl vernahm: Die Wehrmacht solle alle außerheimischen Kriegsschauplätze räumen, um die Verteidigung des Reiches zu sichern. So einleuchtend, ja, »im Grunde wohl richtig« diese Forderung: er verwarf sie, ohne politische Gesichtspunkte auch nur zu streifen. Auf keinem »seiner« OKW-Kriegsschauplätze erblickte er Kräfte, die noch für den Kampf im Osten mobilisierbar waren.[37] In einer Denkschrift sprach er von unbeweglichen Divisionen (Norwegen; Balkan), von Finnland und Italien, die selbst Kräfte bänden, und der Front im Westen, die Reserven nicht entbehren konnte, wollte sie weitere Anstürme bestehen. Räume man Norwegen, erklärte er, würde widersinnig preisgegeben, was dessen Besetzung – nach wie vor – unerläßlich mache. Ginge man bis an die Alpen zurück, dehne sich die Abwehrfront, rückten weitere alliierte Luftbasen Deutschland näher.[38] »Gute Offiziere und Leute aus den Einheiten der anderen Kriegsschauplätze herauszulösen und sie gegen ältere und abgekämpfte auszuwechseln«, schien ihm einziger Ausweg, der jedoch – als »Ausweg« – schwerlich taugte. Die Diversion war unaufhebbar. Ohnehin größter Fehler jeder Strategie, gewährte sie dem Krieg des armen Mannes die geringsten Aussichten. Jodl – Hauptbetroffener – beklagte innerlich diese Diversion. Später, im Rückblick, hat er sie offen verurteilt.[39]

Sowjetische Offensiven zerrissen den Südteil der Ostfront.

Rumänien fiel ab; chaotisch die Flucht der geschlagenen, aufgespaltenen und verfolgten deutschen Divisionen.[40] Die Rote Armee betrat den Balkan. OKH- und OKW-Kriegsschauplätze begannen sich zu überschneiden; von abgründiger Sinnlosigkeit nun Ressort-Rangeleien, auch wenn der Diktator als »oberster Lenker« entschied. Russische Verbände eroberten fast ganz Ungarn und bedrohten Budapest. In Jugoslawien fiel Belgrad. Hitler stürzte Horthy, den er verdächtigen durfte, Kontakte zu den Westmächten gesucht zu haben. An dessen Stelle setzte er – Analogie zu Mussolini – die Marionette Salaszy, einen ungarischen Faschisten. Jodl brauchte kaum Lagekarten und riet zum Notwendigen: dem Abbau deutscher Bastionen in Griechenland.[41] Was er anpackte, berücksichtigte die zerklüfteten Rückzugswege, die Löhrs Heeresgruppe auch gegen Titos Partisanen einzuschlagen hatte, doch erneut mußte er um jeden der unerläßlichen Befehle ringen. Nur unter Improvisationskünsten gelang es Löhr, seine Einheiten zurückzuschleusen und dem Zugriff des Gegners zu entziehen. Die sowjetischen Stoßkeile näherten sich britischen Interessensphären in Südosteuropa. Jodl glaubte, daß diese Entwicklung England aufschrecken müsse[42], aber vorzeitige Bündnis-Belastungen hatten Stalin und Churchill abgewendet. Rumänien war Moskau »zugestanden«, Griechenland dagegen London – Handel um Einflüsse, von dem der Chef des Wehrmachtführungsstabes nichts erfuhr.

Der Abfall insbesondere Finnlands mußte ihn schmerzen. Doch im Gegensatz zu Italien sprach er nicht von Verrat.[43] Daß Mannerheim – verantwortungsbewußt – sein Volk zu retten suchte, schien er hier insgeheim anzuerkennen. Für Deutschland freilich, dabei blieb es, sah er ähnliche Wege versperrt. Die eigene »Führungs«bilanz befriedigte ihn wohl kaum. Schon während seines letzten Besuches in Mikkeli, nach den ersten finnischen Friedensfühlern, wäre vertrauensvoll der Abzug deutscher Kräfte zu erörtern gewesen. Das AOK 20 – weitsichtiger – fing an, den Rückzug aus Lappland zu planen. Speer leugnete, daß die Nickelvorkommen des Petsamo-Gebietes unentbehrlich seien, aber nicht Jodl leitete die Operationen, sondern Hitler.[44] Wie überall geriet man in bösen Verzug mit dem Notwendigen.

Sowjetische Angriffe an der Murmanskfront drohten erhebliche Teile der 20. Gebirgs-Armee abzuschneiden. Mehrere Generale – unter ihnen der Bruder Ferdinand Jodl, Kommandeur des angegriffenen Korps – drängten zum unaufschiebbar gewordenen Rückzug. Nur allzu verspätet glückte es, den Chef des Wehrmachtführungsstabes zu gewinnen und für die Armee den Rückzugsbefehl nach Norwegen zu erwirken. Der Befehl war überfällig angesichts der zersplitterten, weit verteilten deutschen Verbände. Auch wenn Rendulics glänzend geführte Divisionen entkamen: ihr Rückzug kostete schwere Einbußen an Menschen, Material und Versorgungsgütern.[45] Alles, was Deutsche und Finnen erbitterte, erbitterte sie infolge verzögerter Entschlüsse.

Jodls Durchhaltebefehl vom 16. September, Befehl der Wagenburg-Mentalität, illustrierte die wirkliche Lage. Die Wehrmacht focht – im Westen und Osten – hinter den Grenzen des Reiches. Strategie hatte in ihrem Falle ausgespielt. Nächst Rumänien und Finnland war Bulgarien abgefallen.[46] In der Slowakei loderte ein gefährlicher Volksaufstand. Die Türkei begann sich durch Abbruch der diplomatischen Beziehungen zu distanzieren. Der Bundesgenosse Japan rang um sein eigenes Überleben. Luftangriffe vernichteten eine deutsche Stadt nach der anderen, ebenso aber – und nun noch konzentrierter – Werke der Treibstoff-, Pulver- und Sprengstoffindustrie. Speer mahnte, daß allein schon deren Ausfälle zwängen, den Krieg binnen kurzem zu beenden.[47] Der Verlust des rumänischen Erdölgebietes von Ploesti, für Hitler angeblich kriegsentscheidend, schlug doppelt zu Buche. Kein Wunder lagerte – Wissen der Verantwortlichen – in den Waffenarsenalen. Keine Levée en masse trieb die feindliche Koalition mehr über das Meer und nach Rußland zurück. Der NS-Staat mobilisierte die 17- und 16jährigen und den Volkssturm alter Männer. Politik aber war und blieb verabschiedet. Hitler widersetzte sich ihr konsequent: gemäß seiner Rolle als Vernichter des Judentums, die ihn – neben anderen Verbrechen – zum Paria gestempelt hatte. Offen bekräftigte er in Augenblicken der Klarheit, daß niemand mit ihm einen Sonderfrieden schließen würde.[48] Versuche der Gefolgschaft, ihn zu einem Ausgleich in West oder Ost zu bewegen, wies er ab. Stets erklärte er, allenfalls nach einem militärischen Erfolg handeln zu können, der jedoch seine Maßlosigkeit sofort wieder steigerte. Wie im Mai und August 1939, bei seinen Brandreden vor der Generalität, stellte er Deutschland zur Disposition. Keinen seiner Gegner hätte er – ohne Faustpfänder – jetzt auch beirrt und gewonnen. Jedem dieser Gegner winkte 1944 der totale Sieg.[49] Das Reich stand an der Schwelle, zum Beuteobjekt der Anglo-Amerikaner und Russen zu werden. Es konnte nur noch darüber entscheiden, welche der beiden Seiten Deutschland zuerst besetzte.

Kapitulation gegenüber der Sowjetunion traf auf Gedanken- und Empfindungssperren.[50] Allen deutschen Führungsspitzen graute vor ihr. Jahrelang hatten Wehrmachtbericht und Wochenschau die russischen Millionenverluste gepriesen, darauf dann die Vernichtungswerke, die »Verbrannte Erde« hinterließen. Auch wer die Exzesse und Ausrottungen auf russischem Boden nicht kannte, fürchtete gerade die sowjetischen Armeen. Mit ihrem ersten Einbruch in Ostpreußen entsetzten Vergewaltigung, Mord, Plünderung, Brand, Verschleppung, Ausschreitungen einer fessellosen Soldateska. Niemand brauchte, nach solchen Ereignissen, zu härtestem Abwehrwillen aufzurufen. Selbst jene, die nicht dem Nationalsozialismus anhingen, verteidigten nun – unbeschadet aller Kausalitäten – ihr eigenes Land: das, was Verteidigung rechtfertigte. Galt indes die Sowjetunion als der unerbittlichste Feind, hatte »Führung« die Fronten des Westens und Südens aufzuheben und im Osten bis zuletzt zu halten. Nur solch eine Lösung bot Aussicht, Chaos von den Ostprovinzen des Reiches abzuwenden oder das Furchtbare, das ihnen drohte, wenigstens zu mildern. Das Ende glich auch dann keiner mathematischen Gleichung, doch es minderte mit Gewißheit die Zahl der Tragödien. Jede noch leistbare Führungsarbeit hatte da alle Energien anzuspannen, schließlich sogar hinsichtlich des Ostheeres, das freilich – insgesamt – vor sowjetischer Gefangenschaft kaum zu bewahren war. Gefordert blieb eine bedachte, organisierte Kapitulation, die vorab Engländer und Amerikaner begünstigte, nicht ein Kampf um die letzte deutsche

Provinz und Stadt. Die bedingungslose Liquidation eines Krieges, gerade nach jahrelangem Einsatz, mußte namentlich militärisch Führende schrecken, von den späteren Unwägbarkeiten ganz zu schweigen. Aber die Schwere großer Entschlüsse spiegelte nur buchstabengetreu frühere Versäumnisse. Das »Vae victis« war, angesichts des Unabwendbaren, kein Einwand. Weiterer Kampf an *allen* Fronten wurde zum vollkommenen Wahnwitz, mordete ziellos Volk und Nation. Hitler dagegen plante die Ardennen-Offensive.

Unbeugsam wie je, wollte er der »ewigen Defensive« entrinnen und angreifen, wenn der Gegner »nicht fliegen konnte«.[51] Die unkonzentrierte alliierte Kampfführung, die das Wunder einer geschlossenen Westfront ermöglicht hatte, beflügelte seinen Willen. Die Fronten im Osten, auf dem Balkan, in Italien glaubte er leidlich stabilisiert, doch allein im Westen gab er einer Offensive Chancen. Glückte sie, hoffte er, Angriffspläne der Alliierten mattzusetzen oder aufzuschieben. Danach ließ sich, wie er meinte, die Ostfront erst recht verstärken und eine russische Winteroffensive noch zuverlässiger abschlagen. Für den Ardennen-Großangriff Mitte November 1944 veranschlagte er 10 Panzer- und 20 Infanterie-Divisionen.[52] Zwei Panzer-Armeen – die 6. Sepp Dietrichs und die 5. Manteuffels – sollten bis Antwerpen vorstoßen, das feindliche Heer spalten und dessen Nordflügel vernichten. Die 7. Armee – zuletzt einzige Flankenarmee – hatte im Süden die Offensive abzuschirmen; der Durchbruchsabschnitt aller Kräfte: die schwach besetzte amerikanische Front zwischen Monschau und Echternach. Von den 3000 Flugzeugen, die Göring zusagte, strich Hitler realistisch gut zwei Drittel[53], aber entschieden beharrte er auf dem äußersten Angriffsziel.

Guderian wehrte sich leidenschaftlich gegen eine West-Offensive: für ihn das sinnloseste aller Unternehmen, das seine Ostfront um die stärksten Reserven prellte. Jodl erinnerte an den tauben Kern des Plans: die alliierte Luftwaffenüberlegenheit, die einen deutschen Großangriff schon im Keim ersticken würde.[54] Von einer auch politisch falschen Entscheidung des Führers hat er nie gesprochen. Wenn er noch Widerstände versuchte, dann nur zu bald erlahmend. Nach der Offensivanweisung Hitlers vom 9. Oktober 1944 war er Ausführender, plante er – mit den vorgesehenen Armeen – die Vernichtung der britisch-amerikanischen Kräfte nördlich Bastogne–Brüssel–Antwerpen.[55]

Die Vorbereitungen rissen ihn in Arbeitsstrudel. Aufstellung, Marschziele, Bevorratung und Tarnmaßnahmen der Angriffsarmeen hatte er zu verbürgen.[56] Trotz zahlloser Hindernisse gelang es, neun Panzer-Divisionen aus der Front zu ziehen und nahezu vollständig wiederaufzufrischen. Im November waren – eingehend berechnet – 11 schnelle, 22 Infanterie- und Volksgrenadier-Divisionen, 20 Artillerie-Korps und Werfer-Brigaden zur Hand: die letzten zusammengescharrten »Groß«reserven. Treibstoff-Defizite, Fahrzeug-Engpässe und Ausbildungsmängel der Truppe trübten die Bilanz aller Anstrengungen; doch Jodl hielt das Ziel Antwerpen – auch gegen Einwände des Stellvertreters Winter – mit den verfügbaren Kräften für erreichbar.[57] Sämtliche Planungen sicherte strikte Geheimhaltung. Erst am 24. Oktober wurden Krebs und Westphal, die Stabschefs der Heeresgruppe B und des OB-West, von Jodl und Hitler eingeweiht. Beide sollten ihre Oberbefehlshaber über das detailliert festgelegte Vorhaben instruieren.[58] Wenige Wochen später war das ostpreußische Hauptquartier »Wolfsschanze« für immer aufgegeben; Hitlers und Jodls nächster Zwischenaufenthalt: die Reichskanzlei und das OKW-Ausweichquartier Berlin-Dahlem.

Rundstedt entdeckte im Offensiv-Plan kein Augenmaß. Selbst mit den angekündigten Verstärkungen glaubte er nicht daran, bis nach Antwerpen vorstoßen und vor allem die Stadt behaupten zu können.[59] Alliierte Flankenangriffe konnten die angreifenden Panzer-Armeen von ihren Nachschubbasen trennen. Derartige Angriffe zu verhindern, war die 7. Armee im Süden viel zu schwach. Auf Zusagen genügender Luftwaffenunterstützung weigerte sich Rundstedt zu bauen. Wie die Heeresgruppe B (Model) sah er Chancen lediglich bei einem Angriff im Raum von Aachen. Um die inzwischen verlorengegangene Kaiserstadt lief ein ausholender Frontbogen. Griff man hier die Flanken des Gegners an, waren zehn bis fünfzehn amerikanische Divisionen entscheidend zu treffen, wenn nicht zu vernichten.[60] Dieser Zangenangriff überforderte nirgendwo die eigenen Kräfte, ließ sich mühelos vorbereiten und als Abwehrmaßnahme tarnen. Nur er verhieß Erfolg und vielleicht noch weitere Erfolge.

Die Abwehrschlacht hinter Aachen, immer erbitterter, kostete schwerste Verluste.[61] In Lothringen und im Elsaß kam es zu Krisen. Vier Infanterie- und neun schnelle Divisionen, sofort eingesetzt, wurden dem geplanten Ardennen-Unternehmen entzogen. Die Stärke der Angriffsarmeen, die für Antwerpen zu verdoppeln war, sank unter das vorgesehene Minimum. Auch der Zangenangriff auf den Frontbogen um Aachen, die »Kleine Lösung«, wendete nichts; sie konnte den deutschen Verteidiger allenfalls kurz entlasten. Politische Zwecke standen, solange Adolf Hitler führte, bei den Sternen. Rundstedts und Models Vorschlag, die »Kleine Lösung«, rechtfertigte militärische Schlüssigkeit, doch Jodl antwortete: Nach Entscheidung des Führers sei »das Wagnis der großen Zielsetzung unabänderlich«.[62] Mit keinem Wort würdigte er die Argumente der Feldmarschälle. Seine dürre und schon eingeschliffene Formel empörte; verheerend die Urteile über den Chef des Wehrmachtführungsstabes.

Jodl setzte angesichts der erdrückenden anglo-amerikanischen Stärke »zur Luft« auf die Gunst des winterlich trüben Wetters. Gelang es in dessen Schutz, zahlreiche amerikanische und englische Divisionen zu vernichten, glaubte er im Westen längere Pausen errungen. Dann ließ sich die Ostfront »großzügig verstärken« und der russische Vormarsch stoppen.[63] Wenn überhaupt noch eine Wende denkbar war, so erhoffte er sie durch die Ardennen-Offensive, einen Überraschungserfolg des größten Glücks und taktischen Wunders. Doch obschon er – verbissen – Hitlers »unabänderliche« Entscheidung verteidigt hatte, plagten schließlich auch ihn Zweifel. Nüchtern genug, täuschte er sich ebensowenig über das Mißverhältnis zwischen dem gesteckten Ziel und den mobilisierbaren Kräften.[64] Ende November – im Hauptquartier Rundstedts – teilte er die Auffassungen des OB-West ohne Vorbehalte. Rundstedts Stabschef Westphal schöpfte Hoffnung und beschwor ihn, die begrenzte Operation bei Aachen durchzusetzen. Jodl bekräftigte, daß er diese Operation »für die einzig richtige« halte.[65] Ganz offensichtlich schien ihm, vor der Angriffsschwelle, das Projekt des Führers »aussichtslos« zu sein, aber Westphals Hoffnungen dämpfte er. Hitler, fürchtete er resigniert, sei nicht mehr umzustimmen.[66] Niemand weiß, ob er noch versuchte, auf den Diktator einzuwirken.

Am 2. Dezember 1944 sind Model, Manteuffel, Sepp Dietrich und Westphal in die Reichskanzlei befohlen. Wieder kämpfen sie um die »Kleine Lösung«, bemängeln sie die nicht ausreichende Stärke der Offensivarmeen.[67] Hitler bleibt unnachgiebig und reizt Model auf. Der Ton des Feldmarschalls wird scharf; unerträglich für ihn nun der allerhöchste Starrsinn, der sich jedem stichhaltigen Argument widersetzt. Auch Manteuffel und Sepp Dietrich verhehlen nicht ihre Überzeugungen. Jodl steht schweigend hinter ihnen. Keiner von beiden Parteien hilft er, keiner gibt er recht oder unrecht. Von keiner offenbar auch angerufen, kennt er den Ausgang der immer hitzigeren Duelle. Sinn hätten Zusprünge zudem nur bei politischen Konsequenzen, die aber der Diktator erneut nicht ziehen will, und wie der Chef des Wehrmachtführungsstabes gehorchen zuletzt – wenngleich zähneknirschend – die Frontbefehlshaber. Was sie »tröstet«, ist der Gedanke, daß die Realität über ihre »kleine« oder Hitlers »große« Lösung ohnehin entscheiden wird; fruchtlos in ihren Augen weitere Widerreden. Lediglich für den Angriffsbeginn ohne »weckenden« Artillerie-Feuerschlag gewinnt Manteuffel Hitlers Einverständnis. Jodl verspricht dem Panzergeneral – in einer Unterredung und von Offizier zu Offizier – alle nötigen Waffen, Mannschaften und Nachschubgüter.[68]

Was immer – nach seinen Zusagen – zu Lasten anderer Instanzen geht: die »Ausstattung« der Offensive bleibt unzulänglich. Oft genug heißt es nach ihrem Beginn: »Holt Euch den Treibstoff beim Gegner.«[69] Manteuffels Korrekturen verbessern Jodls Plan, sind die Korrekturen eines fronterfahrenen Armeeführers. Aber verbürgen sie Erfolg, wenn alles von einer dichten Wolkendecke abhängt, die allein gegen die gefürchtete alliierte Luftwaffe schützt? Model fragt einen seiner Kommandeure, wieviel Chancen er der Offensive gibt. Antwort: »Zehn Prozent.«[70]

Dann, so die Erwiderung, sei er noch glücklich dran. Er, Model, gäbe dem Ganzen keine Chance. Hitler wünscht Gläubigkeit und ruft die Befehlshaber der Angriffsverbände schubweise in sein vorgeschobenes Hauptquartier »Adlerhorst« bei Gießen. Jede Verhandlung mit den Gegnern, läßt er hören, entfalle für ihn wegen der geforderten bedingungslosen Kapitulation.[71] Um so mehr schwört er auf den Zerfall des feindlichen Bündnisses nach einem Erfolg der Ardennen Offensive. Schon sei zu beobachten, wie die Gegensätze zwischen den Amerikanern, Engländern und Russen »von Stunde zu Stunde stärker würden. Wenn Deutschland jetzt noch ein paar schwere Schläge austeilen könne, dann müsse in jedem Augenblick diese künstliche gemeinsame Front mit einem gewaltigen Donnerschlag zusammenbrechen«. Er selbst glaubt an derartige Prognosen nicht, bestenfalls während seiner beiden langatmigen Ansprachen. Er verspricht den Kommandeuren keine zusätzliche Waffe, keinen weiteren Mann, aber die politische »Plausibilität« – erwartete »Sinngebung« – stimmt die Herbeizitierten noch einmal zuversichtlicher.[72] Es ist, bei großer Nachsicht, ein tragisches Mißverständnis. In den frühen Morgenstunden des 16. Dezember 1944 beginnt die deutsche Offensive.

Alle Angriffsarmeen stoßen auf dünn besetzte Frontabschnitte, überraschen und werfen den Feind: vier weit unterlegene amerikanische Divisionen.[73] Die ersten Stellungen des Gegners werden durchbrochen. Doch die Raumgewinne der 6. SS-Panzer-Armee zwischen Malmedy und Monschau bleiben gering; der linke Armeeflügel erreicht nicht einmal Lüttich. Die 5. Panzer-Armee überwindet zwei Flußläufe und kommt besser voran, aber auch sie behindert zäher Widerstand, nicht nur verschlammtes Gelände. Jodl zweifelt bereits am Erfolg der Offensive.[74] Bastogne, Stützpunkt der Amerikaner, behauptet sich. Wie die immer längere Südflanke, die von der 7. Armee allein nicht zu verteidigen ist, schwächt es die Stoßkraft der Verbände Manteuffels. Noch vor der Maas erlahmt deren Angriff. Eisenhower und Montgomery haben im Norden wie Süden freie Hand, Reserven zu versammeln und zu Gegenschlägen auszuholen. Bastogne wird entsetzt, Manteuffels Spitze vor der

Maas vernichtet. Am 21./22. Dezember, bei aufklarendem Wetter, stürzt sich die alliierte Luftwaffe auf nahezu jede der deutschen Angriffsdivisionen, zermalmt sie bis hin zum Rhein die Nachschubräume.[75] Der Wettlauf um Zeit und die Schlacht, ein Unternehmen gegen alle Wahrscheinlichkeiten, sind verloren. Hitler verweigert Rundstedt und Model den Abbruch der sinnlos gewordenen Operationen. Die Truppe – nicht mehr das frühere Heer, erschöpft und wieder von Görings Geschwadern im Stich gelassen – darf nirgendwo ausweichen. Der Rückzug, den der Feind am 3. Januar 1945 erzwingt, fügt ihr um so schwerere Verluste zu. Oft muß sie wegen Treibstoffmangels auf dem Gefechtsfeld Geschütze, Panzer und Fahrzeuge sprengen. Die stärkste Reserve für den Osten ist vertan. Das Ergebnis des gescheiterten Unternehmens: 12 652 deutsche Gefallene, ferner 38 600 Verwundete und 30 582 Vermißte.[76]

So beharrlich später Jodls Auffassung, die Ardennen-Offensive sei ein letzter gerechtfertigter Versuch in verzweifelter Lage gewesen: die Definition war aberwitzig.[77] Clausewitz, den er als Zeugen anrief, hätte das Unternehmen nie abgesegnet. Deutschland stand strategisch schon vor dieser Offensive im Teufelskreis der Hoffnungslosigkeit. Auch wenn es geglückt wäre, Engländer und Amerikaner in Belgien zurückzuwerfen: nichts hinderte sie, mit ungebrochener Übermacht wieder vorzuprellen. Atempausen, die ins Gewicht fielen, ließen sich nicht mehr erkämpfen. Jodl dachte anders, indem er vom Phantom bester Ergebnisse ausging. Bei einem Erfolg der Ardennen-Offensive, gestand er rückblickend, hätte man verhindern können, was sich Anfang 1945, nach Beginn der russischen Großoffensiven, in Ostpreußen abspielte.[78] Ganz und gar Apologie, fällte er eines seiner fragwürdigsten Urteile, das die Sachlage leugnete, ja verkehrte.

Guderians abermaligen Kampf um Divisionen zugunsten der Ostfront focht er nicht mit, wollte er, der Verantwortliche »nur« für die OKW-Kriegsschauplätze, nicht unterstützen.[79] Auch hinsichtlich der Heeresgruppe Kurland, die besser Ostpreußen verteidigt hätte, als eingeschlossen in Lettland zu verenden, wahrte er betont Distanz. Hitlers Starrheit in dieser Frage – unbeirrbar – tilgte alle Neigungen zum Widerspruch. Erneut machte Ressortegoismus Jodl unwillig, Kräfte dem Osten zu überlassen; zugleich sah er im Westen noch immer Chancen. Beiderseits Bitsch sollten deutsche Verbände – den Feind überraschend – in südlicher Richtung auf Zabern und Straßburg antreten. Erzielten sie Teilerfolge, hoffte er sogar, daß die Westgegner gelähmt würden. »Wir dürfen«, äußerte er, »die soeben wiedergewonnene Initiative nicht aus der Hand geben.«[80] Obwohl sich auch für ihn die Ardennen-Offensive festgelaufen hatte, wollte er sie abgeschwächt fortsetzen.

Seine Abneigung, der Ostfront beizuspringen, ergrimmte Guderian, deckte weiterhin die falschen Schwerpunkte. Dem geplanten Angriff räumte der Heeresgeneralstabschef keine Aussichten ein.[81] Selbst wenn er gelang, half er kaum noch gegen die unmittelbar drohende sowjetische Offensive. Kräfte aus dem Westen wurden dann nicht mehr rechtzeitig frei, sondern kamen unfehlbar zu spät. Guderian dachte, bei seinen Prämissen, ohne Scheuklappen. Suchte man – mit politischen Zielen – die Ostfront zu behaupten, verschleuderten weitere Unternehmen im Westen auch den Rest wertvollster Reserven. An eine Wende gegenüber Eisenhowers Streitkräften zu glauben, erlaubte jetzt nur vollkommene Selbsttäuschung.[82] Zu entscheiden war mehr denn je, ob die Rote Armee als erste das Reich überfluten sollte. Nach dem Verlust Oberschlesiens mußte die Wehrmacht ohnehin erliegen. Allein so zwingend diese Überlegungen: der Verantwortliche für den Osten blieb Abgewiesener. Gerade den Chef des Wehrmachtführungsstabes, zuvor seine Hoffnung, konnte Guderian nicht bekehren. Jodl kannte die katastrophale Schwäche der Ostfront. Er hörte von der Abteilung Fremde Heere Ost, daß die Sowjets eine vielfache Übermacht konzentrierten; Zahlen, die er – im Gegensatz zu Hitler – nie »den größten Bluff seit Dschingis-Chan« genannt hätte.[83] Doch Guderians Kriegsschauplatz, meinte er, habe sich selbst zu helfen. Fast schien es, als sei ihm das Schicksal des Ostens gleichgültig.

Am 13. Januar 1945 sprach er, zum letzten Mal, vor den Waffenattachés der verbündeten Mächte: einer winzig gewordenen Runde.[84] Vielleicht hätte er gern darauf verzichtet, denn welche Hoffnungen konnte er erwecken? Er wußte: Hier wandte er sich nicht an Gauleiter, die Weihrauch und Glaubensnebel bevorzugten, aber was er – ohne Endsieg-Fanfaren – preisen wollte, hob er bewußt hervor. In Norwegen, um Kroatien, auf dem italienischen Kriegsschauplatz sah er die Lage stabilisiert. Namentlich die miserable alliierte Führung im Süden Europas schien seine Argumentation zu stützen. »Ich kann mir«, erklärte er, »heute noch keine Gedanken machen, warum man, von unten angefangen bis nach Oberitalien herauf, letzten Endes einen Landkrieg geführt hat, in dem man den ganzen schmalen Landstreifen mühsam aufgerollt hat, niemals mit Ausnahme von Nettuno eine großräumige Umfassung mit den gewaltigen See- und sonstigen Hilfsmitteln, die dem Gegner zur Verfügung standen, unternahm, sondern immer wieder solche kleinen Frontalangriffe bald da, bald dort, jetzt wieder im Raum von Ravenna und nördlich. Wir spielen dort sehr billig, verbrauchen unsere Kraft nicht, sondern versuchen, mit den vorhandenen Kräften auszukommen, was wir auch in Zukunft tun werden.«[85] Ungarn war ihm weniger strategisches als politisches Problem nach dem Abfall eines Teils seiner Führung – Abfall, bei dem er nur trügerischen Wahn erblickte. Die verlustreich gescheiterte Ardennen-Offensive tauchte er in hellstes Licht. Sie habe – als Überraschung, ja Sensation – den Feind am empfindlichsten Abschnitt getroffen. Trotz eines »ungeheuer zerschlagenen Eisenbahnnetzes« sei es gelungen, 24 bis 30 Divisionen für den Angriff zu konzentrieren, den – »Hauptschwierigkeit« – Schlamm und Morast behindert hätten.

»Das Ziel dieses Angriffes«, wollte er glauben machen, »war vollkommen offen. Das Wesentliche war uns, an einer Stelle, wo der Gegner schwach ist, die Initiative zu ergreifen, durchzubrechen und damit den ganzen übrigen Plan der Engländer und Amerikaner über den Haufen zu werfen, was voll gelungen ist.«[86] Befriedigt erwähnte er die Verzettelung der alliierten Verbände, mit der das wichtigste Ziel – der Stoß von Holland ins Ruhrgebiet – kaum anzustreben war. Nun stünde die Masse der Amerikaner vor den deutschen Angriffsarmeen. Weitere Schläge an »günstigen, weichen Stellen« würden folgen. »Jedenfalls ist auf der Westfront ein absoluter Ausgleich der Kräfte eingetreten.« Die gerade einsetzenden russischen Offensiven enthoben ihn zusätzlichen Peinlichkeiten. Auch wenn er »schwere Kämpfe« prophezeite, war über deren Ablauf noch nichts zu sagen. Dafür suggerierte er tiefgestaffelte Verteidigungslinien im Osten, der bislang – wegen des Ardennen-Unternehmens – »etwas kürzer gestellt« worden sei.[87] Die Ansprache verschwieg gewichtige, unliebsame Tatsachen, doch gegenüber den »neutralen Vertretern« betonte der Redner abschließend: eine Herrschaft des Bolschewismus in Europa scheine ihm gewiß, falls Deutschland unterliege. *Allein* sei die Wehrmacht nach wie vor den Russen überlegen.[88] Der Satz war – für seine Verhältnisse – ein dramatischer Hilferuf, gerichtet an die Adresse der Anglo-Amerikaner. Vermutlich dachte er, daß sein Hilferuf, über Berichte der »Neutralen«, die Westmächte erreichen würde. Belanglos freilich zu fragen, ob Jodl mit seinen Analysen die Waffenattachés zuversichtlicher stimmte. Soweit sie – zumeist urteilsfähig – überhaupt hofften, hofften sie nur noch einige Tage. Die deutsche Ostfront brach wie ein Kartenhaus zusammen.

Aus ihren Weichsel- und Narew-Brückenköpfen bei Baranow, Magnuszew und Pultusk vorbrechend, durchstoßen vier sowjetische »Fronten« die Heeresgruppe A und Mitte.[89] Zerstampfendes Trommelfeuer hat ihnen den Weg freigelegt. Die Wucht der Angriffe trifft auch die zu weit vorgeschobenen deutschen Reserven; sie werden mit den geschlagenen Divisionen der ersten Linie weggeschwemmt. Der Gegner besitzt eine elffache infanteristische Überlegenheit, bei den Panzern und der Artillerie kämpft er im Verhältnis von 7 und 20 : 1.[90] Es ist eine Überlegenheit, die keine Tapferkeit auszugleichen vermag. Unaufhaltsam stürmen die Sowjets nach Westen. Lodz, Krakau und Oberschlesiens Industriegebiete gehen verloren. Ende Januar haben Schukows und Konjews Spitzen die Oder von Frankfurt bis Oppeln erreicht. Offensiven gegen Ostpreußen zerreißen ebenso die Stellungen des Verteidigers, werfen ihn auf Königsberg und das Samland zurück.[91] Die Rote Armee erobert Elbing, trennt Ostpreußen vom Reich und schließt zwei Armeen ein. Den Abwehrkampf – oft nur ein verzweifeltes Ringen – begleiten Flüchtlingstragödien. Die militärischen Katastrophen nötigen Hitler zur Rückkehr nach Berlin: in den Bunker der schwer beschädigten Reichskanzlei. Seine Führung entzieht Ostpreußen zwei Panzerkorps, die bei Lodz zu spät eintreffen und sich – als wandernder Kessel – zur Oder durchschlagen müssen.[92] Gegenangriffe einer Heeresgruppe »Weichsel«, die er Himmler unterstellt, sollen von Pommern her Schukows Spitzen abschneiden, scheitern aber am zähen Widerstand rasch verstärkter russischer Kräfte. Auch Hinterpommern ist nicht länger zu halten. Allein der Zwang des Feindes, an der Oder zu warten, bis seine Armeen aus Ostpreußen und Pommern nachrücken können, verhilft noch einmal zu Atempausen.

Das Ringen selbst gebar eigene Sinngebungen. Der Soldat des Ostheeres glaubte nun für die Rettung Europas vor dem Bolschewismus zu kämpfen.[93] Gerade er hoffte – neben den »Wunderwaffen« – auf ein Einlenken der Westmächte in letzter Stunde: zur gemeinsamen Abwehr der grauenvollen roten Sturmflut. Schon die abzuschirmende Flucht der deutschen Zivilbevölkerung wies dem Kampf einleuchtende Ziele, doch durfte der Soldat auch nur diesen Kampf wirklich kämpfen? Hoßbachs Versuch, mit seiner 4. Armee und Flüchtlingsmassen der ostpreußischen Falle zu entkommen, wurde unterbunden und der General als Befehlshaber abgesetzt: Todesurteil für ungezählte Trecks, die den Sowjets erlagen.[94] Die Gauleiter der Ostprovinzen zwangen die Zivilbevölkerung zum Ausharren über den allerletzten Augenblick hinaus. Wer – ob in Ostpreußen, Pommern oder Schlesien – vorher auszuweichen suchte, war des Defaitismus schuldig. Standgerichte und Wunderparolen der Führung besiegelten den Untergang an Ort und Stelle. Hitler aber – verkrallt im Westen wie Süden – hielt die Ostfront in Schwäche und trostloser Zersplitterung. Die Divisionen der Heeresgruppe »Nord«, lebensnotwendige Reserven der Reichsverteidigung, hatten den Kurlandkessel zugunsten künftiger imaginärer Operationen zu halten.[95] Selbst wo die Truppe umsichtig handeln durfte, mußte sie unter Bedingungen fechten, die eine am Ganzen orientierte Strategie vermieden hätte. Fanatismus und Irrwitz untergruben die Sinngebungen auch der kleinsten Nenner.

Jodl banden die OKW-Kriegsschauplätze. Schwerlich hätte er – bei anderen Kompetenzen – Hitler und die Reichsverteidigungskommissare der Partei umgestimmt. Machtlosigkeit teilte er da mit allen führenden Soldaten.[96] Auch wenn er in der Sowjetunion den erbarmungslosesten Gegner erblickte: die Anregung, »seine« Westfront aufzuheben, kam ihm »auch« nicht in den Sinn. Wie zuvor galt Abwehrwille gegenüber Engländern und Amerikanern. Die Rückschläge von den Beskiden bis zur Ostsee nötigten ihn, weitere Angriffe im Westen aufzustecken und die 6. SS-Panzerarmee freizugeben.[97] Die Armee, kampfstark, wäre vor der Oder einzusetzen gewesen, aber der Diktator warf die Masse ihrer Divisionen nach – Ungarn. Jodl erhob keinen Protest, vielleicht nicht einmal Einwände. Gleich Hitler schien er davon durchdrungen, daß Budapest zu befreien war und ohne die ungarischen Ölfelder jede Verteidigung zusammenbrach.[98] Seine Haltung blieb – theoretisch – angesichts der Gesamtlage unerheblich. Nur half sie am wenigsten den bedrängten Ostprovinzen und der Reichshauptstadt, die – wenn überhaupt – noch konzentriert zu decken waren. Vergeblich Guderians Anläufe, die getroffene unsinnige Entscheidung umzustoßen. Empört, ja außer sich, konnte er dem Chef des Wehrmachtführungsstabes lediglich »ein Achselzucken« entlocken.[99] Alle Angriffe der 6. SS-Panzerarmee wendeten – Wochen später – in Ungarn nichts. Hunderttausende im Osten des Reiches verloren zusätzlich Schutz vor den Sowjets.

Besser Jodls Kampf mit Hilfe der Völkerrechtsgruppe/Ausland, die ihm am 1. Mai 1944 aus dem Amt Canaris zugefallen war.[100] Aufgewühlt von der Erschießung gefangener britischer Fliegeroffiziere – Erschießung nach einem Fluchtversuch –, hatte er die Abteilung an sich gezogen, um ähnliche Verbrechen entschlossen zu verhindern. Hitler war ihm seither kein Mann der »menschlichen Rechtsbegriffe« mehr.[101] Aus Jodls Loyalität schien *dieser* Mann herausgelöst. Nur Abschirmung des völkerrechtlichen Bereichs hielt noch die übrige Loyalität im Gleis. Um so herausfordernder jetzt, im Februar 1945, der Plan des

Diktators, die Genfer Konvention aufzukündigen: Plan des äußersten Fanatismus, der jede Kapitulationsbereitschaft unterbinden wollte.[102] Jodl machte mit Dönitz Front: zäh und erbittert. Seine Hinweise, daß bei einem »Lossagen« die Nachteile deutlich überwögen, fruchteten nicht. Wider Willen formulierte er: »Das Festhalten an den eingegangenen Verpflichtungen bedingt keineswegs, daß wir uns irgendwelche Beschränkungen, die die Kriegführung beeinträchtigen, auferlegen müssen.«[103] Gegen Übergriffe empfahl er wieder Übergriffe, die man dann als Versehen bedauern könne. Seine schauerliche Sprache entwürdigte kennzeichnend genug, doch sie erreichte, was er zu erreichen trachtete. Mit moralischen Argumenten hätte er Hitler nie umgestimmt. Das galt auch hinsichtlich der abgesprungenen alliierten Tiefflieger, bei denen er sich – in einem entfesselten Papierkrieg – aller Lynchjustiz verweigerte.[104]

Der 55jährige schien verbraucht. Goebbels bespöttelte ihn in Tagebuchaufzeichnungen.[105] Sein Kopf, inzwischen nahezu kahl, war ergraut; die Augen hatten aufgehört zu leuchten. Seine blasse Haut durchzogen tiefe Falten. Um den strichförmigen Mund lag Gram. Auch die gewölbte Kinnpartie ließ kaum noch an Energien glauben. Der verhangene Blick des Erschöpften spiegelte die herannahende Katastrophe. All das hatte man bei seiner Einsilbigkeit stumm abzulesen. Bewußt verschloß er, was ihn bewegte, fugendicht vor anderen. Doch unbeobachtet und allein, weinte er nun nächtelang, bedrängt vom Kummer über Deutschlands Lage.[106] Am 7. März 1945 heiratete er Luise Katharina von Benda, die ihm und seiner ersten Frau seit langem verbunden war: letzter Lichtblick in der sonst unentrinnbaren Glücklosigkeit. Ein Brief, den er an die Brauteltern richtete, offenbarte seine ganze Empfindungskraft und Herzenswärme.[107] Die Frau, fünfzehn Jahre jünger als er und früher Sekretärin Ludwig Becks, stand vorbehaltlos zu ihm, vorbehaltlos besonders in seinen schwersten und nur zu bald folgenden Monaten. Gerade während der kurzen Feier suchte er Zuversicht zu zeigen, aber trotz »äußerlichen Gleichmuts« war er »von einer inneren Unruhe zerfressen«, graute ihm vor dem Kommenden.[108] Seine Unruhe bestätigte der Augenblick. Am Tag der

Hochzeit nahmen amerikanische Einheiten die unzerstörte Rheinbrücke bei Remagen. Schnelle feindliche Durchbrüche in das westliche deutsche »Hinter«land drohten.

Jodl begriff sofort, was die Remagener Hiobsbotschaft bedeutete, doch auch sie blieb nur Meldung unter Meldungen über ein verheerendes Kampfgeschehen. Seit Jahresbeginn konnte kein Widerstand die alliierten Armeen bremsen. Von Emmerich bis Karlsruhe war das deutsche Westheer hinter den Rhein zurückgefallen: geschlagen und nicht selten demoralisiert.[109] Halte»strategien« im Vorfeld hatte es bezahlt mit schwersten Verlusten. Obschon umgehend angespornt, fehlten Model die Kräfte, um das Remagener Desaster auszuwetzen. Den Brükkenkopf auf der Ostseite behaupteten – trotz Zerstörung der Brücke – rasch nachgezogene amerikanische Verbände. Standgerichte der Heeresgruppe Models wüteten gegen die angeblich schuldigen deutschen Offiziere; rasend der Zorn des Diktators, der diese Standgerichte erzwang, ohne Einwände zu dulden. Sein Terror stärkte zuallerletzt die eigenen Divisionen: oft nur noch Reste, wenn nicht Divisionstrümmer. Am 22. März 1945 überschritt die 3. US-Armee den Rhein bei Oppenheim, setzte sie an zum Vorstoß weit nach Osten. Zwei Tage später folgte ihr beiderseits Wesel Montgomerys 21. Heeresgruppe.[110] Eine gewaltige Zangenbewegung zeichnete sich ab, Ziel der Operationen: die endgültige Vernichtung des deutschen Westheeres.

Erneut beharrte Jodl auf unbeugsamem Kampfwillen. »Der Führer erwartet von allen Oberbefehlshabern und Befehlshabern«, hieß es Ende März 1945 in seiner geheimen Kommandosache, »daß sie sich mit dem ganzen Gewicht ihrer Persönlichkeit auf diese Aufgaben einstellen und – ohne auf Befehle und Weisungen zu warten und an Trennungslinien und Kompetenzen zu kleben – den Kampf gegen den in Bewegung geratenen Feind auf das fanatischste aktivieren. Irgendwelche Rücksichten auf die Bevölkerung können hierbei zur Zeit keine Rolle spielen.«[111] Der Befehl verhöhnte jede seiner Einsichten und belastete ihn mit schlimmster Blutschuld. Die Aufopferung, die er von anderen verlangte, forderte sein eigenes Opfer. Überlebte er, richtete er sich selbst, hatte er als ein Erbärmlicher Fanatismus gepredigt. Das Todesurteil für Abertausende rechtfertigte kein Grund, auch nicht die bedingungslose Kapitulation, die nun – nach dem Verbrauch allen Lateins – zu vollziehen war, um das Hinmorden zu beenden. Jodl hat später schriftlich bekannt, daß es einen »Kampf der letzten Goten am Vesuv für ein 80-Millionen-Volk« nicht gäbe.[112] Seine Haltung im Spiegel solcher Zeugnisse deprimiert tief, ist nicht zu begreifen.

Noch immer erhoffte er den Zerfall des feindlichen Bündnisses. Bei jedem Anzeichen, das auch nur eine Entzweiung andeutete, horchte er auf.[113] Teilnehmer der Lagebesprechungen registrierten, wie sich hier seine sonstige »Maskenhaftigkeit« belebte. Dieser Hoffnungsfaden reichte bis zum Zusammentreffen der Gegner im Herzen Deutschlands, für ihn der Zeitpunkt, zu dem die widernatürliche alliierte Kriegskoalition spätestens zerbrechen mußte. Jodls und anderer Hoffnung schürte namentlich Hitler, doch der Diktator selbst teilte sie innerlich schon längst nicht mehr, und offen hatte er inzwischen seine Illusionslosigkeit geäußert. Sogar die Nation konnte es dokumentarisch nachlesen.

In einem Aufruf an die Deutsche Wehrmacht vom 1. Januar 1945 hob er hervor, daß der unbarmherzige Kampf »um Sein oder Nichtsein« ginge. »Denn das Ziel der uns gegenüberstehenden jüdisch-internationalen Weltverschwörung ist die Ausrottung unseres Volkes.«[114] Heute, so weiter, könne »an der Absicht unserer Gegner niemand mehr zweifeln«. Sie würde belegt durch Erklärungen der feindlichen Staatsmänner. Was also war – angesichts der eigenen militärischen Lage – noch zu erwarten, wenn nicht die sichere Katastrophe? Zeit»gewinn« war Argument der Gaukler, Kampfwille zielte ganz ins Leere. Jodl hoffte, was er hoffen wollte, aber die durchschaubare Wirklichkeit stempelte seine Hoffnung zu schierem Irrationalismus.

Er hatte – nicht allein aus Kommuniqués – von der Teheran- und Jalta-Konferenz erfahren, Konferenzen, die eine grimmige Entschlossenheit bekundeten. Auf seinem Tisch lag schließlich »Eclipse«, jener Plan, der Deutschlands Aufteilung in drei Zonen ankündigte und die russische Zonengrenze längs der Elbe verlaufen ließ.[115] Konnte er, als Militär, ernstlich glauben, daß den Alliierten der Sieg zu entwinden sei – nun, da sie auf dem Sprung standen, mit erdrückender Übermacht das Reich zu erobern? Es blieb kein Strohhalm, nur die Rettung aller noch Lebenden oder die Barbarei des letzten Gotenkampfes, die er – als Unmöglichkeit für ein 80-Millionen-Volk – sicher nicht erst nach Kriegsende verurteilte.

Nichts jedoch änderte sich an der weiteren »Führung«, nichts an dem Durchhaltewillen, auf den Jodl äußerlich und vor seinem Stabe schwor. Die Befehle, die er mittrug, wurden noch abenteuerlicher; immer ausgeprägter ihr Mißverhältnis zu den Kräften der Heeresgruppen, aller Frontabschnitte. Mit genau bezeichneten, aber ausgebrannten Divisionen sollte im Westen Feldmarschall Model »die Lage wiederherstellen«. Erbittert und zugleich für andere Befehlshaber wetterte er: »Im Hauptquartier haben sie wieder einmal keine Ahnung.«[116] Die Reputation des OKW sank auf den Nullpunkt. Kapitulationsneigungen der westdeutschen Zivilbevölkerung reizten Jodl, schon weil sie anfingen, die kämpfende Truppe zu behindern. Einen makabren Evakuierungsbefehl, den Keitel zu entwerfen hatte, ließ er ohne Einwände passieren.[117] Nach Verlust des linksrheinischen Köln telegraphierte er dem Kampfkommandanten, daß sich die »Schande von Köln« nicht wiederholen dürfe. Noch Ende April 1945, angesichts des Aufstandsversuchs eines Hauptmanns Gerngroß, fragte er das Münchener Wehrkreiskommando: »Hängt Gerngroß?«[118] Speers Erlaß gegen unsinnige »Zerstörungsmaßnahmen im eigenen Land« wünschte oder wagte er nicht zu unterschreiben. Guderian verwies er – mit vorhersehbarem Ergebnis – an Feldmarschall Keitel.[119] Erst sechs kostbare Wochen später – unmittelbar vor dem Zusammenbruch – zeigte er »zunehmend Verständnis«, war es auch ihm Wahnsinn, alle Grundlagen wirtschaftlicher Existenz zu vernichten.[120]

Die Entlassung Guderians, der sich in lautstarken Auftritten gegen den Diktator verbraucht hatte, nahm er kommentarlos hin.[121] Ressentiments dämpften – möglicherweise – seine Betroffenheit aus militärischer Einsicht. Heinrici, den neuen Befehlshaber der Heeresgruppe »Weichsel«, unterstützte er nicht. Vergebens dessen Kampf um bessere Kräftegliederungen und etliche Panzer-Divisionen, die ihm entzogen wurden, weil Hitler den Hauptangriff an der Neiße auf Prag erwartete. Vergebens ebenso die Vorlage von Luftbildern, nach denen Ströme sowjetischer Reserven dem mittleren Oder-Abschnitt Schukows zustrebten. Jodl – mit Blicken um Hilfe angerufen – blieb wortlos, unzugänglich, abweisend.[122] Die Ostfront, Domäne des OHK, überließ er Krebs, dem letzten Heeresgeneralstabschef, aber kaum denkbar, daß er Heinrici innerlich nicht zustimmte. Entschied die Schlacht um Berlin »das Schicksal des Bolschewismus«, Töne aus höchstem Mund, mußte man der eigenen Hauptstadt Vorrang zuerkennen. Und doch: Verhießen Entschlüsse noch irgendwo Wandel? Behielt die Heeresgruppe »Weichsel« ihre Panzer-Divisionen, konnte sich Konjew an der Neiße mit um so größerer Übermacht entfalten. Die Politik hatte eine Lage zugelassen, zu der es militärisch nie kommen durfte. Heinrici – Sachwalter seiner Armeen – hatte recht, wenn er in falschem Schweigen Verrat am Frontsoldaten erblickte.[123] Er, der erstmals Herbeibefohlene, fing an, langjähriges Versagen der obersten Führungsriege zu ahnen.

Die Abkehr von befreiender Ratio verbürgte jetzt – in den Momenten der »Hellsicht« – allerschlimmste innere Konflikte, kaum noch erträgliche Belastungen. Rang und Funktion gewährten keine Gewissensruhe, und zwar um so weniger, als nichts die militärischen Erkenntnisse außer Kurs setzte. Was sich mit ihnen anstaute, durchbrach zeitweise nun auch Jodls Selbstbeherrschung. Seine Natur verweigerte ihm, dem Mann zu entrinnen, der – »eine Kämpfernatur« – in seinen Augen nie kapitulieren konnte[124], doch die ständigen Ausfälle des Führers gegen den »verräterischen Generalstab« reizten ihn auf. Im Falle Bonins, den Hitler als Sündenbock für den Verlust Warschaus verhaften ließ, fand er zu prinzipieller, schneidender Schärfe. Bei großer Runde hielt er dem Diktator vor: »Wenn man einen Mann wie den Obersten von Bonin ins Gefängnis wirft, ohne Beweise, wahrscheinlich nur auf Grund von Gerüchten, dann brauchen Sie sich nicht zu wundern, wenn der Geist des 20. Juli den Generalstab beherrscht.«[125]

Er war nicht aus dem Stoff, zur Selbstzerstörung zu neigen.

Ungewöhnliche Nervenstärke panzerte ihn. Er wußte, daß viele Augenpaare auf ihm ruhten. Keinem wollte er defaitistische Schauspiele bieten. Aber innerlich wund, ja zerrissen, sprach er jetzt auch sonst schonungslos, mit nahezu zynischer Härte. Jeder Zeuge solcher Szenen spürte, daß man ihn über die tatsächliche Lage nicht belehren mußte.[126] Sein Grimm erschreckte und wurde zum Hohn auf des Führers operative Fähigkeiten. Gelegentlich stellte er nun dem Diktator sogar anheim, »sich selbst oder Jodl für einen Idioten zu halten«. Daß er vor Hitler gekrochen wäre, tut ihm unrecht und ist Legende. Doch was nutzte noch Grimm, wo schon die Überzeugung, »tauben Ohren zu predigen«, zur Ohnmacht verdammen mußte? Nichts tilgte die Herrschaft des monomanischen Tyrannen, der auch seine allerletzte Frist auszuschöpfen suchte. Nichts den schmachvollen Gehorsam gegen Vernunft und Erkenntnis, der einem ganzen Volk weitere unabsehbare Blutopfer abpreßte.

So quälend Jodls Gedanken und Gefühle: die drohende Vernichtung Deutschlands durch unerbittliche Gegner verwehrte ihm auszubrechen. Wie zuvor stand er zu seiner Ratio des Kampfes bis zum Wunder oder Untergang. Er glaubte, gerade im Unglück, an eine Pflicht auch über das eigene Glück und über die eigene Vernunft hinaus. Was fiel, wollte er »nicht stoßen, sondern halten«.[127] Am verächtlichsten schien ihm opportunistischer Abfall vom Führer, in dem er noch immer seinen und Deutschlands Schutz erblickte. Selbst der Rechtsbrecher Hitler, muß man annehmen, beirrte da nicht, der Mann, der gefangene Fliegeroffiziere erschießen ließ und die Genfer Konvention zu kündigen trachtete. Dieser Führer band den Chef des Wehrmachtführungsstabes so machtvoll, wie er es sich nie eingestand. Keine der Anfechtungen, denen er ausgesetzt war, reichte je aus, um die Gründe seiner Loyalität zu erschüttern. Mochte man ihn bedauern, schmähen, mißverstehen: für Alfred Jodl gab es als Mensch und Soldat nur den Weg der Treue.[128] Die Hoffnungen, an die er sich klammerte, waren Rechtfertigung und hatten auch seine Offiziere zu leiten. Den Handschlag der am 20. Juli 1944 Verpflichteten nahm er als Gelöbnis. Bis zum Ende rüffelte er Flaumacher. Der Stab – ohnehin abgerichtet, ertrug es. Wenn nicht Magie, so hypnotisierte Furcht, solange Hitler Schatten warf.

Wie die Propaganda bekräftigte der Diktator, daß selbst Aussichtslosigkeit Friedrich den Großen nicht entmutigt habe.[129] Das Beispiel des Preußenkönigs, 1762 gewiß ebenso Herostratentum, wurde zum Ansporn, zur Verpflichtung. Noch einmal schien die Illusionslosigkeit widerrufen, die er, der Führer, bei Jahresbeginn bekundet hatte: Zeichen äußerster Bedrängnis. Jodl mied Kommentare, auch nach dem Tode Roosevelts, der Goebbels zu Euphorien hinriß. Möglich, daß er – im Innersten – falsche historische Parallelen abwies. Denn diesmal half kein Tod einer Zarin, sondern war eine feindliche Koalition ohne Halbheiten zusammengeschmiedet. Diesmal zählten Waffenarsenale und die Entschlossenheit der Gegner, einen Aggressor niederzuwerfen und auszulöschen. Doch Produkt des Hauptquartiers, lenkte den Chef des Wehrmachtführungsstabes weiterhin Hitlers Willenskraft. Sie tastete er am wenigsten an, wollte er vor allem stärken. Fehler, sagte er dem Stellvertreter Winter, könne der Oberste Befehlshaber nicht eingestehen. »Wenn er das erste Mal zugibt, sich geirrt zu haben, sind wir alle verloren.«[130] Von Felonie des Staatsoberhauptes zu sprechen, konnte Jodl bei solchem Denken kaum einfallen. Erst 1946, jenseits der seelischen Ausnahmesituation dieser Tage, nannte er den wirklichkeitsverachtenden Fanatismus des Diktators »Phantasterei«.

Auch der Schlußakt zerstörte – zumindest an der Front – nicht jede Hoffnung und Zuversicht. Das galt bis hin zu hohen Befehlshabern. Voller Überblick blieb ihnen verwehrt. Kräftekonzentration an Einzelabschnitten – so in Ungarn – erweckten den Eindruck, als ob weiterhin erhebliche Reserven bereitstünden.[131] Abwehrerfolge schienen wie je die eigene operative Überlegenheit zu beweisen. Berichte selbst scharfer Regimegegner hoben hervor, daß Hitler, obgleich körperlich ein Wrack, geistig ungebrochen war. Die erlebte Geschichte wurde zur ganzen Wirklichkeit. Gleichwohl regte sich nun ebenso Unrast über den Ausgang, der jetzt bedrängen mußte. Busse, Befehlshaber an der Oderfront und fernab tröstender Reserven, mahnte Goebbels gegenüber zu politischen Lösungen.[132] Der Kampf, sah er, war sonst widersinnig, ziellos, nicht mehr zu verantworten. Jodl besaß hinreichend Überblick und Überblick ohne den Optimismus, mit dem sich Unwissende täuschten. Von den Schnorchel-U-Booten und den Düsenstrahljägern konnte er 1945 kaum noch eine entscheidende Wende erwarten. Doch auf Rendulics Frage, wie man sich die Beendigung des Krieges vorstelle – Frage aus Sorge auch hier –, antwortete er dem Oberbefehlshaber der Heeresgruppe »Kurland«: »Der Krieg selbst wird auf politischem Wege beendet.«[133] Gemeint war das schon vielberaunte Rezept: Verständigung mit den Westmächten. Was Jodl und die Front erhofften, »hatte« keine Chimäre zu sein.

Auf »seinen« Kriegsschauplätzen bleibt er Befehlsvollstrekker, darf er allenfalls noch Katastrophen verwalten. Die Heeresgruppe Südwest, durch Abgaben und Nachschubmängel geschwächt, steht südlich La Spezia und im Apennin-Gebirge.[134] Fast bewegungsunfähig, beantragt sie – vergebens – rechtzeitige Rückzüge hinter den Po. Anfang April erzwingen Offensiven des Gegners diese Rückzüge unter hohen deutschen Verlusten. Wie schon seiner Westfront muß Jodl der Heeresgruppe größere Munitions- und Treibstoffzuweisungen abschlagen: beide Male mit Hinweisen auf lähmende, unüberwindbare Produktionsausfälle.[135] Von den ersten Fühlern der Heeresgruppe zur Gegenseite, die ein Ende des Kampfes in Italien anstreben, erfährt er keine Silbe. Entschieden hätte er sie – Verfechter zäher Verteidigung – auch mißbilligt, ja verurteilt. Im Westen aber sind seine Fronten durchstoßen, zersprengt oder aufgerieben. Hitlers Haltebefehle haben, an der Ruhr, die Einkesselung der Heeresgruppe B heraufbeschworen.[136] 325000 Mann strecken nach erfolglosen Ausbruchsversuchen die Waffen. Generalfeldmarschall Model erschießt sich. Die alliierten Armeen durchstürmen West- und Süddeutschland, nehmen Celle, Erfurt und Nürnberg. Ihre Stoßkraft – wieder mit überwältigender Luftüberlegenheit – bricht jeden Widerstand deutscher Verbände: oft allein noch Marschbataillone und alarmierte Kriegsschulen, Einheiten des Reichsarbeitsdienstes und Volkssturms.[137] Im Harz wird die 11. deutsche Armee umklammert.

Das OKW stellt eine letzte, die 12. Armee unter General Wenck auf, sieben bessere Divisionskader; ihre Masse: blutjunge gläubige Soldaten, die Endreserven des Reiches.[138] Sie bremsen die Amerikaner an der Mulde und verwehren ihnen Brückenköpfe über die Elbe. Sie sollen nicht nur die 11. Armee freikämpfen, sondern bis zur Ruhr vorstoßen, die feindlichen Fronten spalten und geschlossene Abwehrlinien zurückgewinnen. Erneut spiegeln diese Befehle Hitlers unbezähmbaren fanatischen Willen. Jodl scheint unfähig oder nicht gewillt, die Utopien des Diktators zu durchkreuzen. Schon die Befreiung der 11. Armee im Harz mißlingt.[139] Die hier angesetzten unfertigen Divisionen gehen zugrunde. Doch noch bevor sie ganz aufgerieben sind, beginnt – nach einem Feuerschlag aus 22000 Geschützen – Schukows Offensive an der Oder. Zehn Infanterie- und drei Panzerarmeen stehen bereit, sich mit stärkster Luftwaffenunterstützung den Weg zur Reichshauptstadt zu erkämpfen.[140] Zugleich greifen – ebenfalls am 16. April 1945 – Konjews Verbände zwischen Guben und Görlitz an. Ein Aufruf Hitlers verheißt, daß Berlin deutsch bleibe und Wien, das drei Tage zuvor kapitulierte, wieder deutsch werde, aber nur wenig später sind die deutschen Fronten an Oder und Neiße zerrissen. Auch härtester Widerstand hält die flutartigen Anstürme nicht auf. Schukows Stoßkeile überwinden die Barriere der Seelower Höhen.[141] Konjew schwenkt – mit der Masse seiner Armeen – nach Westen und Nordwesten: zur Umfassung von Berlin.

Die Offensive gewinnt atemberaubende Schubkraft. Hals über Kopf müssen OHK und OKW ihre Lager bei Zossen räumen.[142] Der Wehrmachtführungsstab wird aufgeteilt; gemäß Hitlers Befehl ist in einem Nord- und Südraum getrennt zu führen. Noch am Abend des 20. April verläßt die Südgruppe Berlin, das Ziel: Berchtesgaden. Generalleutnant Winter folgt; im Flugzeug des Generals auch die Frauen Keitels und Jodls. Jodl bleibt mit der Nordgruppe in Krampnitz bei Potsdam.[143] Fliegeralarme und -angriffe erschweren fast jede Fahrt zum Führerbunker. Die russischen Durchbrüche – operative Entscheidungen – drohen die 9. Armee abzuschneiden. Heinrici will sie zurücknehmen, aber sie darf von der Oder nicht weichen. Hitler befiehlt ihr, gemeinsam mit der 4. Panzer-Armee, dem Nachbarn im Süden, Konjew zurückzuwerfen und die Frontlücken zu schließen.[144] Der Befehl ist Aberwitz. Die 9. Armee wird eingekesselt. Schukows Stoßkeil reißt die Südflanke der 3. deutschen Panzer-Armee auf, die an der unteren Oder steht und erste Angriffe Rokossowskijs abzuwehren hat. Die Flanke – Tag für Tag tiefer – besetzen Splitterverbände, Volkssturm und Reichsarbeitsdienst unter dem Kommando des Obergruppenführers Steiner, doch Hitler sieht vor seinen Augen eine Armee, die Schukow im Rücken packen und Berlin freischlagen soll.[145] Diese »Armee« verstärkt er um zwei abgekämpfte Divisionen und 12 000 Luftwaffen-Soldaten: improvisierte Einheiten ohne schwere Waffen. Fiebernd erwartet er den Angriff des bewährten, fanatischen SS-Führers.

Steiner tritt nicht an, weil er nicht antreten kann. Am 22. April 1945 erlöschen Hitlers Hoffnungen, zerbricht sein Wille. In einem wilden Ausbruch, mit dem er gegen den Verrat aller rast, gibt er den Krieg, sich und den Nationalsozialismus verloren.[146] Er ist entschlossen, in Berlin zu bleiben und seinem Leben selbst ein Ende zu machen. Der Entschluß, bekräftigt er, sei unumstößlich. Wer gehen wolle, könne gehen. Göring und Himmler sind bereits aus seinem Umkreis entlassen. Jetzt sollen sich Keitel und Jodl nach Süddeutschland begeben. Endlich erkennt der Diktator an, wofür er – bis zu dieser Schwelle – Ungezählte zum Tode verurteilte, Aufbegehrende in Furcht und Schrecken hielt. Endlich ist die grausigste Sperre wider jede Vernunft gefallen. Der Besessene gewährt freie Hand, das massenmörderische Ringen einzustellen, aber nicht nur Bormann, Goebbels, Burgdorf und Krebs, auch Keitel und Jodl suchen den Zusammengebrochenen wiederaufzurichten. Beide können nicht glauben, daß Hitler – entgegen früherer Absicht – weder im Süd- noch Nordraum weiterführen will.[147] Die Szene ist eine der schlimmsten innerhalb der Geschichte des deutschen Offizierskorps. Viele, die zu retten gewesen wären, müssen noch sterben.

Jodl wehrt sich nicht, Berlin zu verlassen; die Stadt ist ihm eine Mausefalle.[148] Er betont, daß er Truppen zu führen hat, statt mit dem Gewehr in Berlins Ruinen umzukommen. Er ginge allein, doch unselbständig wie Keitel, mag er nicht ohne

Hitler gehen. Der Gedanke, über seine Pflichten hinaus handeln zu müssen, bleibt entsetzlich für ihn. Hitler erklärt er, daß gerade er, der Oberste Befehlshaber, bis zum Ende zu führen habe. Er sei der Vorgesetzte des OKW. Nur ihm gehorche die Truppe; nur er könne mit dem Feind verhandeln, aber nicht aus der eingeschlossenen Hauptstadt. Die Argumentation ist zu formalistisch, als daß sie den innerlich erloschenen Diktator berührte. So schlägt Jodl vor, daß Keitel und er selbst den Entsatz von außen her lenken. Er meint, daß er Steiner zum Angriff anspornen kann; vor allem jedoch will er mit der 9. und 12. Armee Berlin befreien. Dafür sollen sich beide Armeen von der Oder und den Amerikanern lösen. Auch diese Vorschläge, scheint es, verfangen nicht. Erst als Goebbels die angebliche Verhandlungsbereitschaft der Westmächte beschwört – Nachricht, die ihm Hewel zutrug –, gelingt es, Hitlers Lethargie zu überwinden. Keitel fährt zu Wenck, Jodl nach Krampnitz, um die nötigen Befehle vorzubereiten.[149]

Noch in der Nacht informiert er Koller, den Luftwaffengeneralstabschef. Der Fliegergeneral möchte sich zu Göring absetzen, Richtung Süddeutschland. Jodl ist einverstanden. »Das ist das einzige, was Sie im Augenblick tun können. Sie müssen es sogar tun.«[150] Hitler habe aufgegeben und den Entschluß gefaßt, in Berlin zu bleiben, dort die Verteidigung zu leiten und sich zuletzt zu erschießen. Mit anderen Entschlüssen sei nicht mehr zu rechnen. »OKW sammelt hier in Krampnitz, später Ausweichen nach Norden. Wir werden die 12. Armee gegen Osten zum Angriff gegen die linke Flanke der 3. russischen Panzer-Armee herumdrehen, ganz gleichgültig, was der Amerikaner daraufhin an der Elbe unternimmt. Vielleicht ist es möglich, den anderen durch solch eine Tat zu beweisen, daß wir nur gegen die Sowjets kämpfen wollen.«[151] Koller hält einen Kampf der Luftwaffe allein im Osten für unmöglich, solange alliierte Geschwader weiterhin angreifen. Der Luftraum lasse sich nicht teilen oder durch Mauern abriegeln. »Wird die Westfront nach Osten gedreht, muß das auf der ganzen Front von der Nordsee bis zu den Alpen geschehen bei gleichzeitiger Verhandlung mit dem Westen.«[152] Jodl hört zu, ohne sein Konzept zu widerrufen.

Er weiß: Was er plant, kann – wie alle Gegenangriffe zuvor – an der Unterlegenheit deutscher Verbände scheitern.[153] Er weiß auch: In Kürze sind Munition und Treibstoff versiegt, aber er will Hitler herausschlagen, mit dem eigenen OKW-Befehlsapparat wiedervereinigen, ja, den Führer doch noch von Berlin losreißen. Keitel berichtet bei seiner Rückkehr, daß Wenck bereit sei, zum Angriff anzutreten.[154] Die Schwäche der 12. Armee, die kaum über Panzer und Artillerie verfügt, erwähnt er nicht, ist ihm nicht bewußt geworden. Wenn Wenck antritt, so allein deshalb, um der 9. Armee entgegenzustoßen und sie zu retten. Noch einmal melden sich Jodl und Keitel im Führerbunker. Hitler ist wieder gefaßter, vor allem nach Keitels Schönfärbereien. Fast scheint es, als verdoppele der OKW-Chef die bodenlosen, aber erweckten Hoffnungen vom Vortag. Jodl sieht Hitler am 23. April zum letzten Mal: bekümmert, daß er ihn nicht entführen kann.[155] Zum letzten Mal durchquert er auf der Rückfahrt das zertrümmerte Berlin. Am späten Nachmittag überschreiten die Russen nordwestlich Spandau den Niederneuendorfer Kanal. Das OKW flieht aus Krampnitz und erreicht, sowjetischen Panzern knapp entkommend, sein erstes Ausweichlager Neu-Roofen bei Fürstenberg.[156] Hinter ihm bleibt eine Reichshauptstadt zurück, deren Bevölkerung in Kellern haust, zwischen Verzweiflung und Wundergläubigkeit schwankt, eine Menschenmasse, die von Goebbels' Parolen angefeuert, aber schrecklichste Endkämpfe erleiden wird.

Am ersten Marschziel, ostwärts Rheinsberg, überrascht Hitlers Befehl, die Führungsgruppe des Generalstabes in den Wehrmachtführungsstab einzugliedern.[157] Als »Führungsgruppe Heer im OKW« untersteht sie fortan Jodl »unmittelbar«. Auch die Ostfront fällt an ihn und das Oberkommando der Wehrmacht. Was er nun – zum Schluß des Krieges – organisatorisch revidieren darf, Notwendigkeit seit Spaltung der obersten Führung, erzwingt indes allein die Lage. Ost- und Westfront sind so nahe aufeinander zugerückt, daß eine getrennte Führung jetzt vollendeter Nonsens ist.[158] Schon soll die Truppe um Dresden einmal amerikanische, dann wieder sowjetische Panzerspitzen bekämpfen. Hitler und Krebs, der nominelle Generalstabschef, sitzen in der Berliner »Mausefalle«. Die Befugnisse, die der Diktator dem OKW zugesteht, räumt er ihm ein im allerletzten Augenblick. So düster die Situationsgründe: Jodl empfindet Genugtuung. Wie Dethleffsen, der die Generalstabsgruppe leitet, begrüßt er den Wegfall sinnloser Ressort-Rivalitäten. Zugleich aber glaubt er, stets unaufwendiger als der »überbesetzte« Heeresgeneralstab geführt zu haben. Hinweise auf OKH-Aufgaben auch für die OKW-Kriegsschauplätze beeindrucken ihn nicht.[159] Mit den zusammengefaßten Stäben triumphiert das Konzept »seines« OKW, dessen personelle Schwäche niemals Ehrgeiz gebremst hatte. Nur ist es kein Sieg mehr, sondern das gespenstische Ende einer Jammergeschichte, durch die jede Führung elendig geworden wäre.

Keitel und Jodl treiben zum Entsatzangriff auf Berlin von Norden her. Beiden begegnet zäher, unerwarteter Widerstand. Heinrici, Oberbefehlshaber der Heeresgruppe »Weichsel«, erblickt Sinn allein noch in Rückzügen zur Elbe.[160] Zwischen Stettin und Schwedt an der Oder drohen Durchbrüche gegen die hoffnungslos unterlegene 3. deutsche Panzer-Armee. Gelingen sie, stößt der Feind auch in den Rücken Steiners, der – ebenso unterlegen – Berlin nicht aus dem Raum Oranienburg entsetzen kann. Als Restaufgabe verbliebe, die 3. Panzer-Armee zusammenzuhalten und so den Abfluß der Flüchtlingsmassen zu sichern. Die Rechnung ist nur zu eindeutig, aber Keitel und Jodl beharren unbelehrbar auf der Befreiung des Führers.[161] Steifnackig verzögern, ja, behindern sie realistische Entschlüsse. Am 27. April zerbricht, wie längst befürchtet, die Front der 3. Panzer-Armee. Rokossowskijs Verbände stürmen über Prenzlau nach Westen. Der Durchbruch nötigt Steiner, eine Division freizugeben, doch zugleich soll er die Angriffsbasis auf Berlin behaupten. Heinrici zieht eigenmächtig alle Kräfte vor Oranienburg ab. Er hat keine Reserven und braucht jeden Mann, um den russischen Durchbruch einzudämmen.[162] Keitel tobt über seinen Ungehorsam und bedroht ihn mit Kriegsgericht. Jodl befiehlt ihm eisig, daß sein nicht angegriffener rechter Flügel – wieder für den Entsatzangriff auf Berlin – stehenzubleiben habe.[163] Auch er kündigt »letzte Konsequenzen« an, da Heinrici sich weigert, dem Befehl zu folgen, der seine Armee vernichtete.

Jodl versteift sich mit jeder Faser auf den Raum, von dem aus der Führer befreit werden soll. Die Hilferufe der Reichskanzlei – immer dringlicher – schüren nur seinen Eifer.[164] Funksprüche melden, daß der Gegner Berlin erobert und vor dem inneren Verteidigungsring steht. Wencks 12. Armee, die endlich angetreten ist und Ferch am Schwielow-See erreicht, gibt noch einmal Auftrieb. Jodl plant, sie über Berlin nach Oranienburg durchzuziehen und – mit Hitler – im Nordraum einen neuen Schwerpunkt zu bilden.[165] Die Gedankenspiele offenbaren, was seine Befehle an Heinrici kennzeichnet: hochmütigste Distanz zur Wirklichkeit. Hier wie dort ist ihm, in Abkehr von aller Nüchternheit, Adolf Hitler wichtiger als das Schicksal der Truppe. Die Gewalt verleugneter Realitäten tilgt seine Pläne und schwemmt ihn wie das OKW zum nächsten Fluchtort, nach Dobbin in Mecklenburg.[166] Wencks Angriffe erlahmen und enden unwiderruflich westlich Potsdam am Schwielow-See. Zu ihm stoßen, Anfang Mai, aus ihrem Kessel Busses Reste: die Reste der zerschlagenen 9. Armee. Die Heeresgruppe »Weichsel«, bei der Heinrici abgelöst ist, weicht zügig zurück. Auch Hitler empfängt – auf eine letzte verzweifelte Anfrage hin – keine besseren Nachrichten.[167] In Mailand wird Mussolini von Partisanen exekutiert. Jodl befiehlt dem OB-Südwest weitere Absetzbewegungen und der Ostfront, Hela unbedingt zu halten. Den deutschen Divisionstrümmern um das ostpreußische Heiligenbeil kann er »führungsmäßig« nichts mehr befehlen.[168] Königsberg ist schon vor drei Wochen gefallen.

Die Südostfronten sind entrückt, aber auch für sie fordert Jodl, »möglichst viel Raum« gegen den Bolschewismus zu behaupten. Es gelte – so ein Funkspruch an Winter –, um politischen Zeitgewinn zu kämpfen.[169] Die Festung Breslau, die sich seit Januar hält, ist aufzugeben, wenn ein Ausbruch Chancen hat und Schörners Heeresgruppe »Mitte« von außen mithilft: längst überholte, wirklichkeitsfremde Weisung. Jodl blieb Energie. Nichts beirrte seine Aktivitäten, sollte sie beirren. Noch abweisender sein Gesicht; noch geringer die Neigung zu außerdienstlichen Worten. Doch bei einem der Fluchtaufenthalte – in ruhiger Stunde – fragte ihn Oberstleutnant Meyer-Detring, ob denn unausweichlich war, was jetzt Deutschland heimsuche.[170] Durfte die Heeresspitze, fuhr der Generalstabsoffizier ohne andere Zeugen fort, je diese Katastrophenlage zulassen? Habe nicht falscher Gehorsam überwogen? Der Chef des Wehrmachtführungsstabes blickte den Fragenden mit großen Augen an, gab ihm aber keine Antwort.

KAPITULATION UND ANKLAGE

Die Rote Armee beschleunigte den Rückzug des OKW. Russische Panzerspitzen drohten ihn schließlich abzuschneiden. Meldungen und Gerüchte machten nervös. Die Reste der Führungsstäbe flohen »nach Nordwest«: eingekeilt in Flüchtlingskolonnen und zurückflutende Truppenteile, von Tieffliegern angegriffen, die in Straßengräben und Deckungslöcher scheuchten – für Frontfremde eine neue unangenehme Erfahrung.[1] Das Chaos sprengte nicht den Zusammenhalt des OKW-Apparates, wohl aber zuletzt die gewohnte Befehlsgebung. Wie seine Offiziere mobilisierte Jodl Trotz, Trotz gegen Resignation. Wie sie schien er – durch die Rasanz der Geschehnisse – in einen Zustand der Unwirklichkeit versetzt; noch unvorstellbar die Tiefe der nahen, sich abzeichnenden Niederlage. In Neustadt, nördlich Lübeck, wurde ihm am 1. Mai 1945 Hitlers Tod gemeldet.[2] Ohne Emotion und Trauer nahm er das Funkfernschreiben hin. Die Nachricht hatte er erwartet. Seit dem Vortag wußte er, daß Dönitz zum Nachfolger Hitlers bestimmt worden war. Mit Keitel und allen Unterlagen sollte er »sobald wie möglich zum Großadmiral kommen«.[3] Über den Bannstrahl gegen Göring, der zu schnell Hitlers Nachfolger sein wollte, war er weithin im Bild. Beunruhigt freilich fragte er sich, ob nicht sein Gespräch mit Koller Görings Voreiligkeit ausgelöst habe.

Das Fernschreiben vom 1. Mai, 10.53 Uhr, ließ die Todesart Hitlers offen. Erst vier Stunden später, in Plön bei Dönitz, erfuhr Jodl aus dem Goebbels-Bormann-Funkspruch, daß Hitler »verschieden« sei.[4] Er mußte – vertraut mit Gedanken des Diktators – an Selbstmord glauben, doch für Dönitz, den vielleicht Uneingeweihten, hatte Hitler im Kampf den Tod gesucht.

In zwei Proklamationen an Volk und Wehrmacht sprach er sofort vom »gefallenen« Führer.[5] Der Wehrmachtbericht wiederholte die Version am 2. Mai. Sie war, nach dem Wissensstand des Vortages, eine Lüge, denn »verschieden« hieß nicht »gefallen«. Wenn Jodl die falsche Version übernahm, so gewiß auch deshalb, weil sie unerquickliche Erwägungen überflüssig machte und schwülstiges Pathos erlaubte. Ein Selbstmörder Hitler wäre kein »verpflichtendes Vorbild für alle Soldaten« gewesen.[6] Hingabe und Disziplin »gewährleistete« am ehesten die Lesart des Großadmirals. Was unrühmliche Sprachregelung blieb, hielt indes nur kurz in Atem. Als Staatsoberhaupt lenkte Dönitz allein noch das Ziel: den Krieg zu beenden, vor dessen Abschluß aber Hunderttausende dem Zugriff der Roten Armee zu entziehen.[7] Keitel und Jodl, jetzt wieder geführt, billigten die geplante Abfolge oder erhoben keine Einwände. Die militärische Lage verwehrte prinzipiellen Widerspruch.

Das Reich war besetzt, seine Kriegsproduktion ausgeschaltet, eine Reserve an Waffen, Munition und Treibstoff nicht mehr vorhanden.[8] Das Westheer unter Kesselring begann sich aufzulösen. Die Heeresgruppe in Italien hatte kapituliert. Löhrs Südostarmee strebte durch Jugoslawien zurück zur deutschen Grenze. In Österreich und im Protektorat behaupteten die Heeresgruppen Rendulics und Schörners nur mühsam ihre Fronten. Wencks 12. Armee und Busses Armeereste suchten die amerikanischen Linien an der Elbe zu erreichen. Die Heeresgruppe Weichsel – nun fast schon zertrümmert – gab Mecklenburg preis. Kurland, Ostpreußen, Holland, die Biskaya-Häfen, Dünkirchen, die Kanal- und Ägäis-Inseln – »Bastionen« der Führer»strategie« – waren unrettbar verloren: für die Truppe weit im Osten eine Tragödie. Um wenigstens Schleswig-Holstein als Reduit halten zu können, galt es, jede Division aus Ostfriesland abzuziehen und dort zu weichen. Doch auch die Kräftekonzentration verhinderte nicht, daß der Gegner bereits am 2. Mai über Lauenburg bis zur Ostseeküste vorstieß und den Strom der Ostflüchtlinge abschnitt. Die – nahezu zerschlagene – Luftwaffe lähmte Treibstoffmangel. Ein Einsatz der neuen U-Boot-Typen, längst purer Wunschtraum, kam jetzt erst recht zu spät. Die letzten Schiffe der Marine mußten Flüchtlinge und Soldaten aus dem Osten retten. Dänemark und Norwegen, noch von der Wehrmacht besetzt, waren geordnet zu räumen. Dönitz verlegte sein Hauptquartier nach Flensburg und berief eine »Geschäftsführende Reichsregierung«.[9]

Die meisten seiner Kabinettsmitglieder – so Ohlendorf (Wirtschaft), Stuckardt (Inneres) und Backe (Ernährung) – hatten eine gemütsverdüsternde NS-Vergangenheit. Selbst Lutz Graf Schwerin von Krosigk, der wichtigste Berater und daneben Außen- und Finanzminister, war ein Mann der doppelten Moral, aber Dönitz stellte Fachwissen über politische Färbung. Himmler dagegen, der antichambrierte und bald darauf Gift nahm, wies er ab. Mit Goebbels und Bormann – der eine inzwischen tot, der andere verschollen – brauchte er sich nicht zu belasten. Wie die Marinespitzen befahl er das OKW nach Flensburg[10], doch den Plan, Keitel zu entlassen, durchkreuzte Jodl, indem er Loyalitätsgründe vorschob. Auch im Oberkommando der Wehrmacht glückte kein Neuanstrich. Gleich Keitel wehrte sich Jodl gegen Teilkapitulationen: Reflex seiner tiefsitzenden Neigung, das Unvermeidliche allein Abschnittsbefehlshabern zuzuschieben. Erst Krosigk überzeugte ihn davon, daß Holland, Dänemark und Norwegen nicht mehr als »Faustpfänder« zählten. Dönitz sandte Generaladmiral von Friedeburg zu Feldmarschall Montgomery, um eine deutsche Teilkapitulation im Westen anzubieten.[11] Hinsichtlich der Heeresgruppe Schörner meinten OKW und Heeresgruppenführung, daß ein unverzüglicher Rückzug den Zusammenhalt der Truppe gefährde. Das Argument leugnete die Möglichkeit organisierbarer Entschlüsse und sollte gerade die Truppe gefährden. Bitter bereute noch Dönitz, sich ihm gebeugt zu haben. Zeit konnte er zuallerletzt verschenken.[12]

Friedeburgs Auftrag bezog sich auf eine rein militärische Teilkapitulation für den gesamten norddeutschen Raum. Ziel blieb, daß die Engländer Soldaten und Flüchtlingen Einlaß in ihr Besatzungsgebiet gewährten.[13] Zudem durften sie weitere Rücktransporte über See nicht stoppen. Friedeburg – neuer Oberbefehlshaber der Kriegsmarine – wußte, was insbesondere von dieser Transportfreiheit abhing. Montgomery war bereit, eine

Teilkapitulation anzunehmen, forderte jedoch, Holland, Dänemark und Dünkirchen in sie mit einzubeziehen.[14] Die Übernahme einer ganzen deutschen Armee, die im Kampf gegen die Russen stand, lehnte er ab. Angehörige der deutschen Streitkräfte, die sich »von Osten her« seiner 21. Heeresgruppe ergaben, wollte er zu Gefangenen machen. »Erörterungen über die Lage der Zivilbevölkerung« schied er aus. Nur verdeckt deutete er an, daß er kein Unmensch sei, also helfen würde. Für den Kapitulationsbereich verlangte er die Übergabe aller Waffen, Flugzeuge, Kriegs- und Handelsschiffe. Auch die »taktische Kapitulation auf dem Schlachtfeld« – Formel Montgomerys – war ohne Reservate, »bedingungslos« zu vollziehen.

Dönitz beunruhigte, daß er – trotz möglicher Teilkapitulation – die Schiffe ausliefern sollte.[15] Die Forderung bedeutete das Ende sämtlicher Seetransporte nach Westen, im Fall der Kriegsschiffe: Verstoß gegen den Ehrenkodex der eigenen, jeder Marine. Das OKW nannte die Herausgabe aller Waffen »unannehmbar« und schlug eine sofortige Waffenvernichtung vor. Jodl – hier wieder rückfällig – wollte den »Trumpf« Holland in der Hand behalten.[16] Dönitz hoffte, wenigstens die bereits laufenden Transporte nicht stoppen zu müssen: Transporte mit nochmals 300 000 Menschen. Gebote der Tradition verloren für ihn ihr Gewicht. Es galt, Ungezählte vor dem Tod zu bewahren.[17] Stellte er die Ehre der Flagge über alles, wurde auch eine Teilkapitulation unmöglich, drohten erneut Luftangriffe auf Norddeutschland und damit weitere Menschenverluste. Selbst die Auslieferung der Kriegsschiffe, spürte Dönitz, mußte er jetzt anordnen. Dem OKW befahl er, ein Verbot der Waffenvernichtung zu erlassen.[18] Schiffsversenkungen sollten unterbleiben. Friedeburg erhielt Vollmacht zum Abschluß der Teilkapitulation. Am 5. Mai, 8.00 Uhr, war sie gültig.[19]

Der Abschluß ermutigte, Friedeburg zu General Eisenhower nach Reims zu schicken. Auch gegenüber den Amerikanern erstrebte Dönitz eine Teilkapitulation. Um seinem Emissär Wege zu ebnen, beendete er den U-Boot-Krieg auf allen Meeren.[20] Nochmals erhoffte er sich ein Übereinkommen, das ihm im Osten die nötigen letzten Fristen ließ. Friedeburg empfing nicht nur Kälte, sondern Intransigenz. Eisenhower forderte die Gesamtkapitulation. Wie überall sollte die Truppe ebenso im Osten sofort ihre Waffen niederlegen, an Ort und Stelle stehenbleiben und sich in sowjetische Gefangenschaft begeben.[21] Hinweise Friedeburgs, daß solch ein Befehl vom Ostheer nicht befolgt würde, reizten auf. Gleich Montgomery empfand Eisenhower für deutsche Nöte keinerlei Mitleid. Die Gleichgültigkeit hatte ihre eigenen psychologischen Gründe. Höhere Gesichtspunkte beirrten sie am wenigsten. Wenn Amerika und England dabei waren, nun den Krieg politisch zu verlieren, so auch infolge des deutschen Widerstandes im Westen. Eisenhower hielt starr zu seinen Forderungen und beharrte – bei einer Gesamtkapitulation – auf der Verantwortlichkeit des Oberkommandos der Wehrmacht.[22]

Dönitz – informiert – begriff, daß Friedeburg in Sackgassen steckte. Die Gesamtkapitulation augenblicklich zu vollziehen, weigerte er sich. Alle Zeitpläne für den Osten hätte er ausgelöscht.[23] Eisenhowers politische »Blindheit« konnte er nur bedauern. So selbstgerecht seine, die deutsche Sicht: in ihrem Licht verfehlten die Westmächte erklärte Kriegsziele, schoben sie – am Ende – den Herrschaftsbereich der Diktatur bestenfalls um dreihundert Kilometer zurück. Dönitz rief Jodl zu sich und beauftragte ihn, nach Reims zu fliegen und nochmals eine Teilkapitulation anzustreben.[24] Scheiterte er ebenso wie Friedeburg, sollte er eine Gesamtkapitulation erbitten, bei der sich – trotz eingestellter Kampfhandlungen – die Truppe weiter bewegen durfte. Die Zeitspanne dieser Bewegungsfreiheit, so das Hauptziel, hatte »möglichst groß« zu sein, dem Ostheer und den Flüchtlingen Restchancen zu lassen. Jodl wurde bevollmächtigt, die Gesamtkapitulation zu unterzeichnen, falls eine Teilkapitulation unerreichbar blieb. Bevor er sie jedoch vollzog, war Dönitz zu unterrichten und dessen ausdrückliche telegrafische Genehmigung einzuholen.[25] Den ganzen Auftrag deckten klare Instruktionen.

Jodl fliegt am 6. Mai nach Reims. Bilder zeigen ihn tiefernst und in sich gekehrt. Er hofft, Auswege zu finden, und wird »in vollem Maße als Offizier behandelt«.[26] Er kämpft um die Teilkapitulation mit äußerster und zunächst unbeirrbarer Hartnäkkigkeit, aber auch er stimmt Eisenhower nicht um. Kein Deutscher könnte es. Der alliierte Oberkommandierende, den er erst kurz vor dem Rückflug sieht, fordert die Gesamtkapitulation, und zwar ohne weitere Bewegungsfreiheit für das Ostheer.[27] Jodl gelingt es, mit Hilfe des amerikanischen Stabschefs Bedell Smith eine 48stündige Galgenfrist herauszuschinden. Dann funkt er an Dönitz: »General Eisenhower besteht darauf, daß wir heute noch unterschreiben. Andernfalls werden die alliierten Fronten auch gegenüber denjenigen Personen geschlossen werden, die sich einzeln zu ergeben versuchen, und alle Verhandlungen werden abgebrochen. Ich sehe keinen anderen Ausweg als Chaos oder Unterzeichnung. Erbitte sofortige drahtlose Bestätigung, ob ich Vollmacht habe, die Kapitulation zu unterzeichnen. Die Kapitulation kann dann wirksam werden. Feindseligkeiten werden dann am 9. Mai 1945, 1.00 Uhr, nach deutscher Sommerzeit aufhören.«[28]

Dönitz weiß, daß er sich angesichts dieses Funkspruchs unverzüglich entscheiden muß. Jodls Lageeinschätzung vertraut er um so mehr, als sie von einem sonst »Unbeugsamen« kommt.[29] Die erkämpfte Zweitagefrist, immerhin eine Konzession, beschwichtigt Dönitz. Lehnt er ab, tauscht er keine Vorteile ein, fürchtet auch er ein Chaos. So »erpresserisch« Eisenhowers Haltung nicht nur in seinen Augen: innerhalb von vier Stunden bevollmächtigt er Jodl, die Gesamtkapitulation auf der angedeuteten Basis zu vollziehen.[30] Der Urkundentext erklärt die gleichzeitige bedingungslose Übergabe aller deutschen Streitkräfte zu Lande, zu Wasser und in der Luft an das Oberkommando der alliierten Expeditionsstreitkräfte und zugleich an das sowjetische Oberkommando.[31] Er bestimmt einen sofortigen Befehlserlaß, daß am 8. Mai, 23.01 Uhr jede Kampfhandlung einzustellen ist und die Truppen in ihren Stellungen zu verbleiben haben. Keine Schiffsversenkung, keine Zerstörung von Flugzeugen darf mehr vorgenommen werden. »Ein allgemeines Kapitulationsinstrument seitens der Vereinten Nationen gegenüber Deutschland und den deutschen Streitkräften« soll diese Übergabe später ersetzen.[32]

Die deutsche Delegation – Jodl, Generaladmiral von Friedeburg und Major Oxenius – betritt einen schwülen, überfüllten Raum. Korrespondenten und Kameraleute sind aufgeboten, hinter oder neben ihnen: Offiziere und Mannschaften des alliierten Hauptquartiers; drangvoll die Enge, doch rasch die Zeremonie, die nun folgt.[33] Das Dokument der Stunde ist überprüft und sein Inhalt klar. Weitere Erörterungen entfallen. Ohne Verzug, bei einem Blitzlichtgewitter, unterzeichnet Jodl am 7. Mai, 2.41 Uhr die Kapitulationsurkunde. Nach ihm unterschreiben die Generale Bedell Smith, Susloparow und Sevez: für den Obersten Alliierten Befehlshaber, das sowjetische Oberkommando und die französische Armee im Süden des Reiches.[34] Jodl steht auf; steif, die Arme zum Tisch hin abgewinkelt, sagt er: »Mit dieser Unterschrift sind das deutsche Volk und die deutsche Wehrmacht auf Gnade und Ungnade den Siegern ausgeliefert. Beide haben in diesem Kriege mehr geleistet und mehr erduldet als vielleicht je ein Volk auf der Erde. Ich kann in dieser Stunde nur die Bitte aussprechen, daß die Sieger mit ihnen gnädig verfahren mögen.«[35]

Seine Worte treffen auf abwehrendes, eisiges Schweigen. Niemand antwortet ihm. Kameras surren in bedrückender Stille. Wenn sich 1918 Foch noch ein »Schon gut!« abrang, als er hörte, ein großes Volk leide, sterbe aber nicht: hier hält Haß, Verachtung oder Gleichgültigkeit jedes Wort zurück. Die Herausforderung sprengte alle Grenzen und Normen. Das Vae victis, Furcht auch der Unschuldigen, droht wie nie. Zudem spricht ein Soldat nur zu Soldaten. Stehen sie für politische Weisheit ein? Jodl verharrt kurz, deutet eine Verbeugung an und verläßt den Raum. Erst nach dem Abgang der Deutschen bricht die Mauer des Schweigens. Entspannt, jubelnd feiern die Sieger ihren bestätigten Triumph.[36] Bedell Smith attestierte Jodl später »Würde«, doch auch ihn beschlich kaum Mitleid, geschweige Sympathie. Ein amerikanischer Abwehroffizier – zuvor neugierig – fand den Chef des Wehrmachtführungsstabes »enttäuschend, unbedeutend«.[37] Viel habe er, bekannte er, in diesen wenigen Augenblikken lernen können. Hitlers OKW-Handlanger schienen ihm jetzt nicht zufällig ausgewählt worden zu sein.

Jodl hatte eine militärische Kapitulationsurkunde unterzeichnet. Eine politische Kapitulation, mit der Deutsche das Reich ausradiert hätten, war unterblieben.[38] Wohl dekretierte Artikel 4, daß sich die Sieger jede Maßnahme vorbehielten, aber Deutschlands Zerstückelung brauchte der Besiegte nicht anzuerkennen. Kein Einverständnis wurde da von ihm abverlangt. Noch weniger hatte er zugestanden, künftig keinen eigenen Willen mehr haben zu wollen. Trotzdem hegte Jodl auf dem Rückweg zu Dönitz kaum Illusionen. Alle Macht war den Siegern zugefallen. Unumschränkt angewandt, mußte sie – einseitig – Tatsachen schaffen. Die Einheit des Reiches gehörte nicht zu den Leitsätzen des Völkerrechts, das sonst selbst dem »bedingungslos« Unterworfenen Schutz verhieß. Doch wenn Jodl Genugtuung empfand, so über die erreichte Konzession, daß Deutschlands Kapitulation erst 48 Stunden nach der Unterzeichnung galt.[39] Der eine volle Tag, den es herauszuschlagen gelang, mochte noch Tausende im Osten und Protektorat vor sowjetischer Gefangenschaft bewahren: für sie gewiß der größte Erfolg.

Jodls Genugtuung tilgte nicht die verheerenden historischen Bilanzen, nicht sein langes Handeln gegen Pflicht und Gewissen. Was seit Jahren unabwendbar blieb und allenfalls verzögert werden konnte, hatte er nun mit seiner Unterschrift bekräftigt. Millionen indes waren inzwischen um nichts gestorben. Die Sieger besetzten deutsche Trümmerwüsten. Vielleicht ahnte der von Reims Zurückfliegende, daß man ihm einmal Mitverantwortung vorhalten würde.[40] Bittere, trostlose Realitäten klagten an. Aber wie je stand er zu dem Gehorsam, den er bis zuletzt bezeugt hatte. Eine andere Wahl gab es für ihn nicht, und am wenigsten angesichts unversöhnlicher Gegner, die mehr als die Übergabe einer Provinz verlangten. Den Gedanken, daß immer unter Bedingungen kapituliert wurde, besseren oder schlechteren, hatte er stets ausgeschieden, ja, neben Fatalismus nirgendwo Auswege gesehen. Er meinte, in der Kritik das Äußerste gewagt und – offen wie getarnt – Übles eingedämmt zu haben. Das entsetzliche Ende, mit dem auch er das Schlimmste nicht verhütet hatte, war ihm kein Gegenargument.

Wieder in Flensburg, berichtete er knapp, aber aufgewühlt

über seine Mission. Dönitz würdigte sie und verlieh ihm am 10. Mai das Ritterkreuz mit Eichenlaub.[41] Nur dank des aufgeschlossenen Bedell Smith glückte es noch, einen Stabsoffizier ins Protektorat zu schicken, doch auch er vermochte nichts mehr zu wenden. Wie Jodl in Reims entsetzte nun Schörner, daß Amerikaner und Engländer seinen Kampfraum den Sowjets zugeschanzt hatten.[42] Die Frist, sich der Roten Armee zu entziehen, war jetzt geschrumpft auf Stunden: für die ganze Heeresgruppe Schörners eine heillose, irreparable Lage. Die Masse der deutschen Verbände in Kurland, auf Hela und um die Weichselmündung verlor jede Chance; sie wäre, selbst bei bestem Willen, innerhalb 48 Stunden nie zu retten gewesen. Am 8. Mai flog Keitel nach Berlin, um die Kapitulation vor dem russischen Oberkommando zu unterzeichnen. Mit dem nächsten Tag – 00.00 Uhr – trat sie in Kraft. Sämtliche Truppen hatten »stehenzubleiben«.[43] Der letzte Wehrmachtbericht Jodls beschwor den Ruhm des deutschen Soldaten, der Höchstes, Unvergeßliches geleistet habe, und verpflichtete zu »bedingungsloser Treue, zu Gehorsam und Disziplin gegenüber dem aus zahllosen Wunden blutenden Vaterland«.[44] Die Worte von der »Einstellung des aussichtslos gewordenen Kampfes« hätten nur einen weit früheren OKW-Bericht geziert.

Karl Dönitz zählte zu den treuesten Führer-Paladinen. Noch weniger als Jodl hatte er sich berufen gefühlt, Hitler zum Abbruch des Krieges zu drängen. Politisches Denken schien vollends ihm fremd zu sein.[45] Ob aus Glauben oder Selbstbetrug: bis zum Tod des Diktators blieb er »Heroiker«, Mann des peinvollsten irrationalen Durchhaltewillens. Doch was nun zur »Sinngebung« geworden war, hatte er als Staatsoberhaupt zügig aufgegriffen: die Rettung von Flüchtlingen und Soldaten aus dem Osten – alles in allem gut zwei Millionen Menschen.[46] Die Vorteile einer weiteren »Regierung« erwog er nüchtern, ohne überspannte Hoffnungen. Am 13. Mai erschien in Flensburg unter Führung des amerikanischen Generalmajors Rooks die Überwachungskommission der Westalliierten, die sich strikt abgeschirmt auf einem ehemaligen Luxusliner, der »Patria«, einrichtete. Am 17. kam – nicht mit symbolischer Verspätung – die

Kontrollkommission der Russen; deren Chef: Generalmajor Truskow.[47]

Rooks suchte nicht Dönitz auf, sondern bestellte ihn zu sich. Es sei unerwünscht, teilte er mit, daß deutsche Offiziere und Soldaten britische Offiziere grüßten. Die Grüße würden nicht mehr erwidert.[48] Anschließend wurde – Rooks' erste Maßnahme – Keitel verhaftet und aus Flensburg abtransportiert. Jodl wußte auf Anhieb, was diese Verhaftung bedeutete. Er dachte an Sagan, die Erschießung der britischen Fliegeroffiziere. Mit Sicherheit, hörte ihn Krosigk sagen, werde sie Keitel den Kopf kosten.[49] Die Abwicklung der Demobilisation, Aufgabe des OKW, stieß auf unüberwindbare Hindernisse. Unmittelbar zu erreichen waren lediglich Stäbe in Schleswig-Holstein, Norwegen und Dänemark. Sonst blieb für die »Enklave« allein Funkverkehr, der jedoch innerhalb Deutschlands kaum noch Adressaten fand.[50] Jodl informierte Eisenhower, daß der tschechische Aufstand Befehle an Schörner blockiere. Eisenhower bestätigte die Meldung und versprach, Nachforschungen anzustellen.[51] Reibungen gab es in Dänemark, wo sich die deutsche Truppe weigerte, vor der dänischen Freiheitsbewegung zu kapitulieren. Hier halfen nur Bitten um rasche Entsendung britischer Verbände.[52] Unwillen schürte, auf deutscher Seite, Montgomerys miserabler Umgang mit Feldmarschall Busch in Lüneburg. Wie bei Rooks ersetzte Frost Fairneß.[53]

Jodl übernahm – nach dem Abtransport Keitels – die Geschäfte des OKW.[54] Seinem Stab vermittelte er, zunehmend redseliger, die notwendigen Direktiven. Er wünschte, in allem Dönitz »als Obersten Befehlshaber der Wehrmacht und nicht als Staatsoberhaupt herauszustellen«. Wichtige Absprachen mit den Alliierten wollte er den »interessierten Stellen zur Kenntnis gebracht« wissen, »um Unstimmigkeiten zu unterbinden«.[55] Haltung und Auftritte, so seine Hauptweisung, hatten sich an der gegebenen Zwangslage, am Kodex des Soldaten zu orientieren. Überzeugt insbesondere von der amerikanischen Ahnungslosigkeit gegenüber deutschen Problemen, forderte er Eingaben und Vorschläge zu den »großen Organisationsfragen«, schon damit sich an ihnen die Sieger ihre Zähne ausbissen.[56] »Wir haben«, äußerte er vor zwei Dutzend Zuhörern, »bedingungslos kapituliert, da wir den Krieg bis zur letzten Phase und Konsequenz geführt haben, wo uns nichts anderes übrig blieb. Reminiszenzen an 1918 haben zu unterbleiben. Aus eigener Kraft können wir uns nicht helfen, nur mit Hilfe von anderen; d. h. das Schwergewicht unseres Handelns muß auf dem politischen Sektor liegen. Die Rolle Deutschlands als Volk inmitten Europas ist noch nicht ausgespielt. Ohne uns können die Probleme nicht gelost werden. Dieses ferne Ziel immer im Auge behalten.«[57]

Er selbst glaubte, auch die größte Aufgabe meistern zu können – Reflex offenbar des verschwundenen Drucks, der ihn jahrelang gequält, gegängelt hatte, doch wie seit je erwartete er festen Zusammenhalt, vor allem unter seinen Offizieren. Jeden, der sich nicht als anständig und treu erwies, ja, Befehlen auch nur unbewußt zuwiderhandelte, wollte er einem englischen Gefangenenlager übergeben.[58] Und da folgte – am 13. Mai 1945 – jenes fürchterliche Bekenntnis, mit dem er sich gleichsam selbst richtete, das die Tragik nicht der obersten Führung, sondern die des einfachen hingeopferten Mannes widerspiegelte: »Ich habe fünf Jahre geschwiegen und nur gehorcht und nichts für mich beansprucht, sondern nur gearbeitet. Ich bin gehorsamer Soldat gewesen und habe darin meine Ehre erblickt, den Gehorsam, den ich gelobt habe, zu halten. Ich habe in diesen fünf Jahren gearbeitet und geschwiegen, obwohl ich manchmal völlig anderer Meinung war und mir der Unsinn, der befohlen wurde, oft unmöglich erschien.«[59] Keiner seiner Zuhörer äußerte bestürzt Kritik. Empörung hätte er auch und gerade jetzt hochfahrend zurückgewiesen. Die Stunde sprach für anerzogene Disziplin und nun, da nicht mehr der Diktator herrschte, sogar für Disziplin ohne innere Vorbehalte. Man muß nachlesen, was Jodl unvermittelt entfuhr.

An der täglichen Lagebesprechung hielt er fest, so als ob es noch eine »Lage« zu besprechen gäbe.[60] Seine Informationen – zumeist ausgewertete Pressenachrichten – blieben dürftig. Zu Erleuchtungen befähigten sie nicht. Wie zuvor Organisator, verordnete er sich Aufgaben, Aktivitäten selbst im Zeichen des Leerlaufs. Zäh erstrebte er die Vereinigung der OKW-Stäbe des

Nord- und Südraumes, »ein wirklich arbeitsfähiges Gebilde«, für das er – bis zum Beweis des Gegenteils – alliiertes Interesse erhoffte.[61] Nur bei dieser Vereinigung, ließ er mitteilen, seien alle Anfragen zu beantworten und die wichtigsten Forderungen zu erfüllen. In den Statusfragen – Ablegung des NS-Hoheitszeichens und der Orden – focht er nicht minder hartnäckig. Ganz sicher glaubte er an die Notwendigkeit solcher Rollenspiele, mehr noch, an seine und Deutschlands Unentbehrlichkeit. Er befahl – im Umgang mit den Überwachungskommissionen – äußerste Korrektheit, aber gegenüber jedem der Sieger übte er Attentismus, strikte politische Neutralität.[62] Er neigte wie die Mehrheit um Dönitz zu den Westmächten, doch die umgängliche Haltung der sowjetischen Kommission unter General Truskow stimmte ihn nachdenklich. Kühl faßte er die Möglichkeit ins Auge, »Russen gegen Anglo-Amerikaner« auszuspielen.[63] Die noch nicht aufgelöste Reichsregierung begünstigte seine Spekulationen. Gleichwohl wußte oder ahnte er, daß Deutschland eine »quälende Zeit von Monaten und Jahren« erwartete, eine Zukunft »niederdrückender denn je«.[64]

Um so mehr schärfte er Offizieren seines Stabes ein, auf »Behandlung nach dem Recht« zu beharren, von den Alliierten die Maximen einzufordern, für die sie den Krieg geführt hätten. »Das Völkerrecht ist unsere Bibel.«[65] Wo die Ehre angegriffen wurde, sollte Willfährigkeit im Sinne des Kapitulationsvertrages enden. Er empfahl, bei Unzumutbarem nicht zu protestieren, sondern Konsequenzen auszumalen. Trümpfe sah er in Stimmungsumschwüngen zugunsten der Sowjets. Wieder wünschte er gegenüber der westalliierten Überwachungskommission vertrauenschaffende Loyalität.[66] Diese »soldatische Kommission« schwebte ihm gar »als Puffer zwischen uns und dem jüdischen Gegner« vor, der darauf lauere, »uns zu schikanieren und zu demütigen«. Hinter alledem aber blieb bewußtes Abwarten bis zur Entscheidung für die Seite, die mit Gewißheit siegte und das deutsche Volk zu erhalten versprach. Ganz überraschend verlangte Jodl nun politisch denkende Offiziere.[67]

Seine übrigen Sprachregelungen suchten Schwankenden und Zweiflern Korsettstangen einzuziehen. »Wenn KZ-Frage angeschnitten wird«, erklärte er, »und wir Deutschen verdammt werden wegen eines Niemöller und einiger getöteter Pfarrer, dann Frage: Warum regt Ihr Alliierten Euch nicht über Rußland auf, wo binnen kurzem 12 000 Popen ums Leben gebracht wurden?«[68] Auch hier wagte ihn niemand zurechtzuweisen. Hinsichtlich des Rußlandfeldzuges bekannte er, daß Deutschland den Krieg ohne diesen Feldzug gewonnen hätte. Doch zugleich begründete er seine Notwendigkeit mit dem gewaltigen sowjetischen Grenzaufmarsch, dem zum Schluß ultimative Forderungen gefolgt wären.[69] Imperialistische Pläne des Führers leugnete er ebenso wie Möglichkeiten einer politischen Verständigung. Unliebsames ausscheidend oder ihm ferngerückt, pflegte er bequeme Apologien. Sein Hitler-Bild, das den Gehorsam rechtfertigte, trübte kein moralischer Flecken.[70]

Obgleich überzeugt vom Ende des bürgerlichen Lebens, dachte er vor allem an den Wiederaufbau Deutschlands. Wiederholt nannte er ihn die »loyalste Erfüllung aller Aufgaben«.[71] Dabei warnte er freilich vor »Führung der Regierung durch die Wehrmacht«. Er fürchtete, daß in den Augen der Sieger ein Kabinett überflüssig würde, wenn das OKW die vollziehende Gewalt an sich riß. Zudem glaubte er die Wehrmacht außerstande, die Ernährung des Volkes sichern zu können.[72] Er sah, daß sie im Nachrichten- und Transportwesen helfen konnte. Sonst mußten ausschließlich Fachleute arbeiten. Die allgemeine Not entlief seinen Dekreten und erzwang »Kompromisse«. Zögernd und gegen ursprüngliche Konzepte ließ er Fachleute auch in den militärischen Stäben zu.[73] Auswahlprinzip blieb indes für ihn die »zweite Garnitur« der zivilen Ratgeber. Jeden Anschein einer OKW-Zentralregierung scheute und vermied er – zusammen mit den Stäben.

Seine Taktiken wurden hinfällig. Die Sieger wollten nicht länger Politiker und Generalstäbler Adolf Hitlers ertragen. Alliierte Pressestimmen – in diesem Falle beredt – forderten, Dönitz' Regierung abzusetzen.[74] Vergebens die Argumentation des Großadmirals, daß eine deutsche Autorität vonnöten sei, sein Hinweis auf die drohende Bolschewisierung Europas. Eher beschleunigte noch, was ihm zu Glaubenssätzen geworden war, die Entschlüsse der Sieger. Haß traf ihn und sein Kabinett, Haß insbesondere nach Entdeckung der zahllosen Morde in den Konzentrationslagern.[75] Mochte er befehlen, die Schuldigen unnachsichtig zur Verantwortung zu ziehen: nichts löschte die Fama, daß er einer »nationalsozialistischen Regierungsmannschaft« vorstand. Nichts hätte er auch tun können, um solcher Fama rasch zu entgehen. »Eine deutsche Autorität« begann zum Störfaktor zu werden. Ihn auszuschalten, lag allein schon in höherem alliierten Interesse.[76]

Jodl erkannte, daß er aufhören mußte, langfristig zu planen. Die Verhaftung von zwei Staatssekretären der Regierung Dönitz in Reims nahm er als böses Omen.[77] Kurz darauf meldete sich aus Berchtesgaden General Winter ab; er und dessen Stab waren Kriegsgefangene. Das OKW-Süd verlor seine Befehlsführung. »Eigenmächtig« unterstellten die Amerikaner dem General der Kavallerie Siegfried Westphal, zuvor Stellvertreter des OB West, sämtliche Heeres- und Luftwaffenverbände des Südraumes.[78] Über ihre Demobilisation hatte lediglich der Erkorene zu verhandeln. Westphal informierte Jodl und bekam zur Antwort: »Auch mit dieser Ernennung werden Sie sich abfinden. Sie sollen, wie wir alle, noch einige Eier legen, um dann als Suppenhuhn zu dienen.«[79] Der kuriose Funkspruch beendete Jodls Tätigkeiten. Am 23. Mai mit Dönitz und Generaladmiral von Friedeburg auf die »Patria« zitiert, wurde auch er, der OKW-Chef, zum Kriegsgefangenen. Rooks erklärte im Beisein Truskows, daß ihm befohlen sei, nicht nur die Reichsregierung, sondern ebenso das Oberkommando der Wehrmacht zu verhaften.[80] Beide waren aufgelöst. Alle Gewalt in Deutschland fiel an den Alliierten Kontrollrat.

Bei Jodls Rückkehr hatten Einheiten der 11. englischen Panzer-Division die Flensburger Enklave besetzt, Mitglieder und Hilfskräfte der Regierung Dönitz auf demütigende Weise festgenommen und zusammengetrieben.[81] Räume waren durchstöbert und umgestülpt, Aktenmappen, Erinnerungsstücke und Wertsachen von der britischen Truppe gestohlen worden. Kein Protest hatte aufgehalten, was den Besiegten entwürdigen sollte, aber vorab den Sieger bloßstellte. Sogar amerikanische Offiziere waren erschüttert. Den »Abgang der Herrenrasse« – so die gängige Formel – umlauerten Fotoreporter und Filmteams. Wie Dönitz erfaßten sie Jodl: ein abweisendes, zugeriegeltes Gesicht, das Verachtung andeutete.[82] Unbeweglich, steinern ertrug er die Großaufnahmen, die zudringliche Kameras von ihm machten. Fast schien es, als beobachte er. Die Feindseligkeit der späteren Wochenschau-Kommentare galt nicht ihm. Doch die schneidende Stimme des deutschen Sprechers, der noch die Totschlagsdiktion der NS-Zeit fortsetzte, hätte ahnen lassen, daß Prozesse drohten.[83] Hautnah bewacht und nach den Spitzen der Geschäftsführenden Reichsregierung kam Jodl ins Flensburger Polizeipräsidium.

Britische Soldaten durchsuchten ihn und sein Gepäck, Vorgang, den er – treffender – »organisierte Plünderung« nannte.[84] Dönitz »verlor« seinen Feldmarschall- und Interimsstab. Friedeburg hatte sich den üblen Zeremonien durch Selbstmord entzogen. Im Hof des Präsidiums, vor einem englischen Panzerspähwagen, trat Jodl zu Dönitz und Albert Speer: künftig Symbolbild des Schlußaktes.[85] Wieder ganz innere und äußere Abwehr, ignorierte er Haß und Neugier. Dann ging es, erneut unter starker Obhut, zum Flensburger Flugplatz – ein trauriger Auszug, der das Ende besiegelte.

Auf dem Flugplatz hatte, wer abgeführt war, eine Transportmaschine zu besteigen. Nur zwei Amerikaner behielten, während des Fluges, die Gruppe um Dönitz im Auge.[86] Über dem grauenvoll zerstörten Köln zog die Maschine mehrere Schleifen, wohl um den Gefangenen die Folgen »ihres« Krieges zu zeigen. Wenig später landete man in Luxemburg. Schwerbewaffnete, brüllende GI's stürmten heran, als wäre die Gruppe erst jetzt gefangenzunehmen. Auf einem LKW zusammengepfercht, mehr stehend als sitzend, wurde sie nach Mondorf an der Südgrenze Luxemburgs geschafft, Ziel: ein ehemaliges Hotel des Badeortes.

Der Bau schien für den übrigen Ort verschwunden zu sein.[87] Hohe Zäune, mit Tarnnetzen verhängt, umgaben ihn. Strenge Bewachung war am Zugang postiert. Allein Sonderstufen von Sonderausweisen erlaubten das Gelände zu betreten, das im

Umkreis ein verstärktes amerikanisches Infanterie-Regiment abriegelte. Fenster und Flurtüren des einstigen Hotels waren herausgerissen, Möbel, Waschtische, Spiegel, Haken und Nägel entfernt. In jedem Raum standen lediglich Feldbettgestelle ohne Matratzen und Decken. Stacheldraht vor den Fenstern vervollständigte den Eindruck eines Kriegsgefangenenlagers.

Kommandos beschlagnahmten Messer, Nadeln, Rasierzeug, Krawatten, Schnürsenkel, Papiere und Orden.[88] An Wäsche und Waschzeug beließen sie nur das Notwendigste. »Das Ganze geschah in taktvoller Form – ein wesentlicher und wohltuender Unterschied zur Behandlung durch die Engländer.« Nach einem dürftigen Abendessen bezogen die Eingelieferten jeweils zu zweit ihre zugigen, kahlen Zimmer. Vor Jodl waren Göring, Keitel, Frick, Frank, Ley und Seyß-Inquart anwesend.[89] Später kamen Rosenberg, Lammers, Funk, Ribbentrop, Streicher, Reichsschatzmeister Schwarz, Ritter von Epp, Warlimont und die Generalobersten Blaskowitz und Lindemann. Weitere »Hotelgäste«: die Reichsminister Graf Schwerin von Krosigk, Seldte, Meissner, etliche Staatssekretäre, Diplomaten und Militärattachés, schließlich ein Haufen Adjutanten. Amerikas Presse sprach von den »Forty-two big Nazis at Mondorf«.[90]

Der Slogan übertrieb kräftig angesichts bloßer Schleppenträger, geschrumpfter »Größen« des NS-Regimes. Scharfe Beobachter registrierten – wie dann auch in Nürnberg – eine Ansammlung von Durchschnittlichkeit, die bestürzte, aber Hitler plausibler machte.[91] Macht- und Funktionsverlust hatte sie entblättert. Eng zusammengedrängt und sich selbst ausgesetzt, bot sie rasch schlimme Bilder. Abwiegelung, Rechthaberei, Spannungen und Haß untereinander überwogen. Göring – obschon Verächter aller Mitläufer – beanspruchte Respekt und Ergebenheit.[92] Die meisten der früheren Parteigenossen und Offiziere seiner Luftwaffe erwiesen ihm Gefolgschafts»treue«, doch die Lager im Mondorfer Gefangenenlager sonderten sich. Eine starke Gruppe schwenkte zu Dönitz. Den Trennungsstrich markierte nicht politische Einsichtsfähigkeit. Gleich Göring war der Großadmiral noch weithin Nationalsozialist.[93]

Jodl beherrschte Unbehagen. Figuren, denen er während des

Krieges oft vorsätzlich ferngeblieben war, hatten ihn jetzt leider eingeholt. Er »umging« Ribbentrop, Frick, Ley, Frank, Streicher, Funk und Rosenberg: fast die gesamte Partei-Crew, für die er keinerlei Sympathie empfand.[94] Gespräche mit ihr entbehrte er freiwillig. Was er nicht wußte und nicht zu wissen begehrte, sollte wohl auch seinem Selbstschutz dienen. Wie die »Politiker« Hitlers mied er den Reichsmarschall, den ranghöchsten der inhaftierten Paladine. Er erlag nicht der Respektlosigkeit, die sich nun gefahrlos am Entmachteten rächen konnte.[95] Unvergessen aber die Quertreibereien des Luftwaffenoberbefehlshabers gegen eine einheitliche Wehrmachtführung, ebenso dessen Großsprechereien im Führerhauptquartier, die zuletzt nur Übelkeit verursacht hatten. Mit den Heeres- und Marineoffizieren hielt Jodl zu Dönitz.[96] Ihn, den Soldaten und das legitime Staatsoberhaupt, achtete er vorbehaltlos trotz wechselseitiger menschlicher Kühle. An den Kompetenzstreitigkeiten, die der »zurückgesetzte« Reichsmarschall heraufbeschwor, beteiligte er sich nicht. Sie waren ihm hier lediglich Possenspiel, Zeitvertreib abgehalfterter Intriganten.[97] Er beharrte – gerade als Gefangener dieses Lagers – auf Haltung, wobei der Uniformrock noch am ehesten Rücken steifte; »jämmerlich« bereits jene, die in zerknitterten Zivilanzügen steckten und langsam verwahrlosten.

Amerikaner und Engländer vernahmen ihn, ihre Hauptthemen: Invasion 1944, Ardennen-Offensive, Generalstab, Operationen und Technik.[98] Er antwortete sachlich, zumeist jedoch einsilbig. Werturteile oder gar Kommentare zur NS-Politik unterließ er: für die Vernehmenden enttäuschende Meinungslosigkeit. Verletzlicher denn je, kultivierte er Unnahbarkeit, die auch peinliche Fragen ersticken sollte. »In seiner Erscheinung«, so ein Besucher, »war er der soldatischste und neutralste, am typischsten General.«[99] Nur gegenüber Krosigk, Dönitz' Außenminister, erklärte er zur Feldherrnrolle des Führers: Hitler sei von allen Nichtmilitärs, die er gekannt habe, die größte strategische Begabung gewesen, ein Mann mit angeborenem genialen strategischen Blick. Daran, ergänzte er, lasse er trotz vieler scharfer Zusammenstöße nicht rütteln.[100] In einem Brief an seine Frau, auf den Tag 35 Jahre nach seiner Beförderung zum Leutnant, hieß es: »Was ich damals war, das bin ich geblieben und werde ich bleiben, durch alle politischen Wandlungen und Katastrophen hindurch, ein Mensch, der die Wahrheit liebt und die Gerechtigkeit, der nicht heute verdammt, was er gestern angebetet, der sein Volk und sein Vaterland liebt und in keiner Not und Gefahr die Treue bricht ... Wieder wie in Zeiten des Umsturzes werden sich die Menschen in ihrer ganzen Erbärmlichkeit zeigen. Die sich nicht genug tun konnten an Begeisterung und Anbetung, werden auch jetzt wieder in der vordersten Front der Ankläger stehen ...«[101]

Selbst innerhalb »seines« Kreises übte er Zurückhaltung. Keitel, der auf jeden alliierten Pfiff hin lostrabte, erfüllte ihn mit Entsetzen.[102] An Warlimont, dem einstigen Stellvertreter, schwieg er geflissentlich vorbei. Was er allzu oft vernahm, war ihm bloße Selbstrechtfertigung, durchsichtige Legendenbosselei. Sie verwarf er schon deshalb, weil er frühere Tatsachen nicht verleugnete oder übersah. Innerlich vielleicht noch versteifter, bekannte er sich auch zu anfechtbaren operativen Auffassungen. In einem seiner seltenen Gespräche – hier mit ehemaligen Befehlshabern der Ostfront – mißbilligte er herb den »Schrei nach der Sehne«, Frontverkürzungen, die, immer wieder gefordert, Reserven schaffen sollten. Vergebens die Argumentation, daß – angesichts hoffnungsloser eigener Unterlegenheit – Reserven »unverhältnismäßig wichtiger gewesen wären, als bedeutungslose und kräftebindende Frontbögen zu halten«.[103] Dethleffsen, Blaskowitz und Lindemann, seinen Gesprächspartnern, schien er unbelehrbar, ja, weiterhin auf »Hitlers Linie« eingeschworen. Betroffen gewahrten sie nicht nur strategische Mängel, sondern auch offenbar ererbten Eigensinn. Die Lagerhaft, Seite an Seite mit abstoßenden Politikern, wurde für Jodl drückend, unerträglich. Er mutmaßte – zunehmend erbitterter – schikanöse Hinhaltemanöver. In einer Eingabe, die betonte, daß ihm – einem Soldaten – keine Verbrechen vorzuwerfen seien, bat er um Entlassung aus der Gefangenschaft.[104]

Seine Ungeduld war naiv, kam aus überlebten Vorstellungen. Auch er sollte zur Rechenschaft gezogen und – angeklagt werden: Faktum, das er zuallerletzt bedachte. Er kannte nicht die Vorgeschichte des Nürnberger Tribunals oder hatte frühere Zeichen nur unzureichend wahrgenommen. Doch spätestens seit der Moskauer Deklaration von 1943 waren Deutschen für Kriegsverbrechen schwere Strafen angedroht.[105] Die Greuel der NS-Herrschaft bis zum Kriegsende steigerten Haß, Abscheu und Vergeltungswillen. Diesmal wollten die Sieger strafen, weder Verzeihung noch Gnade walten lassen, sondern den Ungeist der Geschlagenen, einer Nation ausrotten. Lange planten Amerikaner und Engländer kurzerhand Hinrichtungen ohne Gerichtsverfahren, die Briten am längsten und hartnäckigsten.[106] Erst im Jahr des Sieges beabsichtigte man ein Internationales Tribunal, das zwei Dutzend Hauptkriegsverbrecher in einem Prozeß aburteilen sollte. Das Londoner Statut, am 8. August 1945, also während Jodls Mondorfer Tage unterzeichnet, gab allem Rahmen und Richtung.[107]

Strafwürdig waren Kriegsverbrechen und Verbrechen gegen die Menschlichkeit, ebenso Verschwörung und Verbrechen gegen den Frieden. Zu »verbrecherischen Organisationen« erklärte man: SA, SS, das Führerkorps der NSDAP, Gestapo, Reichskabinett, Generalstab, OKW und OKH[108] – Diskriminierungen, die juristisch noch in abenteuerliche Probleme verstrickten. Der Angriffskrieg wurde rückwirkend zum Straftatbestand, aber als Delikt so begründet, daß sich Völkerrecht ungeschrieben weiterentwickle. Auch mit ihrem Verschwörungsbegriff, der gemeinsam geplante Verbrechen unterstellte, vermochten sich Amerikas Delegierte durchzusetzen.[109] Die Anklage traf einzelne und Kollektive. Jodl stand im Frühjahr 1944 und 1945 auf englischen Kriegsverbrecher-Listen; in denen der Amerikaner fehlte er. Franzosen und Russen verlangten, ihn der endgültigen Auswahl zuzuschlagen, und fanden keinen Widerspruch. Der ehemalige Chef des Wehrmachtführungsstabes gehörte zur Gruppe der Hauptangeklagten. Mit ihr verließ er am 12. August 1945 das Mondorfer Lager.[110]

NÜRNBERGER PROZESS

Eine DC-7 flog ihn und die Gruppe von Luxemburg nach Nürnberg.[1] Die Stadt, die er durchquerte, ohne sie zu sehen, lag in Trümmern. Überall Schutthügel oder rauchgeschwärzte Mauerreste, eine grausige Wüstenei, in der sich verhärmte, abgerissene Menschen bewegten; fast wie ein Symbol dagegen der kaum beschädigte und inzwischen wiederhergestellte Justizpalast, das Ziel des Transports. Jodl hatte noch in Mondorf daran geglaubt, daß er als Soldat nicht angeklagt würde. Jetzt, hinter Schloß und Riegel, überfiel ihn ein Schock. Impulsiv wollte er »alles sprengen«, seinem Leben ein Ende machen.[2] Erste Grüße seiner Frau – Blumen und Briefe – halfen dieses Gefühl zurückzudrängen, doch nun begriff er, daß er angeklagt war und, beschuldigt, zu kämpfen hatte. Zwei Menschen rangen in ihm. Sein Gemüt lehnte sich auf und hing wie je am Leben. Sein Verstand mahnte ihn, mit dem Leben abzuschließen, weil er sonst »keine gute Rolle« spielte. Der Widerstreit blieb – untergründig – bis zum Ende jeder Hoffnung, aber am 10. September schrieb er einen Abschiedsbrief und sein Testament, war vom Innersten her »alles in Ordnung«.[3] Was ihm nun noch gewährt wurde, nahm er als Geschenk. Dies sollte auch gegen »Rückfälle« gelten.

Ein »Schuld«bekenntnis, das er verfaßte, zog Bilanz: Hinweis auf die beabsichtigte kommende Verteidigung.[4] Daß seine Vorarbeiten nach 1935 »einen möglichen Krieg« ins Auge faßten, bestritt er nicht, doch »Vorbereitungen eines Angriffskrieges« nannte er Phantasie. Seinen Eid hatte er einem Mann geleistet, der legal zum Führer des Reiches und Obersten Befehlshaber aufgestiegen war, mehr noch: dem alle ausländischen Nationen Reverenz erwiesen hatten. »Mit diesem Eid, dessen Formel auf *unbedingten* Gehorsam lautete, war mein ganzes Leben vor und während des Krieges nichts anderes als eine soldatische Pflicht. Denn der Eid ist das oberste moralische Gesetz jedes Soldaten, das Fundament jeder Disziplin und damit der staatlichen Existenz überhaupt.«[5] Er anerkannte Mitverantwortung bei der Ausführung von Befehlen, die offensichtliche Verbrechen bezweckten (Militär-Strafgesetzbuch, § 47), aber solche Befehle, meinte er, waren ihm nie erteilt worden, und nie habe er sie selbst erteilt. An den Vorarbeiten und Entschlüssen zur Besetzung Prags 1939 und zum Krieg gegen Polen wußte er sich nicht beteiligt. Schuld indes in der operativen Führung gab es für ihn »nur gegenüber dem eigenen Volke«.[6]

Die Haftbedingungen konnten Kleinmut fördern. Jodls zweite Zelle – Nummer 6, Erdgeschoß, Südseite – maß 4 zu 2,2 und in der Höhe 2,5 Meter. Das schmale Einzelfenster bestand aus einer durchsichtigen Plastikscheibe, hinter der freilich bei Sonnenschein Baumblätter leuchteten.[7] Haken, Metallteile und Stromleitungen waren entfernt; das einzige Inventar: Waschschüssel, WC, eine Pritsche mit Roßhaarmatratze, Stuhl und Tischgestell. Eine Öffnung in der Tür spendete Licht, wurde aber zugleich zur Folter. Unentwegt beobachteten Wachen den Inhaftierten. Nachts traten sie an die Pritsche heran, wenn sich der – grell angestrahlte – Gefangene einmal abwandte oder seine Hände unter die Decke steckte. Häufig weckten sie ihn willkürlich.[8] Wütende Proteste fruchteten nur vorübergehend. Die Verpflegung war immer wieder mangelhaft. Der Gefängniskommandant Burton C. Andrus, ein amerikanischer Obrist mit gelacktem Stahlhelm, mühte sich um zusätzliche Schikanen. Unterhaltungen zwischen den Inhaftierten verbot er. Bei Zelleninspektionen hatte der Gefangene völlig entkleidet dazustehen. Oft packte Jodl das Gefühl, als laste »auf einem« der Welthaß[9] – Haß, den er überall spürte.

Schon in den ersten Nürnberger Tagen war er aus der Wehrmacht entlassen worden, hatte man ihm Schulterstücke und Ehrenzeichen genommen.[10] Aber auch im schmucklosen Rock – seinem Prozeß-Aufzug – blieb er Offizier, ganz Haltung. So bedrückend die Haftbedingungen: er gewöhnte sich an sie; die

Zelle wurde ihm zum Unterstand. Briefe seiner Frau – Ersatz für verweigerte Besuche – gaben Auftrieb, ebenso Gespräche mit dem deutschen Gefängnisarzt Dr. Pflücker und dem amerikanischen Pater Sixtus O'Conor.[11] Vernehmungen, Niederschriften und Bücher hielten ihn geistig wach und gespannt. Souverän genug, stellte er die Licht- über alle Schattenseiten. Noch glücklicher fügte sich die Wahl seiner Verteidiger Franz Exner und Hermann Jahrreiss: beide Professoren der Rechte und auch Kenner des Völkerrechts, beide von gewinnender Menschlichkeit und sofort bereit, gerade ihn, den Soldaten, zu verteidigen.[12] Aus wechselseitiger Achtung erwuchs hier Vertrauen und zuletzt Freundschaft. Daß beiden Professoren seine Frau zur Hand ging, erhob den Gefangenen doppelt. Er wußte: Mit diesen Helfern – dem »Büro Jodl« – waren ihm Trümpfe zugefallen.

Die Anklageschrift beschuldigte ihn der Verschwörung und des Verbrechens gegen den Frieden, der Kriegsverbrechen und Verbrechen gegen die Humanität.[13] Sie beschuldigte ihn nicht nur als Einzelperson, sondern auch als Mitglied des Generalstabes und Oberkommandos der Deutschen Wehrmacht, verbrecherischer Organisationen. Ein Trial-Brief der Engländer spezifizierte die Anklagen und machte Jodl mitverantwortlich für Hitlers Machtergreifung, alle Aggressionen und den Kommando-Befehl. Dies sollte, fragte er, die Zeit gewesen sein, die er erlebt hatte?[14] Er sollte sich – 1939 Provinz-Truppenkommandeur – gegen den Frieden verschworen und zu dem Krieg getrieben haben, den Hitler ohne sein Zutun entfesselte? Hatten Anklageschriften Sinn, so bei individuell Anklagbarem. Die summarischen Beschuldigungen waren für Jodl Aberwitz. Er begriff nicht, wie man die Gehorsamsverpflichtung eines Soldaten leugnen konnte. Geradezu rasend machte ihn der Vorwurf, daß er sich an den besetzten Gebieten persönlich bereichert hätte.[15] Die Verbrechen, die in der Anklageschrift aufgezählt wurden, waren »unglaublich furchtbar«, falls sie zutrafen. Aber hatte er, der Chef des Wehrmachtführungsstabes, diese Verbrechen begangen? Er hatte kein Dokument seines Stabes vernichten lassen und die eigenen Tagebücher dem Gegner ausgehändigt – überzeugt davon, daß *er* nichts zu verbergen habe.[16]

Er brauchte keine juristische Schützenhilfe, um bei den ersten Anklagepunkten rückwirkendes, nachträgliches »Recht« zu gewahren.[17] Auch daß die Sieger Gerichtsverfassung *und* Strafrechtsnormen festsetzten, als Ankläger *und* Richter in einer Partei auftraten, leuchtete ihm schwerlich ein. »Wenn schon dieser Krieg«, schrieb er, »einen Sinn für den Fortschritt der Menschheit gehabt haben soll, so kann er doch nur darin liegen, daß aus ihm wenigstens die Befriedung Europas, wenn nicht der Welt, auf lange Zeit hervorgeht. Dazu muß aber an Stelle der Gewalt, die den Krieg verursacht und den Sieg erzwungen hat, letzten Endes ein von allen Seiten anerkanntes Recht treten. Denn sonst sind die Menschen und die Völker nicht einen Schritt weiter als vorher.«[18] Er schwor sich – empört über die Anklageschrift –, »unerhört hart« zu sein und zu bleiben. Wo man Pflicht, Gehorsam und Treue zu Verbrechen erklärte, gedachte er leidenschaftlich Sturm zu laufen, glaubte er sich besser gerüstet als alle Verteidiger. Er hoffte, daß es ihm gelang, seinem Grimm Zügel anzulegen. Er wußte, wovon er abzurücken hatte, doch gewillt zu kämpfen, war er entschlossen, »in der eigenen Sache die des deutschen Soldaten zu verteidigen«.[19] Nie wollte er »etwas Unanständiges tun«.

Am 20. November 1945 öffnete sich die enge Tür zum Gerichtssaal. Weißbehelmte GI-Wachen wiesen Jodl in die zweite Reihe der Anklagebänke, sein unmittelbarer Nachbar: Franz von Papen, mit dem er auch später kaum Worte wechselte. Vor ihm, nahezu verdeckt, die Verteidiger-Tische, ihnen gegenüber – wieder erhöht und hinter den Stenographen und Gerichtssekretären – die acht Richter: Woltschkow, Nikitschenko, Birkett, Falco, de Vabres, Parker, Biddle und Lawrence. Rechts im Saal von Jodl: Nebenkläger, Dolmetscher, Presse, Zuschauer, ein wisperndes Menschengewimmel, das innere Sammlung zu beeinträchtigen drohte, aber wohl zu diesem Jahrhundertereignis gehörte. Wie lange, rätselte Jodl, mochte der Prozeß dauern: zwei, drei, noch mehr Monate? Der holzgetäfelte, fensterlose Saal, den nur künstliches Licht erhellte, begann ihn zu quälen.[20]

Als Vorsitzender präsidierte Sir Geoffrey Lawrence, britischer Lordrichter, der später ebenso Jodls Vernehmung und dann die

Kreuzverhöre überwachte.[21] Ganz abgeklärte Ruhe, wußte er Rangeleien unter den Richtern kleinzuhalten. Den Angeklagten begegnete eine Einheitsfront. Zwar verwirrten – hinter ihrer Fassade – juristische Vorbehalte. Auch der zweite Richter-Rang, den man für Nürnberg nur hatte gewinnen können, hegte Zweifel hinsichtlich der zu weit gespannten Anklage. Doch jetzt verpflichtete das Statut, endete zumindest der vorangegangene heftige Meinungsstreit.[22] Mit dem Statut glaubten die Ausgewählten, daß sie Recht sprächen und nicht Politik ihre Juristen gefunden habe. Das Unstrittige in den Anklagen beschwichtigte oder milderte Skrupel.

Die Artikel des Statuts – oft ungefüge Wortblöcke – wappneten nicht gegen völkerrechtliche Anfechtungen, aber allenfalls in Notfällen wagte das Gericht vom Statut abzugehen.[23] Die Richter erstrebten Distanz zur Anklagebehörde und beharrten auf rechtsstaatlichen Verfahrensregeln. Daß einige von ihnen am Statut mitgearbeitet hatten, tat dem Anspruch keinen Abbruch. Die sechs »verbrecherischen Organisationen« wurden zur schweren Bürde. Nirgendwo war festgelegt, was mit deren Mitgliedern geschehen sollte. Waren sie prinzipiell Freiwild oder erst dann, wenn man ihre Hauptrepräsentanten, die Prozeß-Angeklagten, schuldig gesprochen hatte? Das Tribunal weigerte sich, die angeklagten Organisationen vorzeitig abzuurteilen, und betonte, für alle Mitglieder dieser Organisationen unzuständig zu sein.[24] Das änderte nichts am automatischen Arrest Tausender, an Verfolgungen zahlreicher »Mitglieder« draußen im Lande. Auch ein Nürnberger Tribunal, das bei einigen Organisationen schließlich zu Freisprüchen gelangte, fing Unrecht kaum noch auf.

Die Dokumentenmasse war inzwischen flutartig angeschwollen. An sie wollte man sich vor allem halten.[25] Entlastungszeugen plante man zuzulassen, sollten jedoch Dokumente nicht ersetzen. Die Fürchterlichkeit der Dokumente schon in ihrer Sprache blieb Leitlinie. Mündliche Abschwächungsversuche erwartete von vornherein tiefes Mißtrauen. Auch wo die Verschwörungs-Ideologie scheiterte und Interpretationskünste unumgänglich wurden, erhärteten Dokumentenbündel den Kern der Anklagen. Die Urteile, die man besonders in den von Deutschland heimgesuchten Ländern anmahnte, ließen sich fällen.[26] Was die Anklageschrift zusammenfaßte, war vorab den Richtern Katalog des Schreckens; eisig ihre Einstellung gegenüber den Angeklagten, namentlich zu Beginn des Prozesses.

Am Anfang stand die Zeremonie der Schuldbekenntnisse. Das Gericht forderte knappe Antworten: »Schuldig oder Nichtschuldig.«[27] Aus den Kopfhörern der Angeklagten kam die Übersetzung der englisch gesprochenen Formel. Einer der Verteidiger erhob sich und bemängelte, daß die Verteidigung nicht rechtzeitig informiert worden sei; ob den Angeklagten zusätzliche Erklärungen erlaubt würden. Das Tribunal lehnte sie ab. Jeder der Angeklagten – nach dem Selbstmord Leys noch 21 – trat zum Mikrophon und verneinte persönliche Schuld. Rudolf Heß' lautstarkes »Nein!« erregte Gelächter. Jodl überschritt das vorgeschriebene Ritual und äußerte: »Was ich getan habe oder tun mußte, kann ich reinen Gewissens vor Gott, vor der Geschichte und vor meinem Volke verantworten.«[28] Das Gericht nahm den Satz, kommentarlos, für »Nichtschuldig im Sinne der Anklage«.

Jodl hatte seine Worte eingehend erwogen, mit Bedacht und aus »voller Überzeugung« gewählt. So zahlreich die Vorwürfe der Anklageschrift: sie trafen vielleicht Göring, Heß, Ribbentrop, Frick, Rosenberg, Frank, Kaltenbrunner und Sauckel, die »Politiker« vor ihm in der ersten Bankreihe, kaum aber – nach seinem Rechtsverständnis – die Soldaten. Im Heeresgeneralstab und Oberkommando der Wehrmacht erblickte er zuallerletzt verbrecherische Organisationen. Alle Verteidiger hatten, wie er erfuhr, den Prozeß abgelehnt, weil sie dessen Statut nicht anerkennen konnten.[29] Die Eingabe war ihm aus dem Herzen gesprochen. Jacksons wuchtige Anklagerede, wortreiches Plädoyer für das neue Recht, erweckte seinen Widerwillen. Daß dieses Recht zunächst nur Deutsche und erst später einmal andere, jeden treffen sollte, stimmte ihn sarkastisch. Wie wäre, meinte er zu seinen Verteidigern, sonst noch die Richterbank zu besetzen und der Prozeß überhaupt zu führen? An die verheißene juristische Morgenröte wollte er nicht glauben.[30] Unvorstellbar in seiner

Sicht, daß sich jene, die richteten, je einmal selbst Gerichten unterwarfen. Ungesühntes Unrecht, erklärte er, stehe dem entgegen. Seine Auflehnung kam weniger aus Trotz als beleidigtem Rechtsgefühl, denn schlimm für ihn auch die Verfehlungen der Gegenseite, namentlich wenn er den ganzen Zweiten Weltkrieg bedachte. Und konnte er hier nur irren?

Selbst wenn man die Ruchlosigkeiten der Sowjetunion beiseite ließ: Scham erforderten zahlreiche alliierte Übergriffe im Kampf, Scham die barbarischen Flächenbombardements, die Unschuldige getötet, den Krieg verlängert hatten, Scham aber besonders die Atombomben von Hiroshima und Nagasaki.[31] Mochten sie gerade gezündet worden sein, um das Leben amerikanischer Soldaten zu retten: sie rissen alle Schranken nieder und befleckten die Nation, die sie verantworten mußte und nun anklagen wollte, mit vorsätzlichem Massenmord. Sie waren – Dammbruch der Apokalypse – Waffen totaler Vernichtung und nur verbrecherisch einzusetzen. Hatten Haager Landkriegsordnung und Genfer Konvention je gegolten, so wurden sie nach den Atombombenabwürfen weggeblasen. Die Wirklichkeit löschte Paragraphen und Legitimationen der Anklage. Jede Rechtsprechung hinkte dem Krieg aussichtslos hinterher. Anfechtbares wäre allenfalls vermeidbar gewesen, hätte man sich an kodifizierte Verbrechen gehalten, die immer strafwürdig blieben und zu ahnden waren. Was da zu geschehen hatte, bestimmten Normen und Gesetze. *Sie* anzuwenden, konnte gleichfalls Sache der Sieger sein, sofern deutsche Gerichte entfielen. Unteilbarkeit freilich verlangte dann ebenso Selbstjustiz, weil sonst nichts den Eindruck eines Siegerrechts zerstreute.[32]

Doch Recht hin, Recht her: rigoros drängte Moralismus zum Zug, Moralismus, den Vorbehalte lediglich reizten. Er traf Angeklagte, die »sich verschworen hatten, die Welt zu beherrschen«.[33] Dahinter stand kalte oder glühende Erbitterung, frischer, unverbrauchter Haß der Stunde. Filmwochenschauen, die Exekutionen »kleiner« Kriegsverbrecher zeigten, stimmten ihr Publikum ein und verlangten von den Nürnberger Richtern unnachsichtige Urteile. Jodl erkannte, daß Klagen über ein Recht sinnlos wurden, das sich nicht auf kodifizierte Verbrechen beschränkte. Er verstand: Es ging um seinen Kopf, ums Ganze. Er forderte, alle erreichbaren Akten und besonders die Dokumente heranzuziehen, die Deutschlands Kriegsgegner, Anglo-Amerikaner und Russen belasteten. Nichts wollte er der Anklage durchgehen lassen. Seine Absicht, die militärgeschichtliches Wissen gefährlich machte, drang bis zu den Richtern und sollte sie beunruhigen.[34] Tatsachen, hoffte er, konnten das Ausnahmerecht erschüttern.

Seine Verteidiger, Exner und Jahrreiss, unterstützten ihn. Keiner sah Verantwortlichkeit des Mandanten für Kriegsverbrechen, Delikte, die am meisten bekümmert hätten.[35] Hinsichtlich der angeblichen Verschwörung gegen den Frieden waren klare Gegenrouten vorgezeichnet, verwirrte nicht das deklarierte Siegerrecht. Täglich gingen nun Zettel und Notizen vom Angeklagten zu den Verteidigern. Jodl präzisierte, schied aus, stellte richtig. Viele Zeugenaussagen kommentierte er: selbst bei Antipathien ebenso ruhig wie sachlich.[36] Seine Faktenkenntnis und Verstandesschärfe verhalfen zu schnellen Überblicken. Hiebsichere Argumente wurden, dann noch besser formuliert, zum Bestandteil seines späteren Auftritts, der Vernehmung in eigener Sache. Die Dokumente, schien es, erlaubten den Verteidigern Zuversicht. Auch wo Exner und Jahrreiss Skepsis anflog, gaben sie sich optimistisch. Hieß jedoch – nach dem Statut und gegen militärische Auffassung – jede Paraphe Mitschuld Jodls, waren alle Hoffnungen eitel.[37]

Bedrängender freilich zunächst andere Gefahren, und zwar aus unvermuteten deutschen Hinterhalten. Brauchitsch und Halder stempelten – in Aussagen wie Skizzen – das OKW zur selbständigen Führungszentrale, der alle Wehrmachtteile direkt unterstanden hätten.[38] Während man zuvor, bis 1945, davon durchdrungen war, daß es den Wehrmachtteilen nichts zu befehlen hatte, gewann es nun ausschlaggebenden Rang und höchste Verantwortlichkeit. Dessen Funktion – bloßer Arbeitsstab des Obersten Befehlshabers Adolf Hitler – schien vergessen. Was sich abzeichnete, waren Tendenzen schäbiger Selbstentlastung. »Keitel und Jodl«, äußerte der erste Generalstab-Verteidiger offen, »sind ja doch verloren. Wir schieben alles auf das OKW.«[39]

Beide Offiziere, mochte er glauben, sollten von vornherein für Gruppenschuld büßen, für Schuld, die sonst inkonsequent, aber wohltuend nicht verfolgt wurde. Exner und Jahrreiss hatten zu begreifen und begriffen, daß rechtzeitig Gegentaktiken einzuschlagen waren. Schonungen anderer auf Kosten ihres Mandanten entfielen. Auch Jodl verspürte wenig Neigung zu einem Winkelried. Obwohl entschlossen, sich vor den Wehrmachtführungsstab zu stellen, beabsichtigte er keine falsche Absolution zu fördern. Die Rolle eines Galionsschuldigen nahm er nicht an: schon im Willen zur Sachlichkeit.

Der Prozeß deformierte frühere Wirklichkeiten. Das Tribunal nötigte, Anklagen zu entkräften. Einstige Überzeugungen wurden abgeschwächt und umgebogen. Zeitweise riskierten die Bedrängten sogar den Eindruck einer verstockten, wehleidigen Kumpanei. Jodl erstrebte – einmal gezwungen, sich zu verteidigen – kein rundum gültiges Bild seiner Vergangenheit, doch im ganzen wollte er ihm immerhin nahekommen. Gerade als Soldat wähnte er einen festen Stand zu haben.[40] Zu Entschuldigungen, die Schuld bemäntelten und wieder Entschuldigungen verlangten, sah er nirgendwo Anlaß, noch weniger zu generellen Schuldbekenntnissen, die nichts sagten und alles billig machten. Apokryphe Zerrbilder und nachträglich ersonnene Beweggründe schied er von vornherein aus. Der Krieg war ihm seit 1939 vorgegeben. Den aufkeimenden Verdacht, daß Hitler dessen Ursache gewesen sein könnte, überdeckte das eigene Bewußtsein vom bedrohten Reich. Was bei solchem Bewußtsein galt, gedachte er dem Gericht darzulegen.[41] Guter Glaube, meinte er, blieb beweisbar. Darin sollte ihn kein unterstellungssüchtiger Eifer beirren. Gefährlicher nur – jenseits eines willkürlichen Siegerrechts – der Komplex verbrecherischer Befehle, aber hatte er, Jodl, verbrecherische Befehle je gewollt und selbst entworfen, sie nicht vielmehr verweigert, zu Fall gebracht oder abgemildert?

Innerlich niedergedrückt erinnerte er an die grausamen Formen namentlich dieses Zweiten Weltkrieges, vor denen die Schrecken des Krieges 1914/18 verblaßten.[42] Die Gründe lagen für ihn im uneingeschränkten Luftkrieg auch gegen Frauen und

Kinder, im Kampf der Untergrundbewegungen und Partisanen, in der völkerrechtlich völlig ungebundenen Kriegführung Rußlands, in der von England und Amerika geschürten Heimtücke (Handgranaten gegen Schwesternheime) – Verbrechen nach der Genfer Konvention, die zu harten, »von uns nicht gewollten« Gegenmaßnahmen zwangen.[43] Völkerrechtlich war er »der Auffassung, daß es bis zum heutigen Tage kein höheres Recht im Kriege gibt als die Gesetze der Nation und das Notstandsrecht eines Volkes, aus dem die Befehle der obersten Führung resultierten, und daß freiwillig abgeschlossene überstaatliche Verträge zwar Regierungen verantwortlich binden können, aber nicht Soldaten, die zu gehorchen haben. Und selbst wenn solche Verträge in den Gesetzen des eigenen Staates verankert sind, können sie nur gelten, wenn auch der Gegner sie de jure und de facto hält, es sei denn, daß es eine internationale Gerichtsbarkeit mit der nötigen Exekutivgewalt gibt, an die man sich im Bedarfsfall wenden könnte«.[44]

Alle Vergeltungsmaßnahmen, und gerade die schärfsten des Führers, verteidigte er, weil nur sie deutsche Soldaten schonten und – durch Abschreckung – »die Opfer des feindlichen Volkes am meisten herabminderten«. Feierlich erklärte er, daß Hitler »in keinem Fall« von sich aus den Kampf verschärft habe.[45] Das zählte für ihn bis hin zu den Rückzügen. Er selbst beanspruchte, innerhalb seiner Bereiche jeder gemeldeten Völkerrechtswidrigkeit nachgegangen zu sein und die Ergebnisse den zuständigen Stellen übermittelt zu haben. Sein »moralisches Gewissen« war »ebenso streng wie sauber«. Er hielt sich an seine Versuche, unnötige Härten zu vermeiden, Gegensätze auszugleichen, Ungerechtigkeiten wiedergutzumachen, an die Waffenstillstandsverhandlungen von Compiègne und Janina, bei denen er die Ehre der Besiegten »im höchsten Maße« wahrte.[46] Er blieb auf diese seine Haltung um so stolzer, als er das Gegenteil durch die jetzigen Sieger verspürte. Was er und der Wehrmachtführungsstab getan hatten, war in seiner Sicht ehrenhaft besonders dort, wo großes Unrecht vermieden wurde. Würdigte man Tatsachen, erfolgreiche Widerstände, gute Taten, schien ihm Gelassenheit vollends gerechtfertigt.

Trotz anfänglicher Kredite gab er der Prozeßführung rasch schlechte Noten.[47] Den Vorwurf seiner Mitschuld an der Judenverfolgung nannte er Infamie. Noch mehr bestürzte ihn die »militärische Laienhaftigkeit« der Richter. Seine Dienststellungen und Kompetenzen verlas man hartnäckig in der »alten, fehlerhaften Weise«. Daß Deutschland 1939 »so starke Kräfte lediglich für Angriffskriege« brauchte, war ihm – angesichts der wirklichen Kräfte – böswillige Behauptung. »Wir Soldaten«, notierte er, »kennen keine Angriffskriege. Das ist ein *politischer* Begriff. Auch Angriffskriege können zunächst strategisch defensiv geführt werden und umgekehrt.«[48] Mit seinem Verteidiger wußte er, daß der Begriff völkerrechtlich nicht definiert war und hier eine Schwäche des Statuts vorlag. Die Anklage bestätigte ihm Unschuld an der Macht»ergreifung« 1933, machte ihn aber wieder zum Stabschef Keitels. Entschieden drang er auf Korrekturen, um abwegigen Anklagen zu entgehen.[49] Im Bild des Krieges und der Vorkriegsjahre entdeckte er sich nicht wieder. Kausalitäten fand er verleugnet oder ausgewischt. Fast alles suggerierte selbst in seinem Fall »konsequente Verschwörung«. Obgleich »als Operationsberater *nur Soldat*« und ohne »den geringsten Einfluß auf rein politische Dinge«, sollte er Politiker gewesen sein und den Krieg verursacht haben.[50] Jodl wurde klar, daß er ein Gebirge von Vorurteilen überwinden mußte. Doch was immer er Exner oder Jahrreiss zureichte, war allenfalls erst bei seiner Vernehmung anzubringen.

Neun Tage nach Prozeßbeginn verdunkelte sich der Saal. Vor den Angeklagten lief ein Dokumentarfilm über NS-Konzentrationslager, den amerikanische Truppen erbeutet hatten.[51] Sein deutscher Vorspann erlaubte kaum Zweifel. Der Streifen zeigte Gefangene, die lebend in einer Scheune verbrannten, Berge von toten Lagerhäftlingen, die in Massengräber geworfen oder mit Traktoren weggeräumt wurden. Ein britischer Offizier kommentierte, schon 17000 Leichen habe man begraben. Daneben: Bilder vom Krematoriumsofen in Buchenwald und Lampenschirme aus Menschenhaut, Berichte über Experimente an Frauen in Belsen – eine Szenenfolge unfaßlicher Verbrechen und Barbareien, nicht manipulierbar, sondern Wirklichkeit. Gilbert, ein amerikanischer Psychologe, beobachtete während der Filmvorführung die Angeklagten: gequälte, entsetzte Gesichter.[52] Einige stöhnten auf, andere wandten sich ab. Wieder andere weinten. Der ehemalige Chef des Wehrmachtführungsstabes entging Gilberts Blick. Denkbar auch, daß er sich spontanen Reaktionen verwehrte, die der Gefängnispsychologe registrieren konnte.

Jodl traf die Enthüllung abgründiger Verbrechen wie ein Keulenschlag. Tief erschüttert sah er den Idealismus so vieler, den Kampf der Wehrmacht, »alles besudelt«.[53] Er spürte: Die Enthüllung richtete Deutschlands Führungsschicht und zwölf Jahre seiner Geschichte. Haß mußte diese Führungsschicht bereits vor Prozeßurteilen schuldig sprechen. Ahnungslosigkeit schien nun unglaubwürdig. Um so leidenschaftlicher beteuerte er, daß sich ihm, dem im Hauptquartier fast Eingesperrten, das Schauerlichste nie erschlossen habe, und am wenigsten durch den Hitler, mit dem er umging und den er kannte.[54] Nachdrücklich hob er die einstige perfekte Geheimhaltung hervor, so unbegreiflich sie rückblickend auch anmutete. Abmilderungen des Satanischen, fühlte er, riskierten den Ruch der Verächtlichkeit. Doch so grauenhaft die gezeigten Verbrechen: *Er* hatte sie nicht zu verantworten. Dies war ihm jetzt doppelt wichtig, schon um den Eindruck unterschiedsloser Schändlichkeit zu tilgen. Das Gericht, meinte er, habe *ihn* angeklagt und *seine* Schuld zu klären.[55] Abwegiges zu bekennen, weigerte er sich, vorab in seiner Lage.

War ihm »Unschuld«, die Rolle eines Parzivals zu glauben? Indizien und Dokumente zeugten eher gegen ihn. Schwierig, den Grad seiner Selbstbeschwichtigung zu bestimmen, mit der er Unliebsames abdrängte. Man konnte ihn nicht der Judenhetze beschuldigen. Jede Diskriminierung, die verallgemeinerte, »jegliche staatliche Ächtung« lehnte er ab.[56] Obwohl nach den Revolutionswirren 1918/19 und als aktiver Offizier kein Philosemit, hätte er – wie noch Dönitz – schwerlich vom »auflösenden Gift des Judentums« gesprochen. Unter den Juden, die er kennenlernte, waren Patrioten. Dennoch wußte er, daß im Reich Konzentrationslager nicht nur mit Kriminellen existierten. Auch wenn ihn hier schönende Fotos Himmlers beruhigten, hatte er gleich anderen das Unrecht dieser Lager hingenommen.[57] Er ahnte, daß die Befugnisse der Einsatzgruppen zu Übergriffen und Willkür verführen konnten. »Befriedung« war dehnbar und insbesondere im Zeichen des Partisanenkampfes. Er kannte den Kommissar-Befehl und erfuhr von der Deportation dänischer Juden.[58] Die Schändlichkeiten des NS-Regimes verwiesen, mit der Zeit, auf Zusammenhänge und boten mehr als Fingerzeige. Wissend oder eingeweiht, erreichte Jodl Klippenränder. Aber millionenfacher, systematisch betriebener Mord an Männern, Frauen, Kindern, Greisen, Juden, Zigeunern, russischen Kriegsgefangenen? Ihn vermochte er sich schlechterdings nicht vorzustellen. Nie sah er – wie der potentielle Attentäter Axel von dem Bussche – eine Mordaktion an Juden, die nackt erschossen wurden und – Reihe über Reihe – in selbstgeschaufelten Gruben lagen.[59] Nie stand ihm vor Augen, daß allein Notwehr zu gewaltsamer Empörung zwang. Das Schauerlichste, darf man glauben, war ihm verborgen geblieben. Nicht einen Tag, schrieb er, hätte er ein solches Wissen ertragen.[60] Daß Massenmörder ohne höchsten Befehl gewütet hatten, verwarf der Erschütterte. Durfte dann aber jener, den die Hauptverantwortung traf, je noch Hoffnungen hegen? Jetzt, schlagartig begriff Jodl, warum Adolf Hitler, der Mann solcher Verbrechen, bis zum schlimmsten Ende »gekämpft« hatte[61], er, dem die Welt Frieden verweigern mußte und der Gefolgschaft nur mißbrauchen konnte – eine niederschmetternde Erkenntnis. Jodl nahm sie innerlich zunächst an, obschon sie die Gründe für seine Treue nicht aufhob.

Die Enthüllung anderer Wahrheiten, Resultat mancher Verhöre, erbitterte ihn nicht weniger.[62] Er blieb entschlossen auseinanderzuhalten, was er zuvor wußte und nun erfahren mußte. Doch zunehmend fühlte er sich zwischen moralischem Abscheu und patriotischen Empfindungen hin und her gerissen. Es kochte und wühlte in ihm, daß der Röhm-Putsch Görings und Himmlers Putsch war, ja, eine Bande bloß die andere liquidiert hatte.[63] Den 30. Juni 1934 empfand er jetzt als »Gemeinheit gegen all die Anständigen, die in gutem Glauben bei dieser Schweinerei« mitmachten. Zu den Anständigen rechnete er sich und die Reichswehr. Noch deprimierender für ihn die Belehrung, daß der Krieg nicht auszubrechen brauchte, sondern von Hitler entfesselt worden war. Er pries seine eigene frühere Ahnungslosigkeit, schon weil sie zusätzliche Gewissenskonflikte unterbunden hatte, aber auch hier sah er sich nachträglich düpiert und verraten.[64] Heftiger denn je verachtete er die Politiker, jene hochmütigen Verursacher von Menschenschicksalen, die ebenso ihm, dem Soldaten, ihren Krieg präsentiert hatten. Nie wieder wollte er ihnen unbesehen Vertrauenskredite gewähren. Er fing an zu zweifeln, ob Hitler namentlich vor dem Rußlandfeldzug alle diplomatischen Möglichkeiten auszuschöpfen bereit war. Ihm dämmerte, daß der Diktator 1941 einen offenbar immer beabsichtigten Kampf anstrebte.[65] Sein Bild des Führers trübte sich ein – stärker und tiefgreifender, als er es in Aussagen oder Niederschriften zugab.

Er war Realist genug, um zu wissen, daß »Öffentlichkeit« gar nicht erlaubte, ehrlich zu sein. Auch sein Amt hatte zu bedachter Zurückhaltung, steter Einsilbigkeit genötigt – Gebote, zu denen er, der Reservierte, sich nicht einmal zu überreden brauchte.[66] Doch selbst wenn er Politikern eigene Gesetze zuerkannte: Immoralität nahm er nur in Grenzen hin. Schneidend verurteilte er Görings Anteil an der Blomberg-Fritsch-Affäre, dessen jetzt entschleierte Rolle eines »unwürdigen, eitlen, ehrgeizigen und arroganten Schurken«.[67] Nichts vermochte dieses Verdikt mehr umzustoßen. Ribbentrops Hinweis, nie habe Deutschland die Rest-Tschechoslowakei garantiert, war ihm Spiegelfechterei, elendige Ausrede. In seinen Augen hatte Deutschland das Münchener Abkommen von 1938 »eindeutig gebrochen«. Zu Kaltenbrunner und Sauckel stand er wortlos: überzeugt davon, daß die Verbrechen, die man ihnen vorwarf, auf ihre Häupter kamen und nicht zu verantworten waren.[68] Beschämend nach seinem Ehrempfinden die Raubzüge in den besetzten Gebieten, besonders Görings ausgiebige Plündereien; verstörend der geplante Mord am französischen General Giraud, den Keitel ihm verschwiegen hatte. Vorübergehend rückte er sogar ab von diesem einstigen Vorgesetzten, obschon er sich vornahm, einen Mann, der am Boden lag, nicht zu treten.[69] Was er hörte, löschte Illusionen. Mehr und mehr glaubte er, daß er eine bessere Figur machte, wäre er allein angeklagt worden. Die Gesellschaft, in die er gesteckt war, schauderte ihn.

Auch nachträglich, mit erster ruhiger Überlegung, mißbilligte er die Methoden des innerdeutschen Widerstandes.[70] Die Umtriebe des Amtes Abwehr empfand er als anrüchig, desgleichen Speers Versuch, Hitler zu vergiften, nachdem den Architekten lange des Führers Gnadensonne beschienen hatte. Alles in Jodl wehrte sich gegen hinterhältigen Treuebruch und verspäteten opportunistischen Abfall. Traut man Andeutungen, die Gilbert festhielt, hätte er offene Aussprachen gesucht.[71] Ob ihnen je sein Rücktritt gefolgt wäre, dessen Verbot ebenso band wie einschüchterte, ist freilich zu bezweifeln. Wesen und unpolitische Loyalität machten ihn ungeeignet zum Frondeur. Für den äußersten Grimm fehlten die Erlebnishorizonte.[72]

Seine abweisende Miene – Miene mit Spuren der Verachtung – ließ viele frösteln. Die Sympathien, die er erweckte, blieben gering. Zwei oder drei seiner Richter empfanden allenfalls kühle Achtung, die Journalisten des Prozesses zumeist Beklommenheit und Abneigung.[73] Lange schien ihnen, als ob ein Mißverhältnis zwischen Person und Funktion vorläge. Nicht wenige zeigten sich verwundert, daß Jodl Spitzensoldat der Wehrmacht gewesen sein sollte: Die Sprödigkeit des Angeklagten täuschte. Erst während seiner Vernehmung in eigener Sache erkannte man, daß er, der Schweigsame, etwas zu sagen hatte. Keiner der Korrespondenten freilich verwechselte ihn mit Streicher, Saukkel, Frank und Kaltenbrunner. Für die meisten saß er zu Unrecht auf der Anklagebank.[74]

Distanz wahrte er gegenüber den Mitangeklagten, die ihn abstießen oder noch befremdeten. Es war zuletzt fast die gesamte »politische Phalanx«.[75] Raeder, Dönitz und Seyß-Inquart – in seinen Augen beherrscht und würdig argumentierend – respektierte er am ehesten, Dönitz vor allem nach einem eindringlichen Plädoyer Kranzbühlers, das er hervorragend nannte. Speers Bekenntnis zu persönlicher Schuld achtete er, da er hier Ehrlichkeit oder wirkliche Betroffenheit verspürte. Nie boykottierte er – wie die meisten Angeklagten – Hitlers ehemaligen Rüstungsminister.[76] Görings Duell mit Jackson, bei dem dessen außenpolitischer Moralismus auf der Strecke blieb, imponierte ihm, doch höchstens dieser Kampf des sonst so fragwürdigen Reichsmarschalls. Seine Zuneigung gehörte den Verteidigern Exner und Jahrreiss, »seinen beiden Professoren«, denen er tiefe Achtung zollte und die ganz in seinen Fall hineinwuchsen. Exner und Jahrreiss begegnete kein kalter Charakter, sondern ein warmherziger Mensch. Ihnen gegenüber öffnete er sich freimütig, auch lachend, maskenlos, schon weil sie ihn mit der »Sekretärin«, seiner Frau, verbanden, die er dankbarer denn je liebte.[77] Diese Frau hielt und stärkte ihn: gerade durch mitgeschickte Grüße oder unkontrollierte Nachrichten. Was wüßten schon Richter und Gefängnispsychologen, schrieb er ihr einmal, von seinem Seelenleben, seinem wahren Inneren?

Seine Anteilnahme galt allen, denen er sich verbunden wußte und die ihm die Treue hielten. Keine Zeile des Zuspruchs ließ er unbeantwortet. Nie hörte er auf, nach Verwandten und Freunden zu fragen. Jeder, der heimkehrte oder dem Tod entronnen war, stimmte ihn glücklich; besonders sein Bruder und der Jugendgefährte Rudolf Konrad, die überlebt hatten.[78] Seine Worte, und gerade die tröstenden, kamen spontan, nicht nur aus der Wachheit des seelisch Bedrängten. Auch den Jüngsten wollte er mit Rat beispringen. Er ahnte, welche Not »draußen« vorherrschte, Not, die sein eigenes Schicksal unwichtig machte. Als größter Schmerz blieb, daß er – gefangen und nun mittellos – kaum helfen konnte.[79] Angespannt, verzweifelt suchte er Auswege. Was ihn umtrieb und niederdrückte, waren Sorgen um seine Frau, die sich in der Prozeßarbeit aufzureiben drohte. Immer wieder beschwor er sie, Pausen einzulegen und vor allem Erholungsmöglichkeiten zu nutzen. Da erörterte er, manchmal humorig, die Licht- und Schattenseiten derer, die sie am besten betreuen konnten. Fuhr sie zum Chiemsee und zur Fraueninsel, hatte er keine Mühe, ihr nahe zu sein. Dieser Flecken Bayerns war ihm gegenwärtig und – mehr als je – tiefgeliebte Heimat; zu ihm und der stillen Bootshütte am Seeufer ging seine ganze Sehnsucht.[80] Oft, bekannte er, sei er dahin innerlich schon aufgebrochen. Kein Posten, keine Mauer des Gefängnisses habe ihn gehindert.

Ton und Tendenz des Gerichts reizten ihn zu einer größeren Darstellung, mit der er ohne Rücksichten aufklären wollte.[81] Er hätte zu dieser Darstellung ausgeholt, wenn sie nicht vom Tribunal als unerheblich zurückgewiesen worden wäre. So blieb es nur bei Aufzeichnungen, Bruchstücken nie geschriebener Memoiren. Auch während seines letzten Jahres lag hinsichtlich des persönlichen Lebens »alles klar, sauber und folgerichtig« vor ihm. Daß er jenseits juristisch faßbarer Schuld versagt haben könnte, gestand er nirgendwo zu. Dafür »kreiselte der Kompaß seiner Gefühle« bei Gedanken über den Mann, an dessen Seite er »lange Jahre ein so dornen- und entsagungsvolles Dasein« führte.[82] Er leugnete nicht, daß sich Hitlers »Bild, in dem man einmal ein Kunstwerk zu sehen hoffte«, nun in »teuflischer Entartung« zeigte. Erdrückende Beweise sprachen unwiderleglich und beredt. Aber hatte er, als Nur-Militär im Führerhauptquartier, je diesen *ganzen* Hitler gekannt und erlebt? Noch immer fühlte er sich außerstande zu sagen, was der Diktator wirklich »gedacht, gewollt und gewußt« hatte, allenfalls was er selbst »darüber dachte und vermutete«. Gerade jetzt schien ihm, als habe Hitler – offenbar bestrebt, stets zu täuschen – auch seinen »Idealismus« mißbraucht, benützt zu verborgen gehaltenen Zwecken. War der Diktator teuflisch entartet von Anfang an oder erst später, »parallel mit den Geschehnissen«, so vielleicht für künftige Historiker, nicht in Jodls eigener Geschichte. »Manchmal«, schrieb er jedoch, »falle ich wieder in den Fehler, der Herkunft die Schuld zu geben, um mich dann wieder daran zu erinnern, wieviel Bauernsöhnen die Geschichte den Namen ›der Große‹ gegeben hat. Das ethische Fundament, das ist das Entscheidende, nicht der Wille und nicht der Geist.«[83]

So vernichtend solch ein Werturteil – auch für ihn, da es schon frühere Erkenntnisse widerspiegelte –: nichts vermochte seine Einschätzung der jüngsten Geschichte wesentlich zu ändern. Wie zuvor hielt er daran fest, daß es in Deutschland 1918 »viele und gute Ansätze zu einer ganz anderen Entwicklung« gab.[84] Loyal, durfte er sich sagen, wäre gerade er ihr gefolgt, hätte sie sich überzeugend und segensreich entfalten können. »Zunichte gemacht« hatte sie der Versailler Vertrag, dem er uneingeschränkt die Hauptschuld beimaß. »Wenn das deutsche Volk nach einem fast zehnjährigen auf- und abwogenden Welt- und Meinungskampf zuletzt doch Adolf Hitler als seinen Führer erwählte, so letzten Endes, weil es keinen anderen Ausweg sah, aber doch mit jenem zweifelnden Vorbehalt und jenem instinktiven Urwissen, daß glänzende Meteore meistens ein Zeichen kommenden Unheils sind.«[85] Er selbst hatte, als Offizier der Reichswehr, keinen Anteil an dieser Wahl, nur am Gespür für kommendes Unheil, das er zumindest 1933 zeigte. Die Gründe seines inneren Wandels, die ihn zum Bewunderer Hitlers machten, verhehlte und widerrief er nicht, am wenigsten in Niederschriften ohne Blick auf den Prozeß. Er erinnerte sich seiner Gründe und des tosenden Jubels, den er um den Führer erlebt hatte – bis weit über die Zeit der Blitzfeldzüge.[86] Jede Abwiegelei anderer war ihm Unehrlichkeit und verächtlich. Vielleicht bereute er nun – angesichts bestürzender Dokumente – manchen Satz im privaten Tagebuch. Überschwenglichkeit und flammende Worte muteten verstiegen an, vor allem wenn man sie mit nachträglichem Wissen wertete. Aber daß er 1939 den Krieg gewollt habe oder gar für ihn verantwortlich sei, empfand er als infamsten Vorwurf, den er zu Recht zurückwies.[87]

Im Krieg selbst erblickte er rückschauend eine Folge von Operationen, in die ihn höhere, Hitlers Entschlüsse hineingezogen hatten.[88] Was vorab zu tun war, diktierte der Zwang heraufbeschworener Lagen – Lagen mit eigener Logik. Er hätte, bei seiner »unglücklichen Liebe zu den Franzosen«, gern den Westfeldzug vermieden, möglicherweise sogar den siegreichen, wenn hier nicht »Zwang von Englands Unbeugsamkeit« ausgegangen wäre. Doch trotz seiner aufgekommenen Zweifel bejahte er weiterhin den Kampf gegen die Sowjetunion.[89] Wann immer Hitlers Aggression verbrecherisch oder nur mutwillig genannt wurde, wies er auf den bedrohlichen russischen Aufmarsch bis zum Frühjahr 1941 hin, der genötigt habe, militärisch zu handeln. Allenfalls beklagte er die mangelhaft abgesicherte Außenpolitik des Führers, die letztlich für den gescheiterten Rußlandfeldzug entscheidend gewesen sei. Bolschewismus blieb ihm wesenhafter Feind, Adolf Hitler nicht dessen Ableger, sondern Verteidiger des Abendlandes. Gegen den wahren, fürchterlichen Charakter des Ostkrieges sperrte er sich: einsichtslos, eisig. Auch jetzt sah er noch »Deutschlands Kampf – in seiner idealisierten, historischen Linie – genau so an wie einst den Kampf des Prinzen Louis Ferdinand mit seiner Vorhut bei Saalfeld«. »Er fiel und seine Truppen wurden geschlagen, aber wie damals: die Hauptkämpfe stehen erst bevor, und ob sie ein Jena und Auerstädt werden oder eine Völkerschlacht von Leipzig – für diejenigen nämlich, die humanistische Kultur zu verteidigen haben –, das liegt unwägbar im Schoße der Zukunft begraben.«[90] Jede politische Ostlösung, auch aus Enttäuschung über die Westmächte, verwarf er mißtrauisch und warnend. Großbritannien und die Vereinigten Staaten wertete er – trotz ihrer verstörenden Kreuzzugs-Selbstgerechtigkeit – als die geringeren Übel.

Sein Gehorsam bis zum Ende – unausgesprochenes Kernthema – blieb für ihn unanfechtbar.[91] Er berief sich auf Hitlers Rücktrittsverbot und glaubte, daß Gehorsamsverweigerung oder Selbstmord am wenigsten Deutschland genutzt hätten. Andere Offiziere, argumentierte er, wären nachgerückt und »noch willfährigere Werkzeuge dieser gewalttätigen und energiegeladenen Persönlichkeit geworden«. Er betonte, daß der Kampf nicht um das Regime, sondern um Deutschland ging, aber: »Wir waren wie in einem havarierten Schiff, das entweder den Sturm überstehen oder mit Mann und Maus untergehen würde.«[92] Gegen und ohne Adolf Hitler gab es für ihn keine Alternativen. Fatalismus umgrenzte sein Denken und die eigene Verantwortung vor dem deutschen Volk.

Was bei einem versuchten Umsturz drohte, hieß in seiner Sicht Bruderkrieg und erst recht bedingungslose Kapitulation.[93] Zwar bekräftigte er nach Lektüre der Lebenserinnerungen Pilsudskis, wie eng immer Gesetz und Ehre zusammengehörten. »Dadurch, daß Hitler sich über das Gesetz hinwegsetzte, hat er der Ehre das ethische Fundament entzogen. Denn der bedingungslose Gehorsam kann nur mit Ehre gerechtfertigt werden, wenn dieser Gehorsam für das Gesetz gefordert wird.«[94] Doch eben hier fand er keine andere Lösung, als in allen seelischen Konflikten das Vaterland zum Gesetz der Ehre zu erheben. So qualvoll die

Widersprüche hinter solcher Erkenntnis und Entschiedenheit: Jodls Prämissen eichten ihn auf seine Überzeugungen.

Die Vorhand der Anklage bei den Dokumenten empörte ihn.[95] Oft mißlang es, rechtzeitig zu sichern, was die Verteidigung zur Gegenwehr benötigte. Der langandauernde schändliche Nachteil überraschte Jodl nicht. Daß das Versailler Diktat und der deutsch-sowjetische Nichtangriffspakt mit Tabus belegt waren, stempelten in seinen Augen die politischen Anklagen vollends zur Groteske. Um so wichtiger die Pluspunkte, die ihm inzwischen selbst zufielen. Kesselring – Zeuge Görings – entlastete ihn hinsichtlich des Kommando-Befehls. Dönitz bestätigte seinen Kampf gegen die Aufkündigung der Genfer Konvention, Raeder das deutsche Praevenire im Norwegen-Unternehmen.[96] Wahrheiten waren vorbereitet, konnte er vertiefen.

Die Sachkenntnis des Tribunals, schien ihm, hatte inzwischen zugenommen. Doch wie zuvor registrierte er Unvertrautheit mit deutscher Geschichte.[97] Obschon Handikap der Rechtsprechung, drohte sie die Angeklagten auf einen noch schlechteren Stand zu drängen. Den Vorwurf der Verschwörung, Steckenpferd insbesondere der Amerikaner, sah Jodl nirgendwo erhärtet. Kein Argument besaß für ihn Durchschlagskraft.[98] Ob er Hitler, den Diktator, als Alleinverschwörer wertete, ob er zugab, daß auch der Selbstherrliche nur mit anderen handeln konnte: ihm, Jodl, fehlte das Bewußtsein, Teil einer vorsätzlichen Verschwörung gewesen zu sein. Unmöglich hier in seinen Augen, schlüssige und juristisch verwertbare Nenner zu finden: Spiegelbild der Bedenken und Zweifel, die einige Richter immer wieder plagten.[99] Er vergaß nicht die Enthüllung unfaßlicher Verbrechen, die über allem lag, tiefen Haß und Rachegedanken nähren mußte. Den Schock aber, den Jacksons Eröffnungsrede und die erste Dokumentenflut ausgelöst hatten, glaubte er überwunden. Dem geballten, einheizenden Stoß des amerikanischen Hauptanklägers waren Einzelanklagen gefolgt, die – ermüdend – längst aufgegriffene Tatbestände wiederholten. Gewohnheit schliff ab und brachte die »großen« Auftritte um ihre Nachwirkung. Das Verhandlungsritual – so kaum bedacht – fraß Zeit und reizte nicht nur den Vorsitzenden.[100] Für Jodl gewann eine schon ausgepunktete Verteidigung Chancen zurück, wenn sie konzentriert und umsichtig zu Werke ging.

Am 10. Mai 1946 – seinem 56. und letzten Geburtstag – empfing er Glückwünsche von Brauchitsch, Manstein, Kesselring, Westphal und anderen.[101] Das Gedenken bewegte ihn. Er fühlte sich, sogar als Repräsentant des OKW, weniger allein gelassen. Die Generale im Zeugenflügel setzten besonders auf seine Vernehmung. Er selbst erwartete sie ungeduldig. Die vorbereitende Arbeit, bei der gerade sein Gedächtnis über Lücken hinweggeholfen hatte, schien inzwischen bewältigt. Die Dokumentenbücher seines Falles waren geordnet und zusammengestellt, alle Fragen des Verteidigers formuliert oder mit ihm abgesprochen.[102] Der Angeklagte empfand Zuversicht und meinte, für die Wehrmacht Lanzen brechen zu können. Er dachte – ehrlich und überzeugend – kaum an sich, sondern an den deutschen Soldaten des Krieges. Auch wo er zurückhaltend argumentierte, sollte ein leidenschaftlicher Wille dahinterstehen. Exners Vorsatz, den Vergeltungscharakter inkriminierter Taten zu berühren, hielt er im Hinterkopf. Mit Fakten wollte er diesen Vorsatz unterstützen.[103] An den Anfang rückte er die Einzelvorwürfe, ans Ende seine angebliche Verschwörung gegen den Frieden. Das Verfahren bot den Vorzug, nach dem Besonderen das Allgemeine zu entfalten. So ließ sich am ausgiebigsten auf das Gefahrvolle eingehen. Viel hing davon ab, daß Exner Suggestivfragen mied, die das Gericht rügte. Beweise mußte die Verteidigung – gemäß angelsächsischem Recht – »durch den Angeklagten führen«. Am 3. Juni 1946 begann Jodls Vernehmung.[104]

ZEUGE IN EIGENER SACHE

Exner setzt ein mit Fragen nach dem Herkommen und der politischen Einstellung. Jodl verdeutlicht, daß er einer Offiziersfamilie entstammt und – obschon fern jeder Parteipolitik – den Nationalliberalen am nächsten gestanden habe.[1] Seine Haltung zur Weimarer Republik nennt er loyal, auch die zu ihrer demokratischen Verfassung: ihm, dem Süddeutschen, »durchaus nichts innerlich Fremdes«. Zutreffend bekennt er sich – für jene Zeit – als Gegner Hitlers und der NSDAP. Zeugnisse anderer belegen seine besorgte Skepsis am 30. Januar 1933: Korrektur von Pauschalurteilen über die Reichswehr.[2] Hinsichtlich der »Judenfrage« gibt er zu verstehen: »Ich war kein Antisemit. Ich bin der Auffassung, daß keine Partei, kein Staat, kein Volk und keine Rasse, auch die Kannibalen nicht, an sich gut oder böse sind, sondern nur das einzelne Individuum. Mir war allerdings bekannt, daß das Judentum nach dem Kriege und in den moralischen Zerfallserscheinungen nach dem ersten Weltkriege in einer unerhört provozierenden Weise in Deutschland aufgetreten ist. Es war keine antisemitische Propaganda, sondern das waren Tatsachen, die gerade von Juden selbst außerordentlich bedauert wurden. Trotzdem habe ich jegliche staatliche Ächtung, jede Verallgemeinerung, jede Exzesse auf das schärfste abgelehnt.«[3] Exner zitiert die Anklage, nach der sämtliche Angeklagten gerufen hätten: »Deutschland erwache, Juda verrecke.« Jodl: »Was mich betrifft, so ist diese Behauptung falsch. Ich habe in allen Zeiten meines Lebens mit einzelnen Juden verkehrt. Ich bin bei Juden zu Gast gewesen, und einzelne Juden haben in meinem Hause verkehrt. Aber es waren Juden, die ein Vaterland hatten, und es waren Juden, deren menschlicher Wert unbestritten war.«[4]

Hitler, kann er erklären, sei er persönlich erst am 3. September 1939 vorgestellt worden: im Befehlszug auf dem Weg zur Front in Polen.[5] Ehrlich schildert er des Diktators Verhältnis zu ihm, das Mißtrauen, Vertrauen und zuletzt Auseinandersetzungen kennzeichneten. Eine Diskussion über politische Fragen habe es für Soldaten im allgemeinen nicht gegeben. In seine politischen Absichten, präzisiert Jodl, weihte sie der Führer nur nach dem strategisch Notwendigen ein. »Eine Beratung in militärischen Fragen hing ganz von den Augenblickszuständen ab. In dem Augenblick, wo er sich selbst mit Zweifeln abquälte, diskutierte er oft wochen- und monatelang mit einem über die militärischen Probleme. Wenn er sich aber innerlich klar war, oder wenn er spontan einen Entschluß gefaßt hatte, dann war jede Diskussion zu Ende.«[6] Exner: »Das Geheimhaltungssystem war öfters hier Gegenstand der Betrachtungen. Wurden Sie auch einbezogen in diese Geheimhaltung?« Jodl: »Ja, und zwar in einem Ausmaß, das mir eigentlich erst in diesem Prozeß klargeworden ist. Der Führer hat die ganzen Ereignisse und Vorkommnisse bei Kriegsbeginn, also die Bemühungen des Auslandes, diesen Krieg zu verhindern, ihn auch wieder rückgängig zu machen, als er schon begonnen hatte, uns nur so weit mitgeteilt, als es in der Presse stand. Er sprach zu den Politikern, zur Partei ganz anders als zur Wehrmacht. Zur SS wieder anders wie zur Wehrmacht und zu den Politikern. Die Geheimhaltung über die Vernichtung der Juden, über die Ereignisse in den Konzentrationslagern, war ein Meisterstück der Geheimhaltung und ein Meisterstück der Täuschung durch Himmler, der uns Soldaten gerade über diese Dinge irreführende Photographien vorlegte, Erzählungen über seine Gartenanlagen und Gartenkulturen in Dachau und über das Ghetto in Warschau und Theresienstadt brachte, die in uns Soldaten den Eindruck erweckten, als ob es sich um hochhumane Einrichtungen handeln würde.«[7]

Das Führerhauptquartier charakterisiert er als »Mischung zwischen einem Kloster und einem Konzentrationslager«, in das »außer den Lageberichten« von der Außenwelt »nur sehr wenig« drang.[8] Vom »nur sehr wenigen« erwähnt er illustrierte amerikanische und englische Zeitungen, die Aufschlüsse über neue Waffen gaben. »Die Auslandsnachrichten selbst wurden von der zivilen Pressestelle des Hauptquartiers aufgenommen und zensiert. Ich bekam lediglich das, was militärisch von Interesse war. Innenpolitische, Polizei- oder Lageberichte waren verboten.«[9] Vollständiger das Bild seines Tagewerks: Befehlsausgabe und Arbeit nach weit über 5000 Lagebesprechungen. Auch das Tribunal gewinnt den Eindruck eines überlasteten Stabschefs, der kaum noch an »ausschließlich politischen Besprechungen« teilnehmen konnte.[10] Der Verteidiger fragt, ob es unmöglich gewesen sei, Hitler zu widersprechen. Und: »Hatten Sie mit Gegenvorstellungen Erfolg?« Sein Mandant: »Man kann nicht sagen, daß es grundsätzlich unmöglich war, dem Führer zu widersprechen. Ich habe viele, viele Male und in der schärfsten Form widersprochen; aber es gab Momente, wo man tatsächlich keinen Ton erwidern konnte. Ich habe ebenfalls den Führer von vielen Dingen durch Widerspruch abgebracht.«[11] – »Können Sie ein Beispiel sagen?« – »Es waren eine Menge operativer Fragen, die das Gericht nicht interessieren; aber auf dem Gebiet, das das Gericht mehr interessiert, war es zum Beispiel die Absicht Hitlers, die Genfer Konvention zu kündigen. Das habe ich verhindert, und zwar durch Widerspruch.«[12] – »Gab es sonstige Möglichkeiten der Einflußnahme auf Hitler?« – »Wenn es durch offenen Widerspruch nicht möglich war, etwas zu verhindern, was ich meiner innersten Überzeugung nach verhindern mußte, dann gab es noch den Weg, den ich sehr vielfach beschritten habe, den Weg einer Verzögerungstaktik, also eine Art passiver Resistenz. Ich zögerte die Bearbeitung hinaus und wartete auf einen psychologisch günstigen Moment, um mit der Angelegenheit wieder hervorzutreten. Auch dieses Verfahren hatte manchmal Erfolg, zum Beispiel bei der Absicht, bestimmte Tiefflieger der Lynchjustiz preiszugeben. Es hatte keinen Erfolg bei dem Kommandobefehl.«[13]

Daß er – nach Aussagen des Zeugen Gisevius – »eine Riegelstellung bei Hitler hatte«, weist er gelassen zurück. Schandtaten der SS, Wehrmacht und Ustascha, kann er belegen, hat er Hitler augenblicklich gemeldet, Völkerrechtsverletzungen der Gegenseite freilich nur dann, wenn sie der Diktator auch anderweitig erfahren mußte.[14] Hier beklagt er – mit umgekehrtem Spieß – eher zu große Durchlässigkeiten. »Es liefen auf vielen – leider Gottes – wehrmachtfeindlichen Wegen aufputschende Meldungen gegen die korrekte, gegen die ritterliche Einstellung der Wehrmacht zum Führer, und diese Meldungen waren es, die dann diese Entscheidungen zu einem brutalen Vorgehen brachten. Es wäre ungeheuer viel Unheil vermieden worden, wenn wir Soldaten in der Lage gewesen wären, den Führer abzuriegeln.«[15] Für sie heißt es generell, daß ihr Leben im Hauptquartier – trotz erhebender Momente – »letzten Endes doch ein Martyrium war; denn es war kein militärisches Hauptquartier, sondern ein ziviles, und wir Soldaten waren dort zu Gaste, und es ist nicht leicht, irgendwo fünfeinhalb Jahre zu Gast zu sein«.[16] Auf Fragen Exners erklärt er, nicht zu den Karrieresoldaten zu gehören. »Normal« sei er im fünfzigsten Lebensjahr General geworden. Als einzige Auszeichnung habe er 1944 vom Führer das goldene Ehrenzeichen der Partei erhalten, sonst »keinen Pfennig, keinen Hosenknopf«, allerdings je ein Kaffeepaket zu Weihnachten. Die summarischen Vorwürfe der Anklage, er hätte sich aus den besetzten Gebieten bereichert, sind ihm »Verleumdung eines anständigen deutschen Offiziers«.[17] Sein Porträt Hitlers, den er jetzt eine Führerpersönlichkeit von ungewöhnlichem Ausmaß nennt, unterbricht der Vorsitzende. Das Gericht will »derartige Dinge« nicht »immer wieder hören«, auch nichts über Hitlers abstoßende Seiten. Dafür darf Jodl bekennen, daß er dem Diktator persönlich »in keiner Weise« nahestand. Liebe ist aus dem Bekenntnis kaum herauszulesen, allenfalls Umgang »rein dienstlicher Art«.[18]

Der Verteidiger rührt an den Gauleiter-Vortrag vom November 1943 mit den Lobliedern auf Hitler und die Partei – Passagen, die der bekundeten Distanz des Angeklagten spotten. Jodl spricht von einem befohlenen Vortrag, an den er nur sehr ungern herangegangen sei, doch schließlich in der Absicht, den politischen Führern einen ungeschminkten Lageüberblick zu geben.[19] »Ich schilderte den operativen Zwang für alle Operationen der sogenannten Angriffskriege. Ich identifizierte mich keineswegs mit der Nationalsozialistischen Partei, wohl aber, wie es selbstverständlich ist für einen Generalstabsoffizier, mit seinem Obersten Befehlshaber; denn zu dieser Zeit drehte es sich nicht mehr um die Frage: Nationalsozialismus oder Demokratie; da drehte es sich um Sein oder Nichtsein des deutschen Volkes. Und es gab auch in Deutschland Patrioten, nicht nur in seinen Nachbarländern, und ich rechne mich zu diesen Patrioten, so lange ich atme ... Es war notwendig, das Vertrauen herzustellen zwischen dem Offizier und dem Parteiführer; denn dieses Vertrauen war nicht nur die Voraussetzung, damit der Vortrag seinen Zweck erfüllte; dieses Vertrauen war ja auch die Voraussetzung für den Sieg.«[20] Das Wort »Sieg« – verräterisch? – hätte irritieren können. Gespenstisch jedenfalls mutete der Exkurs des Angeklagten über »Hitler, die ungewöhnliche Führerpersönlichkeit« an, zumal ihn das Gericht vor einer Darstellung der negativen Momente abschnitt. Doch Haltung und militärischer Sachverstand sicherten Jodl Aufmerksamkeit.[21] Intellekt hob ihn ab von Keitels Biederkeiten. Ironie – zeitweise ätzend – belebte, was er sagte. Gespannt erwartete das »Büro« die Pressestimmen. Deutsche Blätter zeigten sich flau, noch an die Häme gebunden, mit der sie alle Angeklagten bedachten. Die Londoner »Times« schrieb: »Alfred Jodl, Meisterplaner von Hitlers OKW, hat sich heute im Zeugenstand als ›anständigen deutschen Offizier‹ bezeichnet, Worte, die vermutlich die Essenz seiner sehr klaren Verteidigung bilden werden ... Er ist im Zeugenstand viel mehr aus sich herausgegangen, als seine bisherige zurückhaltende Art und seine im allgemeinen nicht eindrucksvolle Erscheinung vermuten ließen.«[22]

Nach Exkursionen über Himmlers SS die erste größere Klippe: Der Kommissar-Befehl. Exner verliest Jodls Randbemerkung im OKH-Befehlsentwurf, eine Vortragsnotiz: »Mit der Vergeltung gegen deutsche Flieger müssen wir rechnen, man zieht daher die ganze Aktion am besten als Vergeltung auf.«[23] Jodl bekräftigt, weder an diesem OKH-Entwurf mitgearbeitet zu haben noch – damals – für Kriegsgefangene verantwortlich gewesen zu sein. Übereinstimmend sei die vorgesehene Behandlung der Kommissare von allen Soldaten abgelehnt worden. Mit seiner Randbemerkung habe er Keitel einen Weg zeigen wollen, auf dem um den geforderten Befehl »vielleicht noch« herumzukommen war.[24] Exner erinnert an das Datum der Vortragsnotiz, den 12. Mai 1941, sechs Wochen vor Kriegsbeginn. »Und da«, fragt er, »sagen Sie: ›Man zieht die ganze Aktion am besten als Vergeltung auf?‹ Was meinten Sie damit?« Jodl: »Es ist richtig, daß der Führer infolge seiner weltanschaulichen Einstellung gegen den Bolschewismus hier eine vielleicht zu erwartende Betätigung der Kommissare einfach als sicher vorweggenommen hat. Er war darin bestärkt und begründete es damit, daß er sagte: ›Ich habe den Kampf gegen den Kommunismus zwanzig Jahre lang geführt. Ich kenne ihn; Sie kennen ihn nicht.‹ Allerdings muß ich hinzusetzen: Auch wir standen gewissermaßen unter dem Einfluß dessen, was eine Literatur der ganzen Welt seit 1917 über den Bolschewismus geschrieben hatte, und einige Erfahrungen hatten wir, wie zum Beispiel aus der Räterepublik in München, auch. Trotzdem war ich der Auffassung, man müsse zunächst in der Praxis abwarten, ob die Kommissare sich so verhalten, wie es der Führer von vornherein erwartete, und wenn sich das bestätigte, dann könne man mit Repressalien einschreiten. Das war der Sinn dieser Randbemerkung.«[25]

»Sie wollten also bis zum Kriegsanfang warten, dann warten, bis Sie Erfahrungen in diesem Kriege machten, und dann wollten Sie Maßnahmen vorgeschlagen haben . . .« In diesem Augenblick steht Roberts, der Erste britische Ankläger, protestierend am Rednerpult: »Herr Vorsitzender! Schon seit ein paar Minuten stellt mein geschätzter Kollege Dr. Exner in seinem Verhör Suggestivfragen an den Angeklagten über die Bedeutung einer Stelle in diesem Schriftstück. Meiner Ansicht nach ist das keine Aussage des Zeugen, sondern eine Rede von Dr. Exner, und ich bitte ihn, nicht noch eine Rede zu halten.« Der Lordrichter, mißmutig, noch prinzipieller: »Schon bei verschiedenen Gelegenheiten habe ich gesagt, daß es für den Gerichtshof nur von ganz geringem Wert ist, wenn der Verteidiger dem Zeugen Suggestivfragen stellt, die ihm die Antwort bereits in den Mund legen. Es ist selbstverständlich, daß, wenn Sie den Zeugen gefragt hätten, was er mit seiner Bemerkung gemeint hat, er Ihnen darauf geantwortet hätte. Das ist die korrekte Art, Fragen zu stellen ...«[26] Roberts weiß, weshalb er intervenierte. Jodl übersetzt »Aufziehen« mit »Anpacken«, aber auch seine Interpretation des Begriffs »Vortragsnotiz« vermag die Randbemerkung nicht abzuschwächen. Für das Gericht entfällt seine »bessere« Absicht, hat er dem Befehl Flankenschutz gegeben. Was zählt, ist Teilhabe am befohlenen Mord der Kommissare, uniformierter Soldaten. So gewiß da die ganze ehemalige deutsche Heeresführung auf die Anklagebank gehörte: die Anklage gilt diesem einen Helfer und Dulder, nicht den Brauchitschs und Halders, die ebenso Dämme öffneten, preisgaben. Hellhörige gewahren, daß Jodl bedrängt ist, aber sein Anwalt sieht nur geringe Verstrickung, entlastende Momente und keinen Willen zur kriminellen Tat.[27]

Die nächste Hürde ist der Kommando-Befehl. Exner resümiert, daß er feindliche Soldaten bei banditenhafter Kampfführung mit Vernichtung bedrohte.[28] Jodl hält sich an den Wehrmachtbericht vom 7. Oktober 1942, nach dem der sogenannte Ausführungsbefehl erging. »Dieser Wehrmachtbericht vom 7. Oktober 1942 – das heißt, es ist ein Zusatz zum Wehrmachtbericht – stammte im Hauptteil von mir. Er beschäftigt sich mit der Widerlegung einer Mitteilung des englischen Kriegsministeriums, auf die ich nicht näher eingehen will, denn es ist ein sehr heikler Punkt. Die Anklagebehörde besonders wünscht ihn nicht aufzugreifen.«[29] Der Lordrichter klopft empört ab und rügt den Angeklagten. Er kennt das Dokument nicht und bestreitet, Einwände »gegen irgendeine Vorlage eines englischen Dokuments« erhoben zu haben. Sir David Maxwell-Fyfe bekundet für sich und Roberts ebenso Unschuld.[30] Jodl soll seine »Provokation« nicht wiederholen und darf das »Heikle« berühren. Er erwähnt – neben den gefesselten deutschen Kriegsgefangenen bei Dieppe – britische Nahkampfvorschriften, die Hitler vollends zur Vergeltung reizten, »Einlassungen« wieder zum Mißvergnügen des Gerichts[31], doch zuvor verdeutlicht er:

»Der Wehrmachtbericht steht in unmittelbarem Zusammenhang mit dem Kommandobefehl. Auch nur dieser letzte Satz des Wehrmachtberichtes ist wichtig, der vom Führer selbst verfaßt wurde, wie der Feldmarschall Keitel ausgesagt hat. Es ist nämlich der Satz, der lautet: ›In Zukunft werden sämtliche Terror- und Sabotagetrupps der Briten und ihrer Helfershelfer, die sich nicht wie Soldaten, sondern wie Banditen benehmen, von den deutschen Truppen auch als solche behandelt werden und, wo sie auch auftreten, rücksichtslos im Kampf niedergemacht werden.‹ Dieser Zusatz stammt Wort für Wort vom Führer persönlich.«[32] Exner wünscht für den ersten Teil des Wehrmachtberichtes nochmals Präzision, vor allem um die »Autorenschaften« ganz zu klären. Jodl: »Den ersten Teil dieses Wehrmachtberichtes habe ich formuliert, und er enthält die nachweisbare Widerlegung einer englischen Rundfunkerklärung, die das britische Kriegsministerium abgegeben hat. Diese Erklärung des britischen Kriegsministeriums war falsch. Warum sie falsch war, das habe ich hier zusammengestellt auf Grund unserer bei uns vorliegenden Protokolle, Photographien und eidlichen Aussagen. Mit Kommandos, mit Repressalien hatte diese Angelegenheit zunächst noch nichts zu tun. Das ist erst in diesen Wehrmachtbericht hineingekommen durch den Zusatz des Führers, der mit dem Satz beginnt: ›Das Oberkommando der Wehrmacht sieht sich daher gezwungen, Folgendes anzuordnen.‹«[33]

Hinsichtlich des Ausführungsbefehls, den Hitler verlangte, kann er erhärten, daß weder er noch Keitel einen Entwurf anfertigten. Nur sein Stab habe – halbwahres Geständnis – aus eigener Initiative Entwürfe und Ansichten von anderen Dienststellen eingefordert.[34] Als Ergebnis auch für das Gericht bleibt: den Kommando-Befehl formulierte der Führer. Möglichkeiten, die Weitergabe des Befehls zu verweigern, leugnet Jodl. Zudem weiß er noch immer nicht, »ob dieser Befehl, sei es in seiner Gesamtheit wie auch nur in seinen Teilen, wirklich rechtswidrig war«. Das Bekenntnis macht die sonstige Apologie eher fragwürdig. Trotzdem schildert er ausführlich, was er gegen den Befehl versuchte und durchsetzte – bis hin zur »räumlichen Einschränkung« 1944 in Frankreich und Italien. All das – meint er – müsse entlasten, aber der Kommando-Befehl ist völkerrechtswidrig, als Repressalie unentschuldbar und – mehrfach angewendet worden.[35] In den Augen des Gerichts zählt, daß Jodl Hitlers Befehl weitergab, die Geheimhaltungsverfügung und der Hinweis für den italienischen Kriegsschauplatz. So anfechtbar gerade die Interpretation des letzten Vorwurfs: entscheidet hier und jetzt schon Mitbeteiligung, steht Alfred Jodl »hart am Abgrund«.[36]

Besser seine Position bei dem OKW-Befehl, der verbot, die Kapitulation Leningrads und Moskaus anzunehmen. Wie einst begründet er ihn mit den russischen Fernsprengungen in Kiew, verlustreiche Vorfälle, die erst recht in Leningrad und Moskau drohten.[37] Der Passus, innerhalb des deutschen Einschließungsringes »Lücken nach Innerrußland« zu lassen, wird zum Rettungsanker. Jodl erklärt, daß durch diese Lücken die Bevölkerung »abfließen« sollte: eine angeblich kaum zu versorgende Millionenmasse, die der Angreifer von sich zu schieben trachtete.[38] Auch die Deportation dänischer Juden, kann er nachweisen, hat nicht er, sondern Hitler Himmler befohlen. Als Chef des Wehrmachtführungsstabes verständigte er lediglich den Militärbefehlshaber in Dänemark von der »Anordnung«.[39] Dieser erfuhr, daß er, der Militärbefehlshaber, mit der »Geschichte nichts zu tun« habe, »sondern daß es (sic!) durch den Reichsführer-SS durchgeführt wird«. »Das«, so Jodl, »mußte aber der General in diesem Augenblick wissen, denn es war militärischer Ausnahmezustand. Er hatte die vollziehende Gewalt in Dänemark, und wenn ohne sein Wissen etwas Derartiges geschehen wäre, so hätte er womöglich sofort dagegen Einspruch erhoben und es nicht geduldet.«[40] Die Sätze – unfreiwillig makaber – streifen Abgründe. Auch wo die Truppe »herausgehalten« wurde, sollte sie verstehen, was sie – bis auf Indoktrinierte – mißverstehen konnte, hatte die Wehrmacht ein Verbrechen hinzunehmen und zu decken. Doch Jodl gibt sich unerschüttert. Deportation heißt für ihn nicht Vernichtung. Zudem kamen – »beschwichtigende« Tatsache – die Deportierten nach Theresienstadt. Sogar Kopenhagens Gesandter, fügt der Angeklagte hinzu, »hat sich mit ihrer Behandlung zufrieden erklärt«[41] – Argument ebenso im späteren Kreuzverhör.

Exner freilich spürt einen Einbruch. Sofort fragt er Jodl, was er überhaupt von der Judenvernichtung gewußt habe, wobei er den Mandanten an dessen Eid erinnert.[42] Jodl: »Ich weiß, wie unwahrscheinlich alle diese Erklärungen klingen, aber sehr oft ist eben auch das Unwahrscheinlichste wahr und das Wahrscheinliche unwahr. Ich kann nur im vollsten Bewußtsein meiner Verantwortung hier zum Ausdruck bringen, daß ich niemals, mit keiner Andeutung, mit keinem Wort, mit keinem Schriftstück, von einer Vernichtung von Juden gehört habe. Ich bin ein einziges Mal mißtrauisch geworden und das war, als Himmler über den Aufstand im jüdischen Ghetto vortrug. Ich glaubte nicht recht an diesen heroischen Kampf, aber Himmler legte daraufhin sofort Photographien vor über die Bunker, die dort gebaut waren, und sagte: ›Ja, das sind auch nicht nur die Juden, da haben sich polnische Nationalisten hineingerettet, es ist ein erbitterter Widerstand.‹ Und damit beseitigte er zunächst meinen Argwohn ... Niemals ist auch nur mit einem Wort die Rede gewesen von Quälerei, von Deportierten, die dort sind, von Kriegsgefangenen, von Verbrennungsöfen, von Gaswagen, von Martern wie in Zeiten der Inquisition, von medizinischen Versuchen. Ich kann nur sagen, selbst wenn ich es gehört hätte, ich hätte es nicht geglaubt, bevor ich es mit eigenen Augen gesehen hätte.«[43] Die Antwort umfaßt, was er – auch nach dem Zeugnis seiner Briefe – stets gesagt hätte. Selbstgerechtigkeit sieht er nirgendwo im Spiel. Daß von Deportierten in Lagern nie die Rede war, widerspricht seinem bekundeten Wissensstand, macht aber nicht wankend. Hinsichtlich des Schlimmsten beharrt er darauf, ahnungslos geblieben, ja, mehr noch: getäuscht worden zu sein. Keine Ungläubigkeit anderer nimmt er hin. Kein Dokument, meint er, kann ihn widerlegen.

Die letzten Einzelanklagen lauten: Bandenkrieg, Terror-Flieger, Norwegen. Selbst das Siegergericht muß wissen, daß es beim Bandenkrieg schwankenden Boden betritt. Wenn irgendwo, so fehlten hier Regeln. Namentlich dieser Krieg, heimtückisch und fessellos, hatte sie weggeschwemmt. Jodl nennt ihn – auch nur blaß – »eine ungeheuerliche Realität«.[44] Seine Chef-Kompetenz ist eindeutig und bestreitet er am wenigsten. Seit der Auflösung des Amtes Canaris am 1. Mai 1944 trug er Verantwortung ebenso für Völkerrechtsfragen. Offen bekräftigt er sie, weil ihm »aus der vorausgegangenen Erschießung der englischen Fliegeroffiziere von Sagan klar geworden war, daß sich der Führer von diesem Zeitpunkt an um menschliche Rechtsbegriffe nicht mehr kümmerte«.[45] Das Verdikt überrascht, stützt aber des Angeklagten Aussage, »keine derartige Völkerrechtsverletzung unsererseits« mehr geduldet und mitgemacht zu haben. Die Vernehmung ergibt, daß Jodls Merkblatt vom 6. Mai 1944 allen Banden in nicht-deutscher Uniform den Kriegsgefangenen-Status zuerkannte.[46] Den Vorwurf, sein Merkblatt hätte zur Vernichtung ganzer Dörfer angestachelt, zerpflückt er. Er verweist auf den Wortlaut, das Verbot jeder Kollektivstrafe, mit dem er zum »Zulässigen« der Haager Landkriegsordnung (Artikel 50) zurücklenkte. Nicht ohne Genugtuung erklärt er, daß er den Bandenkampf völkerrechtlich eingrenzte.[47] Seine frühe Anerkennung Titos und des Maquis als Regulärgegner wäre eines Lobes wert.

Zum Kapitel »Völkerrechtswidrige Menschenjagd durch einzelne feindliche Jagdflieger« kann er sich kurz fassen. Auch wenn da Hitler wieder Gegenmaßnahmen und Goebbels Lynchjustiz forderten: Jodl legt dar, daß er Vergeltungsbefehle torpedierte.[48] Mit solchen Befehlen, argumentiert er, seien die Schuldigen nicht zu fassen gewesen; Befehle hätten zu »einem allgemeinen Fliegermorden« geführt. Dokumente stützen seine These, daß er die Sache verschleppte, bis sie »sich von selbst erledigte«. »Das ist mir in diesem Falle gelungen. Keine militärische Dienststelle hat einen Befehl gegeben; es ist nicht einmal zu einem Befehlsentwurf gekommen.«[49] Monate später habe Hitler wegen des hintertriebenen Befehls gegen den Wehrmachtführungsstab und die Luftwaffe schwerste Vorwürfe erhoben. Hinsichtlich Norwegens und anderer besetzter Gebiete zitiert Exner aus Befehlen, nach denen völkerrechtliche Bestimmungen streng zu beachten waren.[50] Das Unanfechtbare ist kaum im Sinne des Gerichts; markant Jodls Sätze zum »sehr dürftigen« völkerrechtlichen Torso, zu den fehlenden Bestimmungen für den Luftkrieg. Dieses Manko, erläutert er, verwischte Unterschiede »zwischen Rebellion und legalem Krieg, zwischen Franktireur und Bandit, zwischen Spionen und Aufklärern, zwischen Sprengtrupps und Saboteuren. Jederzeit konnte mit Hilfe der Flugzeuge eine Rebellion in einen legalen Krieg verwandelt werden, ein legaler Krieg wieder in den Zustand einer Rebellion überführt werden«.[51]

Die erste Bilanz scheint Jodl passabel, obschon er zu einigen Abstrichen neigt.[52] Sein Bewußtsein beherrscht, was er an Gegenzügen schilderte. Innerlich beharrt er – fern der Gerichtssatzung – auf dem Tu quoque, sogar hinsichtlich des Kommando-Befehls. Vor ihm steht die Wirklichkeit, nicht der Schemen des Zweiten Weltkrieges, die Verstrickung *aller* Seiten. Die nun »anhängigen Verbrechen der Angriffskriege« steigern derartige »Mißverständnisse«. Mit dem Begriff »Conspiracy« wird Jodl einer »gang« zugerechnet. Kaum, daß er dem monströsen Begriff entrinnen kann.[53] Aber selbst bei Aussichtslosigkeit gäbe er gerade hier Exkurse, drängte es ihn, nicht nur die eigene Geschichte darzustellen. Eindringlich porträtiert er die lange Schwäche der Wehrmacht, die außenpolitisch zu äußerster Vorsicht nötigte. Allgemeine Wehrpflicht und Rheinland-Besetzung erscheinen als Risiko-Unternehmen, zu denen Hitler eine beklommene Heeresführung gleichsam treiben mußte.[54] Die Unfertigkeit der Wehrmacht macht Jodls Tenor glaubhaft, daß Angriffspläne bis 1937 nicht existierten, ja, Aberwitz gewesen wären. Auch für den Einmarsch in Österreich, ergänzt er, habe es keinen fertigen Generalstabsplan gegeben. Eine Tagebucheintragung belegt, daß er – freilich nur über Keitel – von schwerstem politischem Druck auf Schuschnigg und dessen Außenminister Guido Schmidt erfuhr. Doch trotz solcher »Schönheitsfehler« ist ihm der Fall Österreich Familienzwist, Friedenseinmarsch und niemals Akt der Aggression. Offen erinnert er an den umjubelten »Anschluß«, den er nachträglich nicht verleugnen will.[55]

Vom Hoßbach-Protokoll hat er – Antwort auf Exners Frage – »zum erstenmal hier im Gerichtssaal gehört«.[56] Das Wort »Protokoll« verwundert ihn. Damalige Mutmaßungen über weitreichende höchste Expansionsabsichten bleiben beiseite. Den Willen, die Tschechoslowakei zu zerschlagen, stellt er als den Willen des Führers und Folge der tschechoslowakischen Mai-Mobilmachung dar. Seine Überzeugung, daß Hitler auch *ab* 1. Oktober 1938 nicht gegen die Westmächte handeln würde, wirkt plausibel. »Es war ganz ausgeschlossen, mit fünf Divisionen in einer Westbefestigung, die nur eine einzige große Baustelle war, 100 französischen Divisionen standzuhalten.«[57] Den Vorwurf, einen Zwischenfall gewollt zu haben, der Deutschland den Anlaß zum Losschlagen gab, widerlegt er. Doch der politische Anlaß zum Losschlagen, verdeutlicht er, mußte für die unumgängliche militärische Planungsarbeit als Anlaß erkennbar sein. Auch im Fall der Tschechoslowakei verwischt er nirgendwo frühere Empfindungen. Recht sieht er, angesichts der Sudetendeutschen, ebenso auf seiten des Reiches. Indizien und Beweise erhärten, daß er nach der Münchener Konferenz an eine lange Friedensperiode glaubte.[58] Seine Versetzung zur 44. Infanterie-Division in Wien und Brünn erspart Exner Probleme. 1938/39 zählt Jodl schwerlich zu den Mitanstiftern eines Krieges. Ohne Kontakt zum OKW, überrascht ihn die Besetzung Böhmens und Mährens. Nicht er, sondern der Nachfolger Warlimont vernimmt im Mai und August 1939 Hitlers Brandreden. Bei seiner Rückkehr – unmittelbar vor Kriegsausbruch – ist der Feldzugsplan gegen Polen längst fertig.[59]

In Berlin, betont Jodl, habe er eine völlig undurchsichtige Lage vorgefunden, nährten der deutsch-russische Vertrag und Hitlers Widerruf des ersten Angriffstermins seine Friedenshoffnungen.[60] »Niemand von den Soldaten, die ich gesprochen habe, rechnete damals mit einem Krieg gegen die Weststaaten. Es war nichts vorbereitet als die Angriffsoperationen gegen Polen. Es gab nur einen Defensivaufmarsch im Westwall. Die Kräfte, die dort eingesetzt waren, waren so schwach, daß wir nicht einmal alle Bunker besetzen konnten. Die ganzen Bemühungen um die Erhaltung des Friedens, wie ich sie hier vom Reichsmarschall gehört habe, der Name Dahlerus, all diese Verhandlungen blieben mir unbekannt, soweit sie nicht in der Presse standen. Aber eines kann ich abschließend sagen, als dann die Kriegserklärung Englands und Frankreichs kam, da wirkte das auf uns Soldaten, die wir den letzten Weltkrieg miterlebt hatten, wie ein Keulenschlag.«[61] Hinsichtlich des Norwegen-Unternehmens bekräftigt er Raeders Aussagen. »Altmark«-Zwischenfall, Verminung der norwegischen Gewässer, feindliche Zugriffspläne und drohender Verlust der schwedischen Eisenerze sind auch ihm Beweggründe, Zwang zum Handeln wider Willen gewesen. »Ungeheuer« nach seinen Worten der Entschluß, die eigene Verteidigungsfront um 3000 Kilometer zu verlängern, doch »Norwegen im Besitz Englands – und der Krieg wäre für uns zur Hälfte verloren gewesen«. Pointiert und durch Dokumente stellt er die britische Okkupationsabsicht bloß. Schneidend seine Abwehr des Versuchs, ein operatives Problem auf die Ebene soldatischer oder menschlicher Ehre zu schieben.[62]

Auch beim Westfeldzug spricht er von Offensivzwang, sollten sich nicht die Kräfteverhältnisse zuungunsten Deutschlands verkehren.[63] Daß schwere Artillerie fehlte, um die Maginot-Linie zwischen Luxemburg und der Schweiz niederzukämpfen, nennt er einen vielleicht unmoralischen Grund, die holländisch-belgische Neutralität aber nur »vorgetäuscht« und »scheinbar«: Urteil nach untrüglichen Anzeichen und später bestätigten Meldungen. Kurz verweist er auf die deutsche Achillesferse, das Ruhrgebiet, das ein alliierter Vorstoß über Belgien und Holland in höchste Gefahr gebracht hätte.[64] »Die Ankläger«, so Exner, »werfen Ihnen vor, daß Sie diese Länder getäuscht und dann überfallen haben.« Jodl: »Ich war weder Politiker, noch war ich militärischer Oberbefehlshaber der Wehrmacht. Ich stand unter dem Eindruck, und zwar unter dem beweisbaren Eindruck, daß die Neutralität dieser beiden Staaten in der Tatsache nicht mehr respektiert wurde. Und was den Ehrenkodex meines Handelns betrifft, muß ich sagen, das war der Gehorsam; denn er ist das ethische Fundament des Soldatentums überhaupt. Und daß ich weit davon entfernt bin, ihn unbegrenzt auszudehnen, ihn als Kadavergehorsam aufzufassen, darüber, glaube ich, wird man nach meinen bisherigen Ausführungen keinen Zweifel haben. Aber trotzdem kommt man nicht darum herum, daß es gerade in solchen operativen Dingen nichts anderes geben kann für den Soldaten wie Gehorsam. Und wenn die Anklagevertretung heute in der Lage ist, die Anklage gegen deutsche Offiziere überhaupt zu erheben, so verdankt sie das nur dem ethischen Prinzip des Gehorsams ihrer tapferen Soldaten.«[65]

Noch weniger erblickt er im Jugoslawien- und Griechenland-Feldzug vorsätzliche, von langer Hand geplante Angriffskriege. Beide Feldzüge hätte der Führer, der auf dem Balkan Ruhe wünschte, nur zu gern vermieden.[66] Wie einst Hitler ist Jodl ganz Tadel für Italiens Extratour gegen Griechenland. Nur sie habe zum Eingriff der Wehrmacht genötigt, vor allem nach Anlandung britischer Truppen; »denn wir konnten unmöglich eine Basis der englischen Luftwaffe in unmittelbarer Nähe der rumänischen Ölfelder dulden«.[67] Jugoslawien, erläutert er, sei erst mit dem Simowitsch-Putsch als Feind in den Angriffsplan einbezogen worden, dann freilich spontan und ohne die Chance, Hitler zu einem politischen Ultimatum bewegen zu können. Zitate aus Befehlen spiegeln eine Verstrickung, die sich langsam, aber sicher steigerte.[68] Wieder zeigt der Lordrichter Ungeduld, namentlich bei der Vorgeschichte des Feldzuges. Jodl unterläuft sie auf Umwegen und kommt, ungestörter, zur »Frage der Sowjetunion«. In die Mitte seines Bildes rückt Rußlands Kräftekonzentration: 1940 30 Divisionen gegen Bessarabien, 1941 150 Divisionen und gut 100 Flugplätze vor der deutschen Grenze im Osten.[69] Nachdrücklich vergegenwärtigt er, daß Hitler eine Wegnahme des rumänischen Ölgebiets befürchtete, daneben eigene Sorgen angesichts der deutschen Unterlegenheit, die erste Truppenverschiebungen ins Generalgouvernement nirgendwo aufhoben. Als frühesten Termin für Angriffs*überlegungen* gibt er den 12. November 1940 an. Auch drei Monate später – Anfang Februar 1941 – sei eine deutsche Offensivabsicht unmöglich erkennbar gewesen.[70]

Exner will wissen, ob Hitler zu ihm, dem Chef des Wehrmachtführungsstabes, je von Kampf um Lebensraum gesprochen habe. »Der Führer hat in meiner Gegenwart niemals auch nur eine Andeutung von einem anderen Grunde genannt als den rein strategisch-operativen. Unaufhörlich, durch Monate hindurch, kann man sagen, führte er aus: ›Es ist kein Zweifel mehr, England hofft auf diesen letzten Festlandsdegen, sonst hätte es schon nach Dünkirchen den Krieg eingestellt. Unter der Hand oder unter der Decke sind sicher schon Vereinbarungen getroffen. Der russische Aufmarsch ist ja unverkennbar. Eines Tages werden wir plötzlich entweder eiskalt politisch erpreßt oder angegriffen.‹«[71] Die Antwort klingt ehrlich. Exner hat – bewußt? – nicht nach Hitlers Angriffsabsichten vor dieser Argumentation gefragt. Mit einer sicher neutralen Sowjetunion im Rücken, ergänzt Jodl, wäre der Krieg überhaupt nicht mehr zu verlieren gewesen. Daß solch eine Lage »ohne Not preisgegeben wurde«, sei ihm keinen Augenblick in den Sinn gekommen. Um so unanfechtbarer in seinen Augen die Tatsache des Präventivkrieges: Rußland, lediglich taktisch überrascht, »war in vollem Maße kriegsbereit«.[72] »Wenn wir gewartet hätten, bis wir vielleicht gleichzeitig durch die Invasion und durch einen russischen Angriff in die Zange genommen worden wären, so wären wir mit Sicherheit verloren gewesen. Wenn also die politische Prämisse richtig war, nämlich, daß uns dieser Angriff drohte, dann war auch – militärisch betrachtet – der Präventivangriff berechtigt. Uns Soldaten war die politische Lage so dargestellt worden. Infolgedessen haben wir unsere militärischen Arbeiten darauf abgestellt.«[73]

Rückblickend meint er, daß Deutschland nie über die 300 Divisionen verfügte, die, wie sich 1942 zeigte, für eine Verteidigung im Osten unerläßlich blieben: zusätzliches Argument gegen jeden Zwei-, geschweige denn Mehrfrontenkrieg.[74] Zum angeblich vorbedachten Eroberungsplan in allen Feldzügen – Axiom der Anklage – erklärt er prinzipiell, entschieden: »Ich glaube, daß ich dieses historisch völlig verzerrte Bild bereits durch meine Aussage im wesentlichen korrigiert habe. Der Krieg gegen Polen brach aus, ohne daß ich an seiner Vorbereitung irgendwie beteiligt war. Er weitete sich zu einem Weltkrieg aus entgegen allen Hoffnungen der Soldaten. Für diesen Weltkrieg mußte alles improvisiert werden. Es gab nichts als wie den Angriffsplan gegen Polen; es gab weder genügend Bomben noch Munition. Kein Soldat dachte damals an Norwegen, an Belgien, an Holland, an Jugoslawien, an Griechenland oder gar an Rußland. Es waren keinerlei Vereinbarungen mit Italien oder mit Japan getroffen.«[75] Bekennt er sich zu einem Resümee, dann ganz zu diesem – überzeugt davon, hier, bei den »Angriffskriegen«, Objekt der abwegigsten Schuldkategorie zu sein.

Hinter dem Zeugen-Pult sitzend, zeichneten ihn Spuren der Haft. Hager und bleich, schien er weit über seine Jahre gealtert.[76] Um den Mund blieb ein verhärmter, angespannter Zug, doch die Augen blickten klar und bestimmt, ohne die Müdigkeit in den Endphasen des Krieges. Die Hände lagen abgestreckt auf den Rändern des Pults. Haltung und Ausdruck spiegelten vollkommene Konzentration, äußerste Gegenwärtigkeit wider. Fotos zeigen ihn straff und hellwach, auch einmal nachdenklich, nie dagegen zerfahren.[77] Seine Vernehmungen tilgten nicht das Bild eines unzugänglichen, kaum lächelnden Mannes, nur die Vor-Urteile hinsichtlich seiner Intelligenz und Sachkenntnis – selbst der politischen Zusammenhänge. »Jodl«, notierte Verteidiger Rechtsanwalt Carl Haensel, »ist kein Jurist, aber spitzfindig, manchmal schlagfertig oder sarkastisch, denkender Verstand. Es ist ein eindrucksvolles Repetitorium des letzten historischen Dezenniums, das er mit uns veranstaltet. Manchmal setzt er ein paar Pointen hinein, sagt manches, was wir wirklich noch nicht wußten ... Ein bayerischer Moltke deutscher Mundart.«[78]

Offiziere zumindest der westlichen Siegermächte beschlich Unbehagen; verstörend für sie der Gedanke, daß Soldaten politisch generell mitverantwortlich sein sollten, Widerspruch zur Erziehung und allem, was Armeen ausmachte, ja, überhaupt ermöglichte. Politik, spürten sie, hätte ebenso über sie verfügt; eindeutig nur der Zwang, künftig auch Angriffskriege zu gewinnen, damit ihnen nicht ähnliche Anklagen folgten.[79] Die »Times« – wieder das sachlichste Blatt – mied solche Abgründe, doch nach ihrem Bericht »hat kein einziger Zeuge eine kaltblütigere Distanzierung und zugleich eine genauere Darstellung der Tatsachen gezeigt«. »Als Stratege, und vermutlich darüber hinaus«, hieß es, »erscheint Jodl als der bedeutendste Kopf im Zeugenstand ... Als Soldat distanzierte er sich von Hitlers politischen Entschlüssen, aber als Stratege ist er durchaus bereit, sie als berechtigt anzuerkennen ...«[80] Derartige Sätze belegten, daß er Terrain gewann, doch vorsätzlich, aus Gefallsucht strebte Jodl nirgendwo bessere Einschätzungen an. Was die gesinnungstüchtige deutsche Presse schrieb, war ihm – angesichts seiner unverdrehbaren Aussagen – nahezu gleichgültig. Deutlich hielt er, wie zuvor, zu bewußtem Abstand.[81] Als liebenswürdig oder jovial wollte er im Nürnberger Gerichtssaal nicht gelten.

Nach Exner befragen ihn andere Verteidiger. Er steht Rede und Antwort über den Generalstab, das OKH, SA, SS, Göring und Keitel[82] – präzise, knapp, auf die Sache bezogen. Rügen des Vorsitzenden treffen allein noch die Anwälte. Laternser – Verteidiger des Generalstabes – hört, daß der Begriff »Gruppe« für die höheren Offiziere abwegig sei. Nie habe politisch, weltanschaulich und ideologisch eine in sich gespaltenere Führung existiert.[83] Gefragt, ob er bei Hitlers Lagebesprechungen »energische Gegenvorstellungen« erlebte, erwidert Jodl: »Ich kann sagen, daß es überhaupt keinen Vortrag gab, bei dem nicht die, ich möchte sagen, alte traditionelle Auffassung über Operationen in einen Konflikt geriet mit der revolutionären des Führers, so daß ich, von einzelnen Operationen vielleicht im ersten Teil des Krieges abgesehen, feststellen kann, daß bei jedem derartigen Vortrag eines Oberbefehlshabers die Meinungen aufeinanderplatzten.«[84] Görings und Keitels Verteidiger ersparen es ihm, den dunklen Seiten ihrer Mandanten auch nur nahezukommen. Kontroversen Görings mit Hitler nach Erschießung der britischen Fliegeroffiziere bestätigt er, ebenso wiederholte Rücktrittsabsichten Keitels.[85] Die Behauptung, sein Vorgesetzter Keitel sei einer der mächtigsten Wehrmachtoffiziere gewesen, nennt er Redensart. »Es gab neben Hitler überhaupt keinen mächtigen Mann, und es hat keinen neben ihm gegeben und es konnte keinen geben.«[86]

Zum SS-Mannschaftsersatz mit Gezogenen vollends kurze Kommentare, aber auch in den dürren Sätzen Unbehagen, daß – neben den 300 Heeres-Divisionen – zuletzt 37 Waffen-SS-Divisionen ausgerüstet waren. Flottenrichter Kranzbühler – Dönitz' Verteidiger – fragt unvermittelt, ob Hitler 1944/45 nicht zur Kapitulation geraten worden sei.[87] Jodl verneint es für sich und bekennt, »daß die Frage der Kapitulation oder der Aufgabe des Widerstandes nur den Obersten Befehlshaber« anging. Er verweist auf die Casablanca-Formel und den britischen Eclipse-Plan, der jeden Zweifel über das Bevorstehende beseitigt habe.

»Nun erforderte die bedingungslose Kapitulation ein Stehenbleiben der Fronten an der Stelle, wo sie waren, und damit die Gefangennahme durch den Gegner, der ihnen gegenüberstand. Es mußte dasselbe eintreten, was im Winter 1941 bei Wjasma eingetreten ist. Es mußten Millionen von Gefangenen plötzlich im Winter auf freiem Felde kampieren. Der Tod hätte eine ungeheure Ernte eingebracht und vor allem, es wäre alles ... diese dreieinhalb Millionen ungefähr, die noch an der Ostfront standen, wären völlig dem Ostgegner in die Hände gefallen. Es war unser Bestreben, möglichst viele Menschen in den westlichen Raum zu retten. Das konnte man nur dann durchführen, wenn die beiden Fronten näher mit herangerückt waren.«[88]
Kranzbühler hat kein Interesse, Jodls Confessio und Argumentation zu erschüttern. Es geht um das Vordergründige, die Motive des Großadmirals. Der kritische Vers bleibt den Historikern.

KREUZVERHÖRE, PLÄDOYER, SCHLUSSWORT

Am 6. Juni steht das Kreuzverhör durch Mr. Roberts an.[1] Alles, was ihm vorausging, behält sein Gewicht, hieß jedoch Zeugenauftritt des Angeklagten in eigener Sache. Wohlabgestimmt, ja, zuvor schon geprobt, beherrschte das Wechselspiel Verteidiger-Mandant die Szene. Wahrheiten waren – nahezu unbeschnitten – Wahrheiten des Beschuldigten. Exner darf glauben, allmählich so viel wie Jodl zu wissen: kaum ein Anwurf, auf den er nicht eingegangen wäre, aber was weiß die Anklage? Was vermag sie noch vorzubringen? Das Kreuzverhör ist kein Zusammenspiel, sondern ein Zweikampf zwischen Ankläger und Angeklagtem, Duell um das Recht, das gültige oder vermeintliche. Wenn auch an die Tatsachen des Zeugenverhörs gebunden, hat es die Wahrheiten des Beschuldigten umzustoßen. Je kunstvoller die Fragetaktik, der Ziellauf höchster Denkschärfe, desto gefährdeter jeder Angeklagte, insbesondere durch die Falle überraschend präsentierter neuer Dokumente.

»Herr Zeuge«, so Roberts, der britische Ankläger, »Sie haben vor zwei Tagen dem Gerichtshof gesagt, daß Ihnen das Soldatentum im Blut liegt.«[2] – »Ja, das stimmt.« – »Sehr gut, und Sie sagten gestern, Sie wären hier, um die Ehre des deutschen Soldaten zu verteidigen. Stimmt das?« – »Das tue ich im hohen Maße.« – »Sehr wohl. Sie haben sich als ein ehrenhafter Soldat hingestellt?« – »Das habe ich mit vollem Bewußtsein.« – »Sie haben sich als einen wahrheitsliebenden Mann hingestellt?« – »Ich habe mich als einen solchen Mann hingestellt, und ich bin es auch.« – »Sehr wohl. Und glauben Sie, daß durch das, was Sie, wie Sie sagen, während der letzten sechs oder sieben Jahre tun mußten, Ihre Ehre beschmutzt worden ist?« – »Meine Ehre ist sicherlich nicht beschmutzt worden; denn die habe ich persönlich gewahrt.« – »Sehr gut. Sie sagen, daß Ihre Ehre nicht beschmutzt worden sei. Ist während der letzten sechs oder sieben Jahre, als Sie angeblich solche Dinge sagen mußten, Ihre Wahrheitsliebe auf demselben hohen Niveau geblieben?« Schweigen. Roberts: »Können Sie die Frage nicht beantworten?« Jodl: »Ich glaube, ich bin zu dumm für diese Frage.«[3]

Roberts hat seinen Grundakkord angeschlagen und zitiert einen Brief Blombergs vom 2. Mai 1935, der sich auf Vorbereitungen zur schlagartigen Wiederbesetzung des Rheinlandes bezieht. »Dann«, folgert er, »war es doch sehr unehrlich vom Führer, wenn er 19 Tage später, am 21. Mai, sagte, daß das Locarno-Abkommen und der Versailler Vertrag beachtet werden würden, nicht wahr?«[4] Jodl widerspricht: bitterböse. Der Vorsitzende ermahnt Roberts, keine Bemerkungen zu machen, sondern das Kreuzverhör auf Tatsachen zu stützen. Roberts – betroffen – will sein möglichstes versuchen, obschon er es sehr schwierig nennt, »ein Kreuzverhör nur auf Tatsachen zu beschränken«.[5] Hinsichtlich des Hoßbach-Protokolls, der Gauleiter-Rede und im Fall des »Anschlusses« kommt er nicht zum Zuge. Daß – nach seinen Worten – Österreich »die SS, die Gestapo, die Konzentrationslager, die Unterdrückung von Gegnern und die Verfolgung der Juden erfuhr«, sind für Jodl Fragen, mit denen er sich nicht beschäftigt hat. »Die Frage«, hört der Ankläger, »müssen Sie an die zuständigen Leute stellen. Es (Österreich) hat außerdem mich bekommen als Artilleriekommandeur; und mich haben sie (die Österreicher) geliebt.«[6] Roberts beharrt auf zwei Befehlen Jodls vor dem Einmarsch: für ihn Mitverschwörung bei einem vertragsbrüchigen Unternehmen, da sich das Reich zuletzt 1936 verpflichtet habe, »die Souveränität des Bundesstaates Österreich voll anzuerkennen«. Jodl versteht die Anwürfe gegen ihn, den Soldaten nicht. Wieder bleibt er unwillig, sie zu »würdigen«.[7] Ebensowenig glaubt er im Fall der Tschechoslowakei Boden zu verlieren. Der nie geschürte Anlaß zum Losschlagen – Stichwort: Zwischenfall – ist ihm auch jetzt »das Wesentliche«.

Schroffer das Duell zum Norwegen-Thema. Roberts: »Nun

möchte ich Sie aber darauf hinweisen, daß es Deutschland war, das die Neutralität in jedem einzelnen Falle verletzt hat; die anderen Länder, die Alliierten haben das nicht getan.« Jodl: »Im Falle Norwegen haben das das erstemal die Engländer gemacht mit dem Falle der ›Altmark‹, durch das Minenlegen und das Beschießen der deutschen Schiffe in norwegischen Hoheitsgewässern. Das ist einwandfrei festgestellt, darüber gibt es keinen Zweifel.« – »Bei der ›Altmark‹ handelte es sich, wie Sie, Zeuge, ganz genau wissen, nicht um eine Besetzung. Es war lediglich eine Aktion der britischen Marine, um britische Kriegsgefangene von einem deutschen Gefangenenschiff zu befreien ...« – »Aber es war ein Völkerrechtsbruch gegenüber den norwegischen Hoheitsrechten. Sie durften Norwegen nur ersuchen, daß Norwegen das tut; Sie selbst durften in den norwegischen Hoheitsgewässern keine Kampfhandlungen durchführen ...« – »Warum mußten Sie Ihr an Norwegen gegebenes Wort brechen und den Bewohnern dieses Landes unsägliches Leid und Elend zufügen, nur weil die Engländer in norwegische Hoheitsgewässer eingedrungen waren und ein paar hundert Gefangene befreit hatten? Wo bleibt da die Logik? Warum sollten die Norweger darunter leiden?« – »Sie haben auch nur einen kleinen Nagel von diesem ungeheuer plastischen Bild der bevorstehenden Besetzung Norwegens herausgezogen. Es gibt aber Hunderte solche ... Ich kann nur sagen, wir standen unter dem sicheren subjektiven Eindruck, daß wir in letzter Sekunde ein Unternehmen durchgeführt haben, zu dem die englischen Truppen bereits eingeschifft waren. Wenn Sie mir beweisen, daß das nicht wahr ist, wäre ich ungeheuer dankbar.«[8]

Roberts verzichtete, und gleich gespenstisch sein Bemühen, den Westfeldzug zu kriminalisieren. All seine Attacken prallen auf das Gegenargument der nur scheinbaren Neutralität Belgiens und der Niederlande.[9] Was der Ankläger geißelt, bleibt dem Angeklagten operative Notwendigkeit, Weg zum – damals angestrebten – Sieg Deutschlands. Zur Bombardierung Belgrads, »Zwischenspiel« des Balkankrieges: »Billigen Sie als ehrenhafter Soldat, eine dicht bevölkerte Stadt anzugreifen, ohne eine Kriegserklärung oder zumindest eine halbstündige Warnung vorangehen zu lassen?« – »Ich bin nicht dieser Auffassung. Ich habe schon ausgeführt, daß sowohl ich persönlich und eine halbe oder eine Stunde später der Reichsaußenminister ein Ultimatum vorgeschlagen haben.« – »Wie viele Zivilisten, wieviel Tausende von Zivilisten, glauben Sie, wurden in der ersten Etappe dieses Zwischenspiels bei der warnungslosen Bombardierung Belgrads getötet?« – »Das kann ich nicht sagen, sicher nur ein zehnter Teil wie zum Beispiel in Dresden, als Sie den Krieg schon gewonnen hatten.«[10] Über den deutschen Einfall in die Sowjetunion trotz des Nichtangriffspaktes nur ein kurzer Schlagabtausch, aber hier die Frage an den Angeklagten: »Meinen Sie nicht, daß diese lange Reihe gebrochener Versprechen Deutschlands Namen auf Jahrhunderte hin entehren wird?« – »Das könnte sein, wenn die historische Forschung nach genauer Prüfung der russischen Dokumente den einwandfreien Nachweis liefert, daß Rußland nicht die Absicht gehabt hat, uns politisch zu erpressen oder anzugreifen; dann ja, sonst nein.«[11] Auch mit dem OKW-Befehl, der drakonische Maßnahmen, mehr noch: Schrecken gegen jede Widersetzlichkeit in den besetzten Gebieten verlangte, glückte Roberts kein Durchbruch. Jodl, der an dem Dokument mitarbeitete, ist der Befehl »nicht furchtbar«, da Völkerrecht Unnachsichtigkeit gegen Aufwiegler, Franktireure und Partisanen deckt.[12] Um die Anklage »Angriffskriege« stünde es schlecht, wäre sie nicht – gemäß dem Siegerstatut – von vornherein entschieden.

Roberts greift zu Überraschungsdokumenten, Ergänzungen zum Kommando-Befehl.[13] Die Dokumente belegen, daß sich Wehrmachtführungsstab (Quartiermeisterabteilung) und Wehrmachtrechtsabteilung um Entwürfe für den Kommando-Befehl augenblicklich mühten.[14] Der Ankläger verliest aus ihrer Gemeinschaftsarbeit: »In den Fällen, in denen vorübergehend im eigenen Interesse Festnahme erfolgt, sind die Betreffenden anschließend nach eingehender Vernehmung, an der auch SD zu beteiligen ist, durch die Abwehr dem SD zuzuführen. Unter keinen Umständen Unterbringung in Kriegsgefangenenlagern. Mit den Leuten aus Norwegen ist nachträglich im Sinne dieses Befehls zu verfahren.«[15] »Die Leute« von Norwegen, weist er nach, waren zehn Engländer und zwei Norweger in der Uniform britischer Gebirgsjäger, die am 21. September 1942 Teile des Kraftwerks Glomfjord sprengten. Sieben von ihnen mußten sich ergeben. »Diese Männer«, so Roberts zu Jodl, »wurden am 30. Oktober 1942 erschossen. Das heißt, erschossen auf Grund dieses Befehls, den Sie herausgegeben haben, obwohl er noch gar nicht existierte, als diese Männer die Kraftanlage in die Luft sprengten ... Diese Männer waren in Uniform. Können Sie das irgendwie rechtfertigen?« – »Nein, das kann ich nicht rechtfertigen, ich will es auch nicht rechtfertigen. Ich halte es für vollkommen rechtswidrig, denn auch selbst dieser Befehl konnte niemals rückwirkende Kraft haben; aber ich habe es damals gar nicht erfahren.«[16] – »Machen Sie irgendwelche Unterschiede zwischen einem britischen Flieger, der ein Kraftwerk bombardiert und einem britischen uniformierten Fallschirmjäger, der gelandet ist und das Kraftwerk mit Explosivstoff in die Luft sprengt?« Jodl: »Nein, die Tatsache der Zerstörung eines Objekts durch einen Sprengstoff halte ich für völkerrechtlich vollkommen zulässig; aber ich halte es nicht für zulässig, daß man dabei Zivil unter der Uniform trägt und daß man dabei eine Achselpistole hat, die in dem Augenblick zu feuern beginnt, wo man die Arme zur Übergabe hebt.«[17]

Sein Einwand zielt auf das, was nachweislich auch geschah. Zudem erhärten alle Dokumente nur die Tatsache der Befehls*entwürfe* seines Stabes. Dem Führer selbst »ist kein Vorschlag gemacht worden«.[18] Erneut bekräftigt Jodl, daß er den Befehl innerlich vollkommen ablehnte, sich mit ihm lediglich befaßte, weil er den Wehrmachtbericht redigierte. »Sonst wäre ich zu diesem Kommandobefehl überhaupt nicht gekommen; ich kam zu ihm wie die Jungfer zum Kinde.«[19] Aber Roberts läßt nicht locker und bringt weitere Beispiele: Angriffe Uniformierter gegen militärische Objekte; in einem Fall zehn, im anderen fünfzehn Erschossene auf Grund des Kommando-Befehls. Durch den Wust der Dokumente dringen Menschenschicksale.[20] Jodl wehrt sich mit dem Hinweis, daß er vom ersten Vorfall verspätet, vom anderen nichts erfuhr. Doch es geht nicht mehr darum, sondern um den Begleitbefehl zum Kommando-Befehl Adolf

Hitlers. »Warum sagen Sie«, hält ihm Roberts vor, »daß Sie diesen Befehl verteilen ›mußten‹? Es kann doch niemand einen anderen dazu zwingen, einen Mordbefehl zu verteilen, wenn er nicht will?«[21] – »Ich habe längere Ausführungen gemacht, daß dieser Befehl nicht ohne weiteres als ein Befehl zum Mord aufgefaßt werden konnte, sondern daß man sehr ernste und sehr berechtigte völkerrechtliche Zweifel und Überlegungen über Recht oder Unrecht dieses Befehls anstellen konnte.« – »Sie hätten sich weigern können. Sie und die anderen Generale hätten sagen können: ›Wir sind alle ehrenhafte Soldaten. Wir werden diesen Befehl nicht veröffentlichen und herausgeben.‹« »Gewiß, es hätte unter anderen Umständen sein können, wenn ich zu dieser Zeit nicht diesen Konflikt mit dem Führer gehabt hätte, und zweitens, wenn mir das englische Kriegsministerium meine Aufgabe etwas erleichtert hätte.«[22]

Unergiebiger wieder – für den Ankläger – die Rest-Attacken. Im Fall der dänischen Juden bestreitet Jodl, daß sie das Heer zur Deportation zusammentrieb; erst recht, daß diese Juden nach Auschwitz kamen.[23] Die rücksichtslose Härte aber, mit der er Tausende von Dänen, Holländern, Belgiern und Franzosen zu Befestigungsarbeiten zwingen wollte, hat er in seiner Gauleiter-Rede nur verlangt und nie befohlen.[24] So verstörend jetzt – hier wie dort – die schlimmen Töne: individuelle Schuld vermag Roberts nicht nachzuweisen. Schuld sieht er dagegen beim nächsten Dokument, in dem Fernschreiben Jodls vom 28. Oktober 1944 an das Armeeoberkommando Nordnorwegen. Das Fernschreiben befahl, »die gesamte norwegische Bevölkerung ostwärts des Lyngenfjords im Interesse ihrer eigenen Sicherheit zwangsweise zu evakuieren und alle Wohnstätten niederzubrennen beziehungsweise zu zerstören«.[25] Jodl jedoch spricht von einem Befehl, den Reichskommissar Terboven erzwungen habe. Trotz dieses Führerbefehls sei in Nordnorwegen – gemäß der Haager Landkriegsordnung – nur das militärisch Notwendige zerstört worden; Beweis: die unversehrten Städte Kirkenes, Hammerfest und Alta.[26] Die Genfer Konvention ist das schwächste Paradepferd der Anklage. Gerade Jodl hat die Aufkündigung dieser Konvention verhindert, freilich mit üblen Argumenten.

Empört zitiert Roberts aus der Vorlage des Zeugen für den Führer: Nichts bedinge, daß sich Deutschland irgendwelche Beschränkungen auferlege. Und den Passus: Versenke der Engländer ein Lazarettschiff, hindere das keineswegs, als Repressalie sofort ein englisches Lazarettschiff zu versenken.[27] Roberts: »Nicht sehr ehrenwert, nicht wahr?« Jodl: »Das war die Methode, die allein einen Erfolg beim Führer erreichen konnte, und dieser Erfolg ist dadurch eingetreten.«[28]

Auch der 20. Juli 1944 bliebe – strafrechtlich gesehen – besser beiseite, aber noch einmal sucht der Ankläger den Angeklagten moralisch zu diskreditieren. Nicht ohne Hohn erinnert er an Jodls Satz vor dem Wehrmachtführungsstab, nach dem der 20. Juli der schwärzeste Tag deutscher Geschichte gewesen sei.[29] »Warum«, insistiert Roberts, »war es ein schwarzer Tag für Deutschland? Weil jemand versucht hat, einen Mann zu ermorden, der, wie Sie jetzt zugeben, ein Mörder war?« Das Wort »Mörder« bezieht sich auf die Erschießung der britischen Fliegeroffiziere, die auch Jodl unumwunden Mord genannt hat[30], doch hier antwortet er: »Soll ich vielleicht in dieser Situation, wo ich von einem eigenen Kameraden – mit vielen Gegnern des Systems zusammen – in einer feigen, hinterlistigen Weise in die Luft gesprengt werde, das auch noch anerkennen? Das war für mich nach diesem Eindruck das Furchtbarste, was passiert ist. Wenn der Mann mit einer Pistole den Führer erschossen hätte und sich gestellt hätte, das wäre etwas anderes gewesen. Diese Methode war für mich das Abschreckendste, was es für einen Offizier geben kann; und unter dem Eindruck dieser Erlebnisse, die wirklich zu den schlimmsten gehörten, die ich kenne, habe ich das gesagt, und ich halte es auch heute aufrecht.«[31] – »Ich will mich nicht mit Ihnen streiten. Aber glauben Sie etwa, daß es eine feigere Tat war, als diese fünfzig amerikanischen Soldaten, die in Norditalien landeten, um ein militärisches Ziel zu zerstören, wie Hunde zu erschießen?« – »Auch das war ein Mord, darüber ist kein Zweifel. Aber es ist nicht Aufgabe der Soldaten, den Richter zu spielen über ihren Oberbefehlshaber. Möge das die Geschichte tun oder ein Gott im Himmel.«

Am nächsten Tag führt der sowjetische Oberst Pokrowsky das

Kreuzverhör.[32] Er ist ein gröberes Kaliber als der alerte Oxford-Jurist. Mehrere seiner Fragen, die Unwissenheit über das OKW widerspiegeln, reizen Jodl auf: bissig ein Kommentar des Angeklagten. Wiederholt rügt der Lordrichter Pokrowskys Unsachlichkeit. Zeitweise läuft das Kreuzverhör aus dem Ruder.[33] Der stellvertretende russische Hauptankläger verfährt sprunghaft und begehrt plakative Schuldbekenntnisse. Doch ob Tschechoslowakei, Polen, Jugoslawien oder Sowjetunion: nirgendwo kann er Kriegstreibereien Jodls entlarven. Schon die Formulierungen, die er wählt, sind häufig anfechtbar. Hieb trifft auf Gegenhieb. Etliche Dokumente nennt Jodl Fälschung oder Phantasiedarstellung.[34] Auch Pokrowsky umgeht den Kommissar-Befehl, obgleich da der Angeklagte verwundbar wäre. Jodl ist nicht nur Autor eines Satzes der Befehls-Präambel (Prognose der russischen Kampfführung); zudem hat er der Front bestätigt, in den Kommissar-Befehl selbst Kompanie-Politruks einzubeziehen.[35] Um so mehr hält sich der Ankläger an die abzulehnenden Kapitulationsangebote Leningrads und Moskaus. Schlüssig beweist er, daß Hitler bereits im Juli 1941 entschlossen war, Leningrad dem Erdboden gleichzumachen.[36] Das Datum erweckt Schauder und scheint Jodl zu widerlegen, der des Führers Härte mit den Sprengungen in Kiew Ende September 1941 begründete. Aber das Datum belegt lediglich Hitlers vorsätzlichen Vernichtungswillen. An der Juli-Besprechung, erklärt Jodl, habe er nicht teilgenommen.[37] Noch einmal bringt er vor, was er auf Exners Fragen antwortete. Die Kausalität der Ereignisse – so wie sie in seinen Augen gilt – bleibt unerschüttert, auch vom Zeitablauf her.

Pokrowsky kommt, zweischneidig für einen Russen, zum Partisanenkampf. Jodl hört den Vorwurf, daß er der deutschen Truppe zugestand, »mit den Partisanen nach Belieben zu verfahren, sie allen möglichen Foltern auszusetzen, sie zu vierteilen, verkehrt zu hängen und so weiter«.[38] Der Angeklagte verweist auf die Vorschrift des Wehrmachtführungsstabes vom 11. November 1942 und den Satz: »Das Niederbrennen von Dörfern als Repressalie ist verboten, da es zwangsläufig nur neue Partisanen schafft.«[39] Um derartige Einschränkungen im Partisanenkampf durchzusetzen, habe er zu dem widerstrebenden Hitler gesagt: »›Mein Führer, was die Leute im Kampf tun, das steht ja gar nicht in der Vorschrift. Von mir aus können sie sie vierteilen oder verkehrt aufhängen.‹ Wenn ich gewußt hätte, daß die russischen Herren Ironie so schlecht verstehen, hätte ich noch hinzugesetzt: ›und am Spieß braten‹. Das habe ich gesagt und dann hinzugefügt: ›Aber es dreht sich in dieser Vorschrift um Repressalien nach dem Kampfe, und die müssen verboten werden.‹ Daraufhin helles Gelächter der versammelten Offiziere, auch vom Führer, und er gab mir die Genehmigung, diese Vorschrift auszugeben.«[40] Niemand im Nürnberger Gerichtssaal verspürt Neigung, namentlich Hitlers Gelächter zu wiederholen. Beklemmend abermals Jodls Argumente, obschon der Partisanenkampf eigenen, grausamsten Gesetzen folgte, Gesetzen, die der Angeklagte zu korrigieren suchte. Pokrowsky fragt ihn: »Sind Sie sich dessen bewußt, daß die deutschen Truppen die Ironie besser verstanden als wir und im wahrsten Sinne die Leute vierteilten, verkehrt aufhängten und die sowjetischen Kriegsgefangenen am Spieß brieten. Wissen Sie das?« – »Das weiß ich nicht nur nicht, sondern ich glaube es auch nicht.«[41]

Von den Entlastungszeugen, die er vorschlug, kommen vier zu Wort: Horst Freiherr Treusch von Buttlar-Brandenfels, Herbert Büchs, Percy Ernst Schramm und August Winter.[42] Jodl hat sie in einem warmherzigen Rundschreiben gebeten, nicht um seinetwillen, sondern für das deutsche Offizierskorps einzustehen. Leitbild soll ihnen, die er stets als aufrechte Männer schätzte, allein die historische Wahrheit sein.[43] Alle vier vernimmt der zweite Verteidiger Professor Hermann Jahrreiss, nachdem Exner das Gericht ersucht hat, ihn wegen seines kranken Beins von diesen Verhören zu entbinden. Buttlar-Brandenfels, erster Generalstabsoffizier des Heeres im Wehrmachtführungsstab, läßt wissen, daß Jodl nie für Kriegsgefangene verantwortlich war.[44] Dokumente, die er interpretiert, stützen seine Aussage. Auch hinsichtlich der Bandenkampfvorschriften bekräftigt er, daß sie nicht auf Ausrottung der Juden und Slawen abzielten. Konträre Hinweise Heusingers, die freilich nur Verdacht andeuten, nennt er unbegreiflich. Büchs, Generalstabsoffizier der Luftwaffe beim Chef des Wehrmachtführungsstabes, bestätigt alle Widerstände gegen den beabsichtigten Lynchmord an alliierten Terrorfliegern.[45] Ein verlesener Fragebogen des Generals Koller, letzter Generalstabschef der Luftwaffe, erwähnt als Opponenten Keitel, Göring und sogar Kaltenbrunner. Daß Jodl ebenso zu ihnen zählte, braucht Büchs kaum noch hervorzuheben. Dafür rückt die Abwehr der mehrfach wiederholten Befehle Hitlers ins Bild: ein qualvoller, aber schließlich erfolgreicher Prozeß.

Schramm, Kriegstagebuchführer des Wehrmachtführungsstabes und im Zivilberuf Göttinger Geschichtsprofessor, verdeutlicht Jodls Arbeitsfülle und – mit Nachdruck – Hitlers Rücktrittsverbot für höchste Offiziere.[46] Entschieden verneint er, daß der Angeklagte als politischer General anzusehen oder von besonderem Ehrgeiz geplagt worden sei. Wäre er ehrgeizig gewesen – so vor allem dieser Zeuge –, hätte er sich die ungeeignetste Stelle ausgesucht. Auf ihr erntete er nur Kritik von unten und kaum Anerkennung von oben. »Mir persönlich ist es immer sehr merkwürdig, ja grotesk vorgekommen, daß der Generaloberst im Augenblick, als Adolf Hitler den Tod findet, nicht mehr Kriegsauszeichnungen besessen hat, deutsche Kriegsauszeichnungen, als ich als Major der Reserve.«[47] Wie Schramm betont Winter Hitlers Rücktrittsverbote und den Präventivcharakter des Rußlandfeldzuges. Sein markantester Punkt neben dem frontnahen und forcierten sowjetischen Truppenaufmarsch: Kartenausstattung bei den gefangengenommenen Stäben, »die weit in deutsches bzw. ursprünglich österreichisches Gebiet hineinlangte, die wir auch mit einem reinen Defensivgedanken nicht in Übereinstimmung bringen konnten«.[48] Zur drohenden Aufkündigung der Genfer Konvention befragt, legt Jodls letzter Stellvertreter dar, daß er sofort zusammenzustellen hatte, was gegen diese Aufkündigung sprach. Alle Zeugenaussagen untermauern Jodls Glaubwürdigkeit und dichten das nicht Anklagbare ab. Keine jedoch hilft wirklich – und am wenigsten in der Sache des Kommando-Befehls.

Exner und Jahrreiss zeigten Zufriedenheit. »Von allen Seiten« hörten sie, daß sich ihr Mandant klar und würdig verteidigt habe. Im Zeugenbau – unter den Militärs – war man »mehr als einverstanden«.[49] Jodl dagegen in einem Brief an seine Frau: »Verzeih, wenn ich nicht geschrieben habe, vorgestern zu müde, gestern abend zu aufgewühlt ... Es war vielleicht die größte psychische Belastung meines Lebens und hat mich fünf Pfund meines Gewichtes gekostet. Ich habe wie ein Pferd bis zum Abend noch nachgeschwitzt. Manchmal ging der Gaul mit mir durch, wenn ich zuviel Unverständnis in einer Frage empfand. Immer hat mich der Gedanke beherrscht, für unsere Wehrmacht, für Deutschland, für Dich und die Ehre meines Namens zu sprechen. Über das Kreuzverhör war ich enttäuscht. Ich erwartete wenigstens den Versuch, mir zu beweisen, daß England nicht in Norwegen landen wollte, daß Holland und Belgien wirklich neutral waren und daß uns Rußland nicht angreifen wollte. Nicht ein Wort darüber. Der englische Ankläger brachte wenigstens einige mir völlig neue Dokumente, der russische Oberst Pokrowsky fast nur Dinge, mit denen ich gar nichts zu tun hatte. Deshalb war ich oft verärgert, wirklich Sachliches hätte mich zu viel besseren Antworten gebracht ...«[50] Alles in allem freilich hielt er es für gut, daß er die Möglichkeit zu umfassender Darstellung der Wahrheit hatte, glaubte auch er, sie nach Kräften genutzt zu haben. Was vorab haftete, waren seine Gegenhiebe, nicht die Bruchstellen im Kampf mit Roberts.

Am 19. Juli hält Exner sein Plädoyer: konzentriert, eindringlich, geschliffen.[51] Seine Argumentation bringt für Jodl den Vorwurf der »Conspiracy« zu Fall. Unanfechtbar beweist er, daß sein Mandant nach Funktion und Haltung nicht zu ihr zählte. Österreichs »Anschluß« und der Einmarsch ins Sudetenland sind ihm, bei umsichtiger Abwägung, keine völkerrechtswidrigen, anklagbaren Akte. Nachdrücklich hebt er hervor, daß der Krieg gegen Polen beschlossen war, als Jodl auf seinen OKW-Posten zurückkehrte: kardinalste unter den Tatsachen.[52] Geradezu befreiend erinnert Exner an verdrängte Selbstverständlichkeiten. Nie könne ein Offizier, legt er dar, als Verschwörer betrachtet werden, »der an der ihm zugewiesenen Stelle an der Durchführung eines Kriegsplans« mitwirkte. Jodl habe Hitlers

Kriegsplan nicht freiwillig zu dem seinen gemacht. Dessen Rechtmäßigkeit aber zu überprüfen, sei nirgendwo Sache des Soldaten.[53] »Eine Kriegserklärung ist eine außenpolitische Entscheidung ... Wer diese Entscheidung zu verantworten hat – politisch, strafrechtlich, moralisch –, hängt von dem staatsrechtlichen Aufbau des konkreten Staates ab, von der Art, wie verfassungsgemäß die außenpolitische Willensbildung in diesem Staat sich gestaltet ... Ich könnte mir allerdings vorstellen, daß der Chef WFST – wenigstens moralisch – mitschuldig würde an einem Angriffskrieg, wenn er an der entscheidenden Stelle zum Krieg hetzt oder unter Hinweis auf eigene militärische Überlegenheit der politischen Führung den Rat gibt, den Augenblick zu nutzen, um weitgespannte Eroberungspläne auszuführen ... Aber wenn er in eventu, d. h. für den Fall, daß die politische Führung sich für den Krieg entscheidet, den Kriegsplan entwirft und ausführt, tut er nichts anderes als seine selbstverständliche Pflicht.«[54]

Exner berührt die Folgen, die bei einer gegenteiligen Auffassung drohen, ja aufkommen müssen. Ohne – entbehrliche – Ironie regt er an, sich auszumalen: »Die zuständige Stelle erklärt den Krieg, und der Generalstabschef, der ihn als völkerrechtswidrig betrachtet, macht nicht mit. Oder der Generalstabschef ist glücklicherweise derselben Anschauung wie das Staatsoberhaupt, aber einer der Armeeführer hat Bedenken und weigert sich zu marschieren, der andere zweifelt und muß es sich erst überlegen. Läßt sich da überhaupt ein Krieg führen, sei es ein Verteidigungs- oder ein Angriffskrieg? Solch eine Rechtsauffassung käme für die Zukunft zu Ergebnissen, die gar nicht zu verantworten wären ... Dränge diese Anschauung durch, welcher tüchtige Mann würde sich noch entschließen, den Offiziersberuf zu ergreifen, wenn er bei Erreichung einer hohen Stelle riskieren müßte, im Falle der Niederlage wegen Verbrechens gegen den Frieden vor ein Gericht gestellt zu werden? ...[55] In Wahrheit liegen die Dinge so: Solange es nicht eine überstaatliche Autorität gibt, die unparteiisch feststellt, ob im konkreten Fall eine derartige Verpflichtung für den einzelnen besteht, und solange es nicht eine überstaatliche Macht gibt, die den, der diese Pflicht befolgt, vor Bestrafung wegen Hochverrats und Fahnenflucht schützt, kann ein Offizier für Friedensbruch strafrechtlich nicht verantwortlich sein. Unter allen Umständen muß hier auf einen Widerspruch verwiesen werden, in den die Anklage verfällt: Auf der einen Seite wirft sie den Generalen vor, daß sie nicht reine Soldaten, sondern auch Politiker gewesen sind, auf der anderen verlangt sie von ihnen, daß sie gegen die politische Führung demonstrieren, deren Beschlüsse sabotieren, kurz: daß sie nicht reine Soldaten, sondern Politiker sein sollten.«[56]

Es existiere – so der Plädierende – kein Schriftstück, aus dem man schließen könne, daß Jodl zum Krieg oder zu einem der Feldzüge gehetzt habe. Entscheidend bleibe, wie sich ihm die jeweilige militärische Lage darstellte.[57] Keiner der Gründe, die ihn leiteten, falle in Bereiche des Strafrechts. Auch Exner beharrt auf Zwangsläufigkeiten, und zwar um so mehr, als der Kriegsausbruch – die Ursache weiterer Ursachen – Jodl schwerlich belastet. Sein Bild aller Unternehmen von Norwegen bis Rußland ist das Bild des Mandanten: eher noch schärfer, zugespitzter.[58] Den Präventivkrieg, Argument hinsichtlich der Sowjetunion, nennt Exner verbrieftes Mittel der Selbsterhaltung, nicht zuletzt nach dem Briand-Kellogg-Pakt. Widersinnig für ihn schon Tadel an den führenden deutschen Generalen, *wenn* von ihnen die Lage falsch beurteilt worden sein sollte.[59] Winters und Rundstedts Aussagen über den russischen Aufmarsch tilgen in seinen Augen diesen Vorbehalt. Der nie angewendete Leningrad-Befehl begründet für ihn keine Völkerrechtswidrigkeit. Auch in Randbemerkungen und Vortragsnotizen erblickt er, bei präzisem Denken, nirgendwo strafwürdige Handlungen, sondern höchstens rechtswidrige Gesinnungen.[60] Bandenkampf, Tiefflieger-Problem und Genfer Konvention erlauben ihm, Jodl ohne Aplomb im besten Licht zu zeigen. Zum Kommando-Befehl meint er, daß Weitergabe eines Befehls nicht für dessen Inhalt verantwortlich mache.[61] Sein Hinweis, Jodl sei nicht einmal befugt gewesen, die Rechtmäßigkeit dieses Befehls zu überprüfen, streift das Fragwürdige. Doch ganz Defensor, erinnert er an die wirklichen Zuständigkeiten des Angeklagten, mehr noch: spricht er von dem Banditentum, das auch den Kommando-Befehl rechtfertigen konnte.[62] Jodl wäre entlastet, folgte das Gericht den Prämissen Exners.

Wie kaum ein zweiter Verteidiger weigert sich der Plädierende, Hitler zu bagatellisieren oder als »quantité négliable« abzutun.[63] Ihm, dem Gewaltmenschen, habe nun Jodl gegenübergestanden: »Jodl, ein grader Soldat, hervorragend begabt, aber nie etwas anderes anstrebend, als ein gewissenhafter Soldat zu sein, nüchtern realistisch denkend, aller Diplomatie, allem politischen Getriebe abhold, aufgewachsen in den Idealen des deutschen Offizierskorps: Tapferkeit, Treue, Gehorsam – ausgebildet in der hundertjährigen Tradition des deutschen Generalstabes, der nur Pflichterfüllung, selbstlose Arbeit und wieder Arbeit kannte. Daß dieser Mann, an Adolf Hitlers Seite arbeitend, in seinen Bann geraten mußte, ist selbstverständlich. Man muß eben die Zeit berücksichtigen, in der dies geschah. Ein Vertrauensverhältnis freilich konnte sich nicht bilden, aber Jodl war auch nicht der Mann, der sich widerspruchslos beugte. Es gab Zusammenstöße, Explosionen genug. Jodl galt als derjenige, der am meisten von allen im OKW dem Führer Opposition zu machen wagte ... Gerade darum glaube ich auch nicht, daß Befehl und Gehorsam dasjenige ist, was uns Jodls Verhalten in diesen Jahren restlos verständlich zu machen vermag. Es war vielmehr der viel umfassendere Gedanke der Pflichterfüllung: restloser Einsatz für das, was ihm in kritischer Zeit als Aufgabenbereich zugewiesen war. Man vergegenwärtige sich die Lage, in der sich Jodl befand: der Existenzkampf seines Vaterlandes, die Anforderungen des immer grausamer werdenden Krieges und zugleich die von allem Herkommen abweichenden Anschauungen seines Obersten Befehlshabers über das, was in einem Krieg zulässig oder unzulässig ist. Da wird ganz klar, daß Jodl in Konflikte geraten mußte, in Konflikte mit Hitler, in Konflikte mit sich.«[64]

Exner sieht Jodls Richter in einer vergleichbaren Situation: sicher mit Zweifeln, ob die Charta des Tribunals geltendem anerkanntem Recht entspricht, aber gebunden an diese Charta und die Order ihrer vier Regierungen.[65] Schuld hinsichtlich der militärischen Führung seines Mandanten berührt er nicht, braucht er – selbst wenn er sie empfände – nicht zu berühren. Die Möglichkeit zum Rücktritt oder zu simulierter Krankheit aber leugnet er für Jodl. Beides, betont er, unterband Hitlers Verbot und die Ehre des Offiziers, der zum eigenen Land zu stehen hatte.[66] »Da gab es also nur den dritten Ausweg: Mord und Revolution. Im Frieden hätte das zugleich Bürgerkrieg bedeutet, im Krieg sofortigen Zusammenbruch der Front und Untergang des Reiches. Er hätte also rufen sollen: Fiat justitia, pereat patria? Die Anklage scheint in der Tat auf dem Standpunkt zu stehen, es wäre von dem Angeklagten ein derartiges Verhalten zu fordern gewesen. Ein erstaunlicher Gedanke! Ob Mord und Verrat je sittlich zu rechtfertigen sind, darüber mögen Ethiker und Theologen streiten. Für Juristen ist so etwas jedenfalls indiskutabel. Bei Strafe verpflichtet sein, das Staatsoberhaupt zu ermorden? Noch dazu als Soldat? Und im Kriege? Man bestraft seit jeher die Leute, die ein solches Verbrechen begehen, aber sie zu bestrafen, weil sie es nicht tun, wäre neu ... Jodl war kein Rebell. Sein Gewissen sagte ihm: das Vaterland ist in Not, jeder Mann auf seinem Posten! Jodls Posten war an der Spitze des Wehrmachtführungsstabes. Er hat ihn nicht freiwillig bekommen, er hat ihn nicht freiwillig behalten. Es war ein hartes Muß. Er erfüllte die Aufgabe, die diese Stelle ihm auferlegte, nach bestem Können und Gewissen – bis zum bitteren Ende.«[67] Exner bittet, den Generaloberst Alfred Jodl freizusprechen.

Sein Plädoyer, schon physisch eine ungewöhnliche Leistung, beeindruckt nachhaltig[68] – nur nicht die Ankläger, die nun ihre Repliken vortragen. Namentlich Jackson wiederholt alle Anwürfe in schlimmster Sprache, mit überflüssigen Schmähungen. Jeden der Angeklagten stempelt er zum Gangster, Jodl zum Verräter an der Tradition seines Berufsstandes.[69] Offen bekennt er, daß dieser Gerichtshof die Kriegsanstrengungen der Alliierten fortsetze, Anstrengungen in einem noch »technischen« Kriegszustand mit Deutschland. Er und die übrigen Ankläger fordern ausnahmslos hohe und höchste Strafen. Fast scheint es, als habe die Verteidigung umsonst argumentiert. Jodl zeigt –

nach dem bösen Omen – Gleichmut.[70] Nicht einmal der »Verrätergeneral« ärgert ihn. »Niemand kann«, schreibt er über die Taten der Unmenschlichkeit und Barbarei, »an diesem schmutzigen Inhalt vorbeigehen, aber daß man keinen Unterschied anerkennen will zwischen denen, die das gewollt und in Kenntnis des Inhalts mitgeholfen (sic!), und denen, die erst heute voll Erschütterung davon erfuhren, das erstaunt mich, aber es erschüttert mich nicht.«[71] Sein Gleichmut täuscht. Zu gedrückt jetzt die Stimmung unter den Häftlingen, als daß sie ihn nicht berühren müßte. Ernster denn je prüft er in sich die Vorwürfe seiner Ankläger, eigene Zweifel. Ob er bei allem selbst zu Freisprüchen gelangt, muß man wohl eher verneinen.[72] Doch auch oder gerade Jacksons Rede wirft ihn nicht aus dem Gleis, noch weniger Taylors wirre Attacke gegen die »verbrecherische Gruppe Generalstab und OKW«. Unangefochten steht er zu seinem Bild der angeblichen Gruppe.

Absichtlich hatte er gezögert, die heikelste Frage zu berühren, obwohl er fühlte, daß sie – unausgesprochen – längst gestellt war. Anfang Juli aber äußerte er sich über den mutmaßlichen Urteilsspruch, schickte er seiner Frau, was er »Plädoyer des Schicksals« und – mit Zeichen der Liebe – Dokument L 1001 nannte.[73] Das Gericht, schrieb er ihr, sei und bleibe ein politisches Instrument. Selbst wenn es den Schein des Rechts wahre, habe es die »Hauptkriegsverbrecher« zu bestrafen. »Das Statut hat ihm zudem die Marschroute schon gegeben, die es nicht verlassen kann. Ich halte daher auch in meinem, nicht ungünstigen Fall jedes Urteil für möglich, vom Todesurteil bis zum Freispruch, denn für meine Taten gibt es ja kein Strafgesetzbuch. Kein Urteil wird mich überraschen, und ich bin innerlich auf jedes vorbereitet, habe jedes durchlebt und überwunden.« Daß ihn das Schlimmste bedrohte, suchte er als unwahrscheinlich auszuschließen. Es werde und müsse, meinte er, Todesurteile geben, »aber schon um den Anschein der Gerechtigkeit zu wahren, wird man auch abstufen. Und ich glaube, daß mein Fall ein solcher ist, der sich für ein milderes Urteil anbietet«.[74]

Sein Verstand warnte ihn, sich mit Freispruch zu befassen, auch wenn seine Sinne andere Wege gingen. Was er erwartete, war eine Freiheitsstrafe, wobei er zwischen Zuchthaus, Gefängnis und Ehrenhaft unterschied, jedoch nicht an Deportation und Verbannung dachte.[75] Hier blieben für ihn Zeitdauer und Vollstreckungsart »das Entscheidende«, ebenso Besuche der Angehörigen und sinnvolle Tätigkeiten. Verurteilte man ihn nicht zu kurzer Freiheitsstrafe, sondern zu fünf oder noch mehr Jahren – Strafmaß, das er am meisten fürchtete –, so lag sein Entschluß fest. »Dann will ich alle Hoffnung begraben, und dann sollst Du frei sein in allem und jedem. Du wirst mich nicht vergessen können, aber dann sollst Du Dein Leben einrichten, wie wenn ich verschollen wäre, ohne tot erklärt zu sein, Du aber doch weißt, daß ich nicht mehr wiederkomme. Ich will nicht, daß Dein Leben verdorrt wie eine Pflanze ohne Wasser. Du hast mir ohnehin schon so viele Opfer gebracht. Ich werde doch psychisch und physisch zugrunde gehen, und wenn nicht, so will ich nicht dereinst als ein solches Wrack Dein Leben vergällen. Es ist mir bitter ernst damit, denn diese Gedanken sind *nur* ein Ausfluß meiner Liebe zu Dir. Habe keine Sorge, daß es mich später einmal reuen würde, wenn ich je wieder nach Hause käme. Dann würde ich nur mehr das Grab auf der Insel aufsuchen und dann in meine Berge gehen, um dort zu sterben. *In allen anderen Fällen* werde ich aber meine ganze Kraft einsetzen durchzuhalten.«[76]

Das Ende der Prozeßarbeit gab ihm Zeit für eine längere strategische Studie, ihr brisanter Titel: »Ein Krieg zwischen den Westmächten und der Sowjetunion«.[77] Er schrieb sie nicht, weil er diesen, Deutschland »endgültig zerstörenden« Krieg ersehnte. Er fürchtete ihn als kommendes Duell zwischen zwei Systemen, erbitterten, unversöhnlichen Todfeinden – spätestens für den Augenblick, in dem Moskau Siegeschancen zu sehen glaubte. Er war sich sicher, daß, wenn den Armeen Sowjetrußlands befohlen würde, »den Vormarsch nach Westen zwischen Ostsee und Alpen anzutreten, sie es mit einer dreifachen oder noch größeren Überlegenheit zu Lande tun werden. Mindestens 25 000 hochwertige Panzerkampfwagen und ein fanatischer, siegeszuversichtlicher Kampfwille wird (sic!) die Stoßkraft dieser Überzahl von Divisionen noch beträchtlich erhöhen«.[78] Ihnen ist, so seine Überzeugung, durch die Westmächte nichts annähernd Gleichwertiges gegenüberzustellen. Wenn Rußland einstweilen zögere, so allein wegen der erdrückenden angelsächsischen Vorherrschaft zur Luft und der amerikanischen Atombombe. Diese Lage freilich werde sich von Jahr zu Jahr – und zwar für alle drei Wehrmachtteile – zugunsten der Sowjetunion ändern. »Rußland wird alle Anstrengungen machen, seine Unterlegenheit zur Luft zu beseitigen. Es wird deutsche Flieger und Ingenieure dazu heranziehen und nicht ruhen und rasten, bis es das Geheimnis der Atombombe gelöst oder sich sonst verschafft hat.«[79] Rüstungswettläufe seien vorgezeichnet.

Jodl rätselte nicht über Rußlands »wahrscheinliche« Kriegsoperationen. Er sah – längs der Demarkationslinie – die Rote Armee mobilisiert in drei Heeresgruppen: ohne Reserven wenigstens fünf Millionen Mann; die Hauptmacht bei der *Mittelfront*, zunächst zum schnellen Stoß vom Thüringer Wald auf Mainz bestimmt. »In der Tiefe gestaffelt, werden starke Kräfte hinter diesem vordersten Stoßkeil folgen, um dann, nach Norden und Süden eindrehend, den englischen und amerikanischen Divisionen den Rückzug nach dem Rhein zu verlegen. Die *Nordfront* wird die Nordseehäfen in Besitz nehmen, im übrigen aber mit ihrer Masse über Münster auf das Ruhrgebiet angesetzt werden. Die *Südfront* hat in Bayern und Württemberg größere Geländeschwierigkeiten und den weitesten Raum zu überwinden. Sie kommt daher in eine starke Rückwärtsstaffelung zur Mittelfront, was aber gerade dazu verhelfen kann, einen zu zäh vor dieser Front kämpfenden Gegner von Norden her im Rücken zu fassen und zu vernichten.«[80] Rettung bot für Jodl allenfalls sofortiger Rückzug hinter den Rhein, doch auch dieser Rückzug nur dann, wenn schließlich 130 bis 150 Divisionen das Westufer des Stroms verteidigten. Er warnte Engländer wie Amerikaner vor der Illusion, inmitten Deutschlands eine Entscheidungsschlacht schlagen zu können. Sie ende, lange bevor Luftwaffeneinsätze wirksam würden, »mit der Vernichtung der englischen und amerikanischen Besatzungsdivisionen östlich des Rheins«. Die Rote Armee sei durch *Land*operationen nicht mehr zu besiegen.[81]

Einzig die angelsächsische Luftwaffe konnte, in seinen Augen, »vielleicht« die Versorgungsstränge und Kräftequellen des Feindes zerstören und so Rußland zwingen, den Kampf aufzugeben. Dazu bedurfte es indes nicht nur aller Fernbomber, die zuletzt gegen Deutschland und Japan eingesetzt waren, sondern ebenso vorgeschobener und insbesondere gut abgedeckter Basen, um die lebenswichtigen Schlüsselpunkte der UdSSR zu erreichen. Hier dachte der Autor an Schweden und die Türkei, für die Demokratien gewiß »das schwerste« politisch-militärische Problem, schon weil es – neben diplomatischer Kunst – die höchstmögliche Stärke der westalliierten Heere verlangte.[82] »Am leichtesten«, schloß die Studie, »ist die Aufgabe der englischen und amerikanischen *Kriegsmarine*, sie ist (sic!) aber nicht in der Lage, ihre unbestrittene Seeherrschaft kriegsentscheidend zur Geltung zu bringen.« Jodl wußte und räumte ein, daß die Generalstäbe der Westmächte über eigene und sicher bessere Unterlagen verfügten. Dadurch mochten etliche Einzelheiten in einem anderen Licht erscheinen. Was er niederschrieb, kam aus dem Gedächtnis und einer Gefängniszelle. Zudem wünschte er nur zu sehr ein Übereinkommen zwischen den Demokratien und der Sowjetunion, das dem deutschen Volk erlaubte, »dazwischen notdürftig ein kümmerliches Dasein zu fristen«.[83] Solch ein Übereinkommen schien ihm sinnvoller als neuer Waffenlärm, doch die *strategischen Grundlagen*, meinte er, ließen sich »nicht viel anders betrachten«.

Auch in Briefen erklärte er, daß er nirgendwo prophezeien wolle. Würde seine Studie gegenstandslos, wäre er selbst am glücklichsten. Hoffnung freilich konnte seinen untergründigen Pessimismus allenfalls dämpfen. Wie vorher glaubte er kaum an ein wirkliches Übereinkommen zwischen den »Todfeinden«, noch weniger an den Willen der Westmächte zu äußerster Kraftanstrengung.[84] Deutschland, so das innerlich unwiderrufene Resümee, war nicht zu retten. Statt Verteidigungsbereitschaft sah er Amerikas Abkehr von einem ewigen Zankapfel-Kontinent und die Herrschaft Rußlands über Europa, den Frieden eines Friedhofes. »Wenn dann das letzte Schiff mit amerikanischen und englischen Truppen die französische Küste verlassen hat, dann wird vielleicht noch einmal die Erinnerung wach werden an den Zweck dieses Zweiten Weltkrieges, Deutschland und den Nationalsozialismus als Störer des Weltfriedens zu beseitigen und Polen zu schützen.« Aber auch im Frieden eines Friedhofes, meditierte er, »blühen Blumen und singen die Vögel, und solange es noch Friedhöfe gibt, geht auch das Leben weiter seinen Gang«.[85] Möglich, daß die strategische Studie Adressen vorlag, an die ihr Autor vor allem dachte, ungewiß jedoch, ob sie schließlich überhaupt Aufmerksamkeit erregte. Ihren Gang weiter gingen die Gefängnistage, und jetzt auch bei Jodl wieder Gelassenheit, höchstens Andeutungen über Gemütsbewegungen, die er wie je im Zaum zu halten suchte. Konzentriert schreibt und formt er sein Schlußwort.

Die Bilanz erübrigt zu fragen, wie ein Krieg ohne Hitlers Eingriffe verlaufen wäre. Ohne Hitler hätte Deutschland die Welt nie herausgefordert. Unabweisbar indes die Mitverantwortung höchster Soldaten, die den unwiderruflich verlorenen Krieg nach Hitlers Willen führten. Millionen, die nicht zu sterben brauchten, waren gegen klare Erkenntnis geopfert worden, Reich und Nation zerbrochen. Versagen hatte Mythen und Führungsansprüche gelöscht, aber Jodl wehrt sich, solch eine Bilanz zu ziehen oder auch nur zu erwägen. Wenn sie ihn je bedrängte, so verschließt er sie: begünstigt durch sein Bild der Ereignisse und Zeitläufe. Schuld jenseits juristischer Kategorien räumt er weder Anrecht noch Plätze ein. Kein Wort – wie bei dem hier würdigeren Keitel – über das, was zu verhindern gewesen wäre, über Grenzen soldatischer Pflichterfüllung. Dafür unerschütterlicher Glaube an eine spätere Geschichtsschreibung, ja, an gerechte Urteile über die hohen militärischen Führer und deren Gehilfen.[86]

»Denn sie«, so seine Erklärung am 31. August 1946, »und mit ihnen die ganze deutsche Wehrmacht standen vor einer unlösbaren Aufgabe, nämlich: einen Krieg zu führen, den sie nicht gewollt, unter einem Oberbefehlshaber, dessen Vertrauen sie nicht besaßen und dem sie selbst nur bedingt vertrauten, mit Methoden, die oft ihren Führungsgrundsätzen und ihren überkommenen erprobten Anschauungen widersprachen, mit Truppen und Polizeikräften, die nicht ihrer vollen Befehlsgewalt unterstanden, und mit einem Nachrichtendienst, der teilweise für den Gegner arbeitete. Und dies alles in der klaren Erkenntnis, daß der Krieg entschied über das Sein oder Nichtsein des geliebten Vaterlandes. Sie haben nicht der Hölle gedient und nicht einem Verbrecher, sondern ihrem Volk und Vaterlande.«[87]

Was ihn betreffe, fährt er fort, so glaube er: Kein Mensch könne besser handeln, als wenn er von den in seiner Lage erreichbaren Zielen das höchste erstrebe. Das und nichts anderes sei die Richtschnur seines Handelns seit je gewesen. »Und deshalb werde ich, welches Urteil Sie, meine Herren Richter, auch über mich fällen werden, den Gerichtssaal ebenso erhobenen Hauptes verlassen, wie ich ihn vor vielen Monaten betreten habe. Wer mich einen Verräter nennt an der ehrenhaften Tradition der deutschen Armee, oder wer behauptet, daß ich aus persönlichen egoistischen Gründen auf meinem Posten geblieben bin, den nenne ich einen Verräter an der Wahrheit.«[88]

»In einem Krieg wie diesem, in dem durch Bombenteppiche Hunderttausende von Frauen und Kindern vernichtet wurden und in dem Partisanen jedes, auch jedes Mittel anwandten, das ihnen zweckmäßig erschien, sind harte Maßnahmen, auch wenn sie völkerrechtlich bedenklich erscheinen sollten, kein Verbrechen vor Moral und Gewissen. Denn ich glaube und bekenne: Die Pflicht gegen Volk und Vaterland steht über jeder anderen. Sie zu erfüllen, war mir Ehre und höchstes Gesetz. Darauf bin ich stolz. Möge diese Pflicht in einer glücklicheren Zukunft ersetzt werden durch eine noch höhere: die Pflicht gegen die Menschheit.«[89]

Die Bilanz – mit fester Stimme vorgetragen – ist die eines Soldaten und soll für sich selber sprechen. Eigene Verfehlung bleibt gerechtfertigt durch Ruchlosigkeiten der feindlichen Koalition. Vorwürfe, daß er unehrlich sei oder Wahrheiten verschweige, hätte der Angeklagte nicht begriffen. Unangreifbar, ja, imponierend dagegen seine Beschwörung künftiger höchster Pflichten, Pflichten gegenüber der Menschheit – Worte im Schatten der ersten Atombomben und eines bereitwilligen Abschieds von dem, was ihn, den Soldaten, geprägt hatte.

Prozeßbeobachter und frühere Kameraden gaben Jodl glänzende Noten.[90] Das Gericht versagte sie ihm. Nicht genug, daß Sprödigkeit kaum für diesen Angeklagten einnahm, blieb er in den Augen der Richter verstrickt. So überzeugend und historisch aufklärend viele seiner Antworten: Teilhabe an verbrecherischen Befehlen war bewiesen und erhärtet. Apologien umschrieben die Teilhabe nur. Jodls Verteidigung, selbst die abgestimmte, litt unter Widersprüchen. Kampf gegen Hitlers Anweisungen und Befehlsnotstand – taktisch hintereinander angerufen – schlossen sich aus. Zählte das eine, galt nicht das andere und folglich nie unabweisbarer Zwang. Daß der Angeklagte bemüht war, üble Befehle abzuschwächen, ja aufzuheben, offenbarte Bewußtsein von deren Rechtswidrigkeit. Gehorsam bei ihrer Ausführung machte mitschuldig, hieß Schuld. Jodl konnte sich darauf berufen, noch Ärgeres verhütet zu haben: oft und unauffällig, weil sonst die Autorität des Diktators herausgefordert worden wäre. Doch das Entlastende tilgte nicht, was ihm vorgehalten werden konnte. Das Tribunal behielt Trümpfe.

DAS URTEIL

Noch über Stunden zitterte in Jodl Erregung, sagte er Sätze aus der frei gehaltenen Schlußansprache vor sich hin.[1] Er glaubte – nicht ruhig genug – das Wort »Stolz« vergessen zu haben. Er wollte sich ganz und ohne Zerknirschung zur eigenen Vergangenheit bekennen. Das Wechselspiel von Sünde und Reue war ihm zu primitiv. Nun freilich begann das Schwerste: die Wartezeit bis zum Urteil, in der auch Gleichmut versagen konnte. Jodl rechnete mit »allem und jedem«.[2] An sichere Kriterien glaubte er nicht. Er kannte die Wett-Tabelle der 32 Prozeßjournalisten, nach der ihn »nur« 19 zum Tode »verurteilt« hatten. Doch sein Denken sträubte sich zu ergrübeln, was andere entschieden. Er neigte zur Skepsis und – in trüben Stunden – sogar zum Schlimmsten, dann wieder zu verhaltener Zuversicht. Um seiner Frau willen blieb er entschlossen zu hoffen.[3]

»Unter gefängnismäßigen Umständen«, hinter einer Glasscheibe, durfte er sie jetzt endlich wiedersehen: innerlich aufgewühlt, mit großem Glücksgefühl. Er mühte sich, nicht an die Molltöne zu rühren. »Wir wollen uns ja freuen«, schrieb er nach dem ersten Treffen, »und neue Kraft aus froher Gemeinsamkeit schöpfen.«[4] Wie die Besucherin war er zunehmend entspannter, gelöster. Jedes der Treffen – Dauer je sechzig Minuten – gab die Sicherheit der Liebe und eines tiefen Einverständnisses. Nie vergaß er, daß diese Frau ihm und den Verteidigern unermüdlich, aufs umsichtigste geholfen hatte. Auch wo über – vermeintliche – Belanglosigkeiten gesprochen wurde, brachte sie das Leben zurück, aus dem er geächtet sein sollte. Noch lange nach den Wiedersehensstunden war er bewegt und gegen düstere Gedanken abgeschottet. Packte ihn – bei der Vorstellung eines Todesurteils – nun doppelter Schmerz, wehrte er sich entschieden.[5]

Gespräche mit den anderen Angeklagten, jetzt gestattet, lokkerten seine Isolation ebenso. Er besuchte oder empfing Göring, Neurath, Keitel, Raeder, Dönitz, Ribbentrop, Sauckel – ohne das Besprochene aufzuzeichnen.[6] Auch nachträglich sah er kaum Anlaß, seine Schlußansprache zu widerrufen. Was er als Soldat getan hatte, folgte dem Zwang von Zug und Gegenzug. Daß Soldaten das »Tu quoque« zustand, wenn Rechtsempfinden überhaupt noch zählte, beherrschte ihn – bis zuletzt – zumindest untergründig.[7] So bedrückend in seiner Sicht der schließlich fessellose Kampf: die Barbarismen des Zweiten Weltkrieges fielen auf alle Parteien. Unterschiede vermochte er nirgendwo auszumachen. Ging es mit rechten Dingen zu, mußten Stalin, Churchill und Truman hängen: für Katyn, Dresden und Hiroshima. Doch Speer gegenüber bekannte er, daß es allein darauf ankomme, dem deutschen Volk zu helfen. »Notwendig ist, ihm zu sagen, wie schlecht und verderblich vieles war und welche verbrecherischen Instinkte während dieser Zeit gewaltet haben. Nur solche Kenntnis erlaubt dem Volk, einen Weg zu einer neuen Zukunft zu finden.«[8] Seine Worte rissen Vorhänge auf. Im Innersten verleugnete er nicht länger die kriminellen Dimensionen einer Schreckensherrschaft. Vielleicht hätte er davon besser in der Schlußansprache gesprochen, aber vor den Siegern, die *seinen* Fall verhandelten, schien ihm dieses Bekenntnis unangemessen.

Seine Sicht des 20. Juli änderte sich nicht. Allenfalls fand er – in einer Niederschrift, die er Jahrreiss übergab – zu größerer Gelassenheit.[9] Wie bereits 1944 gestand er Beck, Witzleben und anderen zu, das Wohl Deutschlands im Auge gehabt zu haben, doch den Glauben der Opposition, nach Hitlers Tod zu einem Verständigungsfrieden zu gelangen, nannte er weiterhin Selbsttäuschung. Die pessimistischen Eingeständnisse der verhafteten Frondeure stützten erneut seine These. Auch rückblickend unterstellte er der Verschwörung, daß sie von den Verbrechen Hitlers und der SS sowenig wußte wie die übrigen Offiziere der Wehrmacht. Wäre den Attentätern bekannt gewesen, was beispielloser Geheimhaltung unterlag: Beweise der Verbrechen hätten ihnen die Masse des deutschen Offizierskorps zugeführt.

»So aber operierten sie bei jeder vorsichtigen Fühlungnahme oder Besprechung mit Oberbefehlshabern nur mit ihrer Ansicht, daß der Krieg verloren sei, daß man ihn beenden müsse und daß man das nur ohne Hitler könne. Diese Befürchtungen hegte ich schon früher als sie, aber ebenso wie die Masse der verantwortungsbewußten Oberbefehlshaber sah ich keinen Ausweg. Denn unsere Gegner hatten nicht die Beseitigung des Naziregimes, sondern die Vernichtung Deutschlands proklamiert. Konnte man dieses Schicksal von Deutschland durch die Beseitigung Hitlers abwenden? Das war die entscheidende Frage und ihre positive Beantwortung der verhängnisvolle Irrtum der Gruppe Beck.«[10]

Mehr noch als zuvor glaubte er, daß einem erfolgreichen Attentat Bürgerkrieg und Zusammenbruch folgen mußten. Marine, Luftwaffe, SS und Polizei sah er fest in den Händen ihrer Befehlshaber, nicht auf seiten der Verschwörer. Auch wenn sich das Volk und besonders die Arbeiterschaft ruhig verhalten hätten: in das Chaos der Selbstzerfleischung, resümierte er, wäre der Feind hineinmarschiert, kämpfend und ohne geregelte Kapitulation. Die Konsequenzen: wohl das gleiche deutsche Elend wie 1945, zudem vergiftet von Dolchstoßvorwürfen. Trotz aller Opfer, die der Krieg noch verschlang, schien ihm der Weg bis zum bitteren Ende der für die Zukunft Deutschlands bessere gewesen zu sein. »Keine falsche Legende«, schloß er ohne Doppelsinnigkeit, »konnte sich mehr bilden.«[11]

Die Analyse hätte – unbeschadet möglicher Richtigkeiten – den Widerstand aufgereizt, doch ihre Kerngedanken betrachtete Jodl als historische Wahrheit. Nichts vermochte ihn zu der Einsicht zu bekehren, daß politisches Handeln geboten und nie außer Kurs gesetzt war. Deutschland, behauptete er tiefüberzeugt, konnte nicht »vorzeitig« kapitulieren und zuallerletzt Hitler, der ihm – nachwirkender Bann – weiter freie Schlußfolgerungen verwehrte. Ob Heroismus, ob Wahnsinn im Spiel war: dieser Hitler blieb für seinen Blick ein Mann, der nur die Wahl hatte, bis zum äußersten zu kämpfen oder den Tod zu suchen.

Noch in einer eingehenden strategischen Studie jener Zeit sprach er nicht vom Schicksal des Reiches, sondern allein vom persönlichen Geschick des Diktators.[12]

Am 10. September 1946 berieten die Richter über Urteil und Strafmaß.[13] Verschwörung und Verbrechen gegen den Frieden – die Punkte I/II – waren bei ruhiger Abwägung auf Jodl kaum anzuwenden. Bei den Kriegsverbrechen und den Verbrechen gegen die Menschlichkeit – Punkt III und IV – gab den Ausschlag, was entlasten konnte und als strafmildernd anerkannt wurde. Ein Schriftsatz Rowes aus dem Stabe Biddles – vorbereitet – ließ keinen der Widerstände des Angeklagten gegen Verbrechen gelten.[14] Das Gutachten verweigerte Berufung auf höheren Befehl und sprach Jodl in allen vier Punkten schuldig. Die versammelten Richter stimmten ihm zu, doch unter Abstrichen und Vorbehalten. Lawrence verneinte Schuld nach Punkt IV, Donnedieu de Vabres ebenso und auch hinsichtlich der Verschwörung.[15] Wie die Russen waren Biddle und Lawrence für die Todesstrafe, Falco und Donnedieu de Fabres für Gefängnis oder Festungshaft. Selbst die beiden westlichen Verfechter des härtesten Urteils hatten Zweifel, ob es durch den Strang zu vollstrecken sei.[16] Der Meinungsstreit, schien es, trieb ab von prinzipieller Einigkeit. Erst zwei Tage später bekannten sich die Franzosen zur Todesstrafe, bei der sie statt Erhängen Erschießen forderten. Biddle unterstützte sie, schon weil sie – sonst in der Minderheit – freiwillig eingelenkt hatten, aber Russen und Engländer blieben unzugänglich: Patt nun über die Hinrichtungsart.[17] Darauf votierte Biddle mit den Unnachsichtigen. Nicht nur Keitel, auch Jodl sollte gehängt werden.

Die Entscheidung fiel fast zur gleichen Stunde, in der Jodl zum ersten Mal seine Frau wiedersah. Wohltätig genug blieb ihm das Urteil noch verborgen. Bewußt mied er während aller Treffen, was das Herz schwer machte.[18] Er sprach über die ihm Nächsten, fragte nach Freunden und der geliebten Bergheimat. Lediglich ein Brief, in dem er sprachmächtig frühere Aufstiege oberhalb des Königssees schilderte, offenbarte bedrückende Sehnsucht. Da erinnerte er sich, »die Erde nie so schön gefunden« und nicht gewußt zu haben, »wie leid es einem ums Fortgehen sein könne«.[19] Der Aufschub des Urteilstermins weckte in ihm keine Hoffnungen, obschon Gerüchte umgingen, der Termin sei »wegen des Falls Jodl« verschoben. Er bat seine Frau, sich um das »überflüssige« Gepäck zu kümmern. Eine furchtbare Nacht, in der ihn der Posten dreimal geweckt und Streicher entsetzlich geschrien hatte, drückte auf seine Stimmung[20], aber war es nur Stimmung?

Am 30. September 1946 – knapp elf Monate nach Prozeßbeginn – schließlich der Schlußakt. Vor dem Justizpalast ziehen Panzer und verstärkte Wachen auf. Die alliierten Richter verkünden ihr Urteil.[21] Von betäubender Länge, so daß jeder Richter allein Teile verlesen kann, bekräftigt es nahezu alle Vorwürfe der Anklage. Nochmals – und nun mit Dokumentenauszügen gespickt – wird die deutsche Geschichte seit 1933 zu einem einzigen Verbrechen. Zitate erhellen, was namentlich Adolf Hitler antrieb. In der Verdichtung ist ein düsteres, bestürzendes Gesamtbild entworfen. Vorsätzlichkeit und Systematik sind schroff herausgearbeitet, besonders bei den Angriffskriegen. Ganz nach – angeblich – geltendem Völkerrecht bleiben diese Angriffskriege internationales Verbrechen, »das sich von anderen Kriegsverbrechen nur dadurch unterscheidet, daß es in sich alle Schrecken vereinigt und anhäuft«.[22]

Jeder Feldzug folgte, für die Richter, lange vorausbedachten Plänen. Selbst die Besetzung Dänemarks und Norwegens war eine Angriffshandlung.[23] Die Geheimklausel des deutsch-sowjetischen Nichtangriffspaktes und Englands Pläne gegenüber Norwegen werden nicht erwähnt. Noch weniger gilt im Hinblick auf die herausgeforderte Sowjetunion auch nur der »Schatten einer Rechtmäßigkeit«: unabhängig von den eingehend geschilderten Verbrechen gegen russische Kriegsgefangene. »Die Angeklagten«, heißt es, »mußten gewußt haben, daß sie allem Völkerrecht entgegen handelten, als sie mit vollem Vorbedacht ihre auf Invasion und Angriff gerichteten Absichten durchführten.« Das Urteil postuliert internationale Pflichten, die über nationale Gehorsamspflichten hinausgehen. Was immer den Angeklagten befohlen wurde, soll sie nirgendwo von der Verantwortung für ihre Handlungen freisprechen. Wie SA und Reichsregierung fallen Generalstab und OKW aus der Reihe »verbrecherischer Organisationen«.[24] Bloße Zugehörigkeit hört auf, hier strafwürdig oder anklagbar zu sein – Konzession an die Vernunft und den ruchbar gewordenen Unmut hoher alliierter Soldaten.

Um so härter die Beschuldigung derer, die – innerhalb des OKW und Generalstabes – Angriffskriege planten und führten, Kriegsverbrechen und Verbrechen gegen die Menschlichkeit begingen.[25] »Sie sind ein Schandfleck für das ehrenhafte Waffenhandwerk geworden. Ohne ihre militärische Führung wären die Angriffsgelüste Hitlers und seiner Nazi-Kumpane akademisch und ohne Folgen geblieben. Wenn diese Offiziere auch nicht eine Gruppe nach dem Wortlaut des Statuts bildeten, so waren sie doch sicher eine rücksichtslose militärische Kaste ... Viele dieser Männer haben mit dem Soldateneid des Gehorsams gegenüber militärischen Befehlen ihren Spott getrieben. Wenn es ihrer Verteidigung zweckdienlich ist, so sagen sie, sie hätten gehorchen müssen; hält man ihnen Hitlers brutale Verbrechen vor, deren allgemeine Kenntnis ihnen nachgewiesen wurde, so sagen sie, sie hätten den Gehorsam verweigert. Die Wahrheit ist, daß sie an all diesen Verbrechen rege teilgenommen haben oder in schweigender Zustimmung verharrten, wenn vor ihren Augen größer angelegte und empörende Verbrechen begangen wurden, als die Welt je zu sehen das Unglück hatte.«[26]

Jodl begreift, was auf ihn zukommt: Mit Keitel soll er für die Gruppe der oberen Führer einstehen und büßen. Offen in seinen Augen allein noch die Höhe des Strafmaßes, doch das Gesagte – Spiegelbild eines politischen Prozesses – überzeugt ihn schwerlich.[27] Vor der Geschichte, meint er, könne die Darstellung der Ereignisse nicht bestehen. Die Wissenden wüßten es besser. Ganz gewiß muß er Mühe haben, sich bei dieser Darstellung wiederzufinden; sie will vor allem Schuld anklagen. Auch wo er zugesteht, daß einige Verteidiger zu korrigieren waren, sieht er entlastende Momente kraß übergangen. Skeptisch wartet er ab, ob oder inwieweit man den einzelnen juristisch und menschlich gerecht wird. Groß nur seine Genugtuung, daß er seinen Kameraden helfen konnte, selbst wenn er für sich umsonst gekämpft hat.[28]

Am nächsten Tag hört er, daß er nach allen vier Anklagepunkten verurteilt ist. Das Urteil stempelt ihn zu einem Verschwörer, der als Militär den Krieg plante, zu einem »im hohen Maße« Verantwortlichen für die Strategie und Leitung der Operationen.[29] Im Fall Österreich wird ihm vorgeworfen, zum Druck auf Schuschnigg beigetragen, Anordnungen und den Invasionsbefehl abgezeichnet zu haben, hinsichtlich der Tschechoslowakei Planung des »Zwischenfalls«, der Deutschlands Eingreifen rechtfertigen sollte. Seine Anwesenheit bei Lagebesprechungen und paraphierte Befehle machen mitschuldig an der Besetzung Dänemarks und Norwegens, an den Feldzügen gegen Holland, Belgien, Frankreich, Jugoslawien, Griechenland und die Sowjetunion. Jodls Hinweise auf das deutsche Praevenire – Stichworte: Norwegen, Rußland – werden erwähnt, aber weder widerlegt noch bewertet.

Zum Kommando-Befehl heißt es genauer, daß der Beschuldigte »das Begleitschreiben« unterzeichnete und 1944 den Befehl bekräftigte. Doch auch den Kommissar- und mehr noch den Leningrad- und Norwegen-Befehl hält ihm das Urteil vor. Ebenso prangert es aus der Gauleiter-Rede den Passus an, daß in Dänemark, Holland und Frankreich »mit gefühlloser Kraft und Entschlossenheit« vorzugehen sei, um die Arbeit am Atlantikwall zu sichern.[30] Selbst die (bei Hitler erfolgreiche) Zweckargumentation gegen die Kündigung der Genfer Konvention wird zitiert und – strafwürdig.

»Seine Verteidigung«, so abschließend über den Angeklagten, »ist – kurz – die Doktrin höherer Befehle, die Artikel 8 des Statuts als Verteidigung ausschließt. Es sind keine mildernden Umstände vorhanden. Die Teilnahme an Verbrechen dieser Art ist noch nie von einem Soldaten verlangt worden, und er kann sich jetzt nicht hinter einem Scheinverlangen nach militärischem Gehorsam um jeden Preis als Entschuldigung für diese Verbrechen verbergen. Schlußfolgerung: Der Gerichtshof hat Jodl nach allen vier Anklagepunkten für schuldig befunden.«[31]

Einzeln vernimmt jeder Angeklagte sein Urteil.[32] Papen, Schacht und Fritzsche: Freispruch. Göring, Ribbentrop, Kaltenbrunner, Rosenberg, Frank, Frick, Streicher, Sauckel, Seyß-Inquart und Keitel – Tod durch den Strang; Heß, Funk und Raeder – lebenslängliches Gefängnis; Speer und Schirach zwanzig, Neurath fünfzehn, Dönitz zehn Jahre Haft. Und dann: »Angeklagter Jodl! Gemäß den Punkten der Anklageschrift, unter denen Sie für schuldig befunden wurden, verurteilt Sie der Internationale Militärgerichtshof zum Tode durch den Strang.«[33] Abrupt, verachtlich wirft Jodl die Kopfhörer ab. Auf dem Rückweg zum Gefängnisflügel spürt er sein Herz. Gilbert – der amerikanische Psychologe – sieht, wie er steif seine Zelle betritt. Ihm sagt er, nachdem die Handschellen abgenommen sind: »Tod – durch den *Strang*! *Das* zumindest habe ich nicht verdient! Das Todesurteil, na ja! Jemand muß dafür geradestehen. Aber das ...« Seine Lippen zucken, die Stimme versagt. »Das habe ich nicht verdient.«[34]

Zutiefst verletzt, sträubt er sich gegen ein persönliches Gnadengesuch, doch seine Frau hat freie Hand.[35] Wieder ruhiger, denkt er lediglich an sie, ist sie seine einzige Sorge. Viel Herzeleid, glaubt er nun, wäre ihr erspart geblieben, wenn ihn damals, am 20. Juli 1944, das Schicksal ereilt hätte. »Jetzt kann ich nur hoffen, daß die Welt wenigstens Deinem Schmerz die Ehrfurcht entgegenbringt und daß man Dich nicht entgelten läßt, wofür zu opfern allein meine Aufgabe ist.«[36] Seine Frau, wie die beiden Verteidiger erschüttert über das Unfaßbare, spürt rasch: Nur die führenden Soldaten der westlichen Siegermächte können Jodl noch helfen. Sie wendet sich an Montgomery und setzt Kabel an Churchill, Eisenhower, Stalin, Bedell Smith, Juin und Wedemeyer auf, Kabel, die ihr ein Angehöriger der ehemaligen tschechoslowakischen Legion bezahlt. Der britische Offizier, dem sie den Brief für Montgomery überreicht, bekundet uneingeschränkt Sympathie. Die einhellige Ablehnung des Urteils gibt Auftrieb.[37]

Die Verteidiger schicken dem Kontrollrat, der Strafen mildern kann, ein detailliertes, abgewogenes Gnadengesuch zu. Sie verweisen auf neun Sachfehler im Urteil und erinnern nochmals daran, daß Jodl nie eine völkerrechtswidrige Handlung anregte: Formulierung gegen haltlos erhobene Vorwürfe.[38] Dem Gnadengesuch ist ein Gutachten des Londoner Völkerrechtlers Smith über »Schutz des Höheren Befehls« beigefügt, nach dem das gefällte Urteil vollends zu revidieren wäre. Aus Kriegsgefangenenlagern kommen – und zwar nur für Jodl – Gnadenappelle deutscher Offiziere. Auch sie betonen, daß Jodl nie aus unehrenhaften Motiven gehandelt habe, und bitten, das Urteil zu mildern.[39] Churchill bestätigt Luise Jodls Brief und sendet ihn an den Premierminister. Eisenhower antwortet, daß er Jodls Fall viel zuwenig kenne, um von sich aus eingreifen zu können. Gleichwohl will er die Eingabe dem Kontrollrat zuleiten[40] – matte Reaktionen, die Jodl kaum bewegt hätten. An »Gnade« erwartet er allenfalls Tod durch Erschießen oder lange Haft, das größte Übel.

Um sein Herz liegt weiter eine Klammer – »wie immer, wenn etwas bitter weh tut«. Er leugnet nicht, daß Schmerz und Empörung noch in ihm wühlen, »über das Unrecht dieser Welt«.[41] Bei dem Kampf für ihn da draußen will er »innerlich unbeteiligtes Objekt sein«, obschon er diesen Kampf segnet und versteht. »Denn die Liebe«, schreibt er, »ist doch nur ein fortgesetztes Ringen, um das Liebste auf der Welt nicht zu verlieren oder verlassen zu müssen.«[42] Wenn er jetzt das Gnadengesuch bejaht, dann vor allem deshalb, weil es das Falsche und Unrichtige der Urteilsbegründung dokumentarisch festlegt. Mögen sie mit ihm tun, was sie wollen: er möchte, daß sein Name einmal mit Ehrfurcht genannt wird in Deutschland, für das er allein gestorben ist, »nicht für Ruhm oder Reichtum, Partei oder Macht«.[43] Als ihn – nach dem Urteil – seine Verteidiger aufsuchen, beherrscht sie Scham. Aber eher schämt er sich, »diese beiden Männer in eine solche Situation gebracht zu haben«. Gelassen spricht er mit ihnen über den Tod als Erlöser und sein vergangenes Leben.[44]

Um so schwerer dann der Abschied von den beiden, die ein Jahr lang um sein Recht, »um die Ehre des deutschen Soldaten und letzten Endes um die aller anständigen Deutschen gekämpft haben, geistvoll, furchtlos und mit ganzem Herzen«.[45] Keine besseren Juristen und keine edleren Männer, bekennt er, hätte er finden können. »Du mußt ihnen danken«, schreibt er seiner Frau, »denn gerade diese Hauptpflicht dieses letzten Tages kam viel zu kurz, weil mir immer ein heißer Strom vom Herzen in die Augen schoß und die Sprache lähmte. Sage das bitte beiden noch, aber es ging ihnen ja ähnlich. Wir hatten uns einfach liebgewonnen, und ein ›leichtbewegtes Herz ist ein elend Gut auf dieser wankenden Erde‹. Beide werden keine unwahre Legendenbildung über mich aufkommen lassen, beide werden immer da sein, wenn Du eine Hilfe brauchst. Du hast zwei wahre Freunde mehr im Leben, und vielleicht wird der eine oder andere besinnliche Mensch der Siegermächte darüber nachdenken, daß dies doch ein merkwürdiges Ergebnis eines einjährigen intensiven Verkehrs mit einem ›Verbrecher‹ ist.«

Auch seinen Kameraden schreibt er, um ihnen Dank zu sagen. Ihre Worte sind ihm das wahre Urteil.[46] Weder Kleinmut noch Haß soll ihr künftiges Leben bestimmen. Fast scheint es, als sei kein Gnadengesuch eingereicht. Nun verweigert sich Jodl innerer Unruhe aus geheimer Hoffnung. In ihm ist Zorn über das Unrecht, das man einem Soldaten zufügt, Schmerz um seine Frau und Stolz, daß man ihn auswählte, »um das deutsche Soldatentum zu treffen«, doch keinerlei Furcht vor dem Tod. Er hat abgeschlossen und die tiefste Verzweiflung, warum er überhaupt geboren wurde, niedergezwungen, ja überwunden.[47] Muß er sterben, sähe er Sinn darin, daß sein Opfer zum Anfang eines neuen Menschenrechtes wird, vielleicht sogar eines langen Friedens, der vielen das Leben rettet. Der Tagesablauf spiegelt, wie zuvor, seine Selbstdisziplin und bleibt ebenso von ihm her strikt geregelt. Kaum eine Minute, in der er dumpf vor sich hinstarrte. Er schreibt, liest, meditiert oder spielt Schach und – braucht keine Schlafmittel. Der Gefängnisarzt ist nur »Gesellschafter«.[48]

Im Kontrollrat befürworten die Generale McNarney und Koenig, Delegierte Amerikas und Frankreichs, eine Milderung des Urteils.[49] Englands Luftmarschall Sholto Douglas hintertreibt sie, unterstützt vom Vertreter Rußlands. Douglas unterstellt Jodl Mitverantwortlichkeit an der Erschießung jener britischen Flieger, die aus dem Lager Sagan geflohen waren: eine abwegige, widerlegbare Behauptung, von der er stillschweigend erst Jahre später abrücken wird. Da es mit ihr bei Tod durch den Strang bleibt, besiegelt Lüge einen nicht mehr korrigierbaren Justizirrtum. Englands Premierminister Bevin ist zuallerletzt bereit, sich in ein Urteil einzumischen, das er ungeschminkt »politisch« nennt. Die Würfel sind gefallen. Jodl erfährt es – keineswegs erstaunt – über Gilbert, den amerikanischen Psychologen. Zwei Tage später eröffnet ihm der Gefängniskommandant, daß der Kontrollrat alle Anträge abgelehnt habe. Er steht, Hände auf dem Rücken, an der Fensterwand seiner Zelle. Er nickt mit dem Kopf und sagt: »Auch diese Entscheidung ist mir eine Ehre.«[50]

Die absolute Gewißheit entspannt. Es sei Zeit, meint er, zu einem Ende zu kommen.[51] Seit eineinhalb Jahren lebt er hin und her gerissen, zwischen trügerischen Hoffnungen und Ergebungen in sein Schicksal. Solch ein Leben drohte, auf die Dauer, selbst seine Nerven zu zerstören. »Nun«, erklärt er, »wird marschiert.« Der Tod, und zumal der gewaltsame, fällt ihn zu früh, aber er ist »Kind, Jüngling und Mann gewesen«. Das greisenhafte Absterben bleibt ihm erspart.[52] Zum Gleichmut muß er sich nicht länger überreden. Seine Frau tröstet er, daß auch ihr letzter Kampf einmal Früchte tragen werde. »Mehr zu tun, als Du getan hast und meine Freunde, lag in keines Menschen Macht.«[53]

Müßig zu fragen, wie er eine andere Strafe aufgenommen hätte. Wäre sie milder ausgefallen, würde er sie als gerechter empfunden haben, doch was hieß gerecht und milde? Zehn Jahre, unter denen nicht einmal Dönitz davongekommen war und die das geringste Strafmaß anzeigten? Sie lagen weit über dem, was er – um seiner Frau willen – hinzunehmen gedachte, und es scheint, daß sie gerade ihn seelisch zum Wrack gefoltert hätten. Speers Disziplin im Spandauer Gefängnis stützten dessen weit jüngeres Lebensalter und das Bewußtsein gerechter Bestrafung – Faktoren, die Alfred Jodl nicht helfen konnten. Zutreffend wohl seine Überzeugung, daß er Qualen entging. Er wollte frei sein oder tot.[54]

Auch wenn er jetzt bereit war, von Aufrechnungen abzulassen und Mord Mord zu nennen: Wahrheitsliebe und Gerechtigkeit konnte er dem Tribunal bis zuletzt nicht zugestehen, da es die

Verbrechen lediglich der einen Seite ahndete.[55] Mühsam für ihn zwar Analysen der eigenen früheren Hoffnungssüchtigkeit, mit der er zum erniedrigten Helfer eines geübten Lügners geworden war, die ihn denken ließ, was er glaubte, und nicht umgekehrt. Wie zuvor zählte die Vergangenheit, die er vor sich selbst nicht entstellen wollte. Aber unsinnig nun in seinen Augen die Nationalismen und ewig gleichen Machtkämpfe, auch ein Patriotismus, der zu Würdelosigkeiten nötigte, das Spiel jener Monomanen, die als Wahrheitspächter Gehorchende verkrüppelten. Sogar dem Soldatentum herkömmlicher Prägung begann er verlorenzugehen.[56] Ansprüche, spürte er, durften allein noch andere, bessere Ordnungen erheben: Philosophie gewiß des Geschlagenen, doch Ergebnis einer Rechenschaft. Er bezweifelte, ob jene zum Wandel fähig wären, die pharisäisch ihre Ruchlosigkeiten leugneten. Oft schien ihm, als bleibe das Unmenschliche die wahre Natur des Menschen, aller Geschichte. Wie einst in Versailles sah er abermals Friedensmacher am Werk, die den Keim zu weiteren Konflikten legten.[57] Trotzdem galt schon aus Gründen des Selbstschutzes ebenso Zuversicht. Vorbehaltlos wünschte er sich, daß sein Tod nicht sinnlos sei – um der Lebenden willen.

Mit dem Urteilsspruch sühnt er auch die Schuld, die er nie eingestand und seinen Richtern nicht bekennen mußte. Wenn er zu falscher und verderblicher Führung beitrug, so steht er nun jenseits aller Vorwürfe. Womit könnte er – neben seinem Leben – sonst noch büßen? Die Hoffnung, daß sein Opfer einer besseren Zukunft dienen möge, ist kein Pathos, aber der Prozeß und die eigenen Kämpfe versinken. Er läßt ab von innerem Hader und Wundgedachtem. Wo sich in ihm Lebenswille aufbäumt, findet er – ungebrochen – zurück zum Unabänderlichen. Er denkt an jene, von denen »Gutes kam« oder die ihn fair behandelten.[58] Am 12. Oktober sieht er – eine Stunde lang – zum letzten Male seine Frau.

Was er empfindet, hat er in Briefen gesagt. Inniger ist er mit keinem Menschen zusammengewachsen. Um seine Frau soll der Gedanke sein, daß er jetzt ganz und gar frei ist.[59] Worte, die sie nicht sprechen können oder dürfen, müssen sie nicht sprechen.

Seine klaren, fast heiteren Augen dicht hinter dem Gitterfenster richten auf. In der Frau weichen Angst und Grauen. Das Gespräch gilt ihrer Zukunft und dem Vergangenen. »Ich fürchte«, so der Gefangene, »daß eines Tages Deutschland vom Osten überrannt wird. – Wenn Deutschlands Geist so stark bleibt wie der von Hellas, dann wird es bestehen bleiben.«[60] Bei Ablauf der Stunde ist vor allem durch Blicke für alles gedankt. Als die Frau aufstehen und zurücktreten muß, verneigt sich Jodl vor ihr. Rasch verläßt er, an einen Posten gefesselt, den Besucher-Raum.[61]

Noch während des letzten Wiedersehens diktierte er einige Sätze; sie sollen seine Studie über Hitlers Einfluß auf die Kriegführung abschließen und lauten: »Er (Hitler) hätte im Kampf fallen sollen, statt die Flucht in den Tod zu wählen, sagt man. Er wollte es und hätte es getan, wenn er körperlich noch dazu in der Lage gewesen wäre. So wählte er nicht den leichteren Tod, sondern den sicheren. Gehandelt hat er, wie alle Heroen in der Geschichte gehandelt haben und immer handeln werden. Er hat sich auf den Trümmern seines Reiches und seiner Hoffnungen begraben lassen. Möge ihn deswegen verurteilen, wer will. Ich kann es nicht.«[62] Seine Worte suggerieren das Bild von den »großen Bewegern«, die nicht an Moral zu messen sind, Bild auch der meisten Historiker. Diese Worte kommen – mit Gewißheit – aus innerem Trotz gegen den nun nahen Tod am Galgen, aber sie verleugnen ebenso, was er über den Entfessler des Krieges, den Mann unfaßlicher Verbrechen und einer falschen militärischen Führung äußerte. Mit ihnen stellt er nochmals Gefühl vor Ratio und den Einen vor sein Deutschland. Trotz aller Einsichten hat er sich nicht vom Diktator gelöst, will er sich wohl nicht von ihm lösen. Möglich nur, daß er erst später – unbedrängt und in Freiheit – abgewogenere Sätze diktiert hätte.

Wieder in seiner Zelle, empfangen ihn viele Briefe[63]: »Reichtum«, den er »kaum unterbringt«. Jede Freundschaft, die sich jetzt bewährt, ist ihm wirklich Freundschaft. Jedes Zeichen der Achtung bewegt den innerlich Verwundeten. Daß er, der treu sein wollte, Treue findet, erhebt ihn bis zuletzt, schon weil die

Briefe Empörung über das Urteil bekunden. Die Grußflut zeigt, daß er nicht verlassen ist. Er dankt oder läßt danken. Dann zieht er die Schlußstriche. Er würde sich schämen, wenn er nun, im Unglück, religiös plötzlich anders dächte. Nach seinen Vorstellungen sind Erde und Menschen nicht »Mittelpunkt allen Seins«.[64] Was Theologen zu wissen meinen, ist ihm Mangel an Demut. Er weiß nur. Er steht vor der Schwelle, auf der jeder und immer verliert, und er steht vor ihr mit Kenntnis des Todestages, die zu wachsten Bilanzen anhält.

Sein Leben sieht er überschattet von Leid und Verhängnissen. Schier endlos die Kette der Umbrüche, Wirren und Anspannungen, das Ringen in zwei Weltkriegen, die rückblickend zu einem einzigen dreißigjährigen Krieg zusammenwachsen.[65] Wann hatte die Geschichte, darf er sich fragen, Generationen je mehr um Harmonie geprellt? Doch neben alledem ebenso überwältigende, freudige Momente, Augenblicke (wie überall nur) der Wärme, Helligkeit und des persönlichen Glücks, auch sie – trotz allem – eine lange Kette. Seine Erinnerung holt ihm das Beste zurück. Bewußt, weil ohne Zukunft, lebt er nach, was er zuvor nicht vollkommen genug gelebt hat. »Wer das Leben liebt«, notiert er, »selbst geliebt wird und den Tod nicht fürchtet, der wird glücklich bis in seine letzte Stunde.«[66] Mit Kopf und Herz gelangt er ins Rechte.

»Unser Abschied«, so am Ende zu seiner Frau, »soll nicht einem Bergsturz gleichen, sondern soll ausklingen wie ein schönes Gespräch zu zweien oder die letzten Töne eines Orchesters. Pater Sixtus wird Dir von unserem letzten Gespräch erzählen, und es paßt gut, daß eben die Glocken dazu läuten. Ich will genauso sterben, wie ich gelebt habe. Daß ich Fehler hatte, weiß ich, aber wenn ein Gott im Himmel lebt, so wie ich ihn mir auffasse, dann wird er mir verzeihen, und ich kann freien Auges vor ihn treten. Mein Gebet morgen wird sein, daß Gott Dich schützen möge und segnen, Dich, meine Lieben, mein Volk und Vaterland. Und so sage ich Dir zum Schluß: Du sollst leben und sollst Dein Leid überwinden, Du sollst Liebe um Dich verbreiten und den Bedürftigen helfen. Du sollst nicht mehr aus mir machen, als ich gewesen bin und je sein wollte. Du sollst glauben und bekennen, daß ich für Deutschland gearbeitet und gekämpft habe und nicht für seine Politiker.«[67]

Wie die zehn, die mit ihm zum Tode verurteilt sind, soll er in den ersten Stunden des 16. Oktober 1946 hingerichtet werden. Den »geheimen« Termin kann er erahnen. Aus der Turnhalle des Gebäudekomplexes ist Sägen und Hämmern zu hören. Arbeiter errichten drei Galgengerüste. Holzstufen führen zu einer Plattform mit Falltür, durch die, nach Anlegen des Stranges, jeder Verurteilte in die Tiefe stürzen wird.[68] Das »untere Stockwerk« verdeckt Tuch, um die Strangulierten unerwünschten Augen zu entziehen. Die Hinrichtungsart ist barbarisch, technisch kaum perfektioniert. Sie garantiert nicht den sofortigen Tod, wohl aber Bewußtlosigkeit, »ein Trost«, den der Gefängnisarzt »allen Delinquenten vorher geben« kann. Als Zeugen im Dunkeln sind vier alliierte Generale, Oberst Andrus, acht Journalisten und der bayerische Ministerpräsident Dr. Wilhelm Hoegner ausersehen. Hoegner fühlt keine Neigung, an einer – gewiß gespenstischen – Exekutionsserie teilzunehmen. Man befiehlt ihn herbei.[69]

Görings Selbstmord durch Gift erschreckt und verwirrt die Gefängnisverwalter.[70] Deren Sicherheitspanne ist von höchster Peinlichkeit und bedroht Karrieren. Doch ganz wie geplant holen Militärpolizisten die zum Tode Verurteilten am 16. Oktober ab ein Uhr aus ihren Zellen – zur Hinrichtung. Ribbentrop ist der erste, Alfred Jodl der vorletzte. Niemand könnte sagen, was ihn auf seinem Gang in die Turnhalle, zum Galgen bewegt. Er weiß oder erwartet, daß Reporter und Kameras das Ende festhalten; sie sollen, hat er sich vorgenommen, auch Stolz und seine Verachtung spüren.[71] Vielleicht steifen diese Gedanken die aufrechte Haltung, mit der er – ohne Blick für die Henker – das Schafott betritt. Die Hände auf dem Rücken gefesselt, spricht er die Worte: »Ich grüße Dich, o Du mein Deutschland!« Kurz darauf ist er tot.[72]

NACHSPIEL UND AUSBLICK

Noch während der Nacht werden die Hingerichteten in Särgen abtransportiert, Ziel des stark gesicherten Militärkonvois: Münchens Ostfriedhof.[1] Seit den Nachmittagsstunden des 16. Oktober 1946 ist dem Bestattungsamt des Friedhofes mitgeteilt, daß zwölf amerikanische Soldaten gestorben und unverzüglich einzuäschern seien. Militärpolizei riegelt bereits den Friedhof um das Krematorium ab. Das Bestattungsamt hat Befehl, die gasbeheizten Verbrennungsöfen für den nächsten Tag vorzubereiten und deutsches Personal vom Krematorium strikt fernzuhalten. Nur der Krematoriumswart, der die Verbrennungsöfen betätigt, darf zugegen sein.

Vor Tagesanbruch erreicht der Konvoi den Ostfriedhof. GIs entladen zwölf Särge. Jeden der Särge kennzeichnen fingierte Namen. Alfred Jodl heißt Archibold K. Struthers, Major, US-Army, unter den Toten der »ranghöchste Amerikaner«. Der zwölfte Sarg – wohl zur Tarnung ausersehen – ist mit Gewißheit leer. Vier Offiziere überwachen die rasch beginnende Einäscherung, ebenso die Entnahme der Aschenreste, die der Krematoriumswart in Schwarzblech-Urnen schüttet. Dieser »Heizer« – einziger deutscher »Zeuge« – muß sich verpflichten, absolutes Stillschweigen zu wahren. Noch vierzig Jahre später hat er die »Vergatterung« ängstlich eingehalten.

Die vier Offiziere übernehmen alle Urnen und transportieren sie zur »Mortuary 1« (Leichenhalle) in einer beschlagnahmten Villa der Heilmannstraße im Stadtteil Prinz-Ludwig-Höhe. Abends holt sie nach höherer Weisung ein US-Kommando. Gegen Mitternacht des 17. Oktober 1946 werden – wieder unter hermetischer Absperrung – die Aschenreste von der Marienklausen-Brücke in die Isar gestreut. Jede Spur scheint verwischt, ja ausgetilgt. Keine Gedenk- oder gar Wallfahrtsstätte soll je entstehen. Presse und Rundfunk können, bei ihren Meldungen, lediglich »einen Fluß irgendwo in Deutschland« erwähnen. Nicht einmal die Angehörigen empfangen nähere Mitteilungen. Niemand von ihnen kennt den Verbrennungs- und Bestattungsort. Die »letzte Fahrt der Hauptkriegsverbrecher« ist Geheimnis einer Siegermacht: Anreiz zu jahrzehntelanger, oft abenteuerlicher Spekulation.

In der Todesanzeige, die Jodls Witwe drucken ließ, war der Name des Hingerichteten ein Tabu und handschriftlich einzufügen.[2] Nürnbergs Arbeitsamt hinderte die Hinterbliebene, in der Stadt beruflich Fuß zu fassen. Zeitungskommentare zeigten sich unversöhnlich und forderten ihre Verfemung, aber das Birkenkreuz, das sie für Alfred Jodl auf dem Grab seiner ersten Frau errichtete, schmückten »immer wieder frische Blumen«.[3] Zahlreiche Briefe, Briefe insbesondere Unbekannter, bekundeten ihr mitfühlende, ehrliche Anteilnahme. Nahezu jeder äußerte Betroffenheit über ein erschütterndes Fehlurteil, das weder dem Recht diene noch vor der Geschichte bestehen werde.[4] Frank Thiess sprach von den »Pharisäern in Nürnberg« und der Größe eines »freien Opfers trotz scheinbarer Unfreiheit«. Auszüge aus Jodls Gefängnis-Briefen bewegten und wurden oft weitergereicht.[5]

Die Offiziere, die Jodl kannten, hielten unverbrüchlich zu ihm. Bei ihnen überwog vollends Empörung, mehr noch: Fassungslosigkeit angesichts seines Galgentodes für Pflichterfüllung.[6] Keiner der Soldaten zauderte, diesen Urteilsspruch einen Racheakt politischer Justiz zu nennen. Jeder spürte, daß Richter auch abgeurteilt hatten, was nie ihres Amtes sein konnte. Verehrung galt – wie zuvor – dem einstigen Vorgesetzten, der Erinnerungen wachrief, Verehrung ebenso der erlebten Lauterkeit seiner Gesinnung.[7] Auch wo Zweifel quälten, »ob der Generaloberst wirklich in allen Dingen die notwendige Haltung und Einstellung dem Dämonen gegenüber gewahrt habe«[8] – nicht einer vergaß, daß sich der Angeklagte vor das ganze deutsche Offizierskorps gestellt hatte.[9] Voller Respekt gedachten viele

Luise Jodls, die als Helferin der Verteidigung ihrem Manne Kraft gab und dessen stärkste Stütze war. »Eine überdurchschnittliche, aufrechte Persönlichkeit«, so Kesselring für sich und andere, »ist mit ihm dahingegangen.«[10]

Die Zeit löschte nicht Deutschlands Niederlage, Tragödie, an der Publizisten wie Historiker Jodl zunehmend Mitschuld zumaßen[11]; um so mehr regte sich – Zug um Zug – Kritik am Nürnberger Prozeß. Autoren selbst des alliierten Lagers begannen, seine juristischen Fragwürdigkeiten aufzuspießen. Was bereits vor und während des Prozesses Bedenken erweckte, spiegelte sich – mit ätzender Schärfe – in Debatten, Artikeln, Büchern.[12] Neue Verwicklungen der Weltpolitik nötigten zu dem Eingeständnis, daß die Statuten des Gerichts nicht länger zu verwirklichen waren. Moral wurde wieder von Straftatbeständen getrennt. Militärs und Schriftsteller – unter ihnen Liddell Hart[13] – zögerten am wenigsten, die Urteilssprüche über Hitlers Generalität zu geißeln. Ende 1949 bekannte Donnedieu de Vabres, Frankreichs Richter in Nürnberg, daß die Verurteilung des Generalobersten Jodl unhaltbar, ja, ein Fehlurteil sei.[14] Seine Mitwirkung an diesem Fehlurteil freilich schien ihn nicht zu beirren.

Der Korea-Krieg – Verstrickung für Amerika und Ansporn zur Wiederbewaffnung Deutschlands – zwang erst recht zu Widerrufen, namentlich wo man ehemals führende Soldaten gewinnen wollte, die oft genug noch in Gefängnissen saßen. Juristischer Rigorismus drohte zu stören, steckte zurück und erlahmte. Der Nürnberger Prozeß – bei den Besiegten ohnehin kein nachwirkendes Ereignis – war abgedrängt, wenn nicht Makulatur. Ein Spruchkammerverfahren, das in Sachen Alfred Jodl anberaumt wurde, schien die Zeitwende zu bestätigen. Von vornherein machte der Spruchkammer-Vorsitzende Dr. Becker deutlich, daß seine Kammer gerade dem Punkt »Vorbereitung eines Angriffskrieges« keine beweiserhebliche Bedeutung beimesse: Die Ausarbeitung von Kriegsplänen gehöre zum Beruf eines Generalstabsoffiziers und könne deshalb schwerlich unter die Bestimmungen des Befreiungsgesetzes fallen. Die Verantwortung dafür, was mit diesen Plänen geschehe, müsse der politischen Führung zugerechnet werden. »Es erübrigt sich daher«, so wörtlich in der Urteilsbegründung, »ein Eingehen auf die Schuldfrage.«[15]

Auch in anderen Anklagepunkten erblickte die Kammer keine Tatbestände, die unter das Befreiungsgesetz fielen und zu ahnden waren. Die »Niederbrennung« norwegischer Häuser während des Rückzuges wertete sie als berechtigte oder unberechtigte militärische Maßnahme.[16] Hinsichtlich der abgelehnten Kapitulation Leningrads und Moskaus verneinte sie schon deshalb »Völkerrechtswidrigkeit«, weil »ja gerade der Verstorbene« befohlen hatte, Lücken für die Flucht der Bevölkerung ins Innere Rußlands zu lassen.[17] Im Fall des Kommando-Befehls, den Hitler abfaßte und Jodl lediglich weitergegeben habe, erkannte sie auf Befehlsnotstand.[18] Beim Kommissar-Befehl verwies sie darauf, daß er nicht vom OKW, sondern vom OKH entworfen worden war.[19]

»Was die reine politische Belastung des Betroffenen durch Verleihung des Goldenen Parteiabzeichens und der Mitgliedschaft in der Partei ab 1.1.1944 anbetrifft«, schrieb der Vorsitzende, »so hat die Verteidigung nachgewiesen, durch Vorlegen zahlreicher eidesstattlicher Erklärungen, daß der Verstorbene vollkommen unpolitisch und nur reiner Soldat war. Politisch war er uninteressiert ... Mit den Parteiinstanzen wollte er möglichst nichts zu tun haben, und sein Streben ging bis zuletzt dahin, Einflüsse der Partei von dem Heer fernzuhalten.«[20] Die Münchener Hauptkammer entschied, daß von der ganzen oder teilweisen Einziehung des Nachlasses abzusehen sei. Der Betroffene, hieß es, wäre zu Lebzeiten weder in die Gruppe I (Hauptschuldiger) noch in die Gruppe II (Belasteter) eingestuft worden. Wie Jodls Verteidiger Dr. Alfred Seidl verzichtete der Öffentliche Kläger Dr. Knirsch auf Rechtsmittel, um den Spruch der Münchener Hauptkammer anzufechten. Das Urteil wurde am 2. März 1953 rechtskräftig. Die Kosten des Verfahrens – Streitwert 30 000 Reichsmark – trug die Staatskasse.[21]

Der Hauptkammerspruch glich einem Fußtritt gegen den Nürnberger Internationalen Militärgerichtshof. Umgehend rief er die Amerikaner auf den Plan. Ihr Hoher Kommissar bei Bonn gab Anweisung, mit einer Demarche vorstellig zu werden. In der Bayerischen Staatskanzlei erschien ein Beauftragter des Münchener US-Generalkonsulats.[22] Höflich, aber bestimmt gab er zu bedenken, ob nicht das Spruchkammer-Urteil hinsichtlich »der Schuldfrage eines Angriffskrieges« zu überprüfen wäre. Auch wenn deutsche Gerichte zu entnazifizieren hätten: es bleibe »zumindest« fraglich, ob Spruchkammern berufen seien, ein Urteil der höchsten alliierten Militärjustiz auf diese Weise zu revidieren.[23] Im Klartext: Dem vielleicht hehrsten Rechtsschrein der Siegermächte drohte Gefahr.

Die Bayerische Staatskanzlei wand sich. Rückzüge – fühlte sie – führten nach Verdruß zur Lächerlichkeit. Bundesjustizminister Dr. Dehler erklärte, stets schmerzlich berührt zu sein, wenn die Besatzungsmacht in »irgendeine Sphäre der deutschen Gerichtsbarkeit eingreift«, zumal »bei der augenblicklichen Lage«[24], aber die Intervention, offenbar hartnäckig, kommt zum Zuge. Zwei Monate später wird das Urteil der Münchener Hauptkammer aufgehoben und ein erneutes Verfahren angeordnet.[25] Der zuständige Amtsgerichtspräsident gibt vor, festgestellt zu haben, daß der Kammerspruch gegen das Nürnberger Urteil verstößt und daher nicht zu halten ist. »Selbst wenn die Amerikaner keinen Hinweis gegeben hätten, hätten wir von uns aus den Spruch aufgehoben.«[26] Der gewundene Kommentar, auch für Bürokraten ungewöhnlich verlogen, machte den Vorfall nur schlimmer. Nicht allein die »Soldaten-Zeitung« höhnte über Bayerns Justiz und Richter, die noch immer Geschäfte des Herrn Kempner besorgten.[27] Jodl wurde, schien es, in einem Nachspiel zum Schatten der deutsch-amerikanischen Partnerschaft

Die Kassation widersprach alliierter Zusage, nach der rechtskräftige Spruchkammerbescheide sogar Entscheidungen der Militärregierung aufhoben.[28] Die Amerikaner verleugneten sie bei deutschen Freisprüchen der in Nürnberg zum Tode Verurteilten. Das AHK-Gesetz Nummer 13 erlaubte der Allgemeinen Hohen Kommission, »in derartigen Fällen« die Entscheidung an sich zu ziehen, sie entweder selbst zu treffen oder durch ein Besatzungsgericht treffen zu lassen.[29] Die Sache trieb – unter wechselseitiger Gereiztheit – dem offenen Konflikt zu, bei dem nicht zweifelhaft war, wer ohne Instanzenverzug unterliegen würde. Jodls Verteidiger Dr. Seidl, der einen 48seitigen, detaillierten Schriftsatz vorgelegt hatte, mußte nachträglich an umsonst geleistete Arbeit glauben.[30]

Sein Kollege, Rechtsanwalt Otto Kranzbühler, sprang ein und sprach in Mehlem mit dem General Counsel Frederick Schwarz.[31] Das Gespräch der Juristen ergab: An eine Rehabilitierung im Stil des deutschen Spruchkammer-Urteils war nicht zu denken. Wenn Jodls Witwe diese Rehabilitierung beabsichtigte, so mußte sie mit dem Gegenteil, einer Entscheidung nach dem AHK-Gesetz Nummer 13 rechnen. Kranzbühler war klug genug, weniger strittige Rechtsfragen zu diskutieren, als auf praktische Lösungen zu zielen. Schwarz lenkte augenblicklich ein: Jede Übereinkunft, die ein »Impeachment« des Nürnberger Urteils vermied, blieb der amerikanischen Seite willkommen.[32] Zum »Impeachment«, erfuhr Kranzbühler, gehöre weder die Freigabe des Nachlasses noch die Zahlung einer Pension. Der bayerische Minister für Politische Befreiung, informiert, konnte »in geradezu unglaublich kurzer« Frist handeln. Am 3. September 1953 widerrief er den Widerruf des rechtskräftigen März-Urteils.[33] Die Hinterbliebene gewann Anspruch auf Versorgungsbezüge. Die Spruchkammersache war mit Einigung beim kleinsten Nenner ausgestanden und begraben.

Das Nachspiel – eher ein Satyrspiel, wenn man an die längst vollstreckte Todesstrafe dachte – tilgte kaum das erste Spruchkammer-Urteil. Für die Amerikaner zählte nächst der Demarche ihr Unwille, noch 1953 bestätigen zu müssen, was sie 1946 verhängt hatten.[34] Soweit sie überraschend einlenkten, geschah es aus Gründen politischer Opportunität. Die Zeit schritt voran und wollte sich zuallerletzt um die abgewürgte Spruchkammersache scheren. Der Nürnberger Hauptkriegsverbrecher-Prozeß und dessen Rechtsprechung erschienen mehr denn je in einem trüben Licht. Nicht als ob durchweg geleugnet wurde, daß schwerwiegende, eindeutige Verbrechen zu bestrafen blieben. Hier verfing – zumindest bei klar Denkenden – kein Blick auf ebenfalls schuldig gewordene Sieger: Die schier unfaßlichen

Untaten Deutscher ließen um Deutschlands willen nur Gericht und Sühne zu.[35] Doch beinahe jede Publikation erschütterte mit neuen Argumenten die Grundlagen des Statuts, nach dem die Richter der Kriegskoalition verfahren waren. Nicht allein Korea, erst recht Vietnam untergrub die Glaubwürdigkeit der Macht, die dieses Statut entworfen, verkündet hatte. Auch im Ausblick und insbesondere hinsichtlich Jodls sind die Gebrechen des Internationalen Militärgerichtshofes weder abzustreiten noch zu übersehen.

Mochte sich der Nürnberger Internationale Militärgerichtshof an seine Prinzipien halten: sie verletzten den Grundsatz, daß kein Gericht mit nachträglichen Gesetzen strafen dürfe, die Magna Charta aller Angeschuldigten.[36] Was Amerikas Verfassung feierlich bekräftigte, war 1945/46 ungültig, verheerender noch: durch ein einseitig deklariertes Sonderstatut ersetzt. Wie damals ist das Rechtsgewissen nicht beschwichtigt. Ein schlichtes Besatzungsgericht, dem legislative Gewalt zustand, wäre befugt gewesen, Kriegsverbrechen abzuurteilen. Wenn es dabei gemäß kriegsrechtlicher Paragraphen verfuhr, hätte es Pflichten auch deutscher Gerichte wahrgenommen. Jede Anklage aber, die über nachweisbare und kodifizierte Kriegsverbrechen hinausging, riskierte eine »Extra-legal action« jenseits gesetzlicher Gerechtigkeit, Urteile ohne Autorität und wahrhaft reinigende Kraft. So fragwürdig Auffassungen, nach denen besser deutsche Gerichte eingesetzt worden wären: die Unschärfe des juristisch Vertretbaren warf und wirft tiefe Schatten. Noch heute erschüttert das britische Eingeständnis vor Prozeßbeginn, daß es sich bei den Hauptkriegsverbrechen nicht um Kriegsverbrechen im völkerrechtlichen Sinne handelte.[37]

Begriffe wie »Verschwörung« und »Verbrechen gegen den Frieden« markierten am deutlichsten die »Extra-legal action«. Mit ihnen waren Schwärme von Angeklagten, kaum jedoch Rechtslorbeeren einzufangen. Seit Jacksons Report wissen wir, daß auch alliierte Richter im Angriffskrieg kein Verbrechen erblickten, das zu bestrafen wäre oder bestraft werden konnte.[38] »Die grundlegende Schwierigkeit« lag in der »fehlenden Sanktion«. Gros (Frankreich) erinnerte an den Friedensschluß 1919 und die

Norm, daß Handlungen, die Kriege auslösten, nicht zu Anklagen gegen Offiziere berechtigten: Überzeugung, die in Versailles gerade Amerikas Delegierte leidenschaftlich verfochten hatten.[39] Kriminelle Verantwortlichkeit einzelner war, bei Angriffskriegen, durch Völkerrecht nirgendwo zu postulieren. Auch der Briand-Kellogg-Pakt von 1928 bot keine Handhabe, ja, entzog Kriege – Akte der Politik – bewußt gerichtlichen Urteilen. Allen Signatarmächten blieb vorbehalten, nach eigenem Ermessen zu entscheiden, ob Selbstverteidigung zu Waffengängen zwang, und wann hätten Staaten nicht Selbstverteidigung vorgeschützt? Kaum zufällig die »Ausnahme«klauseln des Abkommens. Wie je ließ sich schon der Begriff Angriffskrieg weder allgemeingültig definieren noch juristisch fassen.[40]

Jodl kannte nicht die Kontroversen der alliierten Richter. Er brauchte sie nicht zu kennen, um die Anklagen »Verschwörung« und »Verbrechen gegen den Frieden« als Aberwitz zu empfinden.[41] Die Führer-Besprechung in der Reichskanzlei (5. November 1937) war ohne ihn abgelaufen. Hoßbachs Niederschrift, erklärte er wiederholt, bekam *er* damals nicht zu lesen. Im Oktober 1938 – nach der Münchener Konferenz, die den Frieden verlängerte – schied er von Berlin, dem Zentrum politischer Entschlüsse. Die Besetzung der Tschechoslowakei erlebte er bei der Truppe.[42] Danach Artillerie-Führer in Brünn, hörte er keine der Ansprachen (22. Mai/23. August 1939), die Hitlers Willen bekundeten, selbst um den Preis ganz Deutschlands aggressive Ziele zu verwirklichen. Wahrscheinlich, daß auch Jodl diese Reden des Diktators hingenommen hätte: Reden, mit denen Hitler seine Generale *nicht* betrog und an die »Dämonie« *ihrer* Macht appellierte. Doch das Führer-Bild, das Jodl behielt, konnte kaum der Eindruck eines anklagewürdigen Imperialismus verdunkeln. Alle Ostpläne Hitlers waren für den Wegkommandierten vage geblieben: trotz einiger Andeutungen Keitels und besonders angesichts des unfertigen, ja schwachen Heeres. Jodls Bewußtsein beherrschte die »Revision von Versailles«. Entsetzt sah er im März 1939, wie hier das Einverständnis der Westmächte verabschiedet wurde.

Über das diplomatische Mächtespiel unmittelbar vor Kriegsbeginn rätselte er, oft heimgesucht von düsteren Stimmungen. Bis zuletzt wünschte er gewaltlose Lösungen.[43] Als der Krieg ausbrach – auch der entfesselte –, war er ihm »präsentiert«: von der Staatsführung. Die Wehrmacht mußte kämpfen. Abwegig, erneut zu erörtern, ob Jodl die Pflicht hatte, den Kriegsverlauf moralisch zu bewerten. Er hatte sie nicht, häufig nicht einmal die Möglichkeit.[44] Das Staatsoberhaupt entschied und befahl. Der Chef des Wehrmachtführungsstabes trieb zu keinem der Feldzüge Adolf Hitlers, und seine Pflicht hieß: Rat nach der gegebenen Lage und den Gesetzen der Strategie, Rat mit dem Willen zu siegen. Was ihn, den militärisch Planenden, lenkte und ausfüllte, war nicht justitiabel. Daß er – ein Soldat – der Verschwörung und des Verbrechens gegen den Frieden schuldig sei, konnte ihm nur weltfremder, heuchlerischer Rigorismus unterstellen. Noch oder gerade heute entsetzt die Blindheit des Tribunals gegenüber Fakten.[45] Erwies sich je die Unsinnigkeit der ersten beiden Nürnberger Anklagepunkte, so im Falle Alfred Jodls, ob nun des Obersten oder Generals. Diese beiden Anklagepunkte zielten, indem sie den Vorrang der Politik leugneten, auf Fundamente des Soldatentums, ja, durch sie wurde Soldatentum unmöglich.[46] Die Kritik, die sich schon damals unter hohen englischen und amerikanischen Truppenkommandeuren regte, begriff es. Sarkastisch konnte und durfte Jodl bemerken, daß eigentlich noch niemand versucht habe, den Stabschef Napoleons für dessen Kriege verantwortlich zu machen.[47]

Auch um mehrere Einzelanklagen stand es *rechtlich* nicht viel besser. Jodls Appell, im besetzten Westen Tausende rücksichtslos zu Befestigungsarbeiten zu zwingen[48], gehörte zu den Reden, die schwerlich strafwürdig waren. Detaillierte und vor allem völkerrechtswidrige Maßnahmen hatte er weder empfohlen noch formuliert. Der Befehl, die Kapitulation Leningrads (oder später Moskaus) abzulehnen, bezog sich auf abschreckende Erfahrungen in Kiew, wo Sprengungen mit Zeitzündern »schwerste Gefahren für die Truppe« heraufbeschworen hatten.[49] Der Satz, daß, wer die Stadt »gegen unsere Linien« verlassen wolle, »durch Feuer zurückzuweisen« sei, widersprach nicht dem Völkerrecht, noch weniger die Weisung, »ein Herausströmen der

Bevölkerung nach Innerrußland« zu ermöglichen.[50] Zudem blieb dieser OKW-Erlaß Papier. Der Norwegen-Befehl (Räumung; Niederbrennung der Häuser), von Terboven vorgeschlagen und Hitler aufgegriffen, war eine taktische Maßnahme, die keinem der ausführenden Kommandeure, nur Jodl, dem Unterzeichner des Befehls, angekreidet wurde. Absprachen, mit denen er den Frontbefehlshabern einschärfte, den einschlägigen Artikel 23 g der Haager Landkriegsordnung zu beachten, zählten nicht. Kein Affidavit fruchtete.[51] Wenn ihn schließlich der Vorwurf fällte, er habe befohlen, die 25 britischen Fliegeroffiziere zu erschießen, die versucht hatten zu fliehen, so fällte ihn eine infame Behauptung. Luftmarschall Sir Sholto Douglas, ihr Urheber, konnte sie nie beweisen.[52] Den Erschießungsbefehl unterschrieb SS-Obergruppenführer Ernst Kaltenbrunner, der Chef des Reichssicherheitshauptamtes.

Die Kapitel Terrorflieger, Bandenkampfvorschrift und Judendeportation aus Dänemark sind zu übergehen. Bei ihnen ließ der Gerichtshof selbst ab von seinen ursprünglichen Vorwürfen. Um so schwerwiegender der Kommissar- und insbesondere der Kommando-Befehl, das Kernstück der Einzelanklagen. Jodl hatte keinen Anteil am Entwurf des Kommissar-Befehls. Als ihn der erste Text erreichte – Text des OKH nach Weisungen Hitlers –, wehrte er sich innerlich gegen vorsätzlichen Bruch des Völkerrechts.[53] Obschon wohl selbst der Meinung, daß mit einem ritterlichen Kampf Sowjetrußlands kaum zu rechnen sei, suchte er den Kommissar-Befehl auf »Vergeltung« einzuschränken. Nur feindliche Übergriffe sollten sie auslösen, dann freilich – Widerspruch – »sofort und in vollem Umfange«. Dabei hatte die Vergeltung jene Kommissare »zu beseitigen«, die »als Träger und Urheber asiatisch-barbarischer Methoden bekannt sind«, »die Sicherheit der Truppe« gefährdeten und »die notwendige Befriedung der eroberten Gebiete« verhinderten.[54] So pauschal hier das Wort Kommissare: Jodl erstrebte im Mai 1941 wenigstens »Rechts«korsette.

Trotzdem blieb – neben übler Sprache – ein getarnter Mordbefehl. Jeder, der nicht aufs entschiedenste Hitlers Absichten zurückwies, war heillos belastet und verstrickt. Daß OKW wie

OKH Hitlers Absichten hinnahmen, hat beide bis ins Mark entwürdigt. Keine Traditionspflege kann an die Wehrmacht anknüpfen: allein wegen des Kommissar-Befehls. Mit ihm schlug sich die gesamte oberste Heeresführung – anfällig oder zustimmend – auf die Seite eines wilden Ideologen. Mit ihm hatte sie ihre Schutzfunktion für die Truppe aufgegeben und verraten. Was sie ihr zuschob, hätte auch eine intakte deutsche Kriegsgerichtsbarkeit zu harten Urteilen genötigt, bei wirklicher Selbstreinigung vielleicht sogar zu sehr harten. Jodl verfaßte und erließ nicht den Kommissar-Befehl, doch später hat er ihn hinsichtlich der Kompanie-Politruks noch bekräftigt. Sein Kampf gegen diesen Befehl – Zeugnis der Gewissensregungen – hob Mitschuld am Schändlichen nicht auf. 1942, beim endlich erreichten Widerruf, war der Befehl ein Jahr zu lang ausgeführt worden.[55]

Die gleichen Fragwürdigkeiten – trotz besseren Auftaktes – angesichts des Kommando-Befehls. Hier sperrte sich Jodl zunächst prinzipiell. Weithin unsicher, wollte er mit keinem Federstrich Unrecht fördern. Hitlers Antwort auf die Übergriffe der Kommandos schien ihm maßlos, unvertretbar. Den Ausführungsbefehl, den der Diktator forderte, verweigerte er, weil er »einen solchen Befehl« völkerrechtlich nicht zu begründen wußte. Den Befehl »machte der Führer«. War Jodl außerstande, Hitler auch nur zu mäßigen, so gewiß im Schatten der Kaukasus-Krise, als er höchste Ungnade erweckt hatte. Ebenso wie anfangs den Kommissar-Befehl suchte er diesen Kommando-Befehl zu begrenzen. Wo ihn die Truppe nicht befolgte, unterließ er Rügen und Meldungen. Einschränkende Richtlinien für das Westheer dehnte er aus auf den italienischen Kriegsschauplatz. Sein Ehrgefühl war stark genug, um erneut innere Unruhe wachzuhalten, aber durch Inkonsequenz entwertete er alle Anfangswiderstände. Den fertigen Befehl gab er mit einer Geheimhaltungsverfügung weiter. Auch die einschränkenden Richtlinien tilgten nirgendwo dessen Gültigkeit.

Die Fessellosigkeit jeder Partei im Kampf konnte zu Relativismen verführen. Etliche Kommando-Unternehmen mißachteten Grenzen des Kriegsrechts; zahlreich die erschossenen deutschen

Gefangenen namentlich zu Beginn des Rußlandfeldzuges, zahlreich später andere Barbareien.[56] Hüben *und* drüben Abkehr von herkömmlichen, beschworenen Normen, und nicht allein im Eifer des Gefechts. Gleichwohl war der Kommando-Befehl – auch nach den Atombombenabwürfen in Japan – ein eindeutiges Verbrechen. Nur wurde es da schwer erträglich, wenn der Sieger durchweg *seine* Übergriffe ausklammerte. Hier bestand Anlaß zu bedauern, daß Deutsche nicht das eigene Haus reinigen durften. Wie die Gegner mit sich verfuhren, wäre dann zur Frage ihrer Selbstachtung geworden. Die Nürnberger Richter verweigerten Jodl, was für ihn sprach oder hätte sprechen können. »Ermessensspielräume« des Tribunals waren verriegelt, Einfühlung und Vorstellungskraft dispensiert. Viele Dokumente, die man dem Angeklagten vorhielt, interpretierte man, als habe lediglich eine Seite Krieg geführt. Sachverhalte, die Fingerzeige auf militärisches Denken geben konnten, blieben ausgesperrt; gerade im Falle Jodls ein Verfahren, das die Autorität des Gerichts beschädigte und Wege zu abgewogener Gerechtigkeit verstellte.

Amerikanische und britische Militärgesetze dekretierten bis *1944*, daß kein Soldat für Verletzungen anerkannter Kriegsregeln verantwortlich sei, die seine Regierung oder Befehlshaber befohlen hatten.[57] Der Soldat war kein Kriegsverbrecher, so daß ihn auch der Feind nicht bestrafen durfte. Um Anklage erheben zu können, strichen Amerika und England *vorübergehend* den hinderlichen Gesetzestext. Diese Manipulation zugunsten eines Ausnahmerechtes machte ihre Justiz kaum glaubwürdiger. Denn wo verlief die Grenze zu denen, die nach wie vor verantwortlich sein sollten? Bei den Truppenkommandeuren oder dem Chef des Wehrmachtführungsstabes, der Befehlen »seiner Regierung« folgte? Befehlsnotstand ließ sich, angesichts solcher Gesetzesmanipulation, noch schwerer ausschließen. Schon im Südost-Prozeß war bloße Weitergabe eines verbrecherischen Befehls nicht mehr strafbar, wäre Alfred Jodl mit Sicherheit freigesprochen worden.

Doch den Internationalen Militärgerichtshof leitete ein Statut, das geltendes Recht zerhieb oder unterdrücken mußte, um zu »revolutionären« Prämissen zu gelangen. Der Begriff »Verschwörung«, im weitesten Sinne angewendet, gewährte Jodl keine Chance und schlug ihn von vornherein zu den Schuldigen. Exners Verteidigung, Verteidigung nach »konservativen« Grundsätzen, glich einem Kampf gegen Windmühlenflügel. Zutreffend schrieb Jodl, daß seine Prozeßhelfer überflüssig gewesen seien. Der Blick auf die Ankläger enthüllt Bedenken, Zweifel, tiefen, makabren Meinungsstreit bis hin zum Schuldspruch. Namentlich das Ende zeigt hoffnungslos überforderte, schlimm agierende Richter. Was die ersten Kritiker des Tribunals empfanden, gilt auch, ja besonders heute. Das Urteil über Jodl – Tod durch den Strang – ist nicht zu rechtfertigen.

Wie andere erfaßte ihn der Sog des »Weltanschauungs«kampfes, mit dem Hitler den Zweiten Weltkrieg prägte. Jodl wünschte weder diesen Kampf noch Deutschlands Weltherrschaft, ebensowenig den Triumph einer Heilslehre, deren grundstürzende »Moralität« er kaum durchschaute, aber ungefestigt, nachgiebig geriet er in Verstrickung und Schuld. So mutig seine Versuche, manche Übel abzudämmen, zuletzt im Ringen um die Genfer Konvention: Paraphen auf völkerrechtswidrigen Befehlen machten ihn zum Helfer der »infernalischen Größe«. Elendiges hat auch er hingenommen. Sprach er, vor Gericht, von unbefleckter Ehre der Wehrmacht, täuschte er sich. Ehre war unter dem Ideologen Hitler nicht zu wahren. Indirekt – in Gesprächen mit Gilbert und Speer – mußte es Jodl zugeben.

Naheliegend, daß er – angeklagt – dazu neigte, sein früheres inneres Einverständnis abzuschwächen, doch was er als Opponent versucht hatte und oft nachzuweisen war, konnte ihn am wenigsten zum Unrechtsbewußtsein bekehren. Er glaubte, Vernunft, Tradition, das Rechte verteidigt zu haben, wann immer er sich Hitler entgegenstemmte. Dieser Kampf schien rückblikkend ein endloser Kampf, der in seiner Optik eigene Verfehlungen aufwog. Die Haltung des Gerichts, das Argumente und Tatsachen abwies, mußte ihn empören, die Verurteilung zum Tode tief erbittern. Das schreckliche Ende läßt zögern, den Hingerichteten noch zu beschuldigen, aber sein vielleicht größtes Versagen lag außerhalb der Strafgesetze und hieß: Führung gegen Erziehung und Erkenntnis.

Eindeutig diese Verstöße; denn erschreckend und gespenstisch der Hintergrund. Hitler wußte sich, seit dem Rückschlag vor Moskau, militärisch am Ende. Unwiderruflich hörte er auf, Adressat eines Friedensschlusses zu sein. Bereits Anfang 1942 (!) äußerte er zu Jodl, daß *kein Sieg mehr zu erringen* sei.[58] Nimmt man ihn beim Wort, hätte er unverzüglich abtreten müssen, um eine politische Lösung freizugeben. Die Wehrmacht konnte – Ziel der Blitzfeldzüge – das Nacheinander ihrer Gegner nicht wiederherstellen; sie stand vor einer ungeschlagenen, nie bezwingbaren Feindkoalition. Das Reich vermochte nur noch zu Bedingungen Frieden zu schließen, die seine Substanz erhielten und mit denen – so oder so – Hitlers Eroberungen ausgelöscht worden wären. Doch der Diktator weigerte sich, klarer Einsicht zu gehorchen und abzutreten. Staatsmännische Vernunft wich missionarischem Glauben, Politik einem Fanatismus, der selbst das eigene Land verwüsten wollte. Was immer zuletzt Hitler glaubte oder glauben machte, war durch sein Bekenntnis von 1942 widerlegt, entwertet.

Die Wehrmacht*führung* vernahm, daß der Krieg zu *liquidieren* sei, wenn der Kaukasus, das Donezbecken, die rumänischen Ölfelder und Oberschlesien verlorengingen.[59] Sie setzte auf Ermattungsstrategie im Osten und Westen, die freilich ebenso rasch politisches Handeln verlangte. Begriff sie auch nur ihr eigenes Handwerk, mußte sie den baldigen Abbruch des Krieges ertrotzen. Nichts rechtfertigte sonst weitere Blutopfer an den Fronten. Aber der Diktator verhöhnte, bis zum Kampf um Berlin und die Reichskanzlei, all seine Kriterien: so, als ob er nie von ihnen gesprochen hätte. Seine Verteidigung jeden Meter Bodens – Strategie der entschlossenen Dummheit – tilgte den Rest der Trümpfe, die Deutschland militärisch nicht verspielen durfte. Der Zusammenbruch und Untergang des Reiches nahten mit Riesenschritten. Die Spitzengeneralität des Heeres wurde zu Robotern, Krieg ohne Glück zum Ausweis der Unfähigkeit und Charakterschwäche. Schon vor Stauffenbergs Attentat blieb unter Hitler allein noch dahinsiechendes Operieren, Schwärze, das Nichts.

Der Verrat gültiger Maximen berührte konsequent das innere

Gefüge der Truppe. Schutzlos war der Frontsoldat unsinnigen Befehlen ausgesetzt, die ihn wie sein Wesen zerrieben und auf die er teilweise mit Kampf bis zum vorletzten Augenblick zu antworten begann. Überkommene, erprobte Gesetze waren von oben gebrochen. Hingabe gedieh zur Pflichterfüllung in tragischer Verlassenheit. Das Regime, purer Selbstmagie erlegen, narrte mit Parolen, Lügen und appellierte an Wundergläubigkeit, Beschwörung, die den Bankrott aller Strategie symbolisierte. Es hängte oder erschoß Laue, nüchtern Denkende und Widerstrebende. Mannschaften exekutierten schließlich willkürlich Offiziere. Terror sicherte jenen »Heroismus«, den sieglose Zukunft nicht schreckte. Wie die Führung war ihre fanatische Gefolgschaft des Teufels. Der Ausgang ließ das Reich verwüstet und eine Nation zurück, die nun wirklich ohne Bedingungen kapitulieren mußte. Wenn nach 1945 auch die Wehrmachtspitze verdammt wurde, so trotz des Anscheins von Opportunität zu Recht. Namentlich der Abstand zwingt zu Verdikten.

Jodl brauchte – Anfang 1942 – keine Nachhilfe. Seit dieser Zeit wußte er, daß Deutschland *den Krieg nicht gewinnen konnte.*[60] Illusionslos wertete er die militärisch irreparable Lage des Reiches. Nimmt man ihn beim Wort, hätte er unausgesetzt eine politische Lösung anmahnen müssen. Nur sie vermochte abzuwenden, was noch abzuwenden war: die Niederlage. Offensichtlich, daß Jodl anfangs Hitlers Trotz mitriß, den Rußlandfeldzug im zweiten Jahr zu entscheiden. Stalingrad und der Rückzug aus dem Kaukasus aber bekräftigten erst recht seine ursprüngliche Erkenntnis; dringlicher denn je nun Schritte der Diplomaten.[61] Ermattungsstrategie – letztes militärisches Konzept – hatte allein dann Sinn, wenn nicht länger gezögert wurde, politisch zu handeln. Jodl begriff, daß auch Ermattungsstrategie angesichts weit überlegener Gegner nur vorübergehend verfing. Deutlich sah er den Mangel eigener Reserven, die Verwundbarkeit der durch Flugzeuge kaum geschützten »Festung Europa«. Hitlers starre Verteidigung, die steifnackig Hunderttausende opferte und damit selbst Versuche einer Ermattungsstrategie untergrub, entsetzte ihn. Er warnte, spürte den Aufzug der Katastrophe und verstand seinen Obersten Befehlshaber nicht mehr[62], doch gegen die Konsequenzen, zu denen der nüchterne klare Kopf drängte, sperrte er sich: bis zum Selbstmord Hitlers.

Sein Gehorsamsbegriff schmiedete ihn an Galeerenketten. Nie wollte er wahrhaben, daß höchste Dienststellung höchste Verantwortung bedeutete. Auch als Generaloberst meinte er – alles in allem – den Gehorsam eines Hauptmanns schuldig zu sein.[63] Sein Gehorsamsbegriff verhängte über ihn Gram, innere Spannungen und Konflikte, die sich mit wachsender Düsternis der Kriegslage steigern mußten. Er suchte – wie sonst kaum ein zweiter im Führerhauptquartier – unsinnige Entschlüsse umzustoßen oder abzubiegen, zuletzt sogar verächtlich, in schneidender Konfrontation, aber Hitler blieb für ihn Staatsoberhaupt, Deutschlands Schicksal, das er mit dem Schicksal dieses Mannes, der »infernalischen Größe« vermengte. Treue war Jodl nicht Weg zum Verrat. »Bedingungslose Kapitulation« und – ärgster Widerspruch – »Hoffnung auf Zerfall der Feindkoalition« wurden zu Gründen, um unvermindert auszuharren, doch auch hier: Mißachtung früherer Einsichten, Gehorsam ohne, ja, gegen Ratio. So töricht die alliierte Forderung: nahm Jodl sie ernst, konnte sie sieglos gewordener, weiterer Kampf am wenigsten auslöschen, galt allein noch ein Ende zu den günstigsten Bedingungen. Kein Fanatismus vermochte die Kräfteverhältnisse an den Fronten umzukehren. Vollends irrlichternd nach Teheran und Jalta die Hoffnung, daß die feindliche Koalition, der endgültige Triumphe winkten, in letzter Stunde zerfallen werde. Ihr Ansturm auf Deutschland und der Aufteilungsplan »Eclipse« bewiesen Jodl, wie abwegig solch eine Hoffnung war. Soweit er sie äußerte oder zu erkennen gab, betrog er sich länger als Adolf Hitler.[64] Den Rest umschrieben die Worte: Sieg oder Untergang, Devise des verzweifelten Notstandes, für Clausewitz »ein Wagen gegen die Natur der Dinge, plumpe Verletzung aller Wahrscheinlichkeitsgesetze«.

Jodl erwog weder Rücktritt noch Attentat. Den 20. Juli empfand er, aufgewühlt, als betäubenden Schlag gegen die Einheit des Offizierskorps. Daß auch eigener Rücktritt und Hitlers Sturz nichts geändert hätten, war in seinen Augen Glaubenssatz[65], aber Loyalität und insbesondere Fatalismus machten ihn zum Mitgestalter der Katastrophe. Ob Ardennen-Offensive oder Gegenstoß in Ungarn, ob Oberitalien oder Heeresgruppe Weichsel: überall verfocht er, was Deutschland der schlimmsten Adresse, den Sowjets, ausliefern mußte. Selbst der Anhauch von Vernunft schien gewichen. Kein Angriff im Westen hob die Übermacht der Alliierten auf, sondern entzog den Ostarmeen Kräfte und der Zivilbevölkerung Chancen zu entrinnen. Kein Zeitgewinn half noch Hitlers »Politik«, nur dem erlösenden großen Entschluß, das Reich im Westen zu öffnen, dem umsichtig angestrebten Abschluß eines Waffenstillstandes, der Ungezählte vor sinnlosem Tod bewahrte. Gehorsam – auf den befohlenen Bahnen – ermordete Volk und Nation. Wenn rückblickend Wilhelm Adam die Haltung seines ehemaligen Zöglings Alfred Jodl unbegreiflich nannte, unbegreiflich, weil er »den politischen und strategischen Irrsinn bis zum Ende«[66] stützte, so zeigte sich nicht allein er ratlos.

Jodl glaubte, Opfer einer Tragik zu sein. Was Soldaten leitete und er unbeirrt bejahte, war vergeblich, für nichts erbracht. Ein Führer ohne Schutzethos hatte anerzogenen Gehorsam aufs schändlichste mißbraucht. Tragik kann jedoch lediglich unentrinnbares Geschick bedeuten. Nie entlastet sie Führungsschichten, die zu handeln vermögen, handeln sollen und müssen. Das Wort Tragik täuschte – bei ihnen – über Abdankung von Verstand und Moral. Denk- und handlungsfähig, aber gültigen Maßstäben weithin verloren, wurden Deutschlands oberste Soldaten das Opfer der »Dämonie« ihrer Macht, nicht nur der »dämonischen« Macht des Einen. Mochte sich Jodl auf die operative Führung »zurück«stufen: er stand an der Spitze, ohne *militärische* Illusionen, die den zweiten und dritten Rang beschwichtigen konnten. Die wirkliche Tragik Untenstehender war ihm versagt.

Pflicht der Heeresspitzen ist: mit Sachverstand zu tun, was sie verantworten können. Mißachtet die Staatsführung diese Pflicht, fällt den Heeresspitzen auch politische Verantwortung zu. Das gilt vor und während Waffengängen, besonders aber für den Abbruch eines nicht mehr gewinnbaren Krieges. Strategie muß Zwecke haben, erreichbare Ziele verfolgen. Kalkül schließt

Sinnlosigkeit aus. Kampf ohne Aussicht macht würdelos, kennt kein Ethos und zählt nicht als Denkkategorie. Führung ganz oben verlangt Mut zu selbständiger Entscheidung. Was zwingende Einsichten diktieren, hat sie zu verteidigen und entschlossen durchzusetzen. Sklavennaturen treiben Armeen in den Untergang. Der Nur-Gehorsame ist Außenseiter. Schutz und Sicherheit der Untergebenen fordern notfalls Aufbegehren.

Dieses Aufbegehren bekräftigt und erhält eine in sich schlüssige Ordnung; ohne produktiven Ungehorsam keine außergewöhnliche Armee. Wirkliche Heerführer – zumeist Herrennaturen – »wählten Ungnade, wo Gehorsam nicht Ehre brachte«. Instinktiv wußten sie, daß Ehrlosigkeit sie richtete und Politik schwerlich zurückgewann, was Militärs aus Schwäche oder gar unterwürfiger Dienstwilligkeit verspielten. Man wird immer wieder rätseln, wie – unter Hitler – die Spitzengeneralität nahezu ausnahmslos ethisch verfallen konnte. Gebote mahnender Tradition waren, bis zum letzten Jota, auf den Kopf gestellt; nirgendwo noch eine Chance für den Gehorsam des Verstandes und der Anpassung an die Lage. Fernab aller Rätsel nur die Bilanz, die den Ungehorsamen zum Außenseiter stempelte und mit der Heer und Reich nicht zufällig zugrunde gingen.

Niederdrückend hier eine generelle jammervolle Durchschnittlichkeit, Fortsetzung – wenn man will – auch früherer Zeitläufe. Nie war ein Offizierskorps besser geschult als das der Wehrmacht, nie bis hin zum zweiten Rang hervorragender. Doch darüber hinaus schien es, als mache gerade die durchlaufene Erziehung unfähig zu den ersten Rängen. Allenthalben in den Spitzen Jodls, gebunden an Grundsätze, die noch den Front-Armeekommandeur rechtfertigen konnten; allenthalben in diesen Spitzen Unvorbereitete, falsch Erwählte. Das militärische Stanzwerk, muß man glauben, erlaubt zuallerletzt, es im Notwendigen zu brechen.

Sicher trifft zu, daß ab und an der erste Rang ausgefüllt wurde. Beck, Tresckow und Stauffenberg erreichten ihn, aber die Mehrheit der Feldmarschälle und Generale ließ sie allein. Dafür fatalistischer Glaube, daß mit dem Einen zu siegen oder zu sterben sei, Schielblicke auf ein politisch schwachsinnig gehaltenes Volk, das Frondeuren niemals folgen werde. Noch in den Memoiren beinahe jedes Heerführers – selbst dort, wo die Memoiren nicht lügen – Fortdauer des militärischen Stanzwerkes, fehlendes Organ für Pflichten, die eigenständig zu erfüllen waren, Gewähr für scheiternde Auflehnung schon vor allen Plänen.

Kein Zweifel, daß Erziehung zum Offizier in England, Amerika und Rußland nicht anders prägte. Jodls sind innerhalb deren Armeen gewünschter, angestrebter Zuschnitt; leicht könnten sie – bei den Sowjets – sogar ihren Kopf verlieren. Die drakonisch abgerichtete rote Generalität erweckt vollends Schauder. Vergleiche freilich blieben unwürdig; nirgendwo zudem in diesen Ländern jener Notstand, der zur Rettung der eigenen Nation und Europas anspornen mußte. Werte, deren Bedrohung erkennbar war, verlangten von den Wehrmacht*spitzen* höhere, höchste Anstrengungen.

Jodl starb, ohne Schuldbewußtsein vor aller Augen zu zeigen. Die Jahrzehnte seit seinem Tod hätten ihn schwerlich umgestimmt. Pflichten gegenüber der Menschheit, die er für eine bessere Zukunft beschwor, werden weiter mißachtet, mit Füßen getreten. Die Nationen sind heilig, Vehikel blutiger Narreteien geblieben. Ungestraft begehen sie, und zwar in Dutzenden von Kriegen, neue grauenerregende Verbrechen. Niemand wagt es oder besitzt die Macht, ihre Ideologen nochmals vor Tribunale zu ziehen, obschon bereits deren Aggressionen anklagewürdig und abzuurteilen wären. Der Nürnberger Prozeß 1945/46, rechtlich tief problematisch, aber auch moralisches Wendezeichen, wurde zum nachträglich verhöhnten einmaligen Exempel. Eitel die Vorstellung, daß Herrschende dem politischen General gestatteten, ihnen in den Arm zu fallen: Kondottiere-Rolle, zu der sich Jodl zuletzt geradezu ingrimmig bekannte. Die Armee soll – strikter denn je – der Staatsführung dienen. Anderer Ehrgeiz gilt als Militarismus.

Doch so ehern derartige Grundsätze, Konsequenz aus der Heeresgeschichte des Reiches, so eindeutig die Maximen für den Soldaten in Spitzenstellungen. Fiele er ab von Vernunft und Mitverantwortlichkeit, mehr noch: schreckte er zurück vor notwendigem Ungehorsam, würde wieder unser aller Urteil gesprochen. Hier zählt kein Umbruch, keine revolutionäre Waffentechnik. Ethos bleibt allein ohne Abstrich Ethos. Möglich, daß dieses Ethos zur Vergangenheit gehört, versunken in ferngerückte Epochen. Was heute droht, sind Selbstmord-Kriege, Kriege mit unlösbaren, ja, von vornherein verhängten Führungskonflikten. Dann wäre, radikal gedacht, die soldatische Existenz völlig unannehmbar, gälten erst recht Pflichten gegenüber der Menschheit. Geschichtsschreibung kann – angesichts solcher Probleme – nur Andeutungen geben; ihr Feld umgrenzt das Gewesene. Aber wie auch immer: noch ist sie imstande, durch Analysen unseren Blick zu schärfen. Gerade der Gegenwart böte Jodl allemal Lehren.

ANMERKUNGEN

Auftakt bis 1933

[1] Reichswehrministerium. Heeresleitung. Personalamt. Personalakten für Jodl, Alfred (i. f.: PA Jodl) PA 64 817. Bundesarchiv-Militärarchiv, Freiburg i.Brsg. (i. f.: BA-MA) Pers 6/42 D, Bl. 2; Alfred Jodl, Mein Leben (1945), handschr., 23 Bl.; Friedrich Jodl, Sein Leben und Werk, dargestellt von Margarete Jodl, Stuttgart/Berlin 1920, S. 172.

[2] A. Jodl, a.a.O., Bl. 2, 4.

[3] A.a.O., Bl. 2, 3; Bericht (i. f.: Ber.) Margarethe Fuchs.

[4] Luise Jodl, Jenseits des Endes. Der Weg des Generaloberst Jodl, München 1987, S. 95 f.

[5] A. Jodl, a.a.O., Bl. 5.

[6] A.a.O., Bl. 6.

[7] Das Königlich Bayerische Kadettenkorps, München 1920, S. 30-38; Mitteilung (i. f.: Mitt.) Hans Kreppel (27. 6. 1974); A. Jodl, a.a.O., Bl. 6.

[8] Das Königlich . . ., S. 34-38; Mitt. H. Kreppel (27. 6. 1974).

[9] A.a.O., S. 31-34; Mitt. H. Kreppel (27. 6. 1974).

[10] Ber. Sigmund Baron Kreitmaier de Messina.

[11] A. Jodl, a.a.O., Bl. 6.

[12] Das Königlich . . ., S. 45.

[13] A. Jodl, a.a.O., Bl. 7, 8.

[14] A.a.O., Bl. 7.

[15] Ber. E. v. Massenbach; A. Jodl, a.a.O., Bl. 8.

[16] A. Jodl, a.a.O., Bl. 9; PA Jodl, Bl. 3; Fritz Wiedemann, Der Mann, der Feldherr werden wollte. Erlebnisse und Erfahrungen des Vorgesetzten Hitlers im 1. Weltkrieg und seines späteren Persönlichen Adjutanten, Velbert/Kettwig 1964, S. 8 f.

[17] A. Jodl, a.a.O., Bl. 9, 10.

[18] A.a.O., Bl. 8.

19 A.a.O., Bl. 10, 11; L. Jodl, a.a.O., S. 97 ff.

20 L. Jodl, a.a.O., S. 98 f.

21 A. Jodl, a.a.O., Bl. 11.

22 A.a.O.

23 A.a.O., Bl. 12.

24 A.a.O., Bl. 13; Ludwig Schrott, Das Kgl. Bayerische 4. Feldartillerie-Regiment »König« im Weltkrieg 1914/18 (Sonderdruck, o. J.), S. 3, 18, 29 f.

25 A. Jodl, a.a.O., Bl. 14, 15.

26 Urkunden: EK II (24. 8. 1914), EK I (Mai 1918); Auffassungen Jodls: A. Jodl, a.a.O., Bl. 15-18.

27 A. Jodl, a.a.O.

28 A.a.O., Bl. 17.

29 A.a.O., Bl. 20, 21.

30 Mitt. Konrad Graf v. Bullion (25. 6. 1974).

31 PA Jodl, Bl. 3; A. Jodl, a.a.O., Bl. 22, 25; Bayerisches Hauptstaatsarchiv München, Abt. IV, Bestand Offz.-Personalakten F 34/1969. Beurteilung Oberlt. Alfred Jodl, 25. 7. 1919; Hansgeorg Model, Der deutsche Generalstabsoffizier. Seine Auswahl und Ausbildung in Reichswehr, Wehrmacht und Bundeswehr, Frankfurt/M. 1968, S. 21-65, im einzelnen: S. 27-31, 33, 37, 43.

32 Model, a.a.O., S. 35, 40, 43 ff.

33 A.a.O., S. 24, 36, 40, 43, 46 f., 65 f.

34 Wilhelm Adam, Erinnerungen (ungedruckt), S. 28 f.

35 Hans Meier-Welcker, Seeckt, Frankfurt/M. 1967, S. 199-345; Francis L. Carsten, Reichswehr und Politik, Köln/Berlin 1964, S. 115-140, 157-168, 228-239.

36 A.a.O.; Model, a.a.O., S. 23.

37 Mitt. Max Pemsel (27. 6. 1974); Hans-Wolfgang Schoch (28. 5. 1976).

38 A.a.O.; auch A. Jodl, a.a.O., Bl. 20, 21.

39 A. Jodl, a.a.O.

40 A.a.O., Bl. 17.

41 Mitt. M. Pemsel (27. 6. 1974); H.-W. Schoch (28. 5. 1976).

42 Mitt. H.-W. Schoch (28. 5. 1976); Ber. E. Waltenberger.

43 A. Jodl, a.a.O., Bl. 8; Mitt. K. Graf v. Bullion (25. 6. 1974); A. Jodl, Randbemerkung zu einer Studie von Percy Ernst Schramm (1946).

44 Mitt. K. Graf v. Bullion (25. 6. 1974).

45 A. Jodl, Kurzer Lebenslauf (1945); Bayer. Wehrkreiskommando VII, IIa Nr. 248 geh., 21. Mai 1928, Offiziersstellenbesetzung; Beförderung zum Major: Urkunde vom 1. Februar 1931.

46 Mitt. M. Pemsel (27. 6. 1974); H.-W. Schoch (28. 5. 1976).

47 Mitt. M. Pemsel (27. 6. 1974); Model, a.a.O., S. 38, 43.

48 H. v. Buttlar, Alfred Jodl (1951; ungedruckt), S. 2.

49 A. Jodl, Mein Leben, Bl. 18.

50 Werner Conze, Die Zeit Wilhelms II. und die Weimarer Republik, Tübingen/Stuttgart 1964, S. 232; Karl Dietrich Bracher, Die Auflöoung der Weimarer Republik. Eine Studie zum Problem des Machtverfalls in der Demokratie, Villingen (Schwarzwald) 1964, S. 364 ff.

51 Der Prozeß gegen die Hauptkriegsverbrecher vor dem Internationalen Militärgerichtshof (i. f.: IMT), Nürnberg 1948, Bd. XV, S. 314 (Jodl: Vernehmung 3. Juni 46).

52 Mitt. M. Pemsel (27. 6. 1974); Otto Stapf.

53 PA Jodl, Bl. 5.

54 IMT, Bd. XV, S. 315; Mitt. M. Pemsel (27. 6. 1974).

55 Carsten, a.a.O., S. 341-360, 418-443; Klaus-Jürgen Müller: Das Heer und Hitler. Armee und nationalsozialistisches Regime 1933-1940 (Beiträge zur Militär- und Kriegsgeschichte. Herausgegeben vom Militärgeschichtlichen Forschungsamt, Zehnter Band), Stuttgart 1969, S. 37 ff.

56 Bracher, a.a.O., S. 708 f.; Bodo Scheurig, Ewald von Kleist-Schmenzin. Ein Konservativer gegen Hitler, Oldenburg/Hamburg 1968, S. 119 ff.

57 Mitt. M. Pemsel (27. 6. 1974); IMT, Bd. XV, S. 314 f.

58 IMT, Bd. XV, S. 316.

59 A.a.O.; Mitt. M. Pemsel (27. 6. 1974); O. Stapf.

60 L. Jodl, a.a.O., S. 116 f.

Triumphe Hitlers und innere Wandlung

1 Ernst Nolte, Der Faschismus in seiner Epoche, München 1963, S. 419 f.; Hermann Mau/Helmut Krausnick, Deutsche Geschichte der jüngsten Vergangenheit 1933-1945, Stuttgart 1955, S. 15-18, 43-48. Diese vor allem einfühlsame Darstellung behauptete bis heute ihren Rang.

2 Carsten, a.a.O.; Müller, a.a.O.; Moriz Faber du Faur, Macht und Ohnmacht, Erinnerungen eines alten Offiziers, Stuttgart 1953, S. 125-132; Bodo Scheurig, Henning von Tresckow. Ein Preuße gegen Hitler, Frankfurt/M./Berlin 1987, S. 47-50.

3 Müller, a.a.O., S. 35.

[4] A.a.O., S. 63.
[5] A.a.O., S. 41 ff.
[6] A.a.O., S. 61-64.
[7] A.a.O., S. 67.
[8] A. Jodl, Eine kurze historische, ethische und psychologische Betrachtung über die Schuld Deutschlands an und in diesem Krieg (i. f.: Betrachtung), 4. 9. 1945, Bl. 3.
[9] A.a.O., Bl. 2.
[10] Hans Jürgen Rautenberg, Drei Dokumente zur Planung eines 300 000 Mann-Friedensheeres aus dem Dezember 1933, in: Militärgeschichtliche Mitteilungen 2/77, S. 114 f.; J. Benoist-Méchin, Auf dem Wege zur Macht 1925-1937, Oldenburg/Hamburg 1965, S. 166.
[11] A. Jodl, Betrachtung, Bl. 3; ders., Die rechtlichen, moralischen und psychologischen Voraussetzungen meines Gehorsams bis zum letzten Tage des Krieges (i. f.: Gehorsam), 1945, Bl. 1.
[12] Ernennungsurkunde (Neudeck, 1. Oktober 1933).
[13] Mau/Krausnick, a.a.O., S. 50-59.
[14] Müller, a.a.O., S. 93, 95, 98 f.
[15] Mitt. M. Pemsel (27. 6. 1974); O. Stapf.
[16] IMT, Bd. XV, S. 336.
[17] Mau/Krausnick, a.a.O., S. 62 ff.; Müller, a.a.O., S. 88-133.
[18] Müller, a.a.O., S. 121.
[19] IMT, Bd. XV, S. 336.
[20] Müller, a.a.O., S. 126.
[21] Mitt. K. Graf v. Bullion (25. 6. 1974).
[22] Hermann Foertsch, Schuld und Verhängnis. Die Fritsch-Krise im Frühjahr 1938 als Wendepunkt in der Geschichte der nationalsozialistischen Zeit, Stuttgart 1951, S. 64.
[23] Synopsis: Müller, a.a.O., S. 133.
[24] A.a.O., S. 126.
[25] Hermann Foertsch, Die Wehrmacht im nationalsozialistischen Staat, Hamburg 1935, S. 29.
[26] Usurpationspolitik Blombergs und Reichenaus: Müller, a.a.O., S. 135.
[27] Formel bei Foertsch, Schuld und Verhängnis, S. 64.
[28] Hitlers zunächst – ganz und gar beschwichtigender – Brief an Blomberg, der Gegenverpflichtungen andeutete (Ende August 1934): Müller, a.a.O., S. 138.
[29] A. Jodl, Gehorsam, Bl. 1; auch Erich v. Manstein, Aus einem Soldatenleben (1887-1939), Bonn 1958, S. 270.

30 Franz Halder, Niederschrift (Original, 6. 5. 1946), 4 Bl.
31 A. Jodl, Gehorsam, Bl. 1; Mau/Krausnick, a.a.O., S. 66 f.
32 A. Jodl, Gehorsam, Bl. 1; ders., Mein »Schuldbekenntnis« (20. August 1945), Bl. 1; vgl. Friedrich Hoßbach, Zwischen Wehrmacht und Hitler 1934-1938, Göttingen 1965, S. 10.
33 Deutsche Offiziere in der Türkei, o. J., S. 48. Jodls Kommandierung: November 1934.
34 Mitt. K. Graf v. Bullion (25. 6. 1974), Bernhard v. Loßberg (nach einem Gespräch mit Jodl).
35 A. Jodl, Betrachtung, Bl. 3.
36 Mitt. M. Pemsel (27. 6. 1974); Hintergrund: Müller, a.a.O., S. 147 f.
37 IMT, Bd. XV, S. 383 f.
38 Bernhard von Loßberg, Im Wehrmachtführungsstab. Bericht eines Generalstabsoffiziers, Hamburg 1949, S. 10, 13 f.
39 A.a.O., S. 10.
40 Helmut Krausnick, Vorgeschichte und Beginn des militärischen Widerstandes gegen Hitler, in: Vollmacht des Gewissens, Hrsg. Europäische Publikation e.V., Frankfurt/M./Berlin 1960, S. 265.
41 Reichsgesetzblatt 1935, I, S. 375; Mau/Krausnick, a.a.O., S. 78 ff.
42 Müller, a.a.O., S. 208 f.; Institut für Zeitgeschichte (i. f.: IfZ): Archiv, ED 1, Bd. 1.
43 IMT, Bd. XV, S. 384; A. Jodl, Stellungnahme (30. 8. 1945), Bl. 1.
44 A. Jodl, Brief an Luise v. Benda vom 6. 4. 1935 (i. f.: A. Jodl, Brief/Datum, soweit Adressatin L. v. Benda).
45 A. Jodl, Mein »Schuldbekenntnis«, Bl. 1.
46 Ber. Bernhard v. Loßberg; Mitt. M. Pemsel (27. 6. 1974).
47 Ber. B. v. Loßberg. Über Jodl und dessen Schweigsamkeit, die im OKH-Amtsbereich Rätsel aufgab, auch Ber. Margarethe v. Oven.
48 PA Jodl, Bl. 8; Waldemar Erfurth, Die Geschichte des deutschen Generalstabes von 1918-1945. Studien zur Geschichte des Zweiten Weltkrieges, Bd. 1, Göttingen/Berlin/Frankfurt/M. 1957, S. 193.
49 Müller, a.a.O., S. 69-74, 78-81, 167, 186 f.
50 IMT, Bd. XV, S. 380.
51 A.a.O., S. 382; Sitzungsbericht RVA, 26. 6. 35 (Nürnberger Dokument EC 405), Bl. 1 (i. f. Nürnberger Dokument: N.D.).
52 Sitzungsbericht RVA, Bl. 1-3.
53 IMT, Bd. XV, S. 383.
54 A.a.O., S. 380.
55 Ber. B. v. Loßberg. Bedächtige Arbeitsweise Jodls: Karl Jesco v. Puttkamer, Generaloberst Alfred Jodl (1973; ungedruckt), S. 1.

56 IMT, Bd. XV, S. 386.
57 Hoßbach, a.a.O., S. 84.
58 Loßberg, Im Wehrmachtführungsstab, S. 11.
59 IMT, Bd. XV, S. 387.
60 Hoßbach, a.a.O., S. 84 f.; Generalfeldmarschall Keitel. Verbrecher oder Offizier. Erinnerungen, Briefe, Dokumente des Chefs OKW, herausgegeben von Walter Görlitz (i. f.: Keitel), Göttingen/Berlin/Frankfurt/M. 1961, S. 91.
61 Mau/Krausnick, a.a.O., S. 83; Benoist-Méchin, a.a.O., S. 301 ff.
62 IMT, Bd. XV, S. 386.
63 A.a.O., S. 387.
64 A.a.O.
65 Jodls Haltung: IMT, Bd. XV, S. 384.
66 Ber. B. v. Loßberg; auch Jodl: IMT, Bd. XV, S. 385.
67 Loßberg, Im Wehrmachtführungsstab, S. 12 f.
68 A.a.O., S. 13.
69 A.a.O., S. 13 f.
70 A. Jodl, Brief 7. 9. 1937.
71 A. Jodl, Briefe 18. 5. 1935, 1. 9. 1937.
72 A. Jodl, Brief 18. 9. 1937.
73 A. Jodl, Brief 6. 4. 1935.
74 Mitt. K. Graf v. Bullion (25. 6. 1974); auch A. Jodl, Brief 31. 5. 1936.
75 A. Jodl, Brief 31. 5. 1936.
76 A. Jodl, Briefe 5. und 10. 7. 1937.
77 A. Jodl, Brief (undatiert, aber 1935).
78 A. Jodl, Brief 6. 8. 1936.
79 Ber. B. v. Loßberg; Mitt. K. Graf v. Bullion (25. 6. 1974).
80 A. Jodl, Tagebuch 27. und 30. 3. 1937 (i. f.: A. Jodl, Tgb./Datum). Zu Jodls Tagebüchern. Benutzt wurden: 1. Tagebuch 4. 1. 1937-24. 8. 1939 (N. D. 1780-PS, IMT, Bd. XXVIII, S. 345-390); 2. Tagebuch 1.2.-26.5.1940 (N.D. 1809-PS, IMT, Bd. XXVIII, S. 397-434); 3. Das dienstliche Tagebuch des Chefs des Wehrmachtführungsamtes, Generalmajor Jodl, für die Zeit vom 13. Oktober 1939 bis zum 30. Januar 1940, hrsg. v. Walther Hubatsch in der Zeitschrift »Die Welt als Geschichte«, Jhrg. 12 (1952), S. 274-287 und Jhrg. 13 (1953), S. 58-71 (N.D. 1811-PS); 4. Tagebuch 6. 1. 1943-8. 5. 1945 (German Copy: Jodl Diary. Historical Division Headquarters United States Army, Europe. Foreign Military Studies Branch); 5. Tagebuch 9.-21. 5. 1945 (Fotokopie von handschriftlichem Original). Jodl ließ (IMT, Bd. XV, S. 420) nur das Dokument 1780-PS als Tagebuch

gelten. Doch auch seine Aufzeichnungen aus den späteren Notizheften stehen immer unter einem Datum. Sie werden daher ebenso als Tagebuchaufzeichnungen zitiert.

81 A. Jodl, Tgb. 30. 3. 1937. Stärke des Heeres in Spanien: Hans-Henning Abendroth, Hitler in der spanischen Arena. Die deutsch-spanischen Beziehungen im Spannungsfeld der europäischen Interessenpolitik vom Ausbruch des Bürgerkrieges bis zum Ausbruch des Weltkrieges 1936-1939, Paderborn 1973, S. 64.

82 A. Jodl, Tgb. 29., 30. und 31. 5. 1937.

83 Abendroth, a.a.O., S. 33f. Hier ist, bei einer vielsagenden Denkschrift Hitlers (August 1936), auch nur von wenigen Empfängern, den »intimsten Mitarbeitern« die Rede.

84 L. Jodl, a.a.O., S. 100f.

85 A.a.O., S. 101.

86 A. Jodl, Betrachtung, Bl. 3; ders., Mein »Schuldbekenntnis«, Bl. 3.

87 A. Jodl, Mein »Schuldbekenntnis«, Bl. 3. Jodl über Hitler zu anderen Offizieren: »Man muß etwas sein, um etwas zu machen.«

88 A. Jodl, Betrachtung, Bl. 1, 3; Mitt. K. Graf v. Bullion (25. 6. 1974).

89 A. Jodl, Mein »Schuldbekenntnis«, Bl. 3.

90 A.a.O.

91 A.a.O.

92 IMT, Bd. XV, S. 315.

93 A.a.O.

94 A. Jodl, Mein »Schuldbekenntnis«, Bl. 1. Zum Zuspruch selbst der zuvor »linken« Arbeiter: Hans Dieter Schäfer, Das gespaltene Bewußtsein. Über deutsche Kultur und Lebenswirklichkeit 1933-1945, München 1982, S. 115ff.

95 A. Jodl, Mein »Schuldbekenntnis«, Bl. 3; IMT, Bd. XV, S. 603.

Spannungen, Affären, Österreich

1 Müller, a.a.O., S. 216f.

2 A.a.O., S. 217, 219.

3 A.a.O., S. 218.

4 A.a.O., S. 217, 219; Walter Warlimont, Im Hauptquartier der deutschen Wehrmacht 1939-1945. Grundlagen, Formen, Gestalten, Frankfurt/M. 1962, S. 25.

5 Ber. B. v. Loßberg; Müller, a.a.O., S. 219.

6 Keitel, S. 83ff.; Ber. B. v. Loßberg.

[7] Hauptdokumente: OKW (22. März 1938): Keitel, S. 143-153; Der Chef des Oberkommandos der Wehrmacht Nr. 647/38 g. Kdos. (19. April 1938): a.a.O., S. 154-169. Der Stil namentlich des ersten Dokuments spricht dafür, daß *Jodl* den Standpunkt des OKW gegenüber der Heeresführung formulierte. Mit absoluter Sicherheit spiegeln beide Dokumente seine Auffassungen wider.

[8] Keitel, S. 143, 146.

[9] A.a.O., S. 144.

[10] A.a.O., S. 150.

[11] A.a.O., S. 146.

[12] A.a.O., S. 144, 146, 150.

[13] Ber. B. v. Loßberg; Buttlar, Jodl, S. 3. Frühere Widerstände des OKH: Juli 1937 (BA-MA RW 4/v. 37); A. Jodl, Tgb. 27. 1. und 2. 2. 1937.

[14] Denkschrift von Fritsch (1937): Keitel, S. 126ff., 136. Erneuerte Grundgedanken (1938): ObdH Nr. 93/38, Chefsache vom 7. 3. 38, Militärgeschichtliches Forschungsamt (i.f.: MGFA)/DZ OKW/214.

[15] Keitel, S. 140; Denkschrift OKH (7. 3. 38); A. Jodl, Tgb. 1., 4. und 8. 3. 1938.

[16] Ber. B. v. Loßberg; Mitt. Walter Warlimont (19. 10. 1974).

[17] Peter Bor, Gespräche mit Halder, Wiesbaden 1950, S. 119.

[18] Keitel, S. 130-133, 140. Blombergs Führungsanspruch: Manstein, a.a.O., S. 293.

[19] Hoßbach, a.a.O., S. 99f.; Müller, a.a.O., S. 240.

[20] Keitel, S. 147.

[21] Nicolaus v. Below, Als Hitlers Adjutant 1937-45, Mainz 1980, S. 37.

[22] Keitel, S. 144.

[23] IMT, Bd. XL, S. 362f.: Dokument Keitel – 9.

[24] Müller, a.a.O., S. 241: Fritschs Verständnis vom mitverantwortlichen Heeresoberbefehlshaber, dem »man nicht einfach kommandieren« könne.

[25] Müller, a.a.O., S. 242; Warlimont, Im Hauptquartier, S. 31; Mitt. Carl Siewert (7. 4. 1975).

[26] Mitt. Friedrich Hoßbach (6. 10. 1974); Müller, a.a.O. Ressentiments gegen Jodl: Helmuth Groscurth, Tagebücher eines Abwehroffiziers 1938-1940. Mit weiteren Dokumenten zur Militäropposition gegen Hitler, herausgegeben von Helmut Krausnick und Harold C. Deutsch unter Mitarbeit von Hildegard von Kotze. Quellen und Darstellungen zur Zeitgeschichte, Band 19, Stuttgart 1970, S. 168f.

[27] Heidemarie Gräfin Schall-Riaucour, Aufstand und Gehorsam. Offi-

zierstum und Generalstab im Umbruch. Leben und Wirken des Generaloberst Franz Halder, Generalstabschef 1938-1942, Wiesbaden 1972, S. 134.

28 Warlimont, a.a.O., S. 25 f. Jodls Darstellung des Gegensatzes: IMT, Bd. XV, S. 411.

29 IMT, Bd. XL, S. 364: Dokument Keitel – 9.

30 A. Jodl, Brief 28. 7. 1939. »Feindseite« bezogen auf jene, die sich einer einheitlichen Wehrmachtführung widersetzten.

31 Keitel, S. 137 f.

32 Auch für ähnliche Urteile im OKH: Manstein, a.a.O., S. 269, 281, 287 f.

33 Klaus-Jürgen Müller, General Ludwig Beck. Studien und Dokumente zur politisch-militärischen Vorstellungswelt und Tätigkeit des Generalstabschefs des deutschen Heeres 1933-1938. Schriften des Bundesarchivs 30, Boppard am Rhein 1980, S. 498-501.

34 Manstein, a.a.O., S. 288, 269. Ferner: Siegfried Westphal, Heer in Fesseln. Aus den Papieren des Stabschefs von Rommel, Kesselring und Rundstedt, Bonn 1950, S. 85 f.

35 Hoßbach, Zwischen Wehrmacht und Hitler, S. 103 f.

36 Manstein, a.a.O., S. 289 ff.

37 A.a.O., S. 290.

38 A.a.O.

39 A.a.O.

40 Gerade die sogenannte operative Arbeitsgruppe der Abteilung L wäre in den Heeresgeneralstab eingegliedert worden (Keitel, S. 140).

41 Manstein, a.a.O., S. 291 f.; A. Jodl, Tgb. 5. 3. 1938. Mit Sicherheit Tag der Unterredung Manstein/Jodl.

42 Manstein, a.a.O.; A. Jodl, Tgb. 5. 3. 1938.

43 Eintragungen: Januar bis März 1938.

44 Helmut Sündermann, Deutsche Notizen 1945/1965. Erlebnis, Widerspruch, Erwartung, Leoni am Starnberger See 1965, S. 80.

45 Hoßbach, a.a.O., S. 181 f., 185 f., Text der gesamten Niederschrift: S. 181-189.

46 A.a.O., S. 188 f.

47 Keitel, S. 101, Anm. 171; A. Jodl, Tgb. 5. 11. 1937; IMT, Bd. XV, S. 388. Jodl beharrte im Nürnberger Prozeß (IMT, Bd. XV, S. 338) auf seiner Tagebuch-Eintragung, nach der ihm *kein Protokoll* der Führer-Besprechung vorgelegen habe. Daß er den Nachtrag zur Weisung vom 24. 6. 1937 (s. Anm. 48) nur nach den Mitteilungen Keitels und nicht mit Kenntnis der Aufzeichnungen Hoßbachs formu-

lierte, ist wahrscheinlich, wenn zutrifft, was Hoßbach über die »Verteilung« seiner Niederschrift schreibt (a.a.O., S. 189 ff.). Dagegen fällt es schwer zu glauben, daß Jodl angesichts des Terminus »Angriffskrieg« im Nachtrag vom 7. 12. 1937 keine »Überraschung oder Sensation« erblickte (IMT, Bd. XV, S. 499: Kreuzverhör Roberts). Zusätzliche Apologie Jodls: Bemerkungen zum 5. Prozeßtag (26. 11. 1945), Bl. 1. Bemerkungen: ED 115/6, IfZ.

48 Abdruck des gesamten Dokuments (N.D. C-175) mit diesem Passus: IMT, Bd. XXXIV, S. 754 ff.

49 Müller, Das Heer und Hitler, S. 247 f.

50 Müller, Beck, S. 498-501 (Beck: 12. 11. 1937).

51 A.a.O., S. 499.

52 A.a.O., S. 500. Becks Schlußfolgerungen und seine Reaktion: a.a.O., S. 501; Hoßbach, a.a.O., S. 191.

53 Es findet sich – im Tagebuch Jodls – nicht einmal ein Hinweis auf Becks Stellungnahme.

54 A. Jodl, Tgb. 4. 2. 1937.

55 A. Jodl, Tgb. 12. 1. 1938.

56 Harold C. Deutsch, Das Komplott oder die Entmachtung der Generale. Blomberg- und Fritsch-Krise. Hitlers Weg zum Krieg, München 1974, S. 80 f.

57 A.a.O., S. 93 ff.; Keitel, S. 103.

58 Deutsch, a.a.O., S. 96; Keitel, S. 104.

59 Keitel, S. 105 f.

60 Krausnick, Vorgeschichte, S. 286. Über Görings Wissen und Handeln vor der Affäre: Deutsch, a.a.O., S. 82 ff.

61 Deutsch, a.a.O., S. 130, 157 ff. Hitlers Reaktion auf das Dossier 1936: a.a.O., S. 127.

62 A.a.O., S. 96, 100; Krausnick, Vorgeschichte, S. 286.

63 Hitlers Reaktion: Deutsch, a.a.O., S. 98; Hoßbach, a.a.O., S. 107 f.

64 Hoßbach, a.a.O., S. 108.

65 A.a.O., S. 108 ff.

66 A.a.O., S. 114; Keitel, S. 106; Deutsch, a.a.O., S. 102 ff.

67 Deutsch, a.a.O., S. 106 ff.; Keitel, S. 105 f.

68 Hoßbach, a.a.O., S. 114 f.

69 Deutsch, a.a.O., S. 108.

70 A. Jodl, Tgb. 26. 1. 1938.

71 A.a.O.

72 A.a.O.

73 A.a.O. Anspielung auf Eduard VIII. (später Herzog von Windsor),

der gut ein Jahr zuvor abgedankt hatte, um die zweimal geschiedene Amerikanerin Wallis Warfield Simpson heiraten zu können.

74 A. Jodl, Tgb. 27. 1. 1938.

75 A.a.O.

76 A.a.O.

77 A.a.O.

78 A. Jodl, Tgb. 2. 2. 1938.

79 A.a.O.

80 A. Jodl, Tgb. 29. 1. 1938. Hoßbach hatte es nach Jodls Aufzeichnung abgelehnt, Schmundt »etwas zu sagen«.

81 A. Jodl, Tgb. 28. 1., auch 3. 2. 1938.

82 A. Jodl, Tgb. 28. und 29. 1. 1938.

83 A. Jodl, Tgb. 3. 2. 1938.

84 A.a.O. – Kräftekonzentration: Tgb. 4. 2. 1938.

85 A. Jodl, Tgb. 3. 2. 1938.

86 A. Jodl, Tgb. 30. 1. und 1. 2. 1938.

87 A. Jodl, Tgb. 3. und 4. 2. 1938.

88 A. Jodl, Tgb. 4. 2. 1938.

89 Reichsgesetzblatt Teil I, ausgegeben 5. Februar 1938.

90 Deutsch, a.a.O., S. 225.

91 A.a.O., S. 226. Wie wenig sich ausländische Journalisten über die Bedeutung all dieser Ereignisse täuschten, zeigt – u. a. – Stéphane Roussel, Die Hügel von Berlin. Erinnerungen an Deutschland, Reinbek bei Hamburg 1986, S. 261.

92 Zusammenfassung: Deutsch, a.a.O., S. 226 ff. Ferner: Persönliche Erlebnisse des Generals d. Inf. a.D. Curt Liebmann in den Jahren 1938/39, niedergeschrieben im November 1939 (Archiv IfZ 178/51), S. 1 f.

93 Deutsch, a.a.O., S. 228.

94 A. Jodl, Tgb. 5. 2. 1938; Ber. B. v. Loßberg.

95 Keitel, S. 106.

96 A. Jodl, Tgb. 3. 2. 1938, IMT, Bd. XV, S. 338 f.

97 Deutsch, a.a.O., S. 224 f.

98 A. Jodl, Tgb. 7. 2. 1938; Vernehmung des Generals Max Rudolf Viebahn (IfZ, ZS 1557); Keitel: OKW, Betr. Organisation des Oberkommandos der Wehrmacht, 7. Februar 1938 (Fotokopie von Original).

99 A. Jodl, Tgb. 21. 2. 1938 (Viebahn); 2. 2. 1938 (Raeder); 3. 2. 1938 (Schacht).

100 A. Jodl, Tgb. 26. 2. 1938.

[101] A. Jodl, Tgb. 4. 3. 1938.

[102] A. Jodl, Tgb. 6. 3. 1938.

[103] A. Jodl, Tgb. 12. 2. 1938.

[104] A. Jodl, Tgb. 10. 3. 1938.

[105] Keitel, S. 178; Manstein, a.a.O., S. 322.

[106] Manstein, a.a.O., S. 324f.; Heinz Guderian, Erinnerungen eines Soldaten, Stuttgart 1986, S. 42.

[107] Mau/Krausnick, a.a.O., S. 103f.

[108] A.a.O., S. 105f.

[109] Mitt. K. Graf v. Bullion (25. 6. 1974); H.-W. Schoch (28. 5. 1976).

[110] Mitt. H.-W. Schoch (28. 5. 1976). Stimmungsbild: Manstein, a.a.O., S. 270f., 275, 326.

Sudetenkrise, Wiener Kommando und Kriegsausbruch

[1] Mitt. K. Graf v. Bullion (25. 6. 1974).

[2] Eberhard Jäckel, Hitlers Herrschaft. Vollzug einer Weltanschauung, Stuttgart 1986, S. 66; Bodo Scheurig, Verdrängte Wahrheiten. Zeitgeschichtliche Bilder, Frankfurt/M./Berlin 1988, S. 32ff.

[3] IMT, Bd. XV, S. 387f.

[4] Mitt. K. Graf v. Bullion (25. 6. 1974). Auch später – Rede in Barth am 13. 6. 1938 – hatte Hitler lediglich den »Fall Fritsch« aufzugreifen: Deutsch, a.a.O., S. 344-348. Über die Haltung des Offizierskorps zu Blombergs Heirat: Hoßbach, a.a.O., S. 108; Hermann Balck, Ordnung im Chaos. Erinnerungen 1893-1948, Osnabrück 1981, S. 248: »Blomberg wurde schärfstens verurteilt. Seine Handlung wirkte wie ein Keulenschlag. Er hatte bei Hitler dessen hohe Meinung vom Offizierskorps zerstört.« Ferner: Liebmann, S. 2.

[5] Mitt. K. Graf v. Bullion (25. 6. 1974). Urteile anderer: Manstein, a.a.O., S. 307-310; Liebmann, S. 2f. Liebmann hebt – obschon sonst äußerst kritisch – Hitlers geschickte, ja überzeugende Argumentation hervor (Rede in Barth am 13. 6. 1938).

[6] A. Jodl, Tgb. 28. und 30. 1. 1938; Müller, Das Heer und Hitler, S. 293.

[7] A. Jodl, Tgb. 28. 1. 1938.

[8] A. Jodl, Tgb. 1. 3. 1938.

[9] ObdH Nr. 93/38, Chefsache vom 7. 3. 38, MGFA/DZ OKW/214; Keitel, S. 184; A. Jodl, Tgb. 8. 3. 1938.

[10] Denkschrift OKH: a.a.O.

[11] Müller, a.a.O., S. 293f.
[12] Manstein, a.a.O., S. 294. Auch Jodl ging offenbar von einem Generalissimus aus: Keitel, S. 144f., 153.
[13] Müller, a.a.O., S. 294; Keitel, S. 184.
[14] A. Jodl, Tgb. 13. 6. 1938.
[15] Mitt. W. Warlimont (19. 10. 1974).
[16] Keitel, S. 147, 149.
[17] A.a.O., S. 153.
[18] A.a.O., S. 144.
[19] Müller, a.a.O., S. 650; Hitlers Weisung: MGFA/DZ OKW/1551.
[20] Keitel, S. 182f.; IMT, Bd. X, S. 569; Schmundt-Protokoll: Akten zur Deutschen Auswärtigen Politik (i.f.: ADAP), Serie D, Band III, Nr. 133, Hauptauszüge: J. Benoist-Méchin, Am Rande des Krieges 1938. Die Sudetenkrise, Oldenburg/Hamburg 1967, S. 97ff.
[21] Benoist-Méchin, a.a.O., S. 97f.
[22] A.a.O., S. 98.
[23] Keitel, S. 183.
[24] Ein deutscher Zugriff drohte nun nach Hitlers Worten jederzeit. Zumindest war er nicht länger auszuschließen. – Abschirmung der OKW-Aktivitäten gegenüber dem OKH: Keitel, S. 183.
[25] A. Jodl, Kurzer Lebenslauf (1945): Nachtrag.
[26] ADAP, Serie D, Band II, Nr. 175.
[27] A.a.O.
[28] Benoist-Méchin, a.a.O., S. 99.
[29] ADAP: a.a.O.
[30] IMT, Bd. XV, S. 392f. (N.D. 388-PS); ADAP: a.a.O.
[31] Synopsis: Mau/Krausnick, a.a.O., S. 109ff.
[32] A.a.O., S. 110.
[33] A.a.O., S. 111.
[34] Helmuth K. G. Rönnefarth, Die Sudetenkrise in der internationalen Politik, Wiesbaden 1961, Teil II, S. 112.
[35] A. Jodl, Tgb. 21. 5. 1938.
[36] ADAP, Serie D, Band II, Nr. 221; Jodls Darlegung: IMT, Bd. XV, S. 393f.
[37] Müller, a.a.O., S. 301.
[38] Müller, Beck, S. 504f., 510 (Beck: 5. 5. 1938), 521 (Beck: 29. 5. 1938).
[39] Müller, Das Heer und Hitler, S. 305; Keitel, S. 185.
[40] Benoist-Méchin, a.a.O., S. 148.
[41] A. Jodl, Tgb. 30. 5. 1938.

[42] Müller, Beck, S. 530 ff. (Beck: 3. 6. 1938).
[43] A.a.O., S. 533 f. (Beck: 3. 6. 1938).
[44] ADAP, Serie D, Band II, Nr. 282.
[45] Müller, a.a.O., S. 535 (Beck: 3. 6. 1938); Jodl: IMT, Bd. XV, S. 397.
[46] A. Jodl, Tgb. (im Anschluß an 20. 5. 1938): »21.6.-24.7. Urlaub.«
[47] ADAP: a.a.O.
[48] Mitt. W. Warlimont (19. 10. 1974) für September 1938. Jodls Haltung gegen die Tschechoslowakei: IMT, Bd. XV, S. 398 f.; Bemerkungen zur 11. Prozeßverhandlung zum 3. 12. 45, Bl. 1, 4.
[49] Müller, a.a.O., S. 537 (Beck: 3. 6. 1938).
[50] A.a.O., S. 549 (Beck: 16. 7. 1938).
[51] A.a.O., S. 552 (Vortragsnotiz Becks: 16. 7. 1938).
[52] Ber. B. v. Loßberg; Benoist-Méchin, a.a.O., S. 163-166.
[53] Benoist-Méchin, a.a.O., S. 163.
[54] A. Jodl, Tgb. 10. 8. 1938; Manstein, a.a.O., S. 337 f.
[55] Manstein, a.a.O., S. 338 f.
[56] A. Jodl, Tgb. 10. 8. 1938. Manstein (a.a.O., S. 339) später zum Echo Jodls in dessen Tagebuch: »Es lag auf der Linie Hitlers.« Jodls Unwilligkeit, Warnungen hinsichtlich der unzureichenden deutschen Kräfteverhältnisse zu beantworten: Liebmann, S. 5.
[57] A. Jodl, Tgb. 13. 9. 1938.
[58] A.a.O.
[59] Ber. L. Jodl (1976).
[60] Ber. B. v. Loßberg; ferner A. Jodl, Tgb. 2. und 3. 1938.
[61] Schall-Riaucour, a.a.O., S. 134.
[62] A. Jodl, Tgb. 26., 27., 28. und 29. 8. 1938; dagegen am 4. 6. 1946 (IMT, Bd. XV, S. 397): »Westbefestigung, die nur eine große Baustelle war.«
[63] IMT, Bd. XXV, S. 460 ff. (N.D. 388-PS, Teil 17); Hitlers Zustimmung: IMT, Bd. III, S. 67.
[64] IMT, Bd. XXV, a.a.O.; Jodl zur Frage des »Zwischenfalls«: IMT, Bd. XV, S. 397 ff.
[65] A. Jodl, Tgb. 8. 9. 1938.
[66] A.a.O.; Keitels und Jodls Ressentiments: Ber. B. v. Loßberg; Mitt. W. Warlimont (19. 10. 1974); auch ders., Im Hauptquartier, S. 33.
[67] Für das Bewußtsein der sich steigernden Krise im OKW: Ber. B. v. Loßberg. Auch A. Jodl, Tgb. 20. 9. 1938.
[68] Boris Celovsky, Das Münchner Abkommen 1938, Stuttgart 1958, S. 332 ff.; Dokumente der deutschen Politik, Berlin 1938/39, VI, IS, Nr. 293.

69 A. Jodl, Tgb. 12. 9. 1938.

70 Warlimont, a.a.O., S. 33; Ber. B. v. Loßberg.

71 Zusammenfassung: Hans Herzfeld, Zur Problematik der Appeasement-Politik, in: Geschichte und Gegenwartsbewußtsein. Festschrift für Hans Rothfels, Göttingen 1963, S. 161-197; Bernd-Jürgen Wendt, München 1938. England zwischen Hitler und Preußen, Frankfurt/M. 1965, S. 26f., Scheurig, Kleist-Schmenzin, S. 162f.

72 A. Jodl, Tgb. 15. 9. 1938.

73 Warlimont, a.a.O., S. 33; ergänzend: Mitt. W. Warlimont (19. 10. 1974).

74 Mitt. W. Warlimont (19. 10. 1974); auch Ber. W. Warlimont (1975), S. 2.

75 A. Jodl, Tgb. 21. 9. 1938.

76 A. Jodl, Tgb. 24. 9. 1938.

77 A. Jodl, Tgb. 22. 9. 1938.

78 A. Jodl, Tgb. 26. 9. 1938.

79 A.a.O.

80 Paul Schmidt, Statist auf diplomatischer Bühne 1923-45. Erlebnisse des Chefdolmetschers im Auswärtigen Amt mit den Staatsmännern Europas, Bonn 1949, S. 408.

81 Müller, Das Heer und Hitler, S. 359ff.

82 A.a.O., S. 362; Mitt. Friedrich-Wilhelm Heinz (1954) an den Verfasser.

83 A. Jodl, Tgb. 27. 9. 1938.

84 A. Jodl, Tgb. 28. 9. 1938.

85 A.a.O.

86 A.a.O. Was Jodl von den Aktivitäten der Botschafter François-Poncet und Henderson festhielt, streifte nur das Vordergründige.

87 A. Jodl, Tgb. 28. 9. 1938.

88 Foertsch, a.a.O., S. 180. Halder: »Was sollen wir nun noch tun? Es gelingt ihm ja alles.«

89 A. Jodl, Tgb. 29. 9. 1938.

90 Peter de Mendelssohn, Sein Kampf, Hamburg/Wien o. J., S. 96f.

91 A.a.O. – Sicherungsaufmarsch: IMT, Bd. XV, S. 401.

92 Jodl: IMT, Bd. XV, S. 402: Ende Oktober 1938; Mitt. W. Warlimont (19. 10. 1974): Anfang November 1938. Personalveränderungen zum 10. November 1938 (in PA Jodl): Warlimont von diesem Tag an »mit d. Wahrn. d. Gesch. als Chef der Amtsgru. (Führungsst.) (WFA) i. Oberkdo. d. Wehrm. beauftr.«. Alles spricht dafür, daß Jodl noch vor seinem Weggang nach Wien über Hitlers Absichten gegen die »Rest-Tschechei« informiert war.

93 A. Jodl, Brief 25. 11. 1938. Nach Buttlar (Jodl, S. 3) sagte Jodl vor seinem Aufbruch nach Wien einem Generalstabsoffizier: »Nun machen Sie bloß keinen Kummer und fangen Sie gerade in diesem Jahr keinen Krieg an.« Im Fall einer Mobilmachung mußte Jodl bis zum 1. Oktober 1939 auf seinen alten Platz zurückkehren.

94 A. Jodl, Briefe 27. 11. 1938 und 17. 2. 1939.

95 Mitt. Kurt Hesse (6. 10. 1975); Ber. B. v. Loßberg.

96 Ber. B. v. Loßberg; IMT, Bd. XV, S. 404 f.

97 Ber. B. v. Loßberg.

98 So Keitel nach Ber. B. v. Loßberg. Später war Jodl für Keitel in seiner Stellung »unentbehrlich«: Beurteilung zum 1. Mai 1942; dto. Beurteilungen 16. 2. 41 und 24. 2. 42 (PA Jodl).

99 A. Jodl, Aus Notizen (1945/46). Ferner: IMT, Bd. XV, S. 315.

100 A. Jodl, Brief 17. 2. 1939.

101 IMT, Bd. XV, S. 572. John Wheeler-Bennett, Die Nemesis der Macht. Die deutsche Armee in der Politik 1918-1945, Düsseldorf 1954, S. 419.

102 A. Jodl, Brief an Luise Jodl vom 6. 10. 1946.

103 A.a.O.; A. Jodl, Betrachtung, Bl. 3.

104 PA Jodl, Bl. 1, 8; IMT, Bd. XV, S. 403.

105 A. Jodl, Brief 21. 7. 1939.

106 Carl Jacob Burckhardt, Meine Danziger Mission 1937-1939, München 1962 (Taschenbuchausgabe), S. 272.

107 Rudolf-Christoph Frhr. v. Gersdorff, Soldat im Untergang, Frankfurt/M./Berlin/Wien 1977, S. 68. Außerdem Mitt. R.-Chr. Frhr. v. Gersdorff (6. 10. 1977). Nach dieser Mitt. betonte Jodl: Wieder sei es die politische Führung, die den Soldaten vor unlösbare Aufgaben stelle.

108 Gersdorff, a.a.O., S. 68.

109 Mitt. Götz Graf v. Bullion (25. 6. 1974); Rainer Graf v. Bullion (25. 6. 1974).

110 Hans-Adolf Jacobsen, 1939/1945. Der Zweite Weltkrieg in Chronik und Dokumenten (i. f.: Chronik), Darmstadt 1961, S. 109-114, 115-118.

111 Zur antipolnischen Einstellung der Generalität: Mitt. W. Warlimont (19. 10. 1974); auch ders., Im Hauptquartier, S. 41.

112 A. Jodl, Tgb. 23. und 25. 8. 1939.

113 A. Jodl, Tgb. 24. 8. 1939.

114 Prinzipielle Kritik: Hoßbach, a.a.O., S. 176. Ferner: Müller, a.a.O., S. 415.

[115] A. Jodl, Tgb. 25. 8. 1939.

[116] Mau/Krausnick, a.a.O., S. 133; Kurt Assmann, Deutsche Schicksalsjahre. Historische Bilder aus dem Zweiten Weltkrieg und seiner Vorgeschichte, Wiesbaden 1950, S. 75.

[117] Mau/Krausnick, a.a.O., S. 133-136.

[118] A.a.O., S. 137; Andreas Hillgruber/Gerhard Hümmelchen, Chronik des Zweiten Weltkrieges. Kalendarium militärischer und politischer Ereignisse 1939-1945 (i. f.: Chronik), Düsseldorf 1978 (Taschenbuchausgabe), S. 12.

Die Blitzfeldzüge

[1] Warlimont, a.a.O., S. 46; IMT, Bd. XV, S. 409.

[2] IMT, Bd. XV, S. 409.

[3] Kurt von Tippelskirch, Geschichte des Zweiten Weltkriegs, Bonn 1951, S. 16, 19. Auch diese Darstellung behauptete bis heute ihren Rang. A.a.O., S. 33: 8 aktive und 25 *unfertige* Reserve- und Landwehrdivisionen; Jodl (IMT, Bd. XV, S. 386): 23 deutsche Divisionen im Westen.

[4] So nach einem Gespräch mit Heusinger: Mitt. Adolf Heusinger (21. 11. 1975).

[5] A. Jodl, Tgb. 24. 8. 1939.

[6] Langanhaltende Besorgnis Jodls nach Informationen des Generalquartiermeisters, Generalmajor Eduard Wagner: Mitt. W. Warlimont (19. 10. 1974).

[7] IMT, Bd. XV, S. 323.

[8] Warlimont, Im Hauptquartier, S. 55 f.

[9] Tippelskirch, a.a.O., S. 7 f.

[10] A.a.O., S. 22-29.

[11] Erich v. Manstein, Verlorene Siege, München 1976, S. 32.

[12] IMT, Bd. XV, S. 385 f. Erst am 9. September 1939 schien Jodl hoffnungsvoller (a.a.O., S. 410).

[13] A. Jodl, Brief 10. 9. 1939.

[14] A. Jodl, Brief 15. 9. 1939.

[15] A.a.O.

[16] A.a.O.

[17] Mitt. W. Warlimont (19. 10. 1974); ders., Im Hauptquartier, S. 48; IMT, Bd. XV, S. 410.

[18] Mitt. Gerhard Engel (12. 5. 1978).

[19] A.a.O.

[20] A.a.O.

[21] Helmuth Greiner, Die Oberste Wehrmachtführung 1939-1943, Wiesbaden 1951, S. 55.

[22] Helmut Krausnick, Hitler und die Morde in Polen, in: Vierteljahrshefte für Zeitgeschichte 11 (1963), S. 196 ff.; Martin Broszat, Nationalsozialistische Polenpolitik 1939-1945, Stuttgart 1961, S. 38 ff., 74 ff.

[23] Heeresadjutant bei Hitler 1938-1943. Aufzeichnungen des Majors Engel. Herausgegeben und kommentiert von Hildegard von Kotze. Schriftenreihe der Vierteljahrshefte für Zeitgeschichte, Nummer 29 (i. f.: Engel), Stuttgart 1974, S. 67 f.

[24] A.a.O., S. 68.

[25] IMT, Bd. XV, S. 444 f.; A. Jodl, Tgb. 29. 1. 1940; ders., Bemerkungen zum 10. Prozeßtag (1. 12. 1945), Bl. 1.

[26] A. Jodl, Mein Verhältnis zu Hitler (18. 1. 1946), Bl. 3.

[27] Kriegstagebuch des Oberkommandos der Wehrmacht (Wehrmachtführungsstab), Bd. IV/2, eingeleitet und erläutert von Percy Ernst Schramm (i. f.: KTB OKW), Frankfurt/M. 1961, S. 1716: A. Jodl, Der Einfluß Hitlers auf die Kriegführung (1946).

[28] A. Jodl, Mein Verhältnis zu Hitler, Bl. 3.

[29] A.a.O.

[30] Mitt. G. Engel (12. 5. 1978). Tätigkeitsbericht des Chefs des Heerespersonalamtes General der Infanterie Rudolf Schmundt, fortgeführt von General der Infanterie Wilhelm Burgdorf, Osnabrück 1984, S. 62: Bis Ende April 1943 verliehen: 2751 Ritterkreuze (Heer: 1658).

[31] Ber. Percy Ernst Schramm; Mitt. Wilhelm Meyer-Detring (26. 6. 1974); Herbert Büchs (26. 11. 1975).

[32] A. Jodl, Aufzeichnung (1946).

[33] Keesings Archiv, Jhrg. 1939, S. 4271 ff.

[34] A.a.O.

[35] Weisung Nr. 6 für die Kriegführung (Berlin, den 9. 10. 1939), in: Hitlers Weisungen für die Kriegführung 1939-1945. Dokumente des Oberkommandos der Wehrmacht. Herausgegeben von Walther Hubatsch (i. f.: Weisungen), München 1965 (Taschenbuchausgabe), S. 37 f.

[36] A.a.O., S. 37.

[37] Mitt. G. Engel (12. 5. 1978); A. Heusinger (21. 11. 1975); W. Warlimont (1. 12. 1977).

[38] A.a.O.; Tippelskirch, a.a.O., S. 36 f.

[39] Generalfeldmarschall Wilhelm Ritter von Leeb, Tagebuchaufzeichnungen und Lagebeurteilungen aus zwei Weltkriegen. Aus dem Nachlaß herausgegeben und mit einem Lebensbild versehen von Georg Meyer. Beiträge zur Militär- und Kriegsgeschichte, herausgegeben vom Militärgeschichtlichen Forschungsamt, 16. Band (i. f.: Leeb), Stuttgart 1976, S. 52 f.

[40] A.a.O., S. 470.

[41] Generaloberst Halder: Kriegstagebuch. Tägliche Aufzeichnungen des Chefs des Generalstabes des Heeres 1939-1942. Herausgegeben vom Arbeitskreis für Wehrforschung Stuttgart, bearbeitet von Hans-Adolf Jacobsen in Verbindung mit Alfred Philippi, I: Vom Polen-Feldzug bis zum Ende der Westoffensive (14. 8. 1939-30. 6. 1940), Stuttgart 1962, Eintragung: 4. 10. 1939. Weitere Bände: II: Von der geplanten Landung in England bis zum Beginn des Ostfeldzuges (1. 7. 1940-21. 6. 1941), Stuttgart 1963; III: Der Rußlandfeldzug bis zum Marsch auf Stalingrad (22. 6. 1941-24. 9. 1942), Stuttgart 1964. Halder i. f. zitiert: Halder, Tgb./Datum.

[42] A. Jodl, Tgb. 15. 10. 1939. Daß es sich um *Hitlers* Worte handelte, bekräftigte Halder in einem Brief an Luise Jodl vom 22. 3. 1966. Abdruck: L. Jodl, a.a.O., S. 44 f.

[43] Über Jodls Einstellung zu Frankreich bis 1939/40: Mitt. K. Graf v. Bullion (25. 6. 1974).

[44] IMT, Bd. XV, S. 417.

[45] A. Jodl, Ergänzung zu meiner Studie über OKW und Generalstab vom 10. 12. 45 (16. 12. 45), Bl. 1.

[46] IMT, Bd. XV, S. 417 f.

[47] A.a.O., S. 418.

[48] IMT, Bd. XXXIV, S. 266 ff. (N.D. C-62); Hans-Adolf Jacobsen, Fall Gelb. Der Kampf um den deutschen Operationsplan zur Westoffensive 1940. Veröffentlichungen des Instituts für Europäische Geschichte Mainz, Band 16, Abteilung Universalgeschichte. Herausgegeben von Martin Göhring, Wiesbaden 1957, S. 28-31.

[49] Tippelskirch, a.a.O., S. 81-84.

[50] Groscurth, a.a.O., S. 220.

[51] A.a.O., S. 222; KTB-Abt. L (OKW), 8. 11. 1939; Halder, Tgb. 5. 11. 1939; IMT, Bd. XX, S. 628 (Aussage: Brauchitsch).

[52] Groscurth, a.a.O., S. 224 f.

[53] A.a.O., S. 236.

[54] Vincenz Müller, Ich fand das wahre Vaterland. Herausgegeben von Klaus Mammach, Berlin (Ost) 1963, S. 542 ff.

[55] Lagevorträge des Oberbefehlshabers der Kriegsmarine vor Hitler 1939-1945. Im Auftrag des Arbeitskreises für Wehrforschung herausgegeben von Gerhard Wagner (i. f.: Lagevorträge), München 1972, S. 52f. – Kritik an Brauchitsch bei Manstein, a.a.O., S. 83.

[56] ObdH, GenSt. d. H., Op. Abt. Nr. 44440/39 g. Kdos. v. 29. 10. 1939; Jacobsen, a.a.O., S. 41-43; 12. November Angriffstermin: Halder, Tgb. 22. 10. 1939.

[57] Lagevorträge, S. 50. Jodls Anwesenheit bei der Führeransprache: A. Jodl, Bemerkungen zum 5. Prozeßtag 26. 11. 1945, Bl. 1.

[58] Lagevorträge, S. 50f.

[59] A.a.O., S. 54.

[60] A.a.O., S. 51f.

[61] A.a.O., S. 54.

[62] A. Jodl, Ergänzung, Bl. 2.

[63] Lagevorträge, S. 51.

[64] A. Jodl, Tgb. 16. 1. 1940.

[65] Harte Kritik: Manstein, a.a.O., S. 90.

[66] Warlimont, Im Hauptquartier, S. 68ff.

[67] Manstein, a.a.O., S. 97ff.

[68] A.a.O., S. 100-103, 627-631.

[69] A.a.O., S. 101f.

[70] A.a.O., S. 109.

[71] A.a.O., S. 118; Jodl, Tgb. 11. 1. 1940; Jacobsen, a.a.O., S. 93-99.

[72] Synopsis: Hans-Adolf Jacobsen, Dünkirchen 1940, in: Entscheidungsschlachten des Zweiten Weltkrieges. Im Auftrag des Arbeitskreises für Wehrforschung, Stuttgart, herausgegeben von Dr. Hans-Adolf Jacobsen und Dr. Jürgen Rohwer (i. f.: Entscheidungsschlachten), Frankfurt/M. 1960, S. 12-17; Halder, Tgb. 25. 10. 1939; A. Jodl, Tgb. 25. und 30. 10. 1939; Engel, a.a.O., S. 69; Keitel, S. 226. – Mansteins Vortrag: Manstein, a.a.O., S. 119; A. Jodl, Tgb. 17. 2. 1940.

[73] Jacobsen, Fall Gelb, S. 112-118.

[74] A.a.O.; Tippelskirch, a.a.O., S. 81-84.

[75] Jacobsen, Dünkirchen 1940, S. 13f.; Mitt. W. Warlimont (1. 12. 1977); A. Heusinger (21. 11. 1975).

[76] A. Jodl, Tgb. 13. 2. 1940.

[77] Ernst von Weizsäcker, Erinnerungen, München/Leipzig/Freiburg i. Brsg. 1950, S. 271.

[78] Walther Hubatsch, »Weserübung«. Die deutsche Besetzung von Dänemark und Norwegen 1940. Studien und Dokumente zur Ge-

schichte des Zweiten Weltkrieges, herausgegeben vom Arbeitskreis für Wehrforschung in Stuttgart, Band 7, Göttingen/Berlin/Frankfurt/M. 1960, S. 14; IMT, Bd. XV, S. 412f.; A. Jodl, Bemerkungen zum 15. Prozeßtag (7. 12. 1945), Bl. 1.

79 Hubatsch, a.a.O., S. 29f.

80 A.a.O., S. 30f.

81 A.a.O., S. 20-23.

82 A. Jodl, Tgb. 12. 12. 1939; IMT, Bd. XV, S. 412.

83 IMT, Bd. XV, S. 413; A. Jodl, Bemerkungen zum 15. Prozeßtag (7. 12. 1945), Bl. 1.

84 Hubatsch, a.a.O., S. 32.

85 Völkischer Beobachter (Süddeutsche Ausgabe), 16. Februar 1940. »Bestehen«: bei Jodl mißverständliche Formulierung. Gemeint war, daß Finnland »auf Dauer« nicht Rußlands militärischer Übermacht widerstehen konnte.

86 IMT, Bd. XV, S. 414; Mitt. W. Warlimont (1. 12. 1977).

87 Weisungen, S. 54 (Weisung für »Fall Weserübung«, Berlin, den 1. 3. 1940).

88 Warlimont, Im Hauptquartier, S. 86f.; A. Jodl, Tgb. 13., 18. und 19. 12. 1939.

89 Warlimont, a.a.O.; A. Jodl, Tgb. 23. 1. 1940.

90 Warlimont, a.a.O., S. 88f.; Falkenhorst: Hubatsch, a.a.O., S. 38. ff.; A. Jodl, Tgb. 3. und 5. 3. 1940 (Weigerung Görings); 1. 3. 1940 (Protest des OKH).

91 A. Jodl, Tgb. 6. 3. 1940; Warlimont, a.a.O., S. 91f.

92 A. Jodl, Tgb. 10. und 12. 3. 1940.

93 A. Jodl, Tgb. 21. 3. 1940; Warlimont, a.a.O., S. 84.

94 A. Jodl, Tgb. 28. 3. 1940.

95 Hitler zu Rosenberg: Hubatsch, a.a.O., S. 485.

96 Weisungen, S. 57.

97 Hubatsch, a.a.O., S. 158; Tippelskirch, a.a.O., S. 68f.

98 Tippelskirch, a.a.O., S. 76.

99 A.a.O., S. 70f.

100 A. Jodl, Tgb. 14. 4. 1940; ders., Hitler, eine militärische Führerpersönlichkeit? (1946), Bl. 5 (i. f.: A. Jodl, Hitler).

101 Halder, Tgb. 14. 4. 1940; A. Jodl, Tgb. 14. und 17. 4. 1940.

102 Loßberg, Im Wehrmachtführungsstab, S. 67.

103 A.a.O.

104 A.a.O., S. 68.

105 Hubatsch, a.a.O., S. 167f.; Loßberg, a.a.O., S. 69.

[106] Zur Ablehnung Terbovens im OKW (Jodl *und* Keitel): Mitt. W. Warlimont (1. 12. 1977); A. Jodl, Tgb. 21. 4. 1940.

[107] A. Jodl, Tgb. 19. und 20. 4. 1940; Loßberg, a.a.O., S. 68.

[108] A. Jodl, Tgb. 20. und 21. 4. 1940.

[109] A. Jodl, Tgb. 22. 4. 1940.

[110] Loßberg, a.a.O., S. 71 f. – Erbeutete Papiere: A. Jodl, Tgb. 24. 4. 1940; IMT, Bd. XV, S. 415.

[111] A. Jodl, Tgb. 30. 4. 1940.

[112] A. Jodl, Hitler, Bl. 5; weit deutlicher: Warlimont, Im Hauptquartier, S. 95 f.

[113] A. Jodl, Bemerkungen zum 15. Prozeßtag (7. 12. 1945), Bl. 1.

[114] A. Jodl, Hitler, Bl. 6.

[115] A. Jodl, Tgb. 9. 5. 1940; Warlimont, a.a.O., S. 101 ff.

[116] Jacobsen, Dünkirchen 1940, S. 23 ff.

[117] Tippelskirch, a.a.O., S. 88 f.

[118] A.a.O., S. 92, 94; Dokumente zum Westfeldzug 1940 (Studien und Dokumente zur Geschichte des Zweiten Weltkrieges, herausgegeben vom Arbeitskreis für Wehrforschung in Stuttgart, Bd. 2 b), herausgegeben von Hans-Adolf Jacobsen, Göttingen/Berlin/Frankfurt/M. 1960, S. 46.

[119] Warlimont, a.a.O., S. 110; A. Jodl, Hitler, Bl. 8.

[120] Halder, Tgb. 17. 5. 1940.

[121] A. Jodl, Tgb. 18. 5. 1940.

[122] Halder, Tgb. 18. 5. 1940.

[123] Engel, a.a.O., S. 80; Warlimont, a.a.O., S. 113.

[124] A. Jodl, Tgb. 24. 5. 1940; Jacobsen, Dünkirchen 1940, S. 40 f.

[125] A. Jodl, Tgb. 24. 5. 1940; Jacobsen, a.a.O., S. 41; Tippelskirch, a.a.O., S. 94 f.

[126] A. Jodl, Tgb. 25. 5. 1940; Jacobsen, a.a.O., S. 41 f.

[127] Warlimont, a.a.O., S. 112 f.

[128] Engel, a.a.O., S. 80.

[129] Loßberg, a.a.O., S. 81; A. Jodl, Hitler, Bl. 8: »In allen Fällen waren die Führungsmaßnahmen Hitlers richtig.«

[130] Halder, Tgb. 25. 5. 1940.

[131] Tippelskirch, a.a.O., S. 97 f.

[132] A.a.O., S. 97.

[133] Optimismus beherrschte damals selbst Männer des späteren Widerstandes: Scheurig, Tresckow, S. 99.

[134] Mitt. A. Heusinger (21. 11. 1975); W. Warlimont (1. 12. 1977); Tippelskirch, a.a.O., S. 99 f.

[135] Tippelskirch, a.a.O., S. 98f., 102; Raymond Cartier, Der Zweite Weltkrieg, I, München 1967, S. 162.

[136] Tippelskirch, a.a.O., S. 101f., 104.

[137] A.a.O., S. 104-109.

[138] Äußerste, fast »wegwerfende« Zurückhaltung Jodls bei Gesprächen über den Kriegseintritt Italiens: Mitt. W. Warlimont (23. 6. 1974); G. Engel (12. 5. 1978).

[139] Mitt. W. Warlimont (23. 6. 1974); ders., Im Hauptquartier, S. 117.

[140] Zusammenfassung: Tippelskirch, a.a.O., S. 107.

[141] Mitt. W. Warlimont (23. 6. 1974); G. Engel (12. 5. 1978).

[142] N.D. 1810-PS (Fotokopie von Original), Bl. 1; handschriftliche Notiz Jodls, 21. 6. 1940).

[143] A.a.O., Bl. 2.

[144] A.a.O., Bl. 3.

[145] A.a.O., Bl. 4.

[146] Notizen Jodls, 22. 6. 1940.

[147] A.a.O.; Waffenstillstand: Tippelskirch, a.a.O., S. 109.

[148] A. Jodl, Hitler, Bl. 9.

[149] A.a.O., Bl. 6, 8, 9.

[150] Bilder: Bestand L. Jodl; ferner: Mit Hitler im Westen. Herausgeber Heinrich Hoffmann, Berlin o. J. (1940): Jodl auf sechs Bildern.

[151] IMT, Bd. XV, S. 331f.; PA Jodl, Bl. 1.

[152] A. Jodl, Brief 10. 9. 1940.

[153] A. Jodl, Hitler, Bl. 9.

[154] A.a.O.

[155] A. Jodl, Mein Verhältnis zu Hitler, Bl. 4, 5.

[156] »Hochstimmung« Jodls nach dem Besuch des »deutschen Straßburg«: Mitt. G. Engel (12. 5. 1978); A. Heusinger (21. 11. 1975).

[157] Jodls Optimismus: Mitt. K. Graf v. Bullion (25. 6. 1974).

[158] W. S. Churchill, The Second World War. 6 vols., London 1948-1953, Vol. II, p. 259ff.

Bis zum Unternehmen »Barbarossa«

[1] Tippelskirch, a.a.O., S. 111f.; Andreas Hillgruber, Hitlers Strategie. Politik und Kriegführung 1940-1941, Frankfurt/M. 1965, S. 155f.

[2] Karl Klee (Herausgeber), Dokumente zum Unternehmen »Seelöwe«. Die geplante deutsche Landung in England, Göttingen/Berlin/Frankfurt/M. 1959, S. 298ff.

[3] A.a.O., S. 298.
[4] A.a.O., S. 299.
[5] A.a.O.; zur Siegeszuversicht Jodls: a.a.O., S. 298, 300. Eine Beteiligung der Italiener an der Invasion Englands lehnte Jodl ab.
[6] Hillgruber, a.a.O., S. 162, 165.
[7] A.a.O., S. 146.
[8] Klee, Dokumente, S. 301 ff. (OKW-Weisung, 2. 7. 1940).
[9] Weisungen, S. 71 (Weisung Nr. 16 über die Vorbereitungen einer Landungsoperation gegen England, F.H.Q., den 16. 7. 1940).
[10] A. Jodl, Erste Überlegungen über eine Landung in England. Chef WFA, 12. 7. 40/BA-MA RW 4/v. 37 (7 Bl.), Bl. 1.
[11] A.a.O., Bl. 2, 3; Luftwaffe: Bl. 5.
[12] Karl Klee, Die Luftschlacht um England 1940, in: Entscheidungsschlachten, S. 87 f.
[13] KTB OKW, Bd. I, zusammengestellt und erläutert von Hans-Adolf Jacobsen, Frankfurt/M. 1965, S. 31 (14. August 1940).
[14] Aufmarsch von 30 russischen Divisionen an der Grenze zu Bessarabien im Mai 1940: IMT, Bd. XV, S. 426.
[15] Halder, Tgb. 31. 7. 1940; über Jodl: Loßberg, Im Wehrmachtführungsstab, S. 105.
[16] Warlimont, Im Hauptquartier, S. 126 f.
[17] A.a.O., S. 127; Jodls Vorbehalte: Loßberg, a.a.O., S. 105.
[18] A.a.O.
[19] Albert Speer, Erinnerungen, Frankfurt/M./Berlin/Wien 1969 (Taschenbuchausgabe), S. 188.
[20] Die These, daß ein Präventivkrieg zu führen gewesen sei, erlaubte Jodl, sich am wirkungsvollsten zu verteidigen. Durchweg hat er im Nürnberger Prozeß an dieser These festgehalten. IMT, Bd. XV, S. 426-433.
[21] Warlimont, a.a.O., S. 127; Ber. B. v. Loßberg.
[22] Warlimont, a.a.O., S. 127.
[23] Karl Klee, Das Unternehmen »Seelöwe«. Die geplante deutsche Landung in England (Studien und Dokumente zur Geschichte des Zweiten Weltkrieges, herausgegeben vom Arbeitskreis für Wehrforschung in Frankfurt/M.), Göttingen/Berlin/Frankfurt/M. 1958, S. 113.
[24] A.a.O., S. 92 f., 99, 112; Klee, Dokumente, S. 253 ff.
[25] KTB OKW, Bd. I, S. 31 (14. August 1940).
[26] A.a.O.
[27] A.a.O., S. 31 f.

[28] KTB OKW, Bd. I, S. 981 (Stellungnahme Jodls zur Vortragsnotiz des Wi- und RüAmtes vom 30. 11. 1940 betr. Überprüfung des Rüstungsprogramms; Berlin, 3. Dezember 1940).

[29] Klee, Luftschlacht, S. 75-82; KTB OKW, Bd. I, S. 33-40; Tippelskirch, a.a.O., S. 121 f.

[30] Klee, a.a.O., S. 78 f.

[31] A.a.O., S. 80; Greiner, a.a.O., S. 134 f.; KTB OKW, Bd. I, S. 50 (29. August 1940).

[32] Klee, a.a.O., S. 81.

[33] Greiner, a.a.O., S. 133, 143; KTB OKW, Bd. I, S. 60 (3. September 1940).

[34] Greiner, a.a.O., S. 142, 149 f.; »Abbau Seelöwe«: KTB OKW, Bd. I, S. 121 (12. Oktober 1940).

[35] Greiner, a.a.O., S. 142 f.

[36] Das galt für ihn noch Ende 1940; vgl. Anm. 28.

[37] Enno v. Rintelen, Mussolini als Bundesgenosse. Erinnerungen des deutschen Militärattachés in Rom 1936-1943, Tübingen/Stuttgart 1951, S. 101.

[38] Mitt. W. Warlimont (1. 12. 1977); A. Heusinger (21. 11. 1975).

[39] Tippelskirch, a.a.O., S. 129.

[40] KTB WFSt L 7., 9. und 14. 8. 1940.

[41] Erich Kordt, Wahn und Wirklichkeit. Herausgegeben unter Mitwirkung von Karl Heinz Abshagen, Stuttgart 1968, S. 266 ff.

[42] A.a.O., S. 268 f.

[43] Nach allen Zeugnissen hat Jodl die politische Problematik nicht erwogen.

[44] Warlimont, Im Hauptquartier, S. 136 f. – Nantes: Elisabeth Wagner, Der Generalquartiermeister. Briefe und Tagebuch Eduard Wagners, München 1963, S. 210 f.; Hintergrund: Eberhard Jäckel, Frankreich in Hitlers Europa. Die deutsche Frankreichpolitik im Zweiten Weltkrieg, Stuttgart 1966, S. 108.

[45] Vgl. Warlimont, a.a.O., S. 141 f. (Anm. 43).

[46] Mitt. G. Engel (12. 5. 1978); W. Warlimont (1. 12. 1977). Hinsichtlich des Dreimächtepaktes: Mitt. A. Heusinger (21. 11. 1975).

[47] KTB OKW, Bd. I, S. 16 (8. August 1940).

[48] IMT, Bd. XV, S. 342 f.; WFSt: Aufstellung (BA-MA RW 4/5).

[49] KTB OKW, Bd. IV/2, S. 1741 f., 1745; Statement Greiner (1945), Bl. 5; Exposé W. Warlimont, Bl. 4.

[50] Ber. Hasso v. Wedel.

[51] Prof. Dr. Percy Ernst Schramm. KTB OKW, Bd. IV/2, S. 1777, 1806.

[52] A.a.O., S. 1752.
[53] IMT, Bd. XV, S. 407.
[54] Weisungen, S. 23-275.
[55] Otto Wien, Ein Leben und viermal Deutschland. Erinnerungen aus siebzig Lebensjahren 1906-1976, Düsseldorf 1978, S. 326f.
[56] A.a.O., S. 327 f.; Weisungen, S. 12; S. 213 ff. (Weisung 41, 5. 4. 1942).
[57] Mitt. G. Engel (12. 5. 1978); August Winter (30. 5. 1976); H. Büchs (26. 11. 1975).
[58] Mitt. A. Heusinger (21. 11. 1975); W. Meyer-Detring (26. 6. 1974).
[59] A. Jodl, Hitler, Bl. 10.
[60] Schall-Riaucour, a.a.O., S. 136.
[61] Mitt. A. Heusinger (21. 11. 1975); W. Warlimont (1. 12. 1977); A. Winter (30. 5. 1976); Ernst John v. Freyend (24. 11. 1975).
[62] Mitt. A. Heusinger (21. 11. 1975); W. Warlimont (1. 12. 1977).
[63] A. Jodl, Mein Verhältnis zu Hitler, Bl. 2, 3.
[64] A.a.O., Bl. 3; A. Jodl, Der Einfluß Hitlers ..., KTB OKW, Bd. IV/2, S. 1716.
[65] A. Jodl, Beabsichtigte Erklärung 1946 (vom Gericht abgeschnitten), Bl. 1.
[66] IMT, Bd. XV, S. 326, 333; Lothar Rendulic, Gekämpft, gesiegt, geschlagen, Wels/Heidelberg 1952, S. 237.
[67] Greiner, Die Oberste Wehrmachtführung, S. 13, 25.
[68] IMT, Bd. XV, S. 333; A. Jodl, Streiflichter aus dem Führerhauptquartier (1945), Bl. 2 (i. f.: Streiflichter). Bewunderung für Hitlers Gedächtnis und technische Kenntnisse: Mitt. Albert Speer (7. 3. 1976); G. Engel (12. 5. 1978); W. Meyer-Detring (26. 6. 1974). Ferner: Willi A. Boelcke (Herausgeber), Deutschlands Rüstung im Zweiten Weltkrieg. Hitlers Konferenzen mit Albert Speer 1942-1945, Frankfurt/M. 1969, passim.
[69] A. Jodl, Ergänzung zu meiner Studie über OKW und Generalstab vom 10. 12. 45 (16. 12. 45), Bl. 2.
[70] A.a.O.
[71] A.a.O.
[72] Weisungen, S. 94f. (Weisung Nr. 20: Unternehmen Marita, F. H. Qu., den 13. 12. 1940).
[73] Hellmuth Günther Dahms, Der Zweite Weltkrieg, Tübingen 1960, S. 157.
[74] A.a.O.
[75] Greiner, a.a.O., S. 158.
[76] A.a.O., S. 160, 162.

77 Aufz. KTB WFStab L 13. Nov. 1940.

78 Weisungen, S. 86-90 (Weisung Nr. 19: Unternehmen »Felix«/Entwurf).

79 Zusammenfassung: Heinz Höhne, Canaris. Patriot im Zwielicht, München 1976, S. 420f. Jodls »abgesagte« Reise: Warlimont, Im Hauptquartier, S. 142.

80 Brief Hitlers an Mussolini vom 20. 11. 1940, Abdruck: Jacobsen, Chronik, S. 185.

81 A.a.O., S. 183, 185.

82 Dahms, a.a.O., S. 154f.

83 Greiner, a.a.O., S. 295.

84 Auszug: Jacobsen, a.a.O., S. 166; Paulus: Greiner, a.a.O., S. 295.

85 Greiner, a.a.O., S. 310ff.

86 A.a.O., S. 322, 326ff.; KTB OKW, Bd. I, S. 205, 209 (5. Dezember 1940); S. 257f. (9. Januar 1941): Bekräftigte Angriffsabsicht (Hitler).

87 Weisungen, S. 96-101 (Weisung Nr. 21: Fall Barbarossa, F. H. Qu., den 18. 12. 1940).

88 A.a.O., S. 98f.

89 A.a.O., S. 97.

90 Staatsmänner und Diplomaten bei Hitler. Vertrauliche Aufzeichnungen über die Unterredungen mit Vertretern des Auslandes 1939-1941. Herausgegeben und erläutert von Andreas Hillgruber, München 1969 (Taschenbuchausgabe), S. 252-259 (Gespräch Hitler/Matsuoka, Berlin, 4. April 1941).

91 Weisungen, S. 123 (Weisung Nr. 24: Über Zusammenarbeit mit Japan, F. H. Qu., den 5. III. 41); IMT, Bd. XV, S. 433. Jodl erhielt keine Mitteilungen über das Gespräch Hitler/Matsuoka: A. Jodl, Bemerkungen zur 16. Verhandlung (10. 12. 45), Bl. 4.

92 Zur Kontinuität: Jäckel, Hitlers Herrschaft, S. 66-88; ders., Hitlers Weltanschauung, Stuttgart 1981, passim.

93 Weisungen, S. 121f. (Weisung Nr. 24).

94 Synopsis: Scheurig, Verdrängte Wahrheiten, S. 32.

95 A.a.O., S. 34, 46; Jäckel, Hitlers Herrschaft, S. 87; Engel, Heeresadjutant, S. 86; KTB OKW, Bd. I, S. 258 (9. Januar 1941).

96 Halder, Tgb. 30. 3. 1941; Hillgruber, Hitlers Strategie, S. 516-519; David Irving, Hitler und seine Feldherren, Frankfurt/M./Berlin/Wien 1975, S. 294-297.

97 Seekriegsleitung: KTB OKW, Bd. I, S. 228 (12. Dezember 1940); Brauchitsch: Halder, Tgb. 22. 7. 1940.

[98] Besprechung bei Chef L am 30. 4. 1941/Beurteilung des Ablaufs »Barbarossa« durch Ob. d. H., WFSt, L IV/Qu. g. Kdos. Chefsache: IMT, Bd. XXVI, S. 400. Äußerungen des deutschen Militärattachés in Moskau: KTB OKW, Bd. I, S. 393 (8. Mai 1941). Zusammenfassend: Hillgruber, a.a.O., S. 210f.

[99] A. Jodl, Ergänzung zu meiner Studie über OKW und Generalstab vom 10. 12. 45 (16. 12. 45), Bl. 3; IMT, Bd. XV, S. 430.

[100] KTB OKW, Bd. IV/2, S. 1540: Passus in Jodls Rede vom 7. November 1943 an die Gauleiter, bezogen auf die Zeit bereits während des Westfeldzuges. Als Teil der *Materialsammlung* für Jodls Rede ist die Relevanz dieses Passus nicht anzuzweifeln. Ferner: Hillgruber, a.a.O., S. 145, 208.

[101] A. Jodl, Tgb. 24. 5. 1940; IMT, Bd. XV, S. 426, 430. Nach Keitels Bericht an das Auswärtige Amt vom 11. 6. 41 waren am 1. 5. 1940 sogar 130 Divisionen und 40 motorisierte Brigaden aufmarschiert (Berichte des OKW an die Reichsregierung über den sowjetrussischen Aufmarsch gegen Deutschland. BA-MA RW 4/v. 675).

[102] KTB OKW, Bd. I, S. 973; IMT, Bd. XV, S. 426f. (N.D. 1229-PS, US-130).

[103] A. Jodl, Ergänzung zu meiner Studie über OKW und Generalstab vom 10. 12. 45 (16. 12. 45), Bl. 3; IMT, Bd. XV, S. 428f., 611f.

[104] KTB OKW, Bd. I, S. 996 (21. Dezember 1940).

[105] A. Jodl, Ergänzung zu meiner Studie über OKW und Generalstab vom 10. 12. 45 (16. 12. 45), Bl. 3.

[106] A.a.O., Bl. 4.

[107] Mitt. A. Heusinger (21. 11. 1975); W. Warlimont (23. 6. 1974).

[108] A.a.O.; KTB OKW, Bd. I, S. 393 (8. Mai 1941).

[109] Mitt. W. Warlimont (23. 6. 1974); A. Heusinger (21. 11. 1975); Weisungen, S. 107ff. (Weisung Nr. 22: Mithilfe deutscher Kräfte bei den Kämpfen im Mittelmeerraum, F. H. Qu., den 11. 1. 41).

[110] Ralf Georg Reuth, Erwin Rommel. Des Führers General, München/Zürich 1987, S. 58, 149; Greiner, a.a.O., S. 231ff.

[111] Mitt. A. Heusinger (21. 11. 1975); W. Warlimont (23. 6. 1974).

[112] A. Jodl, Brieffragment (ohne Datum, doch nach Indizien: 1942).

[113] Karl Dönitz, Zehn Jahre und zwanzig Tage, München 1975, S. 132f.

[114] A.a.O., S. 131f., 133ff.

[115] A. Jodl, Der Einfluß Hitlers ..., KTB OKW, Bd. I, S. 1719; L. Jodl, a.a.O., S. 293.

[116] L. Jodl, a.a.O.

[117] KTB OKW, Bd. I, S. 340f. (3. März 1941).

[118] A.a.O., S. 341.

[119] Oberkommando der Wehrmacht/WFST/Abt. L (IV/Qu) 44 125/41 g. Kdos. Chefs., 13. März 1941, Abdruck: Anatomie des SS-Staates, Bd. 2 (Hans-Adolf Jacobsen, Kommissarbefehl und Massenexekutionen sowjetischer Kriegsgefangener), München 1967 (Taschenbuchausgabe), S. 166 ff.

[120] A.a.O., S. 167 (Teil 2 b des Dokuments).

[121] Oberkommando des Heeres/Gen. St. d. H./Gen. Qu. Geheim, 26. März 1941, Abdruck: Anatomie des SS-Staates, Bd. 2, S. 170 f.

[122] Halder, Tgb. 30. 3. 1941.

[123] A.a.O.

[124] Halder, Tgb. 17. 3. 1941. Jodl: KTB OKW, Bd. I, S. 340 f. (3. März 1941).

[125] Vgl. Anm. 117-124; Helmut Krausnick, Kommissarbefehl und »Gerichtsbarkeitserlaß Barbarossa« in neuer Sicht, in: Vierteljahrshefte für Zeitgeschichte 25 (1977), S. 689 ff., 695, 703 f., 707.

[126] Anatomie des SS-Staates, Bd. 2, S. 146; Scheurig, Tresckow, S. 108.

[127] Oberkommando des Heeres/Gen. St. d. H./Gen. Qu. Az. Abt. Kriegsverwaltung Nr. II/2101/41 geh., 28. 4. 1941, Abdruck: Anatomie des SS-Staates, Bd. 2, S. 171 ff.

[128] Oberkommando des Heeres/Gen. z.b.V. (zur besonderen Verwendung. B. Sch.) beim Ob. d. H. Nr. 75/41/g. Kdos. Chefs., 6. Mai 1941, Abdruck: Anatomie des SS-Staates, Bd. 2, S. 174-179.

[129] A.a.O., S. 176.

[130] A.a.O., S. 178.

[131] A.a.O., S. 182 ff.; Krausnick, a.a.O., S. 707.

[132] Anatomie des SS-Staates, Bd. 2, S. 182. »Gegen Ortschaften ...: Passus von Halder. »Es wird *ausdrücklich verboten* ...: Passus von Lehmann (Chef Rechtsabteilung OKW). Krausnick, a.a.O., S. 707 f.

[133] Abdruck der Warlimont-Notiz: Anatomie des SS-Staates, Bd. 2, S. 175.

[134] A.a.O., S. 179 f.

[135] A.a.O., S. 180.

[136] A.a.O.

[137] A.a.O., S. 179.

[138] A.a.O., S. 180.

[139] OKW/WFSt L IV, Chefsachen, »Barbarossa«, Mai 1941, BA-MA RW 4/v. 577, Bl. 69; Faksimile bei Werner Maser, Nürnberg. Tribunal der Sieger, Düsseldorf/Wien 1977, S. 308.

[140] IMT, Bd. XV, S. 339.

[141] Oberkommando der Wehrmacht/WFST/Abtl. L (IV/Qu) Nr. 44822/41 g.Kdos. Chefs., 6. 6. 1941, Abdruck: Anatomie des SS-Staates, Bd. 2, S. 188-191 (N.D. NOKW 1076).

[142] A.a.O., S. 190.

[143] A.a.O.

[144] A.a.O., S. 189.

[145] IMT, Bd. XV, S. 340; Krausnick, a.a.O., S. 717-723.

[146] Krausnick, a.a.O., S. 727f.

[147] Scheurig, Tresckow, S. 115f.

[148] Der Oberbefehlshaber des Heeres/Gen. z.b.V. b. Ob. d. H. (Gr. R.-Wes.) Nr. 80/41 g. Kdos. Chefs., 24. Mai 1941, Abdruck: Anatomie des SS-Staates, Bd. 2, S. 185f.

[149] Der Oberbefehlshaber des Heeres/Gen. z.b.V. b. Ob. d. H. (Gr. R. Wes.) Nr. 91/41 g. Kdos. Chefs., 8. 6. 1941, Abdruck: Anatomie des SS-Staates, Bd. 2, S. 191. – Vernichtende Kritik bei Ulrich von Hassell, Vom Andern Deutschland. Aus den nachgelassenen Tagebüchern 1938-1944, Frankfurt/M./Hamburg 1964 (Taschenbuchausgabe), S. 186f. (16. 6. 41).

[150] Tippelskirch, a.a.O., S. 162-169; A. Jodl, Der Einfluß Hitlers . . ., KTB OKW, Bd. IV/2, S. 1719f.; IMT, Bd. XV, S. 422.

[151] A. Jodl, Ergänzung zu meiner Studie über OKW und Generalstab vom 10. 12. 45 (16. 12. 45), Bl. 2.

[152] Besprechung über Lage Jugoslawiens (27. 3. 41), Bl. 2 (BA-MA RW 4/v. 530).

[153] A.a.O., Bl. 3; A. Jodl, Der Einfluß Hitlers . . ., KTB OKW, Bd. IV/2, S. 1720; IMT, Bd. XV, S. 423.

[154] Besprechung über Lage Jugoslawiens (27. 3. 41), Bl. 2, 3; A. Jodl, Der Einfluß Hitlers . . ., a.a.O.

[155] A. Jodl, Ergänzung zu meiner Studie über OKW und Generalstab vom 10. 12. 45 (16. 12. 45), Bl. 3. Unterstreichung im Original.

[156] Tippelskirch, a.a.O., S. 168f.

[157] A.a.O., S. 171f.

[158] A.a.O., S. 173.

[159] A.a.O., S. 174, 178.

[160] Von Serbien bis Kreta. Erinnerungen vom Feldzug einer Armee im großen deutschen Freiheitskrieg (Bericht, o. J.), S. 96.

[161] A.a.O.

[162] A.a.O., S. 98.

[163] A.a.O., S. 99; T 77, Roll 782, MA 180 5/308465, IfZ.

164 Tippelskirch, a.a.O., S. 179 ff.

165 A. Jodl, Ergänzung zu meiner Studie über OKW und Generalstab vom 10. 12. 45 (16. 12. 45), Bl. 2, 3.

166 Adam, Erinnerungen, S. 29 f. – Ber. W. Warlimont (1977).

167 Mitt. W. Warlimont (1. 12. 1977): »Die Ereignisse 1940/41 hatten auch ihn (Jodl) von seinem England-Optimismus 1940 abgedrängt.«

168 (Carl) Gustav Frhr. v.) Mannerheim, Erinnerungen, Zürich/Freiburg i. Brsg. 1952, S. 435; Waldemar Erfurth, Der Finnische Krieg 1941-1944, Wiesbaden/München 1950, 1977, S. 30 f.

169 Erfurth, a.a.O.; Mannerheim, a.a.O., S. 435 f. – Protokoll (Fotokopie von Original): Oberkommando des Heeres, Gen. St. d. H.-Op. Abt. Nr. 980/41 g. Kdos. Chefs., 25. Mai 1941.

170 Erfurth, a.a.O., S. 32; Mannerheim, a.a.O., S. 435.

171 Auf die uferlos gewordenen Diskussionen über sowjetische Angriffsabsichten, die sich zumeist im Spekulativen verlieren, wird hier nicht eingegangen. Bemerkenswert freilich die »Enthüllung« Wladimir Karpows, daß Schukow und Timoschenko Mitte Mai 1941 zu einem Präventivschlag geraten hätten (Auszüge: Der Spiegel, 28. Mai 1990, S. 170, 172). – In Jodls Augen war für den Gegner die deutsche Angriffsabsicht – Kriterium: Aufmarsch – erst ab Anfang Juni 1941 erkennbar (IMT, Bd. XV, S. 431 f.).

172 Cartier, a.a.O., S. 290 ff.

173 Vgl. Albert Speer, Spandauer Tagebücher, Frankfurt/M./Wien/Berlin 1975, S. 89 ff.; auch Hans Kehrl, Krisenmanager im Dritten Reich. 6 Jahre Frieden – 6 Jahre Krieg. Erinnerungen, Düsseldorf 1973, S. 321: Gesamtindex der Rüstungsendfertigung Anfang 1942: 100; Juli 1944: 322. Artillerie- und Werfermunition: Anfang 1942: 100; September 1944: 773 (S. 379); Panzerproduktion: Mai 1940: 40-50 Panzer monatlich; Mitte 1944: ca. 2000 Panzer monatlich (S. 217).

174 Das galt trotz der Übersichten, die der Wehrmachtführungsstab vorzulegen hatte (Mitt. W. Warlimont, 1. 12. 1977).

175 Mitt. A. Heusinger (21. 11. 1975); W. Warlimont (1. 12. 1977). Hinweise auch bei Mannerheim, a.a.O., S. 435.

176 Wien, a.a.O., S. 288. Im August 1941 lehnte Jodl gegenüber Goebbels eine »nationale Sammlung« von Winterbekleidung ab, da sie Front und Heimat, die auf ein rasches Ende des Ostfeldzuges hofften, nur hätte schockieren können. Bericht: Wollt Ihr den totalen Krieg? Die geheimen Goebbels-Konferenzen 1939-1943, München 1969 (Taschenbuchausgabe), S. 255. Ferner: Buttlar, Jodl, S. 4.

[1] Tippelskirch, a.a.O., S. 209, 212f.; Werner Haupt, Heeresgruppe Mitte 1941-1945, Dorheim 1968, S. 25.

[2] Tippelskirch, a.a.O., S. 214.

[3] A.a.O., S. 210ff., 214ff.

[4] A.a.O., S. 214, 221f.

[5] A.a.O., S. 222.

[6] Warlimont, Im Hauptquartier, S. 187f.; IMT, Bd. XV, S. 432.

[7] Hans von Herwarth, Zwischen Hitler und Stalin. Erlebte Zeitgeschichte 1931 bis 1945, Frankfurt/M./Berlin/Wien 1982, S. 229ff., 243; Alexander Solschenizyn, Warnung. Die tödliche Gefahr des Kommunismus, Frankfurt/M./Berlin/Wien 1980, S. 65, 67f.; Bodo Scheurig, Freies Deutschland. Das Nationalkomitee und der Bund Deutscher Offiziere in der Sowjetunion 1943-45, Köln 1984 (Neuausgabe), S. 36f.

[8] Alfred M. de Zayas, Die Wehrmacht-Untersuchungsstelle. Deutsche Ermittlungen über alliierte Völkerrechtsverletzungen im Zweiten Weltkrieg. Unter Mitarbeit von Walter Rabus, München 1980, passim; A. Jodl, Schreiben an Prof. Exner vom 13. 2. 1946 (Handschriftliches Original), Bl. 2. Russische Kriegsverbrechen in Lemberg: Franz Josef Strauß, Die Erinnerungen, Berlin 1989, S. 47f.; Scheurig, a.a.O., S. 36.

[9] Krausnick, Kommissarbefehl ..., S. 733ff.; Christian Streit, Keine Kameraden. Die Wehrmacht und die sowjetischen Kriegsgefangenen 1941-1945, Stuttgart 1978, vor allem S. 88f.

[10] Scheurig, Tresckow, S. 126.

[11] Oberkommando des Heeres/General z. b. V. beim Ob. d. H./Az. 501 Gen. z. b. V. b. Ob. d. H. Nr. 516/41 g. Kdos., 23. 9. 1941. Handschriftliche Bemerkung von Jodl: »Der Führer hat jede Änderung der bisher erlassenen Befehle für die Behandlung der polit. Kommissare abgelehnt. J. 26./9.« OKW/WFSt. Fernschreiben an OKH/Gen. z. b. V., 26. 9. 41. Abdruck beider Dokumente: Vollmacht des Gewissens II. Herausgegeben von der Europäischen Publikation e.V., Frankfurt/M./Berlin 1965, S. 383ff. (N.D. NOKW 200).

[12] Oberkommando der Wehrmacht/WFSt Abt. L (IV) Nr. 001797/41 g., 18. 8. 1941. Handschriftliche Notiz Warlimonts: »Nach Angabe Fr. Heere Ost sind die Politruks als pol. Kommissare anzusehen. Sie zählen nicht zu den Soldaten.« Abdruck: Vollmacht des Gewissens II, S. 379 (N.D. NOKW 252).

[13] Helmut Krausnick/Hans-Heinrich Wilhelm, Die Truppe des Weltanschauungskrieges. Die Einsatzgruppen der Sicherheitspolizei und des SD 1938-1942, Stuttgart 1981, S. 223-243.

[14] IMT, Bd. XV, S. 315. Brief von Frau Moscowitsch an Prof. Exner, 9. 11. 1945 (L. Jodl, a.a.O., S. 245). Frau M., eine Wiener Jüdin, wandte sich im März 1939 an Jodl, weil sie hoffte, er könne ihr helfen, einem drohenden Abtransport nach Polen zu entgehen. Die Bitte hatte Erfolg.

[15] IMT, Bd. XV, S. 325, 365, 367, 445; Engel, Heeresadjutant, S. 111: Besprechung Hitler/Himmler/Heydrich (2. 10. 41) über Deportation von Juden nach Riga, Reval und Minsk. Jodl war nach Engels Zeugnis bei dieser Besprechung anwesend.

[16] Mitt. W. Warlimont (1. 12. 1977); A. Winter (30. 5. 1976). IMT, Bd. XV, S. 366; A. Jodl, Bemerkungen zum 21.-24. Prozeßtag am 17., 18. und 19. 12. 45, Bl. 2.

[17] Ber. Lothar v. Bischoffshausen (Oberst, II a, Heeresgruppe Nord), Bl. 4, 5. Reichenau (10. 11. 41, N.D. 4064-PS); Manstein (20. 11. 41, N.D. D-411).

[18] Halder, Tgb. 3. 7. 1941. Ferner Brief Halders an Luise v. Benda vom 3. 7. 41 (Original).

[19] R. E. Sherwood, Roosevelt und Hopkins, Hamburg 1950, S. 235 f.; W. L. Shirer, Aufstieg und Fall des Dritten Reiches, München/Zürich 1963, S. 1216. Schlaglicht: Carl Zuckmayer, Als wär's ein Stück von mir. Erinnerungen. Horen der Freundschaft, Frankfurt/M. 1985 (Taschenbuchausgabe), S. 436 f.

[20] Mitt. A. Heusinger (21. 11. 1975); W. Warlimont (23. 6. 1974); Scheurig, Tresckow, S. 124.

[21] Tippelskirch, a.a.O., S. 221 f., 229; Klaus Reinhardt, Die Wende vor Moskau. Das Scheitern der Strategie Hitlers im Winter 1941/42 (Beiträge zur Militär- und Kriegsgeschichte. Herausgegeben vom Militärgeschichtlichen Forschungsamt, 13. Band), Stuttgart 1972, S. 102-120; Rudolf Hofmann, Die Schlacht von Moskau, in: Entscheidungsschlachten, S. 143. Außerordentlich anschauliche Beispiele auch bei Udo von Alvensleben, Lauter Abschiede. Tagebuch im Kriege. Herausgegeben von Harald von Koenigswald, Frankfurt/M./Berlin/Wien 1971, S. 187-192.

[22] Vollmacht des Gewissens II, S. 271; Rendulic, a.a.O., S. 32 f., 125.

[23] Warlimont, Im Hauptquartier, S. 195 f.; Weisungen, S. 159-162 (Weisung 32 b, F. H., den 14. 7. 1941).

[24] Warlimont, a.a.O.

[25] Peter de Mendelssohn, Die Nürnberger Dokumente. Studien zur deutschen Kriegspolitik 1937-45, Hamburg 1946, S. 366.

[26] Andreas Hillgruber (Herausgeber), Staatsmänner und Diplomaten bei Hitler. Zweiter Teil: 1942-1944, Frankfurt/M. 1970, S. 548f.

[27] A.a.O.

[28] Andreas Hillgruber, Der Zenit des Zweiten Weltkrieges Juli 1941 (Institut für Europäische Geschichte Mainz, Vorträge Nr. 65), Wiesbaden 1977, S. 16.

[29] A.a.O., S. 20f.

[30] A.a.O., S. 22.

[31] Tippelskirch, a.a.O., S. 218ff.; Halder, Tgb. 11. 8. 1941; Tgb. 20. 7. 1941: »Wir haben bei Kriegsbeginn mit etwa 200 Divisionen gerechnet. Jetzt zählen wir bereits 360.«

[32] KTB OKW, Bd. I, S. 1020f.: Fernmündliche Unterrichtung des Ob. d. H. durch Chef WFSt am 5. Juli 1941; Mendelssohn, a.a.O., S. 367; Warlimont, a.a.O., S. 197.

[33] Weisungen, S. 166f. (Ergänzung zur Weisung Nr. 33, F. H. Qu., den 23. 7. 41).

[34] OKW Chef WFSt Studien I (05) allg. 15, Bd. 3. 22. 8. 1941 (N.D. 1799-PS), Bl. 114-122.

[35] Halder, Tgb. 23. und 26. 7. 1941.

[36] Warlimont, a.a.O., S. 199; OKW/WFSt/Abt. L, KTB v. 11. 8. 41 (N.D. 1799-PS), Bl. 90f.

[37] Weisungen, S. 168f. (Weisung Nr. 34, F. H. Qu., den 30. 7. 1941).

[38] Warlimont, a.a.O., S. 200f.; Halder, Tgb. 5. 8. 1941.

[39] Halder, Tgb. 7. 8. 1941.

[40] A.a.O.

[41] A.a.O.

[42] A.a.O.

[43] S. Anm. 71: 665000 Gefangene nach der Schlacht von Kiew.

[44] Der Oberbefehlshaber des Heeres: »Vorschlag für die Fortführung der Operation der H. Gr. Mitte im Zusammenhang mit den Operationen der H. Gr. Süd und Nord« v. 18. 8. 1941 (N.D. 1799-PS), Bl. 100ff.

[45] A.a.O.

[46] Halder, Tgb. 7. 8. 1941; Warlimont, a.a.O., S. 199, 201.

[47] Weisungen, S. 171ff. (Ergänzung der Weisung 34, F. H. Qu., 12. 8. 41).

[48] Halder, Tgb. 15. und 16. 8. 1941; Scheurig, Tresckow, S. 129ff.

[49] Adolf Heusinger, Befehl im Widerstreit. Schicksalsstunden der deutschen Armee 1923-1945, Tübingen/Stuttgart 1950, S. 132ff.

50 A.a.O., S. 134.

51 A.a.O., S. 134 f.

52 A.a.O., S. 135. – Daß die Sowjetunion allein schon im westsibirischen Meschduretschensk (Kusnezker Becken) ein gewaltiges Industriezentrum aufgebaut hatte, wußte Jodl ebensowenig wie die deutsche Führung. Mitt. A. Heusinger (21. 11. 1975).

53 Warlimont, a.a.O., S. 203 f.; Halder, Tgb. 21. 8. 1941; Schall-Riaucour, a.a.O., S. 136, 170.

54 Halder, Tgb. 22. 8. 1941; Jacobsen, Chronik, S. 265 f.

55 Halder, Tgb. 22. 8. 1941.

56 Warlimont, a.a.O., S. 204 f.

57 Halder, Tgb. 22. 8. 1941.

58 A.a.O., ferner 30. 8. 1941; auch Warlimont, a.a.O., S. 205.

59 Auszug: Jacobsen, Chronik, S. 266-269; Warlimont, a.a.O., S. 206 f.

60 Warlimont, a.a.O., S. 207; Mitt. W. Warlimont (1. 12. 1977).

61 Tippelskirch, a.a.O., S. 231.

62 Erfurth, a.a.O., S. 68 f.; ders., Tagebuch 4. September 1941 (BA-MA M.S.g 1/v. 631); Mannerheim, a.a.O., S. 455; A. Jodl, Brief 14. 9. 1941; auch Hans Baur, Mit Mächtigen zwischen Himmel und Erde, Pr. Oldendorf 1971, S. 235.

63 Erfurth, Tagebuch 4. September 1941.

64 A.a.O.

65 A.a.O.; Mannerheim, a.a.O., S. 498 ff., 505 (Wertschätzung Jodls).

66 A. Jodl, Brief 14. 10. 1941.

67 A.a.O.

68 A.a.O.

69 Erfurth, Tagebuch 4. September 1941.

70 Tippelskirch, a.a.O., S. 231, 233.

71 Wehrmachtbericht 27. 9. 1941, in: Die Wehrmachtberichte 1939-1945 (Bd. I: 1. September 1939 bis 31. Dezember 1941), München 1985 (Taschenbuchausgabe), S. 682.

72 Jodls Resümee: Mitt. A. Heusinger (21. 11. 1975); W. Warlimont (1. 12. 1977).

73 A. Jodl, Brief 29. 9. 1941.

74 A.a.O.

75 KTB OKW, Bd. I, S. 1070; IMT, Bd. XV, S. 362; Leeb, a.a.O., S. 373.

76 KTB OKW, a.a.O.; Autorschaft Jodls: IMT, Bd. XV, S. 363.

77 Leeb, a.a.O., S. 374.

78 Fedor v. Bock, Tagebuch 23., 30. 8. und 7. 9. 1941 (Fotokopien von

Original); Reinhardt, a.a.O., S. 50-58; Hofmann, a.a.O., S. 144f.

79 Tippelskirch, a.a.O., S. 238; Hofmann, a.a.O., S. 147.

80 KTB OKW, Bd. I, S. 669 (30. September 1941), 673 (2. Oktober 1941); Tippelskirch, a.a.O.; Reinhardt, a.a.O., S. 63-67; Hofmann, a.a.O., S. 150ff.

81 Oberstleutnant Soldan, Die Entscheidungsschlachten bei Wjasma Brjansk (1941; ungedruckt), S. 7.

82 Bock, Tagebuch 19. 10. 1941; Tippelskirch, a.a.O., S. 240; Reinhardt, a.a.O., S. 67-70; Hofmann, a.a.O., S. 153; Walter Hewel, Tagebuch 7. 10. 1941 (Fotokopie von Original); Below, a.a.O., S. 292.

83 Mitt. A. Heusinger (21. 11. 1975); W. Warlimont (1. 12. 1977).

84 Tippelskirch, a.a.O., S. 234-238; Warlimont, Im Hauptquartier, S. 211.

85 Zur Zuversicht Jodls. Goebbels will ihn im Oktober 1941 nochmals wegen der Winterbekleidung angesprochen haben und bekam – »von oben herab« – zur Antwort: »Im Winter? Da sitzen wir in warmen Quartieren von Leningrad und Moskau. Das lassen Sie nur unsere Sorge sein.« Wollt Ihr . . ., S. 255.

86 Tippelskirch, a.a.O., S. 240; Reinhardt, a.a.O., S. 71-82; Hofmann, a.a.O., S. 153.

87 Tippelskirch, a.a.O., S. 241f.; Reinhardt, a.a.O., S. 126-171; Hofmann, a.a.O., S. 161f.; Engel, Heeresadjutant, S. 114.

88 Hofmann, a.a.O., S. 163.

89 KTB Oberkommando der Heeresgruppe Mitte, 13., 16., 17. und 18. 12. 1941 (Fotokopien von Original); Tippelskirch, a.a.O., S. 242ff.; Reinhardt, a.a.O., S. 197-254; Hofmann, a.a.O., S. 165-179.

90 Tippelskirch, a.a.O., S. 270f.

91 Warlimont, a.a.O., S. 221.

92 Hillgruber/Hümmelchen, Chronik, S. 110. Bündnisverpflichtungen wären nur bei einem Angriff der *USA* auf Japan eingetreten.

93 Warlimont, a.a.O., S. 222.

94 So zumindest der Eindruck, den Jodl am 12. 12. 1941 gegenüber seinem Stellvertreter erweckte (Mitt. W. Warlimont, 1. 12. 1977). Jodl zur Überraschung von Pearl Harbour: IMT, Bd. XV, S. 435.

95 Vgl. Weisungen, S. 122 (Weisung Nr. 24: Über Zusammenarbeit mit Japan, F. H. Qu., den 5. III. 41); Mitt. W. Warlimont (1. 12. 1977). Wichtig für Jodl ferner die Berichte des deutschen Militärattachés in Washington (General Friedrich von Bötticher), die – immer wieder – den Isolationismus der USA betonten. Streiflicht: Klaus Mehnert, Ein Deutscher in der Welt. Erinnerungen 1906-1981, Stuttgart 1981, S. 228.

96 Hitlers Lagebesprechungen. Die Protokollfragmente seiner militärischen Konferenzen 1942-1945. Herausgegeben von Helmut Heiber. Quellen und Darstellungen zur Zeitgeschichte Band 10, Stuttgart 1962 (i. f.: Lagebesprechungen), S. 169 (5. März 1943). Jodl/Japanische Offiziere: Besprechungsnachschriften vom 5. 8., 16. 10., 4. 12. 1942, 18. 4. und 29. 9. 1943 (MGFA, Marineakten, Kriegstagebuch der Seekriegsleitung, Teil C, Heft 15). Diese Nachschriften belegen, daß zwar Jodl Lageüberblicke gab, nicht aber von den Japanern zureichend informiert wurde.

97 Vgl. wieder Weisungen, S. 123 (Weisung Nr. 24): »Über das Barbarossa-Unternehmen darf den Japanern gegenüber keinerlei Andeutung gemacht werden.« Hillgruber, Staatsmänner und Diplomaten, II, S. 548 f.

98 Tippelskirch, a.a.O., S. 242 ff.; Scheurig, Tresckow, S. 134.

99 KTB Oberkommando der Heeresgruppe Mitte, 16. 12. 1941; Tippelskirch, a.a.O., S. 242; Bock, Tagebuch 19. 12. 1941.

100 Leeb, a.a.O., S. 418.

101 Weisungen, S. 199-203 (Weisung Nr. 39, F. H. Qu., den 8. 12. 1941).

102 A.a.O., S. 200 f.

103 Halder, Tgb. 20. 12. 1941; Warlimont, Im Hauptquartier, S. 234.

104 Hillgruber/Hümmelchen, Chronik, S. 111; Heusinger, Befehl ..., S. 151.

105 A.a.O.; Jodl: IMT, Bd. XV, S. 407; Brief Hitlers an Raeder, Göring und Brauchitsch, 19. Dezember 1941 (Keitel, S. 287); Bor, Gespräche mit Halder, S. 214. Halder hat noch im nachhinein (Schall-Riaucour, a.a.O., S. 34 f.) dem Chef des Wehrmachtführungsstabes brennenden Ehrgeiz unterstellt. Dagegen schätzte sich Jodl glücklich, daß ihn Hitler im Dezember 1941 nicht zum Heeresgeneralstabschef berief (Warlimont, a.a.O., S. 229).

106 Warlimont, a.a.O., S. 232; Siegfried Westphal, Erinnerungen, Mainz 1975, S. 197 f.

107 Mitt. A. Heusinger (21. 11. 1975); Warlimont, a.a.O., S. 229.

108 IMT, Bd. XV, S. 407.

109 Dies galt – trotz einiger Einschränkungen – bereits ab 1942.

110 Mitt. W. Warlimont (1. 12. 1977); A. Winter (30. 5. 1976); KTB OKW, Bd. IV/2, S. 1752; Warlimont, Im Hauptquartier, S. 246 f. Die Abteilung Landesverteidigung (L) hörte auf zu bestehen. Warlimonts künftige Dienstbezeichnung: »Stellvertretender Chef des Wehrmachtführungsstabes«. Ihm unterstellt drei Arbeitsgruppen (Abteilungen) für Operationen; deren Leiter: 1. Gen-St.-Offz.

Heer, 1. Gen.-St.-Offz. Luftwaffe, 1. Admiralstabs-Offz. (Warlimont, a.a.O., S. 229).

111 Bor, a.a.O., S. 214; Mitt. A. Heusinger (21. 11. 1975).

112 Bor, a.a.O., S. 81.

113 Heusinger, Befehl . . ., S. 163.

114 Loßberg, Im Wehrmachtführungsstab, S. 146.

115 A.a.O.

116 A.a.O., S. 147.

117 A.a.O.; A. Jodl, Brief 19. 12. 1941. Hier – trotz bemühter optimistischer Untertöne – das Eingeständnis, daß dem Heer noch lange schwere Kämpfe bevorstünden. Zur Stimmung im OKH: Ferdinand Prinz von der Leyen, Rückblick zum Mauerwald. Vier Kriegsjahre im OKH, München 1965, S. 41 f.

118 Warlimont, a.a.O., S. 232.

119 Tippelskirch, a.a.O., S. 242-248.

120 Hillgruber/Hümmelchen, Chronik, S. 113; Halder, Tgb. 30. 11. 1941: »Fehlstellen im Ostheer 340 000 . . . Kraftfahrzeuge: Es laufen höchstens 50%.«

Kriegswende ohne Konsequenzen

1 KTB OKW, Bd. IV/2, S. 1503, 1721.

2 A.a.O., Bd. II/1, zusammengestellt und erläutert von Andreas Hillgruber, Frankfurt/M. 1963, S. 38; Tippelskirch, a.a.O., S. 274 f.; Rendulic, Gekämpft . . ., S. 82 f., 111.

3 Eindeutig für Hitler der Washington-Pakt Roosevelts und Churchills vom Januar 1942. Europa-Archiv, Oberwesel 1946 ff., S. 343. Hitlers Skepsis gegenüber Stalin als vertragstreuem Waffenstillstandspartner: Kehrl, Krisenmanager . . ., S. 333.

4 Halder, Tgb. 19. 11. 1941; Hillgruber, Staatsmänner und Diplomaten, II, S. 159 ff. (Unterredung Hitler/Ciano, Dezember 1942).

5 Hillgruber/Hümmelchen, Chronik, S. 117; spätere Illusionslosigkeit Hitlers: Speer, Erinnerungen, S. 306; Jochen v. Lang, Der Hitler-Junge. Baldur von Schirach: Der Mann, der Deutschlands Jugend erzog. Unter Mitarbeit von Claus Sibyll, Hamburg 1988, S. 329, 341.

6 IMT, Bd. XV, S. 325. Dies trifft – hinsichtlich der »Endlösung« – gewiß zu für die Zeit Anfang 1942. Übereinstimmung mit Hitlers militärischer Lageanalyse: KTB OKW, Bd. IV/2, S. 1503. – Ernst Jüngers Tagebuch vom 8. Februar 1942 (Werke. Tagebücher II,

Strahlungen. Erster Teil, Stuttgart o. J., S. 315) verweist auf einen Besuch Speidels im Führerhauptquartier. Danach sei es »entsetzlich« gewesen, »was Jodl dort über Kniébolos (Hitlers) Absichten äußerte« (Erschießungs-, Ausrottungs- und Aushungerungsbestrebungen). In einem Brief Jüngers an Luise Jodl vom 10. 9. 73 heißt es: »Wie mir General Speidel inzwischen schrieb, gehörte Jodl damals zu den Maßgebenden.« Nach Mitt. Hans Speidel (22. 11. 1975) »erwähnte« Jodl zwar »Entsetzliches«, *nicht jedoch* die »Endlösung der Judenfrage«, von der er, Speidel, 1942 auch nichts gewußt habe.

7 A. Jodl, Der Einfluß Hitlers . . ., KTB OKW, Bd. IV/2, S. 1720 f.; Gustave M. Gilbert, Nürnberger Tagebuch, Frankfurt/M. 1977 (Taschenbuchausgabe), S. 395.

8 Mitt. A. Heusinger (21. 11. 1975); Westphal, Erinnerungen, S. 155 f.

9 Josef Schröder, Bestrebungen zur Eliminierung der Ostfront, 1941-1943, Göttingen/Zürich 1985, S. 8-25.

10 Zusammenfassung: Alan Bullock, Hitler. Eine Studie über Tyrannei, Düsseldorf 1953, S. 676.

11 A.a.O., S. 676 f.

12 Tippelskirch, a.a.O., S. 242-250; Rendulic, a.a.O., S. 88, 93.

13 Balck, Ordnung im Chaos, S. 353.

14 So Rundstedt und Leeb: Mitt. A. Heusinger (21. 11. 1975); Rendulic, a.a.O., S. 111; Bullock, a.a.O., S. 676.

15 Weisungen, S. 214 (Weisung 41, F. H. Qu., den 5. 4. 1942; von Hitler stark durchkorrigiert).

16 A. Jodl, Hitler, Bl. 12; auch Marianne Feuersenger, Mein Kriegstagebuch. Zwischen Führerhauptquartier und Berliner Wirklichkeit, Freiburg i. Brsg. 1982, S. 88. – Jodl ließ – bei seinem Urteil über Hitler 1941/42 – auch später umfassendere Analysen beiseite.

17 A. Jodl, Der Einfluß Hitlers . . ., KTB OKW, Bd. IV/2, S. 1720.

18 Bericht »Wehrkraft 1942«. Abdruck: Jacobsen, Chronik, S. 311; Jodls Skepsis: Warlimont, Im Hauptquartier, S. 242 f. Zusätzlicher Hinweis auf Jodls Lageeinschätzung: seine Prüfung der besten Winter-Uniform für 1942/43 (!), von der er »mindestens drei Millionen« bis August/September 1942 anforderte. Kehrl, a.a.O., S. 240 f.

19 KTB OKW, Bd. II/1, S. 341 (6. Mai 1942); G. Engel, Brief an Luise Jodl vom 22. 10. 71.

20 Krausnick, Kommissarbefehl, S. 733 f.; Streit, Keine Kameraden, S. 88 f.

21 KTB OKW, Bd. II/1, S. 331 (30. April 1942); Rintelen, Mussolini . . ., S. 166 f.

22 Ciano, Tagebuch 28. und 29. April 1942, Abdruck: Jacobsen, Chronik, S. 301; Rintelen, a.a.O., S. 167.

23 Tippelskirch, a.a.O., S. 277-280, 296 f.

24 Heusinger, Befehl ..., S. 193; Warlimont, a.a.O., S. 253; Jodls erlahmter Widerstand: Rintelen, a.a.O., S. 169.

25 Rintelen, a.a.O., S. 170; Albert Kesselring, Soldat bis zum letzten Tag, Bonn 1953, S. 166-169.

26 Rintelen, a.a.O., S. 172; Tippelskirch, a.a.O., S. 297 f.

27 Mitt. A. Heusinger (21. 11. 1975). Zeit: September 1942.

28 Felix Hartlaub, Im Sperrkreis. Aufzeichnungen aus dem zweiten Weltkrieg. Herausgegeben von Geno Hartlaub, Hamburg 1955 (Taschenbuchausgabe), S. 113-126, bes. S. 116 f.

29 Tippelskirch, a.a.O., S. 280-283; Weisungen, S. 227 ff. (Weisung Nr. 45 für die Fortsetzung der Operation »Braunschweig«, F. H. Qu., den 23. 7. 42).

30 Tippelskirch, a.a.O., S. 284 f.; Warlimont, a.a.O., S. 259.

31 Speer, Spandauer Tagebücher, S. 85 f.

32 A.a.O., S. 87.

33 Mitt. A. Heusinger (21. 11. 1975); W. Warlimont (1. 12. 1977).

34 Halder, Tgb. 30. 7. 1942.

35 A.a.O., 23. 7. 1942.

36 Tippelskirch, a.a.O., S. 287 f.

37 KTB OKW, Bd. II/1, S. 658 (30. August 1942).

38 A.a.O., S. 690 f. (7. September 1942).

39 Rudolf Konrad, Kampf um den Kaukasus, München 1955, S. 32.

40 A.a.O.

41 A.a.O. Über Jodls zuvor unzulängliche Kartenausstattung: Kordt, Wahn und Wirklichkeit, S. 360.

42 Heusinger, Befehl ..., S. 198; Engel, Heeresadjutant, S. 126.

43 Mitt. A. Heusinger (21. 11. 1975); KTB OKW, Bd. II/1, S. 695 ff. (8. September 1942).

44 Heusinger, Befehl ..., S. 199; KTB OKW, Bd. II/1, S. 696 f. (8. September 1942).

45 Heusinger, a.a.O., S. 199; Mitt. G. Engel (12. 5. 1978); ders., Heeresadjutant, S. 126.

46 Engel, a.a.O., S. 127.

47 Mitt. G. Engel (12. 5. 1978); A. Heusinger (21. 11. 1975); Warlimont, Im Hauptquartier, S. 268; Jodl: IMT, Bd. XV, S. 330 f.

48 IMT, Bd. XV, S. 331; A. Jodl, Mein Verhältnis zu Hitler, Bl. 6.

49 KTB OKW, Bd. II/1, S. 707 (9. September 1942).

[50] Warlimont, a.a.O., S. 269.
[51] Konrad, a.a.O., S. 35.
[52] Loßberg, Im Wehrmachtführungsstab, S. 152; IMT, Bd. XV, S. 331.
[53] Heusinger, Befehl . . ., S. 212; ergänzend: Warlimont, a.a.O., S. 271.
[54] A.a.O.
[55] Die Weizsäcker-Papiere 1933-1950. Herausgegeben von Leonidas E. Hill, Frankfurt/M./Berlin/Wien 1974, S. 303 (30. IX. 42).
[56] Engel, Heeresadjutant, S. 127 f.; Speer, Erinnerungen, S. 317 f.
[57] Mitt. A. Heusinger (21. 11. 1975); Warlimont, a.a.O., S. 272 f.
[58] Wehrmachtbericht 7. 10. 1942, in: Die Wehrmachtberichte 1939-1945 (Bd. II: 1. Januar 1942 bis 31. Dezember 1943), S. 312; IMT, Bd. XV, S. 352 f.
[59] Wehrmachtbericht 7. 10. 1942, in: Die Wehrmachtberichte, a.a.O., S. 311 f.; IMT, Bd. XV, S. 347.
[60] Engel, a.a.O., S. 130 f.; IMT, Bd. XV, S. 349, 351.
[61] Notiz WFSt Qu (IV), Unterschrift: v. Tippelskirch (Werner), 8. Oktober 1942 (Fotokopie von Original), BA-MA OKW/1730.
[62] 3. Entwurf WFSt/Qu vom 17. Oktober 1942 mit dem handschriftlichen Vermerk: »Am 17. Abend vom Führer persönlich in der endgültigen Form gefaßt.« BA-MA OKW/1730.
[63] IMT, Bd. XV, S. 349. – Jodl – nach Engel, a.a.O., S. 131 – zu Hitler, »daß auch im Kriege internationale Vereinbarungen gelten, auch zum Wohl der eigenen Truppe«.
[64] IMT, Bd. XV, S. 351 f., 355; Text des Kommando-Befehls: Weisungen, S. 237 ff. (46 a. Der Führer Nr. 003830/42 g. Kdos. OKW/WFSt., F. H. Qu., den 18. 10. 1942).
[65] 408-P, 503-PS, in: IMT, Bd. XXVI, S. 100 ff., 117-120; Jodls Apologie: IMT, Bd. XV, S. 536 f.
[66] IMT, Bd. XV, S. 358.
[67] Vortragsnotiz WFSt/Qu (Verw. I) vom 27. 7. 1944 (Fotokopie von Original), 1. Ausfertigung, Unterschrift: Warlimont; Paraphe: Keitel. BA-MA OKW/1730.
[68] IMT, Bd. XV, S. 355.
[69] A.a.O., S. 352 f., 369.
[70] Tippelskirch, a.a.O., S. 334 f.
[71] A.a.O., S. 343 f.
[72] A.a.O., S. 312; Warlimont, Im Hauptquartier, S. 283.
[73] Tippelskirch, a.a.O., S. 313 f.
[74] Mitt. A. Heusinger (21. 11. 1975); Warlimont, a.a.O., S. 255 ff.
[75] Jünger, a.a.O., S. 497 (Eintragung: Maikop, 2. Januar 1943).

76 KTB OKW, Bd. II/2, S. 1061 (1. Dezember 1942).

77 Rintelen, Mussolini . . ., S. 181.

78 Engel, a.a.O., S. 129.

79 A.a.O., S. 137 f.; Manfred Kehrig, Stalingrad. Analyse und Dokumentation einer Schlacht. Beiträge zur Militär- und Kriegsgeschichte, 15. Band. Herausgegeben vom Militärgeschichtlichen Forschungsamt, Stuttgart 1974, S. 168 f.

80 KTB OKW, Bd. II/2, S. 1061 (1. Dezember 1942).

81 Joachim Wieder, Stalingrad und die Verantwortung des Soldaten. Mit einem Geleitwort von Helmut Gollwitzer, München 1962, S. 307 f.

82 Frido von Senger und Etterlin, Krieg in Europa, Köln/Berlin 1960, S. 72-88; Manstein, Verlorene Siege, S. 360-372; ferner: Kehrig, a.a.O., S. 196, 264.

83 Engel, a.a.O., S. 142; auch Mitt. G. Engel (12. 5. 1978).

84 Mitt. A. Heusinger (21. 11. 1975); G. Engel (12. 5. 1978).

85 Tippelskirch, a.a.O., S. 336 ff.

86 A.a.O., S. 351; Friedrich Karl von Plehwe, Schicksalsstunden in Rom. Ende eines Bündnisses, Frankfurt/M./Berlin 1967, S. 33 f.; Warlimont, a.a.O., S. 326.

87 Tippelskirch, a.a.O., S. 349; Warlimont, a.a.O., S. 324, 330. Jodls Leitsätze: KTB OKW, Bd. II/2, S. 1061 (1. Dezember 1942).

88 So die Prognose des Generals der Artillerie Walther von Seydlitz-Kurzbach in seiner Denkschrift vom 25. 11. 1942. Abdruck: Jacobsen, Chronik, S. 358-361. Für das Weitere: Scheurig, Freies Deutschland, S. 28-31.

89 Manstein, a.a.O., S. 397-459.

90 A. Jodl, Der Einfluß Hitlers . . ., KTB OKW, Bd. IV/2, S. 1721; ders., Hitler, Bl. 12, 13. Jodl: »Der Russe ist stärker als 1914!« Irving, Hitler und seine Feldherren, S. 445.

91 A. Jodl, Hitler, Bl. 14; Gilbert, a.a.O., S. 366.

92 A. Jodl, Mein »Schuldbekenntnis«, Bl. 5.

93 Mitt. Wolfgang Stresemann (1. 9. 1989).

94 A. Jodl, Mein »Schuldbekenntnis«, Bl. 5; ders., Aufzeichnung 1945, Bl. 1. Ähnliche Haltung auch bei den »Zivilisten«: so Kehrl, Krisenmanager . . ., S. 295 f.

95 A. Jodl, Betrachtung, Bl. 7, 8.

96 Manstein, a.a.O., S. 467.

97 A.a.O., S. 482; Alexander Stahlberg, Die verdammte Pflicht. Erinnerungen 1932 bis 1945, Berlin/Frankfurt/M. 1987, S. 319 ff., auch S. 303.

98 KTB OKW, Bd. III/1, zusammengestellt und erläutert von Walther Hubatsch, Frankfurt/M. 1963, S. 207 (13. März 1943).

99 Fabian von Schlabrendorff, Begegnungen in fünf Jahrzehnten, Tübingen 1979, S. 263 f.

100 A.a.O., S. 264. Zusätzlicher Beleg: Mitt. Berndt v. Kleist (29. 10. 1970): zum Tresckow-Buch des Verfassers. – Schmidts weiteres Schicksal: Schlabrendorff, a.a.O., S. 265 ff.; Schmundt, Tätigkeitsbericht, S. 80 f. (10. 7. 43), S. 234 (2. 9. 44). Schmidt wurde 1943 in die OKH-Führerreserve versetzt. Hitler lehnte es 1944 »grundsätzlich ab«, ihn wiederzuverwenden.

101 Ber. L. Jodl (1976); Scheurig, Tresckow, S. 157 ff.

102 Engel, Heeresadjutant, S. 144 f.; Stahlberg, a.a.O., S. 278 f. (6. 2. 1943).

103 Remis-Gedanke: Manstein, a.a.O., S. 474.

104 Engel, a.a.O., S. 145.

105 A.a.O.

106 IMT, Bd. XV, S. 453. – Die Berliner Tagebücher der »Missie« Wassiltschikow 1940-1945, Berlin 1987, S. 129.

107 Vgl. IMT, Bd. XV, S. 352 f.

108 A. Jodl, Der Einfluß Hitlers . . ., KTB OKW, Bd. IV/2, S. 1721.

109 A.a.O., S. 1718.

110 Jacobsen, Chronik, S. 562, 564, 706; Mitt. Nicolaus v. Below (5. 11. 1981).

111 Ber. Karl Dönitz (1979), Bl. 2.

112 Vortrag des Chefs des Wehrmachtführungsstabes vor dem Reichskabinett am 5. 5. 44, Bl. 40 (BA-MA N 69/18); Mitt. N. v. Below (5. 11. 1981).

Bilanzen

1 Mitt. A. Heusinger (21. 11. 1975); W. Warlimont (1. 12. 1977); G. Engel (12. 5. 1978).

2 A.a.O.

3 A. Jodl, Der Einfluß Hitlers . . ., KTB OKW, Bd. IV/2, S. 1714 ff.

4 Buttlar, Jodl, S. 8; Mitt. A. Heusinger (21. 11. 1975); O. Stapf.

5 IMT, Bd. XV, S. 331; Mitt. G. Engel (12. 5. 1978).

6 Mitt. A. Heusinger (21. 11. 1975); W. Warlimont (1. 12. 1977); G. Engel (12. 5. 1978).

7 A. Jodl, Mein Verhältnis zu Hitler, Bl. 5, 6.

[8] Mitt. W. Warlimont (1. 12. 1977); für 1944: A. Winter (30. 5. 1976); W. Meyer-Detring (26. 6. 1974); Siegfried Westphal (8. 11. 1978).
[9] Maxime des preußischen Prinzen Friedrich Karl.
[10] Immer wieder von Jodl betont; prinzipiell: IMT, Bd. XV, S. 650.
[11] Rendulic, Gekämpft ..., S. 184 (für September 1943).
[12] Warlimont, Im Hauptquartier, S. 268 f.; Heusinger, Befehl ..., S. 205; IMT, Bd. XV, S. 331.
[13] IMT, Bd. XV, S. 325.
[14] KTB OKW, Bd. IV/2, S. 1713; L. Jodl, Jenseits des Endes, S. 232.
[15] Dafür finden sich auch in Jodls größeren Niederschriften nach 1945 keine Belege.
[16] A. Jodl, Der Einfluß Hitlers ..., KTB OKW, Bd. IV/2, S. 1721.
[17] Warlimont, a.a.O., passim; Ber. Helmuth Greiner (1946), Bl. 3, 4, 9; Feuersenger, Mein Kriegstagebuch, S. 181 (für 1944); Mitt. Fritz Fillies (21. 4. 1975).
[18] Warlimont, a.a.O., passim.
[19] Mitt. A. Heusinger (21. 11. 1975); E. John v. Freyend (24. 11. 1975); A. Winter (30. 5. 1976); L. Jodl, a.a.O., S. 225.
[20] Mitt. A. Winter (30. 5. 1976); W. Meyer-Detring (26. 6. 1974); Karl Jesco v. Puttkamer (24. 6. 1974).
[21] Mitt. E. John v. Freyend (24. 11. 1975); Erich Dethleffsen, Erinnerungen (1945/46; ungedruckt), S. 44 f.
[22] KTB OKW, Bd. IV/2, S. 1713.
[23] Loßberg, Im Wehrmachtführungsstab, S. 22; Warlimont, a.a.O., passim; Mitt. A. Winter (30. 5. 1976). Über Jodls Zurückhaltung auch: KTB OKW, Bd. IV/2, S. 1807 f.
[24] Mitt. W. Warlimont (1. 12. 1977); A. Winter (30. 5. 1976). Als Warlimont einmal eine »Kurzbeurteilung der Lage« vorlegte, wischte sie Jodl mit den Worten weg: »Was soll ich damit? Sehen Sie lieber zu, daß die Einzeichnungen in den Karten richtig sind!« Mitt. W. Warlimont (23. 6. 1974).
[25] A. Jodl, Brief an Luise Jodl vom 12. 5. 1946; Anlage zu (OKW/WFSt) WPr Nr. 8644/41 geh., Bericht v. 15. 11. 41 (BA-MA RW 4/v. 253). Hier Bemerkungen Jodls, die auf eine schonende Behandlung der russischen Kriegsgefangenen abzielten. Scherff: Seit 17. 5. 1942 Beauftragter für die Kriegsgeschichtsschreibung (BA-MA III W 50/1). Charakteristik: Feuersenger, a.a.O., S. 59, 183 (für 1941 und 1944).
[26] Mitt. Achim Oster (3. 1. 1978); Christian Krull (4. 5. 1976); Helmut Selbach (12. 5. 1982). Mitteilungen für drei verschiedene Stäbe.

27 L. Jodl, a.a.O., S. 77 f.; Mitt. Maria Hübschenberger (22. 6. 1974).
28 A. Jodl, Brief 10. 5. 1943. Teilabdruck: L. Jodl, a.a.O., S. 77.
29 A. Jodl, Briefe an Luise Jodl vom 12. und 26. 5. 1946.
30 Kesselring, a.a.O., S. 314, 387; Erich Raeder, Mein Leben, Tübingen 1957, S. 319 f.
31 Mitt. A. Oster (3. 1. 1978); H. Selbach (12. 5. 1982); S. Westphal (8. 11. 1978); auch Leyen, Rückblick ..., S. 39.
32 Walther von Seydlitz, Stalingrad – Konflikt und Konsequenz. Erinnerungen. Einleitung von Bodo Scheurig, Oldenburg/Hamburg 1977, S. 140 f.
33 Mitt. A. Oster (3. 1. 1978).
34 Eduard Baumgarten, Erinnerungen an Generaloberst Jodl (Ber. 1979; ungedruckt), Bl. 3.
35 A.a.O.
36 KTB OKW, Bd. IV/2, S. 1713.
37 Hans Speidel, Aus unserer Zeit. Erinnerungen, Berlin/Frankfurt/M./Wien 1977, S. 162.
38 Mitt. H. Speidel (22. 11. 1975); Chr. Krull (4. 5. 1976); A. Oster (3. 1. 1978).
39 Helmut Gollwitzer, ... und führen, wohin du nicht willst. Bericht einer Gefangenschaft, München 1951, S. 129.
40 Guderian, Erinnerungen ..., S. 366; Mitt. E. John v. Freyend (24. 11. 1975).
41 Mitt. A. Winter (30. 5. 1976); W. Meyer-Detring (26. 6. 1974); H. Büchs (26. 11. 1975).
42 A.a.O.
43 Ber. Lothar Neumann (27. 1. 1964) an Percy Ernst Schramm; Baumgarten, a.a.O., Bl. 4. Nach dem 20. Juli 1944 half Jodls Fürsprache Peter Sauerbruch, einem Generalstabsoffizier (Peter Sauerbruch, Eidesstattliche Erklärung, 21. Juni 1951). Halder – damals auch verhaftet – resümierte später, daß Jodl über ihn wohl eine »schützende Hand« gehalten habe (Schall-Riaucour, a.a.O., S. 330).
44 L. Jodl, a.a.O., S. 116; Mitt. W. Meyer-Detring (26. 6. 1974); H. Büchs (26. 11. 1975).
45 IMT, Bd. XV, S. 326; A. Jodl, Streiflichter, Bl. 3.
46 IMT, Bd. XV, S. 649 (P. E. Schramm).
47 A.a.O., S. 326.
48 Ber. B. v. Loßberg; Mitt. A. Winter (30. 5. 1976); E. John v. Freyend (24. 11. 1975); A. Heusinger (21. 11. 1975); A. Jodl, Streiflichter, Bl. 3.

[49] Erich Murawski, Der deutsche Wehrmachtbericht 1939-1945. Ein Beitrag zur Untersuchung der geistigen Kriegführung. Mit einer Dokumentation der Wehrmachtberichte vom 1. 7. 1944 bis zum 9. 5. 1945, Boppard am Rhein 1962, S. 52 f.; Ber. H. v. Wedel.

[50] Der Chef des Wehrmachtführungsstabes im Oberkommando der Wehrmacht. Betr.: Abfassung des Wehrmachtberichts. F. H. Qu., den 25. 10. 1944, S. 1 f. (BA-MA III W 50/1). Ders. (Nr 4210/41 geheim, Berlin, den 18. 6. 1941), S. 1: »Wahrheit und Schnelligkeit . . .«. Abdruck: Murawski, a.a.O., S. 701 f.; H. v. Wedel, Wehrmachtbericht, S. 50 (BA-MA R. W 4/v. 155).

[51] Abfassung des Wehrmachtberichts (25. 10. 1944), S. 4.

[52] Murawski, a.a.O., S. 55 f.; Wedel, a.a.O., S. 51.

[53] Ber. H. v. Wedel (14. 11. 1952), S. 1 f. – Kritik Goebbels' an der OKW-Nachrichtenpolitik schon 1940: Die Tagebücher von Joseph Goebbels. Sämtliche Fragmente. Herausgegeben von Elke Fröhlich im Auftrag des Instituts für Zeitgeschichte und in Verbindung mit dem Bundesarchiv, München/New York/London/Paris 1987, Bd. 4, S. 108 (12. 4. 1940). Ferner: Boelcke, Deutschlands Rüstung . . ., S. 258, 270: Speer (!) rät Hitler, die Wehrmachtpropaganda dem Reichspropaganda-Ministerium zu unterstellen (Mai 1943).

[54] Abfassung des Wehrmachtberichts (25. 10. 1944), S. 2 f., 5 f.; Murawski, a.a.O., S. 55; Wedel, Wehrmachtbericht, S. 51.

[55] Dies zeigen bereits die verschleiernden Berichte über Stalingrad.

[56] Mitt. A. Heusinger (21. 11. 1975); A. Winter (30. 5. 1976): nach Andeutungen, die Jodl in einem Gespräch (Spätherbst 1944) machte. Über Antonescu und dessen Besuch im Führerhauptquartier (11. 2. 1942): Hans Graf von Holtzendorff, Landsknecht und Hofnarr, Göttingen/Frankfurt/M./Zürich 1971, S. 187. Notiz: BA-MA R. W 47/v. 9. – Bilddokumente: Das Führerhauptquartier 1939-1945. Zeitgeschichte im Bild. Zusammengestellt und herausgegeben von Gerhard Buck, Leoni am Starnberger See o. J., passim.

[57] Mitt. Fabian von Schlabrendorff (17. 6. 1967): zum Tresckow-Buch des Verfassers; Alexander Stahlberg (1. 9. 1989). Schlabrendorff: Heeresgruppe Mitte; Stahlberg: Heeresgruppe Süd.

[58] Neben anderen Schreiben, die oft nur untergeordneten Fragen galten, vor allem: Jodl an Ritter zum Einmarsch deutscher Truppen in Bulgarien, 28. Januar 1941, Document No. NG. 5281, Office of Chief of Councel for War Crimes, 2 Bl.

[59] Hans Kroll, Lebenserinnerungen eines Botschafters, Köln/Berlin 1967, S. 125. Zeit: August 1941.

[60] Die Tagebücher von Joseph Goebbels, Bd. 4, S. 71 (13. 3. 1940), S. 108 (12. 4. 1940), S. 115 (17. 4. 1940), S. 153 (11. 5. 1940).

[61] Mitt. W. Meyer-Detring (26. 6. 1974); H. Büchs (26. 11. 1975); N. v. Below (5. 11. 1981). Ferner: Kehrl, Krisenmanager . . ., S. 334 f.; Speer, Erinnerungen, S. 434: Göring, den Hitler auch vor Zuhörern abkanzelte.

[62] Mitt. W. Warlimont (1. 12. 1977); A. Winter (30. 5. 1976); E. John v. Freyend (24. 11. 1975).

[63] Wilhelm Ritter von Schramm, Kommentar zur Deutschen Wochenschau 679, 8. September 1943. III. Programm, Sender Freies Berlin/Norddeutscher Rundfunk/Radio Bremen (30. 8. 1983). Peter Hoffmann, Die Sicherheit des Diktators. Hitlers Leibwachen, Schutzmaßnahmen, Residenzen, Hauptquartiere, München/Zürich 1975, S. 213-239.

[64] IMT, Bd. XV, S. 325.

[65] Mitt. W. Warlimont (1. 12. 1977); A. Heusinger (21. 11. 1975); E. John v. Freyend (24. 11. 1975).

[66] Mitt. E. John v. Freyend (24. 11. 1975); Irving, Hitler . . ., S. 317.

[67] Mitt. E. John v. Freyend (24. 11. 1975. Über »Mauerwald«: Leyen, Rückblick . . ., S. 17.

[68] Fritz Fillies, Meldung bei Generaloberst Jodl (ungedruckt), Bl. 2, 3. Der Autor wurde damals als 2. Verbindungsoffizier (VO) der Abteilung Wehrmachtpropaganda zum WFSt nach Ostpreußen kommandiert.

[69] Mitt. F. Fillies (21. 4. 1975); W. Ritter v. Schramm (22. 4. 1975).

[70] A.a.O.; KTB OKW, Bd. IV/2, S. 1809.

[71] Mitt. F. Fillies (21. 4. 1975); W. Ritter v. Schramm (22. 4. 1975).

[72] Gilbert, Nürnberger Tagebuch, S. 63; IMT, Bd. XV, S. 436.

[73] IMT, Bd. XV, S. 432.

[74] So nicht nur Guderians Eindruck (Erinnerungen . . ., S. 243); kritische Anmerkung auch bei Kesselring, Soldat . . ., S. 387.

[75] Westphal, Erinnerungen, S. 238; Plehwe, Schicksalsstunden . . ., S. 39.

[76] Liddell Hart, Geschichte des Zweiten Weltkrieges, II, Bergisch-Gladbach 1979 (Taschenbuchausgabe), S. 881 f. – Wünsche nach Ablösung der Spitzen des OKW: Guderian, a.a.O., S. 243; Günther von Below (Gruppenleiter I, Ausbildungsabteilung, Generalstab des Heeres), Lebenserinnerungen (ungedruckt), II, S. 16.

[77] A. Jodl, Brieffragment (ohne Datum, jedoch offenbar noch 1942).

[78] IMT, Bd. XV, S. 370, 594 (N.D. F-665).

79 A.a.O., S. 594 f.

80 A.a.O., S. 370 f.

81 Sven Steenberg, Wlassow. Verräter oder Patriot, Köln 1969, S. 29, 164; Wilfried Strik-Strikfeldt, Gegen Stalin und Hitler. General Wlassow und die russische Freiheitsbewegung, Mainz 1970, S. 179 f., 214; Jacobsen, Chronik, S. 451 (Jodls Rede vor den Gauleitern am 7. November 1943).

82 Steenberg, a.a.O., S. 129 f.; Strik-Strikfeldt, a.a.O., S. 179 f. – Jodls Widerstreben gegen eine russische Freiwilligen-Armee galt trotz eines Offenen Briefes »von« Wlassow, den er hinnahm und billigte. Dieser Brief hob beschwichtigend hervor, daß der Abtransport in den Westen Wlassows Freiwilligen eine ungestörte Ausbildung sichern solle. Ferner: Lagebesprechungen, S. 256 f. (8. Juni 1943).

Italien, Invasion, 20. Juli 1944

1 Mitt. A. Heusinger (21. 11. 1975); W. Warlimont (1. 12. 1977).

2 A.a.O.; Warlimont, Im Hauptquartier, S. 348.

3 Tippelskirch, a.a.O., S. 348 ff.; Plehwe, a.a.O., S. 33 f.

4 Plehwe, a.a.O., S. 29, 34.

5 A.a.O., S. 19-22 (Bericht Rintelen, 12. 3. 43).

6 A.a.O., S. 23 f.

7 Tippelskirch, a.a.O., S. 349-355.

8 A. Jodl, Hitler, Bl. 19; Warlimont, a.a.O., S. 329; Guderian, Erinnerungen . . ., S. 275 f.; Schmundt, Tätigkeitsbericht, S. 59 (20. 4. 43), S. 65 f. (7. 5. 43): Jodls Weigerung, besonders qualifizierte Offiziere aller Dienstgrade aus Tunis zurückzuziehen, und sein verspäteter Gegenversuch.

9 Hillgruber/Hümmelchen, Chronik, S. 170; Wertung: Michael Salewski, Die deutsche Seekriegsleitung 1935-1945, II, München 1975, S. 267 f.

10 Mitt. W. Warlimont (1. 12. 1977); auch im Hinblick auf von Jodl erwartete Landungen in *Italien*: Mitt. A. Heusinger (21. 11. 1975).

11 Tippelskirch, a.a.O., S. 360-364; Westphal, Erinnerungen, S. 215, 217.

12 Ber. Bogislav v. Bonin (1982), Bl. 2.

13 A.a.O.; Mitt. S. Westphal (8. 11. 1978); ders., Erinnerungen, S. 217; Warlimont, Im Hauptquartier, S. 388.

14 KTB OKW, Bd. III/2, S. 789 (15. Juli 1943).

15 A.a.O.
16 Vgl. Rintelen, Mussolini ..., S. 245.
17 Lagebesprechungen, S. 312 (25. Juli 1943).
18 A.a.O., S. 309-338.
19 KTB OKW, Bd. III/2, S. 789 (15. Juli 1943).
20 Kesselring, Soldat ..., S. 233 f.; Westphal, a.a.O., S. 224; Mitt. S. Westphal (8. 11. 1978).
21 Kesselring, a.a.O., S. 234.
22 Rintelen, a.a.O., S. 241-245; Plehwe, Schicksalsstunden ..., S. 214-217.
23 Rintelen, a.a.O., S. 243.
24 A.a.O., S. 244 f.
25 Lagebesprechungen, S. 312 (25. Juli 1943).
26 Kesselring, a.a.O., S. 243; Westphal, Erinnerungen, S. 226.
27 Kesselring, a.a.O., S. 249-258; Westphal, a.a.O., S. 228.
28 Kesselring, a.a.O., S. 259.
29 IMT, Bd. XV, S. 324; Speer, Spandauer Tagebücher, S. 365.
30 Jodls Skepsis: Mitt. A. Heusinger (21. 11. 1975); E. John v. Freyend (24. 11. 1975); N. v. Below (5. 11. 1981).
31 A. Jodl, Hitler, Bl. 18.
32 Mitt. S. Westphal (8. 11. 1978); A. Oster (3. 1. 1978); Balck, Ordnung im Chaos, S. 455; Rendulic, Gekämpft ..., S. 156.
33 Mitt. A. Heusinger (21. 11. 1975): Nach Aufnahmen, die im Führerhauptquartier ausgewertet wurden.
34 A. Jodl, Schlußwort (Nürnberg, 1946), Bl. 2.
35 Warlimont, a.a.O., S. 348.
36 Tippelskirch, a.a.O., S. 378-383.
37 A.a.O., S. 381; A. Jodl, Hitler, Bl. 19.
38 Manstein, Verlorene Siege, Teil ab S. 507; Entlassung Ende März 1944: S. 615; auch Stahlberg, Die verdammte Pflicht, S. 320, 359 f.
39 A. Jodl, Hitler, Bl. 16.
40 A. Jodl, Mein Verhältnis zu Hitler, Bl. 6 (für 1942/43).
41 A.a.O.
42 Mitt. H. Speidel (22. 11. 1975); A. Oster (3. 1. 1978); H. Selbach (12. 5. 1980).
43 A. Jodl, Mein »Schuldbekenntnis«, Bl. 5.
44 Mitt. A. Heusinger (21. 11. 1975); A. Speer (7. 3. 1976).
45 A. Jodl, Mein Verhältnis zu Hitler, Bl. 6; ders., Hitler, Bl. 12, 13.
46 Erfurth, Der Finnische Krieg, S. 155; Mannerheim, Erinnerungen, S. 499 f.

[47] Erfurth, a.a.O., S. 156; ders., Tagebuch 14. und 15. Oktober 1943 (BA-MA M.S.g. 1/v. 632); Mannerheim, a.a.O., S. 500. Nach Erfurth (Tagebuch) beendete Jodl zwei Reden als Sprachrohr Hitlers mit den Sätzen: »Deutschland wird nie einen Verbündeten verraten. Deutschland wird nie kapitulieren, Deutschland wird den Krieg bis zum siegreichen Ende fortsetzen.«

[48] Erfurth, a.a.O., S. 155 f.; Jodls politische Darlegungen: Mannerheim, a.a.O., S. 499 f.

[49] Ber. H. v. Wedel; Scheurig, Freies Deutschland.

[50] Ber. H. v. Wedel; Scheurig, a.a.O., S. 78, 122 f.

[51] Ber. H. v. Wedel; Hans-Leo Martin, Unser Mann bei Goebbels. Verbindungsoffizier des Oberkommandos der Wehrmacht beim Reichspropagandaminister 1940-1944, Neckargemünd 1973, S. 70, 96.

[52] Jacobsen, Chronik, S. 431-454; IMT, Bd. XV, S. 333 f.

[53] Jacobsen, a.a.O., S. 450, 452.

[54] A.a.O., S. 452.

[55] A.a.O., S. 452 f.

[56] A.a.O., S. 454.

[57] A.a.O.

[58] Kesselring, a.a.O., S. 253 f., 258.

[59] Westphal, Erinnerungen, S. 234; ders., Heer in Fesseln, S. 238.

[60] Vgl. Balck, a.a.O., S. 455.

[61] Westphal, Erinnerungen, S. 237 f.

[62] Tippelskirch, a.a.O., S. 409-416.

[63] Mitt. S. Westphal (8. 11. 1978).

[64] Mitt. W. Warlimont (1. 12. 1977). Auch die größeren Niederschriften Jodls in Nürnberg geben keine Hinweise.

[65] Exposé Warlimont (Invasion), Bl. 1.

[66] Hermann Jung, Die Ardennen-Offensive 1944/45. Ein Beispiel für die Kriegführung Hitlers. Studien und Dokumente zur Geschichte des Zweiten Weltkrieges, herausgegeben vom Arbeitskreis für Wehrforschung in Stuttgart, Bd. 12, Göttingen/Zürich/Frankfurt/M. 1971, S. 270-278.

[67] Lagebesprechungen, S. 509 (28. Dezember 1943).

[68] Exposé Warlimont (Invasion), Bl. 3; Wendung auch in Jodls Gauleiter-Rede (7. November 1943): Jacobsen, a.a.O., S. 450.

[69] Mitt. A. Heusinger (21. 11. 1975); Exposé Warlimont (Invasion), Bl. 4.

[70] Below, Als Hitlers Adjutant, S. 352; Speer, Erinnerungen, S. 373;

A. Jodl, Tgb. 25. 12. 1943: »A 4 und L 76 (Fliegende Bombe. B. Sch.) Trödelei.«

71 So das Urteil im Bericht der Forscher an die Reichsregierung (1941/42): Werner Heisenberg, Der Teil und das Ganze. Gespräche im Umkreis der Atomphysik, München 1983 (Taschenbuchausgabe), S. 211.

72 Tippelskirch, a.a.O., S. 500; Jürgen Thorwald, Es begann an der Weichsel, München 1977 (Taschenbuchausgabe), passim; ders., Das Ende an der Elbe, München 1978 (Taschenbuchausgabe), passim; Scheurig, Freies Deutschland, S. 151 f.

73 PA Jodl, Bl. 1. Die Parteimitgliedschaft, die Jodl nach Verleihung des Goldenen Parteiabzeichens beantragte, erhielt er am 1. 1. 1945; sie ruhte aber für ihn als Angehörigen der Wehrmacht. US Document Center. Partei Kanzlei Correspondence. Partei-Nr. 9640812.

74 A. Jodl, Mein Verhältnis zu Hitler, Bl. 7.

75 Mitt. W. Meyer-Detring (26. 6. 1974); S. Westphal (8. 11. 1978); H. Büchs (26. 11. 1975); Buttlar, Jodl, S. 5; Brief H. v. Buttlar-Brandenfels an Helmuth Greiner vom 5. 2. 52, Bl. 2; Speer, a.a.O., S. 258, 519; Puttkamer, Jodl, S. 2. Ferner: Stenograph Dr. jur. Kurt Hagen, Brief an Luise Jodl vom 11. 3. 1955, Bl. 2; auch Aussage Stenograph Dr. Peschel (1946).

76 Westphal, Heer in Fesseln, S. 87; Kesselring, a.a.O., S. 314, 387.

77 Sündermann, Deutsche Notizen . . ., S. 79 f.

78 Georg Holmsten, Deutschland 1944. Soldaten, Zivilisten, Widerstandskämpfer, Düsseldorf 1982, S. 111, 113 ff.

79 A.a.O., S. 113.

80 Mitt. A. Heusinger (21. 11. 1975); E. John v. Freyend (24. 11. 1975).

81 Mitt. Speer (7. 3. 1976): Nach zwei Gesprächen mit Jodl im Frühjahr 1944.

82 Tippelskirch, a.a.O., S. 420 f.

83 A.a.O., S. 423; Warlimont, Im Hauptquartier, S. 440.

84 Tippelskirch, a.a.O., S. 422-425.

85 A.a.O., S. 426 f.

86 Balck, a.a.O., S. 669.

87 Wolfgang Paul, Das Potsdamer Infanterie-Regiment 9 1918-1945. Preußische Tradition in Krieg und Frieden, Osnabrück 1983, S. 352.

88 A.a.O., S. 352 f.

89 A. Jodl, Tgb. 9. 3. 1944.

90 Sterbeurkunde Nr. 512/44 I (Standesbeamter/Königsberg/Pr), 18. 4. 1944.

[91] Ber. L. Jodl (1976); A. Jodl, Brief an Prof. Ferdinand Sauerbruch vom 2. Mai 1944; Beisetzung Irma Jodls: L. Jodl, Jenseits des Endes, S. 93.

[92] A. Jodl, Mein Verhältnis zu Hitler, Bl. 8.

[93] Zum nicht nur versteckt nachtragenden Hitler: Mitt. A. Heusinger (21. 11. 1975); W. Warlimont (1. 12. 1977); E. John v. Freyend (24. 11. 1975).

[94] A. Jodl, Beabsichtigte Aussage über Hitler (Nürnberg 1946), Bl. 2.

[95] Für 1944: Mitt. A. Winter (30. 5. 1976); W. Meyer-Detring (26. 6. 1974); H. Büchs (26. 11. 1975).

[96] A. Jodl, Hitler, Bl. 16; ders., Mein Verhältnis zu Hitler, Bl. 7 (für November/Dezember 1944); Mitt. A. Winter (30. 5. 1976).

[97] Jodls Erschöpfung: Speer, Erinnerungen, S. 258. Westphal, Heer in Fesseln, S. 86: Für Außenstehende war es völlig »unverständlich, wie man ein solches, eine rationelle Arbeitseinteilung unmöglich machendes Leben Jahr für Jahr aushalten konnte«.

[98] IMT, Bd. XV, S. 333.

[99] Guderian, Erinnerungen . . ., S. 294.

[100] A. Jodl, Streiflichter, Bl. 5.

[101] A. Jodl, Hitler, Bl. 23; ders., Mein »Schuldbekenntnis«, Bl. 4.

[102] Über Hitlers Krankheit existiert von Jodls Hand keine Notiz.

[103] Vgl. Erfurth, a.a.O., S. 180.

[104] A.a.O., S. 179 ff.

[105] A.a.O., S. 180; für das Nachfolgende: a.a.O., S. 181 f.

[106] Die Denkschrift – offenbar verlorengegangen – erwähnt: A. Jodl, Hitler, Bl. 18. Sonst: Martin, a.a.O., S. 151; Strategischer Überblick und Verteilung der Gesamtstreitkräfte des deutschen Heeres (Wehrmachtführungsstab, Op/Nr. 7710098/44 g. K. Chefs., 13. 4. 1944), Abdruck: Jung, a.a.O., S. 277; Vortrag des Chefs des Wehrmachtführungsstabes vor dem Reichskabinett am 5. 5. 44, Bl. 8 (BA-MA N 69/18).

[107] Weisungen, S. 270-274 (Weisung Nr. 51, F. H. Qu., den 3. 11. 43). Über Hitlers realistische Lageeinschätzung bei einem Erfolg der alliierten Invasion im Westen: Percy Ernst Schramm, Hitler als militärischer Führer. Erkenntnisse und Erfahrungen aus dem Kriegstagebuch des Oberkommandos der Wehrmacht, Frankfurt/M./Bonn 1962, S. 70 (Warlimont).

[108] Warlimont, Im Hauptquartier, S. 442-445; A. Jodl, Tgb. 21. 1., 24. 3., 25. 3. und 29. 4. 1944. Schwere Krise zwischen Jodl und Zeitzler: Schmundt, Tätigkeitsbericht, S. 97 f. (27. 9. 43).

[109] Mitt. A. Heusinger (21. 11. 1975); W. Warlimont (1. 12. 1977); A. Jodl, Tgb. 7., 9., 11. und 13. 1. 1944.

[110] A. Jodl, Tgb. 9. 1. 1944; Warlimont, Im Hauptquartier, S. 436 f.

[111] Mitt. A. Heusinger (21. 11. 1975); Exposé Warlimont (Invasion), Bl. 5; bestätigend: Mitt. N. v. Below (5. 11. 1981).

[112] Warlimont, Im Hauptquartier, S. 437; Dieter Ose, Entscheidung im Westen 1944. Der Oberbefehlshaber West und die Abwehr der alliierten Invasion, Stuttgart 1982, S. 31 ff.

[113] Warlimont, a.a.O.; Ose, a.a.O., S. 48 f.

[114] Tippelskirch, a.a.O., S. 480.

[115] A.a.O.; Mitt. W. Warlimont (1. 12. 1977).

[116] Tippelskirch, a.a.O., S. 471 f.

[117] Jodls Lagebeurteilung: Mitt. W. Warlimont (1. 12. 1977); A. Heusinger (21. 11. 1975); Martin, a.a.O., S. 150.

[118] Warlimont, Im Hauptquartier, S. 454; Ose, a.a.O., S. 102; Tippelskirch, a.a.O., S. 482.

[119] Warlimont, a.a.O., S. 455.

[120] Ose, a.a.O., S. 104, 110 f., 113 f.; Warlimont, a.a.O., S. 456.

[121] Ose, a.a.O., S. 109; Tippelskirch, a.a.O., S. 485.

[122] Ose, a.a.O., S. 119.

[123] KTB Heeresgruppe B, 8. 6. 1944 (Fotokopie von Original).

[124] Hans Speidel, Invasion 1944. Ein Beitrag zu Rommels und des Reiches Schicksal, Frankfurt/M./Berlin/Wien o. J. (Taschenbuchausgabe), S. 79-82.

[125] Tippelskirch, a.a.O., S. 533; Hermann Gackenholz, Zum Zusammenbruch der Heeresgruppe Mitte im Sommer 1944, in: Vierteljahrshefte für Zeitgeschichte 3 (1955), S. 320-329. Nach Rendulic (Gekämpft . . ., S. 236) konnte Jodl Hitler nicht davon überzeugen, daß die Heeresgruppe Mitte angegriffen würde.

[126] Tippelskirch, a.a.O., S. 533-541; Gackenholz, a.a.O., S. 317.

[127] Tippelskirch, a.a.O., S. 493.

[128] A.a.O., S. 492.

[129] A.a.O., S. 490; Warlimont, a.a.O., S. 460.

[130] Mitt. A. Speer (7. 3. 1976); ders., Erinnerungen, S. 357 ff. – Die sogenannten »Hydrier-Denkschriften« hat Speer nach seiner Mitteilung regelmäßig auch Jodl zugeleitet. Ferner: Kehrl, Krisenmanager . . ., S. 368 f., 376-380.

[131] KTB OKW, Bd. IV/2, S. 1572 f.

[132] Peter Hoffmann, Widerstand, Staatsstreich, Attentat. Der Kampf der Opposition gegen Hitler, München 1969, S. 469, 473 f.

[133] Eberhard Zeller, Geist der Freiheit. Der zwanzigste Juli, München 1965, S. 381.

[134] Zeller, a.a.O.

[135] Hoffmann, a.a.O., S. 475; Schmundt, Tätigkeitsbericht, S. 162 f. (20. 7. 44, 12.50 Uhr), S. 172 (22. 7. 44, Tod: Korten, Brandt), S. 274 (1. 10. 44, Tod: Schmundt).

[136] A. Jodl, Der 20. Juli 1944 im Führerhauptquartier (1946), Bl. 4; Schmundt, a.a.O., S. 163 (20. 7. 44).

[137] Karl Boehm-Tettelbach, Als Flieger in der Hexenküche, Mainz 1981, S. 122.

[138] A.a.O., S. 122 f.

[139] Warlimont, a.a.O., S. 472.

[140] Auch später hat er sich über diese Männer der Fronde nicht geäußert. Bilddokument: Das Führerhauptquartier 1939-1945, S. 135.

[141] Ansprache des Chefs WFSt Gen.-Oberst Jodl an die Offz. und Beamte des WFSt im Offz.-Heim des Sperrkreises II am 24. Juli 1944, 19.30 Uhr (WFSt/Ktb.; F.H.Qu, den 25. 7. 1944), 5. Bl. (N. D. 1808-PS), Bl. 1.

[142] A.a.O., Bl. 2-4. – Verhaftung Meichßners: Schmundt, Tätigkeitsbericht, S. 181 (28. 7. 44).

[143] Ansprache Jodl, Bl. 5.

[144] Mitt. F. Fillies (21. 4. 1975); W. Ritter v. Schramm (22. 4. 1975); KTB OKW, Bd. IV/2, S. 1809.

[145] Mitt. A. Heusinger (21. 11. 1975); W. Warlimont (1. 12. 1977); H. Büchs (26. 11. 1975).

[146] Warlimont, Im Hauptquartier, S. 473; Mitt. H. Büchs (26. 11. 1975).

[147] Ber. H. v. Wedel (14. 11. 1952), S. 3.

[148] A. Jodl, Der 20. Juli . . ., Bl. 7.

[149] Aufzeichnung Smends v. 1./2. 8. 1944, in: Spiegelbild einer Verschwörung. Die Opposition gegen Hitler und der Staatsstreich vom 20. Juli 1944 in der SD-Berichterstattung. Geheime Dokumente aus dem ehemaligen Reichssicherheitshauptamt. Herausgegeben von Hans-Adolf Jacobsen, Zweiter Band, Stuttgart 1984, S. 654-658. »Unfehlbarkeitsedikt«: Jodl handschriftlich, S. 655.

[150] Bericht über Untersuchungsergebnisse (11. September 1944), in: Spiegelbild einer Verschwörung. Die Kaltenbrunner-Berichte an Bormann und Hitler über das Attentat vom 20. Juli 1944. Geheime Dokumente aus dem ehemaligen Reichssicherheitshauptamt. Herausgegeben vom Archiv Peter für historische und zeitgeschichtliche Dokumentation, Stuttgart 1961, S. 378.

151 A. Jodl, Gehorsam, Bl. 1; ders., Der 20. Juli . . ., Bl. 1, 2.

152 L. Jodl, Jenseits des Endes, S. 113 f.

153 Warlimont, a.a.O., S. 492; L. Jodl, a.a.O., S. 113; A. Jodl, Brief 29. 7. 1944: »Es gibt für mich kein Offizierskorps mehr und keine Kameradschaft, die über die engsten Vertrauten hinausgeht.«

154 Warlimont, a.a.O., S. 494. – Für Jodls Haltung sonst: Erlaß eines von ihm entworfenen Führerbefehls über den bedingungslosen Gehorsam (Verbot des Rücktritts von Offizieren); ferner Jodls Entwurf, die NSFO. (Nationalsozialistische Führungsoffiziere. B. Sch.) »außerhalb des üblichen Unterstellungsverhältnisses zu stellen«. Schmundt, Tätigkeitsbericht, S. 160 (18. 7. 44), S. 199 (12. 8. 44).

155 Wieder ist hier auf Jodls eigene Lageanalyse hinzuweisen, nach der Deutschland den Krieg *endgültig* im Juni 1944 verloren hatte.

156 Jodls Hoffnung auf den Zerfall des feindlichen Bündnisses: Mitt. A. Speer (7. 3. 1976); A. Winter (30. 5. 1976); W. Meyer-Detring (26. 6. 1974).

157 A. Jodl, Gehorsam, Bl. 7.

158 IMT, Bd. XV, S. 355.

In die Katastrophe

1 Jodls Betroffenheit: Mitt. A. Heusinger (21. 11. 1975); W. Warlimont (1. 12. 1977). Über Jodls Bedenken angesichts der anschwellenden SS schon sein Tgb. 25. 5. 1940.

2 A.a.O. bis auf Tgb.; Guderian, Erinnerungen . . ., S. 421 f.

3 Guderian, a.a.O., S. 319-326.

4 A.a.O., S. 322.

5 Tippelskirch, a.a.O., S. 501 f.

6 A.a.O., S. 508 f., 511 f.; Hillgruber/Hümmelchen, Chronik, S. 231.

7 Gemäß Jodls »Kompetenz« für den westlichen Kriegsschauplatz. Hitler *und* OKW (Wehrmachtführungsstab) wurden für die Front zum Synonym.

8 Gersdorff, Soldat im Untergang, S. 155.

9 A. Jodl, Tgb. 31. 7. 1944.

10 Warlimont, Im Hauptquartier, S. 476 f.

11 Walter Görlitz, Model. Strategie der Defensive, Wiesbaden 1975, S. 205.

12 Tippelskirch, a.a.O., S. 515-519.

13 Mitt. A. Winter (30. 5. 1976); W. Meyer-Detring (26. 6. 1974).

[14] Tippelskirch, a.a.O., S. 564 ff.; de Zayas, Die Wehrmacht-Untersuchungsstelle, S. 46 (Nemmersdorf).
[15] Mitt. A. Winter (30. 5. 1976); W. Meyer-Detring (26. 6. 1974); Görlitz, a.a.O., S. 208 f.
[16] Mitt. S. Westphal (8. 11. 1978); ders., Erinnerungen, S. 289.
[17] Fernschreiben OKW/WFStab/Op. Nr. 0011 273/44 g. Kdos betr. *fanatische Kampfführung im Westen*. Befehl im Archiv der Kriegsmarine. Hinweis: KTB OKW, Bd. IV/2, S. 1840.
[18] Warlimont, a.a.O., S. 492.
[19] A.a.O., S. 494.
[20] A. Jodl, Betrachtung, Bl. 7.
[21] Mitt. A. Winter (30. 5. 1976); W. Meyer-Detring (26. 6. 1974); E. John v. Freyend (24. 11. 1975); K. J. v. Puttkamer (24. 6. 1974); Rendulic, Gekämpft ..., S. 235 (für 22. 6. 1944). Dies schloß nicht aus, daß andere (Rüstungsfachleute auf einer Tagung am 26. 6. 1944) Hitler »als gar nicht mehr regierungsfähig« empfanden. Kehrl, Krisenmanager ..., S. 395 ff. (Hitlers Rede auf dem Platter-Hof).
[22] Mitt. wie Anm. 21.
[23] Kluge: IMT, Bd. XV, S. 442. – Jodls Unwissenheit über den Giftmord an Rommel: Mitt. S. Westphal (8. 11. 1978): Nach zwei Gesprächen mit Jodl im Herbst 1944. Hitler *und* Burgdorf, einer der Mitbeteiligten, haben Jodl mit größter Wahrscheinlichkeit nicht eingeweiht. Jodl trug am 31. Juli 1944 in sein Tagebuch ein: »Führer sucht einen neuen Ob. West, will Rommel nach seiner Wiederherstellung befragen und ihn dann entlassen, ohne weiteres Aufhebens.«
[24] Mitt. W. Meyer-Detring (26. 6. 1974); E. John v. Freyend (24. 11. 1975); H. Büchs (26. 11. 1975); K. J. v. Puttkamer (24. 6. 1974).
[25] Mitt. E. John v. Freyend (24. 11. 1975).
[26] Mitt. W. Meyer-Detring (26. 6. 1974); Warlimont, a.a.O., S. 236.
[27] A. Jodl, Mein Verhältnis zu Hitler, Bl. 7. Über die Unmasse von Einzelheiten, mit der sich nicht einmal Armeeoberbefehlshaber befaßt hätten, auch: Rendulic, a.a.O., S. 183.
[28] Mitt. A. Winter (30. 5. 1976); W. Meyer-Detring (26. 6. 1974); E. John v. Freyend (24. 11. 1975).
[29] Mitt. W. Meyer-Detring (26. 6. 1974).
[30] A.a.O.; Rendulic, a.a.O., S. 237.
[31] Mitt. W. Meyer-Detring (26. 6. 1974).
[32] A. Jodl, Hitler, Bl. 18; Speer, Erinnerungen, S. 413 f.
[33] Mitt. A. Winter (30. 5. 1976); H. Büchs (26. 11. 1975); E. John v. Freyend (24. 11. 1975); N. v. Below (5. 11. 1981).

[34] A.a.O.

[35] Mitt. A. Winter (30. 5. 1976). Winter war seit Ende September 1944 Warlimonts Nachfolger. Warlimont litt seit dem Stauffenberg-Attentat unter Gleichgewichtsstörungen. Funktionswechsel: Schmundt, Tätigkeitsbericht, S. 268 (26. 9. 44).

[36] A. Jodl, Hitler, Bl. 17. Jodl bezog sich auf: Strategischer Überblick und Verteilung der Gesamtstreitkräfte des deutschen Heeres, Abdruck: Jung, Die Ardennen-Offensive 1944/45, S. 270-277

[37] A. Jodl, Hitler, Bl. 17.

[38] A.a.O.

[39] A.a.O., auch Bl. 12; IMT, Bd. XV, S. 435.

[40] Tippelskirch, a.a.O., S. 566-570.

[41] Mitt. A. Winter (30. 5. 1976); A. Jodl, Mein Verhältnis zu Hitler, Bl. 7.

[42] Mitt. A. Winter (30. 5. 1976); E. John v. Freyend (24. 11. 1975).

[43] Nach Mannerheim (Erinnerungen, S. 499) soll Jodl *im Oktober 1943* sogar erklärt haben: »Die höchste Verpflichtung, die eine Nation hat, wird durch den Gedanken an die Existenz des eigenen Landes diktiert. Dieser Verpflichtung gegenüber müssen alle anderen Rücksichten weichen, und niemand hat das Recht, zu fordern, daß ein Volk für ein anderes in den Tod gehen soll.« Gleichwohl *im Mai 1944* bei Jodl tiefe Verstimmung über Finnlands Verhandlungen mit der Sowjetunion, »schon weil die Finnen vorher nicht angefragt hatten«. Erfurth, Tagebuch 19. Mai 1944 (BA-MA M. S. g 1/v. 633).

[44] A. Jodl, Mein Verhältnis zu Hitler, Bl. 7.

[45] Erfurth, Der Finnische Krieg, S. 309, 312.

[46] Tippelskirch, a.a.O., S. 561.

[47] Warlimont, a.a.O., S. 493; bestätigend: Mitt. A. Speer (7. 3. 1976); Kehrl, a.a.O., S. 379 f.

[48] Mitt. A. Speer (7. 3. 1976); auch hier: Lang, Der Hitler-Junge (Schirach), S. 329, 341; ferner: Gert Buchheit, Hitler der Feldherr. Die Zerstörung einer Legende, Rastatt (Baden) 1958, S. 426.

[49] Für diese Lageeinschätzung innerhalb des Wehrmachtführungsstabes: Mitt. A. Winter (30. 5. 1976); W. Meyer-Detring (26. 6. 1974).

[50] Das galt ebenso für den innerdeutschen Widerstand, der – auch nach einem Waffenstillstand im Westen – die Ostfront so lange wie möglich zu halten suchte. Vgl. Scheurig, Tresckow, S. 174 f., 198 f.

[51] A. Jodl, Tgb. 19. 8. 1944; Jung, a.a.O., S. 102 f.

[52] Jung, a.a.O., S. 103; Westphal, Erinnerungen, S. 290 f.; Hasso v. Manteuffel, Die Schlacht in den Ardennen 1944-1945, in: Entscheidungsschlachten, S. 533.

53 Westphal, a.a.O., S. 293.
54 General der Flieger Werner Kreipe, Persönliches Kriegstagebuch, 16. 9. 44, Abdruck: Jung, a.a.O., S. 218.
55 A. Jodl, Tgb. 9. 10. 1944; KTB OKW, Bd. IV/1, S. 433 f.
56 Zusammenfassend: Jung, a.a.O., S. 120-126.
57 Mitt. A. Winter (30. 5. 1976).
58 Westphal, a.a.O., S. 290 f., 293.
59 A.a.O., S. 294 f.
60 A.a.O., S. 295.
61 A.a.O., S. 296; Manteuffel, a.a.O., S. 539 f.
62 Westphal, a.a.O., S. 295; Jung, a.a.O., S. 111.
63 A. Jodl, Hitler, Bl. 19.
64 Jung, a.a.O., S. 111; Tippelskirch, a.a.O., S. 599.
65 Westphal, a.a.O., S. 298 f.; ders., Heer in Fesseln, S. 276.
66 Westphal, Erinnerungen, S. 299. Generelle Skepsis Jodls, daß Hitler von starrer Kampfführung ablasse: Westphal, Heer in Fesseln, S. 297.
67 Westphal, Erinnerungen, S. 299 f.; F. W. v. Mellenthin, Deutschlands Generale des Zweiten Weltkriegs, Bergisch-Gladbach 1980 (Taschenbuchausgabe), S. 252; Manteuffel, a.a.O., S. 536. Jodls Schweigen: Mitt. S. Westphal (8. 11. 1978).
68 Mellenthin, a.a.O.
69 Interview: Oberstleutnant von der Heydte (Fallschirmjäger-Kommandeur, Vorhut), Zweites Deutsches Fernsehen (Damals; 15. 2. 1984).
70 A.a.O.
71 Manteuffel, a.a.O., S. 536 ff.
72 A.a.O., S. 537. Kritik Mansteins an der Ardennen-Offensive (Stichwort: Keine operativen Reserven): Stahlberg, Die verdammte Pflicht, S. 411.
73 Manteuffel, a.a.O., S. 540; Westphal, Erinnerungen, S. 309; Tippelskirch, a.a.O., S. 602 f.
74 A. Jodl, Hitler, Bl. 19.
75 Tippelskirch, a.a.O., S. 604-607; Manteuffel, a.a.O., S. 540.
76 KTB OKW, Bd. IV/2, S. 1362.
77 A. Jodl, Hitler, Bl. 19; auch Vernehmung 26. Juli 1945, S. 5 (MA 1298/5, IfZ).
78 L. Jodl, Jenseits des Endes, S. 133.
79 Guderian, a.a.O., S. 348, 351 f.; Mellenthin, a.a.O., S. 101.
80 Guderian, a.a.O., S. 348.
81 A.a.O.

[82] A.a.O., S. 352.
[83] A.a.O., S. 351 f. Für Jodls Zurückhaltung bei Hitlers Ausfällen gegen Gehlens Abteilung Fremde Heere Ost: Mitt. A. Winter (30. 5. 1976). Sachlicher Umgang Jodls mit dieser Abteilung: Mitt. Reinhard Gehlen (26. 6. 1974).
[84] Ansprache von Generaloberst Jodl vor den Waffenattachés der verbündeten Staaten am 13. 1. 45 im Gästehaus der Reichsregierung zu Berlin, 9 Bl. (BA-MA III W/50/1).
[85] A.a.O., Bl. 4; Ungarn: Bl. 8.
[86] A.a.O., Bl. 2-4 (Westfront).
[87] A.a.O., Bl. 7, 8 (Westfront).
[88] Sündermann, Deutsche Notizen, S. 236 (13. 1. 1945).
[89] Tippelskirch, a.a.O., S. 614.
[90] A.a.O., S. 613.
[91] A.a.O., S. 617-621.
[92] A.a.O., S. 621, 623 f.
[93] Scheurig, Freies Deutschland, S. 151 f.; Guderian, a.a.O., S. 347.
[94] Tippelskirch, a.a.O., S. 617-620; Thorwald, Es begann . . ., passim. Beispiel der neueren Literatur: Esther Gräfin von Schwerin, Kormorane, Brombeerranken, München/Wien 1986, S. 177.
[95] Guderian, a.a.O., S. 375 (Februar 1945).
[96] Auch von anderen Spitzen des Heeres sind keine Einsprüche gegen die unterlassene oder verschleppte Evakuierungs»politik« der Partei überliefert.
[97] Guderian, a.a.O., S. 357.
[98] A.a.O.
[99] A.a.O.
[100] IMT, Bd. XV, S. 369.
[101] A.a.O., S. 369, 479 f., 542.
[102] Lagebesprechungen, S. 905 (zu: 2. März 1945); Guderian, a.a.O., S. 387 f.; Lagevorträge, S. 658 (20. 2. 1945); IMT, Bd. XV, S. 551 f. (N.D. C-158).
[103] Chef WFSt, Nr. 001872/45 gK, 21. Februar 1945. Fotokopie von Original, S. 10 (N.D. D-606). Teil-Wiedergabe: IMT, Bd. XV, S. 553.
[104] IMT, Bd. XV, S. 373 f.
[105] Joseph Goebbels, Tagebücher 1945. Die letzten Aufzeichnungen, Hamburg 1977, S. 412; Speer, Erinnerungen, S. 258.
[106] Mitt. W. Ritter v. Schramm (22. 4. 1975); auch: P. E. Schramm, Brief an Luise Jodl vom 9. 3. 1964.

107 Heiratsurkunde (Standesamt Berlin-Zehlendorf, Nr. 122/1945), 7. März 1945; L. Jodl, a.a.O., S. 135 ff.

108 A. Jodl, Brief an Luise Jodl vom 8. 11. 1945 (i. f.: A. Jodl, Brief/Datum, soweit Adressatin L. Jodl); Mitt. Franz Graf v. Bullion (21. 11. 1975).

109 Tippelskirch, a.a.O., S. 638-642.

110 Hillgruber/Hümmelchen, Chronik, S. 273.

111 Geheime Kommandosache: An die Oberbefehlshaber der Heeresgruppen und Wehrkreise, 29. März 1945 (T 81, Mikrofilm Nr. R-5, MA 127 2/Nr. 13035-036, IfZ).

112 OKW 193 (T 77, Roll 775, Nr. 5500770/71, IfZ). – Zu Jodls Haltung nach den Aufopferungsappellen: Auch er dachte vorübergehend an einen Endkampf »in den Hohlgängen des Obersalzberges«, bei dem er – gemeinsam mit seiner Frau – den Tod suchen wollte. A. Jodl, Brief 8. 10. 1946; Teilabdruck: L. Jodl, a.a.O., S. 339 f.

113 Mitt. A. Winter (30. 5. 1976); E. John v. Freyend (24. 11. 1975).

114 DNB-Text vom 1. 1. 1945.

115 L. Jodl, a.a.O., S. 133; KTB OKW, Bd. IV/2, S. 1233 (Lagebuch 10. 4. 45).

116 Speer, a.a.O., S. 442.

117 A.a.O., S. 444 f.

118 Westphal, Erinnerungen, S. 320, 338.

119 Speer, a.a.O., S. 442.

120 A.a.O., S. 462; Westphal, a.a.O., S. 336. – Jodl erfuhr nicht, was Hitler Speer Ende März 1945 sagte (Speer, a.a.O., S. 446): »Wenn der Krieg verlorengeht, wird auch das Volk verloren sein. Es ist nicht notwendig, auf die Grundlagen, die das deutsche Volk zu seinem primitivsten Weiterleben braucht, Rücksicht zu nehmen. Im Gegenteil ist es besser, selbst diese Dinge zu zerstören. Denn das Volk hat sich als das schwächere erwiesen, und dem stärkeren Ostvolk gehört ausschließlich die Zukunft. Was nach diesem Kampf übrigbleibt, sind ohnehin nur die Minderwertigen, denn die Guten sind gefallen.« Freilich waren auch die Befehle beredt genug, die Jodl weitergab (16. 9. 1944, 29. 3. 1945).

121 Mitt. A. Winter (30. 5. 1976); E. John v. Freyend (24. 11. 1975).

122 A.a.O.; Thorwald, Das Ende . . ., S. 36 f., 45 f., 337.

123 Thorwald, a.a.O., S. 45.

124 A. Jodl, Der Einfluß Hitlers . . ., KTB OKW, Bd. IV/2, S. 1721.

125 Mitt. E. John v. Freyend (24. 11. 1975).

126 Dethleffsen, Erinnerungen, S. 24 f.; Mitt. A. Winter (30. 5. 1976);

W. Meyer-Detring (26. 6. 1974); H. Büchs (26. 11. 1975). Über Jodls »Maske«: A. Jodl, Brief 11. 8. 1946.

127 A. Jodl, Mein »Schuldbekenntnis«, Bl. 5; ders., Brief 30. 6. 1946: Ethische Grundsätze seines Lebens, »an der Bergkameradschaft geformt«.

128 A. Jodl, Mein »Schuldbekenntnis«, Bl. 5; auch Feuersenger, Mein Kriegstagebuch, S. 200.

129 Speer, Spandauer Tagebücher, S. 34.

130 Mitt. A. Winter (30. 5. 1976); auch Zeugenschrifttum 315, IfZ.

131 Balck, Ordnung im Chaos, S. 616; Rendulic, Gekämpft . . ., S. 331, 368.

132 Film-Dokument: Vor vierzig Jahren. Deutsche Wochenschau 8/1945. Kommentar: General a. D. Busse. III. Programm, Sender Freies Berlin/Norddeutscher Rundfunk/Radio Bremen (2. 3. 1985).

133 Rendulic, a.a.O., S. 332, 334.

134 Tippelskirch, a.a.O., S. 670 f.

135 Chef WFSt/Qu. 1 – K-R-Blitzfernschreiben –: An OB-West Generalfeldmarschall von Rundstedt (F. H. Qu., 27. Januar 1945); WFSt/Qu. 1 – K R-Fernschreiben: An OB-Südwest (F.H.Qu., 25. 2. 1945), S. 1 f.

136 Tippelskirch, a.a.O., S. 648.

137 A.a.O., S. 642-654.

138 A.a.O., S. 650.

139 A.a.O., S. 651.

140 A.a.O., S. 657 f.

141 A.a.O., S. 658.

142 KTB OKW, Bd. IV/2, S. 1438.

143 L. Jodl, a.a.O., S. 20; Mitt. A. Winter (30. 5. 1976).

144 Tippelskirch, a.a.O., S. 659.

145 A.a.O., S. 659 f.

146 A.a.O., S. 660; A. Jodl, Hitler, Bl. 20; KTB OKW, Bd. IV/2, S. 1453 (22. April 1945); H. R. Trevor-Roper, Hitlers letzte Tage, Frankfurt/M./Berlin/Wien 1973 (Taschenbuchausgabe), S. 131 ff.

147 KTB OKW, Bd. IV/2, S. 1587 ff.; Thorwald, a.a.O., S. 91 f.

148 Ber. Stenograph G. Hergesell, Teilabdruck: L. Jodl, a.a.O., S. 21 (aus Time, Vol. XVI, Nr. 21 v. 21. 5. 1945).

149 Keitel, S. 348 f.; A. Jodl, Brief 27. 4. 1945.

150 KTB OKW IV/2, S. 1695.

151 A.a.O., S. 1694.

152 A.a.O., S. 1695.

153 A.a.O., S. 1694.
154 Keitel, S. 350 f.
155 A.a.O., S. 352.
156 KTB OKW, Bd. IV/2, S. 1455 (23. April 1945).
157 A.a.O., S. 1456 (24. April 1945).
158 April 1945: Aufeinander zurückende Fronten im Kampfraum Sachsen.
159 Dethleffsen, a.a.O., S. 44 f.
160 A.a.O., S. 45; Mitt. W. Meyer-Detring (26. 6. 1974); Tippelskirch, a.a.O., S. 662.
161 A.a.O.; KTB OKW, Bd. IV/2, S. 1458 (26. April 1945); Thorwald, a.a.O., S. 136.
162 Tippelskirch, a.a.O., S. 662 f.; KTB OKW, Bd. IV/2, S. 1460 (27. April 1945).
163 KTB OKW, Bd. IV/2, S. 1464 (28. April 1945).
164 A.a.O., S. 1466 (29. April 1945).
165 Mitt. W. Meyer-Detring (26. 6. 1974).
166 KTB OKW, Bd. IV/2, S. 1466 (29. April 1945).
167 A.a.O., S. 1467 (30. April 1945).
168 A.a.O.
169 A.a.O.
170 Mitt. W. Meyer-Detring (26. 6. 1974).

Kapitulation und Anklage

1 A. Jodl, Notizen 29. und 30. 4. 1945; ders., Brief 1. 5. 1946; KTB OKW, Bd. IV/2, S. 1466 (29. April 1945), S. 1469 (1. Mai 1945); auch Dönitz, Zehn Jahre und zwanzig Tage, S. 431.
2 Ber. Ernst Ferber, S. 1 f.; KTB OKW, a.a.O., S. 1469 (1. Mai 1945).
3 KTB OKW, a.a.O., S. 1468 (30. April 1945).
4 A.a.O., S. 1469 (1. Mai 1945). – 10.53 Uhr Funkspruch: Testament in Kraft; nach 12 Uhr: Abfahrt Keitel/Jodl zu Dönitz nach Plön; 15.18 Uhr Funkspruch an Dönitz: Führer ... verschieden; 20 Uhr: Rückkehr Keitel/Jodl von Plön nach Neustadt. Dönitz, a.a.O., S. 438; zusammenfassend: Walter Lüdde-Neurath, Regierung Dönitz. Die letzten Tage des Dritten Reiches, Leoni am Starnberger See 1980, S. 130.
5 Lüdde-Neurath, a.a.O., S. 132 f.
6 Wehrmachtbericht 2. 5. 1945, in: Die Wehrmachtberichte 1939-1945

(Bd.III: 1. Januar 1944 bis 9. Mai 1945), S. 563.

7 Dönitz, a.a.O., S. 442 ff.

8 A.a.O., S. 440 ff.

9 A.a.O., S. 461-464. Kurzbiographien der Regierungsmitglieder bei Marlis G. Steinert, Die 23 Tage der Regierung Dönitz. Die Agonie des Dritten Reiches, München 1978 (Taschenbuchausgabe), S. 107-159. Hier auch – mit stichhaltigem Material – der Hinweis, daß nicht Speer, sondern Ohlendorf »der eigentliche Lehrer des Wirtschaftsressorts« war (a.a.O.,, S. 146). KTB OKW, Bd. IV/2, S. 1475 f. (5. Mai 1945); Lüdde-Neurath, a.a.O., S. 196 (Tagesniederschrift 15. 5. 1945).

10 Dönitz, a.a.O., S. 436 f., 461. Vorbehalte gegenüber OKW: a.a.O., S. 440; Jodls Loyalität gegenüber Keitel: Ber. Lutz Graf Schwerin v. Krosigk, S. 1; KTB OKW, a.a.O., S. 1470 (2. Mai 1945).

11 Dönitz, a.a.O., S. 446.

12 A.a.O., S. 442 f., 457 f.; Ber. L. Graf Schwerin v. Krosigk, S. 2; Lüdde-Neurath, a.a.O., S. 177 (Tagesniederschrift 4. 5. 1945).

13 KTB OKW, a.a.O., S. 1471 (2. Mai 1945); Dönitz, a.a.O., S. 447.

14 KTB OKW, a.a.O., S. 1473 f. (4. Mai 1945); Lüdde-Neurath, a.a.O., S. 176 f. (Tagesniederschrift 4. 5. 1945).

15 Dönitz, a.a.O., S. 451 f.

16 KTB OKW, a.a.O., S. 1472 (4. Mai 1945).

17 Dönitz, a.a.O., S. 451 f.

18 A.a.O., S. 452; Lüdde-Neurath, a.a.O., S. 176 (Tagesniederschrift 4. 5. 1945); S. 141, Anlage 13: OKW-Befehl zur Durchführung der Kapitulation im Nordraum (OKW Führungsstab, B. Nr. 003007/45 g. Kdos. vom 4. Mai).

19 Lüdde-Neurath, a.a.O., S. 138 ff., Anlage 11, 12a, 12b.

20 Dönitz, a.a.O., S. 452; KTB OKW, a.a.O., S. 1473 (4. Mai 1945).

21 Dönitz, a.a.O., S. 453; auch KTB OKW, a.a.O., S. 1478 (6. Mai 1945).

22 Dönitz, a.a.O., S. 453.

23 A.a.O., S. 454.

24 A.a.O., S. 455; KTB OKW, a.a.O., S. 1478 (6. Mai 1945).

25 Dönitz, a.a.O., S. 455.

26 A. Jodl, Brief 29. 9. 1945; ders., Notiz 6. 5. 1945.

27 Dönitz, a.a.O., S. 455 f.; KTB OKW, a.a.O., S. 1480 f. (6. Mai 1945).

28 KTB OKW, a.a.O., S. 1481 f. (6. Mai 1945).

29 Dönitz, a.a.O., S. 456.

30 A.a.O., S. 456. Eingang Funkspruch Jodls: 6. Mai 1945, 21.41 Uhr (KTB OKW, a.a.O., S. 1481 f., 6. Mai 1945); Antwort: 7. Mai 1945, 1.30 Uhr (KTB OKW, a.a.O., S. 1482).

31 Lüdde-Neurath, a.a.O., S. 144 f., Anlage 15 a.

32 A.a.O., S. 144.

33 British Movietone 832 A, 17. 5. 1945.

34 Lüdde-Neurath, a.a.O., S. 145.

35 A. Jodl, Brief 29. 9. 1945; Steinert, a.a.O., S. 200.

36 Der letzte Akt – Kriegsende '45. Film von Heinz Hemming und Guido Knopp aus der Reihe »Rekonstruktionen«, Zweites Deutsches Fernsehen (6. 5. 1985).

37 A.a.O.

38 Dönitz, a.a.O., S. 456.

39 A. Jodl, Brief 29. 9. 1945; Dönitz, a.a.O., S. 456. Jodl wollte Bedell Smiths Haltung nie vergessen: George Bailey, Germans. Biography of an Obsession, New York 1974, p. 65.

40 A. Jodl, Mein »Schuldbekenntnis«, Bl. 2.

41 A. Jodl, Tgb. 10. 5. 1945; Lüdde-Neurath, a.a.O., S. 188 (Tagesniederschrift 10. 5. 1945).

42 Mitt. W. Meyer-Detring (26. 6. 1974); KTB OKW, a.a.O., S. 1485 (8. Mai 1945).

43 Wehrmachtbericht 9. 5. 1945, in: Die Wehrmachtberichte 1939-1945 (Bd. III), S. 569.

44 A.a.O.

45 Peter Padfield, Dönitz. Des Teufels Admiral, Berlin/Frankfurt/M./Wien 1984, passim.

46 Dönitz, a.a.O., S. 458 (23. 1.-8. 5. 1945).

47 Lüdde-Neurath, a.a.O., S. 194 (Tagesniederschrift 13. 5. 1945), S. 200 (Tagesniederschrift 17. 5. 1945); KTB OKW, a.a.O., S. 1493 (13. Mai 1945); A. Jodl, Notiz 17. 5. 1945.

48 Dethleffsen, Erinnerungen, S. 76; Lüdde-Neurath, a.a.O., S. 194 (Tagesniederschrift 13. 5. 1945).

49 Ber. L. Graf Schwerin v. Krosigk, S. 2; KTB OKW, a.a.O., S. 1500 (13. 5. 1945).

50 Dethleffsen, a.a.O., S. 71 f.

51 Funkspruch General Eisenhower vom 8. 5. 45, 19.03 Uhr an Generaloberst Jodl (OKW/WFSt). Fotokopie von Original.

52 Dethleffsen, a.a.O., S. 72 f.

53 Lüdde-Neurath, a.a.O., S. 200 (Tagesniederschrift 17. 5. 1945).

54 KTB OKW, a.a.O., S. 1493, 1495 (13. Mai 1945); Stellenbesetzung

der Chefs u. Gen.-St.-Offiziere im OKW, 13.5.45 (BA-MA OKW 96).

55 Ausführungen des Generalobersten Jodl bei den Lagebesprechungen (12. bis 20. Mai), aufgezeichnet von Major i. G. J. Schultz (-Naumann), KTB OKW, a.a.O., S. 1499 f. (12. und 13. 5.).

56 A.a.O., S. 1499 (12. 5.).

57 A.a.O., S. 1500 (13. 5.).

58 A.a.O.

59 A.a.O., S. 1500 f. (13. 5.). Unvollständig, ohne den schwerwiegenden letzten Satz zitiert bei L. Jodl, a.a.O., S. 164.

60 S. Anm. 55.

61 KTB OKW, a.a.O., S. 1495 (13. Mai 1945); Mitt. A. Winter (30. 5. 1976).

62 KTB OKW, a.a.O., S. 1502 (15. 5.), S. 1506 (19. 5.).

63 A.a.O., S. 1501 (15. 5.).

64 A.a.O., S. 1504 (17. 5.).

65 A.a.O., S. 1502 (15. 5.).

66 A.a.O.

67 A.a.O., S. 1504 (17. 5.), S. 1506 (19. 5.).

68 A.a.O., S. 1504 (16. 5.).

69 A.a.O., S. 1503 (15. 5.).

70 A.a.O., S. 1506 f. (19. 5.).

71 A.a.O., S. 1503 (15. 5.), S. 1506 (19. 5.).

72 A.a.O., S. 1502 (15. 5.).

73 Ber. Erich Dethleffsen (1976), S. 3.

74 Synopsis: Steinert, a.a.O., S. 327-335.

75 Lüdde-Neurath, a.a.O., S. 198 (Tagesniederschrift 16. 5. 1945).

76 Steinert, a.a.O., S. 333.

77 Ber. E. Dethleffsen, S. 4.

78 OKW/Süd Nr. 042/45; Fernschreiben KR Blitz 130 vom 19. 5., 23.05 Uhr, an Generaloberst Jodl (MGFA OKW 12).

79 Funkspruch OKW/WFSt an OB Süd 19. 5. 1945 (T 77, Roll 864 5611789, IfZ).

80 Dönitz, a.a.O., S. 466; Lüdde-Neurath, a.a.O., S. 113.

81 Lüdde-Neurath, a.a.O., S. 116 f.; Dethleffsen, Erinnerungen, S. 82.

82 Film-Dokumente: United News, Juni 1945. III. Programm, Sender Freies Berlin/Norddeutscher Rundfunk/Radio Bremen (8. 6. 1985). Welt im Film Nr. 6 vom 22. 6. 1945. A.a.O. (15. 6. 1985).

83 A.a.O.

84 Lüdde-Neurath, a.a.O., S. 117.

85 In zahlreichen Publikationen; Abtransport: Lüdde-Neurath, a.a.O.

[86] Dethleffsen, a.a.O., S. 86.

[87] A.a.O. S. 87; Walter Hasenclever, Ihr werdet Deutschland nicht wiedererkennen. Erinnerungen, Köln 1975, S. 132; John Kenneth Galbraith, Leben in entscheidender Zeit. Memoiren, München 1982, S. 195.

[88] Dethleffsen, a.a.O., S. 87; A. Jodl, Brief 18. 1. 1946.

[89] A. Jodl, Notizen 28. 5., 2., 3., 9., 13., 15. und 20. 6. 1945.

[90] Dethleffsen, a.a.O., S. 88.

[91] Hasenclever, a.a.O., S. 133 f., 140 f.

[92] Dethleffsen, a.a.O., S. 102; Mitt. W. Warlimont (1. 12. 1977).

[93] Ber. L. Graf Schwerin v. Krosigk, S. 3.

[94] A.a.O.; Ber. E. Dethleffsen, S. 5.

[95] A.a.O.

[96] A.a.O.

[97] A.a.O.; Eindruck, den die Gefangenen vermittelten: Galbraith, a.a.O., S. 197.

[98] A. Jodl, Notizen 18., 20. 6., 4., 20. und 31. 7. 1945. Befragung Invasion (mit Keitel) 23. Juli 1945; Ardennen-Offensive (nur Jodl) 26. und 31. Juli 1945 (MA 12998/5, IfZ).

[99] Hasenclever, a.a.O., S. 156 f.

[100] Ber. L. Graf Schwerin v. Krosigk, S. 3.

[101] A. Jodl, Brief 14. Juli 1945.

[102] Ber. E. Dethleffsen, S. 5.

[103] Dethleffsen, Erinnerungen, S. 103.

[104] Ber. L. Graf Schwerin v. Krosigk, S. 3.

[105] Keesings Archiv der Gegenwart, Essen 1945, Abschnitt 70 G; Bradley F. Smith, Der Jahrhundert-Prozeß. Die Motive der Richter von Nürnberg – Anatomie einer Urteilsfindung, Frankfurt/M. 1977, S. 32 f.

[106] Smith, a.a.O., S. 41, 49, 51.

[107] A.a.O., S. 72.

[108] A.a.O., S. 85.

[109] A.a.O., S. 71, 73, 231.

[110] A. Jodl, Notiz 12. 8. 1945.

Nürnberger Prozeß

[1] A. Jodl, Notiz 12. 8. 1945.

[2] L. Jodl, Jenseits des Endes, S. 175.

3 A.a.O.

4 A. Jodl, Mein »Schuldbekenntnis« (20. August 1945).

5 A.a.O., Bl. 1.

6 A.a.O., Bl. 1, 2.

7 A. Jodl, Brief 16. 10. 1945; generell: Maser, Nürnberg, S. 110. Film-Dokument: Welt im Film Nr. 26, 9. November 1945. III. Programm, Sender Freies Berlin/Norddeutscher Rundfunk/Radio Bremen (9. 11. 1985).

8 A. Jodl, Notizen 16. 9., 26. 10. 1945, 7., 25. 2., 12. und 16. 4. 1946. Jodl über Andrus: L. Jodl, a.a.O., S. 247.

9 A. Jodl, Brief 1. 12. 1945.

10 A. Jodl, Notiz 21. 8. 1945.

11 Mitt. Hermann Jahrreiss (22. 11. 1975).

12 L. Jodl, a.a.O., S. 187 f.; A. Jodl, Brief 17. 11. 1945.

13 Anklageschrift inkl. Anhang A-C, 6. 10. 1945 mit handschriftlichen Notizen Jodls, Bl. 1-136. Teilabdruck der Anklageschrift: Joe Heydecker/Johannes Leeb, Der Nürnberger Prozeß, Köln 1979, S. 530-533. British Trial Brief, S. 1-4 (ED 115/9, IfZ).

14 Mitt. H. Jahrreiss (22. 11. 1975); A. Jodl, Brief 12. 5. 1946.

15 A. Jodl, Brief 23. 10. 1945; Gilbert, Nürnberger Tagebuch, S. 33.

16 IMT, Bd. XV, S. 379. A. Jodl, Bemerkungen zum 5. Prozeßtag (26. 11. 1945), Bl. 2.

17 Mitt. H. Jahrreiss (22. 11. 1975).

18 A. Jodl, Brief 23. 10. 1945.

19 A. Jodl, Brief 17. 11. 1945.

20 Mitt. H. Jahrreiss (22. 11. 1975).

21 Smith, a.a.O., S. 13 ff.

22 A.a.O., S. 89.

23 A.a.O.

24 A.a.O., S. 106.

25 A.a.O., S. 97, 102.

26 A.a.O., S. 89 f.

27 PR 7 N/Chronos-Film-Archiv (Berlin).

28 A.a.O.

29 Mitt. H. Jahrreiss (22. 11. 1975); L. Jodl, a.a.O., S. 190 ff.

30 Mitt. H. Jahrreiss (22. 11. 1975).

31 Für das *damalige* Bewußtsein dieser Problematik: Mitt. H. Jahrreiss (22. 11. 1975); Otto Kranzbühler (20. 6. 1974).

32 A.a.O.; Otto Kranzbühler, Rückblick auf Nürnberg, Hamburg 1949, S. 14.

33 Paramount News, 28./29. 11. 1945. III. Programm, Sender Freies Berlin/Norddeutscher Rundfunk/Radio Bremen (30. 11. 1985).

34 Smith, a.a.O., S. 231.

35 Mitt. H. Jahrreiss (22. 11. 1975).

36 A. Jodl, Bemerkungen zu den Prozeßtagen; Notizen für Mandant, passim.

37 Mitt. H. Jahrreiss (22. 11. 1975).

38 A.a.O.; L. Jodl, a.a.O., S. 222 f. Zu den nachträglich herausgeputzten Kompetenzen des OKW auch: Mitt. W. Warlimont (23. 6. 1974); Westphal, Heer in Fesseln, S. 78, 102 f.

39 L. Jodl, a.a.O., S. 222; Protestbrief an den Verteidiger des Generalstabes von Generaloberstrichter a.D. Dr. Lehmann, 22. Juni 1946.

40 Mitt. H. Jahrreiss (22. 11. 1975); A. Jodl, Mein »Schuldbekenntnis«, Bl. 2.

41 Mitt. H. Jahrreiss (22. 11. 1975); auch IMT, Bd. XV, S. 436.

42 A. Jodl, Mein »Schuldbekenntnis«, Bl. 2.

43 A.a.O.

44 A.a.O.

45 A.a.O.

46 A.a.O., Bl. 4.

47 A. Jodl, Bemerkungen zum 1. und 2. Tag des Prozesses (20. und 21. 11. 45), Bl. 1.

48 A. Jodl, Bemerkungen zum 12. und 13. Prozeßtag (4. und 5. 12. 45), Bl. 1.

49 A. Jodl, Notizen zum 3. Tag des Prozesses (22. 11. 45), Bl. 1.

50 A. Jodl, Bemerkungen zum 5. Prozeßtag (26. 11. 1945), Bl. 3.

51 Gilbert, a.a.O., S. 50 ff.

52 A.a.O., S. 51 f.

53 A. Jodl, Bemerkungen zum 8. Prozeßtag (29. 11. 45), Bl. 2.

54 A. Jodl, Brief 10. 3. 1946; ders., Bemerkungen zum 21.-24. Prozeßtag (17., 18. und 19. 12. 45), Bl. 1; IMT, Bd. XV, S. 365.

55 Mitt. H. Jahrreiss (22. 11. 1975).

56 IMT, Bd. XV, S. 315, 325. »Parzival«: Wort, das Jodl selbst gebrauchte. Mitt. F. Graf v. Bullion (21. 11. 1975).

57 A. Jodl, Bemerkungen zum 21.-24. Prozeßtag (17., 18. und 19. 12. 45), Bl. 1, 2; IMT, Bd. XV, S. 325, 366.

58 IMT, Bd. XV, S. 537-540.

59 Neben der Literatur: Er wollte Hitler töten. Das Porträt des Axel von dem Bussche (Jürgen Engert). III. Programm, Sender Freies Berlin/Norddeutscher Rundfunk/Radio Bremen (19. 7. 1988).

60 A. Jodl, Bemerkungen zum 8. Prozeßtag (29. 11. 45), Bl. 2.
61 Gilbert, a.a.O., S. 365 f., auch S. 353.
62 A.a.O., S. 63 f., 280, 292, 323.
63 A.a.O., S. 284.
64 A.a.O., S. 63, auch S. 358, 363.
65 A.a.O., S. 280.
66 A. Jodl, Briefe 26. 5. und 11. 8. 1946.
67 Gilbert, a.a.O., S. 292 f.
68 A.a.O., S. 263; Mitt. H. Jahrreiss (22. 11. 1975).
69 Gilbert, a.a.O., S. 63 f.; L. Jodl, a.a.O., S. 255.
70 Gilbert, a.a.O., S. 56, 395 f.
71 A.a.O., S. 56.
72 Vgl. IMT, Bd. XV, S. 365 f.
73 Smith, Der Jahrhundert-Prozeß, S. 232; Mitt. Hans Zielinski (1. 9. 1989).
74 Mitt. H. Zielinski (1. 9. 1989).
75 Mitt. H. Jahrreiss (22. 11. 1975); A. Jodl, Notizen 2. 4., 1. und 24. 5. 1946.
76 Plädoyer Kranzbühlers: A. Jodl, Notiz 16. 7. 1946; Anerkennungsschreiben Jodls: Mitt. Otto Kranzbühler (20. 6. 1974). Speer: Mitt. A. Speer (7. 3. 1976).
77 A. Jodl, Briefe 1945/46, passim.
78 A. Jodl, Briefe 1946, passim.
79 A. Jodl, Brief 22. 12. 1945.
80 A. Jodl, Brief 3. 9. 1946.
81 A. Jodl, Brief 10. 3. 1946.
82 A.a.O.
83 A.a.O.
84 A. Jodl, Brief 12. 9. 1945.
85 A.a.O.
86 A. Jodl, Mein Verhältnis zu Hitler, Bl. 4, 5.
87 A. Jodl, Mein »Schuldbekenntnis«, Bl. 1; Mitt. H. Jahrreiss (22. 11. 1975).
88 IMT, Bd. XV, S. 432.
89 A.a.O., S. 436.
90 A. Jodl, Brief 30. 1. 1946.
91 A. Jodl, Mein »Schuldbekenntnis«, Bl. 5; ders., Die Schuldfrage des OKW und seiner Offiziere (Mondorf, 1945), Bl. 1.
92 A. Jodl, Gehorsam, Bl. 7.
93 A. Jodl, Der 20. Juli . . ., Bl. 8.

[94] A. Jodl, Brief 17. 8. 1946.
[95] Mitt. H. Jahrreiss (22. 11. 1975); A. Jodl, Bemerkungen zum 15. Prozeßtag (7. 12. 1945), Bl. 8; L. Jodl, a.a.O., S. 192.
[96] L. Jodl, a.a.O., S. 255; IMT, Bd. XV, S. 414.
[97] Mitt. H. Jahrreiss (22. 11. 1975).
[98] A.a.O.; Smith, a.a.O., S. 105.
[99] Smith, a.a.O., S. 138-143 (Donnedieu de Vabres u.a.).
[100] A.a.O., S. 98 f., 101 f.
[101] Blatt (Original) zum 10. Mai 1945.
[102] Mitt. H. Jahrreiss (22. 11. 1975); L. Jodl, a.a.O., S. 256.
[103] Mitt. H. Jahrreiss (22. 11. 1975).
[104] IMT, Bd. XV, S. 313.

Zeuge in eigener Sache

[1] IMT, Bd. XV, S. 313 f.
[2] A.a.O., S. 314 ff.
[3] A.a.O., S. 315. Dagegen A. Jodl (Notizen 1945/46) nach einem Satz über den soldatischen Beruf, den er als Pflicht und Mission und nicht als »Mittel zum guten Leben« auffaßte: »Hier begegnen sich Berufsstolz und Rassestolz, und in diesem Sinne war der deutsche Offizier immer antisemitisch.«
[4] IMT, Bd. XV, S. 315. Ber. Heinz Greiner: Mehrfache Besuche des jungen Ehepaars Jodl (1913/14) bei der jüdischen Bankiersfamilie Klopper in Augsburg.
[5] IMT, Bd. XV, S. 323 f.
[6] A.a.O., S. 324 f.
[7] A.a.O., S. 325.
[8] A.a.O.
[9] A.a.O.
[10] A.a.O., S. 326.
[11] A.a.O., S. 326 f.
[12] A.a.O., S. 327.
[13] A.a.O.
[14] A.a.O., S. 327 f.
[15] A.a.O., S. 329.
[16] A.a.O., S. 330.
[17] A.a.O., S. 331 f.
[18] A.a.O., S. 333.

[19] A.a.O., S. 333 f. (N.D. L-172).
[20] A.a.O., S. 334 f.
[21] Carl Haensel, Das Gericht vertagt sich. Tagebuch eines Verteidigers bei den Nürnberger Prozessen, Wiesbaden/München 1980, S. 255; L. Jodl, a.a.O., S. 264.
[22] Times, 4. 6. 1946 (Bericht: Nürnberg, 3. 6.).
[23] IMT, Bd. XV, S. 339 (N.D. 884-PS, USSR-351, NOKW 1076).
[24] A.a.O.
[25] A.a.O., S. 340.
[26] A.a.O., S. 340 f.
[27] Mitt. H. Jahrreiss (22. 11. 1975).
[28] IMT, Bd. XV, S. 345 (N.D. 498-PS, US-501).
[29] A.a.O., S. 346.
[30] A.a.O., S. 347.
[31] A.a.O., S. 348.
[32] A.a.O., S. 347.
[33] A.a.O., S. 348.
[34] A.a.O., S. 349 (N.D. 1263-PS, RF-365, 532-PS, RF-368, 503-PS).
[35] A.a.O., S. 356: Jodl glaubte nicht, »daß in der Gesamtheit mehr als acht oder zehn Fälle vorkamen«.
[36] So schon nach Exners Vernehmung: Haensel (a.a.O., S. 265).
[37] IMT, Bd. XV, S. 361 ff. (N.D. USSR-114); KTB OKW, Bd. I, S. 1070.
[38] IMT, Bd. XV, S. 363 (N.D. RF-335).
[39] A.a.O., S. 363 f.
[40] A.a.O., S. 364.
[41] A.a.O.; Kreuzverhör (Dänemark) Roberts: a.a.O., S. 537-540.
[42] A.a.O., S. 365.
[43] A.a.O., S. 365 f.
[44] A.a.O., S. 370 (N.D. F-665).
[45] A.a.O., S. 369.
[46] A.a.O., S. 369 ff.
[47] A.a.O., S. 372.
[48] A.a.O., S. 372 ff.
[49] A.a.O., S. 374.
[50] A.a.O., S. 376 f. (N.D. AJ-14).
[51] A.a.O., S. 378.
[52] Mitt. H. Jahrreiss (22. 11. 1975).
[53] A.a.O.
[54] IMT, Bd. XV, S. 383, 385, 387.

[55] A.a.O., S. 390 ff.
[56] A.a.O., S. 388.
[57] A.a.O., S. 394-397.
[58] A.a.O., S. 398 f., 401.
[59] A.a.O., S. 402-405, 409.
[60] A.a.O., S. 408.
[61] A.a.O., S. 408 f.; A. Jodl, Bemerkungen zur 14. Verhandlung (6. 12. 45), Bl. 1.
[62] IMT, Bd. XV, S. 411-416 (N.D. C-64, GB-86, L-52, US-540, C-174, 1809-PS).
[63] A.a.O., S. 417 (N.D. C-62, GB-106).
[64] A.a.O., S. 418 (N.D. L-52).
[65] A.a.O., S. 419 f.
[66] A.a.O., S. 421.
[67] A.a.O., S. 422 (N.D. 1541-PS, GB-117).
[68] A.a.O., S. 421-424 (N.D. R-95, GB-127).
[69] A.a.O., S. 426, 430-432 (N.D. 1809-PS).
[70] A.a.O., S. 428 f., 431.
[71] A.a.O., S. 429.
[72] A.a.O., S. 432.
[73] A.a.O., S. 433.
[74] A.a.O., S. 432 f.
[75] A.a.O., S. 436.
[76] L. Jodl, a.a.O. (Abbildungsteil, letzte Seite).
[77] A.a.O. (Abbildungsteil).
[78] Haensel, a.a.O., S. 265. Auch in den Augen eines amerikanischen Prozeßbeobachters gewann Jodl »von Mal zu Mal«: Bailey, Germans, p. 109. Ferner: Speer, Erinnerungen, S. 517: »Jodl imponierte durch seine präzise und nüchterne Verteidigung.«
[79] L. Jodl, a.a.O., S. 218, 359.
[80] Times, 6. 6. 1946 (Bericht: Nürnberg, 5. 6.); kühler die Neue Zürcher Zeitung vom 8. 6. 1946: »Die Verteidigung Jodls in Nürnberg«.
[81] Mitt. H. Jahrreiss (22. 11. 1975).
[82] IMT, Bd. XV, S. 436-484.
[83] A.a.O., S. 437.
[84] A.a.O., S. 439.
[85] A.a.O., S. 457 f. (Göring), S. 477, 481 (Keitel).
[86] A.a.O., S. 471.
[87] A.a.O., S. 468.
[88] A.a.O., S. 468 f.; Kritik bei Kordt, Wahn und Wirklichkeit, S. 401.

1 IMT, Bd. XV, S. 484.
2 A.a.O., S. 484 f.
3 A.a.O., S. 485.
4 A.a.O., S. 490.
5 A.a.O.
6 A.a.O., S. 500, 502.
7 A.a.O., S. 504.
8 A.a.O., S. 509 f.
9 A.a.O., S. 516 f.
10 A.a.O., S. 521.
11 A.a.O., S. 522.
12 A.a.O., S. 523 f.
13 A.a.O., S. 524 ff. (N.D. GB-486).
14 A.a.O., S. 525 f.
15 A.a.O., S. 525.
16 A.a.O., S. 533 f.
17 A.a.O., S. 527.
18 A.a.O., S. 528, 532.
19 A.a.O., S. 535.
20 A.a.O., S. 534 ff. (N.D. 526-PS, US-502, 2610-PS).
21 A.a.O., S. 536.
22 A.a.O., S. 536 f.
23 A.a.O., S. 539 f. (N.D. D-547).
24 A.a.O., S. 540 f. (N.D. L-172).
25 A.a.O., S. 542 f. (N.D. GB-490).
26 A.a.O., S. 543 f.
27 A.a.O., S. 553 (N.D. D-606).
28 A.a.O., S. 553 f.
29 A.a.O., S. 555 (N.D. GB-493).
30 A.a.O., S. 542.
31 A.a.O.. S. 556, auch für das Folgende.
32 A.a.O., S. 359-603.
33 A.a.O., S. 561 f., 568, 571-574, 580 f.
34 A.a.O., S. 579.
35 Vollmacht des Gewissens, II, S. 385 (N.D. NOKW 252).
36 IMT, Bd. XV, S. 600 (N.D. L-221).
37 A.a.O.
38 A.a.O., S. 594.

[39] A.a.O., S. 594, 608 f. (N.D. NOKW-0 67).
[40] IMT, Bd. XV, S. 594 f.; auch Haensel, a.a.O., S. 282.
[41] IMT, Bd. XV, S. 595.
[42] A.a.O., S. 612-661.
[43] A. Jodl, An meine Zeugen (3. 4. 1946).
[44] IMT, Bd. XV, S. 614 f., 618.
[45] A.a.O., S. 635.
[46] A.a.O., S. 650.
[47] A.a.O., S. 651.
[48] A.a.O., S. 656, 658, 660 f. (N.D. D-606).
[49] L. Jodl, a.a.O., S. 292.
[50] A.a.O.; Gilbert, a.a.O., S. 363.
[51] Plädoyer zur Verteidigung von Generaloberst Alfred Jodl vor dem Internationalen Militärgerichtshof zu Nürnberg, gehalten von Dr. Franz Exner, Professor der Rechte. Juli 1946, 85 Seiten.
[52] A.a.O., S. 4-10, 14-18.
[53] A.a.O., S. 8, 39 f., 48.
[54] A.a.O., S. 31, 38 f.
[55] A.a.O., S. 39.
[56] A.a.O., S. 40 f.
[57] A.a.O., S. 42, 44, 67.
[58] A.a.O., S. 20-30.
[59] A.a.O., S. 29 f.
[60] A.a.O., S. 50, 53.
[61] A.a.O., S. 51 ff., 58 f.
[62] A.a.O., S. 57 f.
[63] A.a.O., S. 75 f.
[64] A.a.O., S. 76 ff.
[65] A.a.O., S. 79.
[66] A.a.O., S. 80 ff.
[67] A.a.O., S. 82-85.
[68] A. Jodl, Brief 20. 7. 1946.
[69] L. Jodl, a.a.O., S. 303.
[70] A. Jodl, Brief 27. 7. 1946; ders., Notiz 26. 7. 1946.
[71] A. Jodl, Brief 27. 7. 1946.
[72] Vgl. Anm. 74.
[73] A. Jodl, Brief 6. 7. 1946.
[74] A.a.O. (Bl. 2).
[75] A.a.O.
[76] A.a.O. (Bl. 3).

[77] A. Jodl, Ein Krieg zwischen den Westmächten und der Sowjetunion. Eine strategische Studie (August 1946), 19 Seiten.
[78] A.a.O., S. 3.
[79] A.a.O., S. 4.
[80] A.a.O., S. 12.
[81] A.a.O., S. 14 f.
[82] A.a.O., S. 17.
[83] A.a.O., S. 18.
[84] A.a.O., S. 19.
[85] A.a.O.
[86] Schlußwort, Bl. 1; A. Jodl, Notiz 31. 8. 1946.
[87] Schlußwort, Bl. 1.
[88] A.a.O., Bl. 2.
[89] A.a.O.
[90] L. Jodl, a.a.O., S. 311.

Das Urteil

[1] A. Jodl, Brief 1. 9. 1946.
[2] A. Jodl, Brief 5. 9. 1946.
[3] A.a.O.
[4] A. Jodl, Notiz 12. 9. 1946; Brief 12. 9. 1946.
[5] A. Jodl, Briefe 5. und 12. 9. 1946.
[6] A. Jodl, Notizen 19. und 20. 9. 1946.
[7] A. Jodl, Brief 11. 8. 1946; Mitt. A. Speer (7. 3. 1976).
[8] L. Jodl, a.a.O., S. 312; Mitt. A. Speer (7. 3. 1976); A. Speer, Brief an Luise Jodl vom 10. 10. 1966.
[9] A. Jodl, Der 20. Juli . . ., Bl. 7, 8.
[10] A.a.O., Bl. 8.
[11] A.a.O.
[12] A. Jodl, Der Einfluß Hitlers . . ., KTB OKW, Bd. IV/2, S. 1721.
[13] Memorandum zum Angeklagten (Jodl), Box 5. The Francis Biddle Papers, Syracuse University, Syracuse, New York.
[14] A.a.O., p. 304.
[15] »Notes on Judgment«, Sept. 2, 1946, p. 23, Box 14, F. B. Papers.
[16] A.a.O., Sept. 10, 1946, p. 49.
[17] A.a.O., Sept. 12, 1946, p. 57.
[18] L. Jodl, a.a.O., S. 318 f.
[19] A. Jodl, Brief 23. 9. 1946.

20 L. Jodl, a.a.O., S. 319.
21 Das Urteil von Nürnberg 1946, München 1961 (Taschenbuchausgabe), S. 17 (Gesamturteil: S. 17-171); L. Jodl, a.a.O., S. 321.
22 Das Urteil . . ., S. 39.
23 A.a.O., S. 55-81, besonders S. 71, 79.
24 A.a.O., S. 168 ff.
25 A.a.O., S. 170 f.
26 A.a.O., S. 171.
27 A. Jodl, Brief 30. 9. 1946; ders., Notiz 30. 9. 1946.
28 A. Jodl, Brief 30. 9. 1946.
29 Das Urteil . . ., S. 236-241.
30 A.a.O., S. 239 f.
31 A.a.O., S. 241.
32 Heydecker/Leeb, Der Nürnberger Prozeß, S. 471 f.
33 Das Urteil . . ., S. 298.
34 Gilbert, a.a.O., S. 428; auch Heydecker/Leeb, a.a.O., S. 472.
35 L. Jodl, a.a.O., S. 326.
36 A. Jodl, Brief 30. 9. 1946.
37 L. Jodl, a.a.O., S. 328 ff.
38 A.a.O., S. 331; Eingabe Exner/Jahrreiss, 4. 10. 1946, mit Anlagen: 5 Bl.
39 Eingabe . . ., Bl. 5.
40 L. Jodl, a.a.O., S. 330, 332.
41 A. Jodl, Brief 2. 10. 1946.
42 A. Jodl, Brief 3. 10. 1946.
43 A.a.O.
44 A.a.O.
45 A. Jodl, Brief 5. 10. 1946; ders., Notiz 5. 10. 1946.
46 A. Jodl, An meine Freunde und Kameraden (10. 10. 1946).
47 A. Jodl, Brief 7. 10. 1946; Jodl in einem Moment der Verzweiflung: Heydecker/Leeb, a.a.O., S. 474 f.
48 A. Jodl, Brief 9. 10. 1946; ders., Notizen 7. und 8. 10. 1946.
49 L. Jodl, a.a.O., S. 331; Lutz Graf Schwerin von Krosigk, Memoiren, Stuttgart 1977, S. 278.
50 A. Jodl, Brief 13. 10. 1946; ders., Notiz 13. 10. 1946.
51 A. Jodl, Brief 11. 10. 1946.
52 A. Jodl, Brief 12. 10. 1946.
53 A. Jodl, Brief 11. 10. 1946.
54 A. Jodl, Brief 13. 10. 1946.
55 Mitt. H. Jahrreiss (22. 11. 1975).

[56] A. Jodl, Brief 6. 10. 1946.
[57] Mitt. H. Jahrreiss (22. 11. 1975).
[58] A. Jodl, Brief 14. 10. 1946.
[59] A. Jodl, Brief 11. 10. 1946; ders., Notiz 12. 10. 1946.
[60] L. Jodl, a.a.O., S. 344.
[61] A.a.O., S. 345.
[62] A.a.O., S. 344 f.; A. Jodl, Der Einfluß Hitlers ..., KTB OKW, Bd. IV/2, S. 1721.
[63] A. Jodl, Brief 14. 10. 1946.
[64] A. Jodl, Brief 10. 10. 1946.
[65] A. Jodl, Brief 2. 10. 1946.
[66] A. Jodl, Kalender-Tagebuch; auch ders., Brief 13. 10. 1946.
[67] A. Jodl, Brief 15. 10. 1946.
[68] Bericht Dr. Pflücker (Heydecker/Leeb, a.a.O., S. 493).
[69] Heydecker/Leeb, a.a.O., S. 493.
[70] A.a.O.
[71] A. Jodl, Brief 14. 10. 1946.
[72] L. Jodl, a.a.O., S. 350.

Nachspiel und Ausblick

[1] Dokumentations-Sammlung Johannes Goldner (5 Stücke).
[2] Todesanzeige: Nürnberg, 16. 10. 1946.
[3] Ber. L. Jodl (1975).
[4] 18 Zuschriften: Sammlung L. Jodl.
[5] Frank Thiess, Brief an Luise Jodl vom 2. 3. 47.
[6] 10 Zuschriften: Sammlung L. Jodl.
[7] A.a.O.
[8] Zuschrift Meckel an Luise Jodl vom 11. 2. 47 (hier: erwähnte Kritik eines Generalstäblers).
[9] 6 Zuschriften: Sammlung L. Jodl.
[10] Zuschrift Kesselring an Luise Jodl (Oktober 1946).
[11] Beispiele: Thorwald, Loßberg, Greiner, Gisevius u. a.
[12] Belege für Westdeutschland, England und USA: Sammlung L. Jodl.
[13] Liddell Hart, Times, 25. Oktober 1946 (Leserbrief).
[14] Prof. Dr. Erich Schwinge in einem Brief an Luise Jodl vom 15. 6. 1951; ferner Schwinge: Eidesstattliche Erklärung, 15. Juni 1951.
[15] Die Hauptkammer München (27. Februar 1953), Aktenzeichen: H/1031/53; Begründung: S. 3.

16 A.a.O.
17 A.a.O., S. 3 f.
18 A.a.O., S. 3.
19 A.a.O.
20 A.a.O., S. 4.
21 A.a.O., S. 1 (Spruch); S. 4 (Begründung).
22 »Jodls Hauptschuld«, in: Der Spiegel, 20. Mai 1953, S. 13; Mitt. O. Kranzbühler (20. 6. 1974).
23 A.a.O.
24 »Neues Verfahren gegen Jodl«, in: Süddeutsche Zeitung (München), 16. 5. 1953 (we. München, 15. Mai; eigener Drahtbericht).
25 Der Minister für Politische Befreiung in München (11. Mai 1953), Aktenzeichen: K 12 647 (Dr. Knör).
26 »Deutsche bestätigen nachträglich Nürnberg«, in: Deutsche Soldatenzeitung, 6. Juni 1953.
27 A.a.O.
28 Otto Kranzbühler, Brief an Luise Jodl vom 20. Juli 1953, Bl. 1.
29 A.a.O.
30 Schriftsatz Rechtsanwalt Dr. Seidl (17. 2. 1953), 48 Bl.
31 Kranzbühler, Brief vom 20. Juli 1953, Bl. 1-3.
32 A.a.O., Bl. 3.
33 Otto Kranzbühler, Brief an Luise Jodl vom 5. September 1953, Bl. 1.
34 Mitt. O. Kranzbühler (20. 6. 1974).
35 A. Jodl, Brief 5. 11. 1945: »Wie schade, daß sich die Anklage nicht auf wirkliche Verbrechen beschränkt.«
36 Exposé Erich Kaufmann (1946), Bl. 3; Mitt. H. Jahrreiss (22. 11. 1975).
37 US Department of State Publication Nr. 3080, 38. Protokoll der Konferenz-Sitzung (Internationale Konferenz, London 1945), 19. Juli 1945, S. 297, 329, 353. Auszugsweiser Abdruck: Der Spiegel, a.a.O., S. 13.
38 Protokoll, S. 297, 353; Der Spiegel, a.a.O.
39 A.a.O.
40 A.a.O.,; A. Jodl, Bemerkungen zum 12. und 13. Prozeßtag (4. und 5. 12. 45), Bl. 1. Bis zuletzt blieb für Jodl das Wort Angriffskrieg ein *politischer* Begriff, den er nicht mit *militärischer* Strategie vermengen wollte.
41 »Aberwitz«: Nach Mitt. H. Jahrreiss (22. 11. 1975).
42 A. Jodl, Bemerkungen zum 5. Prozeßtag (26. 11. 1945), Bl. 1, 3.
43 Mitt. R.-Chr. Frhr. v. Gersdorff (6. 10. 1977) nach seinem Gespräch

mit Jodl in Wien (August 1939).

[44] A. Jodl, Mein Verhältnis zu Hitler, Bl. 3, 6-8. Ferner: IMT, Bd. XV, S. 411.

[45] Dies gilt vor allem für die Phase 1938/39.

[46] A. Jodl, Bemerkungen zum 12. und 13. Prozeßtag (4. und 5. 12. 45), Bl. 2; IMT, Bd. XXVII, S. 100: »Pflicht des Soldaten ist es, ohne zu fragen, allen Befehlen zu gehorchen, die die Armee, d. h. die Nation, ihm gibt.« Ausspruch Montgomerys am 26. Juli 1946

[47] A. Jodl, Bemerkungen zum 12. und 13. Prozeßtag (4. und 5. 12. 45), Bl. 1.

[48] L. Jodl, Jenseits des Endes, S. 265.

[49] IMT, Bd. XV, S. 362.

[50] A.a.O., S. 363.

[51] Unter den Affidavits auch ein Text des Bruders Ferdinand Jodl, General der Gebirgstruppen a. D., 1946 (2 Bl.).

[52] L. Jodl, a.a.O., S. 331; Krosigk, Memoiren, S. 278; Charakteristik Douglas': Michael Thomas, Deutschland, England über alles. Rückkehr als Besatzungsoffizier, Berlin 1984, S. 168 f.

[53] Vgl. Text vor Anm. 139, S. 162, Kapitel: Bis zum Unternehmen »Barbarossa«.

[54] Text: Maser, Nürnberg, S. 308 f.

[55] Juni 1941 bis Mai 1942.

[56] de Zayas, a.a.O., passim (darunter auch Angriffe auf Lazarettschiffe); Max Hastings, Unternehmen Overlord. D-Day und die Invasion in der Normandie, Wien/München 1985, S. 237 (Erschießung deutscher Kriegsgefangener in der Normandie, Juni 1944).

[57] Zusammenfassung: Maser, Nürnberg, S. 333 ff.; L. Jodl, a.a.O., S. 230.

[58] KTB OKW, Bd. IV/2, S. 1503 (15. 5. 1945), S. 1721 (A. Jodl, Der Einfluß Hitlers . . .).

[59] Mitt. W. Warlimont (23. 6. 1974); A. Heusinger (21. 11. 1975); A. Winter (30. 5. 1976)

[60] KTB OKW, Bd. IV/2, S. 1503 (15. 5. 1945).

[61] Gilbert, Nürnberger Tagebuch, S. 366, 395; KTB OKW, Bd. IV/2, S. 1721 (A. Jodl, Der Einfluß Hitlers . . .).

[62] A. Jodl, Mein Verhältnis zu Hitler, Bl. 6.

[63] A. Jodl, Gehorsam, Bl. 1.

[64] Nach Hitlers Aufruf an die Deutsche Wehrmacht vom 1. Januar 1945.

[65] A. Jodl, Gehorsam, Bl. 7, 8.

[66] Adam, Erinnerungen, S. 30.

PERSONEN- UND SACHREGISTER

BILDNACHWEIS

Privatbesitz: 1-9, 11, 13, 16, 17, 22, 23
Ullstein Bilderdienst: 10, 12, 14, 15, 18-21